Das innere Wachstum des Menschen ist das zentrale Motiv fast aller Märchen. Dabei durchläuft der Märchenheld verschiedene Entwicklungsstufen, die ihn diesem Ziel näherbringen. Er muß sich nicht nur gegen die Anfechtungen des Bösen behaupten und Unrecht erleiden, sondern auch lernen, sich mit den eigenen, inneren Schattenseiten auseinanderzusetzen, bevor er in Glück und Frieden leben kann. Nur über Widerstände erreicht er die Ganzheit seiner Persönlichkeit. Diesen Vorgang schildern auch die Märchen der Brüder Grimm in ihrer symbolischen Bildsprache. Für den erwachsenen Leser – besonders für Menschen in der zweiten Lebenshälfte – kann die Märchenlektüre ein neues Licht auf die Probleme und Möglichkeiten des psychischen Reifungsvorgangs werfen. Wer ein lebendiges und versöhnendes Zusammenwirken der inneren Gegenpole mit ihren unterschiedlichen Eigenschaften anstrebt, wird ein erfüllteres Leben führen. So versteht sich dieses Buch als Anleitung zu einer symbolischen und zugleich persönlichen Lesart der Märchen.

Gabriele Wasserziehr wurde in Berlin geboren, verbrachte mehrere Jahre ihrer Kindheit in Irland, absolvierte ein Literaturstudium an der Universität Bonn und lebt seit vielen Jahren in Spanien. Dort studierte sie Psychologie und erhielt ihre Ausbildung zur Psychoanalytikerin. Darüber hinaus besuchte sie Kurse am C. G. Jung Institut Zürich / Küsnacht. Sie ist seit 25 Jahren als analytische Psychotherapeutin in eigener Praxis in Madrid tätig und hat in Spanien und Deutschland Seminare über Traumdeutung, den Individuationsprozeß in Märchen und das Werk C. G. Jungs gehalten. Das vorliegende Buch ist auch in spanischer Sprache erschienen.

Gabriele Wasserziehr

Märchen für Erwachsene

Symbolische Lektüren

Fischer Taschenbuch Verlag

Geist und Psyche
Herausgegeben von Willi Köhler
Begründet von Nina Kindler 1964

Originalausgabe
Veröffentlicht im Fischer Taschenbuch Verlag GmbH,
Frankfurt am Main, Dezember 1997

Gesamtherstellung: Clausen & Bosse, Leck
Printed in Germany
ISBN 3-596-13449-8

Das Buch ist all den Menschen gewidmet,
die mir geholfen haben zu leben und zu lernen.

Inhalt

Vorwort

Dieses Buch ist eine Einführung in die symbolische Lektüre der Märchen in der Nachfolge der Analytischen Psychologie C. G. Jungs und seiner Schüler. Es richtet sich an ein weitgefaßtes Publikum, das sich für diese Art von Lektüre interessiert und bereit ist, einige vielleicht weniger bekannte Konzepte wie Schatten, Animus und Anima und psychische Bisexualität zu akzeptieren.

Das Ziel der Arbeit ist es, das Verständnis für das Symbolische in den Märchen anzuregen, an dem erwachenden Interesse und der Neubewertung der Märchen teilzunehmen, die wichtigsten Bücher über dieses Thema vorzustellen und die Wiederentdeckung des Symbolischen außerhalb und innerhalb von uns anzuregen. Aus diesem Grunde werden Parallelen zwischen Märchen und Leben gezogen. Die Anmerkungen enthalten darüber hinaus einige psychoanalytische Deutungen und Träume, deren Symbolik große Ähnlichkeit mit der Bildsprache der Märchen aufweist.

Das Buch will auch zu größerem Selbstverständnis beitragen. Deshalb wurden manche der Märchenaspekte mit der Entwicklung in einer analytischen Psychotherapie und mit Einstellungen und Verhaltensweisen im Leben in Beziehung gesetzt. Es geht darum, die Märchen auf eine neue Art zu genießen, indem ihr symbolischer Gehalt verstanden wird und Beziehungen zum eigenen Leben hergestellt werden können.

Das Kennzeichnende der Werke C. G. Jungs ist die Einladung an den Leser, seine Vorschläge und Erkenntnisse auf sich selbst zu beziehen. Natürlich weiß ich, daß die Auseinandersetzung mit dem Schatten, die Integration des psychisch Gegensätzlichen und des Selbst schwierig ist für Menschen, die vorwiegend wissenschaftliche und rationale Lektüre gewöhnt sind. Aber gerade diese würde ich bitten, einen Versuch zu wagen. Die Mühe scheint es mir wert zu sein, denn das Verständnis des Symbolischen (wozu dieses Buch nur ein Beitrag unter vielen ist) kann zu einer großen Bereicherung werden und dem Leben gegenüber zu einer neuen, befriedigenderen Einstellung führen.

Wenngleich im deutschsprachigen Raum schon viele Bücher mit Märcheninterpretationen vorliegen, so glaube ich doch, daß dieses Buch seine Berechtigung hat. Es stellt den ganzen psychischen Entwicklungsprozeß im Sinne der analytischen (Jungschen) Psychologie in allen Stufen anhand einer geschlossenen Märchensammlung in einer einfachen, verständlichen Sprache dar.

Mein besonderer Beitrag scheint mir die ausführliche Auseinandersetzung mit dem Schatten (ein speziell für deutsche Leser wichtiges Thema) und dem Bösen zu sein, die eingehende Untersuchung des Motivs der »falschen Braut« und schließlich das bisher, soviel ich weiß, nicht untersuchte Motiv der Entwicklung in zwei Stufen. Letzteres ist besonders im Hinblick auf unsere höhere Lebenserwartung, unseren oft höheren Bewußtseinsgrad, aber auch angesichts der Suche nach einem individuellen Sinn des Lebens bedeutsam. Die angeführten Märchen zeigen die Möglichkeit einer Weiterentwicklung nach der ersten Lebenshälfte.

Zusammen mit der gesellschaftlichen, langsamen Veränderung des Rollenverständnisses der Geschlechter möchte dieses Buch die Bedeutung der Wiederanerkennung des Weiblichen und die Möglichkeit des inneren Wachsens unabhängig von festgelegten Altersgrenzen und materiellen Gütern, zeigen. Die Märchen sollen als Spiegel und Anleitung zur Selbsterkenntnis und psychischen Entwicklung Mut machen.

Die Märchen der Brüder Grimm wurden ganz bewußt gewählt, weil sie unserer Kultur noch relativ nahe stehen und weil sie ein in sich geschlossenes Material anbieten. Bis zum Zweiten Weltkrieg und vor allem bis zur Erfindung des Fernsehens waren die Märchen noch Teil des Lebens der Menschen. Sie stellten indirekt eine Verbindung zum Unbewußten dar. Alle Kinder, so wie ursprünglich auch die Erwachsenen, fühlten sich von ihrer magischen Atmosphäre, vom nicht rational Erklärbaren angezogen. Dieser Zugang zum Unbekannten, zum Unbewußten, der nur intuitiv erfaßt wurde, ist heute auf die Träume beschränkt. Aber auch sie werden oft vernachlässigt und wenig beachtet, da sie keinem bewußten Willensakt entspringen und nicht vom Verstand kontrolliert werden können.

Es scheint mir, daß die Märchen uns noch nahe genug stehen, um eine neue symbolische Lektüre für den Erwachsenen anzuregen. Ausgehend von diesem symbolischen Sinn der Märchen kann man schließlich zum Verstehen dessen, was C. G. Jung den »Individuationsprozeß« genannt hat, gelangen. Ich habe versucht, den ganzen Prozeß in seinen verschiedenen Stadien anhand der Grimmschen Märchen darzustellen. Es ist ein innerer, psychischer Entwicklungsprozeß. Heute mehr denn je scheint eine Alternative zum rein wissenschaftlichen und technologischen Fortschritt, der allein uns doch nicht glücklich macht, wichtig zu sein.

Zum Schluß möchte ich den Lehrenden des C. G. Jung Instituts in Küsnacht wie auch den vielen Menschen, durch deren Bücher ich das Symbolische der Märchen und auch die Jungsche Psychologie im allgemeinen besser zu verstehen gelernt habe, meinen Dank ausdrücken. Besonders natürlich Marie Louise von Franz, der herausragenden Gestalt der archetypischen Märcheninterpretation und treuen Mitarbeiterin Jungs.

Den Teilnehmern meiner Seminare in Spanien und Deutschland danke ich für ihr Interesse und ihre Anregungen. Ebenfalls den Klienten, die mir erlaubten, sie in ihrem eigenen Prozeß zu begleiten und einige ihrer Träume aufzuzeichnen.

Auch möchte ich meinem Mann, Santiago Martinez Haba für seine ausdauernde und liebevolle Unterstützung und konkrete Hilfe durch die wiederholten Korrekturlesungen der verschiedenen Phasen des Buches danken. Ohne seine Hilfe wäre es nicht zu Ende gebracht worden.

1. Einleitung

Als ich die Ähnlichkeiten zwischen Träumen, Mythen und Märchen entdeckte, begann ich mich wieder für die letzteren zu interessieren. Die Gemeinsamkeiten bestehen vor allem in den dargestellten Motiven oder Problemen: die Auseinandersetzung mit den Eltern und mit dem »Bösen«, die Entwicklung der Aspekte des entgegengesetzten Anderen und der Versuch, die eigene Persönlichkeit weiter wachsen zu lassen. Auch der Prozeß als solcher, der als Reise unternommen wird, bei der die auftretenden Schwierigkeiten und Hindernisse überwunden und Leiden und Anstrengung akzeptiert werden müssen, ist ihnen gemeinsam.

Der Traum hat meist eine persönliche Erfahrung als Ausgangspunkt und kann viele eigene Details enthalten oder nur das tägliche Leben widerspiegeln. Seine Symbole können aus dem kollektiven Unbewußten oder dem persönlichen Unbewußten kommen und auch gegensätzliche Bedeutung haben. So muß man, um einen Traum zu verstehen, das jeweilige Gefühl des Träumers, seine Lebensgeschichte und seine gegenwärtige Situation kennen. Die Symbole des kollektiven Unbewußten erkennt man an ihrer Transzendenz und ihrer universellen Bedeutung, die das Persönliche überschreiten.

Das Märchen beschreibt menschliche Situationen und Probleme in einer sowohl volkstümlichen wie archetypischen Sprache. Es fehlen erklärende und psychologische Details. Der Ort der Handlung ist meist nicht näher definiert, und der Moment, in dem die Geschichte stattfindet, ist keiner bestimmten geschichtlichen Zeit zugeordnet. Das Märchen ist zeitlos: »Es war einmal ...« oder »Als das Wünschen noch möglich war ...«. Es beschränkt sich auf das

Wesentliche: »Ein alter König wollte sein Reich unter seinen Söhnen verteilen ...«, »Es waren einmal ein Mann und eine Frau, die sich schon lange vergebens ein Kind wünschten ...« Mit der äußeren Beschreibung wird die innere Situation angegeben: eine Erneuerung muß stattfinden oder die Verarbeitung der negativen Beziehung zu Vater oder Mutter.

Träume und Märchen haben die symbolische Sprache gemeinsam und bedürfen des intuitiven, nicht rationalen Verstehens ihres Inhalts und ihrer Botschaft. Beide sind nie ganz zu erklären und lassen immer die Möglichkeit weiterer Interpretationen zu. Auch das trägt zu der magischen, mysteriösen Atmosphäre bei und macht sie so anziehend.

Träume sind im allgemeinen nicht vollständig, denn sie werden vom Erwachen des Träumers unterbrochen. Sie beziehen sich auf den Träumer und lassen sich nur zusammen mit ihm erarbeiten. Die Märchen sind dagegen universaler und vollständiger.

Beide, Träume und Märchen, gehen über ihren unmittelbaren Inhalt hinaus. Man sollte sie nicht nur intuitiv in ihrem tieferen Sinn zu verstehen suchen, sondern diesen Sinn auch in Worten ausdrükken, um ihn bewußt zu machen. Dann können sie uns als Orientierung und Hilfe auf unserem schwierigen Weg zur Individuation, d.h. zur Entwicklung einer einzigartigen, inneren Ganzheit, helfen.

Wenn ein Kind ein Märchen hört, z.B. »Hänsel und Gretel« so identifiziert es sich ganz natürlich mit den Helden. Es erlebt mit ihnen und durch sie seine eigene Angst, verlassen zu werden. Vielleicht auch die Befürchtung, daß seine Eltern genug von ihm haben könnten, und unter Umständen auch eigene Todeswünsche gegenüber den Eltern. Die Märchen als Spiegel der menschlichen Erfahrungen zu sehen, ist nur eine mögliche Sichtweise. Die Jungsche Psychologie betrachtet die Märchen »als Darstellungen der uns von der Natur auferlegten Schwierigkeiten und Gefahren«[1] und seine Helden als archetypische Gestalten. Die erste Lesart ist die direkte des Kindes. Die zweite ist die des Erwachsenen, der Zugang zu seinem Unbewußten sucht. Ursprünglich waren Märchen für Erwachsene gedacht.

Nach Sibylle Birkhäuser-Oeri sind Märchen »Selbstdarstellungen der menschlichen Seele«[2] und bilden »das archetypische Fundament des individuellen Ich«. Sie beschreiben also nicht so sehr individuelle, sondern universelle menschliche Probleme, und durch ihre allgemeine Bedeutung sind sie, wie die Träume, »eine Brücke zum Unbewußten«.[3]

Genau wie in der Traumdeutung gibt es auch für das Verständnis der Märchen die innere und die äußere Interpretationsebene. Die Hexe oder die Stiefmutter sind Vorstellungen der eigenen Mutter, die manchmal als »böse« empfunden wird, und Prinz und Prinzessin sind die zukünftigen Partner. Aber die »böse« Mutter ist auch ein Teil von mir selbst, so wie ich von ihr, und ich muß mich mit diesem inneren, eigenen Aspekt auseinandersetzen. Prinz und Prinzessin sind die Darstellungen meiner eigenen männlichen und weiblichen Aspekte.

Da die Märchen aus der alltäglichen Erfahrung stammen, haben sie meist eine volkstümliche Atmosphäre. Sie spiegelt sich in vielen Situationen wider: der Vater, der seine drei Söhne wegschickt, damit sie ein Handwerk erlernen; die Abenteuer des kleinen Däumlings mit dem Dieb in der Herberge; der Soldat, der aus dem Krieg zurückkommt, oder die Eltern, die verarmen. Die magischen oder übernatürlichen Vorkommnisse kann man im allgemeinen als unbewußte, aber im Menschen vorhandene Kräfte verstehen, und sie sollten symbolisch interpretiert werden.

Die Mythen der vorchristlichen Zeit gehören wie die Märchen zur archetypischen Welt, aber ihre Gestalten sind Götter oder ausgewählte Menschen. Deshalb haben sie eine feierlichere Atmosphäre und eine höhere Sprache. Im Grunde aber handeln sie von den gleichen Themen und haben das gleiche Ziel, das Wachsen der menschlichen Psyche.

Im Märchen siegt immer das Gute, und das ist erleichternd und tröstend. Die Mythen dagegen haben oft ein einschüchterndes Ende. Sie leiten den Menschen zur Ehrfurcht vor den Göttern an und warnen ihn vor Hochmut.

Bruno Bettelheim untersucht in seinem bekannten Buch »The Uses of Enchantment. The Meaning and Importance of Fairy Tales« die Märchen aus Freudscher Sicht und mit dem erklärten Ziel, ihren großen Wert für die Erziehung der Kinder zu beweisen. Sie lehren die Kinder, sich mit unerwarteten und ungerechten Entbehrungen auseinanderzusetzen, und machen existentielle Probleme sichtbar. Wenn das Kind sich mit dem Helden identifiziert, so hinterlassen dessen Kämpfe im Kind »die Spuren der Moralität«.[4] Das Kind lernt, gut und böse zu unterscheiden. Die Märchen erzählen von der Angst vorm Verlassenwerden, von der Notwendigkeit, geliebt zu werden, und von der Furcht, verachtet zu sein. Bettelheim erklärt die psychologische Bedeutung der Märchen für das Wachstum des Kindes. Er beschreibt auch, wie verschiedene Entwicklungsstufen in einzelnen Märchen dargestellt werden, z. B. die orale Phase in »Hänsel und Gretel« oder der Ödipuskomplex in »Schneewittchen«.

Die Jungsche Schule (C. G. Jung, M. L. von Franz, H. Dieckman, V. Kast, K. Asper und viele andere mehr) interpretiert die Märchen als archetypisch, das heißt als Darstellungen der Inhalte des kollektiven Unbewußten. Die Archetypen gehören der Menschheit in ihrer Gesamtheit und erscheinen zu verschiedenen Zeiten in unterschiedlichen Formen. Die Religionen, die Mythologien und die Künste mit ihren teilweise unerklärlichen Aspekten sind ebenfalls Ausdrucksformen dieses kollektiven Unbewußten.

Die knappe und typisierte Beschreibung der Figuren (die Helden haben selten einen eigenen Namen oder nur einen so gebräuchlichen wie Hans) und Situationen und ihr hauptsächlich intuitives Verstandenwerden untermauern die Hypothese von ihrer universellen Bedeutung. Den Kindern sollte man die Märchen nicht erklären, wohl aber erzählen. Man sollte sie ihnen anbieten, damit sie Lösungen für ihre Probleme finden können und Anregungen für ihr psychisches Wachstum erhalten.

Das Wesentliche ist nicht das intellektuelle, sondern das intuitive und symbolische Verstehen der Märchen. Kinder sind dem Unbewußten näher, während der Erwachsene sich den symbolischen Inhalt bewußt machen muß. So werden die Märchen, je nach Alter, auf verschiedene Weise gelesen. Sie wurden ursprünglich für Erwachsene erzählt und geschrieben und waren ziemlich rauh, vergleichbar den »Schwänken« und den französischen »Fabliaux« des Mittelalters.

Die Bezeichnungen für »Märchen« in anderen Sprachen, wie »Cuentos de Hadas«, »Fairy Tales« und »Contes de Fées«, zeigen schon einen Verlust an Bedeutung und eine Begrenzung auf Kinder an. In den Grimmschen Märchen gibt es kaum Feen! Das deutsche Wort »Märchen« kommt von »maere« und heißt Nachricht.

Es gibt einen großen Unterschied zwischen Volksmärchen und Autorenmärchen. Die deutsche Romantik ist die Zeit der Sammlungen der Volksmärchen, vor allem die der Brüder Grimm. (Es wurden auch französische Märchen der eingewanderten Hugenotten aufgenommen.) Dann kam die Zeit der Kunstmärchen, die von Goethe, E. T. A. Hoffmann, L. Tieck, Musäus, Hauff u. a. verfaßt wurden. Später waren es H. C. Andersen, O. Wilde, H. Hesse und weitere Schriftsteller, die sich in diesem literarischen Genre ausgedrückt haben. Die Autorenmärchen der Schriftsteller haben nicht den archetypischen Hintergrund der Volksmärchen, da sie von einem bewußten Individuum geschaffen wurden.

Nähert man sich dem Volksmärchen vom Symbolischen und Archetypischen, so läßt sich das, was auf den ersten Blick als magisch erscheint, als aus dem Inneren der Person kommend verstehen. Es sind Kräfte oder Möglichkeiten, die in bestimmten Momenten zu Hilfe kommen, um dem Individuum das innere Wachstum zu erleichtern und es zu einem positiven Ziel zu führen. Die archetypische Interpretation ist für den Erwachsenen wichtiger, während für Kinder und Jugendliche die direkte Lesart von größerer Bedeutung ist, da sie ihnen bei der Auseinandersetzung mit Minderwertigkeitsgefühlen, Trennungsängsten und Beziehungsschwierigkeiten helfen kann.

Man kann die individuelle Lesart auch als der ersten Lebenshälfte zugehörig bezeichnen. Die archetypische Interpretation ist dagegen diejenige der zweiten Lebenshälfte. Der Erwachsene sucht inneres Gleichgewicht und Wachstum, nachdem er sich einen Platz in der Wirklichkeit erobert hat. Auch in vielen Märchen selbst vollzieht sich die Entwicklung in zwei Stufen. Allerdings sind dies weniger bekannte und schwierigere Märchen, die in Vergessenheit gerieten, als man meinte, Märchen seien ausschließlich für Kinder.

Ausgehend von Jung kann man feststellen, daß die Mehrheit der Märchen die Entwicklung der psychischen Bisexualität in der Form des Zusammentreffens von Prinz und Prinzessin und ihrer Hochzeit behandeln. Auch der Trennungsprozeß von der Mutter-Natur oder der »Großen Mutter« ist Teil des Individuationsprozesses. Fast alle Märchen drehen sich in irgendeiner Form um diese Aufgabe.

Eine weitere Hypothese der Jungschen Schule lautet, daß die Märchen (genau wie die Träume) eine besondere kompensatorische Funktion haben. Sie versuchen, die dominierende, intellektuelle und rationale Einstellung zugunsten des intuitiven, symbolischen, eher »weiblichen« Denkens, das der rechten Gehirnhälfte zugeordnet ist, auszugleichen.

Die deutsche Romantik und ihre Wertschätzung der Märchen war eine Reaktion auf den übertriebenen Rationalismus der Aufklärung und des Positivismus.

Man kann die Reste des Kampfes zwischen dem Männlichen und dem Weiblichen in den Märchen erkennen. Schon die griechische Mythologie war Ausdruck des Patriarchats[5] mit nur einigen wenigen großen Göttinnen, wie z. B. Demeter. In der christlichen Religion fand eine langsame Entwertung des Weiblichen statt, nur die Sublimation des Weiblichen in der Figur Marias wurde akzeptiert. Diese Ausgrenzung kann man deutlich in der Hexenverfolgung, in der allmählichen Durchsetzung des Zölibats und in der Gleichsetzung der Frau mit Materie und Sünde sehen.

Die Konsequenz der Unterdrückung und Entwertung der Frau und ihrer positiven Aufgabe in der Gesellschaft ist die Umkehrung ihrer Stärke in etwas Negatives: das Magische, Besitzergreifende und Destruktive. Einzig die Wiederanerkennung des Weiblichen kann das Negative in heilende und positive Kräfte zurückverwandeln.[6]

Den Mann können diese unterdrückten Aspekte des Weiblichen zum Gefangenen der primitiven, animalischen Natur machen, vor allem in der Sexualität. In vielen Märchen gibt es Prinzen, die von einer Hexe in Tiere verwandelt wurden. Um dann eine positive Beziehung zur Frau zu erreichen, muß der Protagonist zuerst das Weibliche in sich selbst zu entwickeln lernen. Wenn es ihm gelingt, weiblich-mütterliche Aspekte in sich selbst zu integrieren, hat er Zugang zu seiner eigenen Kreativität und findet zu seiner inneren Ganzheit.

Da die Frau ihrerseits aufgrund der männlichen Vorherrschaft in der Gesellschaft das Positive in sich selbst nicht schätzt, befindet sie sich unter dem Einfluß der »Großen Mutter«,[7] die nach der erlittenen Unterdrückung rächend und besitzergreifend ist. Die Frau muß sich deshalb mit ihren positiven, männlichen Aspekten verbinden, um sich so von der »Großen Mutter« lösen zu können und ihre eigene Individualität zu finden. Sowohl in den Mythen als auch in den Märchen befreit der Prinz die Prinzessin vom Drachen als Symbol der »Großen Mutter«. Der Begriff der Mutter bezieht sich auf die biologische Mutter, aber auch auf die archetypische »Große Mutter«, die oft mit der Natur, aus der alles Leben kommt und in die es zurückkehrt, gleichgesetzt wird.

Um Mißverständnissen vorzubeugen: die Begriffe des Weiblichen und Männlichen sind nicht identisch mit Frau und Mann. Jeder Mensch hat Anteile von beidem in sich. Es geht darum, beide in verschiedenen Graden in sich zu entwickeln, um so eine eigene psychische Bisexualität zu erlangen.

Als ich die rund 200 von den Brüdern Grimm gesammelten Märchen wieder las, konnte ich vor allem drei große Themengruppen unterscheiden:

- Die Macht der Mutter. Die Aufgabe ist deshalb die Loslösung von der Mutter, die oft als Stiefmutter oder Hexe erscheint.
- Die Errettung des Männlichen mit Hilfe des weiblichen Elements. Der Mann muß seinen weiblichen Teil entwickeln, ohne ihm zu erliegen, um er selbst und ganz zu sein. Diesen Prozeß sieht man z. B. in den Märchen, in denen der Prinz oder Held in Tiergestalt erscheint und von der Prinzessin erlöst wird.
- Die Errettung des Weiblichen mit Hilfe des Männlichen. Die Frau muß ihren männlichen Teil entwickeln, um sich von der Mutter trennen zu können und um selber ganz zu werden. In allen Märchen hilft immer ein Teil dem anderen, denn nur zusammen bilden sie eine Einheit.

Diese drei Themen sind allen Märchen mehr oder weniger gemein. Aus der Perspektive der Jungschen Psychologie sind das wichtigste Motiv der Individuationprozeß und seine verschiedenen Stufen, um ihn zu vollziehen.

Die erste Bedingung, um den Prozeß beginnen zu können, ist die Ablösung von den Eltern, obwohl dies eigentlich schon Teil der Entwicklung ist. Die zweite Voraussetzung ist ein einschlagendes Ereignis, eine »narzißtische Wunde«, die die Suche nach Entwicklung auslöst.

Diese verschiedenen Elemente sollen anhand der Interpretation einzelner Märchen, die für sie jeweils besonders bedeutsam erscheinen, dargestellt werden. In sehr vielen Märchen tauchen fast alle Motive auf, und so hing die Wahl der Bearbeitung eines Märchens davon ab, wie klar ein Motiv hervorsticht, um als Beispiel der Analyse zu dienen.

Zuerst wird der Ausgangspunkt des jeweiligen Märchens dargestellt (Kapitel 2), indem vier verschiedene und typische Situationen des Anfangs der Märchen dargelegt werden: die Erneuerung des alten Königs, die Zerstörung einer anfänglichen Harmonie, eine unvollständige Familienkonstellation und der Entschluß der Hauptperson, eine Entwicklungsreise in Form von Aufgaben und deren Lösung zu unternehmen.

Kapitel 3 ist dem Individuationsprozeß gewidmet und analysiert die drei wichtigsten Elemente, aus denen er besteht: die Konfrontation der Hauptperson mit den eigenen negativen und unterdrückten Teilen, die Eroberung des Gegenpols, gemeint ist die Gewinnung des Weiblichen durch das Männliche und umgekehrt, sowie die Annäherung an die psychische Ganzheit. Mit anderen Worten: die Konfrontation mit dem Schatten, die Integration von Animus und Anima, um sich dem Ziel des Individuationsprozesses, dem Selbst, zu nähern. Der Prozeß entwickelt sich während der Reise der Hauptperson und mit Hilfe der von ihr zu lösenden Aufgaben.

Das 4. Kapitel beschäftigt sich mit der Beziehung zu den Eltern und beginnt mit der notwendigen Trennung von der Mutter. Es wird auch die Beziehung zum Vater, wie zu den Archetypen der »Weisen Frau« und des »Alten weisen Mannes« als innere Figuren, die zum Selbst führen, betrachtet.

Schließlich interpretiert das 5. Kapitel zwei Märchen mit der erwähnten Entwicklung in zwei Stufen, die charakteristisch ist für die unbekannteren, komplexeren und deshalb für den Erwachsenen um so interessanteren Märchen. Sie sind besonders attraktiv für Menschen in der zweiten Lebenshälfte.

Eine Zusammenfassung beendet das Buch. In ihr werden noch einmal kurz die wichtigsten Aspekte des Individuationsprozesses anhand der symbolischen Interpretation der Märchen dargestellt und das Thema dieses Buches beleuchtet. Es folgen einige zusätzliche Bemerkungen zum Bösen.

2. Der Ausgangspunkt der Märchen

In diesem Kapitel werden vier Arten von Märchen nach ihrem Ausgangspunkt vorgestellt. Das erste erzählt von einem alternden und kranken König, für den seine Söhne Heilung suchen müssen. Das zweite ist ein Beispiel dafür, wie ein Zustand der Ganzheit zerbrechen muß, damit durch Erneuerung eine neue Totalität gefunden werden kann. Das entsprechende Märchen wird jedoch erst im Abschnitt »Das Lösen der gestellten Aufgaben« behandelt, da hierin seine besondere Bedeutung liegt. Im dritten Märchentyp wird der verdienstvollste Sohn gesucht, um zukünftiger König zu werden. Es wird deutlich, wie die Lösung der gestellten Aufgaben gerade durch jenen Teil, der in der Familie fehlt, erreicht wird. Eine unvollständige Familie, bei der zum Beispiel die Mutter oder ein Kind fehlen, ist ein sehr häufiger Ausgangspunkt der Märchen. Der vierte Abschnitt handelt von der Märchenform, die besonders deutlich die Reise des Helden und die zu lösenden Aufgaben darstellt.

2.1. Die notwendige Erneuerung des alten Königs

»Das Wasser des Lebens« ist der Prototyp eines Märchens, in dem ein alter König erkrankt und seine Söhne sich auf den Weg machen, um das Heilmittel für ihn zu suchen.

Das Wasser des Lebens[1]

»Es war einmal ein König, der war krank, und niemand glaubte, daß er mit dem Leben davonkäme. Er hatte aber drei Söhne ...« Sie trafen einen alten Mann, der ihnen das Wasser des Lebens als Heilung für den Vater empfahl. So zog der erste der Söhne aus, es zu suchen. Auf seinem Weg traf er einen Zwerg, aber er behandelte ihn mit Verachtung, so daß dieser ihn verfluchte. Er gelangte in eine Bergschlucht und blieb in ihr gefangen. Nach einer Weile entschloß sich der zweite Sohn, sich auf die Suche nach dem Wasser zu machen. Auch er traf den Zwerg und verachtete ihn genauso, so daß auch er zwischen den Bergen festgehalten wurde. Schließlich machte sich der dritte Sohn auf die Suche nach dem Wasser, traf den Alten, und erzählte ihm, was er suchte. Der Zwerg sagte ihm, wo und wie er das Wasser finden könnte, und schenkte ihm einen eisernen Stab und zwei Stücke Brot.

Der Prinz fand das verwunschene Schloß, öffnete das Tor mit drei Schlägen des Eisenstabs und warf den wachehaltenden Löwen das Brot hin. Alles war genau so, wie es ihm der Zwerg vorhergesagt hatte. So kam er in einen Saal des Schlosses, in dem verzauberte Prinzen schliefen. Er nahm ihnen ihre Ringe ab, und nahm auch ein Schwert und ein Brot an sich. Danach gelangte er in einen Saal mit einer wunderschönen Prinzessin, die ihm sagte, er hätte sie erlöst. Sie bat ihn, in einem Jahr wiederzukommen, um sie zu heiraten, und zeigte ihm den Brunnen mit dem Wasser. In einem anderen Saal sah er ein Bett, und da er müde war, legte er sich ein wenig hinein. Er erwachte um viertel vor zwölf, lief schnell zum Brunnen, schöpfte das Wasser in einen Becher und beeilte sich hinauszugelangen. Als er gerade durch das Tor ging, war es zwölf, und das fallende Tor schlug ihm ein Stück seiner Ferse ab. Er traf wieder auf den Zwerg und bat ihn seinem Rat zum Trotz um die Befreiung seiner Brüder.

Als sie alle zusammen waren, erzählte er ihnen seine Erlebnisse. Sie kamen auf ihrer Rückreise in ein Land, wo Hunger und Krieg herrschten. Der Prinz gab ihrem König das Brot, das niemals alle wird, und das Schwert, das alle Feinde schlägt. Dies tat er in drei verschiedenen Ländern. Dann setzten die Brüder gemeinsam ihre Reise übers Meer fort. Auf dem Meer beschlossen die Brüder, dem Jüngsten das Lebenswasser wegzunehmen und durch Meereswasser zu ersetzen, um so die Liebe des Vaters und das Königsreich zu erlangen.

Als sie beim alten König ankamen, gab ihm der Jüngste das Wasser, aber der König wurde noch kränker. Die zwei älteren Brüder klagten den Dritten des Versuches an, den Vater zu vergiften, und gaben ihm das echte Lebenswasser. Dem König ging es sofort besser. Er erzürnte sich gegen seinen jüngsten Sohn und beschloß seinen Tod. Der Jäger, der den Befehl ausführen sollte, hatte Mitleid mit ihm. Der Prinz schlug ihm einen Kleiderwechsel vor und ging dann in den Wald hinein.

Nach einiger Zeit kamen drei mit Gold beladene Wagen für den dritten Sohn zum Vater. Sie kamen als Dank jener drei Könige, deren Reiche er gerettet hatte. Der alte König überdachte noch einmal die Schuld seines jüngsten Sohnes. Der Jäger erzählte ihm, was geschehen war, und der König ließ ihn überall suchen.

Unterdessen hatte die erlöste Prinzessin eine goldene Straße zu ihrem Schloß bauen lassen. Sie gab ihrem Hof den strikten Auftrag, nur denjenigen zu empfangen, der geradewegs auf der goldenen Straße zu ihr käme.

Der erste und später auch der zweite Sohn machten sich auf zur Prinzessin, als wären sie ihre Erlöser. Als sie die goldene Straße sahen, lenkte der erste sein Pferd zur rechten und der zweite sein Pferd später zur linken Seite, um das Gold nicht abzunutzen. Sie wurden nicht empfangen.

Als das Jahr um war, machte sich auch der dritte Sohn auf den Weg. Seine Gedanken waren bei der Prinzessin und so ritt er geradewegs auf das Schloß zu. Er wurde als ihr Befreier empfangen, und sie heirateten.

Da der König seinen Sohn überall suchen ließ, kehrten der Sohn und seine Frau zu ihm zurück. Die Brüder schifften sich aufs Meer ein und wurden nicht mehr gesehen.

Symbolische Interpretation

Ein kranker König hat drei Söhne, zwei wollen aus Selbstsucht dem Vater helfen. Ein alter Mann rät, das Wasser des Lebens zu suchen, ein Symbol der Erneuerung. Bei der Suche könnte der Zwerg, dem alle drei Söhne begegnen und und der Hilfe und Orientierung bietet, eine positive Schattenfigur sein. Er verkörpert das Instinktive, die Nähe zur Erde und zum Mütterlichen. Das ist besonders wichtig, da ja die Königin-Mutter in der Familie fehlt. Er kann auch als der Archetyp des alten Weisen verstanden werden, dessen erste Erscheinungsform der alte Ratgeber gewesen war.

Da die zwei älteren Brüder den Zwerg verachten, werden sie zu Gefangenen in der Bergschlucht, festgehalten von ihrer Sturheit. Sie haben die erste Prüfung ihres Hochmuts wegen nicht bestanden. Der dritte Sohn hält an und spricht mit dem Zwerg, der ihm aus Dankbarkeit für diese Anerkennung Ratschläge gibt. Außerdem gibt ihm der Zwerg noch einen eisernen Stab (ein männliches Symbol), um das Tor des Schlosses zu öffnen, und zwei Stücke Brot (weibliches Symbol) als Nahrung für die Löwen. Auf diese Weise ist er schon fast vollständig für die Hauptaufgabe ausgerüstet. Um in das Schloß hineinzukommen, muß er die Elemente besitzen, die seine psychische Bisexualität symbolisieren. Nur so kann er das eigene Innere (das Schloß) betreten und die dort schlafenden Kräfte beruhigen. Das Wasser, das er sucht, fließt in einem Brunnen im Hof eines verzauberten Schlosses (Symbol des Selbst), in dem auch die Prinzessin (seine Seele) verzaubert ruht. Den verwunschenen Prinzen, die dort schlafen, nimmt er die Ringe (Symbole des Selbst), ein Schwert (männliches Symbol des Trennens und Unterscheidens) und ein Brot (Symbol des Ernährenden, Weiblichen) ab. Diese Gegenstände können die Kräfte, auch die bisexuellen, repräsentieren, die er auf seinem Weg erworben oder entwickelt hat. Sie können ihm auch später dabei nützen, anerkannt zu werden, denn er wird sie gebrauchen, um anderen zu helfen.

Im Schloß findet er die schöne, verzauberte Prinzessin. Sie ist sein weiblicher Teil, seine Seele oder Anima, und sie ist es, die ihm sagt, wo das Wasser des Lebens zu finden ist. Wenn er sie nicht erlösen würde, wüßte er nicht, wo er es finden könnte.

Jetzt ist die Prinzessin durch ihn befreit, und er soll in einem Jahr wiederkommen. Dieser Aufschub bedeutet, daß sein Reifeprozeß noch nicht abgeschlossen ist. Es erwarten ihn noch andere Aufgaben und Gefahren. Er legt sich auf ein Bett, um sich auszuruhen. Es besteht immer die Gefahr der Passivität und des Vergessens des restlichen Weges. Das »Nicht-Verschlafen« ist eine Initiationsprüfung, wie sie es auch für Gilgamesch und Christus gewesen war.

Er erwacht im letzten Moment und holt das Wasser des Lebens. Er muß vor zwölf Uhr das Schloß wieder verlassen. Man kann seine Aufgaben nicht endlos aufschieben; es gibt eine bestimmte Zeit für ihre Erfüllung. Man darf auch nicht im eigenen Innern, dem Unbewußten verharren. Das Tor schließt sich und schneidet ihm ein Stück seiner Ferse ab. Dieser Verlust symbolisiert den Preis, den das »Ich« bezahlen muß (in anderen Märchen ist es z. B. das Opfern des Pferdes), um die umfassendere psychische Ganzheit zu erlangen. Hier wird auch deutlich, daß das Ziel des Prozesses nicht Vollkommenheit ist. Der Verlust der Ferse ist keine symbolische Kastration, sondern Ausdruck dafür, daß die Anstrengung des Prozesses Spuren hinterläßt und Opfer verlangt. Man kann es auch in dem Sinne verstehen, daß ein Preis für das Herausholen aus dem Unbewußten bezahlt werden muß.

Er befreit seine Brüder und hilft den drei Ländern mit seinem wunderbaren Schwert und dem Brot – Symbole seiner unendlichen Kräfte, die in seinem Innern schlummerten und befreit wurden. Als er auf dem Meer einschläft, d. h., als er in unbewußtem Zustand ist, vertauschen seine neidischen Brüder das Wasser, so daß der alte König noch kränker wird, als er ihm das falsche Wasser zu trinken gibt. Wegen des vermeintlichen Verrats befiehlt er seinen Tod. Der Sohn bleibt jedoch im Wald, dem Unbewußten. Dies ist eine notwendige Phase der Introversion und Reifung im mütterlichen Bereich. Durch den Tausch seiner Kleider mit dem Jäger (»Persona«) bezeugt er seine Demut.

Drei Wagen mit Gold kommen zum Schloß als Dank der drei Könige. Symbolisch gesehen ist es die Vergeltung seiner Anstrengung wie auch der Ertrag, der ihm aus dem Kontakt mit seinem Unbewußten sowie aus seiner Großzügigkeit wächst. Dem Vater kommen Zweifel, und er bereut. Die Prinzessin hat eine Straße aus Gold und Brillanten für den wahren Bräutigam (ihre eigene psychische Ganzheit) bauen lassen. Die zwei Brüder wollen nach Ablauf des

Jahres auch noch die Prinzessin haben. Da sie aus Gewinnsucht kommen und nicht aus Liebe, wollen sie das Gold schonen, geraten vom eigentlichen Weg ab und werden nicht empfangen.

Der echte Bräutigam denkt nur an seine Liebste, ist mit sich selbst in Harmonie und benutzt den für ihn bestimmten Weg. Die Versöhnung mit dem Vater und das Verschwinden der falschen Brüder tragen zum glücklichen Ende bei.

Die Suche nach dem Wasser des Lebens und die Reise des Helden zum Schloß ist in Wirklichkeit die Reise ins eigene Innere. Dort trifft der dritte Sohn seinen weiblichen Teil, seine Seele, die bis zu diesem Moment in seinem Unbewußten verwahrt war. Nur über den Zugang zu ihr findet er das Wasser des Lebens. Das Wissen um den Ort, an dem die Möglichkeit der Erneuerung existiert, liegt also, ebenso wie diese Erneuerung selbst, tief in seinem eigenen Innern und muß wie ein Schatz gehoben werden.

Es bleibt noch die Aufgabe, die neidischen Brüder zu besiegen. Auch sie sind Anteile von ihm selbst, die ihn boykottieren. Am Anfang des Märchens symbolisieren sie seinen eigenen Widerstand gegen die Erneuerung. Später versuchen sie, sich die Prinzessin anzueignen, ohne sie zu verdienen. Es scheint also noch eine gewisse Ambivalenz in ihm zu herrschen, wenn man davon ausgeht, daß auch die Brüder Aspekte des Helden darstellen, z. B. seinen hochmütigen Schatten. Da die Brüder sich aber auch beim zweiten Versuch nicht ändern, müssen sie sterben oder verschwinden.

Wir erleben in diesem Märchen neben der Erneuerung des alten Königs durch seinen Sohn (die allgemeine biologische Erneuerung durch die Generationen) die eigene Entwicklung dieses Sohnes. Auf der Suche nach dem Wasser des Lebens findet er Reichtümer in seinem Inneren (die goldenen Ringe, das Schwert und das Brot) und die verzauberte Prinzessin, seine Anima, das fehlende weibliche Element in diesem Märchen. Es hatte zuvor keine Königin gegeben, jetzt aber kehrt er mit seiner Frau an den Hof des Vaters zurück. Er hat also nicht nur den Vater geheilt, sondern hat seinen eigenen Individuationsprozeß mit den verschiedenen Stufen durchlaufen.

2.2. Die Zerstörung der ursprünglichen Ganzheit

Viele Märchen beginnen damit, daß etwas Negatives passiert, aufgedeckt und wiedergutgemacht werden muß, um das ursprüngliche Gleichgewicht wiederherzustellen und zu einer größeren und erneuerten Ganzheit zu gelangen.

In der Jungschen Psychologie wird der König im Märchen als Repräsentant der traditionellen, intellektuellen Einstellung verstanden und auch als Träger des dominierenden Inhalts des kollektiven Bewußtseins.[2] Dieser Inhalt muß von Zeit zu Zeit erneuert werden. Der König repräsentiert die archetypische Basis der Hauptfunktion, meist die des Denkens. Im ersten Teil des Lebens dient sie zur Anpassung an das allgemeine Kollektiv. Sie ist notwendig, aber einseitig und ersehnt deshalb Erneuerung und Ganzheit durch die Hilfe ihres Gegenteils.

Diese Ganzheit wird durch die Reise, die einer der Söhne des Königs unternimmt, gewonnen. Meist ist es der jüngste und dümmste. Für Bettelheim bedeutet dies einen Trost für das Kind mit seinen Minderwertigkeitsgefühlen. Für die Nachfolger Jungs ist der dritte und letzte Sohn derjenige, der am längsten bei der Mutter blieb und das demütigste und gutmütigste Element im Menschen repräsentiert.[3] Die zwei ersten Brüder stehen auch für unsere halbherzigen Versuche, ohne Anstrengung etwas zu erreichen. Erst beim dritten Mal sind wir bereit, unseren Hochmut aufzugeben. Die Zahl drei ist diejenige, die zur Ganzheit führt, welche wiederum in der Zahl vier symbolisiert ist. Prinz und Prinzessin repräsentieren Erneuerung und Totalität. Der neue König ist ein neues Symbol des Selbst,[4] und genau das ist das Ziel fast aller Märchen.

2.3. Die unvollständige Familie

Ein weiterer Ausgangspunkt der Märchen ist ein Ehepaar ohne Kinder. Unfruchtbarkeit und Starrheit herrschen; es fehlen Leben und Erneuerung. Durch besondere Umstände kommt doch noch ein Junge oder ein Mädchen zur Welt. Die Geburt kann den Tod der Mutter (»Schneewittchen«) oder den zukünftigen Verlust der Tochter (»Rapunzel«) verursachen, oder es handelt sich um ein Tier-Kind (»Das Eselein«, »Hans, mein Igel«) oder ein ganz kleines Kind (»Der Däumling«). Durch diese besondere Situation und die Eigenheiten des Kindes werden meist schon die außerordentlichen Aufgaben, die es zu lösen gilt, angezeigt.

Ungefähr ein Drittel der Grimmschen Märchen beginnt mit der unvollständigen Familie. Es fehlt das positive weibliche Element. Diese Situation drückt sich auf drei verschiedene Weisen aus:

- die Mutter ist gestorben (»Aschenputtel«),
- die Stiefmutter macht der Tochter ihres Mannes das Leben schwer (ebenfalls »Aschenputtel«, »Schneewittchen« u. v. a. m.),
- die Stiefmutter zwingt die Kinder, das Haus zu verlassen (»Brüderchen und Schwesterchen«, »Hänsel und Gretel«, »Die sechs Schwäne«, »Einäuglein, Zweiäuglein, Dreiäuglein«).

Das Märchen von den »Drei Federn« kann als Beispiel für den Ausgangpunkt des Fehlens der Mutter genommen werden. Aus diesem Grunde kommt die Hilfe für den jüngsten Sohn bei der Gewinnung des väterlichen Erbes aus der Welt des Weiblichen. In den Märchen, in denen am Anfang das positive weibliche Element fehlt, wird immer am Ende die Hochzeit, die Verbindung des weiblichen und männlichen Elements besonders hervorgehoben. Marie Louise von Franz meint, der Sinn dieser Märchen sei die Wiederherstellung des anfangs fehlenden weiblichen Elements.[5]

Die drei Federn[6]

Es war einmal ein alternder König, der wollte einem seiner drei Söhne das Reich vermachen. Er stellte ihnen eine Aufgabe: derjenige, der den feinsten Teppich brächte, bekäme das Reich nach seinem Tode. Um die Richtung der Suche anzugeben, blies er drei Federn in die Luft. Eine Feder flog nach Osten, eine andere nach Westen, und die dritte fiel fast sogleich auf die Erde. Dies war die Feder, der der Dümmling, der dritte Sohn, folgen sollte.

Er bemerkte eine kleine Tür dort, wo die Feder hingeflogen war. Er öffnete sie und stieg die Treppe hinab. Als er eine weitere Tür geöffnet hatte, sah er eine große Kröte in einem Kreis von kleineren Kröten sitzend vor sich. Der Junge bat um einen fein-

gewebten Teppich, und die dicke Kröte holte aus einer Schachtel einen wunderschönen Teppich.

Die zwei anderen Brüder hatten sich gar nicht erst angestrengt und einer Schäferin zwei grobe Tücher abgenommen. Also hatte der Dümmling die Aufgabe am besten erfüllt. Die Brüder akzeptierten ihn jedoch nicht als Nachfolger, und der Vater mußte eine zweite Aufgabe stellen. Sie lautete, den schönsten Ring herbeizubringen. Wieder blies er die drei Federn in die Luft, und sie fielen wie vorher. Der Jüngste stieg die Treppe hinab zur Kröte und bat sie um den Ring. Sie holte einen goldenen, mit Edelsteinen besetzten Ring aus ihrer Schachtel und gab ihn dem Jungen. Die Brüder hatten sich wieder nicht bemüht und nur zwei Wagenräder zurechtgemacht. So hatte er auch diesmal die Probe am besten bestanden.

Die Brüder ließen jedoch nicht locker, bis der Vater eine dritte Aufgabe stellte: die schönste Frau zu bringen. Wieder blies er drei Federn in die Luft. Der jüngste Sohn stieg erneut die Treppe zur Kröte hinab und bat sie um die schönste Frau. Sie gab ihm eine gelbe Rübe und sechs kleine Mäuse. Er mußte eine der kleinen Kröten auswählen und sie in die hohle Rübe setzen und war ganz traurig dabei. Sobald er das getan hatte, verwandelte sich die Kröte in eine wunderschöne junge Frau mit einer Kutsche und sechs Pferden. Er küßte sie und brachte sie zu seinem Vater.

Die Brüder hatten die erstbesten Bäuerinnen auf ihrem Weg genommen, und so bestand der Jüngste auch diese Probe. Die Brüder jedoch erreichten beim Vater eine vierte und letzte Aufgabe, denn sie wollten nicht, daß der Dümmling König würde. Die Frau sollte durch einen im Saal aufgehängten Ring springen können. Die zwei Bäuerinnen fielen dabei hin und brachen sich die Knochen. Die junge Frau, die der Jüngste gebracht hatte, sprang mit Leichtigkeit durch den Ring. Damit war auch diese Prüfung entschieden; er bekam das Reich des Vaters und regierte lange Zeit mit Weisheit.

Symbolische Interpretation

Das Märchen von den »Drei Federn« ist eins von vielen, in denen das weibliche Element fehlt. Da die Familie des Königs unvollständig ist, kommen die Lösungen der Aufgaben, um das Königreich zu erben, aus der weiblichen Welt. Die fehlende Königin ist die Repräsentantin der Beziehungsfähigkeit, des Kontaktes mit dem Unbewußten. Da all dies fehlt, kann keine Erneuerung von innen kommen.

Der König bildet mit seinen drei Söhnen ein männliches »Quaternium«, Symbol der Totalität und eines der Lieblingskonzepte Jungs. Der König ist, wie schon gesagt wurde, der Repräsentant des dominierenden Kollektivbewußtseins, das durch den Kontakt mit dem Unbewußten erneuert werden muß. Das Märchen schildert, wie das geschehen kann.

Der König bläst die drei Federn in die Luft, um den Söhnen die Richtung für ihre Suche anzuzeigen. Er scheint damit sagen zu wollen, daß er die Entscheidung der Intuition, der Inspiration überläßt (die Feder als pars pro toto symbolisiert den Vogel und dieser, wie auch die Luft, in der er sich bewegt, den Geist). Nicht der Verstand soll entscheiden. Die Feder des dritten Sohnes, des Dümmsten, fällt ganz nah, d. h., man braucht das Gute nicht in der Ferne zu suchen, sondern nur genau hinzusehen. Das fehlende weibliche Element hat sich unter die Erde gerettet, mit der es sowieso verbunden ist. Wo die Feder hingefallen ist, gibt es einen Eingang, und beim Hinabsteigen trifft der Jüngste auf einen Krötenstaat. Die Kröte wird mit der Erde, dem Uterus, und der Ausübung der Geburtshilfe verbunden.[7] Im allgemeinen symbolisiert sie die Mutter, das Weibliche, also all das, was aus dem Königreich dieses Märchens ausgeschlossen ist. Ihre magische Schachtel bedeutet die unerschöpfliche Kreativität des Unbewußten.

Der Held wird die Hilfe für seine Aufgaben und dadurch seine Prinzessin, seine Anima, in dieser weiblichen Unterwelt finden, wohin sie verbannt worden war. Das Zurückgewiesene hat sich in Kröten verwandelt, in einen Teil der Natur, und hat so überleben können. Die Kröten werden oft mit Magie und Hexerei in Verbindung gebracht, die als Teil des Weiblichen jahrhundertelang verfolgt worden sind.

Die vier Aufgaben, die der Held mit dieser Hilfe lösen kann, sind:

a) Einen feingewebten Teppich zu bringen. Der Teppich kann das Gebiet der Mutter bedeuten, die Kontinuität der mütterlichen Erde für die Nomaden und das symbolische Territorium.[8] Die Muster können die heimlichen Vorhaben des Schicksals symbolisieren. Die Schöpfungen des Unbewußten sind feinsinniger als die des menschlichen Bewußtseins. Der Teppich kann auch mit dem Weben des Schicksals durch die alten Göttinnen zusammenhängen, also mit dem Leben selbst in Verbindung stehen. Weben ist zudem eine typisch weibliche Kunst. Der Teppich stellt auch ein Stück individuellen Lebens dar, zu dem der Held fähig sein muß.

b) Einen goldenen Ring zu finden. Der Ring ist wie alles Kreisförmige ein Symbol des Selbst, des Zentrums, das die menschliche Psyche reguliert. Ihn zu besitzen bedeutet, daß vom Helden erwartet wird, fähig zu sein, sein bewußtes Ich zu überschreiten.

c) Die schönste Frau in diesem unterirdischen Krötenhofstaat zu finden, bedeutet natürlich, daß der Held seinen weiblichen Teil, seine Seele, aus seinem Unbewußten hervorholen muß. Sie existiert dort als Kröte, als Tier. Das männliche Bewußtsein betrachtet die Anima als Tier, verachtet sie und hat die Beziehung zu seinem weiblichen Teil völlig vernachlässigt. Aber als er sie ans Tageslicht bringt, sie anerkennt und küßt, verwandelt sie sich in eine schöne Frau.

d) Durch einen Ring zu springen. Marie Louise von Franz verbindet diese Aufgabe mit dem Bogenschießen des Zen, d.h., es gilt, das innere Zentrum der Persönlichkeit zu finden. Die Frau des Helden muß dazu fähig sein. Obwohl sie unter der Erde lebte, im erdhaften Mütterlichen, muß sie doch die erforderliche Leichtigkeit besitzen, um mit der Luft, dem Geistigen in Beziehung zu stehen und durch den Mittelpunkt des Bogens zu springen. So hat sie ihr eigenes Zentrum, nimmt am »Luftigen«, am männlich Geistigen teil und symbolisiert die Möglichkeit beider Geschlechter, Aspekte des anderen zu integrieren.

Mit dem Abstieg ins Unterirdische, Symbol des Unbewußten, befreit der Held dieses Märchens das weibliche Element, das in der bewußten Welt fehlt, weil es aus ihr vertrieben wurde. Der Mann muß seinen weiblichen Teil, seine Anima, aus dem Unbewußten heraufholen. Nur mit Hilfe dieser Aspekte in seinem Bewußtsein kann er auf eine umfassendere Ganzheit und auf seine Erneuerung hoffen.

Der Mensch muß Aspekte seines Gegenpols entwickeln und in sich integrieren, um für das Bewußtsein unlösbare Aufgaben anzugehen. Das Männliche und das Weibliche müssen sich miteinander verbinden. Wenn man beide getrennt betrachtet, so hat jeder etwas vom anderen, und beide haben ein Zentrum. Zusammen als intrapsychisches Ganzes gesehen, stellen sie das Selbst dar. Auch die Krone, die der »Dümmling« vom Vater für seine Anstrengungen, d. h. seinen Entwicklungsprozeß empfängt, ist ein Bild dieses Selbst.

Durch seine Suche nach dem verdienstvollsten Sohn regt der Vater die innere Entwicklung seiner Söhne an. Nur der dritte, der demütigste kann das fehlende weibliche Element in sich integrieren. Doch zuvor muß er die Faulheit und falsche Überlegenheit seiner beiden Brüder auch als Teile der eigenen Persönlichkeit überwinden.

2.4. Die Suche

Ein gutes Beispiel für Märchen, die die psychische Entwicklung als Reise darstellen, ist »Die weiße Schlange«.

Die weiße Schlange[9]

»Es ist nun schon lange her, da lebte ein König, dessen Weisheit im ganzen Lande berühmt war.« Er hatte eine seltsame Gewohnheit: nach dem Essen, wenn er ganz allein war, ließ er sich von seinem treuen Diener eine Schüssel bringen.

Eines Tages verspürte dieser Diener so große Neugierde herauszufinden, was in der Schüssel war, daß er sie aufdeckte und darin eine weiße Schlange fand. Er aß ein Stückchen davon, und sofort konnte er die Sprache der Tiere verstehen. Gerade zu dieser Zeit hatte die Königin ihren schönsten Ring vermißt, und man verdächtigte den Diener. Er versuchte vergebens, seine Unschuld zu beweisen. Eines Morgens hörte er die Klage einer Ente

über ein Schweregefühl in ihrem Magen, da sie einen Ring verschluckt hatte, der aus dem Fenster des Zimmers der Königin gefallen war. Der Diener brachte die Ente sofort zum Koch, und der Ring wurde im Magen der Ente gefunden.

Der Diener wollte nun nicht länger an diesem Hof bleiben. Er erbat sich ein Pferd und Geld zum Reisen. Unterwegs kam er an einem Teich vorbei und hörte, wie drei kleine Fische sich beklagten. Sie waren im Rohr gefangen und in Gefahr zu ersticken. Er befreite sie und warf sie wieder ins Wasser zurück.

Er setzte seinen Weg fort und hörte plötzlich die Klage des Ameisenkönigs über sein Pferd, das seine Leute niedertrampelte. Er lenkte daraufhin das Pferd auf einen anderen Weg.

Schließlich kam er in einen Wald und wurde Zeuge, wie ein Paar Rabeneltern ihre Jungen aus dem Nest warfen, die nun dem Hungertod ausgesetzt waren. Daraufhin stieg er von seinem Pferd und tötete es, um es den Rabenkindern als Nahrung zu geben.

Bei allen drei Gelegenheiten versprachen ihm die geretteten Tiere, sich an ihn zu erinnern und sich ihm erkenntlich zu zeigen.

Er kam zu Fuß in eine Stadt, in der der König für seine Tochter einen Mann suchte. Dieser mußte eine schwierige Augabe lösen. Schaffte er es nicht, so verlor er sein Leben. Der Jüngling verliebte sich derart in die Königstochter, daß er das Risiko auf sich nahm.

Die Probe bestand darin, einen goldenen Ring, der vor seinen Augen ins Meer geworfen wurde, herauszuholen. Die drei Fische, denen er das Leben gerettet hatte, brachten ihm den Ring in einer Muschel. Die stolze Prinzessin verlangte eine neue Probe: von ihr selbst verstreute Hirse aus zehn Säcken wieder einzusammeln. Diesmal halfen ihm der Ameisenkönig und sein Volk.

Die Prinzessin war noch nicht zufrieden und verlangte einen weiteren Beweis seines Wertes: einen Apfel vom Baum des Lebens herbeizubringen. Der Jüngling wußte nicht einmal, wo dieser Baum zu finden war, aber er machte sich auf den Weg. Nachdem er drei Königreiche durchquert hatte, gelangte er in einen Wald und mußte sich ausruhen. Da kamen die drei Raben, nun ausge-

wachsen, herangeflogen und legten den Apfel vor ihn hin. Jetzt hatte die Prinzessin keine Ausrede mehr. Sie aßen zusammen den Apfel, und ihr Herz wurde von Liebe zu ihm erfüllt.

Symbolische Interpretation

Dieses Märchen ist relativ einfach und klar in seiner Symbolik. Der König besitzt die Weisheit der Natur, da er von der weißen Schlange ißt, aber er behält diese Weisheit für sich allein. Um zu wachsen und sich selbständig zu machen, muß der Diener-Sohn das Verbot überschreiten, so wie unsere Vorfahren im Paradies. Der Diener bricht das Tabu und ißt von der Schlange. Er wird von dem Wunsch nach seinem persönlichen Wachstum angetrieben. Nachdem der vermeintliche Diebstahl des Ringes dank seines Vermögens, die Tiersprache zu verstehen, aufgeklärt wurde, geht er davon.

Auf seiner Reise befreit er die gefangenen Fischlein, lenkt sein Pferd aus dem Weg der Ameisen und opfert es später sogar als Nahrung für die Rabenkinder. Er hilft der Natur in ihrer demütigen Erscheinungsform, und er selbst wird demütiger, indem er zu Fuß geht. Er trennt sich von einem noch zu hochmütigen Ich, um den Rest seines Weges nur auf sich selbst gestellt zurückzulegen.

Um die Tochter des Königs zu gewinnen, muß er drei Aufgaben lösen. Die erste besteht darin, einen goldenen Ring aus dem Meer herauszuholen. Der Ring ist ein Symbol des Selbst und muß aus dem Unbewußten hervorgeholt werden. Die Fische, die er gerettet hatte, bringen ihm den Ring in einer Muschel, einem weiblichen Symbol. Er muß weibliche Aspekte und ein eigenes Selbst aus seinem Unbewußten heraufholen, um der Prinzessin würdig zu sein.

Die zweite Aufgabe ist das Einsammeln der im Garten verstreuten Hirse (ein Motiv wie bei »Aschenputtel«). Das Sammeln ist eine demütige, erdverbundene, an sich der Ernährung dienende Arbeit. Eine Aufgabe, die den eher weiblichen Hang zur »Zerstreuung« kompensiert. Hierbei helfen die Ameisen, die zwar von einem König angeführt werden, aber aufgrund ihrer Beziehung zur Erde dem Weiblichen zugeordnet sind. Die dritte Aufgabe besagt, einen Apfel vom Baum des Lebens zu bringen. Diese Frucht ist ein Symbol des

Selbst. Als er ihn mit der Prinzessin ißt, wird der Apfel zum Zeichen ihrer Vereinigung und geteilten Sexualität. Die Raben, denen er das Leben durch die Opferung seines Pferdes gerettet hatte, bringen ihm den Apfel vom Ende der Welt. Er hat also einen Teil seines Ich geopfert um seiner Entwicklung willen.

Im ersten Teil seiner Reise ist er aktiv und hilft, ohne daraus Gewinn zu ziehen. Im zweiten Teil, dem der Aufgaben, läßt er sich von den Kräften seines Unbewußten helfen. In den Aufgaben läßt sich eine klare Steigerung erkennen, besonders im Hinblick auf die Elemente. Vom Wasser, Repräsentant des Möglichen und deshalb Symbol des Unbewußten, geht es weiter zum Erdhaft-Mütterlichen und schließlich zur Eroberung des Geistig-Männlichen, der Luft.

Da der Held gelernt hat, gutherzig zu sein, Mitgefühl zu haben, aufmerksam zu sein und in Kontakt mit Wasser, Erde und Luft zu stehen, sind diese Elemente seine Freunde geworden, und er kann ganzheitlicher leben. Mit dem Apfel des Lebensbaums schließlich gewinnt er das Herz der Prinzessin. Sie war das Versprechen für die bestandenen Aufgaben und ist seine Anima, sein weiblicher Teil. Gleichzeitig ist der Apfel auch Ausdruck der erreichten Ganzheit beider.

Die Weisheit, die der Jüngling durch das Essen eines Stücks der weißen Schlange, Besitz des Königs und symbolischen Vaters, durch seine Tat der Auflehnung oder des Diebstahls erlangte, muß später von ihm selbst verdient werden. Durch seine Hilfsbereitschaft und sein Verständnis für die Bewohner des Wassers, der Erde und der Luft zeigt er sich der Weisheit würdig.

Als er mit der väterlichen Weisheit ausgerüstet ist, fühlt er sich zu seiner Entwicklungsreise fähig. Erst muß er dieses Wissen auf uneigennützige Weise benutzen, um später die ihm von der Prinzessin gestellten Aufgaben lösen zu können. Sie muß sich, ehe sie ihn akzeptieren kann, vergewissern, daß er ihr ebenbürtig ist. Der unterschiedliche Ausgangspunkt zeigte sich darin, daß er ein Diener war und sie eine Prinzessin ist. Nur indem er die Aufgaben löst, die die Stufen der psychischen Entwicklung darstellen, kann er den notwendigen Adel gewinnen, um ihrer würdig und ebenbürtig zu sein. Hätte er die »verbotene Frucht«, also die Schlange, nicht gegessen, wäre es ihm nicht möglich gewesen, den psychischen Entwicklungsprozeß zu durchlaufen.

In anderen Märchen dieser Art, wie »Daumesdick«, besser bekannt als der kleine Däumling, ereignen sich nur Abenteuer ohne fortschreitende Entwicklung, oder es kommt zu »Regressionen«. Der kleine Däumling kehrt zu seinen Eltern zurück, da er noch zu jung ist für eine endgültige Trennung. Im Märchen »Von einem, der auszog, das Fürchten zu lernen« werden die Abenteuer gesucht, um so zu werden wie die anderen. Doch dem Helden gelingt das Fürchten erst nach seiner Rückkehr, als ihm seine Frau einen Eimer Wasser mit kleinen Fischen über den Kopf gießt. Sie symbolisieren das Unbewußte und dessen Inhalt, vor denen er nun Angst hat, wodurch er wie alle anderen geworden ist.

Die Märchen mit Aufgaben, die gelöst werden müssen, eignen sich besonders zur Identifizierung mit dem Helden. Er wird zum Symbol des Ich und kann dem Leser als Modell für sein bewußtes Ich dienen. Gegen Ende des Märchens wird der Protagonist auch zum Symbol des Selbst, der psychischen Ganzheit, die einen Teil des Unbewußten einschließt.

Man kann daher zwei Lesarten unterscheiden. In der ersten Lebenshälfte dienen die Märchen dem Aufbau des Ich und in der zweiten der größeren psychischen Ganzheit, dem Ziel des Individuationsprozesses.

3. Die Stufen des Individuationsprozesses

3.1. Entwicklung durch das Lösen der gestellten Aufgaben

Durch das Lösen von Aufgaben erreicht der Held seine psychische Ganzheit. Dieser Entwicklungsweg läßt sich besonders gut am Märchen vom »Goldenen Vogel« zeigen, aber auch die im ersten Kapitel besprochenen Märchen können so gelesen werden.

Der goldene Vogel[1]

»Es war vor Zeiten ein König, der hatte einen schönen Lustgarten … darin stand ein Baum, der goldene Äpfel trug.« Die Äpfel wurden gezählt, und als einer fehlte, bewachten die Söhne des Königs den Baum. Weder der älteste noch der mittlere konnten dem Schlaf widerstehen. Nur der jüngste und vom Vater am wenigsten geschätzte blieb wach. Er sah, wie ein goldener Vogel sich um Mitternacht einen Apfel holte. Der Junge schoß einen Pfeil auf ihn ab, und der Vogel verlor eine seiner goldenen Federn. Diese Feder erweckte in dem König den Wunsch, den ganzen Vogel zu besitzen.

Der älteste Sohn machte sich auf den Weg, um ihn zu suchen. Als er in einen Wald kam, traf er auf einen Fuchs und wollte ihn töten. Der Fuchs bat ihn um sein Leben und riet ihm, nicht für die Nacht in das lustige Wirtshaus einzukehren. Der Königssohn hörte nicht auf ihn und legte an. Er traf den Fuchs aber nicht. Er

betrat das lustige Wirtshaus und vergaß alles andere. Genau dasselbe passierte auch dem zweiten Sohn.

Schließlich machte sich der dritte Sohn auf den Weg. Als er den Fuchs traf, versuchte er nicht, ihn zu töten. Der Fuchs bedankte sich dafür, indem er ihn auf seinem Schwanz blitzschnell zu den Wirtshäusern brachte. Der Junge ging in das bescheidene, wie es ihm der Fuchs geraten hatte.

Am nächsten Morgen erwartete der Fuchs ihn dort und sagte ihm, was er zu tun hätte, um den goldenen Vogel zu finden. Beim Eintreten in das Schloß, wo dieser lebte, sollte er den Vogel in seinem hölzernen Käfig mitnehmen, aber auf keinen Fall in dem danebenstehenden goldenen.

Dann brachte der Fuchs ihn auf seinem Schwanz ins Schloß. Der Prinz fand alles, wie der Fuchs es ihm gesagt hatte, und auch den Vogel in seinem hölzernen Käfig. Als er den goldenen sah, dachte er, dieser wäre besser. Doch in dem Moment, in dem er den Vogel ergriff, um ihn dort hineinzusetzen, schrie dieser laut, und alle Soldaten erwachten und warfen den Prinzen ins Gefängnis.

Er sollte sterben, es sei denn, er brächte das goldene Pferd, das schneller als der Wind lief. Er machte sich auf den Weg und war traurig, denn er wußte nicht, wohin er sich wenden sollte. Er sah den Fuchs am Wege, der ihn schalt, weil er seinen Rat nicht befolgt hatte. Dennoch verriet er ihm, wo und wie er das Pferd finden konnte, und brachte ihn schnell auf seinem Schwanz dorthin.

Der Prinz fand wieder alles wie vorausgesagt, aber als er dem Pferd den hölzernen Sattel auflegen wollte, sah er den goldenen und dachte, entgegen dem Rat des Fuchses, es wäre doch schade um das schöne Pferd. Als er ihm den goldenen Sattel auflegen wollte, wieherte das Pferd, und alle wurden wach. Von neuem sollte er zum Tode verurteilt werden, es sei denn, er brächte die schöne Königstochter vom goldenen Schlosse.

Ganz betrübt machte er sich auf den Weg und traf wieder auf den Fuchs. Dieser schalt ihn von neuem, aber versprach, ihm zu helfen. Er riet ihm, die Königstochter beim Baden zu überraschen und zu küssen, dann könne er sie mit sich führen. Aber auf keinen Fall dürfe er erlauben, daß sie sich von ihren Eltern verabschiede. Wieder traf sich alles, wie der Fuchs vorausgesagt hatte. Nur, als beide zusammen weggehen wollten, bat ihn die Prinzessin so eindringlich, sich von ihren Eltern verabschieden zu dürfen, daß er nachgab. Der König erwachte und nahm den Jüngling gefangen. Er würde ihm jedoch verzeihen, wenn es ihm gelänge, den Berg vor seinem Fenster zu versetzen. Der Prinz bemühte sich sieben Tage lang, ohne etwas zu erreichen. Wiederum half ihm der Fuchs. Er schickte ihn schlafen und versetzte selbst den Berg.

Der König mußte dem Prinzen seine Tochter geben, und sie zogen zusammen fort. Sie trafen den Fuchs am Wege, und er verriet ihnen, wie sie das Pferd und den Vogel wiederbekommen könnten. Beim Eintreten in das Schloß solle er sich auf das Pferd setzen, das sie ihm übergeben würden, und allen die Hand zum Abschied reichen, als letztes der Prinzessin, die er sofort auf sein Pferd heben solle. Da es schneller als der Wind lief, könne niemand sie einholen. Der Prinz folgte seinem Rat, und es gelang ihm, Prinzessin und Pferd zu behalten.

Um den goldenen Vogel zu bekommen, solle er die Prinzessin beim Fuchs lassen, in den Hof eintreten und, wenn man ihm den Vogel in seinem Käfig gebe, sofort aufs Pferd steigen und schnell davonreiten. Auch diese Ratschläge befolgte er, und alles ging gut.

Nun bat ihn der Fuchs, ihm den Kopf abzuschlagen als Dank für all seine Hilfe. Der Prinz weigerte sich. Bevor er verschwand, gab der Fuchs ihm noch einen guten Rat: Er solle kein Galgenfleisch essen und sich nicht an einen Brunnenrand setzen.

Als sie ins Dorf mit den Wirtshäusern kamen, sollten seine Brüder gerade gehenkt werden. Er bezahlte ihre Schulden und rettete ihnen das Leben. Als sie in einen Wald kamen, setzte sich der Jüngste an den Rand eines Brunnens, und die Brüder, die sich abgesprochen hatten, den goldenen Vogel selbst vor den König zu bringen, stießen ihn hinein.

Die zwei Brüder wurden mit großer Freude am Hof empfangen. Aber der Vogel sang nicht, das Pferd fraß nicht, und die Prinzessin hörte nicht auf zu weinen.

Nach einiger Zeit kam der Fuchs wieder. Er schalt den Prinzen und holte ihn dennoch an seinem Schwanz aus dem Brunnen.

Der Prinz tauschte seine Kleidung mit der eines armen Mannes, den er im Wald traf, und ging zum Königshof, ohne erkannt zu werden. Im selben Moment fing der Vogel zu singen an, das Pferd fraß wieder, und die Prinzessin hörte auf zu weinen. Sie erzählte dem König das Geschehene. Er versammelte alle im Hof, und die Prinzessin erkannte ihren Prinzen auch in seiner armen Kleidung.

Die Brüder wurden gehängt, und das junge Paar wurde zum Nachfolger des Königs bestimmt.

Lange Zeit später erschien der Fuchs wieder vor dem Prinzen im Wald und bat ihn erneut, ihn zu befreien. Diesmal erfüllte er ihm den Wunsch, und der Fuchs verwandelte sich in einen Menschen. Er war der verwunschene Bruder der Prinzessin.

Symbolische Interpretation

Der König besitzt einen besonderen Baum, der ihm goldene Äpfel bringt, Symbole des Selbst. Aber er verliert sie, sie werden gestohlen und müssen wiedererlangt werden. Das ist nun die Aufgabe der Söhne. Nur der dritte besteht die Probe des Wachbleibens. So sieht er, wie ein goldener Vogel, ein weiteres Symbol des Selbst, sich einen Apfel holt. Diese Einweihungsprüfung bedeutet, den Schlaf zu überwinden und bei Bewußtsein zu bleiben, um so den eigenen Wachstumsprozeß einzuleiten und spätere Aufgaben lösen zu können. Das Motiv der Überwindung des Schlafes erinnert darüber hinaus an die im Laufe der Menschheitsgeschichte zunehmende Bewußtheit.[2]

Die Söhne machen sich auf die Suche, um das zerbrochene Gleichgewicht wiederherzustellen. Die zwei ältesten Brüder respektieren den Fuchs nicht und wollen nicht auf seinen Rat hören. Sie vergessen sich und ihre Aufgaben in dem lustigen Wirtshaus, das ein Symbol unseres überaktiven und entfremdeten, extrovertierten Lebens ist. Der Jüngste aber hört auf den Fuchs, und so hilft dieser ihm auf seinem Weg. Mit seiner Hilfe bekommt der Held erst den goldenen Vogel, dann das schnelle Pferd und schließlich die Prinzessin.

Zunächst gehorcht er dem Fuchs nicht, weil er ihn nicht versteht, nimmt den goldenen Käfig und den goldenen Sattel und erlaubt der Prinzessin, sich von ihren Eltern zu verabschieden. Noch ist der Held nicht reif genug, um die Zusammenhänge zu verstehen, aber sein Ungehorsam ist Teil seiner Entwicklung.

Er soll den goldenen Vogel, Symbol der Transzendenz, in einem hölzernen Käfig bringen und das Pferd, Symbol der Impulse, der physischen Energie und der Ich-Expansion, mit einem hölzernen Sattel. Er muß lernen, sich von der dominierenden und mehrheitlichen Meinung frei zu machen[3] und zu erkennen, daß das Gute nicht immer offensichtlich sein muß. Gold und Holz stellen die Polarität der Dinge dar. Das Männliche des Goldes und des Vogels wird durch das Weibliche des Holzes ergänzt. Damit wird die psychische Bisexualität des Protagonisten vorweggenommen. Vogel und Pferd scheinen selbst gegen die Einseitigkeit (Gold zu Gold), die der Held ihnen aufdrängen will, zu protestieren.

Die Prinzessin soll er beim Baden, am Abend, also in der Nähe des Unbewußten, überraschen. Wenn der Held der Prinzessin erlaubt, sich von ihren Eltern zu verabschieden, so hat er sich selbst noch nicht von den seinen getrennt, von seinem väterlichen Über-Ich, von der kollektiven und männlichen Mehrheitsmeinung. Deshalb muß er eine weitere Probe bestehen. Sie wird ihm nicht umsonst vom Vater der zukünftigen Braut auferlegt. Er soll einen Berg versetzen, d. h., wenn die Liebe groß genug ist, kann sie die Welt verändern. Um wirklich stark zu sein, muß der Held Aspekte der Geliebten in sich entwickeln. Dabei muß ihm der Fuchs helfen. Dieses Tier verkörpert seine Instinktivität, Intuition und erdverbundene Weisheit. All dies sind eher weibliche Aspekte, die vom Helden integriert werden müssen.

Aber er ist immer noch nicht reif genug. Erneut gehorcht er dem Fuchs nicht und rettet seine Brüder vor dem Galgen. Sie aber werfen ihn in einen Brunnen. So ist er gezwungen, eine »Inkubationszeit« durchzumachen, die ihm später zu einer Wiedergeburt verhelfen wird. Seine negativen Aspekte, symbolisiert im Hochmut, in der Rivalität und der Ungerechtigkeit seiner Brüder, sind noch nicht überwunden.

Im Brunnen, in einer Zeit der Introversion, lernt er demütig zu werden, und als armer Mann gekleidet kommt er zum Palast seines Vaters zurück. Er wird sofort von Vogel, Pferd und Prinzessin erkannt, da sie ja auch seine Aspekte sind und von ihm befreit wurden. Vorher waren sie im Palast entfremdet, ohne ihren wirklichen Herrn, und deshalb sang der Vogel nicht, fraß das Pferd nicht und weinte die Prinzessin. Am Ende wird der Held mit seinen Verdiensten anerkannt, und die Brüder werden verurteilt, die negativen Aspekte besiegt.

Als der Fuchs zum zweiten Mal um Erlösung (seinen Tod und seine Transformation) bittet, erfüllt der Prinz diesen Wunsch und schneidet ihm mit einer aggressiven und autonomen Tat Kopf und Pfoten ab. Die Schläue des Fuchses hat sich in die Weisheit des Prinzen verwandelt. Sein Schatten hat sich entwickelt, der Fuchs war der verwunschene Bruder seiner Braut.

Am Anfang des Märchens herrscht psychische Ganzheit, symbolisiert durch den König und seine goldenen Äpfel. Diese Ganzheit zerbricht und muß durch neue Energien in einer neuen Generation wiederhergestellt werden. Es ist uns nicht gegeben, die Erneuerung auf einmal und mit einer einzigen Aufgabe zu erreichen. Durch unsere Fehler hervorgerufen, treten neue Aufgaben auf, die zu immer größeren Schritten unserer Entwicklung führen. Da wir auch noch nicht fähig sind, uns von unseren negativen Aspekten zu befreien, laufen wir in die Fallen, die sie uns stellen, und müssen eine zweite Stufe , diesmal eher passiv, der Reifung durchlaufen. Vielleicht soll sie auch verhindern, daß uns das Erreichte zu Kopfe steigt. Das Motiv des Kleiderwechsels zeigt, daß unsere echten Werte auch unter einer bescheidenen Bekleidung erkannt werden.

Wenn man die Lösung der Aufgaben dieses Märchens auf die Bedeutung des Bewußtseins und des Unbewußten hin betrachtet, dann wird deutlich, daß eine gewisse Ich-Stärke nötig ist, um bei der Wache am Baum nicht einzuschlafen, also das Bewußtsein nicht zu verlieren. Andererseits werden Vogel, Pferd und Prinzessin erobert, wenn alles um sie herum schläft, also unbewußt ist. Sie selbst gehören deshalb auch zum Unbewußten des Helden. Durch seine »Fehler« werden diese Aspekte integriert, neue Aufgaben können gestellt und gelöst werden.

Immer ist es der Fuchs, der noch unbewußte Teil des Helden, der ihm rät und hilft. Besonders deutlich wird, daß die Hilfe aus dem Unbewußten kommt, als der Fuchs für den Helden die vierte Aufgabe löst, während dieser schläft.

Der »Ungehorsam« des Helden führt, wie wir gesehen haben, zu seiner Entwicklung. Es fällt jedoch auf, daß der Prinz dem Fuchs auch an bestimmten Stellen gehorcht. Er betritt nicht das lustige Wirtshaus, er vergißt nicht seine Aufgabe, den goldenen Vogel zu suchen. Er folgt dem Fuchs auch bei seinem Rat zur Wiedererlangung von Pferd, Prinzessin und Vogel. Wichtig ist in diesem Zusammenhang die Reihenfolge: Ich-Stärke, Bisexualität und Selbst.

Um zum Abschluß den goldenen Vogel wieder zu erlangen, muß er die Prinzessin beim Fuchs lassen. Das Selbst stellt sich also als ein die Polarisation überschreitendes Ziel dar.

Der Prinz kann die Ratschläge befolgen, nachdem er durch die Lösung der Aufgaben gereift ist. Er hat diejenigen Aspekte, die sie repräsentieren, in sich entwickelt. Trotzdem braucht er noch die »Inkubationszeit« im Brunnen und das Erlernen der Demut (dargestellt durch den Wechsel der Kleidung), um seine starken negativen Seiten (die Brüder) ganz zu überwinden.

Die Kräfte, die den Helden in den Märchen zur Seite stehen, sind die unbewußteren, bescheidenen, zweitrangigen, oft verkörpert durch Tiere oder Zwerge. Es sind Aspekte, die noch nicht im Bewußtsein entwickelt sind, Unbeachtetes und scheinbar Bedeutungsloses. In dem Märchen »Schwesterchen und Brüderchen« z. B. helfen Diener. Sie berichten dem Prinzen, was während der Nacht geschah. Sie sind seine demütigen Aspekte, die besser unterrichtet und wacher sind. Riesen helfen als impulsive Kräfte des Unbewußten nur, wenn sie unter dem Befehl des bewußten Ich stehen (»Der Trommler«). In anderen Märchen hilft auch der Archetyp des »Alten Weisen«.

Für die Frau kommt die Hilfe meist in letzter Instanz vom Kosmos, vom Übernatürlichen. In manchen Märchen hilft der Archetyp der »Alten Weisen« der Heldin durch Ratschläge.

Allgemein gesehen kommt die Hilfe in den Situationen äußerster Gefahr aus dem Innern des Menschen, vor allem aus seinen weniger entwickelten Teilen. Auf jeden Fall erscheint die Hilfe immer als Kompensation des Bewußten in uns und kommt von dort, wo wir sie am wenigsten erwarten und wo wir mit unserem bewußten Verstand wenig Einfluß nehmen können.

Der Held spürt immer eine große Anziehungskraft, die von seinem unbewußteren, weiblichen Teil ausgeht. Die Heldin muß ihren

Gegenpol finden, um aus einer unerträglichen Situation erlöst zu werden. Falls dies nicht gelingt, besteht Todesgefahr. Die Größenordnung der Aufgaben (einen Ring aus dem Meer zu holen, einen Berg abzutragen, drei goldene Haare vom Teufel zu erlangen) zeigt die außerordentliche Weite des Unbewußten gegenüber dem Bewußten. Deshalb braucht dieses die Hilfe jenes in der Gestalt von Tieren, Zwergen, Riesen oder aber der Anima selbst, auch, wenn sie noch unter dem Einfluß einer Hexe oder großen Mutter, Symbol des Unbewußten, steht. Mit anderen Worten: es muß uns etwas von dem helfen, das wir gewinnen wollen!

Die Trennlinie zwischen Bewußtsein und Unbewußtheit muß transparent und überschreitbar werden. Nur so können wir etwas von den dort angesammelten und verfügbaren Kräften und Energiereserven für uns bekommen. Die Religionen, Mythen, Träume und Märchen helfen bei dieser Aufgabe, indem sie uns zeigen, wie man die Polarität der beiden psychischen Instanzen überwindet und integriert.

Die allgemeine Bedeutung der gestellten Aufgaben könnte man mit Laiblin[4] so beschreiben: Sie helfen, die Lebenskraft der Natur zu ordnen, zu entwirren, zu zähmen oder zu kontrollieren. Das heißt, sie ordnen die Tiefe der Seele. Die Impulse zu beherrschen ist eine Vorbedingung für Reifung und die Fähigkeit, Kultur zu entwickeln.

In vielen Märchen kann man eine Graduierung der Aufgaben erkennen: In den »Sechs Dienern« ist die erste Aufgabe, einen Ring aus dem Meer (ein Symbol des Selbst aus dem Unbewußten) zu holen, die zweite ist, die Gefräßigkeit (Oralität) zu überwinden, die dritte, nicht einzuschlafen (bewußt zu bleiben), und die vierte, durchs Feuer zu gehen (das Überflüssige zu verbrennen, ohne dabei selbst Schaden zu nehmen).

In »Der treue Johannes« geht es zuerst darum, einen Teil des impulsiven Ich zu opfern (das Pferd), dann das Hemd zu verbrennen, (die Inflation des verliebten und geliebten Mannes aufzugeben). Die drei Tropfen Blut aus der Brust der Braut zu trinken[5] bedeutet, etwas von der Identität des / der anderen in sich aufzunehmen, um die teilweise Integration und die Vereinigung mit ihm / ihr zu erreichen.

Im »Goldenen Vogel« muß, um die höchste Stufe der psychischen Ganzheit in erneuerter Form zu erreichen, erst das goldene Pferd, Symbol der Ich-Ausdehnung gewonnen und verloren werden, um zur Integration des Gegenpols, hier des weiblichen, vorzudringen. Erst dann ist der Held für die Wiedergewinnung des goldenen Pferdes und des goldenen Vogels, Ausgangspunkt und Endziel des Entwicklungsprozesses, reif genug.

In dem Märchen »Die Schwarze Braut« kann man in den drei Stufen, in denen die schwarze Braut sich in eine weiße verwandelt, ein sich stufenweises Klarerwerden des Unbewußten, je nach den Anstrengungen des bewußten Teils des Helden, erkennen. Es ist ein anschauliches Märchen, in dem der Prozeß der Bewußtwerdung von Teilen des Unbewußten symbolisch dargestellt wird.

Die Aufgaben sind für die beiden Geschlechter verschieden. Vom Mann werden Aktivität und Risikobereitschaft verlangt, um seine Anima aus der Herrschaft der Mutter zu befreien. Die Frau dagegen muß sich mit Hilfe des Animus von der Mutter lösen. Beide müssen das sie Ergänzende und ihnen Fehlende in sich entwickeln. Für den Mann sind es Intuition, Instinktivität, der Kontakt mit der Natur und dem Unbewußten. Für die Frau ist es die Geistigkeit und die Demut im Versorgen von anderen, wie wir in den Märchen »König Drosselbart« und »Allerleirauh« sehen werden.

Beide Geschlechter müssen lange Zeiten der Angst, der Gefahren oder der Verzweiflung durchstehen. In »Der liebste Roland« ist es das Warten auf den Animus, zuerst in Form eines Steins und dann einer Blume, also in totaler Passivität und Verletzlichkeit. Der Mann muß die Feuerprobe bestehen (» Der Trommler«, »Die sechs Schwäne«). Für beide Geschlechter kommt die Rettung nach Augenblicken der tiefsten Verzweiflung. Beide durchlaufen Phasen der Aktivität und Passivität in ihrem Entwicklungsgang.

Es scheint, daß es diese Verzweiflung ist, und vielleicht gerade sie, die die Kräfte des Unbewußten mobilisiert. Um solche Zeiten des Leidens aushalten zu können und nicht sofort einen falschen Ausweg (Promiskuität, Drogen, Alkohol oder rein äußerliche Veränderungen) zu suchen, muß man bereits eine bestimmte Ich-Stärke, Durchhaltevermögen und vor allem Vertrauen haben. Aber auch dann wird es Augenblicke geben, in denen all dies verschwunden zu sein scheint. Die notwendige Stärke gewinnt man in den Märchen durch die verschiedenen Prüfungen.

Man findet in den Märchen verschiedene Initiationsprüfungen: das erwähnte Nicht-Einschlafen-Dürfen im »Goldenen Vogel«, das

Schweigen-Bewahren in »Die sieben Raben« und »Die sieben Schwäne« sowie in der »Zauberflöte«. Das Verbot, sich zu fürchten, in »Der Trommler« und den »Drei goldenen Haaren des Teufels«. Die Aufgabe, sich nicht betäuben zu lassen, in »Der Trommler« und »Der eiserne Ofen« und die extremste Prüfung, durchs Feuer zu gehen, in »Die sechs Schwäne«, »Der Trommler« und in der »Zauberflöte«.

3.2. Die Konfrontation mit dem Schatten

Der Schatten besteht aus jenen Aspekten oder inneren Tendenzen und Eigenschaften, die wir nicht akzeptieren und deshalb entweder unterdrücken oder auf andere projizieren. In den Träumen treten sie als Figuren des gleichen Geschlechts wie der/die Träumende auf. Wenn wir lernen, diese Teile von uns zu akzeptieren, so wird die Energie, die für ihre Unterdrückung gebraucht wurde, frei. Dadurch kann eine neue Einstellung zum Leben entstehen, ein Gefühl der Erleichterung und des Vertrauens. Oft hat der Schatten auch einen positiven Aspekt, der aber erst frei wird, wenn die Tendenz als solche akzeptiert worden ist.

So ist z. B. der Neid etwas sehr Passives. Der Wunsch, etwas zu erreichen oder etwas Bestimmtes zu werden, kann jedoch das Gefühl des Neides in die Motivation wandeln, sich selbst dafür in Bewegung zu setzen. Der Wunsch wurde zwar durch den Neid geweckt, doch wird der Betreffende dann aktiv in Übereinstimmung mit diesem Wunsch, so verschwindet der Neid.[6]

In vielen Märchen treten Nebenpersonen auf, die als der Schatten des Helden gedeutet werden können. So gibt es das schon beschriebene Motiv der neidischen Brüder in den »Drei Federn«, im »Goldenen Vogel« und im »Wasser des Lebens«. Fast immer sind es zwei Geschwister des gleichen Geschlechts wie der Protagonist oder die Protagonistin. Auch dadurch wird deutlich, daß es um die eigenen Charakterzüge geht. Meist sind sie faul, ohne Mitgefühl, Güte oder Großherzigkeit und hören nicht auf den Rat von Fuchs oder Zwerg. Hat jedoch der dritte Bruder den goldenen Vogel oder das Lebenswasser bekommen, versuchen sie ihn loszuwerden, um selbst vor dem Vater als Retter dazustehen und seinen Dank zu erhalten. Die Fallen der Brüder werden fast immer in Momenten gestellt, in denen der Held im Wald oder auf dem Meer ist, sich also im Unbewußten aufhält. In Augenblicken, in denen wir weniger auf der Hut sind, erscheint das Unterdrückte mit neuer Kraft.

Auch die Heldin der Märchen hat neidische Schwestern, die sie nicht leben und genießen lassen, die sie verhöhnen und die sie um ihren Lohn und Erfolg bringen wollen, wie in »Aschenputtel« oder »Der liebste Roland«. In »Frau Holle« versucht die Schwester, das Gold zu bekommen, ohne gut und fleißig zu sein. In »Falada oder die Gänsemagd« erschleicht sich die Magd den Platz der echten Braut und verwandelt diese in eine Gänsemagd.

Als intrapsychische Tendenz gesehen, symbolisieren diese Schattenfiguren die für den Neid typische Passivität. Ein nicht wirklich gelebtes Leben, ein nicht begonnener Entwicklungsprozeß führen leicht zum Neid. Man beneidet dann die Aktivität der anderen, weil man selbst nicht aktiv wird, und weist deshalb die Anstrengung des anderen zurück.

Viele der Märchen haben einen solchen Anti-Helden. Es handelt sich um eine Aufspaltung des Helden oder der Heldin in einen guten und einen bösen Teil. Der böse Teil möchte die Dinge auf leichte Art und wegen ihres materiellen Gewinns bekommen (im »Wasser des Lebens« das Königreich). Die beiden ersten Brüder, die sich auf die Suche machen und scheitern, repräsentieren unsere eigene Tendenz, Anstrengungen zu vermeiden, nichts von uns aufgeben zu wollen, unserer inneren Stimme (im Zwerg dargestellt) nicht Achtung und Gehör zu zollen und trotzdem alles erreichen zu wollen. Die beiden Hochmütigen bleiben in einem engen Bergpaß stecken. Dieses sehr treffende Bild symbolisiert ihre Engstirnigkeit und Engherzigkeit in Einstellung und Verhalten. So müssen sie zu einem totalen Stillstand kommen.

Wenn das Märchen drei Brüder vorstellt, so ist es immer der dritte, der wirklich willens ist, die Reise zu unternehmen, und der dabei lernt, sich zu ändern. Dies könnte auch symbolisch darstellen, wie wir zuerst aufs Geratewohl etwas versuchen, ohne es wirklich ernst zu meinen. Noch sind wir nicht bereit, unsere Überheblichkeit aufzugeben, und hoffen, es ginge auch so. Erst wenn wir in unserer vermeintlichen Allmacht versagen, sind wir bereit, in unserem

Innern auch andere, weniger oberflächliche Eigenschaften zur Geltung kommen zu lassen. Bescheidenheit, Geduld und die Fähigkeit, durch auftretende Schwierigkeiten zu lernen.

Die zwei arroganten und unsolidarischen Schwestern Aschenputtels lassen sich lieber Teile ihrer Füße abschneiden (Symbole der Aktivität und Unabhängigkeit: »auf eigenen Füßen stehen«), als den Prinzen durch ihre eigenen Verdienste (die verstreuten Körner einzusammeln) oder ihre Güte (Schönheit im Märchen bedeutet immer gut sein) zu gewinnen. Die dritte Schwester, Aschenputtel, bekommt Hilfe von der Natur, von den Vögeln und dem Baum, der auf dem Grab der Mutter wächst. So kommt aus dem Verlust und der Trauer die notwendige Hilfe.

Der Lernprozeß anhand von Aufgaben, wie er in dem Märchen »Der goldene Vogel« beschrieben wurde, zeigt auch, daß der Held seine Abhängigkeit von der herrschenden Meinung erst noch überwinden muß. Als er dem Fuchs nicht gehorcht und Käfig und Sattel aus Gold nimmt, steht er noch unter dem Einfluß der gängigen Vorurteile.

Die Entwicklung dieses Märchenhelden zeigt, wie wir Eitelkeit, Frivolität und Oberflächlichkeit in uns besiegen müssen, denn auch sie gehören als negative Persönlichkeitsteile zu unserem Schatten. Er ist der unerläßliche Begleiter des bewußten Ich. Die guten Eigenschaften, wie die Fähigkeit zu fühlen und zu lieben, Solidarität und Geduld, können sich nur entwickeln, wenn Aggressivität, Rivalität und Ungeduld ins Unbewußte verdrängt werden. Aus diesem Grund kommen die neidischen Brüder und Schwestern so oft in den Märchen vor und treten auch ein zweites Mal auf.

Im »Goldenen Vogel« ist der Schatten die Unfähigkeit, zu unterscheiden und das Wesentliche zu erkennen. Doch erst dieses Unvermögen führt den Helden sogar gegen seinen Willen zu immer größerem Wachstum. Auf diese Weise wird sichtbar, daß der Schatten im Dienste des Selbst, der höheren psychischen Ganzheit steht.

Der Schatten kann auch positiv verstanden werden, als Hilfe zur Reifung, wenn er zusammen mit der Situation, die er verursacht hat, angenommen wird. Im »Goldenen Vogel« wird der positive Schatten durch den Fuchs verkörpert. Er steht für das Instinktive, das Erdhafte, das Natürliche und die Schlauheit, die uns in vielen Situationen beistehen können. Nachdem er geholfen hat, die Aufgaben zu lösen, muß dieser Schatten sich verändern, und am Ende des Märchens verwandelt der Fuchs sich in einen Prinzen. Der Held braucht ihn nicht mehr in seiner Tierform, und so wird der Schatten zu etwas »Höherem« sublimiert. In »Die drei Federn« kommt die Hilfe von der Kröte und der unterirdischen, weiblichen Welt, in die sie verbannt wurde. Später erlangt auch sie ihre menschliche Form wieder. In gewisser Weise könnte man sagen, daß das Weibliche auch der Schatten des Männlichen (und umgekehrt) ist, solange sie sich nicht gegenseitig anerkennen und akzeptieren.

Nach M. L. von Franz ist der Schatten des Mannes »derjenige Aspekt des Archetyps, der vom kollektiven Bewußtsein abgelehnt wurde«.[7] Es sind im allgemeinen Eigenschaften wie Faulheit, Neid und Machtgier. Wenn man sie am Ende des Märchens nicht integrieren oder verwandeln kann, so müssen diese Aspekte sterben wie die bösen Brüder im »Goldenen Vogel« oder wie viele Hexen und ihre Töchter, z. B. in »Schneewittchen«, »Hänsel und Gretel« oder »Falada«.

In allen Märchen gibt es diese negativen Figuren. Sie tragen vielleicht dazu bei, daß manche Menschen, und besonders Eltern, sich über die Grausamkeit der Märchen beklagen. Doch die Projektion eigener negativer Gefühle nach außen kann dem Kind helfen. Bettelheim meint, so würde das Kind Erleichterung empfinden und ein ethisches Urteilsvermögen entwickeln. Im Erwachsenen können die negativen Figuren eine größere Bewußtheit für das Böse in uns selbst fördern und uns dazu anregen, sich ihm zu stellen. Ohne die Konfrontation mit dem Schatten und ohne seine teilweise Integration bleibt der Weg zum Selbst versperrt. Der Schatten ist ein Hindernis für das Wachsen, aber es führt kein Weg an ihm vorbei. Die Annahme des Schattens fördert unseren Entwicklungsprozeß.

Wir kehren zum Beispiel des »Goldenen Vogel« zurück. Der Fuchs ist Ratgeber und Begleiter. Er kann besser unterscheiden, läßt sich nicht vom Äußerlichen und der Mehrheitsmeinung blenden und besitzt mehr psychologische Einsicht als der Held. Auch in anderen Märchen , wie z. B. in »Die weiße Schlange«, erhält der Held Hilfe von Tieren, denen er vorher geholfen hatte. So können es unsere äußerlich weniger auffälligen Aspekte sein, wie eben Geduld, Bescheidenheit, Mitgefühl, die Beziehung zur Natur, die uns in schwierigen Zeiten weiterhelfen. Die Schlange selbst kann als positiver Schatten verstanden werden, als instinktive, geheime Weisheit und Teil der Natur.

M. L. von Franz ist der Meinung, daß der Schatten der Frau seltener in den Märchen auftritt, weil beide weniger voneinander differenziert sind.[8] Mir scheint dies nur zuzutreffen, wenn man den Schatten der Frau hauptsächlich als Naturinstinkt versteht, da ja das Weibliche der Natur näher ist. Eben aufgrund der besseren Beziehung der Frau zur Natur erscheint ihr Schatten nicht so oft in Form von Tieren. Er tritt dagegen häufiger in den Verkörperungen der bösen Schwestern, Stiefschwestern, Stiefmütter und der »falschen Braut« auf. Diese Figuren versuchen, die Heldin ums Leben zu bringen, z. B. in »Der liebste Roland«, ihr den Bräutigam zu stehlen wie in »Aschenputtel« oder ihr die Früchte des Baumes zu nehmen (ihr Symbol des Selbst) wie in »Einäuglein, Zweiäuglein, Dreiäuglein«.

Im Falle der neidischen Brüder geht es immer darum, daß sie durch ihr Auftreten den Reifungsweg des Helden verlängern, indem sie ihn in einen Brunnen werfen oder seine Verbannung erreichen. Im Falle der Heldinnen stellen die Schwestern und die Stiefmutter oft den Ausgangspunkt dar. Durch sie werden die Protagonistinnen gezwungen, ihren eigenen Entwicklungsweg zu gehen.

In manchen Märchen versuchen die bösen Schwestern, die echte Braut zu ersetzen und ihren Platz an der Seite des Bräutigams einzunehmen. Diese »falsche Braut« kann auch als Schatten der Heldin verstanden werden. Sie hat menschliche Form und ist vom gleichen Geschlecht. Oft ist es die Tochter der Stiefmutter oder der Hexe. Sie kann das falsche Weibliche symbolisieren, das nicht Entwickelte. Fast immer ist sie häßlich, also böse. Sie verführt durch Betrug, nutzt die Vergeßlichkeit des Bräutigams aus oder erreicht durch Tricks die Vertreibung der wahren Braut.

Lassen wir Frauen uns durch ein weibliches »false self«[9] ersetzen? Und läßt sich unser Animus, der Held mancher Märchen, von einem falschen Ich betrügen? Die falsche Braut (in »Der Trommler«, »Das singende, springende Löweneckerchen«, »Der eiserne Ofen«, »Die Gänsemagd« u. a.) ist wohl das charakteristisch Weibliche, wenn es sich nicht vom Einfluß des Archetyps der Mutter oder vom Unbewußten befreit hat. Die wahre Braut besteht die Aufgaben, erlöst ihren männlichen Teil oder wird von ihm aus der Beherrschung durch die Mutter erlöst. Die falsche Braut versucht, ihrer Entwicklungsanstrengung zu entgehen, indem sie der echten ihre Errungenschaften abkauft.

Auch der Animus, der männliche Teil der Frau, nimmt manchmal Schattenaspekte an: Er ist die kritische Instanz in ihr, verneinend und verachtend. In »König Drosselbart« wird dies deutlich. Hier lehnt die Prinzessin den königlichen Bewerber ab, dem sie den Spitznamen nach seinem Bart verpaßt. Er symbolisiert gerade ihre eigenen negativen Aspekte, das, was ihr an sich selbst nicht gefällt, das Autoritäre und Spitze.

Sie leidet an einem »Vaterkomplex«, das heißt, sie hat sich zu sehr mit ihrem Vater identifiziert. Dadurch wurde sie hochmütig, und ihre Weiblichkeit blieb unterentwickelt. Ihr Lernprozeß unter der Leitung ihres Animus, des verkleideten Drosselbart, besteht darin, die weiblichen Künste des Webens, Verkaufens, Helfens in der Küche zu erlernen, allerdings auf eine demütigende Art und Weise. Ihr Mann zeigt sich ihr gegenüber genauso autoritär, wie sie es vorher ihm gegenüber war. Hier gleichen sich Animus und Schatten.[10]

Der positive Schatten des Mannes ist das Instinktive, dargestellt durch die Tiere, die Kompensation des Rationalen, Hochmütigen und einseitig Bewußten der männlichen Welt. Das Gegenstück für die Frau ist der Kosmos (der Mond, die Sonne, die Sterne und der Wind in »Allerleirauh«, »Die Gänsehirtin am Brunnen«, »Das singende, springende Löweneckerchen«). Die Heldin, nach Verlust des Bräutigams, muß unter großer Mühsal Hilfe und Rat des Kosmos suchen. Es ist die Welt des Über-Natürlichen und gilt als Gebiet des Männlichen. Es ist das, was sie erobern und in sich integrieren muß, um vollständig zu werden und ihren verlorenen Teil wiederzugewinnen. Es ist nicht ihr negativer Teil, sondern das, was ihr in ihrer Entwicklung fehlt.

Anhand von drei bekannten Märchen und ihrer Interpretation möchte ich die verschiedenen Aspekte des Schattens und seine Rolle im Individuationsprozeß zeigen.

Falada oder die Gänsemagd[11]

Als die Prinzessin auf dem Weg zu ihrem Bräutigam in einem fernen Land ist und nur von ihrer Dienerin begleitet wird, verliert sie ihr Taschentuch mit den drei Blutstropfen der Mutter, d. h., sie verliert den mütterlichen Schutz. So gerät sie unter die Herrschaft ihrer Dienerin, die ihr Schatten ist und ihren Entwicklungsprozeß einleitet. Die Prinzessin wird demütig, hütet die Gänse (Tiere in Verbindung mit Venus), und ihre Sexualität reift heran. Sie verteidigt sich gegenüber dem Gänsejungen (einem noch unreifen Animus), schützt und verbirgt ihr goldenes Haar, Symbol ihrer männlichen Anteile. Ihr sprechendes Pferd Falada wurde geopfert. Es hätte die Usurpation der Dienerin verraten können, symbolisiert aber auch ein noch zu hochmütiges Ich der von ihrer Mutter verwöhnten Tochter. Sein Kopf jedoch, hoch oben am Tor (ein Symbol des Übergangs oder Durchgangs zwischen Bewußtem und Unbewußtem) aufgehängt, dient ihr für ihre Klagen, tröstet sie und ruft indirekt schließlich den König-Vater zu Hilfe, der das fehlende männliche Element in der Familie ersetzt. Die Usurpation der Dienerin wird aufgedeckt, und die Gerechtigkeit wird wiederhergestellt.

Die Magd, die sich in die »falsche Braut« für den Prinzen verwandelt, der sie für seine echte hält, steht für das Nichtauthentische, aber auch für die eigene Machtgier. Hier symbolisiert die Dienerin nicht Bescheidenheit, sondern Hochmut, der den Erfolg ohne Anstrengung erreichen will. Diese Teile von uns müssen sterben, wie die am Ende des Märchens zum Tode verurteilte Magd.

Rumpelstilzchen[12]

Der Vater der Heldin will sich auf ihre Kosten bereichern. Er behauptet vor dem König, seine Tochter könne Stroh in Gold verwandeln. Das Märchen stellt die Habgier des Vaters bzw. des Männlichen dar, da auch der König sie teilt. Dieses Phänomen ist in der Psychologie als »Delegation« bekannt und bedeutet die Weitergabe und Lösung eines Problems an die nächste Generation. Es kann in diesem Märchen auch allgemein die Bereicherung des Männlichen auf Kosten des Weiblichen meinen.

Die Tochter akzeptiert aus Angst zu sterben. Wenn das Weibliche das vom männlichen Teil, sei er außerhalb oder innerhalb der eigenen Person, Geforderte nicht erfüllt, so wird es vergessen, verworfen oder getötet.

Dreimal verlangt der König, daß sie Stroh zu Gold spinne. Dreimal hilft ihr ein Männchen, aber nicht umsonst. Sie muß ihm jedesmal etwas von sich geben. Erst gibt sie ihm ihre goldene Kette, dann ihren goldenen Ring. Beides sind Symbole ihres Selbst, ihrer Ganzheit, die sie schon besaß, aber nun aufgeben muß, um nicht von ihrem männlichen Teil getötet zu werden. Beim dritten Mal muß sie dem Zwerg ihr zukünftiges Kind versprechen.

Der König ist mit ihren weiblichen und männlichen Fähigkeiten (Spinnen als weibliches und Gold als männliches Symbol) zufrieden und heiratet sie. Als ihr Kind geboren wird, Ergebnis dieser Verbindung der Gegensätze und ein neues Symbol des Selbst, kommt der Zwerg wieder und fordert das Versprochene ein. Jetzt widersetzt sich die Frau und erreicht einen Aufschub. Wenn sie den Namen des Männchens errät, so verzichtet er auf seine Belohnung. Sie versucht den Namen herauszufinden, und am dritten und letzten Tag überrascht ein ausgesandter Diener einen triumphierenden Zwerg, der in seiner Euphorie seinen Namen heraussingt. So rettet sie im letzten Augenblick ihr Kind, ihr neues Selbst, und der Zwerg vernichtet sich.

Dieses Märchen symbolisiert die Art des Schattens der Frau, der durch den habgierigen männlichen Teil angeleitet wird. Der Schatten will durch Lüge, Betrug oder Verführung das erlangen, was man normalerweise durch Anstrengung und Leiden erwerben muß. Die Heldin ist kurz davor, alles zu verlieren. Sie überwindet sich jedoch und gibt schließlich genau das, was ihr beim Betrug geholfen hat, zu: Sie nennt ihren betrügerischen Teil (etwas beim Namen nennen bedeutet immer seine Anerkennung) und rettet sich selbst. In diesem Märchen ist der Schatten männlich und steht in enger Verbindung mit dem Animus, der vom Vater und König verkörpert wird.

Ein vergleichbarer Schatten eines männlichen Märchenhelden ist der Zwerg aus »Schneeweißchen und Rosenrot«, der den Prinzen als Bären verzaubert hält. Dieser muß erst die im Zwerg vorhandenen bösen Eigenschaften wie Habgier, Mißtrauen und Unfreundlichkeit durch sein geduldiges und liebevolles Verhalten gegenüber den zwei Mädchen überwinden, um erlöst zu werden.

Der Teufel mit den drei goldenen Haaren[13]

Ein König will mit allen Mitteln vermeiden, daß seine Tochter den Sohn armer Leute heiratet. Der Junge wurde mit einer »Glückshaube« (amniotische Blase) geboren, die ihm sein großes Selbstvertrauen gibt. Banditen helfen ihm, indem sie den Brief des Königs, der seinen Tod fordert, umändern in den Befehl, ihm die Königstochter zur Frau zu geben. Auch der Teufel und die Großmutter des Teufels, sonst böse Gestalten, sind in diesem Märchen gut. Der Teufel ist der positive Schatten des Königs. Da dieser böse ist, ist sein Schatten für den »Sohn« gut. Der Teufel ist hier die Personifikation der Weisheit. Seine goldenen Haare symbolisieren Geistiges. Er ist nicht direkt ansprechbar, sondern nur über das weibliche Element erreichbar, die sorgende Großmutter, die ihrerseits an den Archetyp der »Weisen Frau« erinnert.

Der Junge ist demütig, er akzeptiert die ihm vom König aufgetragene Aufgabe, die goldenen Haare des Teufels zu holen. Dieser Auftrag soll eigentlich seinen Tod bewirken, führt statt dessen aber zu seiner Entwicklung. Mit einem Glücksfall, dem vertauschten Brief, durch den er die Königstochter ohne eigenes Zutun gewinnt, wird sein Wachstumsprozeß eingeleitet.

Da er bescheiden ist, läßt er sich in eine Ameise verwandeln (etwas Unscheinbares, Erdverwandtes und eher Weibliches). Er ist dankbar und kehrt an die drei Orte zurück, wo man ihn um Rat gefragt hatte. Diese Einstellung wird ihm durch Gold (Ansehen) vergolten, und so wird er zum Schluß als gleichrangig mit der Königstochter akzeptiert.

Ich interpretiere dieses Märchen so, daß man sich dem Schatten über die Liebe nähern sollte, um so seine verborgene Weisheit zu erlangen. Der Held unternimmt die Reise aus Liebe zu seiner Frau, von der ihn der König trennen will. Er vermag es, die Hilfe der Großmutter des Teufels zu gewinnen. Aggressivität muß durch Liebe überwunden werden, um zu Weisheit zu werden. Er zieht keinen direkten Nutzen aus den Ratschlägen des Teufels, da sie, wie auch die drei goldenen Haare, für andere sind. Aber er lernt so, Fruchtbarkeit und Kreativität nicht mit ungelösten Problemen zu verstopfen (Brunnen und Baum). Und er lernt, eine Tätigkeit nicht für immer zu wiederholen (Passagiere von einem Ufer zum anderen zu bringen), sondern andere beizeiten an die Reihe kommen zu lassen. Genau das, was der König-Vater nicht kann, deshalb wollte er den Jungen töten lassen und bekommt nun für immer das Ruder des Fährmanns in die Hand gedrückt.

Zusammen mit den drei Ratschlägen erhält der Held die drei goldenen Haare. Auch in anderen Märchen kommt dieses Motiv der goldenen Haare vor, z. B. in »Rapunzel«, in »Falada« und in »Eisenhans«. Goldenes Haar ist immer ein Symbol des Höchsten, Symbol der Sonne, des Erleuchteten.

Nach Jung soll der Schatten konfrontiert und nicht ausgeschlossen, verneint oder unterdrückt werden. Wenn in unserem Märchen der Teufel, Prototyp des Bösen, goldene Haare haben kann (ein Symbol des Selbst), so können wir ihn nicht länger für das Böse in der Welt und in uns verantwortlich machen, sondern müssen ihn als Teil unser selbst erkennen und uns mit ihm auseinandersetzen. Wir müssen seine positiven Aspekte entdecken. Nach Meinung Jungs fließt alle Energie zwischen den gegensätzlichen Polen und darf in keinem der beiden Extreme steckenbleiben. Außerdem hat jeder der Pole etwas vom anderen. Das Märchen zeigt auch die Theorie der Kompensation: Wenn der Vater (hier der König) böse ist, so ist sein Gegenteil im Unbewußten (der Teufel) gut. Die eigentliche Aufgabe ist es, Kontakt zwischen beiden herzustellen. Aber dafür muß man zuerst in die Hölle, wo der Teufel lebt, hinabsteigen, sich mit ihm auseinandersetzen, das Treffen überleben und zurückkommen.[14]

Wenn der positive Schatten akzeptiert wird, hilft er uns direkt auf unserem Entwicklungsweg. Der negative Schatten dagegen ist derjenige, der die Hindernisse erzeugt, die wiederum die »narzißtische Wunde« hervorrufen und zum Ausgangspunkt und der Notwendigkeit, den Entwicklungsweg zu unternehmen, führen. Bei seinem zweiten Auftreten fordert er eine neue Anstrengung und größere Reife.

Als letztes möchte ich darauf hinweisen, daß uns das aus dem Unbewußten Hervorgeholte (das Schwert und das Brot in »Das Wasser des Lebens« oder die Ratschläge im letzten Märchen) nicht direkt zur eigenen Bereicherung gegeben wird. Der Held der Märchen benutzt es für andere, die ihn dann aus Dankbarkeit beschenken und ihm dadurch zu seinem Glück (meist ist es die Prinzessin) verhelfen. Vielleicht ist dies die beste Art, mit dem Reichtum des persönlichen und kollektiven Unbewußten umzugehen.

Obwohl die »Persona« weniger wichtig ist im Entwicklungsprozeß als der Schatten, möchte ich doch einen kurzen Kommentar zu diesem Konzept anschließen.

In der Jungschen Terminologie bedeutet die »Persona« die gesellschaftliche Maske, mit der wir uns im täglichen Leben und den anderen Menschen gegenüber verteidigen. Sie ist wie eine öffentliche Schutzhaut. Die Gefahr ist jedoch, daß wir uns mit ihr identifizieren. Sie kann zum Verlust der eigenen Identität führen, wenn wir die übrigen Teile unserer Persönlichkeit vernachlässigen.[15]

In vielen Märchen wechselt der Held, besonders wenn er ein Prinz ist, mit jemandem aus einfacherer Schicht seine Kleider. Im »Wasser des Lebens« tauscht er sie mit dem Jäger, der ihn töten sollte, aber Mitleid hatte, und kann so sein Leben retten. Vielleicht wird damit auch angedeutet, daß das, was uns töten könnte, sich in unsere Rettung verwandeln kann, wenn wir nur diese Möglichkeit sehen würden.

In »Falada« zwingt die trügerische Dienerin die Prinzessin zum Tausch der Kleidung und damit der Rollen. So wird die Dienerin als Braut empfangen, und die Prinzessin muß als Gänsehirtin lernen, bescheiden zu werden, ihre mütterlichen Anteile zu entwickeln und ihren Animus reifen zu lassen.

Im Märchen »Der goldene Vogel« tauscht der Prinz nach seinem Aufenthalt im Brunnen, seiner Inkubationszeit, die Kleider mit einem armen Mann. So vor dem Neid seiner Brüder geschützt, kehrt er an den Hof seines Vaters zurück. In seiner bescheidenen Form wird er dennoch von denen erkannt, die er durch seine Anstrengung erworben hatte (Vogel, Pferd und Prinzessin). Der wirkliche Held wird unter seinem Schutz (Persona) erkannt. Ihm waren in seiner Abwesenheit seine »Errungenschaften« weder verlorengegangen noch untreu geworden. Ein wirklich glückliches und ermutigendes Ende!

3.3. Die Eroberung des Gegenpols

Die meisten Märchen enden mit der Hochzeit der Helden. In der Sprache der Archetypen ist sie die Verbindung von Animus und Anima, des Männlichen und Weiblichen der menschlichen Psyche. Die Bezeichnungen »männlich« und »weiblich« sind mit den Begriffen Mann und Frau nicht identisch. Sie existieren in beiden Geschlechtern. »Animus« bezieht sich auf den eher unbewußten männlichen Teil der Frau und »Anima« auf den eher unbewußten weiblichen Teil des Mannes. Die Entwicklung dieser gegensätzlichen Pole führt zur »psychischen Bisexualität«.

In den Märchen ist das Motiv des Tieres, das eigentlich ein Mensch ist und durch die Liebe einer Frau erlöst wird, häufig anzutreffen. »Das singende, springende Löweneckerchen«, »Der Froschkönig«, »Hans mein Igel«, »Das Eselein«, »Schneeweißchen und Rosenrot« sind die bekanntesten Beispiele. Der Grund, als Tier auf die Welt zu kommen, ist manchmal die erzwungene Geburt ohne eine vorhergehende psychische Erneuerung der Eltern. Das Kind geht aus einer weniger entwickelten Beziehung hervor, ohne eigenes Wachstum der Eltern, so daß ihre primitive Seite im Kind (meist ein Sohn) erscheint. Er kann nur durch die Liebe einer Frau und oft nur in zwei Stufen erlöst werden.

In dem Märchen »Das singende, springende Löweneckerchen« kann der Grund für die Tiergestalt des männlichen Protagonisten in der Beziehung zwischen Tochter und Vater liegen, in der »Delegation« des Vaters an die Tochter. »Delegation« zwischen den Generationen bedeutet, daß die Eltern nicht ihr eigenes Leben leben und nicht ihren eigenen Wachstumsprozeß durchmachen, sondern ihre bewußten und unbewußten Wünsche und unverarbeiteten Probleme an die Kinder weitergeben. Sie bringen so ihre eigene Erneuerung und Ergänzung in Gefahr, wie auch das Leben ihrer Kinder. Aus diesem Grund kann die Tochter den Mann wie ein gefährliches Tier erleben, das sie verschlingen will.

Die Idee, die diesen Märchen zugrunde liegt, ist, daß der Mann zuerst in seiner Tierform von der Frau akzeptiert werden muß. Man könnte auch sagen, das Tierische überwiegt in der sexuellen Beziehung, solange der Mann seinen weiblichen Teil nicht entwickelt hat. Wenn der Mann zu früh als Mensch von anderen gesehen wird, muß er verschwinden, weil er seinen instinktiven Teil noch nicht ausgelebt und noch keine genügende menschliche Entwicklung durchgemacht hat. Sein Verschwinden löst die Suche der Frau nach ihm aus, wodurch sie gezwungen wird, ihren eigenen Entwicklungsweg zu gehen. Ihr Individuationsprozeß beginnt mit der Suche nach ihrem Gegenpol, ihrem Animus.

Das Zusammentreffen mit dem anderen findet in zwei Etappen statt: Die erste ist die des blinden Verliebtseins und erfolgt manchmal in Heimlichkeit und Dunkelheit. Daraus könnte man ableiten, daß der tierhafte, instinktive Teil des anderen in der Phase der Idealisierung übersehen wird. Die zweite Etappe ist die des Verlustes und Verlassenwerdens, mit Zeiten der Verzweiflung und der Schwierigkeit, dem anderen sich selbst und die gemeinsame Beziehung in Erinnerung zu bringen. Im Märchen »Das singende, springende Löweneckerchen« empfängt die Frau die Hilfe des Kosmos in Form von Ratschlägen und Geschenken, die ihr später helfen, die falsche Braut zu bestechen und zu ihrem vergeßlichen Prinzen zu gelangen.

Die zweite erwähnte Hypothese der Jungschen Psychologie ist die Suche nach Kompensation des schon Bewußten. Der Mann muß das eher Instinktive in sich integrieren, während die Frau das, was über oder jenseits der Natur steht, also das Geistige, erobern muß.

In mehreren Märchen genügt das Glück der ersten Vereinigung des Paares noch nicht. Die Beziehung ist noch zu unbewußt, sie ist noch nicht Teil des Lebens. Es muß noch eine größere Anstrengung unternommen werden, um den anderen wirklich zu gewinnen und ihn Teil von sich werden zu lassen. Intrapsychisch gesehen ist in »Das singende, springende Löweneckerchen« der Löwe der Animus der jungen Frau. Er muß erst eine Entwicklung durchlaufen, bis sie ihn als ihren männlichen Teil integrieren kann und beide das Tageslicht erblicken dürfen. In »Brüderchen und Schwesterchen« spiegelt sich ein Teil dieser Verwandlung in den drei Tierformen, die die Hexe für Brüderchen ausheckt, um es selbst und Schwesterchen zu zerstören: Tiger, Löwe und Reh. Nur als Reh können beide zusammenbleiben, und nur in dieser Form wird der König, ein menschlicher, entwickelter Animus, angelockt.

Aber nun soll ein Märchen als Beispiel der Errettung des Männlichen durch das Weibliche erzählt und interpretiert werden.

Das singende, springende Löweneckerchen [16]

»Es war einmal ein Mann, der hatte eine große Reise vor, und beim Abschied fragte er seine drei Töchter, was er ihnen mitbringen sollte.« Die erste wünschte sich Perlen, die zweite Brillanten und die dritte ein singendes, springendes Löweneckerchen.

Bei seiner Rückkehr fehlte ihm das Geschenk für seine dritte und liebste Tochter. Als er durch einen Wald kam, sah er hoch oben auf einem Baum ein Löweneckerchen. Der Baum gehörte zu einem Schloßgarten. Sein Diener versuchte auf seine Bitte hin, das Löweneckerchen zu fangen. Im selben Augenblick erschien ein wütender Löwe, der ihn bedrohte. Der Mann konnte sein Leben nur retten, indem er dem Löwen als Tausch für das Löweneckerchen das erste, was er zu Hause antreffen würde, versprach. Der Mann dachte, es könne seine Lieblingstochter sein, aber der Diener beruhigte ihn, es wäre gewiß nur ein Tier.

Als er nach Hause kam, lief ihm seine jüngste Tochter zur Begrüßung entgegen und freute sich über das Löweneckerchen. Aber der Vater war traurig und erzählte ihr vom Tausch, den er machen mußte, um sein Leben zu retten und ihr das Löweneckerchen zu bringen.

Die Tochter fürchtete sich nicht, nahm das Versprechen des Vaters an und ging in den Wald. Der Löwe war ein verwunschener Prinz: Tagsüber war er ein Löwe und nachts ein Mensch. Sie heirateten, lebten glücklich während der Nacht und schliefen während des Tages. Sie bekamen ein Kind.

Als die älteste Schwester heiratete, ließ der Löwe seine Frau zur Hochzeit gehen, wo alle sich freuten, sie wiederzusehen. Man hatte sie für tot gehalten.

Als die zweite Schwester heiraten sollte, wollte sie diesmal mit ihrem Mann zur Hochzeit. Der Löwe sah die Gefahr. Wenn nur ein einziger Sonnenstrahl ihn berührte, so würde er sich in eine Taube verwandeln und müßte für sieben Jahre fort. Seine Frau ließ eine Mauer um einen Saal für ihn errichten. Aber das junge Holz der Tür spaltete sich, und ein feiner Sonnenstrahl fiel auf den Löwen. Er verwandelte sich in eine Taube und sagte ihr, er müsse nun sieben Jahre lang um die Welt fliegen. Er würde eine weiße Feder und einen roten Blutstropfen alle sieben Schritte fallen lassen, so daß sie ihn suchen und ihn befreien könne.

Sie folgte ihm nun sieben Jahre lang, bis eines Tages die Taube verschwunden war. Daraufhin wandte sie sich an die Sonne um Hilfe. Die Sonne hatte die Taube nicht gesehen, schenkte ihr aber eine Schachtel für einen Notfall. Danach wandte sie sich an den Mond, der die Taube auch nicht gesehen hatte und ihr ein Ei gab. Endlich gelangte sie zum Nachtwind mit ihrem Hilfegesuch. Dieser fragte die anderen Winde, und der Südwind schließlich wußte, wo die Taube war.

Die sieben Jahre waren vergangen, die Taube war wieder zum Löwen geworden und kämpfte gerade mit einem Lindwurm am Roten Meer. Der Wind riet dem Mädchen, die Ruten dort zu zählen, die elfte abzuschneiden und damit den Lindwurm zu schlagen, so würden beide ihre menschliche Form zurückerhalten, denn der Lindwurm sei eine Prinzessin. Sie solle dann sofort mit ihrem Mann einen Vogel Greif besteigen, der sie über das Rote Meer bringen würde. Der Wind schenkte ihr eine Nuß, die sie ins Meer werfen sollte, damit daraus ein Nußbaum wüchse, auf dem der Greif ausruhen könne.

Die junge Frau fand alles wie angekündigt vor und befolgte den Rat des Windes. Aber als die verwunschene Prinzessin von ihrem Drachendasein befreit war, nahm sie den Prinzen und entfloh mit ihm auf dem Greif.

Das arme Mädchen war nun von neuem allein und verlassen. Nach einer Weile fand sie ihren Mut wieder und machte sich erneut auf die Suche. Schließlich kam sie zu dem Schloß, wo die beiden wohnten und bald heiraten sollten. Die junge Frau öffnete die Schachtel und entnahm ihr ein Kleid so glänzend wie die Sonne, das die Begierde der Braut entfachte. Sie tauschte es gegen die Erlaubnis, eine Nacht im Zimmer des Bräutigams verbringen zu dürfen. Die Braut gab ihm jedoch ein Getränk, so daß er einschlief. Während der Nacht erzählte ihm seine Frau von ihrem langen Warten und den Reisen und ihrer Hilfe beim Kampf gegen den Drachen. Der Prinz aber schlief und hörte sie nicht.

Am zweiten Tag erinnerte sie sich an das Ei, öffnete es, und es kam eine Henne mit zwölf goldenen Küchlein heraus. Auch sie

erweckten die Gier der Braut, und wieder bat die junge Frau um eine Nacht in der Nähe des Bräutigams. Diesmal schlief der Prinz nicht ein, denn sein Diener hatte ihm das Gemurmel der vorigen Nacht erklärt. Er nahm den Schlaftrunk nicht. Als die junge Frau kam und wieder anfing zu erzählen, erkannte er sie. Er fühlte sich befreit, die fremde Prinzessin hatte ihn verzaubert. Sie beschlossen zu fliehen, denn der Vater der Prinzessin war ein Zauberer.

Sie setzten sich auf den Vogel Greif, und er brachte sie über das Rote Meer. Sie ließ die Nuß fallen, schnell wuchs ein Nußbaum, der Vogel ruhte sich eine Weile aus und brachte sie dann nach Hause. Dort erwartete sie ihr Sohn, und sie lebten vergnügt bis an ihr Ende.

Symbolische Interpretation

Dieses Märchen ist sehr komplex und auch in vielerlei Hinsicht beispielhaft. Es hat die magische Atmosphäre der Märchen durch seine nicht rational erklärbaren Verwandlungen und Geschehnisse. Es spielt in den drei Elementen Luft, Wasser und Erde und entwickelt sich im tierischen, menschlichen und übernatürlichen Bereich.

Symbolisch gesehen bezieht es sich auf die Delegation der Eltern an die Kinder, den männlichen wie den weiblichen Individuationsprozeß, die psychische Entwicklung des Mannes mit Hilfe der Frau und umgekehrt. Es enthält Aufgaben und eine Reise des Helden und der Heldin. Es geschehen Verwandlungen, die verschiedene Stadien psychischer Bewußtheit und Reife darstellen. Es beschreibt die Zeiten der Verzweiflung für die Frau, verursacht durch den Verlust des Mannes, und es schildert die Gefahr des Vergessens und als Folge davon die Verführung durch die falsche Braut für diesen. Das Märchen zeigt auch die Entwicklung in zwei Stufen, von der später noch die Rede sein wird. Es schließt mit dem »Happy End« der Märchen, dem Nachhausekommen und dem Wiederfinden ihres Kindes, ihr gemeinsames Symbol der Erneuerung.

»Das singende, springende Löweneckerchen« ist eins der Märchen, in dem der Vater an sein Kind, hier seine Tochter, die Lösung seiner eigenen Erneuerung delegiert. Diese Delegation ist der Anstoß eines Prozesses, der für die Tochter zur Gewinnung ihres gegensätzlichen Poles führt.

Seltsamerweise erbitten sich alle drei Töchter vom Vater Symbole des Selbst: Perlen, Diamanten und das Löweneckerchen (als Vogel symbolisiert es das Geistige, also die Ergänzung zum Weiblichen). Die dritte Tochter unterscheidet sich von den anderen dadurch, daß sie nichts Dekoratives (in Beziehung zur »Persona« Stehendes) erbittet, sondern etwas dynamisch Lebendiges. Im Grunde bittet sie den Vater um Hilfe beim Beginn ihres eigenen Entwicklungsprozesses. Die anderen Schwestern haben sich nicht vom Vater getrennt und delegieren deshalb ihre Entwicklung an ihn.

Der Vater rettet sein Leben, indem er dem Löwen seine Tochter verspricht.[17] Er tut es aus Angst und auf den Rat seines Dieners (seines feigen Schattens) hin. Andererseits sucht er ein Löweneckerchen für seine Tochter, um ihre Entwicklung anzuspornen. Er stiehlt das Löweneckerchen im Wald, in seinem Unbewußten. Es gehört dem Löwen, der auch sein Schatten, sein nicht entwickelter Teil ist. Die Ähnlichkeit der Bezeichnungen fällt auf: Löweneckerchen, der Vogel, den sie sich ausbat, und der Löwe, den sie sich dadurch einhandelt. Der Löwe kann sowohl der dunkle, unbewußte Teil des Vaters sein, dem er sie übergibt, als auch der Animus der Tochter.

Die Tochter geht ohne Angst, aus Liebe zum Vater in das Schloß des Löwen. Dieser ist ein verwunschener Prinz, der tagsüber die Gestalt eines Löwen annehmen muß und nur nachts ein Mensch sein kann. Die beiden heiraten und leben glücklich zusammen während der Nacht. Am Tage schlafen sie. Der Löwe stellt die sexuelle, noch nicht humane Kraft des Mannes dar, die der Frau völlig entgegengesetzt ist. In dieser rein physischen Beziehung können sie ein Kind haben. Der Wandel der Situation kommt durch die Eitelkeit der Frau, die ihren Schwestern den Ehemann vorführen will. Aber es ist noch nicht der rechte Augenblick, und so wird er von einem Lichtstrahl getroffen. Tür oder Tor sind Symbole des Übergangs, und das Licht ist das Symbol des Bewußtseins. So entsteht eine neue Entwicklungsphase für den Löwen, auch für die Frau, denn sie war ja Mitgefangene dieses Lebens in Dunkelheit. Die symbiotische Beziehung ist zu Ende, wie auch das Glück im Unbewußten.[18] Eine rein physische Symbiose erlaubt keine Entwicklung, sie muß zerbrechen, um zu einer wirklichen Beziehung von zwei differenzierten Individuen zu werden.

Der Löwe verwandelt sich in eine Taube. Damit wechselt er vom

Element der Erde zu dem der Luft und vom Männlichen zum Weiblichen, vom gefährlich Nahen zum unerreichbar Fernen und Geistigen. Die Tochter hatte sich vom Vater ein Löweneckerchen erbeten, also einen Vogel. So stellt diese Verwandlung ein Wachstum dar. Die Taube ist ein Vogel der Venus. In der Bibel ist die Taube des Noah Symbol der Versöhnung zwischen Gott und Mensch nach der Sintflut. Die Taube ist aggressiv und doch gleichzeitig Symbol der Liebe, sie ist Vermittlerin zwischen Himmel und Erde. In diesem Märchen bedeutet sie wohl eher die geistige Dimension der Liebe. Aber noch ist diese für die Frau entrückt. Die Verwandlung kann auch das Resultat der Idealisierung des Mannes von seiten der Frau sein, da er dadurch für sie unerreichbar wird. Beide leiden unter der Verwandlung, die sie trennt, und beide müssen nun ihren Entwicklungsweg allein durchlaufen. Die weiße Feder und der rote Blutstropfen können die Vereinigung des mystischen, geistigen Aspekts mit dem erdverbundenen, physischen und impulsiven der Liebe bedeuten[19] oder ganz einfach die beiden Seiten des Prinzen, die aber noch nicht in menschlicher Gestalt in Erscheinung treten.

Im zweiten Teil des Märchens wird die Entwicklung des Weiblichen dargestellt. Die junge Frau bittet den Kosmos um Hilfe. Sie muß ihre geistigen Anteile fördern, um sich mit ihrem Gegenpol wiedervereinigen zu können. Ohne die Trennung und den Verlust ihres Partners würde sie es nicht versuchen. Die Sonne schenkt ihr eine Schachtel, aus der sie später ein Kleid so glänzend wie diese entnimmt. Der Löwe ist ein Tier, das in Beziehung zur Sonne steht, und die junge Frau muß in sich Sonnenaspekte entwickeln, um sich von neuem mit ihrem männlichen Teil, in ihrem Ehemann symbolisiert, vereinen zu können. Der Mond schenkt ihr ein Ei, Symbol der Fruchtbarkeit, aus dem später eine Glucke und ihre goldenen Küken schlüpfen. Es sind ihre weiblich-mütterlichen Teile, die sie nicht vernachlässigen darf, sondern im Gegenteil mit männlichen Aspekten (dem Gold) bereichern soll.

Der Wind, Symbol des Geistes,[20] schenkt ihr eine Nuß, aus der ein Baum inmitten des Meeres wächst (aus dem Unbewußten entsteht ein Stück Bewußtsein), auf dem der Vogel Greif ausruhen kann. Dieser Vogel ist eine mythische Mischung aus Vogel und Löwe, den beiden früheren Formen des Prinzen, deren negative Seiten er noch bezwingen muß. Der Baum, auf dem sie sich ausruhen, kann das gewachsene Ich, die fortgeschrittene Entwicklung der beiden darstellen. Beide sind der symbiotischen Beziehung und der Verzauberung entwachsen und haben ihre Wachstumsphasen durchlaufen.

Die Geschenke von Sonne, Mond und Wind sind die Gaben, die die Frau aus ihrem Unbewußten erhält. Der Ort dieses weiblichen Unbewußten ist dem Reich der Kröte in »Die drei Federn« genau entgegengesetzt. So wird die Hypothese Jungs verdeutlicht, daß das Wachsen des Individuums aus dem jeweiligen Unbewußten (dem Neuen, bisher Unzugänglichen) kommt. Vereinfachend gesagt: für den Mann aus dem unteren Bereich (der Erde), für die Frau aus dem oberen Bereich (dem Himmel). Beide sind jedoch nur Symbole für das nicht darstellbare Unbewußte, das in Notfällen seine Hilfe anbietet, wenn man weiß, wie und wo man sie suchen muß.

Während die Frau bis zum Kosmos steigen und in sich Eigenschaften von Sonne, Mond und Wind integrieren muß, ist es die Aufgabe des Mannes, seine eigenen Aspekte des Destruktiven, des Nichtentwickelten, vom Drachen verkörpert, in sich zu bekämpfen. Der Drache bedeutet im allgemeinen die Mutter und symbolisiert die ewige Versuchung zur Regression, die sich dem Voranschreiten des Bewußtseins entgegenstellt. In diesem Märchen repräsentiert die Tochter des Zauberers die Gefahr der Regression.

Diese »falsche Braut« ist der Schatten der echten. Sie bedeutet ihren nicht vom Vater gelösten Teil. Der Zauberer ist der Schatten des Vaters der Heldin. Wenn der Animus unter dem Einfluß des elterlichen Archetyps steht, kann er als wildes, erdhaftes Tier (Löwe) oder als unerreichbares, geistiges Tier (Taube) erscheinen. Die Anima, als der weibliche, noch nicht individualisierte Teil, kann die Gestalt des Drachen, Symbol der archetypischen Mutter, annehmen. So erscheinen Animus und Anima in dieser Phase mit ihren instinktiven Aspekten, die noch der Entwicklung und Individuation bedürfen.

Die Drachen-Frau hält den Prinzen durch Zauberei gefangen und versucht, ihn durch die Schlafgetränke zurückzuhalten. Auf diese Weise besteht er die Probe des Wach- und Bewußtbleibens nicht, die in anderen Märchen am Anfang steht. Eine Regression des Mannes findet statt, wenn er der Frau erlaubt, ihn zu beherrschen. Der Mann muß fähig sein, der Verzauberung, der Blindheit und dem Vergessen seiner echten Braut zu widerstehen. Nur dann können Mann, Frau und Kind wieder zusammenfinden.

Dieses Märchen zeigt ganz deutlich, wie beide Teile des menschlichen Wesens, das Männliche und das Weibliche, wachsen müssen. Sie helfen sich gegenseitig und füreinander. Jeder Teil entwickelt das, was ihm fehlt: Der Mann eine menschliche Sexualität mit größerer Bewußtheit und die Frau eine eigene Geistigkeit. Beide müssen sich Gefahren stellen: Der Mann kann der Verführung durch die falsche Braut verfallen, die Frau der Verzweiflung erliegen, die durch die Abwesenheit ihres männlichen Teils hervorgerufen wird. Sie erreichen ein Sich-Wiederfinden auf einer höheren Ebene, und gemeinsam vereinigen sie sich wieder mit ihrem Kind, dem Symbol des Selbst.

Von diesem Märchen ausgehend kann man die Entwicklung und das Zusammentreffen von Animus und Anima, wie sie sich in einer Paarbeziehung spiegeln, folgendermaßen beschreiben:

1. Das erste oberflächliche Zusammentreffen, das Glücksgefühl des Verliebtseins und der Idealisierung. Oder auch nur eine rein sexuelle Verbindung. Es besteht noch keine wirkliche, tiefe Beziehung.
2. Eine Änderung der Situation wird erzwungen: Man will den Partner der Familie vorstellen, mit ihm angeben, beachtet die Wünsche und Nöte des anderen nicht und verliert ihn. Der Ehrgeiz der Frau, an den Ehemann delegiert, kann diesen dazu treiben, sich in der Arbeit, im Machtstreben und der äußeren Welt zu verlieren.
3. Die lange Suche. Man muß lernen, Einsamkeit, Verzweiflung und Abwesenheit des anderen zu akzeptieren. Es gilt, den Kosmos, das Über-Natürliche, das Geistige zu gewinnen. Die Sonne stellt die bewußte Orientierung dar. Der Partner wurde verzaubert, d. h., er ist unbewußt. Der Zauberer-Vater oder die Hexen-Mutter bedeuten eine zu enge Beziehung zwischen Eltern und Kindern, die später in das Leben der neuen Generation eingreift. Wenn die Anima nicht von den Eltern getrennt ist, kann sie sich in eine »falsche Braut« verwandeln, und so bleibt die echte Braut ohne ihre männliche Ergänzung.

Diese schematische Darstellung kann man von der Märchenwelt auf das Leben vieler Frauen heute übertragen, auch wenn das Geschlechterverhältnis sich allmählich verändert.

1. In Schule, Berufsschule oder Universität lernen wir, unseren Ver-

stand auszubilden. Wir erlernen einen Beruf, wir suchen Arbeit und wirtschaftliche Unabhängigkeit.

2. Wir heiraten, bekommen Kinder und kehren in die Welt der Mutter zurück, indem wir selbst Mutter werden. Wenn wir uns um die Kinder kümmern, die dem Unbewußten näher sind, werden wir selbst wieder etwas unbewußter. Die Identifizierung mit dem Archetyp der Mutter kann zu weiblicher Einseitigkeit führen. Während der Schwangerschaft und der ersten Monate des Mutterseins wird der »Logos«, der männliche Teil der Frau, reduziert. Während man auf den mütterlichen Teil zurückfällt, schläft der männliche Teil. Auch die Tatsache, den Animus »draußen«, d.h. im Partner zu haben, führt dazu, die Beziehung zum eigenen, inneren Animus zu vernachlässigen. Das gilt auch für Frauen ohne Kinder, die sich zu sehr vom Partner abhängig machen und einen zu großen Teil ihrer Aufgaben an ihn delegieren. Es besteht die Gefahr, daß er sich, wenn wir ihn allein lassen und den Kontakt zu ihm verlieren, eine »falsche Braut« sucht und uns verläßt.
3. Wenn die Zeit des Stadiums des Mutterseins abnimmt, wird der Kontakt mit dem männlichen Teil wieder stärker aufgenommen, und man wendet sich dem äußeren, öffentlichen, beruflichen oder intellektuellen Leben wieder mehr zu und trifft so erneut auf den Animus.

Überträgt man den Symbolismus des Märchens auf das Leben eines Mannes in unserer Zeit und Gesellschaft, so könnte man es wie folgt beschreiben:

1. Der junge Mann, noch mit dem einen oder anderen rein männlichen Aspekt des Löwen ausgestattet, erobert eine Frau, heiratet, und hat Kinder. Da er seine Anima »nach draußen« auf die Partnerin verlegt hat, überträgt er ihr die Sorge für sein Gefühlsleben und verläßt sie innerlich, um sich fast ausschließlich dem Berufsleben zu widmen. Im Märchen ist dies die Zeit, als der Ehemann in eine Taube verwandelt und unerreichbar für die Frau ist.
2. Wenn der Mann seine innere Leere spürt, kann er in die Hände einer »falschen Braut« fallen (der Femme fatale, der Kind-Frau, der Verführerin). Das Klischee des »ewig Weiblichen«, das Unbekannte und daher so Verführerische der Frau für den Mann, kommt gerade aus dieser Unkenntnis seiner eigenen weiblichen

Teile. Seine Anima ist noch im Unbewußten. Er muß die Verzauberung und das Vergessen überwinden und die Mühe auf sich nehmen, sich seiner echten, inneren Braut zu erinnern und sie zu respektieren. Er muß sie erneut suchen und fördern, um sie auf einer entwickelteren Ebene wieder zu gewinnen. Auf diese Weise wird er die Erfahrung der innerpsychischen und äußeren Ganzheit machen.

Man kann die Verwandlung der Partner auch anders beschreiben: Das erste Zusammentreffen der zwei Geschlechter geht von der Polarität als Basis aus. Diese einseitige und sexuelle Beziehung beruht auf der Anziehung durch die geschlechtlichen und psychischen Gegensätze. Das Andere zieht an, damit wir Teile davon in uns selbst fördern und dadurch wachsen. Aber dieser natürliche Impuls kann auf die Dauer zum Stillstand kommen. Deshalb wandelt sich in der zweiten Lebenshälfte die Beziehung in ein Verhältnis von zwei in sich vollständigen und nicht mehr so polarisierten Individuen. Jeder der beiden hat im Laufe der Jahre Erfahrungen gemacht und Teile des anderen angenommen. Die gegenseitige Anziehung besteht nicht mehr so sehr in dem, was dem einen vom anderen fehlt, sondern in der Freude, das Leben mit einem anderen, der seine eigene Identität und seinen eigenen Entwicklungsprozeß hat, zu teilen.

Zurück zum Märchen: Im allgemeinen »gewinnt« der Prinz die Prinzessin durch seine Taten und seine Aktivität, während die Prinzessin ihren Prinzen durch ihr Leiden und Ertragen »gewinnt«.[21] Der Prinz fühlt sich immer von ihrer besonderen Schönheit angezogen, obwohl diese Schönheit nicht für alle sichtbar sein muß. In »Aschenputtel«, »Schneewittchen« und »Dornröschen« wird er auch von ihrer Passivität, die sogar zum Scheintod wird, angezogen. In anderen Erzählungen errettet er sie aus Verlassenheit oder Isolation im Wald (»Der Eisenofen«, »Brüderchen und Schwesterchen«, »Das Mädchen ohne Hände«). Erich Neumann hatte in seinem Buch »Amor und Psyche« wohl recht, wenn er betonte, daß Leiden und Passivität der Frau den Mann anziehen und seine Aktivität anregen, um seine Anima zu retten.[22]

Als Ergänzung und als Beispiel der vollständigen Verbindung von Männlichem und Weiblichem möchte ich eine Zusammenfassung und Kurzinterpretation des Märchens »Der Eisenofen« anschließen. Es zeigt, wie die Frau in ihren männlichen Aspekten wachsen und zugleich ihre vernachlässigten, weiblichen Teile entwickeln muß. Ohne diese Entwicklung der gegensätzlichen psychischen Aspekte kann es keine anhaltende Beziehung zwischen den beiden Geschlechtern geben.

Der Eisenofen[23]

Eine Königstochter verirrt sich eines Tages im Wald und kann nur mit Hilfe eines Eisenofens mit menschlicher Stimme wieder in ihr Schloß gelangen. Der Ofen ist ein von einer Hexe verwunschener Prinz. Die Prinzessin will aber ihr Versprechen, den Eisenofen zu heiraten, nicht einlösen und schickt zwei Ersatzfrauen. Der Eisenofen merkt den Betrug, und am Ende bleibt ihr nichts übrig, als selbst zu gehen, wenn auch weinend. Sie fängt an, am Eisen des Ofens zu kratzen und entdeckt innen einen wunderschönen Prinzen, den sie befreit. Er will sie heiraten, sie aber will sich erst von ihrem Vater verabschieden, verweilt aber dort zu lange, und der Prinz verschwindet.

Nun beginnt ihre Suche nach dem Prinzen. In einem Häuschen im Wald findet sie Hilfe bei einer Kröte (statt des Kosmos ist es hier das mütterliche Element der Natur, das hilft). Sie bekommt drei Nadeln, ein Pflugrad und drei Nüsse zusammen mit der Nachricht, daß sie einen gläsernen Berg, drei schneidende Schwerter und ein großes Wasser überqueren müsse, um den Prinzen wiederzufinden. So ausgerüstet erlöst sie den Prinzen erst aus seiner Isolierung, dann aus der Verzauberung durch die »falsche Braut« mit Hilfe der in den Nüssen enthaltenen Kleider. Schließlich erinnert er sich ihrer wieder, und sie kehren zusammen zu den Kröten zurück, die ihre menschliche Gestalt wiedererlangt haben.

Verena Kast[24] interpretiert dieses Märchen als Ablösung vom Vater. Die besondere Beziehung der Prinzessin zu ihrem Vater ließ ihren Animus zu hart (Ofen aus Eisen) und zu geistig (Glas) werden. Das Weibliche ging verloren und muß nun wieder zu seinem Recht und seiner Anerkennung kommen. Deshalb helfen ihr die Kröten als Symbol des Mütterlich-Erdhaften, das in diesem Märchen zu kurz gekommen ist (darauf weist das Fehlen der Königin). Als die Heldin schließlich das Weibliche mit dem Männlichen in sich integrieren kann, erhalten die Kröten ihre menschliche Form wieder, denn sie waren verzauberte Frauen.

Die Abhängigkeit vom Vater kann den Animus der Tochter in etwas sehr Hartes, wie eine Festung oder einen Panzer, verwandeln. So fühlt sie sich als Gefangene und kann zerstörerische Kräfte entwickeln. In diesem Märchen ist ihr Animus eingeschlossen und steht außerhalb des Lebens fern in einem Wald. Durch ihre starke Beziehung zum Vater hat sie auch ihre eigenen männlichen Teile nicht leben können, sie sind im Unbewußten. Andererseits übertreibt sie ihre männlichen Aspekte, wenn sie aus Hochmut zwei weniger hochstehende Mädchen aussendet, um die Rüstung des verwunschenen Prinzen abzukratzen. Sie versucht vergeblich, die ihm gegenüber eingegangene Verpflichtung zu umgehen. Es ist ihre Überheblichkeit, ihr Schatten, der erst überwunden werden muß. Sie muß voll und ganz ihren eigenen »eisernen« Teil anerkennen, um ihn dann weicher werden zu lassen. Sie muß auch ihre weiblichen Aspekte entdecken und annehmen, um ihren gefangenen Animus zu befreien. Da sie ihn vergißt, als sie beim Vater ist, also wieder unter seinem Einfluß steht, verliert sie ihn und muß sich auf die mühsame Suche begeben.

Der Prinz hat sich hinter den gläsernen Berg, die schneidenden Schwerter und das große Wasser zurückgezogen. Sie muß also die Kälte, das durchbohrende Männliche und das Unbewußte in sich selbst besiegen, um zu ihm zu gelangen.[25] Die Kälte des Glases ist die Kälte, der sie sich durch die Abwesenheit des Animus ausgesetzt fühlt. Sie muß fähig sein, sie zu ertragen. (In »Schneewittchen« wird dasselbe durch den gläsernen Sarg versinnbildlicht.) Glas und auch gefrorenes Wasser symbolisieren das Unbewußte, in dem sich jemand befindet. Die schneidenden Schwerter, eher männliche Symbole, und das Wasser, der Herrschaftsbereich der »Großen Mutter«, müssen überwunden werden. Der Entwicklungsprozeß der Prinzessin (einer Vater-Tochter) besteht darin, alle diese Gefahren und Schwierigkeiten zu bezwingen. Es gelingt ihr mit Hilfe der Kröten, dorthin zu kommen, und sie wird als Küchenmagd angenommen. So kann sie ihre bis dahin durch ihren »Vaterkomplex« unterdrückte eigene Weiblichkeit, das Sorgende und Nährende entwikkeln und als Schutz gegen ihren männlichen Hochmut Demut in sich wachsen lassen. Der Prinz hat sie vergessen und ist dabei, eine andere zu heiraten. Sie »kauft« mit den Kleidern (Symbole ihrer neuen Weiblichkeit) aus den drei Nüssen (Kreativität des Unbewußten) die Erlaubnis der Braut, jeweils eine Nacht beim Bräutigam zu verbringen. Es ist das gleiche Motiv wie im vorigen Märchen. Erst in der dritten und letzten Nacht hört der Prinz sie, da er den Wein nicht getrunken hat. Er erkennt sie wieder, und sie kehren gemeinsam in das Häuschen der Kröten im Wald zurück. Es ist inzwischen wieder ein Schloß, und die Kröten haben ihre menschliche Gestalt zurückerlangt.

Das Männliche erlöst das Weibliche

Zur Verdeutlichung der Erlösung des Weiblichen durch das Männliche habe ich das Märchen »Der Trommler« gewählt. Es bietet überzeugende Bilder für das Unbewußte und zeigt, wie man mit ihm umgehen kann. Es beschreibt deutlich die Verantwortung des Mannes seinem weiblichen Teil gegenüber, den er befreit und der ihm seinerseits hilft, sich nicht zu verlieren.

Die Eroberung und Entwicklung des Weiblichen stellt für den Mann einen der entscheidendsten Schritte im Individuationsprozeß dar. In diesem Märchen sieht man, wie das Weibliche des Mannes im Unbewußten (dem Wasser) gefangen von der Mutter (der Hexe) zurückgehalten wird und deshalb auf einem gläsernen Berg isoliert lebt und das Männliche braucht, um befreit zu werden. Der Held erlöst das Weibliche aus seiner Verzauberung, indem er die von der Hexe gestellten Aufgaben durchführt. Die Aufgaben haben alle mit dem Unbewußten zu tun. Er ist nur imstande, sie zu lösen, wenn ihm sein weiblicher Teil, seine Anima hilft. Dieser innere Teil von ihm selbst, in der äußeren Form der Prinzessin, die er aus seinem Unbewußten erlösen muß, ist das Ziel seiner Suche und seines Prozesses.

In der Jungschen Psychologie gibt es eine doppelte Sichtweise des Männlichen und Weiblichen. Sie existieren sowohl außerhalb von uns als möglicher Partner und zugleich innerhalb von uns als unser dem biologischen Geschlecht entgegengesetzter Teil. Bei der symbolischen Deutung geht es daher immer um die zwei Ebenen, die psychische, innere neben der realistischen, äußeren.

Der Trommler[26]

Ein junger Trommler findet eines Tages an einem See ein feines Leinenstück. Es macht ihn neugierig, er steckt es ein und geht nach Hause. Das Leinen ist eine Art Lockvogel, etwas ganz Neues für ihn, von dem er sich angezogen fühlt, ohne jedoch zu wissen, was es ist oder wozu es gut ist. Nachts erscheint ihm eine fast unsichtbare Gestalt und fordert ihr gestohlenes Hemdchen zurück. Er gibt es ihr unter der Bedingung, daß sie ihm sagt, wer sie ist. Er will sich also von dem Neuen nur trennen, wenn er mehr darüber erfährt.

Es ist eine Königstochter, die in die Gewalt einer Hexe geriet und verbannt auf einem Glasberg lebt. Der Trommler bietet seine Hilfe an und läßt sich auch durch die Schwierigkeiten, die sie ihm schildert, nicht abhalten. Er muß einen Wald mit Riesen durchqueren und einen Berg aus Glas besteigen, um zu ihr zu kommen.

Der Trommler hat keine Angst, vielleicht aus Mangel an Erfahrung und aufgrund seiner Jugend. »Was ich will, das kann ich«, meint er angeberisch. Das ist das Selbstvertrauen eines kräftigen Ich, das in der ersten Lebenshälfte entwickelt wurde. Er muß sich sicher sein, das Ziel zu erreichen, um sich auf den Weg zu machen und die Prinzessin zu befreien.

Der erste Schritt des Entwicklungsweges ist immer das Zusammentreffen mit unseren negativen Teilen, die wir gewöhnlich verneinen und ablehnen. Sie können sich teilweise in positive Energie verwandeln, wenn sie anerkannt und richtig benützt werden. In diesem Märchen wird der Schatten des Helden durch die Riesen verkörpert.

Beim Betreten des Waldes weckt er durch sein Getrommel einen der Riesen. Er erreicht, daß die Riesen ihn bis zum Glasberg bringen, den er allein nicht erreicht hätte. Die Riesen, die in einem großen Wald leben, symbolisieren unsere unbewußten Kräfte, die uns nur zu Dienste stehen, wenn wir sie richtig zu behandeln wissen. Sonst können sie uns zerstören. Der Trommler verkörpert die bewußte Ich-Stärke, klein aber gescheit, im Gegensatz zu den impulsiven, unkontrollierten und unbekannten Kräften des Unbewußten.

Die Riesen bringen ihn nicht bis auf den Gipfel des Glasbergs. Als er es allein versucht, rutscht er ab. Der Ort, an dem seine Anima gefangengehalten wird, ist nicht einfach zu erreichen. Für diesen Teil der Reise braucht er Hilfe einer anderen Art. Er trifft zwei Männer, die sich um einen Sattel streiten, der seinen Besitzer, wohin immer er will, bringt. Die zwei streitenden Männer repräsentieren die Verzettelung unserer Energie. Der Trommler macht sich den Sattel durch einen Betrug zu eigen. Er soll demjenigen gehören, der am schnellsten an ein von ihm angegebenes Ziel läuft. Während die beiden losrennen, setzt er sich auf den Sattel und verschwindet.

Dieser Sattel steht für die Kraft, die ein authentischer Wunsch erzeugt, in diesem Fall der Wille, zur Prinzessin zu gelangen. Durch die Konzentration der Energie auf diesen Wunsch erreicht der Held sein Ziel. In anderen Märchen gibt es einen Hut, einen Teppich oder einen Ring. Der Diebstahl des Sattels bedeutet eine Transgression, eine Übertretung, die nötig ist, um die innere Unabhängigkeit für das Erreichen des Zieles zu erlangen. Eine solche Übertretung ist recht häufig in den Märchen.

Mit Hilfe des Sattels erreicht er eine Hochebene auf der Spitze des Glasberges. Dieser Berg aus Glas, auf dem seine Anima eingeschlossen lebt, symbolisiert die Kälte und Isolation, in der sie sich befindet. Er erinnert an den gläsernen Sarg aus »Schneewittchen«. Die Königstochter lebt in der Geisterwelt, nicht in der Wirklichkeit. Die Isolierung ist das Resultat der Beherrschung durch die Mutter-Hexe. Sie erlaubt ihr das Zusammentreffen mit ihrem anderen Teil nicht, sondern hält sie, die als Anima doch »Eros«, Symbol der Beziehung, und Personifikation des Lebens[27] ist, eingeschlossen und abgetrennt von der Welt. Im Märchen »Rapunzel« ist es ein Turm. Hier handelt es sich um einen Berg aus Glas (gefrorenes Wasser). Dieses Gefängnis beschreibt treffend die Einsamkeit, in der die Anima lebt, wenn sie keine Verbindung mit ihrem männlichen Teil hat und unter der Herrschaft der negativen Mutter steht.

Oben auf dem Berg findet der Trommler ein Haus, einen See und einen großen Wald. Er klopft an die Tür des Hauses, und es öffnet ihm eine alte Frau, die ihm Essen und Obdach bietet gegen Arbeit. Er scheut die Arbeit nicht und beginnt am nächsten Tag.

Die erste Aufgabe besteht darin, den Teich mit einem Fingerhut zu leeren und die Fische am Ufer geordnet aufzureihen. Er versucht es, schafft es aber nicht. Am Mittag kommt ein Mädchen aus dem Haus und bringt ihm das Essen. Sie fragt ihn, warum er traurig ist, und verspricht, ihm zu helfen, während er sich ausruhen und seinen Kopf in ihren Schoß legen soll. Mit Hilfe ihres magischen Rings gelingt es ihr, die Aufgabe zu erledigen.

Was könnte diese Aufgabe bedeuten? Der See symbolisiert das Unbewußte. Wasser ist der Ursprung allen Lebens, aber es hat auch zerstörerische Kräfte, z. B. bei Überschwemmungen. Den See mit einem Fingerhut zu leeren, wäre vergleichbar mit dem Versuch, das Unbewußte nur mit Hilfe des Bewußtseins verstehen zu wollen. Das Ich ist ein unzureichendes Hilfsmittel. Der Fingerhut macht auch das Größenverhältnis zwischen dem bewußten Ich und dem Unbewußten, ausgedrückt im See, deutlich.

Das Hervorholen der Fische und das Aufreihen nach ihrer Größe und Art bedeutet, den Inhalt des Unbewußten sowohl zu ordnen als auch bewußt zu machen. Der Trommler muß es erst versuchen, aber es gelingt ihm nur mit Hilfe des Mädchens, seiner Anima, seines noch unbewußten Teils. Sie steht mit ihrem Selbst, im magischen Ring symbolisiert, in Kontakt.

Die zweite von der Hexe aufgetragene Arbeit ist, den Wald zu roden, das Holz in Scheite zu spalten und zu ordnen. Auch der Wald ist ein Symbol für das Unbewußte, liegt aber im Gegensatz zum See über der Erde, ist also erreichbarer geworden. Die Instrumente, die er bekommt, Axt, Schläger und Keile, sind aus Blei und verbiegen sich sofort. Nachdem der Fingerhut die Ich-Stärke verkörperte, stellt nun die Axt die höhere Funktion des Denkens dar, denn es geht darum, zu ordnen und zu unterscheiden. Das ist die bewußte Funktion. Die Aufgabe ist jedoch, die entgegengesetzte, im Unbewußten liegende Gefühlsfunktion zu entwickeln. Man kann die drei Instrumente auch als phallische Symbole verstehen, mit denen der Trommler jedoch die ihm gestellte Aufgabe nicht lösen kann. Wiederum muß das Mädchen als seine Gefühlsfunktion helfen, während er schläft, das heißt, während er sich dem Unbewußten überläßt.

Die dritte Aufgabe verlangt, mit dem geschlagenen Holz ein Feuer zu machen. Das Holz aus dem Wald gibt Energie und Licht. Es ist die Energie, die aus dem Unbewußten kommt. Den Wald roden bedeutet, ihn in fruchtbare Erde zu verwandeln und für die Landwirtschaft vorzubereiten. Sie ist der Beginn der menschlichen Kultur. Das Feuer zerstört das Böse, erhellt und wirkt reinigend. Mit der Zerstörung der negativen Impulse des Unbewußten macht es die dort existierende Energie verfügbar.

Und wieder muß das Mädchen ihm mit ihrem magischen Ring helfen. Sie stellt sein Unbewußtes oder Teile davon dar. So muß die Hilfe, die er braucht, um seine Anima aus dem Unbewußten zu erlösen, aus dem Unbewußten selbst kommen. Deshalb sind die Aufgaben so schwer.

Das Mädchen hatte ihm geraten, bei jeder Arbeit etwas auszulassen, einen Fisch oder ein Stück Holz, um damit die Hexe zu schlagen. Hier handelt es sich erneut um eine Transgression. Auf diese Weise unterwirft sich der Trommler der Hexe nicht völlig. Die Übertretung ist ein Beweis seiner Unabhängigkeit und eine Vorahnung der baldigen Überwindung der archetypischen Mutter.

Die vierte Arbeit, wie immer die schwierigste und die, welche auf eine vollständigere Ganzheit hinweist als die Zahl drei,[28] besteht darin, ein nicht brennendes Holzscheit aus dem Feuer zu holen. So muß der Trommler als letztes die Feuerprobe bestehen. Das Feuer erlaubt wie die Todeserfahrung die Erneuerung in gereinigter Form. Es stellt auch das Feuer der Leidenschaft dar, das für den Entwicklungsprozeß notwendig ist. Das Mädchen hatte ihm gesagt, daß er ohne Furcht sein müsse. Angst schwächt und läßt das bewußte Ich zweifeln und zittern. Man muß sich selbst überwinden, wie auch sein Verlangen, um jeden Preis am Leben zu bleiben und die kleinen Wünsche und menschlichen Sicherheiten zu retten. Man muß die einseitig bewußte Einstellung aufgeben können, um ein freieres und vollständigeres Leben zu gewinnen.

Dies nun kann der Trommler selbst vollbringen. Er holt das nicht brennende Holzscheit aus dem Feuer, und als es den Boden, die Wirklichkeit berührt, verwandelt es sich in die Prinzessin. So wird deutlich, daß der Mann seine Anima aus dem Unbewußten holt. Er bekommt sie aber nur, wenn er sich ganz einsetzt, alles riskiert und sich auf sein Unbewußtes und die damit verbundenen Gefahren einläßt.

Es ist noch eine weitere Transgression notwendig. Er muß die Hexe fassen und verbrennen, sonst würde sie das Mädchen zerstören, und alles wäre umsonst gewesen. Die archetypische Mutter zu töten ist eine der schwersten Aufgaben. Es bedeutet, unsere kindliche Beziehung zu der Mutter zu beenden. Wir müssen unsere eigene Schwäche opfern.[29] Wir müssen leiden und etwas von uns verbrennen, um neue und andere Aspekte zu befreien. Jung schreibt: »Das Unbewußte gibt nur etwas gegen ein Opfer her«.[30]

Das Mädchen erkennt den Trommler als ebenbürtig und als seinen Retter an; sie beschließen zu heiraten. Im Haus der Hexe finden sie große Reichtümer, die wie in »Hänsel und Gretel« den psychischen Reichtum und die Energie symbolisieren, die befreit werden, wenn die Herrschaft der Hexe und die Abhängigkeit von ihr überwunden worden sind. In beiden Märchen werden nur die Edelsteine als Symbole der Ganzheit genommen, und nicht Gold und Silber, die noch die Differenzierung in männlich und weiblich bedeuten können.

Bevor sie heiraten, möchte sich der Trommler von seinen Eltern verabschieden. Mit Hilfe des magischen Ringes des Mädchens gelangen sie in die Stadt. Sie rät ihm, seine Eltern nicht auf die rechte Wange zu küssen, da er seine Braut dann vergessen werde.

Der Trommler kehrt nach Hause zurück. Drei Jahre sind vergangen, und die Freude des Wiedersehens ist so groß, daß er die Eltern auf beide Wangen küßt und seine Braut vergißt.

Das Thema des Vergessens findet sich in mehreren Märchen. Es bedeutet, daß der Einfluß des Kollektiven, die Anpassung an die Mehrheit, repräsentiert durch die Eltern, noch zu stark ist und das Individuelle zum Erliegen bringt. In mehreren Märchen erlaubt der Held sogar seiner Mutter, eine Braut für ihn auszusuchen!

Das Mädchen wartet währenddessen im Wald auf ihn. Obwohl sie der Herrschaft der Hexe mit Hilfe ihres Animus entkommen ist, scheint es noch einer Phase der Reifung in Einsamkeit zu bedürfen.

Eine der Besonderheiten dieses und auch anderer Märchen ist die Entwicklung in zwei Stufen, die einen bisher kaum untersuchten Aspekt darstellt. Es findet das erste Zusammentreffen statt. Darauf folgen die zu lösenden Aufgaben, doch statt des glücklichen Endes kommt erst einmal ein Schnitt. Dieser Aufschub, der eine tiefere und realistischere Entwicklung der Protagonisten erlaubt, stimmt mit dem wirklichen Leben überein. Mit dem ersten Kennenlernen und Verlieben ist die dauerhafte Integration der Gegenpole, des Männlichen und Weiblichen, im Menschen noch nicht vollzogen.[31]

In diesem Märchen mit einem männlichen Helden und seinem Entwicklungsweg ist es die Braut, die im zweiten Teil noch reifen muß. So wird betont, daß beide unabhängig voneinander ihren eigenen Prozeß durchlaufen müssen.

Der Aufenthalt des Mädchens im Wald ermöglicht diesen Reifungsprozeß. Sie verbringt dort eine Zeit des Verlassenseins und der Trauer um den Verlust der Beziehung zur Mutter. Auch wenn diese böse war, gab es doch eine Beziehung zwischen ihnen. Hinzu kommt die Traurigkeit darüber, daß ihr Bräutigam sie vergessen hat und nicht wiedererkennt, als sie an seinem Haus vorbeigeht.

Die Zeit der Einsamkeit zwischen der allmählichen Distanzierung von den Eltern in der Adoleszenz und einer nicht nur sexuellen Partnerschaft ist immer schwierig für eine Frau. Das Stürmische des Protestalters hat sich gelegt, und der Wunsch nach einer eigenen Familie entsteht. Aber dazwischen liegt die Entwicklung der persönlichen Identität. Wie im Märchen »Der liebste Roland« tritt auch im »Trommler« der Verlust des männlichen Teils ein, auf den das Gefühl der Verzweiflung folgt. Heutzutage wird sie unter dem Beginn einer Berufsausübung oder einem zur Schau gestellten Narzißmus leicht kaschiert.

In einer auch heute noch eher patriarchalen Gesellschaft, in der das Weibliche nur akzeptiert wird, wenn es sich an die männlichen Vorbilder anpaßt, können der »Sprung« vom Weiblichen zum Männlichen und die Integration des Gegenpols, ohne die eigene Identität zu verlieren, mit Panik oder Verzweiflung erlebt werden. Die Schwierigkeit der Integration wird von der Gesellschaft nicht anerkannt, und es kann zu überstürzten Entscheidungen kommen. Dann zerfällt die angestrebte Integration wieder in ihre beiden Einzelteile, und die Frau wird rein weiblich (mit der Gefahr der Depression durch den Mangel an innerem Halt) oder überwiegend männlich auf Kosten ihres Gefühlslebens.

Wenn wir zum Märchen zurückkehren, so sehen wir, daß sich das Mädchen erst entschließt aktiv einzugreifen, als es erfährt, daß sein Bräutigam eine andere heiraten will. Mit Hilfe ihres magischen Ringes (das von Anfang an vorhandene Symbol ihres Selbst) erhält sie drei Festtagskleider. Das erste glänzend wie die Sonne, das zweite silbern wie der Mond und das dritte schließlich so leuchtend wie die Sterne. Die drei Kleider symbolisieren ihren Reifungs- und Wachstumsprozeß im weiblichen Bereich, der noch ausstand. Sie mußte in sich noch die männlichen Aspekte der Sonne und die weiblichen des Mondes integrieren, um so zu einem Symbol des Selbst, dem Sternenkleid zu gelangen.

Die Kleider können natürlich auch die »Persona« bedeuten, die soziale Maske in der Jungschen Terminologie. So kann man auch sagen, daß das Mädchen durch die Kleider eine konkrete, anfaßbare und schützende Hülle gewinnt. Es kann sich sicherer in der Welt bewegen, um den Bräutigam zurückzuerobern.

Das Märchen begann mit einem feinen Leinenstück, das der Trommler am Rande eines Sees fand. Damals hatte das Mädchen noch keine physische Gestalt. Nach seiner Befreiung vom Glasberg muß es noch die in den Kleidern symbolisierten Aspekte entwikkeln. Als Kleidungsstücke sind sie weltlich, aber zugleich sind sie auch transzendent, da sie den Kosmos repräsentieren. So vervollständigt das Mädchen seine Entwicklung.

Mit Hilfe dieser drei Kleider, ein Motiv mehrerer schon besprochener Märchen, wagt das Mädchen, sich dem Brautpaar zu nähern. Es fühlt sich beschützt und hat zugleich etwas, worum die andere sie beneidet, da es ihr fehlt.

Das Motiv der »falschen Braut« kommt häufig in den längeren Märchen vor. Jung schreibt in »Formationen des Unbewußten«, daß der Mann sich von der »Persona« und der Eitelkeit der Frau betören läßt. Es scheint, daß es dem Mann schwerfällt, das Falsche vom Echten zu unterscheiden, wenn es um Gefühle geht. Im allgemeinen ist das Fühlen ja seine unterentwickelte, inferiore Funktion. Begnügt sich der Mann also mit der »Persona«, dem äußeren Schein, der Rolle? Die falsche Braut kann zusätzlich auch als der Schatten der echten verstanden werden, als der Teil von ihr, der Verführung über Entwicklung stellt.

Der Trommler, der Animus des Mädchens, leitet ihre zweite Entwicklungsstufe ein, indem er sie vergißt. Es folgt der Reifungsprozeß im mütterlichen Wald (auch als Regression im positiven Sinne zu verstehen, die nötig ist, um die Energie für das Kommende zu sammeln). Später erfolgt dann die Integration der geistigen Aspekte, dargestellt durch die drei Kleider.

So wird gezeigt, wie beide Teile, das Männliche und das Weibliche, der Animus und die Anima, ihren eigenen Weg durchlaufen müssen. Ihre Wachstumsprozesse sind konträr und doch ähnlich. Für beide ist es die Integration eines Teils des Unbewußten. Für sie ist es die Auseinandersetzung mit der geistigen Welt, dargestellt durch den Kosmos. Für ihn die Befreiung seines weiblichen Teils aus der Herrschaft der Mutter. Wenn der Mann seine innere Anima nicht entwickelt, also seinen eigenen Individuationsprozeß nicht durchläuft, wird er der Gefangene der falschen Braut. Sie ist ein nicht-entwickelter Archetyp des Weiblichen, verführerisch, usurpierend, unauthentisch, der in ihm selbst herrscht und den er auf die Frauen »draußen« projiziert.

Erst in der dritten Nacht erwacht der Trommler aus seiner Amnesie und erkennt die Prinzessin, die er vor der Hexe gerettet und aus seinem eigenen Unbewußten durch einen langen, schwierigen Prozeß befreit hat. Das Motiv des Vergessens betont die Gefahr, den Entwicklungsprozeß abzubrechen oder zu verleugnen und sich dadurch zu verlieren. Man ist unfähig, das dem Unbewußten Abgerungene dem Bewußtsein einzuverleiben. In diesem Märchen jedoch treffen sich am Ende die beiden Gegenpole, jetzt aber auf einem höheren Niveau, und bilden zusammen jene bisexuelle psychische Ganzheit, zu der jeder Individuationsprozeß führen soll.

Jeder der beiden Teile entwickelt sich, indem sein anderer Teil seinen eigenen Prozeß durchläuft. In den Märchen, die den Weg einer Heldin schildern, d.h. die Entwicklung des Weiblichen, geht es gleichzeitig um die Entwicklung des Weiblichen im Mann. Ist die Märchenhauptperson männlich, so geht es um die innere Entwicklung des Männlichen im Mann und gleichzeitig im Inneren der Frau. Ich glaube, die hier vorgestellten und interpretierten Märchen machen diesen Zusammenhang deutlich.[32]

3.4. Das Selbst und der Individuationsprozeß

Das Selbst,[33] ein empirisches und theoretisches Konzept, ist schwer in Worte zu fassen. Es ist das Zentrum der menschlichen Psyche mit ihren bewußten und unbewußten Anteilen. Religionen, Mythen und auch die Märchen haben das Selbst als implizites Ziel, obwohl wir uns dessen meist nicht bewußt sind. Dies ist aber gerade der

Grund, warum sie so lange ihre starke Anziehungskraft auf die Menschen ausgeübt haben. Man kann wohl in jedem authentischen Kunstwerk auf irgendeine Weise mit dieser psychischen Ganzheit in Berührung kommen.

Das Selbst erscheint während des Individuationsprozesses und ist sein Ziel.[34] Es ist aber kein Zustand, kein statisches Endziel oder eine abgeschlossene Errungenschaft. Es benötigt die so oft erwähnte Erneuerung oder Erweiterung durch die »Unerschöpflichkeit« des Unbewußten, die uns befähigt, diesen Prozeß ein Leben lang weiter zu führen.

Für Jung war das Selbst der Ausgangspunkt und das Endziel allen psychischen Wachstums. Er fand es in den Träumen, den Visionen, den Religionen mit ihren wichtigsten Repräsentanten, sowohl im Orient als auch im Okzident, und in den Traktaten der Alchimisten. Ihm zufolge sind Märchen, Legenden, Mythen und Religionen mit ihren jeweiligen Symbolen notwendig, um unbewußte Inhalte ins Bewußte zu übertragen, sie dort zu integrieren und zu erleben.[35]

Das Selbst gilt als Archetyp, und als solcher transzendiert er den Menschen mit seinen bewußten und persönlichen Anteilen. Es geht um ein universelles und unbewußtes Phänomen, das im Bewußtsein in Form von Symbolen erscheint, die nie ganz zu erfassen sind. Als Archetyp des kollektiven Unbewußten hat das Selbst unsterbliche Aspekte, die sich in unpersönlichen Symbolen wie Kreis, Quadrat, Kugel und heiligen Gegenständen zeigen. Sie führen uns zu der Frage nach Transzendenz und Religiosität, die über den Rahmen dieses Buches hinausgeht.[36]

Akzeptiert man die Idee des Selbst, der Ganzheit, als Möglichkeit und angeborenen Impuls der Psyche, so öffnen sich unser Geist und unsere Lebenseinstellung für ein grenzenloses und sich erneuerndes Wachstum. Die Vorstellung vom Selbst hilft uns, das innere Wachstum anstelle von äußeren Dingen anzustreben. Wir können dann zu einer relativen Unabhängigkeit von externen Faktoren und zu einem undogmatischen, nicht von außen auferlegten Lebenssinn gelangen.

Fragmente dieser Ganzheit zu integrieren trägt die Gefahr der »Inflation« in sich, wenn das bewußte Ich keine Grenzen setzt. Das erfordert die fortgesetzte Interaktion und den andauernden, fluktuierenden Prozeß zwischen bewußtem Ich und dem Selbst.[37]

Das Selbst kann von unserem menschlichen Verstand nur als Bild oder Symbol begriffen werden. Jung verbrachte Jahre seines Lebens mit der Suche nach möglichen Vergleichen und Ähnlichkeiten zum Individuationsprozeß, den er in den Träumen seiner Patienten und den eigenen erahnte. Er fand diese Analogien und Vergleiche, wie schon gesagt, in den Mythen, den Religionen und schließlich in den Schriften der Alchimisten. Der Stein der Philosophen oder das Gold, das die mittelalterlichen Alchimisten ursprünglich suchten, können als Symbole dieses psychischen Mittelpunktes verstanden werden. Er ist Ausdruck einer inneren Ganzheit. Der Weg, den die Alchimisten bei ihrer Suche und ihren Versuchen durchliefen, symbolisiert den menschlichen Entwicklungsprozeß.

Die Forschungen der Nachfolger Jungs in den letzten dreißig Jahren haben gezeigt, daß auch die Märchen diesen psychischen Entwicklungsprozeß mit überraschender Klarheit aufweisen. Das Selbst als Einheit der Psyche existiert am Anfang mancher Märchen und zerbricht, wenn die Opposition zwischen Bewußtheit und Unbewußtheit entsteht. Gerade diese Einheit gilt es auf einer höheren Ebene wiederherzustellen. Die Märchen sind auf die Ganzheit, eben auf dieses Selbst, ausgerichtet.

Das Ziel des Weges wird durch die Hochzeit der Protagonisten, die Verbindung der sexuellen und psychischen Gegenteile, ausgedrückt. Der Prozeß schließt die Erneuerung des Königs durch seinen Sohn, Verkörperung der neuen dominierenden, kollektiven Bewußtheit, ein. Die Erneuerung vollzieht sich durch das Ausgesetztsein gegenüber dem Unbewußten und durch die Eroberung von Teilen dieses Unbewußten. Der Sinn des Lebens ist die Individuation, das heißt die Ausdehnung eines differenzierten Individuums, das mit dem Unbewußten in Verbindung steht.[38]

Ausgehend von dem Stadium der Unbewußtheit in der Kindheit, der Nichtdifferenzierung zwischen dem Ich, dem Unbewußten im allgemeinen und dem der Mutter, zwischen Außen und Innen, zwischen Subjekt und Objekt, erreicht der Mensch in der Adoleszenz eine biologische und psychologische Bipolarität von Bewußtsein und Unbewußtsein. Später, in der zweiten Lebenshälfte, kann man langsam eine neue Beziehung zwischen den beiden erlangen, die vom Selbst geleitet wird. Dieses Selbst ist größer als das Ich und wird nie ganz bewußt, da das Unbewußte unerschöpflich ist.

Individuationsprozesse kann man, wie schon gesagt, nicht nur in Märchen, sondern auch in den Träumen, Mythen (Herakles, Perseus, Amor und Psyche), den Religionen (für Jung ist Christus ein Symbol des Selbst),[39] in der Oper »Die Zauberflöte« von Mozart[40] erkennen. In der westlichen Literatur sind zwei bekannte Beispiele Homers »Odyssee« und Goethes »Faust«.

Der Individuationsprozeß, die Eroberung einer größeren psychischen Expansion, bedeutet nicht das Wachsen des bewußten Ich, wie es sich in der »me-generation« oder »the Culture of Narcissism«[41] ausdrückt. In den Märchen wird der Individuationsprozeß, um es noch einmal zu sagen, durch einen im allgemeinen negativen Zwischenfall hervorgerufen. Held oder Heldin machen sich auf den Weg, um eine neue und größere Einheit zwischen den Gegenpolen ihrer Individualität zu erreichen, indem sie immer etwas vom anderen in sich entwickeln. Der Gegenpol hilft bei den verschiedenen Aufgaben und bei der Überwindung der Mutter. Anders ausgedrückt: Unser Gegenpol, von dem wir etwas entwickeln und integrieren müssen, muß entdeckt werden. Er besteht in uns selbst in embryonaler Form und wird im Prozeß aktiv. Es entwickelt sich eine fruchtbare Beziehung, obwohl es auch Zeiten der Verzweiflung gibt.

Die Auseinandersetzung mit dem Schatten, die eine Spaltung im Ich bewirkt und deshalb in den Diensten des Selbst steht, ist nötig, um einen bewußten Prozeß in Gang zu setzen. Sie ist die Vorbedingung für das Zusammentreffen von Animus und Anima.

In den Märchen sind die Symbole des Selbst oft nicht sehr auffallend, abgesehen von dem typischen Symbol der Hochzeit. Das Selbst kann durch irgendeinen Gegenstand, der rund oder quadratisch ist und ein Zentrum hat, symbolisiert werden. In den orientalischen Kulturen ist das Mandala die Form, die dies am häufigsten ausdrückt. Seine Funktion ist es, das Chaos zu ordnen. Westliche Beispiele sind die Rosetten der gotischen Kathedralen. Weitere Symbole können Brunnen, Plätze mit einem Baum in der Mitte oder Blumen mit einem Zentrum sein, um nur ein paar Beispiele zu nennen.[42]

Der Kampf mit dem Schatten und die Eroberung des psychischen Gegenpols treten sehr deutlich in den Märchen auf. Die Bilder des Selbst dagegen sind mit Ausnahme der Hochzeit eher versteckt. Das mag damit zusammenhängen, daß der Prozeß nie abgeschlossen ist, da das Unbewußte unendliche Möglichkeiten beherbergt. Der Individuationsprozeß ist eine sehr persönliche Angelegenheit.

Ich habe das Märchen »Die goldene Gans« ausgewählt, um das Konzept des Selbst für den Leser faßbar zu machen.

Die goldene Gans[43]

»Es war einmal ein Mann, der hatte drei Söhne, davon hieß der jüngste der Dummling und wurde verachtet und verspottet ...« Der Vater sandte seine beiden ältesten Söhne, einen nach dem anderen, in den Wald, um Holz zu fällen. Die Mutter bereitete ihnen ein gutes Essen zum Mitnehmen. Die beiden behandelten das graue Männlein, das sie im Wald trafen, schlecht und teilten ihr Essen nicht mit ihm. Als sie versuchten, einen Baum zu fällen, verwundeten sie sich und kehrten heim.

Schließlich machte sich Dummling auf den Weg, die Mutter gab ihm nur ein mageres Essen mit. Die Eltern glaubten nicht, daß er erreichen könnte, was seine Brüder nicht geschafft hatten.

Dummling traf auf das graue Männlein und teilte mit ihm sein ärmliches Essen (das sich in ein gutes verwandelte). Das Männlein riet ihm, einen bestimmten Baum zu fällen, um etwas in seinen Wurzeln zu finden.

Dummling tat, was ihm geraten worden war, und fand in den Baumwurzeln eine goldene Gans. Er nahm sie an sich und ging ins nächste Wirtshaus zum Übernachten. Der Wirt hatte drei Töchter. Jede von ihnen war gierig nach der goldenen Gans und wollte eine ihrer goldenen Federn haben. Als die erste einen der Flügel berührte, blieb sie daran kleben. Die zweite Schwester mit dem gleichen Wunsch blieb an der ersten hängen und die dritte an der zweiten, trotz aller Warnungen.

Am nächsten Morgen nahm Dummling seine Gans unter den Arm, ohne sich um die drei Mädchen zu kümmern, die nun hinter ihm herlaufen mußten. Auf dem Feld trafen sie den Pfarrer, dem es sündhaft erschien, daß drei junge Mädchen hinter einem Mann herliefen. Er wollte die letzte fassen, um sie davon abzuhalten, doch blieb er an ihr hängen. Danach geschah das gleiche noch mit dem Küster, der den Pfarrer befreien wollte.

In diesem Aufzug kam Dummling in eine Stadt, in der ein König herrschte, dessen Tochter immer traurig war. Er hatte demjenigen seine Tochter versprochen, der sie zum Lachen bringen könnte. Dummling präsentierte sich am Hof mit seiner goldenen Gans unter dem Arm und der ganzen Gefolgschaft hinterdrein. Die Königstochter brach bei ihrem Anblick in lautes Lachen aus.

Dem König gefiel Dummling jedoch nicht als Schwiegersohn, deshalb gab er ihm Aufgaben zur Lösung auf. Er solle einen Mann herbeischaffen, der einen ganzen Weinkeller austrinken könne, und danach einen Mann, der einen Berg aus Brot aufessen könne. Dummling konnte diese beiden Aufgaben mit Hilfe des grauen Männleins im Wald lösen. Er verwandelte sich erst in jemanden mit viel Durst und dann in jemanden mit viel Hunger. Die dritte Aufgabe war, ein Schiff herbeizuschaffen, das zu Land und zu Wasser fahren könne. Auch dieses Schiff gab ihm das graue Männlein. Er sagte: »Das alles tue ich, weil du barmherzig gegen mich gewesen bist.« Jetzt konnte der König ihm nicht länger seine Tochter vorenthalten. Sie heirateten, und als der König starb, erbte Dummling sein Reich »und lebte lange Zeit vergnügt mit seiner Gemahlin«.

Symbolische Interpretation

In diesem Märchen finden wir schon aus anderen Märchen bekannte Motive. Der dritte, dümmliche und gutmütige Sohn empfängt als Dank die Hilfe, die er braucht. Hier ist es eine goldene Gans. Mir scheint die Gans deutlich ein Symbol des Selbst zu sein, da sie als Vogel sublimierte Instinktivität und Geistigkeit darstellt und zudem aus Gold ist. Das Märchen selbst betont den Wert der Gans durch die enorme Anziehungskraft, die sie auf alle ausübt. Alle wollen eine Feder haben, aber ohne sie zu verdienen. Das Klebenbleiben symbolisiert die Anziehungskraft, die das Selbst als angeborener Impuls ausübt. Dummling hatte die goldene Gans durch seine Freundlichkeit gegenüber dem grauen Männlein im Wald, einem Teil seines Unbewußten, bekommen. Das schlechte Essen verwandelte sich in gutes, als er es mit dem anderen teilte. Der Alte ist eine Kompensation seiner Eltern, die ihren Sohn nicht zu würdigen wissen. Deshalb hat sich in seinem Unbewußten der Archetyp des »Alten Weisen« gebildet. Er weist ihm den Ort zu, an dem sich die goldene Gans, sein geheimer Schatz und das Symbol des Selbst befindet.

Da er dieses Symbol des Selbst am Anfang seines Weges bekam, muß er später noch Aufgaben bestehen. Die Hauptaufgabe steht mit dem Weiblichen in Verbindung: Es muß ihm gelingen, die traurige Prinzessin zum Lachen zu bringen. Lacht sie beim Anblick des Gefolges, weil sie weiß, wie lächerlich es ist, sich anzuhängen und das Selbst eines anderen stehlen zu wollen, oder lacht sie auch aus Erleichterung darüber, jemanden gefunden zu haben, der ein eigenes Zentrum besitzt?

Der König möchte, daß sein zukünftiger Schwiegersohn seiner Tochter würdig ist, und stellt ihm drei Aufgaben. Sie symbolisieren das Bezwingen der eigenen Gier (Essen und Trinken) und die Fähigkeit, Bewußtes und Unbewußtes zu integrieren. Letzteres wird mit dem Schiff ausgedrückt, das zu Wasser und zu Land reisen kann. Mit Hilfe des Männleins, eines Teils seines eigenen Unbewußten, löst er die Aufgaben, d. h., er hat es verstanden, die Möglichkeiten des Unbewußten zu nutzen.

Ich möchte in diesem Märchen vor allem das Symbol des Selbst hervorheben. Dummling fand die Gans in den Wurzeln eines Baumes,[44] das bedeutet in dem Teil des Baumes, der unter der Erde liegt. Der Baum als solcher ist Symbol der Expansion des Ich. So wird deutlich, daß das Selbst die Verbindung des Unbewußten (die in der Erde verankerten Wurzeln) und des Bewußten (der Stamm, der zum Licht und zum Himmel wächst) ist. Der dritte Sohn findet die Gans, nachdem er seinen Hochmut (die beiden Brüder) besiegt hat, sich des Kleinen und Demütigen bewußt wurde und auf sein Unbewußtes hörte. Nachdem er seinen Mittelpunkt gefunden hat, kümmert er sich nicht mehr um die anderen (die drei Mädchen, den Pfarrer und den Sakristan).

Im Gegensatz zu den Menschen, die kein eigenes Zentrum haben, sondern sich neidvoll an das Selbst des anderen heften, weiß Dummling sein Zentrum zu nutzen, um das, was ihm fehlt, die Prinzessin, zu bekommen. Es ist ja gerade sein Selbst, seine psychische Ganzheit, wovon sie angezogen wird. Dummling erlöst die Prinzessin mit seinem Symbol der Ganzheit aus ihrer traurigen Erstarrung, und gibt sie dem Leben wieder. Er akzeptiert die vom König gestellten Aufgaben. Nur wenn es ihm gelingt, seine primären Impulse zu besiegen, und er dazu noch beweisen kann, daß er Herr seines Bewußtseins und Unbewußtseins ist, verdient er wirklich die Vereinigung mit seinem Gegenpol, um so zu einem König voller Weisheit zu werden.[45]

Ich habe auf das seltene Auftreten von Symbolen des Selbst oder der Ganzheit in den Märchen hingewiesen. Ich will jetzt auf einige davon eingehen. Im »Froschkönig« ist es der goldene Ball der Prinzessin. Sie besitzt ihn am Anfang des Märchens; er bedeutet die psychische Ganzheit des Kindes. Mit der Adoleszenz und der sexuellen Entwicklung geht diese Einheit durch die Polarisierung in die beiden Geschlechter und durch die Bedeutung der Körperlichkeit verloren. Eine neue Ganzheit wird durch die Erschließung des Gegenpols erreicht, in der Rebellion der Prinzessin gegen den Vater-König durch ihre eigenständige, »ungehorsame« Tat.

Im »Goldenen Vogel« gibt es mehrere Symbole des Selbst. Das erste ist der gestohlene Apfel, der den Individuationsprozeß im Sohn auslöst, als er sich auf die Suche begibt. Ein Symbol des Selbst wird von einem anderen, dem goldenen Vogel, gestohlen, um zu einer neuen, höheren Ganzheit zu gelangen. Der zurückgelegte Weg symbolisiert diesen immerwährenden Wachstumsprozeß. Die verschiedenen Aufgaben und der Ungehorsam dem Fuchs gegenüber bringen den Helden zu immer höheren Stufen dieses Prozesses. Erst nachdem er fast sogar sein Leben verloren hat, kann er nach Hause zurückkehren. Er wird von dem, was er erobert hat, dem Pferd (seiner Ich-Expansion), der Prinzessin (seinem weiblichen Teil), dem goldenen Vogel (seiner Geistigkeit und seinem Symbol des Selbst) wiedererkannt.

Das »Wasser des Lebens« ist vielleicht das Märchen mit den meisten Symbolen des Selbst: das Schloß, das der Held betritt, die goldenen Ringe, die er den schlafenden Prinzen wegnimmt, der Brunnen in der Mitte des Schlosses und schließlich das Wasser des Lebens. Auch die Straße, die die Prinzessin errichten läßt, repräsentiert ihr Symbol des Selbst.

In beiden Märchen empfängt der Held auf halbem Weg Gold. Es bedeutet sowohl Reichtum als auch die Hilfe, die sein Unbewußtes ihm zukommen läßt, auch um zum Durchhalten anzuregen. Das

Charakteristische der Hilfe aus dem Unbewußten ist, daß der Held sie nicht direkt für seine persönliche Bereicherung verwendet. Er benutzt sie zum Wohl anderer, und erst durch den Dank der Empfänger wird er selbst belohnt.

Weitere Symbole des Selbst sind:
- die Hochzeit der Helden
- die Quaternitäten: in der Form von Doppelhochzeiten wie in »Schneeweißchen und Rosenrot«, als Zusammenkommen von Eltern und Kindern in »Rapunzel« und in »Der treue Johannes«, in der Karosse, die von acht Pferden gezogen wird und den ehemaligen Froschkönig in sein Reich zurückbringt
- der neue König in »Die Drei Federn«, »Die Goldene Gans«
- der Kreis, den das »Mädchen ohne Hände« um sich herum zeichnet
- der Stern auf der Stirn des Mädchens in »Die sechs Schwäne«
- die Kinder im allgemeinen[46]
- die weiße Taube in »Die Alte im Wald«
- die Kristallkugel im Märchen gleichen Namens
- das blaue Licht im Märchen gleichen Namens
- die Blume mit einem Tautropfen, die Joringel findet (im Traum war es eine Perle)
- die Juwelen, die Hänsel und Gretel in dem Haus der getöteten Hexe finden, und die Juwelen in »Der Trommler«
- die Kleider der Heldin, besonders das dritte , das Sternenkleid, in »Der Trommler« und anderen Märchen
- der goldene Schlüssel im Märchen gleichen Namens
- die goldenen Äpfel des Lebens in »Eisenhans« und »Die weiße Schlange«
- der Apfelbaum mit Blättern aus Silber und Früchten aus Gold in »Einäuglein, Zweiäuglein, Dreiäuglein«
- der goldene Fisch in »Die Goldkinder«
- die goldenen Ringe vieler Märchen, zum Beispiel in »Die weiße Schlange«, »Rumpelstilzchen«, »Der Trommler«
- Gold an sich: In »Frau Holle« wird das gute Mädchen mit Gold überschüttet. Die Verwandlung von Stroh zu Gold kommt in »Rumpelstilzchen« vor (obwohl es hier eine Entwicklung symbolisiert, die noch nicht stattgefunden hat). Das goldene Haar der

Königstochter in »Falada«, »Eisenhans«, »Der Teufel mit den drei goldenen Haaren«[47]

Zusammenfassend kann man sagen, daß die Hochzeit, also die Vereinigung des Weiblichen und Männlichen, der neue König und das Gold die Symbole des Selbst sind, die am häufigsten in den Märchen vorkommen. Der junge Held ist oft der Nachfolger des Königs, sei dieser nun sein Vater oder der der Prinzessin. Für die Frau ist häufig Gold ein Symbol des Selbst. Der Brauch der Frauen, im realen Leben Gold zu tragen, fällt in diesem Zusammenhang auf. Wollen sie damit ausdrücken, daß auch sie allen sichtbar etwas vom Männlichen und ein eigenes Selbst besitzen und vollständige Menschen sind? Der Austausch von goldenen Ringen bei einer Hochzeit symbolisiert die Vereinigung von zwei Menschen in ihrer psychischen Ganzheit.

Das Märchen »Die Drei Sprachen«[48] beschreibt, was passiert, wenn man sich nicht um sein Selbst, seinen innerern Schatz kümmert. Hier hüten wilde Tiere den Schatz in einem Turm. Sie müssen die Leute der Gegend so lange in Angst versetzen, bis sich jemand findet, der sich traut, eine Nacht bei ihnen im Turm zu verbringen und den Schatz zu suchen.

Wenn wir imstande sind, unsere eigene Stimme des Unbewußten zu hören und zu verstehen und unsere inneren Tiere mit Respekt behandeln, so werden sie uns helfen und uns sagen, wo der versteckte Schatz zu finden ist. Der Held in diesem Märchen muß erst die Sprache der Tiere lernen, was sein Vater für sinnlos hielt und weswegen er ihn aus dem Hause warf. Die Tiere helfen dem Helden sogar, Papst zu werden (ein weiteres mögliches Symbol des Selbst für ihn).[49]

Die Rückkehr von der Reise, die von Joseph Campbell[50] hervorgehoben wird, hat ihre eigene Bedeutung. Nachdem der Weg, der Individuationsprozeß, durchlaufen wurde, kehrt der Held in vielen Märchen an seinen Ausgangspunkt zurück. Aber er ist verändert, er hat die Erfahrungen und Erweiterungen des Bewußtseins integriert und die familiären und persönlichen Mängel überwunden. Er hat ein höheres Niveau der ursprünglichen Einheit erreicht und symbolisiert die Erneuerung in der nächsten Generation.

Für den Leser, der sich in dem Helden oder der Heldin reflektiert sieht, bedeutet diese Rückkehr einen Ansporn, die Angst vor dem

Prozeß zu verlieren, vor allem die Angst, auf halbem Weg steckenzubleiben. Man muß ganz unten ankommen oder »sterben«, um mit den Kräften des Unbewußten in Berührung zu kommen und sich zu verändern. Bei unserer extrovertierten Lebensweise ist es leicht, die innere Stimme, die den »Ruf« zum Prozeß symbolisiert, zum Schweigen zu bringen.

Es sind gerade der Individuationsprozeß (als archetypische Möglichkeit des Menschen) und die Suche nach dem eigenen Selbst, die den Helden zum Mystiker machen, das heißt, zu einer höheren Persönlichkeit, Ausdruck dieses Selbst. Aniella Jaffé, Jung folgend, sagt, daß durch den Individuationsprozeß das Selbst (die Transzendenz) in die Welt kommt.[51]

4. Die Beziehung zu den Eltern

4.1. Die Loslösung von der Mutter

Die biologische und individuelle Mutter hat uns das Leben gegeben. Der zukünftige Mensch lebt neun Monate mit der Mutter in symbiotischer Einheit. Wahrscheinlich hat dieses Erlebnis der glücklichen Passivität uns die Idee des Paradieses gegeben. Mit der Geburt geschieht der Hinauswurf aus der völligen Unbewußtheit. Die physische Trennung von Mutter und Kind ist der erste Schritt in die Unabhängigkeit. Aber auch dann noch ersetzt die Mutter einen großen Teil der eigenen Aktivität des Kindes. Es löst sich erst allmählich aus dem Zustand der Unbewußtheit. Zu Beginn seines Lebens schläft das Kind noch 22 Stunden täglich. Es bildet eine Einheit mit der Mutter und lernt erst langsam zwischen ihr und sich selbst zu unterscheiden. Später macht es die Trennung zwischen der »guten« und der »bösen« Mutter. Schließlich lernt es, daß es sich dabei um ein und dieselbe Person handelt. Je mehr das Kind sein eigenes Bewußtsein entwickelt (z.B. wenn es »Ich« zu sagen lernt), desto mehr muß sich die Mutter zurückziehen.

Hinter dieser biologischen Mutter steht die archetypische, die Mutter Natur als Ursprung allen Lebens, von der unsere biologische Mutter nur ein Teil ist.[1] Diese Urmutter oder »Große Mutter«[2] wird symbolisch dargestellt durch die Erde, das Wasser und die Natur im allgemeinen. Alles, was wächst und lebt, gehört zu ihr. Aber so wie sie für alles Lebendige verantwortlich ist, bedeutet sie auch den Tod, da nur durch ihn die Erneuerung kommen kann.

Es wird angenommen, daß vor unserer jetzigen patriarchalischen Sozialordnung ein Matriarchat oder eine matrilineale, d.h. mutterrechtliche Gesellschaft existierte. In vielen alten Mythologien und Religionen wurde eine »Große Göttin« als Ursprung allen Lebens verehrt.

Die griechische Mythologie und Religion am Beginn unserer westlichen Kultur gehören jedoch schon zur patriarchalischen Ordnung. In ihnen existieren nur noch wenige Spuren von Göttinnen aus der Zeit davor. Auch die jüdisch-christliche Religion und Kultur haben die männliche Vorherrschaft verstärkt.

Die analytische Psychologie geht davon aus, daß das Leben durch die ständige Anziehung und Abstoßung der Gegensätze entsteht und sich entwickelt. In unserem Zusammenhang sind es das weibliche und das männliche Prinzip, das Erdhaft-Unbewußte und das Geistig-Bewußte. Die Märchen selbst kann man als einen Versuch verstehen, die rationale Einstellung des Menschen zu kompensieren, indem die Möglichkeit von archetypischen und unbewußten Wachstumsprozessen gezeigt wird. Sie sind für alle gültig und werden in einer symbolischen Sprache ausgedrückt.

Wie ich schon sagte, fällt bei der Lektüre der rund 200 von den Brüdern Grimm gesammelten Märchen auf, daß ungefähr ein Drittel sich auf die »böse« Mutter und die Befreiung von ihr bezieht. Auch in der analytischen Therapie taucht die Trennung von der Mutter als eine der Schwierigkeiten für den Erwachsenen auf. Wenn die Loslösung nicht gelingt, können die Fähigkeiten des Erwachsenen blockiert werden oder sich für ihn in negative und zerstörende verwandeln.

In den Märchen werden die Urmutter, die symbolische Mutter und die archetypische Mutter dargestellt. Von allen Menschen wird die Mutter als Ursprung des Lebens, als Lebensprinzip mit positiven und negativen Aspekten, als kreativ und als destruktiv erlebt.[3] Sie symbolisiert das Unbewußte, aus dem alles Leben hervorgeht und aus dem sich allmählich das Bewußtsein entwickelt, das seinerseits immer zum Unbewußten zurückkehrt. Der Zyklus der Jahreszeiten kann uns als Beispiel für diesen Prozeß der Erneuerung durch Tod und Wiedergeburt dienen.

Sowohl für das Individuum wie für die Gesellschaft besteht das Paradox: Fallen wir unter die Herrschaft des Unbewußten, dann können wir uns nicht als Menschen realisieren. Entfernen wir uns jedoch zu sehr von unseren instinktiven Wurzeln und entwickeln ausschließlich den bewußten, geistigen und intellektuellen Teil, dann kann der unbewußte, verdrängte und vernachlässigte Teil sich rächen, indem er uns überschwemmt (Psychose, Nationalsozialismus). Deshalb muß unser unbewußter Teil anerkannt werden, indem wir einen Zugang zu ihm finden.

Vielleicht gelingt es uns, zu einer dritten Konzeption der Welt und des Lebens zu kommen: statt Matriarchat oder Patriarchat die Integration von Logos und Eros, des Männlichen und Weiblichen. Wir würden dann weder in dem Unbewußten der Urmenschen leben noch in der rein verstandesmäßigen wissenschaftlichen Einstellung des westlichen Menschen von heute. So wäre ein liebe- und respektvolles Zusammenleben ohne Ausschluß der Natur möglich, an Stelle der jetzigen Polarisierung und Hierarchie der Gegensätze.

In unserer monotheistischen Religion wurden die großen Göttinnen ausgeschlossen. Im Gegensatz zu den polytheistischen Religionen bietet sie kein Modell an, in dem die Frau sich ganz wiedererkennen könnte. Außerdem wurde im christlichen Gott wie auch in der Jungfrau Maria alles Böse ausgeklammert.[4] Vielleicht sind die Märchen manchmal so gewalttätig und zeigen die negativen Aspekte der Mutter so stark, um einen Ausgleich und einen Identifikationsspiegel für diese unterdrückten Tendenzen in uns selbst anzubieten.[5]

Um das Bewußte in uns besser zu entwickeln, müssen wir erst den Zugang zum Unbewußten als dem Ursprung allen Lebens finden. Natürlich nicht um dort zu verharren, sondern um die Energie und Kreativität, die dort regeneriert werden, freizusetzen und für unseren Alltag zu nutzen. Das Geistige entsteht aus der Natur, und meistens muß es ihr mit List und Leiden entrissen werden (»Hänsel und Gretel«, »Rapunzel«). Man muß den zeitweiligen Verlust des Ich akzeptieren, um zum Selbst, der neuen Ganzheit, zu gelangen. Diese Erneuerung oder Wiederauferstehung kommt von der Mutter, nachdem man sich von ihr und dem Unbewußten getrennt hat.[6] Auch von diesem Prozeß handeln die Märchen.

Der Wald erscheint in fast allen Märchen. Er ist ein Symbol des Unbewußten und oft ein Ort für die Regression und Nach-Reifung (»Das Mädchen ohne Hände«). Auch das Wasser, als Brunnen, See oder Fluß (»Der goldene Vogel«, »Das Wasser des Lebens«), ist ein

Symbol des Unbewußten. So gelangt man im Märchen von der »Frau Holle« durch einen Brunnen ins Unbewußte. In ihn fällt auch der goldene Ball der Prinzessin in »Der Froschkönig«. Wenn man sich in die Tiefen begibt, kann man einen neuen Zugang zum Mütterlichen und Kreativen bekommen. Aber wir dürfen uns dort nicht verlieren.

Die analytische Psychologie versteht die positive Beziehung zur Mutter als Grundlage und Ursprung besonderer kreativer Fähigkeiten, da diese aus dem Unbewußten kommen und sich durch den Kontakt mit ihm erneuern. Es besteht jedoch die Gefahr der Nicht-Trennung von der urprünglichen Mutter. Wir entwickeln dann unsere männlichen oder weiblichen Aspekte nicht genügend. Je nach Geschlecht sind es die primären oder sekundären Aspekte.

4.2. Die negative Mutter

In vielen Märchen ist die Mutter gestorben, und ihre Kinder werden von der zweiten Frau des Vaters mißhandelt. »Aschenputtel«, »Hänsel und Gretel«, »Brüderchen und Schwesterchen«, »Schneewittchen« sind bekannte Beispiele. Man kann dies »Verschiebung« nennen, ein von Freud in den Träumen entdecktes Phänomen. Da wir uns nicht trauen, die eigene Mutter als »böse« zu bezeichnen, verlegen wir das Böse auf die Stiefmutter oder Hexe.

Das Fehlen des positiven mütterlichen Elements in der Familie treibt die Kinder aus dem Haus. Sie müssen ihren eigenen Weg gehen und sind Gefahren und Hindernissen ausgesetzt. Andere helfen ihnen, z. B. der Fuchs, der Zwerg, der Baum oder der Kosmos. Sie helfen sich auch gegenseitig und stellen so schon eine Vorahnung der Vereinigung der Gegenpole des Männlichen und Weiblichen dar. Wie in fast allen Märchen entsteht auch hier die Entwicklung aus etwas Negativem heraus.

Neben diesem ausstoßenden oder vernichtenden Element von seiten der Mutter gibt es auch das Gegenteil, das Festhalten, Besitzen, Kontrollieren und extreme Beschützen. In »Rapunzel« schließt die Hexe die Tochter in einen Turm ein, um sie ganz für sich zu behalten. In »Jorinde und Joringel« hält die Hexe Tausende von verwunschenen Vögeln gefangen, die in Wirklichkeit Jungfrauen sind.

In »Der Wolf und die sieben Geißlein« wird die Gier der bösen Mutter im Wolf symbolisiert und die Regression der Kinder zurück in die Mutter durch das Gefressen-Werden.

Dieses mütterliche Festhalten ist im Leben sehr häufig zu finden. Besonders gegenüber dem Lieblingskind, dem Einzelkind oder dem Jüngsten. Ebenso in den Familien, in denen einer der Eltern nicht sein eigenes Leben lebt, sondern es auf sein Kind projiziert. Diese Verhaltensweisen können starke Schuldgefühle im Kind erzeugen. Der Vorwurf »Ich hab doch alles für dich getan« hindert es daran, sich selbständig zu machen. Die nicht stattgefundene Individuation wird von einer Generation an die andere delegiert. In der Literatur ist z. B. »Die Glasmenagerie« von Tennessee Williams ein klares Beispiel für diese Beziehung und ihre Folgen.

Es gibt mehrere Märchen, in denen das Kind als Opfer der bösen Mutter oder Hexe in eine Sache (»Der Eisenofen«) oder ein Tier (»Der Froschkönig«) verwandelt wird. Oder die Hexe übt Macht über den weiblichen Teil, die Anima, aus, und der männliche Teil muß sie befreien, um selbst ein vollständiger Mensch zu werden (»Rapunzel«, »Jorinde und Joringel«, »Der Trommler«).

Sibylle Birkhäuser-Oeri schreibt in ihrem schon mehrmals zitierten Buch »Die Mutter im Märchen« ganz eindeutig von der Todesmutter. Der Wunsch nach Wiedervereinigung mit der Mutter enthält demnach eine Todessehnsucht, d. h. die Auflösung des Bewußtseins und den Eintritt in die ewige Nacht.[7] Dies gilt besonders für die Tochter. Im Mann tritt diese Neigung eher in seiner negativen Anima auf, der »falschen Braut«, die ihn mitreißen kann. Solange er unter dem Einfluß des Archetyps der Mutter steht, ist er anfälliger für diese Verführung.

Dieser doppelte und widersprüchliche Aspekt der Mutter, diese Polarität von Erschaffen und Zerstören müssen akzeptiert werden. Für die Frau ist die negative Seite der Mutter besonders gefährlich. In mehreren Märchen, in denen eine Frau die Hauptperson ist, muß die böse Mutter zweimal besiegt werden. Nachdem der Prinz die Prinzessin befreit, sie geheiratet hat und sie ein Kind bekommen haben, kehrt die Stiefmutter (oder Hexe oder Schwiegermutter) in der Abwesenheit des Animus-Königs zurück. Sie bringt die Tochter von neuem in ihre Gewalt, verwandelt sie, versucht sie zu töten, nimmt ihr die Kinder weg (»Die sechs Schwäne«, »Brüderchen und

Schwesterchen«) oder verzaubert den Prinzen, so daß er sie vergißt, (»Der Eisenofen«) und ihre »eigene« Tochter heiratet.

Man kann die Stiefmutter auch als Schatten der Heldin verstehen, als ihre dunkle Seite. Die helle und gute Seite wäre dann das Selbst. Wird die dunkle Seite nicht akzeptiert, so spaltet sie sich zusammen mit dem Instinktiven ab. Sie hilft nicht mehr als innere Energie und kann sich gegen sich selbst wenden in Form von Verachtung oder Neid. Ein Beispiel hierfür wäre die neidische Stiefmutter in »Schneewittchen«. Das Gift der negativen und neidischen Gefühle, die in Kamm, Apfel und Korsett übertragen werden, bringt das Mädchen in den gläsernen Sarg, d.h. in die Isolation.

C. G. Jung, von Franz und Birkhäuser-Oeri betonen andererseits, daß die Frauen mit einem »negativen Mutterkomplex« die größte Chance haben, einen hohen Grad von Bewußtheit zu erreichen. Sie müssen jedoch ihre weiblichen und mütterlichen Teile akzeptieren und entwickeln. Sie können nur wirklich Frau sein, wenn sie es bewußt sind. Gelingt es ihnen nicht, so können sie depressiv werden oder den so häufigen Zwiespalt von Aggressivität und Abhängigkeit entwickeln. Sie haben keinen eigenen Orientierungspunkt, sondern nur den der Mutter und leben teilweise in ihrem Unbewußten.[8]

Nun können wir uns unserem eigenen Inneren zuwenden und uns fragen: Wie drückt sich meine innere Mutter aus? Ist sie eine vitale Kraft, mit der ich in schwierigen Augenblicken rechnen kann? Ermöglicht sie mir, mich im Leben zu engagieren, Beziehungen herzustellen und andere Menschen zu lieben? Oder ist es das Gegenteil? Hält sie mich gefangen, im Turm eingeschlossen oder im Wald versteckt, in der Tiefe eines Sees verborgen oder als verachtete Dienstmagd, die die Asche fegen muß, oder als einen unter vielen Vögeln, das heißt ohne eigene Persönlickeit, in einem Käfig eingeschlossen? Wie ist meine Beziehung zur Urmutter, dem archetypischen Ursprung allen Lebens? Akzeptiere ich sie auch in ihren negativen Aspekten? Welchen Einfluß hat sie auf meine Anima? Denn wir Frauen haben nicht nur einen Animus, sondern auch eine Seele. Steht sie noch unter dem Einluß der archetypischen Mutter? Wo und welcher Art ist mein Animus? Hilft er dabei, mich zu befreien und meinen eigenen Weg zu gehen? Wie ist die Beziehung zu meiner lebenden Mutter?

4.3. Der negative Vater

Auch der negative Vater kommt in den Märchen vor. In »Das Mädchen ohne Hände« verkauft ein Vater seine Tochter an den Teufel, um sich zu bereichern. In »König Drosselbart« verheiratet ein autoritärer Vater seine Tochter mit einem Bettler. In »Allerleirauh« will ein Vater seine Tochter heiraten. In »Das singende, springende Löweneckerchen« rettet der Vater sein Leben auf Kosten der Tochter.

Die Töchter verlassen immer die Familie, um ihr eigenes Leben leben zu können, und zahlen oft einen hohen Preis. Sie müssen viele Gefahren bestehen und schwierige Situationen aushalten. Im allgemeinen müssen sie demütig werden (»Allerleirauh«, »König Drosselbart«), um den Prinzen zu gewinnen und zu ihrem früheren sozialen Status zurückzukehren. Wie im Falle der bösen Mutter ist es auch in diesen Märchen ein Unglück, das sie zwingt, ihren Entwicklungsweg zu beginnen. Das Erlernen der Demut kann man vielleicht als einen notwendigen Ausgleich gegenüber der großen Macht der archetypischen Eltern verstehen.

Die Tochter mit einem »Vaterkomplex«, also die aggressive und harte Frau, die sich mit dem Vater identifiziert hat, muß lernen, ihren anderen Teil, das Weibliche, in sich anzuerkennen und zu entwickeln.

Der archetypische Vater erscheint weniger oft in Märchen, weil sein Einfluß schon Teil des bewußten Lebens ist, sowohl beim Kind als auch auf die Gesellschaft bezogen. Da er außerdem die herrschende Meinung repräsentiert, wird er nicht wie das Weibliche unterdrückt und muß sich nicht rächen.

4.4. Die Überwindung der Mutter

»Rapunzel« ist ein Märchen, das die Macht der archetypischen Mutter über die Tochter bzw. die Anima des Mannes darstellt.

Rapunzel[9]

Die leibliche Mutter Rapunzels spürte während ihrer so lange vergeblich erhofften Schwangerschaft den unwiderstehlichen Wunsch, einen Rapunzelsalat zu essen. Die Rapunzeln wuchsen im Garten der Nachbarin, einer Zauberin. Der Garten war von einer hohen Mauer umgeben. Sie schickte ihren Mann hinüber. Bei seinem zweiten Besuch – der Hunger seiner Frau nach dieser Pflanze war unersättlich – wurde er von der Hexe überrascht. Er konnte sich nur retten durch das Versprechen, ihr das zukünftige Kind zu übergeben. Es wurde ein Mädchen, und die Hexe kam, um das ihr Versprochene einzulösen. Sie schloß das Mädchen in einen Turm im Wald ein, als es zwölf Jahre wurde. Sie besuchte es, indem sie den Zopf, den Rapunzel vom Fenster herabließ, hinaufkletterte. Eines Tages stieg auch ein Prinz nach oben zu Rapunzel. Er war von ihrem Gesang angezogen worden. Als die Hexe davon erfuhr, verbannte sie Rapunzel. Der Prinz stürzte sich selbst vom Turm, als er Rapunzel für immer für verloren hielt, und wurde blind. Beide, jeder für sich, irrten nun durch die Welt. Rapunzel hatte inzwischen Zwillinge bekommen. Eines Tages hörte der Prinz eine Stimme und folgte ihr. Rapunzel erkannte ihn, ihre Tränen fielen in seine Augen und gaben ihm das Augenlicht wieder. Er führte sie in sein Reich, »und sie lebten noch lange glücklich und vergnügt«.

Symbolische Interpretation

Das Märchen beginnt mit einer typischen Situation: Ein Paar hat lange Zeit vergeblich auf ein Kind gehofft. Als die Frau schließlich schwanger wird, erfaßt sie ein nicht zu unterdrückender Wunsch nach einer bestimmten Pflanze, der Rapunzel (einer Salatart), die im Garten nebenan wächst.

Wenn eine Frau schwanger wird, kommt sie ihrem biologischen, instinktiven Teil und auch ihrer eigenen Mutter wieder näher. Das Bedürfnis nach Verbindung mit dem Mütterlichen wird in diesem Märchen durch ihren Wunsch, einen Rapunzelsalat zu essen, ausgedrückt. Die unterirdischen Wurzeln sind ein Symbol der Mutter.

Eine hohe Mauer steht diesem Wunsch im Wege. Die Mauer bedeutet einen starken Verteidigungsmechanismus gegenüber dem Unbewußten. Es ist ja gerade der Mangel an Kontakt zu ihrem Unbewußten, der für die lange Unfruchtbarkeit des Paares verantwortlich war.

Die Hexe symbolisiert auf der einen Seite die kollektive archetypische Mutter und auf der persönlichen Ebene die »böse« Mutter. Auf der kollektiven Ebene kann sich das seit der Vorherrschaft des Patriarchats zurückgewiesene Weibliche in etwas Negatives verwandeln. Die archetypische Mutter besitzt ja von vornherein den Doppelaspekt als Schöpferin des Lebens und als Zerstörerin des von ihr gegebenen Lebens. Durch die Unterdrückung des Positiven im Bewußtsein wird das Negative im Unbewußten verstärkt. Statt der Hexe übernimmt auch die Stiefmutter in vielen Märchen die Rolle der bösen Mutter.

Die Frau in diesem Märchen schickt ihren Mann in den Garten der Hexe, als es Abend wird und das Bewußtsein nachläßt. Er ist ihr Animus, ihr männlicher Teil, der sich mit der Hexe und dem Unbewußten auseinandersetzen soll. Er macht seine Sache schlecht und läßt sich von der Hexe überraschen, als er den Diebstahl wiederholen muß. Der Hunger seiner Frau nach dieser Nahrung des Unbewußten ist nicht leicht zufriedenzustellen. Diese Unersättlichkeit kann man als Fixierung an ihre eigene Mutter, von der sie sich wahrscheinlich noch nicht gelöst hat, deuten. Auf diese Weise verliert sie ihre zukünftige Tochter. Es bedeutet aber auch, daß ihr Kind (Symbol der Ganzheit) am Unbewußten teilhaben muß. Frauen brauchen, wenn sie Mutter werden, eine stärkere Verbindung zum Unbewußten, aber die Gefahr, dort zu bleiben, ist groß. Sie müssen fähig sein, das Baby in seinem Zustand der weitgehenden Unbewußtheit, von dem es sich erst allmählich löst, zu verstehen. Wenn Frauen Mütter werden, kommen sie von neuem in Verbindung mit ihrer Mutter, der persönlichen wie der archetypischen. Sie brauchen die Kreativität beider, um Leben zu erschaffen.

Man kann es auch so sehen: Das Kind, Ergebnis der Vereinigung der biologischen und psychischen Gegenpole, braucht die Nahrung des Unbewußten, eben die Wurzeln der Rapunzel. Der Ehemann, Vater und Mann stellt keine respektvolle Verbindung zu der Besitzerin des Gartens her, sondern kommt als Dieb. Auch im Hinblick auf den Mann stellt die Hexe die archetypische Mutter und den unbewußten eigenen Teil dar.

Die Hexe verlangt ihren Preis, wie es das Unbewußte fast immer tut, wenn man ihm etwas wegnimmt (im »Wasser des Lebens« ist es z. B. das Stück der Ferse, das der Held im Schloß verliert). Hier ist es nun gerade das, was das Paar so lange vergeblich herbeigesehnt hatte und nun endlich bekommen soll: das zukünftige Mädchen. Die Eltern verlieren also ihre »Erneuerung«, das neue erhoffte Leben, weil sie zu einem direkten und offenen Kontakt mit ihren unbewußten Aspekten nicht fähig waren und statt dessen das Kind aus dem Unbewußten gestohlen haben. Genauso stiehlt der Vater die gleichnamige Pflanze aus dem Reich des Unbewußten. Das verbannte Unbewußte wird vom Weiblichen bewohnt. Etwas, das Quelle der Energie und Erneuerung sein könnte, ist in etwas Gefährliches und Strafendes verwandelt worden. Das Kind wird ans Unbewußte verloren, weil die Eltern dieses durch die hohe Mauer von ihrem Leben abgetrennt hatten. Als das schöne, d. h. gute Mädchen, zwölf Jahre alt wird, also am Anfang der Pubertät, der Polarisierung der Geschlechter, steht, sperrt die Hexe es in einen Turm im Wald.[10] Offenbar will sie das Kind mit niemandem teilen, sondern es ganz für sich behalten.

Der Wald in den Märchen ist immer Symbol des mütterlichen Unbewußten. Er ist aber auch ein Ort des Rückzugs und des Wachstums. Der Turm kann ein phallisches Symbol sein, das das Männliche dieser possessiven, einschließenden, eifersüchtigen Mutter zeigt. Er erinnert jedoch auch an einen einschließenden Uterus, was darauf hinweisen kann, daß Rapunzel noch unbewußt im Bereich der Mutter lebt. Der Turm hat weder Tür noch Treppe. Er ist das Gegenteil der Rapunzeln, die sich in die Erde senken.

Rapunzel hat zwei Mittel, um sich mit der Außenwelt, die ihr völlig unbekannt ist, in Verbindung zu setzen: ihren Gesang, Ausdruck ihrer Weiblichkeit, ihrer Gefühle und ihres Lebendigseins, und ihre goldenen Haare, Symbol ihrer Geistigkeit und ihrer Gedanken. Die Hexe klettert den langen Zopf hinauf, aber auch der Prinz, der eines Tages Rapunzel singen hört und davon verzaubert wird. Die goldenen Haare dienen also als Verbindung zum Männlichen. Intrapsychisch gesehen ist der Prinz der Animus von Rapunzel. Von ihrer Stimme, dem Weiblichen, angezogen sucht er sie, seine Anima.

In den Märchen kann man, wie wir gesehen haben, den Prinzen und die Prinzessin als die Symbole der Archetypen Animus und Anima verstehen. Das Zusammentreffen der beiden, die Hochzeit am Ende vieler Märchen, ist nicht einfach ein kitschiges Happy-End, sondern die Vereinigung dieser beiden psychischen Gegenpole, um jenseits der psychischen Bisexualität die Ganzheit oder Totalität darzustellen. Durch das symbolische Verständnis gelangt man zu tieferer Einsicht und zum Verständnis der Märchenwelt.

Die Beziehung zwischen Rapunzel und dem Prinzen hätte noch lange im Turm, das heißt, im Unbewußten der Mutter weitergehen können, doch Rapunzel begeht eine Freudsche Fehlleistung. Sie fragt eines Tages die Hexe, warum es ihr so viel schwerer fällt, sie hinaufzuziehen als den Prinzen. So gibt sie auch indirekt zu, daß die Beziehung zur Hexenmutter ihr »schwer« wird. Auch hier ist es wieder eine Transgression (der Kontakt zur Welt war verboten), ein Ungehorsam, der den Anstoß gibt, den status quo zu verlassen, um den Wachstumsprozeß zu beginnen.

Die Hexe kann nicht akzeptieren, daß die Tochter selbständig werden und andere Menschen und andere Teile der Welt kennenlernen will. Sie wird wütend über den Ungehorsam und schneidet ihr das Haar ab, womit sie ihre Geistigkeit und Intelligenz kastriert. Sie wirft sie aus dem Turm. Wenn wir erst einmal vom Verbotenen gekostet haben, können wir nicht mehr eingeschlossen in der Welt der Mutter leben, sondern müssen hinaus. Hier half das Unbewußte als »Fehlleistung« Rapunzels. Doch wie die Geburt ist auch der Eintritt in die bewußte Welt schmerzhaft und wird manchmal als Strafe empfunden.

Schon vorher hatten beide beschlossen zu heiraten, und der Prinz sollte bei jedem Besuch ein Stück Kordel mitbringen. Rapunzel wollte daraus eine Leiter knoten, damit auch sie hinabkönne. Ihr Animus, ihr aktiver Teil muß ihr helfen, aus dem Bereich der Mutter herauszukommen. Es ist immer der Märchenheld, das männliche Element, das die Jungfrau von der Hexe rettet. Der Held muß seine »Seele«, seinen weiblichen Teil von der Mutter befreien. Den Eltern Rapunzels ist die Integration ihrer Gegenpole nicht gelungen, weshalb sie das Neue verlieren mußten. Rapunzel kann also auch als die Anima des Vaters verstanden werden.

Der Name der Hexe, »Gothel«, ist ein Hinweis darauf, daß sie als eine Gottheit oder Repräsentantin der »Großen Mutter«, der Göttinnen, die ehemals den religiösen Himmel beherrschten, verstanden werden kann. Die Ähnlichkeit der Wörter Gothel und Gott zeigt an, daß hinter der biologischen Mutter (wenn auch hier als Hexe dargestellt) die archetypische steht.

Als die Hexe von dem, was sie den Verrat Rapunzels nennt, erfährt, reagiert sie voller Wut und wirft Rapunzel hinaus. Der Prinz, der glaubt, Rapunzel, seine Seele, für immer verloren zu haben, stürzt sich vom Turm und verliert sein Sehvermögen. Ohne seine Anima verzweifelt der Mann. Sie ist seine Fähigkeit, Beziehungen einzugehen, seine Empathie, seine Intuition. Ohne sie ist er blind. Er kann dann die Gefühlswahrheit nicht hinter den Verstandesdingen erkennen und glaubt sich im Leben verloren. Das Weibliche und die Liebesfähigkeit sind es, die dem Leben Sinn geben.[11]

Beide müssen nun getrennt durchs Leben irren, Hunger und Einsamkeit erleiden. Dies ist typisch für die längeren und vollständigeren Märchen. So wird eine Zeit des Wachsens für jeden der beiden Teile symbolisiert. Vorher waren sie noch zu abhängig von der Mutter: Rapunzel, weil sie noch im Turm gefangen war, und der Prinz, weil sein weiblicher Teil im Unbewußten der Mutter eingeschlossen war. Sie müssen unabhängig voneinander wachsen, die beendete Beziehung zu der Mutter verarbeiten und den Schmerz um den Verlust des Partners annehmen. Ohne diese schwierige Phase bliebe die Beziehung begrenzt auf eine rein sexuelle oder abhängige Verbindung. Sie hätten sich dann nicht von der Mutter getrennt und ihren gegengeschlechtlichen Teil nicht bewußtgemacht.

Es besteht immer die Gefahr des Selbstmordes im Entwicklungsprozeß. Der Prinz stürzt sich vom Turm. Selbstmord wäre der endgültige Verzicht, den anderen Teil wiederzufinden. Für den Mann ist der Verlust der Verbindung mit der eigenen Gefühlswelt der psychische Selbstmord. Umgekehrt wäre für die Frau der Verlust jedes echten Interesses für objektive, intellektuelle und öffentliche Angelegenheiten gleichbedeutend mit der Aufgabe der eigenen Ganzheit. Man kann die Entscheidung des Prinzen, vom Turm zu springen, auch so verstehen, daß er lieber sein Leben verliert, als bei der Hexe zu bleiben. Es ist seine Art, sich von der Mutter zu trennen!

Der Prinz irrt blind durch eine verwüstete Welt. Die Wüste ist ein Bild der Trockenheit, des Fehlens an Gefühl, weil er seinen weiblichen Teil, seine Fähigkeit der Introspektion und sein intuitives Verstehen verloren hat. Rapunzel hatte ihrerseits ihre eigene Dunkelheit erlebt, als sie ihr goldenes Haar verlor. Sie aber erneuert sich, als sie ihre Kinder gebiert (als Zwillinge symbolisieren sie die zukünftige Ganzheit der Eltern). Sie verdanken ihr Leben der Liebe: »Der Geist bedarf, um sehend zu werden, der Liebe«.[12]

Als der Prinz Rapunzel von neuem findet, wieder von ihrer Stimme geleitet, nimmt sie ihn in ihre Arme, und ihre Tränen, ihre Fähigkeit zur Beziehung, die er verloren hatte, geben ihm sein Sehvermögen wieder. Im ersten Teil des Märchens waren es die männlichen Aspekte Rapunzels (ihr goldenes Haar), die den Besuch des Prinzen möglich machten. Im zweiten Teil sind es ihre Liebesfähigkeit und der Ausdruck ihrer Gefühle (die Tränen), die dem Mann die Sicht, also das Bewußtsein von sich selbst, die Fähigkeit zum inneren Verständnis, zum Fühlen und zur Beziehung wiedergeben.

Man kann das Märchen von Rapunzel auch von der Pflanze her betrachten. Sie symbolisiert die Verbindung von Körper und Geist, von Unbewußtem und Bewußtem und von dem, was unter der Erde ist, und dem, was nach oben zum Licht strebt. Dieses Märchen enthüllt sich uns als die vorbildliche Geschichte einer sich ergänzenden Paarbeziehung (sowohl äußerlich als intrapsychisch). Am Schluß sind beide gegensätzlichen Teile wieder vereint. Zusammen mit den Zwillingen bilden sie sogar ein Quaternium, ein besonderer Ausdruck der psychischen Ganzheit, die Jung das Selbst nannte.

Wenn man sich an den Anfang des Märchens erinnert, so gibt es eine verdiente Erneuerung, gewonnen durch Leiden und Anstrengung. Jetzt ist es nicht mehr nötig, dem Unbewußten etwas zu »stehlen«, z. B. die Nahrung für die Erneuerung in dem Kind. So braucht man auch die Mauer nicht mehr, die das Unbewußte vom Bewußten abtrennt, denn die Helden haben sich von den negativen Aspekten der Mutter gelöst.

Liest man das Märchen aus der Perspektive der Tochter, so zeigt es die Erfahrung mit einer possessiven, egoistischen Mutter (verkörpert durch die Hexe), die die Tochter einschließt, vom Leben fernhält und ihre Eigenständigkeit und Entwicklung unterbindet. Bleibt die Tochter bei der Mutter, so gibt es kein Wachsen, nur Passivität und Depression. Der männliche Teil ist abwesend oder wird von der Mutter nicht zugelassen.

Aus der Perspektive der biologischen Mutter könnte man sagen: Wenn sie keine Beziehung zum eigenen Unbewußten hat, dann hält sie die Tochter durch extreme Idealisierung vom Leben fern. Steht die Mutter selbst unter dem Einfluß ihrer eigenen archetypischen Mutter, dann bleibt die Tochter im Unbewußten der beiden gefangen. Die Interpretation hängt davon ab, ob man den Turm als Idealisierung oder als Uterus versteht. Die Zweideutigkeit und dadurch nicht völlige Erfaßbarkeit der Symbole macht eine doppelte Deutung möglich. In beiden Fällen jedoch ist es ein Einschließen, ein Für-sich-behalten-Wollen und eine Entfernung vom Leben.

Aus der Perspektive des Mannes geht es in »Rapunzel« um seine Anima, die unter dem Einfluß der »Großen Mutter« steht und dadurch für ihn unerreichbar ist. Nach der Phase der Idealisierung in der ersten Verliebtheit findet er statt der Geliebten die Hexe im Turm vor. Man kann die Hexe als den Schatten seiner Anima, als ihren dunklen Teil verstehen. Es ist ein Teil des Weiblichen, der ihn so festhalten will, wie sie selbst gefangengehalten wird. Er stellt sich ihr nicht, sondern flieht und verliert die Sicht und fast das Leben. Durch den Verlust seiner Anima ist er zur Dunkelheit und zum Herumirren in einer sinnlosen Welt verdammt.

»Jorinde und Joringel« ist ein weiteres Märchen über die Besitzansprüche der Mutter. Diesmal wird die Notwendigkeit der Erlösung durch das Männliche hervorgehoben, das zuerst seine weiblichen Teile und sein eigenes Selbst entwickelt haben muß.

Jorinde und Joringel[13]

»Es war einmal ein altes Schloß mitten in einem großen dichten Wald, darinnen wohnte eine alte Frau ganz allein. Das war eine Erzzauberin. Am Tage machte sie sich zur Katze oder Nachteule, des Abends aber wurde sie wieder ordentlich.« Es war gefährlich, sich dem Schloß zu nähern. Die Hexe verwandelte alle Menschen zu Stein. War eine Jungfrau dabei, so wurde sie zu einem Vogel. Die Hexe besaß siebentausend Vögel.

Jorinde, eine schöne Jungfrau, ging eines Abends mit ihrem Bräutigam Joringel in diesem Wald spazieren. Beide waren traurig. Sie hatten den Weg verloren, die Sonne ging unter, und

plötzlich war Jorinde in eine Nachtigall verwandelt und Joringel zu Stein geworden. Es kam eine Alte und nahm Jorinde mit sich, ohne daß Joringel etwas tun konnte. Später kam die Hexe zurück und befreite den verzweifelten Joringel.

Da er dort nichts ausrichten konnte, ging er weit weg in eine andere Gegend und hütete für lange Zeit die Schafe. Eines Nachts träumte er, er hätte eine rote Rose mit einer Perle gefunden. Im Traum schnitt er die Rose ab und ging mit ihr zum Schloß der Hexe. Er befreite dort alle Vögel, die er mit seiner Rose berührte, natürlich auch Jorinde.

Er machte sich sofort auf, diese Blume zu suchen. Am neunten Tag fand er die rote Rose mit einem Tautropfen. Er nahm sie an sich und ging mit ihr zum Schloß. Er berührte das Tor damit, und es öffnete sich. Er ging in die Richtung, in der er die Vögel hörte. Die Hexe wurde zornig, als sie ihn erblickte, aber sie hatte keine Macht über ihn. Joringel suchte Jorinde unter den Tausenden von Vögeln. Als er merkte, daß die Hexe heimlich einen Käfig wegbringen wollte, berührte er ihn und auch die Hexe mit der Blume. Jorinde bekam ihre menschliche Gestalt wieder und warf sich ihm an den Hals. Joringel befreite auch all die anderen Vögel. Danach gingen sie nach Hause, »und sie lebten lange vergnügt zusammen«.

Symbolische Interpretation

In diesem Märchen verwandelt die böse Mutter das Mädchen in ein Tier und trennt es von seinem Bräutigam, als die zwei sich in der Dunkelheit im Wald verirrt haben.

Das Mädchen kehrt so ganz in den Bereich der Mutter-Natur, zur Instinktivität ohne eigenes Bewußtsein zurück. Es könnte einen neuen und positiven Kontakt mit dem Unbewußten bedeuten, wobei das Ich aufgegeben wird. Es gibt durchaus die positive Verwandlung in Tiere, z. B. in dem Märchen »Die Nixe im Teich«. Die Gefahr liegt aber darin, für immer im Unbewußten zu verharren (im wirklichen Leben wären es die Gefahren des Alkoholismus, der Drogen, der Promiskuität oder der Psychose). Die Verwandlung in ein Tier ist eine vorübergehende Regression. Es handelt sich um eine Rückkehr ins Unbewußte, damit etwas Neues entstehen kann. Es ist eine Rückkehr zum Irrationalen der Psyche, um eine neue Klarheit zu gewinnen. Jung schreibt, die Mutter-Natur füge das Dunkle zum Hellen, mache die Verbindung zwischen den Gegenpolen und die Aussöhnung der Natur mit dem Geist möglich. So könne die Libido, die psychische Energie zwischen den Gegenpolen fließen und sich erneuern, ohne sich in einem der Extreme zu stauen.

Im einseitigen Matriarchat besteht die Gefahr, das Bewußte zu zerstören (die Versteinerung Joringels), wenn die Anziehungskraft des Unbewußten zu vorherrschend wird. Das Paar ist im Wald, der Welt der Hexe. Der Wald, das Unbewußte der Mutter, ist gefährlich für das Mädchen. Durch die stärkere Identifikation mit der Mutter ist sie ihrem Einfluß besonders ausgeliefert. Die Hexe ist die Verkörperung des Problems von Eros, mißverstanden durch Jahrhunderte und deshalb negativ geworden. Nur die erneute Anerkennung des Weiblichen und die Wiedervereinigung von Eros und Logos ermöglichen die Überwindung der negativen, archetypischen Mutter. Dann heilt Eros die Verzauberung des Weiblichen und die Versteinerung des Männlichen.[14]

In diesem Märchen vollzieht sich die Handlung, als die Dunkelheit naht, d. h., als sich Bewußtsein und Unbewußtsein annähern. Aber eine negative innere Mutter trennt das Männliche und Weibliche, indem sie versteinert und entmenschlicht. Der weibliche Teil wird in einen Vogel verwandelt, Symbol für Intuition und Gedanken (Geistesflug). Löst sich der Mann nicht von seiner Mutter, so kann er keine Beziehung zu seiner eigenen Anima entwickeln. Seine Anima muß dann in seiner Phantasie bleiben. Darauf deutet das Vogelsymbol in unserem Märchen.

Das Paar Jorinde und Joringel, dessen Namensähnlichkeit eine symbiotische, nicht differenzierte Beziehung ausdrückt, spaltet sich, und der weibliche Teil bleibt bei der Mutter, d. h., die Gefühle des Mannes verweilen bei der dunklen Mutter, sind unerreichbar oder verloren in der Phantasiewelt. Der männliche Teil ist zuerst versteinert, also ohne seine Seele. Später wird er befreit, um sie von neuem zu suchen.

Auch die Hexe ist gespalten, nachts ist sie Mensch, tagsüber eine Eule (ein unbewußtes Tier, aber gleichzeitig Symbol der Weisheit als Attribut der Athene). Auf diese Weise werden die widersprüchlichen Aspekte der archetypischen Mutter deutlich gemacht. Sie ist nicht nur böse, sondern verkörpert als Eule auch die Weisheit der Natur.

Der männliche Teil wird Schäfer (wie Daphnis und Attis, auch ein Symbol Christi). Er lernt, die Beziehung zur Natur und die weiblichen Eigenschaften der Fürsorge zu entwickeln. Sein neues Verständnis der Natur führt nach einer langen Lehrzeit zu einem Traum, der ihm eine rote Blume mit einer Perle zeigt. Das bedeutet die Entwicklung seines Gefühls, seiner inferioren Funktion, die der stärker entwickelten Funktion des Denkens entgegengesetzt ist. Sowohl die Blume wie auch die Perle sind Symbole des Selbst, das Joringel jetzt erreicht hat. Sein neu entwickelter weiblicher Teil beschützt ihn nun gegenüber dem mütterlichen Unbewußten (der Hexe) und ermöglicht ihm dadurch den Zugang zu seinem Inneren (dem Schloß).

Die neue Ganzheit, die er durch die Entwicklung seiner Gefühle erreicht hat, läßt sein Selbst entstehen, das ihn jetzt vor der Polarisation in die zwei Geschlechter schützt. Auf diese Weise kann er seine Anima von der Mutter und der Anonymität befreien, denn die siebentausend gleichen Vögel im Besitz der Hexe symbolisieren den Mangel an Individualität der jungen Mädchen, die sich unter der Herrschaft des Archetyps der Mutter befinden. Sie haben ihren Individuationsprozeß noch nicht durchlaufen.

Dieses Märchen zeigt sehr deutlich, wie wir in uns Teile dessen, was wir im anderen suchen, entwickeln und integrieren müssen. Die Blume, die Joringel zuerst im Traum sieht, dann in der Wirklichkeit nach einer Suche von neun Tagen findet, die an die weibliche Schwangerschaft von neun Monaten erinnern, ist sein weiblicher Teil. Das Märchen handelt vom Gefühlsleben des Mannes, das seine Wurzeln in der Liebe der Mutter hat. Auch der Mann kann Mutter sein, seine Anima ist ein mütterliches Gefäß, verkörpert durch das Bild der Blume mit einer Perle. In kreativen Männern ist der weibliche Anteil entscheidend, und der Einfluß der archetypischen Mutter in ihren Doppelaspekten ist groß.

Märchen wie dieses zeigen die Gefahr für den weiblichen Teil, unter der Herrschaft der Mutter zu bleiben: Entmenschlichung und Mangel an Individuation beider Geschlechter wären die Folge. Die

Individuation muß der Mutter und dem Unbewußten abgerungen werden. Einzig durch die Integration der gegenteiligen Aspekte kann man sich von dem negativen Einfluß der Mutter, der Zweiteilung in das bewußte Männliche (Hirte) und das unbewußte Weibliche (Vogel) befreien.

Verena Kast bietet eine Lesart an, die ausgeht von der Symbiose in der Partnerbeziehung. Die symbiotische Verbindung versteinert den Mann und läßt die Frau unerreichbar wie einen Vogel werden. Auf diese Weise wird die Beziehung unterbrochen und die Trennung, die jeder Symbiose folgt, erreicht. Nach Kast bedeutet die rote Blume die Leidenschaft und hat in dem roten Ring Jorindes ihr Gegenstück. Die Perle in ihrer Vollkommenheit sei für die Mystiker ein Symbol der Erleuchtung und würde hier die Vereinigung von physischer und mystischer Liebe bedeuten.[15]

Jetzt verzaubert ihn die Verliebtheit nicht mehr wie am Anfang, weil er die Liebe in sich selbst erlebt und seinen Mittelpunkt gefunden hat. Er hat die Auflösung des Ich, die so typisch für das Verliebtsein ist, überwunden. Es hatte den Mutterkomplex in ihm aktiviert. Wie die Frau, die ein Kind erwartet, kommt der Mann wieder unter die Herrschaft der Mutter, wenn er sich verliebt. Dies erklärt auch das häufige Auftreten der »falschen Braut«.

Zusammenfassend kann man sagen: »Jorinde und Joringel« beschreibt vor allem den Entwicklungsweg des Mannes. Das Mädchen verweilt, zur Passivität verurteilt, bei der Hexe. Es wird deutlich, daß Joringel seine Anima aus dem Unbewußten befreien muß, um die eigene Bisexualität wiederzufinden, die er durch sein Verliebtsein verloren hatte.

Auch der Mann kann sich im Unbewußten des Weiblichen verlieren (hier ist es »nur« sein weiblicher Teil, in anderen Märchen wird dies durch seine direkte Verwandlung in ein Tier gezeigt). Er muß seine eigenen differenzierten weiblichen Anteile entwickeln: Geduld, Fürsorge, Gefühle und das Nichtvergessen. Er muß ein eigenes Selbst finden, das diese Aspekte enthält, um sich gegen die Anziehung des Unbewußten, das die Hexe repräsentiert, immun zu machen. Vielleicht ist dies der schönste, der überzeugendste und poetischste Teil des Märchens: Er berührt mit seinem Selbst, der Blume, die Hexe, und sie verliert alle Macht über ihn. Er berührt damit auch Jorinde und erreicht ihre Rückverwandlung. Dank seines gefundenen Selbst kann die Hexe ihn nicht mehr versteinern oder verzaubern, und am Ende kann er die ersehnte psychische Ganzheit mit Jorinde auf einer höheren Ebene als am Anfang bilden.

4.5. Die archetypische Mutter in »Hänsel und Gretel«

Die Mutter dieses Märchens scheint mir ein gutes Beispiel für die »ausstoßende« Mutter zu sein. Sie wirft die Kinder aus dem Haus, wie die biologische Mutter bei der Geburt das Kind in die Welt setzt. Sie ist die nährende Mutter mit ihrem Knusperhäuschen und die verschlingende Mutter, die die Kinder im Ofen braten möchte. Der Ofen ist Symbol des Uterus und des Feuers des Unbewußten, das alles zerstört, wenn man in ihm gefangenbleibt. Sicher ist »Hänsel und Gretel«[16] eines der grausamsten Märchen, doch seine Beliebtheit deutet darauf hin, daß es geheime Gefühle und Ängste der Menschen anspricht. Es zeigt die Notwendigkeit, sich von der Mutter durch Rebellion zu befreien und gegen die eigenen Versuchungen der Abhängigkeit und Passivität zu kämpfen. Die Belohnung ist die Freisetzung der psychischen Energie, die ihren Ursprung in der Mutter hat.

Von seiten der Kinder aus gesehen, zeigt es die Angst, verlassen zu werden, hinausgestoßen zu werden in eine Welt, in der sie sich nicht zurechtfinden. Der Wald stellt auch ihren noch hohen Grad an Unbewußtheit dar. Er zeigt ihre Abhängigkeit vom Wohlwollen der Eltern und ihre eigene Ohnmacht. Natürlich beruhigt das Märchen die Kinder mit seinem glücklichen Ausgang.

Das Knusperhäuschen ist ein vollständiges Bild des doppelten Aspekts der Mutter. Es ist süß und ernährt ohne Anstrengung den, der von ihm ißt. Es ist Symbol des Uterus, der Plazenta, der Mutterbrust und des mütterlichen Schutzes im allgemeinen. Es ermöglicht das Leben, indem es zur Nahrung wird. Aber für denjenigen, der an ihm hängenbleibt, kann es sich in den tödlichen Ofen verwandeln, genau wie der reale Uterus zu einem Sarg werden kann, wenn das Kind nicht zur rechten Zeit geboren wird.

Die Beziehung zur Mutter muß sich ständig ändern. Am Lebensanfang dient sie dem Kind als »Hilfs-Ich«. Das Unbewußte der Mutter und das des Kindes sind eng miteinander verbunden. Nur so ist es der Mutter möglich, das Baby zu verstehen und es zu versorgen. Sie ordnet, antwortet und dient als »Behälter« für das kindliche Unbewußte und seine Impulse. Daraus erklärt sich auch die Gefahr für die Mutter, ihren bewußten Teil zu vernachlässigen. Sie verliert die Verbindung mit ihren auf den Mann verlagerten männlichen Teilen. Wenn das Kind nach und nach sein Ich und seine Unabhängigkeit verstärkt, wird die Bedeutung der Mutter geringer.

Kinder müssen die Möglichkeit haben, ein positives Mutterbild verinnerlichen zu können. Es soll ihnen dann von innen als Quelle für Wärme und Kreativität, für die Fähigkeit, Beziehungen herzustellen, dienen und ihnen die ständige Erneuerung des bewußten Teils durch den Kontakt mit dem Unbewußten ermöglichen.

»Hänsel und Gretel« hat auch noch andere positive Bilder des Mütterlichen, die leicht übersehen werden können. So ist die Ente, die die Geschwister bei ihrem Rückweg nach Hause über den Fluß bringt, nachdem sie die Hexe verbrannt haben, auch ein Muttersymbol. Die Geschwister haben bis dahin wenig positive Mütterlichkeit erfahren. Ihre gute Mutter starb, die böse schickte sie in den Wald, um sie dem Tod zu überlassen, und die Hexe will sie aufessen. Die Ente verkörpert die Mutter-Natur. Sie trägt die Kinder getrennt, da für die Mutter die Geschlechter noch getrennt sind, durch das Unbewußte, das Wasser. Allein würden sie ertrinken. Auf diese Weise schützt die Ente sie und ermöglicht ihnen den Weg der Wandlung, denn von einem Ufer zum anderen zu kommen bedeutet immer eine Änderung.

Sie gelangen zum Haus des Vaters. Die böse Mutter ist gleichzeitig mit der Hexe gestorben, und der Vater freut sich über die Rückkehr seiner Kinder. Mit den Edelsteinen, die sie im Haus der toten Hexe fanden, können sie ein besseres Haus bauen und die Armut vom Anfang des Märchens überwinden. Wenn wir uns von der Mutter getrennt haben, stehen uns große Mengen neuer Energie zur Verfügung. Andere Beispiele in unserer Kultur für das Thema der Trennung von der Mutter sind: Parzival, der seine Mutter verläßt, um an den Hof Arturs zu gehen; Perseus, der das Haupt der Medusa abschlägt; Christus, der seine Eltern zurückläßt, Pamina in Mozarts »Zauberflöte«, die ihre Mutter verläßt. Die befreite Energie wurde vorher von der Mutter gefangengehalten, von ihr kontrolliert.

Wir müssen uns von der kindlichen Neigung zu Passivität und Abhängigkeit lösen, um unsere Energie zu befreien und selbstverantwortlich zu werden. Wenn wir Angst davor haben, selbständig zu werden, wird der verlängerte Kontakt zur Mutter negativ: Sie vergiftet uns (wie in »Schneewittchen«), versucht uns zu verbrennen (wie in »Der Trommler« und »Die Sechs Schwäne«), will uns töten (»Der liebste Roland«) oder auffressen wie in »Hänsel und Gretel«. Deshalb muß man rebellieren und sich befreien, wie es das Geschwisterpaar tut. Wieder ist die Transgression unerläßlich für das psychische Wachstum. Die Hexenmutter zu verbrennen ist eine Tat der Selbsterhaltung und Lebensrettung. Sie ist möglich aus der Liebe der Geschwister zueinander und dank ihrer Zusammenarbeit.

Die Märchen schildern mit so viel Nachdruck das Negative der Mutter und des Weiblichen, weil beide sich durch ihre Unterdrükkung und Entwertung ins Negative verwandelt haben.[17] Beide müssen neben dem Männlichen erst wieder anerkannt werden, um zusammen mit ihm zu Vollständigkeit und Ganzheit zu gelangen. In den derzeitigen ökologischen Bewegungen kann man einen kollektiven Versuch sehen, die Achtung vor der Mutter-Natur, dem Ursprung allen Lebens wiederherzustellen.

Die Aspekte der »bösen« Mutter spielen im Leben jedes einzelnen eine große Rolle. Die notwendige Trennung von Eltern und Kindern wird einerseits erschwert durch die Mutter, die ihre Kontrolle über die Kinder nicht aufgeben will, und andererseits durch die Kinder, die davor zurückschrecken, ihr Leben selbst in die Hand zu nehmen. Die Trennung ist der erste Schritt in der psychischen Entwicklung, ohne die es kein eigenes Leben gibt. Die Sehnsucht nach der Mutter bedeutet auch Todessehnsucht, das heißt, man ersehnt die Auflösung des Bewußtseins, um in die ewige Mutter einzutreten.[18]

4.6. Die Beziehung zum Vater

Es gibt natürlich auch Märchen, in denen die Probleme nicht in der Beziehung zur Mutter, sondern zum Vater liegen, besonders zwischen Vater und Tochter. An dieser Stelle möchte ich das Märchen »Allerleirauh« zusammenfassen und kurz interpretieren, als Beispiel einer schlechten Vaterbeziehung und des speziellen Einflusses dieser Beziehung auf die Entwicklung der Tochter.

Allerleirauh [19]

Am Anfang des Märchens stirbt die wunderschöne Königin. Sie hatte sich vorher von ihrem Mann versprechen lassen, daß er keine andere Frau heiraten würde, die weniger schön sei als sie selbst. Die Tochter beider wächst heran, und eines Tages stellt der König, der auf der ganzen Welt niemanden »so schön wie seine verstorbene Frau« hat finden können, fest, daß seine Tochter, die das gleiche goldene Haar hat, so schön wie ihre Mutter ist. Er will sie daraufhin heiraten, aber die Tochter flieht. Sie erhält auf ihre Bitte einen Mantel aus vielen Pelzstückchen (daher der Name des Märchens) und drei Kleider so schön wie Sonne, Mond und Sterne.

So ausgerüstet ist sie schon am Anfang weitgehend eins mit sich selbst. Sie hat ihr goldenes Haar, d.h. ihren männlichen Aspekt der Geistigkeit, und einen Mantel, der Schutz und Wärme der Tierwelt und der Instinkte darstellt. Die drei Kleider symbolisieren das Weltall, die Ganzheit der Natur. Auf diese Weise hat sie etwas Männliches, etwas Weibliches und etwas vom Selbst als zukünftige Möglichkeiten. Sie trägt die Kleider in einer Nuß bei sich. Von ihrem Schmuck nimmt sie nur einen goldenen Ring, ein goldenes Spinnrad und ein goldenes Haspelchen mit. Die beiden letzten Dinge stehen mit den Göttinnen des Schicksals in Verbindung. Der goldene Ring ist eine Vorausahnung ihres Selbst.

Zuerst allerdings muß sie sich gegen die inzestuösen Wünsche des Vaters schützen, indem sie sich in ihrem Tierfellmantel in einem hohlen Baum versteckt. Dieser Baum symbolisiert einen Uterus und die Sehnsucht nach Mütterlichkeit und Fürsorge, aber auch ganz allgemein eine Regression, um sich von der überstandenen Gefahr zu erholen und neue Kräfte zu sammeln. Ihre Mutter war früh gestorben, und im Vater entstand eher sexuelle Leidenschaft als väterliche Gefühle. Gleichzeitig bedeutet der Baum auch Expansion und Wachstum.

Auf ihre Flucht von zu Hause folgt eine Phase der Passivität im Baum und später die des demütigen Dienens in der Küche des Schlosses, dessen König sie im Wald gefunden hatte. Ist diese Zeit und Erfahrung ein Ausgleich zu einem gewissen Hochmut aufgrund ihrer Schönheit und des väterlichen Wunsches, sie zur Königin zu machen? Sie malt sich ihr Gesicht schwarz an und bedeckt sich mit ihrem Fellmantel. Sie lebt unter der Treppe und fegt die Asche in der Küche. Die Küche ist ein mütterlicher Ort, aber auch ein Ort der Änderung, durch die Verwandlung der Lebensmittel, die dort stattfindet.

Verena Kast betont in einem Kapitel ihres Buches »Familienkonflikte im Märchen« die negative Beziehung zum Vater und die Gefahr des Inzests.[20] Eine Tochter mit dieser Erfahrung müsse in Verbindung mit der Mutter-Natur reifen, demütig werden, um den Hochmut, den der Vater weckte, auszugleichen.

Bei den Schloßfesten erscheint die Heldin schließlich mit ihren Kleidern, die wie die Sonne, der Mond und die Sterne glänzen. Nachdem sie mit dem König getanzt hat, verschwindet sie wieder. Ihre Aufgabe ist es, nach jedem Tanzfest dem König eine Suppe zuzubereiten. Sie legt jedesmal ein Stück ihres Schmuckes hinein. So zeigt sie sich langsam in ihrer Schönheit und ihrer Fürsorglichkeit. Mit den goldenen Schmuckstücken läßt sie ihre soziale Stellung als Königstochter wie auch ihre weiblichen und männlichen Eigenschaften anklingen. Noch flieht sie jedoch, versteckt sich unter Ruß und Mantel. Sie stellt den König dreimal auf die Probe. Sie möchte unter ihrer Verkleidung der Demut und Armut, zu der sie durch die Begierde des Vaters verurteilt wurde, erkannt werden. Sie möchte, daß der König sie mit ihren beiden Aspekten, der Schönheit der Kleider und der Schwärze des Rußes, akzeptiert.

Das Märchen erinnert sehr an »Aschenputtel«: Die Asche kehren, dreimal mit dem König tanzen, ohne sich zu erkennen zu geben. In beiden Märchen starb die Mutter, und die Heldinnen müssen dienende Aufgaben erfüllen.

Als Anima des Königs muß die Prinzessin eine sehr demütige

Stellung annehmen, um reifer zu werden. Sie muß dem Vater, der sich von ihrer Schönheit blenden ließ, entkommen, um nicht zu einer »falschen Braut« zu werden. Weil sie diese Rolle nicht erfüllen will, fällt sie in Ungnade und muß fliehen. Indem die Mutter den König versprechen läßt, keine minder schöne Frau zu heiraten, händigt sie in gewisser Hinsicht die Tochter dem Vater aus. Es handelt sich dabei um einen Akt der Delegation, da beide Eltern sich dem Neuen nicht öffnen wollen oder können.

Eine Tochter mit dieser Vaterbeziehung (Ödipuskomplex) muß erst andere Aspekte als die Schönheit entwickeln, um in ihrer Ganzheit angenommen zu werden. Nur dann kann sie sich von den Erwartungen des Vaters trennen. Es ist schwer, in sich einen echten Animus zu erwecken, der das Authentische unter der häßlichen Verkleidung erkennen kann. Er muß auch genügend interessiert, scharfsichtig und aktiv sein, um das weibliche Gegenstück in seiner Ganzheit zu entdecken.

Verena Kast betont die Gefahr der Fixierung auf den Vater. Er kann die Psyche der Tochter derartig beherrschen, daß das Mütterliche in ihr stirbt (wie die Mutter selbst gestorben war). Die Tochter verliert dann ihre eigene Persönlichkeit durch die Identifikation mit dem Vater und aus Gehorsam ihm gegenüber, und sie erspart sich ihren eigenen Entwicklungsprozeß. Man kann »Allerleirauh« als den langen Ablösungsprozeß vom Väterlichen außer- und innerhalb von uns verstehen. Es zeigt auch die Notwendigkeit, sich gegen das Althergebrachte und immer schon Geltende aufzulehnen. Die Eltern von Allerleirauh erlauben nichts Neues, sondern wollen beim Alten bleiben. Das Motiv des Inzests läßt sich auch in diesem Sinne verstehen.

4.7. Der Archetyp der »Sofia«

Nicht alle Mutterfiguren der Märchen sind negativ. Es gibt auch den Archetyp der weisen Frau, der Sofia. Sie ist das Äquivalent zum Archetyp des »Alten Weisen«. Beide sind Weisende und helfen den Menschen, die sie um Rat fragen. C. G. Jung schreibt in seiner Autobiographie von den Dialogen, die er sein Leben lang mit dieser inneren Figur, die er Philemon nannte, geführt hat (S. 186ff.). Die Weisen sind Figuren mit »Mana«, mit Charisma: »Die Mana-Persönlichkeiten erscheinen, wenn das Ich bewußt mit dem Selbst konfrontiert wird«.[21] Sie helfen bei der Geburt der neuen Persönlichkeit. Meist haben sie das gleiche Geschlecht wie der Mensch, dem sie erscheinen, und bilden so in gewisser Hinsicht einen Ausgleich zum Schatten.

Ingrid Riedel beschreibt in ihrem Buch »Die weise Frau in uraltneuen Erfahrungen« sowohl die weise Frau wie auch den »Alten Weisen«. Sie repräsentieren den Sinn, den man in den Ereignissen finden kann, die auf den ersten Blick ohne Sinn erscheinen.[22] Die Autorin betont den Unterschied zwischen der Hexe, die aktiv und negativ eingreift, und der weisen Frau, die Ratschläge gibt und sich besonders um die Beziehungen zwischen den Menschen kümmert.

In dem Märchen »Die Gänsehirtin am Brunnen« erscheint die weise Frau als altes, demütiges Mütterchen, das den Sohn des Grafen um Hilfe bittet, als sie Holz sammelt. Sie hat die von ihren Eltern verlassene Tochter bei sich aufgenommen, unterrichtet sie und ermöglicht ihr das Zusammentreffen mit ihrem zukünftigen Mann.

In dem Märchen »Einäuglein, Zweiäuglein, Dreiäuglein« schenkt eine weise Frau der unglücklichen und verstoßenen Tochter ein magisches Tischchen, das jedes erwünschte Essen auftischt. Es ist Symbol der nährenden, mütterlichen Aspekte und ersetzt so die böse Mutter, die ihrer Tochter nichts zu essen gab. Später läßt die weise Frau einen Wunderbaum mit silbernen Blättern und goldenen Früchten (Symbole der Gegenpole und damit des Selbst des Mädchens) wachsen. Dieser Baum zieht den Grafen an. So kompensiert die gute innere Mutter, die als dieser Archetyp in der weisen Frau erscheint, die äußere böse Mutter und ermöglicht die Entwicklung der Tochter.

Auch die Großmutter des Teufels in dem Märchen »Der Teufel mit den drei goldenen Haaren« kann man als Repräsentantin dieses Archetyps verstehen. Sie hilft dem Jungen, die drei goldenen Haare zu bekommen und zu erfahren, warum die Quelle nicht mehr fließt und der Baum keine Früchte mehr gibt. Nachdem er die Ursache erfahren hat, kann er zur Lösung des Stillstandes des Lebens beitragen.

Hinter der »Frau Holle« steht die Mutter-Natur, Hulde, eine germanische Göttin. Auch Frau Holle repräsentiert die gute, gerechte Mutter. Sie ist Ausgleich für die böse Mutter, die die Tochter in den Brunnen treibt, und entschädigt das gute und fleißige Mädchen, indem sie es mit Gold überschüttet, die faule, habgierige Schwester aber mit Pech.

In dem Märchen »Die Nixe im Teich« wird dieser Archetyp durch eine Frau mit weißem Haar dargestellt. Sie gibt der Frau, die verzweifelt versucht, ihren Mann aus der Verzauberung durch die Nixe zu befreien, Ratschläge und Geschenke.

Der Archetyp der weisen Frau kommt nicht sehr häufig in den Märchen vor. Vielleicht auf Grund der Unterdrückung des Weiblichen in der Vergangenheit?[23] Vielleicht auch, weil die Lösung von der Mutter so schwierig ist, daß der Archetyp der Mutter wichtiger als der Archetyp der weisen Frau erscheint.

Im allgemeinen leben die weisen Frauen in der Tiefe der Wälder oder auf der Höhe der Berge. Könnte das ihre Entfernung vom Weltlichen symbolisieren? Ihre Überlegenheit allem Irdischen gegenüber und ihre Nähe zum Kosmos oder Himmel? Der Berg als Ziel des Weges und des Aufstiegs bedeutet oft das Selbst.[24]

Wenn man sich den Archetypen des Alten Weisen und der Sofia nähert, werden innere Energien mobilisiert. Diese Energien können die Verarbeitung des Vater- oder Mutterkomplexes ermöglichen und uns so zu einer höheren Ganzheit gelangen lassen. Jung schrieb, daß von ihren Eltern sehr beschädigte Kinder nur gerettet werden können, wenn sie überpersönliche, weise Eltern finden.[25]

Manche Menschen müssen als Schutz eine Tierhaut tragen, bis sie rebellieren können. Die Gänsehirtin des gleichnamigen Märchens versteckt sich hinter einer vorgetäuschten Häßlichkeit und findet eine neue Identität als Tochter der Großen Mutter, als sie bei der Alten Weisen lebt.

Um die Rolle des Archetyps der Sofia darzulegen, habe ich das Märchen »Die Nixe im Teich« gewählt.

Die Nixe im Teich[26]

Ein einstmals reicher Müller verarmt nach und nach, weil der Fluß, der seine Mühle dreht, fast versiegt ist. Er trifft auf die Nixe des Teiches, eine schöne Frau, und erzählt ihr von seinem Unglück. Sie verspricht, ihm neuen Reichtum im Tausch gegen das, was gerade in seinem Haus geboren wird, zu geben. Der Müller denkt, es könne nur ein Kätzchen oder Hündchen sein, und geht auf den Handel ein. Als er nach Hause kommt, hat seine Frau gerade einen Sohn geboren.

Der Sohn weiß von dem nichteingelösten Versprechen. Die Eltern lehren ihn, dem Wasser fernzubleiben, und er wird Jäger, um das Wasser zu meiden. Er heiratet und hat ein Häuschen. Eines Tages verfolgt er ein Reh, tötet es und geht zum Teich, um sich zu waschen. Als er das Wasser berührt, kommt die Nixe und holt ihn sich.

Seine Frau umkreist ein ums andere Mal den Teich, bis sie erschöpft einschläft. In einem Traum steigt sie auf hohe Berge und trifft eine alte Frau, die ihr mit Ratschlägen und Geschenken zur Seite steht. Sie schenkt ihr nach und nach einen Kamm, eine Flöte und ein goldenes Spinnrad. Sie soll diese Dinge erst benutzen und dann am Rande des Wassers liegenlassen.

Nach diesem Traum macht sich die junge Frau auf den mühsamen Weg. Sie besteigt den Berg und findet die alte Frau, deren Ratschläge sie befolgt. Die Nixe erscheint und nimmt die Gegenstände an sich. Als Gegenleistung erhebt sich der Ehemann stückweise aus dem Wasser, zuerst der Kopf, dann der Oberkörper und schließlich der ganze Körper. Mann und Frau wollen zusammen fliehen.

Aber die Nixe, die noch nicht aufgibt, hat eine Überschwemmung ausgesandt, die beider Leben bedroht. Deshalb brauchen sie von neuem die Hilfe der Weisen Frau. Diese verwandelt sie in Kröte und Frosch, und als Teil der Natur überleben sie. Als die Flut nachläßt, bekommen sie ihre menschliche Gestalt wieder, sind aber weit voneinander entfernt . Sie irren auf der Welt umher als Hirten, jeder mit seiner Herde. Schließlich treffen sie sich, ohne einander zu erkennen, und beschließen in ihrer Einsamkeit, ihre Herden zu vereinen. Sie haben sich aber noch

nicht erkannt. Eines Tages holt der Mann eine Flöte aus der Tasche und spielt eine Melodie. Sie sehen sich an und erkennen sich endlich.

Symbolische Interpretation

Der Vater des Helden hat sich von allem Emotionalen abgewandt und erreicht so, daß der Sohn der Faszination der Nixe erliegt. Dieser vermeidet das Wasser so lange, bis es ihn mit größter Kraft einholt. Er verliert sein Leben durch die Delegation des Vaters, der sein Kind der Nixe versprach, weil er selbst den Kontakt mit dem Unbewußten verloren hatte. Die Nixe ist der dunkle, nicht entwickelte, weibliche Teil des Vaters. Sie holt sich das ihr Versprochene selbst. Durch die Nixe verliert sich der Sohn im Unbewußten. Er fällt in eine tiefe Regression. Hinter der Nixe steht die Göttin der Liebe, Aphrodite oder Venus. Das Zusammentreffen mit ihr bedeutet immer Änderung und Transformation.

Es beginnt die lange und schwierige Suche seiner Frau, seines weiblichen, bewußteren Teils. Jetzt kämpfen seine wirkliche Frau und die Nixen-Frau, die Repräsentantin der Mutter-Natur, um ihn. Die Frau umkreist den Teich, wie man ein Problem umkreist. In einem Traum erhält sie die Lösung. Sie muß einen Berg besteigen und dort die »gute Mutter« oder »Alte Weise« mit dem weißen Haar (Symbol der Erleuchtung) finden. Die weise Frau ist das Gegenteil der Nixe in ihrem Teich und verkörpert die spätere Entwicklung des Archetyps der Anima.

Die Archetypen der Weisen helfen uns bei unserem Reifeprozeß. Die Verbindung zu diesen positiven Archetypen kann dazu beitragen, uns von den dunklen Aspekten der Natur zu lösen. Wenn sich ein negativer Archetyp durchgesetzt hat (hier die Nixe, die den Mann stiehlt), so kann der positive Teil des gleichen Archetyps im Unbewußten entstehen und den Lösungsweg zeigen. Wenn das Problem bewußt gemacht wird und der negative Aspekt angenommen wird, beginnt sich der positive Aspekt zu bilden. Es ist das Gesetz der Kompensation, des Fließens der Energie zwischen den entgegengesetzten Polen.

Die Frau erhält von der weisen Frau einen Kamm, eine Flöte und ein Spinnrad. Sich das Haar im Mondschein zu kämmen kann bedeuten, daß die Frau Aspekte der Nixe entwickeln soll oder daß sie ihre Gedanken ordnen soll. (Die Lorelei verführt die Schiffer mit ihrem Gesang, während sie sich kämmt). Die Flöte ist ein Attribut der Nixe, um mit Musik anzuziehen und zu verführen. Das Spinnrad steht mit den Göttinnen, die unser Schicksal spinnen, in Verbindung, aber auch mit »spinnen« als phantasieren. Vielleicht war die Frau als Gegenstück zur Nixe zu realistisch-pragmatisch.

Als die Frau diese Aspekte in sich entwickelt und so der Nixe ihre Ehrerbietung zollt, steigt der Mann aus dem Teich. Aber noch ist die Nixe nicht bereit, ihn freizulassen und schickt eine Überschwemmung. Jetzt geraten sie beide unter ihre Herrschaft. Deshalb greift die weise Frau direkt ein und verwandelt sie in Kröte und Frosch, also in Tiere, die sowohl zu Lande wie zu Wasser leben. Sie sind Symbole des Übergangs und der Veränderung. Blieben sie in Tiere verwandelt, wäre zwischen Frau und Mann nur eine instinktive, rein sexuelle Beziehung möglich, und so hat noch jeder seinen eigenen Weg, getrennt vom anderen, zu gehen. Die Überschwemmung durch das Unbewußte hatte sie auch voneinander getrennt.

Die Entfremdung, die sie jetzt erleiden, ist das genaue Gegenteil der vorhergehenden Faszination, von der sie ganz beherrscht waren. Schafe hüten bedeutet Zusammenbringen, Konzentrieren, Sorge tragen. Während der Mann früher das Emotionale vermied und gerade dadurch Opfer der Überschwemmung durch undifferenzierte Gefühle wurde, zeigt er mit seinem Flötenspiel endlich eigene Gefühle. So erkennen sich Mann und Frau wieder, und ihre Beziehung kann nun vollständig sein.

Sibylle Birkhäuser-Oeri beschreibt die Nixe als die dunkle Mutter, Teil der »Großen Mutter«.[27] Das Bild der Mutter und das der Anima sind für den Mann immer miteinander verbunden. Intrapsychisch gesehen ist die Anima diejenige, die zwischen dem Unbewußten und dem Bewußten des Mannes vermittelt. In diesem Märchen wird deutlich, wie die Partnerin ihren Mann von der »Großen Mutter«, hier durch die Nixe repräsentiert, befreien muß. Die Frau hat die Aufgabe, ihren Animus, ihren inneren Prinzen, aus dem Unbewußten zu retten und später zu ihrer beider Entwicklung die beiden Teile zu vereinigen. Das Märchen zeigt, wie die Frau sich ändern muß, um ihren Mann vom Einfluß des weniger entwickelten weiblichen Archetyps zu befreien.[28] (Eine Aufgabe, die man in der Entwicklung der Geschlechter zueinander in der Gesellschaft der letzten Jahrzehnte leicht beobachten kann.)

Die Archetypen sind nicht statisch, sondern dynamische Kräfte, die uns aus dem Unbewußten heraus beeinflussen. Unser Bewußtsein kann jedoch Einfluß auf sie nehmen. Märchen können uns diesen Zusammenhang und diese Möglichkeit deutlich machen.[29]

4.8. Der Archetyp des »Alten Weisen«

In »Die Phänomenologie des Geistes in den Märchen« schreibt Jung, der Archetyp des Geistes oder des »Alten Weisen« erscheine in den Träumen als Zauberer, Arzt, Geistlicher, Großvater oder auch in Tierform. Er trete in Situationen auf, die Verständnis, guten Rat und Entschlossenheit erfordern, die man nicht durch eigene Mittel erreichen kann. Der Archetyp kompensiere diesen geistigen Mangel.[30]

In den Märchen erscheint er, wenn der Held in einer verzweifelten Situation ist, aus der ihn nur Nachdenken und eine glückliche Idee befreien können. Wenn der Held dazu nicht fähig ist, kann als Ausgleich dieses Mangels eine intuitive Vision in Form einer personifizierten Idee erscheinen, das heißt, in Gestalt des »Alten Weisen«, der Rat und Hilfe bringt.[31] Der Alte fragt nach dem Wo, Wie und Warum, um zur Selbstreflektion anzuleiten oder eine überstürzte Tat als Reaktion zu verhindern.

Der »Alte Weise« erscheint in der Gestalt des Zwerges in dem Märchen »Das Wasser des Lebens«. Er straft die hochmütigen Brüder und sagt dem Helden, wo er das Wasser finden kann. Er erleichtert ihm den Zugang zum Schloß, seinem Selbst, wo er das Wasser mit Hilfe seiner Anima, die dort verzaubert war, findet und die Erneuerung erreicht.

Auch in dem Märchen »Die goldene Gans« erscheint dieser Archetyp in der Form eines »grauen Männleins« das dem Helden hilft. Er zeigt ihm, wo die Gans versteckt liegt, und löst für ihn die Aufgaben, die der König ihm stellt, bevor er seiner Tochter würdig ist.

Der »Alte Weise« hilft dem Helden im allgemeinen bei seiner Suche und verwandelt ihn in einen mythischen Helden, eine höhere Persönlichkeit und Ausdruck seines Selbst.[32]

Jung schreibt in dem erwähnten Text, daß der Archetyp des »Alten Weisen« sich auch in Tierform ausdrücken kann, um zu zeigen, daß die Funktion und die Inhalte, um die es geht, noch außerhalb des menschlichen Bereichs, des Bewußtseins liegen. Hier erinnern wir uns an den Fuchs, der eine wichtige Rolle in »Der goldene Vogel« spielte, die derjenigen des Zwerges in der zuletzt erwähnten Geschichte sehr ähnlich ist.

Als die Rolle des Fuchses analysiert wurde, erschien sie eher als eine positive Schattenfigur des Helden denn als das, was ihm fehlte. Aber vom Endziel, dem Individuationsprozeß her gesehen, kann er mit seiner Weisheit und seinen zutreffenden Ratschlägen auch den Archetyp des Weisen symbolisieren. Dieser Archetyp hilft uns, dem Selbst, unserer psychischen Ganzheit, die das Ich übertrifft, näherzukommen.

Die Archetypen, die als Möglichkeiten im Unbewußten existieren, strukturieren das Verhalten und die Einstellungen. Sie steigen im Bewußtsein in Form von Bildern auf. Ihre Doppeldeutigkeit oder scheinbare Widersprüchlichkeit muß noch einmal betont werden. Sie haben positive und negative Aspekte wie die Symbole. Sie können nie ganz verstanden werden, da sie aus dem kollektiven Unbewußten stammen, das grenzenlos ist. Außerdem sind sie dynamisch: Je nach Situation, Notwendigkeit und Entwicklungsstand der Psyche kann ein Archetyp mit seiner positiven Bedeutung oder seiner negativen Macht als Impuls oder als Kompensation erscheinen.

Diese Archetypen bedeuten, wie wir im Laufe des Buches gesehen haben, auch eine gewisse Graduation. Sie müssen teilweise bewußt werden, um zur Entwicklung der Bewußtseinserweiterung beizutragen. Für Jung war diese Erweiterung der Sinn des Lebens: Die »schlimmste Sünde ist die Unbewußtheit«.[33]

5. Die Entwicklung in zwei Stufen

Schon mehrmals wurde die Entwicklung in zwei Stufen erwähnt. Sie erscheint in vielen Märchen, ähnelt der Entwicklung in einer analytischen Therapie und ist auch im Leben selbst zu finden.

Die erste Stufe besteht aus dem Wachsen durch die gestellten Aufgaben und dem Zusammenfinden mit dem psychischen und sexuellen Gegenpol. Der Anstoß für den zweiten Teil ist der Verlust des anderen. Meist bleibt der Held bei den Eltern, obwohl er sich nur verabschieden wollte (»Der Trommler«, »Der liebste Roland«), und vergißt seine echte Braut (»Das singende, springende Löweneckerchen«, »Der Eisenofen«). Ein weiteres Motiv ist die Rückkehr der bösen Mutter während der Abwesenheit des Animus. Sie tötet die Braut oder ihr Kind, oder sie nimmt der Heldin die Kinder weg (»Brüderchen und Schwesterchen«, »Die sieben Raben«). In anderen Märchen sind es die neidischen Brüder, die dem dritten das Errungene abnehmen, ihn zu töten versuchen oder zum langen Exil verurteilen (»Das Wasser des Lebens«, »Der goldene Vogel«).

Zwei Stufen der Entwicklung kann man auch in der Therapie verfolgen. Am Anfang geht es dem Patienten besser, weil er seine Lebensgeschichte und seine Schwierigkeiten mitteilen kann, ohne beurteilt zu werden. Er fühlt sich vom Therapeuten verstanden und kann seine Probleme mit etwas mehr Objektivität sehen. Er überwindet vielleicht ein Symptom und empfindet Erleichterung auch durch eine gewisse Anpassung an die vorherrschende bewußte Einstellung.

Danach kann ein Stillstand eintreten, eine Phase der Entmutigung. Es wird das Aufgeben des Wachstumsprozesses erwogen oder sogar vollzogen. Gibt man jedoch nicht auf, kann man eine tiefergehende Verarbeitung der Probleme, einen Zugang zur eigenen inneren Stärke finden (in den Märchen geschieht dies oft durch die Isolierung und Introversion im Wald). Es ist der Schritt von der passiven Klage zum aktiven Engagement im Leben. Dies erfordert die Annahme der eigenen Persönlichkeit und das Erlernen von Eigenverantwortlichkeit.

Es besteht jedoch die Versuchung, sich erneut »verzaubern« zu lassen, »verwünscht« zu werden durch eine Neurose, oder die Gefahr, das Erreichte zu entwerten und zu vergessen. Das bedeutet, Wachstum und Anstrengung aufzugeben, das ursprüngliche Ziel aus den Augen zu verlieren. Beispiele aus der Literatur (z. B. Parzival), den Religionen (Christus und die Versuchung durch den Teufel in der Wüste) oder eben aus diesen Märchen können uns Mut machen und zum Durchhalten anregen.

Viele der beschriebenen Märchen behandeln das Thema der zwei Stadien, indem nach dem Zusammenkommen der beiden Helden ein Hindernis eintritt und die Beziehung unterbrochen wird. Wir haben das in »Das singende, springende Löweneckerchen« und im »Trommler« gesehen. Da diese beiden Märchen aus anderen Gesichtspunkten untersucht wurden, habe ich zwei neue Märchen ausgewählt, die deutlich diese Entwicklung in zwei Stufen beschreiben. Es sind »Der liebste Roland« und »Das Mädchen ohne Hände«.

Der liebste Roland[1]

»Es war einmal eine Frau, die war eine rechte Hexe und hatte zwei Töchter, eine häßlich und böse, und die liebte sie, weil sie ihre rechte Tochter war, und eine schön und gut, die haßte sie, weil sie ihre Stieftochter war.« Die Stieftochter hatte eine schöne Schürze, um die sie von der Schwester beneidet wurde. Die Mutter versprach, die Stieftochter zu töten, um die Schürze zu bekommen. Die Tochter solle dafür sorgen, daß die Schwester vorne im gemeinsamen Bett liege.

Die Stieftochter hatte alles gehört. Als es Nacht wurde, mußte sie sich zuerst nach vorne legen. Als die Schwester schlief, legte sie sich selbst nach hinten, und die andere lag vorn im Bett. Die

Hexe kam, fühlte nach einem Körper und schlug ihrer eigenen Tochter den Kopf ab.

Das Mädchen erhob sich und suchte sofort seinen Liebsten, um mit ihm zu fliehen. Roland riet ihr, den Zauberstab der Hexe an sich zu nehmen. Das Mädchen kehrte um, holte den Zauberstab, nahm aber auch den abgeschlagenen Kopf der Toten und ließ drei Blutstropfen, je einen auf den Fußboden vor dem Bett, auf die Treppe und auf den Küchenboden, fallen.

Als die Hexe am Morgen aufstand, rief sie ihre Tochter, und einer der Blutstropfen antwortete von der Treppe, der andere aus der Küche und der letzte vom Bett. Dort fand sie ihre tote Tochter. Sie wurde sehr zornig, sah aus dem Fenster und erblickte die fliehende Stieftochter und Roland. Sie zog sich ihre Meilenstiefel an und erreichte die beiden bald.

Als das Mädchen sie kommen sah, verwandelte sie Roland in einen See und sich selbst in eine Ente. Die Hexe versuchte, die Ente mit Brotkrumen an sich zu locken, mußte aber unverrichteter Dinge nach Hause zurückkehren. Das Mädchen und Roland nahmen wieder ihre menschliche Form an und setzten ihre Flucht fort. Am nächsten Tag verwandelte das Mädchen sich in eine Blume inmitten einer Dornenhecke und Roland in einen Geigenspieler. Die Hexe versuchte, die Blume zu erreichen. Als sie die Hecke erklimmen wollte, spielte der Geiger auf, und sie mußte tanzen, bis sie, von den Dornen zerkratzt, tot umfiel.

Jetzt waren sie frei. Roland wollte zu seinem Vater und die Hochzeit bestellen. Das Mädchen sollte derweil auf ihn warten. Sie verwandelte sich in einen roten Stein, damit niemand sie erkennen könne.

Roland kehrte nach Hause zurück und vergaß sie wegen einer anderen. Das Mädchen wartete eine lange Zeit. Es wurde sehr traurig und dachte: »Ich werde mich in eine Blume verwandeln, es wird ja wohl einer dahergehen und mich umtreten.«

Ein Schäfer kam vorbei und sah die schöne Blume. Er brach sie ab, nahm sie mit nach Hause und legte sie in einen Kasten. Danach geschahen seltsame Dinge in seinem Haus. Während der Nacht bereitete ihm jemand das morgige Essen vor. Dem Schäfer wurde angst, und er befragte eine weise Frau. Sie riet ihm, ein weißes Tuch über das, was immer sich im Zimmer bewege, zu

werfen. Er tat es, und vor ihm erschien ein schönes Mädchen. Es beichtete ihm, daß es die Blume war, ihm das Haus versorgte und erzählte ihm seine Geschichte. Der Schäfer wollte das Mädchen heiraten, es aber blieb seinem Roland treu, auch wenn er es verlassen hatte. Sie blieb jedoch im Haus und kümmerte sich um den Schäfer.

Es kam der Tag der Hochzeit Rolands mit der anderen. Es war der Brauch der Gegend, daß alle jungen Mädchen vor dem Brautpaar sangen. Das Mädchen war so traurig, daß es nicht hingehen wollte. Aber die anderen kamen, um es zu holen. Es versteckte sich, so lange es ging. Es kam als letzte an die Reihe und mußte singen. Als Roland sie hörte, erkannte er ihre Stimme, sprang auf und erinnerte sich plötzlich wieder an alles. »Da hielt das treue Mädchen Hochzeit mit seinem Liebsten Roland, und war sein Leid zu Ende und fing seine Freude an.«

Symbolische Interpretation

»Der Liebste Roland« beschreibt die Entwicklung einer Frau mit einem negativen Mutterkomplex.[2] Am Anfang des Märchens fehlt das männliche Element. Es geht um die Herrschaft der negativen Mutter. Sie muß durch die Entwicklung von männlichen Teilen in der Heldin überwunden werden, ohne daß sie jedoch ihre Weiblichkeit verliert. Die Schwester ist der Schatten der Heldin. Sie repräsentiert Neid, Passivität, Gier und Destruktivität. Diese Eigenschaften als Teile der Heldin müssen geopfert werden und sterben, damit die gute Seite sich dem Leben öffnen und ihren Entwicklungsprozeß beginnen kann.

Der Gegenstand des Neides der häßlichen Schwester ist eine Schürze, ein weibliches Symbol sowohl durch seine Bedeutung für die Essensvorbereitung wie auch durch seinen erotischen Aspekt (bekannt ist die Bezeichnung »Schürzenjäger«). Die Schürze, Symbol des weiblichen Schoßes, zieht an und beschützt gleichzeitig diesen Teil des Körpers. Die Schwester will die Schürze der anderen durch Raub und Totschlag erhalten, statt sich um eine eigene zu bemühen. In der Heldin des Märchens wird gerade durch das Attentat auf ihre Weiblichkeit, auf ihr innerstes Wesen, die Bereitschaft geweckt, sich zu wehren, indem sie den Platz im Bett mit der Schwester tauscht.

Nachdem sie dem Tod entkommen ist, ruft sie sofort ihren Bräutigam. Den ersten Schritt der Rebellion hat sie allein vollzogen, aber jetzt braucht sie ihren männlichen Teil, um weitermachen zu können. Es ist Roland, der ihr rät, den Zauberstab (ein phallisches Symbol) der Hexe an sich zu nehmen. So werden ihre männlichen Aspekte verstärkt und die Möglichkeit der späteren Verwandlungen gewonnen, um der Hexe zu entkommen. Um sich gegen die Hexe zu schützen, braucht sie die männliche Kraft der Mutter in Form des Zauberstabs. Es ist Roland, der die Lösung kennt, um ihrer beider Leben zu retten. Er weiß, daß eine Verwandlung, eine Änderung stattfinden muß, um der Mutter zu entkommen.

Die drei Blutstropfen der toten Tochter auf dem Küchenboden, der Treppe und vor dem Bett betonen die Tat des Mordes und steigern die Wut und die Rachegelüste der Mutter. Sie kann weder ihren Irrtum akzeptieren noch ihre Einstellung gegenüber der Stieftochter, die sie töten wollte, ändern. Die Meilenstiefel, auch ein Motiv anderer Märchen, dem magischen Sattel ähnlich, symbolisieren vielleicht die aktive, grenzenlose Stärke der Begierde. Die Macht des Hasses läßt ihn sein Ziel schnell erreichen.

Wieder können wir hier sehen, wie die Tochter sich nur mit Hilfe ihres männlichen Teils von dem Einfluß der Mutter befreien kann. Sie ruft sofort nach Roland, dessen Name dem Märchen seinen Titel gab. Als beide von der Hexe verfolgt und fast eingeholt werden, was von Roland vorhergesehen worden war, verwandelt die Heldin sich und ihn mit Hilfe des Zauberstabes.

Das Paar wird durch seine Verwandlungen gerettet. Flucht allein genügt nicht. Es muß eine Veränderung stattfinden. Das Mädchen entwickelt zuerst seine mütterlichen Aspekte in Gestalt der Ente. Es versichert sich, daß seine weiblichen und instinktiven Teile nicht von der Hexe getötet wurden. Indem es das Weibliche in sich fördert, macht es auch einen Schritt in Richtung seiner Unabhängigkeit von der Mutter. Unabhängigkeit wird nicht durch bloßes Weggehen oder die Entwicklung des Gegenteils von sich erreicht. Die Verneinung alles Weiblichen in sich, das die Mutter ihr rauben wollte, bringt keine Unabhängigkeit. Deshalb verwandelt das Mädchen sich in ein weibliches Symbol, die Ente, und Roland in einen See. Er bedeutet das Unbewußte, aber in begrenzter und definierter Form, in dem sich das Mädchen nicht verliert. Außerdem läßt es sich auch nicht von den Brotkrümeln verführen, sondern widersteht der unmittelbaren Erfüllung seiner Impulse. Es vergißt sein wahres Ziel nicht, die eigene Befreiung und Entwicklung. Die Verwandlung Rolands in einen See bekräftigt die Theorie Jungs, daß der männliche Teil der Frau eher im Unbewußten liegt. Das Mädchen hat aber schon eine Beziehung zum kontrollierbaren und begrenzten Unbewußten, dem See, auf dem es sich als Ente zu bewegen weiß.

Als sie am zweiten Tag fast von der Hexe erreicht werden (nachts nehmen sie ihre menschliche Gestalt an und fliehen), verwandelt das Mädchen sich in eine Blume, die von Dornen beschützt wird. Die Dornen verkörpern die eigenen, selbst entwickelten männlichen Anteile und sind Ausdruck der Bisexualität, die nötig ist, um ein differenziertes und selbständiges Individuum zu werden. Roland wird in einen Geiger verwandelt. Mit seiner Musik zwingt er die Hexe, inmitten der Dornen zu tanzen, bis sie tot umfällt. Dies ist ein überzeugendes Beispiel für die Zusammenarbeit des Paares, d. h., er spielt, und sie ersticht die Hexe mit ihren Dornen (phallisches Symbol).

Die Hexe stirbt aus ihrer Begierde, die Tochter zu besitzen (die biologische Mutter muß auf ihren Wunsch, die Tochter zu behalten und zu kontrollieren, verzichten). Das Mädchen hat gelernt, aggressiv zu sein, wenn es nötig ist.

Der Zauberstab, der Violinbogen und die Dornen sind in ihrem symbolischen Sinn bezeichnend für den weiblichen Individuationsprozeß. Wie anhand anderer Märchen gezeigt wurde, muß etwas von dem, was man nicht oder nur in geringem Maße besitzt, entwikkelt werden. Mit Hilfe des psychisch-biologischen Gegenteils gelingt die Befreiung von den regressiven Kräften. Roland seinerseits kann mit seiner Geige emotionale Qualitäten ausdrücken und schützt sich so vor den dämonischen Kräften der Hexe. Durch die Vereinigung weiblicher und männlicher Energien gelingt der Sieg über die Hexe.

Nachdem in diesem ersten Teil die psychische Bisexualität erreicht wurde, könnte das Märchen mit der Hochzeit der beiden enden, doch es folgt, wie in vielen anderen Märchen, noch eine zweite Stufe der Reifung. Die Entwicklung der Helden erleidet einen

Rückschlag, der sich als Ausgangspunkt neuen Wachsens herausstellt. Dies macht die Märchen für Erwachsene besonders interessant, denn sie können ihnen als Orientierung bei dem eigenen Prozeß helfen.

Es findet noch keine Hochzeit statt, denn Roland will sich vom Vater verabschieden, verfällt der Verführung durch eine andere Frau und vergißt seine echte Anima. Im allgemeinen ist dies ein Zeichen für eine noch nicht gelöste Beziehung zu einem Elternteil. Im Falle des Mädchens fehlt der Vater (das Märchen erwähnt ihn nicht), und sie wird von ihrem Animus, durch Roland repräsentiert, verlassen. Ihr Animus ist noch nicht genügend differenziert, weshalb er sie auch vergißt. Roland ersetzt sie durch eine »falsche Braut«, mit der er keinen inneren Wachstumsprozeß durchlaufen hat.

Das Verlassenwerden bedeutet für die junge Frau Verzweiflung und Depression. Sie wird zu ihrer eigenen Gefangenen, als ihr der männliche Teil verlorengeht. Sie verwandelt sich in einen roten Stein, um ihre Versteinerung, ihre Passivität und ihre Angst auszudrücken. Einzig die rote Farbe signalisiert noch ein wenig Leben und Gefühl. Diese Verteidigungshaltung hilft ihr zu überleben, führt sie jedoch zum Stillstand und fast zum Tod. Die Versteinerung kann als Selbstverteidigung und Reaktion auf das Verlassenwerden durch Roland verstanden werden und bietet Schutz gegen das Leiden und den Schmerz. Auch der Verlust der Mutter, selbst wenn jene Beziehung beendet werden mußte, hinterläßt eine Leere. Noch kann sie Roland nicht in menschlicher Form erwarten; noch fehlt es ihr an eigener Identität.

Erst als sie sich entschließt, die Verletzlichkeit der Blume (»es wird mich schon jemand umtreten«), den Moment der tiefsten Verzweiflung und Depression zu akzeptieren, und zum Sterben bereit ist, kommt sie aus ihrer Versteinerung hervor und erhält Hilfe. Sowohl das Erlebnis der Depression als auch die Hilfe, die darauf folgt, sind häufige Erfahrungen im Leben und in der Therapie. In den Mythen wird diese Situation durch den Abstieg in den Hades (Herakles, Psyche), in der christlichen Religion durch den Tod Christi symbolisiert. In den Märchen erscheint sie als Scheintod (in »Dornröschen« und »Schneewittchen«) oder als unmittelbare Todesgefahr durch Feuer (in »Die sieben Schwäne« und »Marienkind«).

Die Verwandlung vom Stein in die Blume kann man als Übergang vom Trauerprozeß zur Annahme des möglichen Todes verstehen. Das ist die Bedingung, um sich ändern zu können. Die Akzeptierung ist der wichtigste Punkt in jedem Wandlungsprozeß. In der Form der Versteinerung ist keine Hilfe oder Veränderung möglich. Der Schritt vom Stein zur Blume bedeutet auch die demütige Annahme ihrer Lebensbedingungen. Die Blume, ein Symbol der wiedererlangten Sexualität, ist verletzlich, aber sie ist auch schon ein Anzeichen des Selbst, wie wir in dem Märchen von »Jorinde und Joringel« gesehen haben. Ihre Wurzeln stecken in der Erde, der Kopf hebt sich zum Himmel, und sie hat meist ein Zentrum. Das Mädchen in Gestalt der Blume ist aber noch nicht frei, es kann sich nicht selbständig bewegen, sondern muß von anderen gesehen und befreit werden.

Auch diesmal kommt die Hilfe wieder von einem Mann. Ein Schäfer, angezogen von ihrer Schönheit, pflückt sie und bewahrt sie in einem Kasten bei sich zu Hause auf. Es ist ein mütterlicher Animus, und der Kasten symbolisiert einen Uterus. Sie braucht noch eine Zeit der Bemutterung oder Inkubation. In anderen Märchen ist es ein hohler Baum, ein Brunnen oder ein Wald. Bliebe sie für immer im Kasten, so könnte er sich in einen Sarg verwandeln. Man kann ihn auch als Transformationsgefäß des alchimistischen Prozesses verstehen, den Jung gerne anführte.

Die Beziehung zum Schäfer ist nur ein Übergang, sie will nicht seine Frau werden. In dieser Phase kehrt sie jedoch zum Leben zurück. Es handelt sich um eine Wiedergeburt. Sie versorgt das Haus und lernt, ihre weiblichen Eigenschaften der Fürsorge zu entwikkeln (ein häufiges Motiv im weiblichen Prozeß). Anfangs traut sie sich nur nachts, den Haushalt zu führen. Noch ist sie nicht bereit, sich sehen zu lassen und ihre weibliche Rolle offen anzunehmen, denn ihre Weiblichkeit hätte sie im Haus der Stiefmutter fast das Leben gekostet.

Der Schäfer fragt eine weise Frau nach den geheimnisvollen Vorgängen in seinem Haus. Sie rät ihm, ein weißes Tuch über das Mädchen zu werfen. Dieses weiße Tuch kann ein Neuanfang sein.[3] Unter seinem Schutz vollzieht sich die Wandlung in eine menschliche Gestalt. (Am Karfreitag verhängt man die Bilder in den Kirchen, wenn der Tod Christi nacherlebt wird, der zu seiner Wiederauferstehung führt). Das Mädchen läßt die Blumenform zurück und wird wieder eine Frau. Diese Verwandlung kann sie vollziehen, weil sie im Haus des Schäfers stärker geworden ist. Der Schäfer verkörpert die mütterlichen Eigenschaften, die der Hexenmutter und Roland fehlten. Im Schäfer selbst vollzieht sich auch ein Teil des Entwicklungsprozesses von Roland. Das Mädchen darf den Schäfer aber nicht heiraten. Der Mann darf nicht für immer eine positive Mutterrolle für die Frau übernehmen.

Roland selbst hat sie unterdessen vergessen und ist dabei, eine andere zu heiraten, denn er ist noch unter dem Einfluß des Vaters. Vorher war er es gewesen, der die Frau von der Mutter befreit hatte. Jetzt ist sie es, die ihm Augen und Ohren öffnen muß, damit er sich an seine wirkliche Anima erinnert. Deshalb muß sie wieder aktiv werden und muß sich öffentlich zu erkennen geben, was ihr sehr schwer fällt.

Die anderen jungen Mädchen kommen, um sie abzuholen (die Hilfe anderer weiblicher Teile in ihr). Sie muß sich zeigen, was eine eigene Identität erfordert, und sie muß ihre Liebe bekennen. Als sie singt, gesteht sie sich ihren Platz an der Seite des Bräutigams zu. Sie drückt ihre Gefühle aus, versteckt sich nicht mehr und nimmt schließlich die Verantwortung für ihr Leben und ihre Erfahrungen an. Sie fordert den Bräutigam für sich in dem Moment, als sie ihn fast endgültig verloren hat. Jetzt benutzt sie die Musik, während zuvor er mit Hilfe der Musik die Hexe bezwang. Die Musik als bisexuelles Phänomen (weibliche Intuition und männliche Ausführung) bringt sie wieder zusammen.

Wenn wir den Faden der verschiedenen Schritte des in diesem Märchen beschriebenen Individuationsprozesses wiederaufnehmen, so haben wir die Konfrontation mit dem Schatten in Form der neidischen Schwester und die Überwindung der Mutter. Die erste Annäherung an den Gegenpol, den Animus, findet statt, und es folgen sein Verlust und die Verzweiflung. Schließlich geschieht eine erneute Anstrengung für den letzten Wachstumsschritt. Sie bringt die Wiedererlangung und die endgültige Vereinigung mit dem männlichen Teil.

Das Verhalten des Animus erinnert mich an das Leben vieler Frauen, die ihren aktiven, intellektuellen, unternehmerischen und unabhängigen Teil bis zu dem Moment entwickeln, in dem sie eine Familie gründen und/oder eine Arbeit beginnen. Danach bleiben sie oft stecken, sind blockiert, versteinert oder werden deprimiert. Sie haben den Kontakt mit ihrem Gegenpol verloren. Vielleicht brauchen sie einen mütterlichen, sorgenden Mann, der ihnen viel Anerkennung schenkt. So können sie die weiblichen, fürsorglichen Aspekte in sich wieder schätzen lernen. (Der Verlust der psychischen Bisexualität ist wohl ein Resultat der Nichtanerkennung des Weiblichen in unserer Gesellschaft.)

Sie dürfen jedoch nicht in dieser Art von Partnerbeziehung verharren (mit einem nur mütterlichen oder gar abwesenden Animus). Noch haben sie nicht ihr wirkliches Wesen und auch nicht ihren wirklichen Animus entwickelt. Man hat ihnen eine Rolle zugeschrieben, und sie haben sie angenommen. Wenn sie nicht von neuem mit ihrem Gegenpol in Kontakt kommen, werden sie nicht weiterwachsen. Nach und nach werden sie leer werden und ihre Lebensfreude verlieren. Ist es so schwer zu verstehen, daß die Erneuerung, der Zugang zu neuen Energiequellen und unserer Kreativität aus den Bereichen kommt, die vom Ich am wenigsten beachtet und entwickelt wurden, dem Unbewußten? Die Frau, die von ihrem Animus verlassen wurde, und der Mann, der sich von der falschen Braut verführen ließ, sind Individuen, die diese zweite Entwicklungsstufe zurückweisen.

Die falsche Braut in »Der Liebste Roland« ist auch ein Teil der Heldin selbst. Sie ist ihr Schatten wie die neidische Schwester, die ihr gleich am Anfang die Schürze und das Leben nehmen will. Die »falsche Braut« als Schatten der Heldin ist ihr nicht von der Mutter getrennter Aspekt. Wenn sie sich nicht von der Mutter differenziert hat, so eignet sich dieser nicht entwickelte Teil denjenigen, der sich entwickeln will, an. Deshalb muß sie betrügen und wird doch nur einen Prinzen bekommen, der seine echte Braut und seinen eigenen Wachstumsprozeß durch diesen weiblichen Teil vergessen hat. Nur deshalb läßt er sich von der anderen verführen. Auch er ist ein »falscher Bräutigam«. Beide haben ihren Individuationsprozeß nicht realisiert. Sie weichen ihm aus und unterstützen sich gegenseitig dabei.

Wenn man sich die Entwicklung des Animus der Heldin in diesem Märchen ansieht, so erkennt man in ihm als erstes den Aktivisten. Er rät, den Zauberstab zu nehmen, und treibt mit dem Geigenspiel die Hexe in den Tod. Seine Hilfe ist unersetzbar, aber dieser

Animus verläßt die Heldin, er vergißt sie, das bedeutet, daß er sie ablehnt und sie nicht braucht. Noch gibt es keine wirklich gleichberechtigte Beziehung mit gegenseitigem Respekt. Sie sind noch zu einseitig, unvollständig, nicht differenziert genug und immer noch von den elterlichen Archetypen beeinflußt.

Um ihren Mangel an Selbstvertrauen zu überwinden, braucht die Frau einen mütterlichen Animus. Sie entwickelt im Haus des Schäfers Stärke und Sicherheit. Frauen mit einer negativen Mutterbindung, die nicht um ihrer selbst willen geliebt wurden und die dadurch weder ihre Weiblichkeit noch ihr Selbstbewußtsein fördern konnten, brauchen erst diese mütterliche Beziehung zu einem Mann, um ihre Selbstannahme zu erreichen. Dann werden sie später fähig sein, eine gleichberechtigte und vollständige Beziehung einzugehen. Intrapsychisch ausgedrückt: Sie müssen erst die aktivistischen Aspekte ihres Animus (z. B. in der Pubertät) entwickeln, danach die mütterlichen, sorgenden, um schließlich zum inneren Zusammenleben mit einem starken und respektvollen Animus zu gelangen.

Im Leben kann man diese Notwendigkeit der Entwicklung des männlichen Teils in einer Reihe von verschiedenen Partnern oder aber in der Entwicklung und den Veränderungen innerhalb einer einzigen Partnerschaft sehen. Immer besteht eine Beziehung, ob es uns nun gefällt oder nicht, zwischen dem äußeren und dem inneren Partner. Daraus erklärt sich die fast unbegrenzte Möglichkeit, zu wachsen und sich zu erneuern. Es gibt jedoch auch die Gefahr des Stillstands, wenn man aufhört, neue Aspekte aus dem Unbewußten aufzunehmen.[4]

Ein weiteres Märchen, das eine Entwicklung in zwei Phasen darstellt, ist:

Das Mädchen ohne Hände[5]

Ein verarmter Müller traf eines Tages im Wald einen Mann, der versprach, ihn reich zu machen, wenn er ihm das, was hinter seiner Mühle stand, dafür eintauschen würde. Der Müller dachte an seinen Apfelbaum und akzeptierte den Handel. Der Mann kündigte seinen Besuch in drei Jahren an, um das Versprochene abzuholen.

Bei seiner Heimkehr berichtete ihm seine Frau, das Haus habe sich mit Gold gefüllt. Als sie von den Bedingungen hörte, wußte sie, daß es der Teufel war und daß sein Preis ihre Tochter war, die in jenem Augenblick den Hof kehrte.

Die Tochter war schön und fromm und lebte ohne Sünde während der nächsten drei Jahre. Am Tag der Übergabe wusch sie sich und zeichnete einen Kreis um sich herum. So konnte der Teufel sich ihr nicht nähern. Er verbot dem Vater, ihr Wasser zu geben, und sagte, er käme am nächsten Tag wieder. Am Tag darauf hatte die Tochter auf ihre Hände geweint, so waren sie ganz sauber. Daraufhin befahl der Teufel dem Vater, ihre Hände abzuschneiden, sonst würde er ihn mitnehmen. Der Vater erklärte der Tochter die Gründe, sie nahm sie an, und er schlug ihr die Hände ab. Diesmal weinte sie auf die Armstümpfe, die so sauber wurden, daß der Teufel seine Rechte über sie verlor.

Danach mochte das Mädchen nicht mehr zu Hause bleiben. Mit den Armen auf den Rücken gebunden, ging es fort. Es kam an einen königlichen Obstgarten, erbat die Hilfe Gottes, und es erschien ein Engel. Er schloß die Wasserschleusen des Grabens, und es konnte den Garten betreten. Es aß nur eine einzige Birne mit seinem Mund vom Baum.[6]

Der Gärtner hatte es gesehen und erzählte den Vorfall dem König, denn die Birnen waren gezählt. Der König wachte nun die folgende Nacht. Als er das Mädchen sah, das wiederkam, um eine Birne zu essen, führte er es in sein Schloß. Er heiratete es, und ließ ihm Hände aus Silber machen. Danach mußte er fort.

Das Mädchen bekam ein Kind. Die Mutter des Königs schrieb dem König einen Brief, um es ihm mitzuteilen. Dieser Brief wurde vom Teufel abgefangen wie auch die Antwort des Königs. Der Teufel änderte den Inhalt beider Briefe. Das Kind sei ein Wechselbalg und als Antwort, die Mutter solle die Frau mit dem Kind töten. Die Mutter des Königs wollte die beiden jedoch nicht umbringen, sondern schickte die junge Frau fort. Ihren Sohn band sie ihr auf den Rücken. Das Mädchen gelangte in einen großen Wald. Es betete, und erneut erschien ihm ein Engel. Er führte es in ein Häuschen, an dem stand: »Hier wohnt ein jeder frei«. In diesem Haus, mitten im Wald lebte sie sieben Jahre, und die Hände wuchsen ihr nach.

Der König kam aus dem Krieg zurück und erfuhr das Geschehene. Die Mutter zeigte ihm die Briefe, aber angesichts seines Schmerzes beichtete sie ihm, daß sie die beiden nicht getötet hatte.

So entschloß sich der König, sie zu suchen. Er wanderte sieben Jahre durch die Welt. Schließlich kam er eines Tages an das Haus im Wald. Der Engel, der Mutter und Kind behütete, empfing ihn. Der König wollte ein wenig ausruhen und bedeckte sein Gesicht mit einem Tuch. Es fiel zweimal herunter. Die Frau schickte zweimal ihren Sohn, damit er das Gesicht seines Vaters aufs neue bedecke. Schließlich protestierte der Sohn, er habe keinen Vater. Die Frau gab sich zu erkennen, doch der König bezweifelte ihre Worte, da seine Frau Hände aus Silber gehabt hatte. Der Engel brachte die silbernen Hände aus dem Haus. Nun bestanden keine Zweifel mehr, und der König erkannte seine Frau wieder. Die drei kehrten ins Schloß zurück, heirateten noch einmal »und lebten vergnügt bis an ihr seliges Ende«.

Symbolische Interpretation

Der Vater, ein Müller, erneuert sich nicht aus sich selbst. Weil die Mühle kaum noch Wasser hat, verarmt der Müller. Er hat den Zugang zum Unbewußten verloren. Der Teufel, der ihm neuen Reichtum verspricht, trifft ihn im Wald, d. h., er kommt aus seinem Unbewußten. Er symbolisiert die Versuchung der Eltern, sich auf Kosten der Kinder zu erneuern. So handelt es sich hier wieder um ein Beispiel von Delegation. Seine Tochter kann auch als seine Anima, seine vernachlässigte Gefühlswelt, verstanden werden. Er denkt nicht an sie, als er den Pakt mit dem Teufel schließt. Aber sie ist auch gleichzeitig seine wirkliche Tochter. Sie ist durch ihn und durch ihren Vaterkomplex in Gefahr, da sie sich nicht auflehnt. In den Märchen bedeuten Vater und König die traditionelle, bewußte Einstellung. Diese verbraucht sich nach und nach und kann zum Verlust der Seele (Anima) führen. Die geistige Aktivität wird zur Routine und verarmt.[7]

Ein radikaler Wandel wäre nötig, aber der Müller versucht nicht, sich zu ändern, sondern er verkauft statt dessen seine Tochter dem

Teufel. Wenn es der Baum hinter seinem Haus gewesen wäre, dann hätte er damit auch auf sein eigenes Wachstum verzichtet. Er will keine Anstrengung auf sich nehmen, schätzt das Weibliche nicht, weder als seine Anima noch als seine Tochter, und er vernachlässigt seine Beziehungsfähigkeit.

Töchter mit Vätern dieser Art, die sehr intellektuell oder materialistisch und ohne Herz sind, können leicht ehrgeizig oder kalt und gefühllos werden. Sie haben einen destruktiven oder einseitig intellektuellen Animus. »Der nicht entwickelte Animus der Frau ist wie ein primitiver Mann, der zuerst alle Dinge übertreibt und dann aufgibt«.[8]

In diesem Märchen entschließt sich die Heldin, ihren aktiven Teil im Leben zu opfern, um nicht in die Hände des Teufels zu fallen. Sie verzichtet auf die Aktivität (die Hände) und wird passiv, feminin. Das Opfer ist ihr einziger Ausweg, um nicht in die Macht des Teufels zu kommen. Hier in diesem Moment ist der Teufel der Schatten des Vaters. Sie geht fort, um nicht durch einen Vater, der seine Probleme auf ihre Kosten löst, noch mehr als ihre Hände zu verlieren. Würde sie die Delegation annehmen, müßte sie wie ihr Vater leben.

Der Teufel kann ihr nichts anhaben, sie hat schon ein Selbst, ihre psychische Ganzheit, symbolisiert durch den Kreis, den sie um sich herum auf den Boden zeichnete. Dreimal besiegt sie den Teufel, die magische Zahl der Märchen. Trotzdem kann sie nicht zu Hause bleiben, denn ihr Vater unterbindet ihre Eigenständigkeit. Er sieht sie nur als Mittel für sein eigenes Wohlbefinden und ist wie eine männliche Variante der einschließenden Mutter von Rapunzel.

Sie verläßt die Eltern und findet den Beistand eines ersten positiven, kompensatorischen Animus in Form des Engels. Er erleichtert ihr den Weg durchs Unbewußte, damit sie ihren psychischen Gegenpol und ihren zukünftigen Partner treffen kann. Sie betritt den Garten des Königs und ißt allein mit ihrem Mund eine Birne. Sie raubt dem König etwas, damit er sich bewußt wird, daß er eine Erneuerung braucht (ähnlich wie im »Goldenen Vogel«). Der König als Vertreter des Selbst[9] braucht die Erneuerung von innen. Erlangt er sie nicht, so ist er in Gefahr, den Kontakt mit der Ganzheit zu verlieren, denn diese braucht immer neue unbewußte Teile, um sich zu erhalten.

Das Mädchen ist die amputierte Anima des Königs und lenkt

seine Aufmerksamkeit durch den Diebstahl auf sich. »Ein Dieb ist die Personifikation eines unbewußten Inhalts, der dem bewußten Leben Energie und Werte stiehlt«, heißt es bei Marie Louise von Franz.[10] In Zeiten der Entmutigung fehlt die Lebensenergie, und alles wird leer, weil die Energie im Unbewußten zurückgehalten wird.

Das Mädchen kommt aus dem Unbewußten des Königs, um ihm in seinem eigenen Erneuerungsprozeß zu helfen. Das Weibliche muß die Beziehungsfähigkeit, den Eros der Partnerschaft anregen. Die Birne ist ein weibliches Symbol. Der Garten des Königs erinnert an den Paradiesgarten, und der Diebstahl symbolisiert die »felix culpa«, die Sünde, die zum Bewußtwerden führt.

Der König als Animus gibt den Auftrag, Hände aus Silber machen zu lassen. Sie heiraten, und als Zeichen ihres Zusammenfindens und ihrer gegenseitigen Erneuerung werden sie ein Kind bekommen. Die silbernen Hände bedeuten hier die weibliche Aktivität, die Voraussetzung für eine Partnerbeziehung und eine Familie. Aber sie schuldet sie dem Mann, sie lebt also durch ihn, so wie der Mond sein Licht von der Sonne erhält.

Was aber bedeuten die silbernen Hände für seinen inneren weiblichen Teil? Wie steht es um diesen psychischen Teil des Königs? Auf den weiblichen Teil des Mannes bezogen, können die silbernen Hände ein erstes Kennenlernen und Akzeptieren des Weiblichen bedeuten. Vielleicht könnte man dieses erste Kennenlernen (wobei immer ein großer Teil Projektion ist) als ein Erahnen der Intuition, des Gefühls von seiner sentimentalen Seite her, der Verletzlichkeit und oberflächlichen Sensibilität statt einer stabilen Verankerung in der Emotionalität, der inneren Verbundenheit, auf die er sich verlassen kann, verstehen.

Die silbernen Hände weisen auf eine Art des Weiblichen, das an die patriarchalische Gesellschaft angepaßt ist. Eine angepaßte Anima kann keine innere Kraft entwickeln, keine Verbundenheit mit Eros bedeuten. Sie kann Krisen nicht standhalten. In Krisenzeiten muß man sich auf sein Inneres verlassen können, um dort Halt und Erneuerung zu finden.

Erst nach der Aufgabe oder dem Verlust der angepaßten Anima wird der Mann bereit sein, sich ernsthaft mit seiner Welt- und Lebensauffassung unter der Einbeziehung des Weiblichen auseinanderzusetzen. Dazu muß er ein Stück seines männlichen Ich aufgeben. Viele Männer lernen heute den Zugang zum Weiblichen über ihre Kinder und entwickeln so ihre mütterlichen Aspekte. Es gibt keinen Grund für eine Unverträglichkeit der männlichen und weiblichen Grundstrukturen in einem Menschen. Wir können sowohl den Prozeß (weibliche Einstellung) wie das Ziel (männliche Einstellung) achten, das Globale wie das Spezielle, je nach Situation und Notwendigkeit. Solange das Männliche sich mit silbernen Ersatzhänden (oder der falschen Braut) zufrieden gibt, wird auch die Zerstörung der Natur weitergehen. Die Anima des Mannes und das Weibliche der Frau brauchen ihre eigenen Hände, ihre gleichwertige Stimme im Mann und in der Gesellschaft.

Das Märchen vom »Mädchen ohne Hände« könnte mit der Hochzeit zu Ende sein. Aber nach dem ersten Zusammentreffen scheinen beide ihren eigenen Entwicklungsprozeß vollziehen zu müssen, wie in vielen anderen Märchen auch. Der Besitz einer anfänglichen Vorausahnung des Selbst, hier der Kreis für sie und die Birne für ihn, leiten zum Kontakt mit dem Gegenpol. Dann wird eine neue Trennung nötig, damit jeder seinen individuellen Weg allein aufnimmt.

Der König muß fort. Das Mädchen in seiner Mutterphase wird passiver, einseitig weiblich, und so kommt der Teufel wieder zum Zug. In den Märchen mit einer schlechten Vaterbeziehung ist es eher der Teufel anstelle der Hexe, der den zweiten Zwischenfall und so die neue Phase der Entwicklung hervorruft. Jetzt kann der Teufel der negative Animus des Mädchens sein und der Schatten des Königs. Wenn die Frau passiv werden muß, um ihre Weiblichkeit nicht zu verlieren und nicht vom »Animus besessen«[11] zu sein, entfernt sie sich von ihren positiven männlichen Aspekten. Sie verneint ihre Intelligenz und Selbständigkeit innerhalb der Partnerschaft. So wird sie leicht zu einem Opfer, das man ausnützt. Ihre innere männliche Kraft wird negativ und strafend und nimmt ihr jede Eigenständigkeit und jedes Selbstvertrauen. Sie kann ihr sogar ihre Weiblichkeit nehmen, indem sie sie entwertet.

Es bleibt ihr nichts anderes übrig, als wiederum wegzugehen. Diesmal flieht sie nicht vor dem Vater, der ihr die Hände nahm, sondern vor ihrem Teufel-Animus, der sie ganz auslöschen will. Als Ausgleich zum negativen männlichen Teil gibt es eine positive Königsmutter, die ihr den Tod erspart und die Flucht erleichtert. Um die Ähnlichkeit beider Ungerechtigkeiten, die sie zur Flucht treiben, zu betonen, wird ihr jetzt das Kind auf den Rücken gebunden, während es beim ersten Mal nur ihre Arme waren. Ihre Hilflosigkeit und Verstümmelung werden so besonders deutlich.

Das Mädchen geht in einen großen Wald hinein. Es ist die Mutter Natur, wo sie in gänzlicher Isolierung und Einsamkeit, aber auch Freiheit leben wird. Es ist die Phase der Introversion, der Heilung im Bereich der Mutter, um sich von den zugefügten Wunden zu erholen. So wachsen ihr die Hände. Sie sind nicht mehr künstlich und für die Anpassung an die Umgebung und die Konventionen gedacht, sondern wachsen ohne Zutun anderer aus ihrem eigenen Innern. Der Sohn heißt »Schmerzensreich«, ein Name, der die Schwierigkeit des Lebens in dieser emotionalen Isolierung beschreibt. Sie ist besonders schwierig für die Frau, repräsentiert sie doch unsere Beziehungsfähigkeit. In dieser Situation muß sie sich um ihr Eigenes kümmern (ihr Kind steht für ihr Selbst), damit es in der Phase der Depression und der Verzweiflung nicht stirbt.[12]

In der Grimmschen Fassung heißt es: »und wuchsen ihr die Hände wieder«. Marie Louise von Franz zitiert in dem angegebenen Buch eine russische Variante dieses Märchens.[13] Dort verliert die Frau das Kind. Es fällt ins Wasser, als sie trinken muß. So wird die Gefahr symbolisiert, das Kind im Unbewußten zu verlieren, wenn die eigenen gegengeschlechtlichen Teile nicht genügend entwickelt wurden. Die männlichen Teile der Frau sind ihr Schild gegen das mögliche erneute Sich-Verlieren im Unbewußten. Sie irrt weinend am Rande des Wassers entlang. Ein alter Mann, der Archetyp des »Alten Weisen« und der positive Ausgleich zu Vater und Teufel, sagt ihr: »Nimm es!« Sie antwortet, daß sie keine Hände habe, doch der Alte insistiert. Schließlich streckt sie ihre Arme nach dem Kind aus, und als sie das Wasser berühren, wachsen ihr Hände, um das Kind fassen zu können.

Mir gefällt diese Fassung der Wiedergewinnung der Hände sehr. Sie beschreibt, wie sie durch den Wunsch geheilt wird, das für sie Wichtigste, ihr Kind, das gleichzeitig auch Symbol ihres Selbst ist, zu retten. Die Delegation ihrer Eltern, die »Kastration« und ihre innere Passivität werden überwunden. Aus ihrem Inneren heraus wächst eine Antwort, eine neue Möglichkeit zu handeln. Im Augenblick der größten Verzweiflung erreicht sie das Unbewußte, das Wasser und durch den Kontakt mit ihm wachsen ihr Hände. Diese Variante und Lesart zeigt, wie das Unbewußte heilt, wenn man sich ihm mit einem konkreten Wunsch nähert. Für dieses Treffen ist sie durch die vorhergehende Phase der Introspektion vorbereitet.

Jetzt handelt sie nicht mehr aus Anpassung an die konventionelle und kollektive Norm. Sie hat die introversive Passivität des Aufenthalts im Wald annehmen müssen, um sich entwickeln zu können. Dieser Wald, das Unbewußte hat ihr als heilendes Mütterliches geholfen, um den kastrierenden Vater, den abwesenden Animus und den Teufel zu kompensieren. Ein Vater, der keine Verbindung zu seinem weiblichen Teil hat, kann zu einem strafenden, starren Über-Ich, einem inneren, stets entwertenden Animus beitragen. Fast hätte er es erreicht, sie und ihr Kind zu töten. In der Zeit der Einsamkeit erscheint zum zweiten Mal ein Engel, Symbol einer positiven, sorgenden Kraft, ein mütterlicher Animus ähnlich dem Schäfer aus dem »Liebsten Roland«.

Währenddessen ist der König nach Hause zurückgekehrt. Er erfuhr durch seine Mutter von der fast vollzogenen Tragödie und der Rettung seiner Frau und seines Kindes. Er macht sich auf die Suche nach ihnen. Als er im Krieg war, eine rein männliche Tätigkeit, hatte er den Kontakt zu seiner Anima verloren und muß nun seinen eigenen Entwicklungsprozeß durchlaufen, sieben Jahre lang im Wald. Beim Herumirren, in Einsamkeit und Leid über den Verlust seiner Anima, lernt er Introspektion. Als er zum Haus im Wald kommt, schläft er ein. Er erlaubt sich am Ende seiner Suche, passiv zu sein, und bedeckt sich mit einem Tuch. Das Tuch ist ein weibliches Objekt. Es kann bedeuten, daß er jetzt das Leben nicht mehr nur vom Bewußtsein und der Vernunft her sieht, sondern mit Intuition und einem eher weiblichen und gefühlsmäßigen Verständnis. Laut Marie Louise von Franz muß er die zu starke, bewußte Klarheit bedecken, wenn er sich dem Weiblichen nähert.[14] Mir scheint, daß auch der König etwas Weibliches in sich entwickeln muß (symbolisiert durch das Tuch), um sich wirklich mit seiner Frau verstehen zu können. Er muß den, der er war und der seiner Frau die silbernen Hände gegeben hatte, zurücklassen.

Es ist nicht zu übersehen, daß der König seine Frau nicht sofort wiedererkennt, weil sie die silbernen Hände von ihm nicht trägt.

Fällt es ihm schwer zu akzeptieren, daß sie einen eigenen Entwicklungs- und Unabhängigkeitsprozeß durchgemacht hat? Sie besitzt ihre Identität, ihr Leben und ihre eigene, nicht mehr geliehene Aktivität.

Liest man dieses Märchen als Individuationsprozeß, so sieht man die Delegation der Eltern, die notwendige Ablösung von ihnen, die Annäherung an den Gegenpol, die Wiederkehr des Schattens und eine zweite Entwicklungsstufe. Diese zweite Phase bedeutet, sich nicht auf halbem Wege zufrieden zu geben, sich nicht einfach abzufinden. Nicht den Satz »für eine Frau hast du doch genug getan« zu befolgen.

Die echten Hände, unser Symbol der Authentizität, wachsen dem Mädchen nach einer Zeit der Einsamkeit, des Verlassenseins und der Verzweiflung durch ein starkes inneres Gefühl, den Wunsch nach eigener Kreativität. Die Rettung kommt aus der Tiefe und in einem Moment der Verzweiflung oder der Ich-Aufgabe. Die damit verbundene Anstrengung macht angst, denn im Grunde bedeutet sie eine über das Weibliche hinausgehende Änderung, sowohl im biologischen als auch im gesellschaftlichen Sinn. Es bedeutet, sich nicht mit dem Erreichten zu begnügen und mit den eigenen Grenzen oder den von einem negativen Vater-Animus oder der kastrierenden Gesellschaft vorgegebenen Grenzen zufriedenzugeben. Ist das Nachwachsen der echten Hände nicht auch ein Symbol des Selbst und drückt es nicht den Sinn des Lebens aus?[15]

Sieht man das Märchen vom Standpunkt des Vaters aus, so ist das Mädchen Symbol seines weiblichen Teils, den er mißhandelt, entwertet und für seine Zwecke gebraucht, statt sich um seine eigene Erneuerung zu kümmern. Er will es sogar dem Teufel, seinem negativen Teil, übergeben, so wenig schätzt er es. Er hatte seine Tochter auch ganz vergessen, als er dem Teufel das versprach, was sich hinter dem Haus befand. Er ist sich also dieses Teils von sich selbst so wenig bewußt, daß er ihn leichtfertig verliert.

Bei einem neuen Zusammentreffen mit ihr, diesmal in Gestalt des Ehemanns, ersetzt er ihr die abgeschnittenen Hände durch schöne und kostbare, silberne Hände. Doch sie sind schließlich nichts weiter als ein Ersatz. Nachdem er ein Kind gezeugt hat, etwas Neues und beiden Gemeinsames, verläßt er sie.

Jetzt ist es sein negativer Aspekt, sein Schatten als der Teufel selbst, der die Heldin, seine Anima, in Gefahr bringt. Sie überlebt nur, weil es ihr gelingt, sich ins Unbewußte zurückzuziehen.

In diesem Märchen erleichtert der König den Beginn des Individuationsprozesses. Es ist jedoch die Frau selbst im Kampf mit ihrer Ohnmacht, ihrer Unvollständigkeit oder Minderwertigkeit, die sich rettet, indem sie es wagt, das Unmögliche zu wünschen und zu tun, das ins Wasser gefallene Kind herauszuholen, ohne Hände zu haben. In diesem Moment stellt sie ihre ursprüngliche Ganzheit wieder her.

Die Fassung der Brüder Grimm, in der die Hände während ihres Aufenthaltes im Wald allmählich wieder wachsen, symbolisiert den langen Prozeß der Wiederherstellung nach einer traumatischen Erfahrung oder einer »narzißtischen Wunde«. Wenn man ihn mit Geduld und Demut durchsteht, gewinnt man wieder Hoffnung und Zugang zum Leben und entwickelt eine eigene Identität.

Die russische Fassung symbolisiert eher Erneuerung und Änderung durch eine heroische, einmalige und vielleicht riskante Tat. Mir scheinen beide Fassungen sinnvoll zu sein, sie können sich sogar ergänzen und auf das Leben bezogen werden.

Interpretiert man dieses für die Zweistufenentwicklung exemplarische Märchen im Hinblick auf das innere Wachstum und die zweite Lebenshälfte, so kann man zusammenfassend feststellen: Die Aufgabe der ersten Lebenshälfte ist die Trennung von den Eltern, das Zusammentreffen mit dem Gegenpol, die Entwicklung des bewußten Ich und eine gewisse Anpassung an die Wirklichkeit. Würde der Prozeß hier enden, bliebe man auf halbem Wege stecken. In der zweiten Lebenshälfte ist die Aufgabe, nach Jung, nicht mehr das bewußte Ich, sondern das Selbst. Oder anders ausgedrückt »eine dauernde Beziehung zwischen dem Ich und dem Selbst«, der dynamischen Ganzheit der bewußten und unbewußten Teile der Persönlichkeit in Beziehung zur Transzendenz.[16] Um sich dieser Aufgabe nähern zu können, muß man die unbewußten, gegensätzlichen Teile in sich selbst entwickeln.

Das Außergewöhnliche des »Mädchen ohne Hände« (heute vielleicht mein Lieblingsmärchen) ist die Symbolik der Hände. In der russischen Fassung ist es der tiefgreifende Wunsch, nicht das Wertvollste im Unbewußten zu verlieren, das Kind, den Ursprung der Erneuerung. Es ist ein weiter Weg von des Vaters Pakt mit dem Teufel auf Kosten des Lebens der Tochter bis zu dieser heroischen Tat der Verzweiflung, die die Erlösung und Wiedergutmachung bringt. Dieser Wunsch läßt ihre ursprünglich vorhandene Kraft, die sie besaß, als sie den Kreis um sich zeichnete und sich dem Teufel widersetzte, zurückkommen. So kehrt sie zu ihrer anfänglichen Ganzheit auf einem höheren Niveau zurück.

Die Schwierigkeit der zweiten Lebenshälfte, wie sie in den Märchen gezeigt wird, entsteht für beide Geschlechter, wenn sie ihren gegensätzlichen Teil nicht entwickeln und sich nicht mit ihrem Unbewußten auseinandersetzen und Teile davon integrieren. Dazu ist es nötig, daß der weibliche Teil aus der gegebenen, negativen Situation ausbricht und weggeht. Der männliche Part muß sich auf die ernsthafte Suche und die Rückgewinnung des verlorenen Teils machen. Keine Lösung ist unser häufigstes Verhalten: Das Intensivieren des schon Vorhandenen, also mehr Arbeit und Erfolg oder mehr Aufopferung und Duldung. Es ist unerläßlich, einen Ausbruch und einen Neubeginn durch etwas Neues in uns selbst zu wagen.

Für die Frau besteht vor allem die Gefahr des Steckenbleibens in der Passivität oder des Sich-Zufrieden-Gebens mit dem Erreichten. Das wären die »silbernen Hände«, die weibliche Einseitigkeit und die Identifikation mit der archetypischen Mutter, der mütterlichen Funktion und dem daraus folgenden Verlust der Beziehung zum Gegenpol. In der zweiten Lebenshälfte ist es so nicht mehr möglich, die Energie zu regenerieren. Das kann zu der typischen Hausfrauendepression aus Mangel an Lebenssinn führen. Die Frau braucht nun einen positiven Animus, der sie von innen herausführt. Nicht ein verächtliches und kastrierendes Über-Ich. Aber sie muß auch über den Animus hinausgehen und das eigentlich Weibliche, im Archetyp der Sofia symbolisiert, fördern, damit sie von ihr geleitet und zum Selbst gebracht wird.

Für den Mann liegt die Gefahr in der »falschen Braut«. In dem letzten Märchen wird diese Bedrohung durch das Sich-Zufrieden-Geben mit der Gestaltung seiner inneren weiblichen Teile als Anima mit silbernen Händen dargestellt. In anderen Märchen kommen »falsche Bräute« vor, die von den Eltern ausgesucht wurden und Substitute der echten Braut sind. Sie symbolisieren seine nicht entwickelte Anima, die primitiv, verführerisch, trügerisch geblieben, ihm eigentlich fremd und vor allem unbewußt ist.

Mann und Frau haben jetzt die Aufgabe, diesen gegengeschlechtlichen Teil reifen zu lassen, ihn so weit wie möglich bewußt zu machen. Die Märchen beschreiben, wie man ihn aus dem Unbewußten herausholt. Beide, jeder mit der Hilfe des anderen, müssen sich dieser Lebensaufgabe stellen. Im Grunde erzählen alle Märchen, entweder ganz oder teilweise, von dieser psychischen Entwicklung. Deshalb eignen sie sich so wunderbar für die symbolische Beschreibung des Individuationsprozesses und sollten auf keinen Fall in Vergessenheit geraten.

6. Zusammenfassung und abschließende Bemerkungen über das Böse

Fast alle Märchen, betrachtet man sie in dem Licht der analytischen Psychologie, handeln vom Individuationsprozeß.

Für Jung war dieser Prozeß mit dem Ziel des Selbst ein Archetyp, ein universeller, angeborener Impuls. Er ist in den Mythen und in der Literatur aller Zeiten und aller Völker beschrieben worden. Die Religionen fordern ihn auf ihre Weise. In den verschiedenen Tiefenpsychotherapien wird er angestrebt, und manche Menschen verwirklichen ihn, ohne es zu wissen.

Die psychosomatischen Krankheiten sowie Psychosen und Neurosen kann man auch als Versagen dieses Wachstumsprozesses verstehen. Der Stillstand der Energie oder die Verneinung eines Problems können zu Krankheit führen.

Die Märchen zeigen, wie dieser Prozeß durch die Abweisung von seiten eines Elternteils oder durch elterliche Delegation ausgelöst wird. Die Kinder müssen dann sehr früh ihre Entwicklung aufnehmen und nicht nur gegen ihre eigenen Schwierigkeiten kämpfen, sondern auch gegen die Erbschaft des elterlichen Schattens.

Der Prozeß kann auch unternommen werden, um den Vater zu heilen, um die natürliche, psychische Erneuerung des Vaters durch den Sohn zu erreichen und die Nachfolge der Generationen zu erleichtern.

Die verschiedenen Schritte des Prozesses, wie sie in den Märchen symbolisiert werden, sind:

- Die Trennung oder Differenzierung von den Eltern, die unerläßlich für die Entwicklung einer eigenen Identität ist.
- Die Konfrontation mit dem Schatten, den eigenen negativen

Aspekten, die als authentische Teile des Individuums angenommen werden müssen. Einmal akzeptiert, wird die Energie, die durch Verneinung oder Verdrängung blockiert war, freigesetzt. Stärke und Selbstvertrauen des bewußten Ich nehmen zu.

- Die Gewinnung und Integration des psychischen Gegenpols, im anderen Geschlecht symbolisiert, ist die Hauptaufgabe des Individuationsprozesses.

Durch den Prozeß wird das Individuum viel unabhängiger und vollständiger. Es besitzt Eigenschaften beider Geschlechter, wenn auch in verschiedenen Graden. Der Mensch gewinnt an Freiraum und Reaktionsvermögen. Er ist nicht mehr ganz vom biologischen Schicksal festgelegt. Ich hoffe, daß im Laufe des Buches deutlich geworden ist, daß es nicht um die Höherbewertung eines der beiden Geschlechter geht. Wenn das Weibliche hier etwas mehr beachtet wurde, dann deshalb, weil es im Laufe der Jahrhunderte oft mißachtet und verdrängt wurde.

Es soll weder die völlige Gleichheit noch die Nichtexistenz der psychischen und geistigen Unterschiede der Geschlechter postuliert werden. Das wäre eine Verarmung des menschlichen Lebens. Verschiedenheit bedeutet jedoch nicht Minder- oder Mehrwertigkeit, sondern einfach Verschiedenheit in manchen Aspekten. Gerade aus dieser Unterschiedlichkeit kommt die gegenseitige Bereicherung. Davon handeln die Märchen. Um es noch einmal zu sagen: Das Männliche und das Weibliche sind nicht mit den biologischen Geschlechtern identisch, sondern sind Anteile beider Geschlechter.

Die innere Erneuerung kann nicht durch das Festhalten oder Intensivieren fester Verhaltens- und Einstellungsnormen erreicht werden. Sie kommt durch Integration neuer Aspekte, Meinungen und Fragestellungen und durch den Kontakt mit dem Unbewußten, unseren noch unbekannten Teilen.

Diese Erneuerung führt durch Zeiten der Verzweiflung, die notwendig sind, um mit der eigenen Tiefe, aus der die Hilfe kommt, in Beziehung zu treten. Man kann sich nicht ändern, ohne etwas aufzugeben. Das ist wohl der Grund für die menschliche Angst vor der Änderung. Es ist schwierig, etwas zurückzulassen, aber wie die Schlange, die eine Haut abstößt, müssen wir unsere vertrauten Meinungen, Bräuche, Überzeugungen, Verhaltens- und Reaktionsweisen in Frage stellen. Niemand kann uns garantieren, daß das Neue besser sein wird. Lediglich der Impuls zu wachsen und die Erfahrung des Leidens treiben uns an.

Das Selbst, als Symbol der psychischen Ganzheit, ist am Anfang vieler Märchen vorhanden. So wie es auch am Anfang unseres Lebens schon existiert. Die Sehnsucht nach der verlorenen Kindheit ist ja gerade die Sehnsucht nach diesem glücklichen Zustand der Harmonie, dem Einssein mit uns selbst. Statt uns von Sentimentalität, Ressentiments oder Wut treiben zu lassen, sollte diese frühe Erfahrung uns dazu anleiten, eine neue Ganzheit zu suchen, jetzt die des verantwortlichen und bewußten Erwachsenen. In einer patriarchalischen Gesellschaft tendiert die Frau dazu, mit der Rolle, die ihr der Mann vorschreibt, einverstanden zu sein. Anders ausgedrückt, die Frau paßt sich an die Anima des Mannes an. Gleichzeitig steht ihr Animus in Beziehung mit der Außenwelt und den männlichen Werten. Er reflektiert die geringe Achtung des Mannes dem Weiblichen gegenüber, die »draußen« vorherrscht. Dadurch wird die Identifikation mancher Frauen mit den männlichen Verhaltensweisen verständlich, auch wenn diese Identifikation zur Entwertung ihrer eigenen Weiblichkeit führt. In der Gestalt des Animus hat sie »den Feind im eigenen Haus«, sie hat ihn verinnerlicht. Gerade deshalb muß sie wieder lernen, das Eigene zu achten und es vom anderen ebenfalls achten zu lassen.

Es wurde gezeigt, welches die größten Gefahren für jedes Geschlecht sind. Für die Frau ist es der Verlust des Männlichen, der sie wieder unter die Herrschaft der archetypischen Mutter und in fast tödliche Verzweiflung und Vereinsamung bringt. Für den Mann ist es die »falsche Braut«, die Wiederkehr eines weiblichen, nicht von der Mutter differenzierten Archetyps. Er vergißt die »echte« Braut, weil er sich von den Eltern, Repräsentanten der Gesellschaft, zu dieser »falschen Braut« überreden läßt. Sie ist sein nicht entwickelter und deshalb trügerischer, beherrschender Teil.

Von der weiblichen Warte aus gesehen, ist die »falsche Braut« derjenige Teil der Frauen, der sich an die Vorstellung, die sich die Gesellschaft und der Mann vom Weiblichen machen, angepaßt und ihr eigenes Wesen verleugnet hat.

Die nicht aufzulösende Verkettung des Männlichen und des Weiblichen wird in den Märchen deutlich. Das eine kann nicht vom anderen getrennt werden. Beide müssen aber den eigenen Entwicklungsweg gehen, um wieder zusammenzufinden. Dies ist der Grund für die zweite Entwicklungsstufe.

Für den Märchenhelden besteht Todesgefahr, wenn er die Aufgaben nicht löst. Alle Aufgaben haben mit dem Unbewußten zu tun und können deshalb nur unterstreichen, daß er aus seiner Tiefe, seinen inneren unbekannten Teilen, dasjenige hervorholen muß, das ihn überleben läßt.

Die Feuerprobe im Falle des Mannes und das Verlassenwerden im Falle der Frau stellen den Ansporn zur Änderung dar. Ohne sich dieser Gefahr auszusetzen, kann man nicht mit der inneren Energie in Berührung kommen.

Manche der Helden der Märchen erhalten Hilfe von den Archetypen der »Alten Weisen« oder der »Sofia«. Beide kommen aus dem Selbst und führen zu ihm hin. Sie lehren uns, daß die Ganzheit jenseits der Integration der Gegenpole liegt.

Für die Frau ist die »Sofia« eine Stütze gegenüber der archetypischen Mutter, die immer auf der Lauer liegt. Da die Tochter sich stärker mit der Mutter identifiziert, besteht für sie die Gefahr der Regression zum Mütterlichen, Passiven, Unbewußten. Für den Mann besteht diese Gefahr in bezug auf seine Anima, ausgedrückt durch sein Vergessen und Verlassen der echten Braut.

Die weise Frau ist auch eine positive Kompensation der Mutter. Die archetypische Mutter in ihrem doppelten Aspekt der Lebensspenderin und der Todesmutter symbolisiert die Natur, von der der Mensch sich trennen muß, um Mensch und bewußt zu sein. Der Archetyp der »Sofia« dagegen ist die Botschafterin des Selbst, einer Wiedervereinigung mit der Natur, aber auch mit der Geistigkeit und der Transzendenz, die über das Bewußte hinausgeht.

Dieses Selbst, das schwierig zu beschreiben ist, aber als innere nicht erklärliche Kraft oder Harmonie und Vereinigung mit einer transzendierenden Energie verspürt werden kann, gilt als das Ziel des Prozesses.

Den Individuationsprozeß zu durchlaufen, die Suche nach dem Selbst und nicht dem Ich aufzunehmen, diese Aufgabe der zweiten Lebenshälfte macht aus uns allen »Helden« und stellt, nach Jung, den Sinn unseres Lebens dar. Das bedeutet, uns bewußter zu machen, indem wir neue Teile des Unbewußten für uns erobern. Die Todesgefahr für den Mann und das Aushalten des Verlassenseins für die Frau beschreiben den Seelenzustand, in dem beide sich befinden, wenn der Gegenpol abwesend ist. Die Märchen bieten uns einen Spiegel, in dem wir sehen können, was passieren kann, wenn wir diese innere Stimme nicht hören und dem Impuls zum psychischen Wachstum nicht folgen.

Wir haben gesehen, wie das Böse zum Antrieb für das psychische Wachstum wurde. Die Rückkehr der eigenen negativen Aspekte, die neidischen Brüder oder Schwestern, die falsche Braut für das Männliche und der Verlust des Animus für das Weibliche sind das Werk des Bösen. Aber was ist das Böse?

Das Böse wird in der christlichen Religion als die Abwesenheit des Guten verstanden (privatio boni). Sie bietet dem Christen als Beispiel, dem nachzufolgen ist, einen Gott unter Ausschluß alles Bösen an. Die Gefahr der Verzweiflung entsteht, da ein so hohes Ideal niemals erreicht werden kann. Oder es entstehen auch Verteidigungsmechanismen, wie Hypokrisie und Projektion. Man bestreitet die Existenz dessen, was man in sich selbst nicht annehmen kann, und man projiziert es nach außen auf den anderen, und dort verfolgt man es. Das Ideal der Vollkommenheit ist im Grunde unmenschlich und öffnet der Manipulation die Tür. Unsere nicht-perfekte menschliche Kondition verschafft den Schuldgefühlen die Grundlage. C. G. Jung hat dagegen ein wichtiges Konzept genannt: Den Archetyp des Schattens, einen in jedem Menschen bestehenden Impuls. Er zeigt auch einen Weg, dieses Böse zu verarbeiten: Wir müssen es zugeben, uns ihm stellen und mit ihm zu leben versuchen. Auf diese Weise projizieren wir es nicht auf den anderen, indem wir ihn als Sündenbock mißbrauchen und ihn zum Träger all dessen machen, was wir in uns nicht annehmen können oder vor dem wir Angst haben.

Aber nicht alles Böse kann ausgerottet (oder wie man fälschlicherweise sagt »integriert«) werden. Jung verstand das Böse als Gegenpol zum Guten. Die Energie fließt zwischen beiden Polen und darf an keinem der Pole stagnieren. Wenn wir das Böse mit seiner Macht und seiner Ambivalenz (als Anstoß zur Entwicklung und zum Guten) akzeptieren, so können wir das Ideal der Vollkommenheit durch das der Ganzheit ersetzen. Dieses Ziel, der rote Faden meines Buches, als Individuationsprozeß beschrieben, ist dynamisch.

Es existiert eine Beziehung zwischen dem Guten und dem Bösen, in welcher Form auch immer. Sie mobilisiert unsere Energie, damit wir nicht in einem vermeintlichen Wohlsein, das sich entleert, wenn es nicht erneuert wird, steckenbleiben, und sie erneuert sich gerade durch den »Stachel« des Bösen. Es zwingt uns, unsere Haltung, unser Verhalten, unsere Überzeugungen zu revidieren. Es fordert uns heraus, die Unsicherheit, die zur Veränderung nötig ist, anzunehmen. James Hillman schreibt in »Suicide and the Soul«: »Die totale Identifikation mit dem Leiden ist die demütigende Bedingung der Änderung. Die Verzweiflung öffnet der Todeserfahrung die Tür und ist die Vorbedingung für die Wiederauferstehung. Das Leben, so wie es war, der ›status quo‹, stirbt, wenn die Verzweiflung geboren wird.«

Die Märchen bestätigen: Die »Annahme« des Bösen in all seinen Formen ist der Ausgangspunkt jedes inneren Entwicklungsprozesses. Sie bedeutet im Grunde die Annahme des Leidens als Vorbedingung für jeden wirklichen Wandel. In den Märchen, den Mythen und den Träumen wird diese Akzeptierung als das Hinabsteigen in die Unterwelt, Hineinfallen in einen Brunnen, die Isolation im Wald oder die Feuerprobe dargestellt. Die Beispiele können uns auf unserem eigenen Weg helfen. Wir wissen, daß wir diese Erfahrungen mit den anderen Menschen teilen. Sie führen zum Wachstum und zu einer größeren psychischen Ganzheit.

In den Märchen erscheint das Böse hauptsächlich in Form von Neid. Der Neid der Brüder und Schwestern, der den Helden nicht gönnt, das durch ihre Anstrengung Errungene zu genießen. Wir müssen diesen Neid in uns sehen; er hält uns davon ab, an das Gute zu glauben und ihm zu folgen. Wir müssen uns selbst fragen, wie und wann wir den Weg des Wachsens verlassen und die Suche des Selbst zurückgewiesen haben. Ertragen wir es nicht, uns so klein in unserem Ich zu fühlen, daß wir nicht demütig sein können? Der Neid will das Gute in der Welt vernichten, damit er sich nicht zu ändern braucht.

Es ist einfach, den Neid in den anderen zu sehen, aber schwer, ihn in uns selbst wahrzunehmen. Bezwingen wir ihn jedoch nicht in uns selbst, so läßt er uns das, was wir erreichen wollen, nicht genießen. Er bringt uns vom Wege ab und stellt uns Fallen bei unserer Suche. Der Neid richtet sich vor allem gegen Aspekte von uns oder anderen Personen, die ein Selbst haben. Der Neid ist ein Angriff auf das Sein, nicht auf das Haben oder die Macht, wie oft irrtümlich angenommen wird. Das Buch von A. und B. Ulanov (1983) und die anderen zum Thema des Bösen, die in der Bibliographie angegeben sind, sind sehr zu empfehlen. Der Neid mit seiner Machtgier ist immer ein Zeichen von Abwesenheit der Liebe und kann doch nur durch sie erlöst werden.

Die Konfrontation mit dem Bösen erreicht in den Märchen eine Verwandlung der instinktiven-tierischen Aspekte, des am wenigsten Geschätzten und des Gefürchteten. Es existiert jedoch auch das Böse, das nicht verwandelt werden kann, das also zerstört werden muß oder vor dem man fliehen sollte.

Transformationen geschehen in fast allen Märchen. Der Individuationsprozeß hat ja die allmähliche Verwandlung von Teilen des Unbewußten in Bewußtes zum Ziel. Die Transformation geschieht immer aus Liebe zum Gegenpol und indem etwas von einem selbst geopfert wird (Neid, Hochmut, Machtstreben, Passivität) und meistens, nachdem man die Feuerprobe bestanden hat.

Auch die Rolle der Transgression in vielen Märchen ist auffällig als Ungehorsam, der zu größerer Entwicklung führt. Das dargestellte Beispiel war »Der goldene Vogel«. In anderen Märchen gibt es ebenfalls Übertretungen. Im »Froschkönig« hält die Prinzessin ihr Versprechen nicht, sondern rebelliert gegen den Vater, wirft den Frosch gegen die Wand und erlöst ihn so aus seiner Verzauberung. In »Marienkind« öffnet das Mädchen das verbotene Zimmer. Dies ist auch ein Motiv anderer Erzählungen wie »Blaubart« und »Der treue Johannes«. In der »Weißen Schlange« ißt der Diener von dem geheimen Gericht des Königs. In vielen Märchen bedeutet diese Transgression die Trennung von den Eltern, wie in »Rapunzel«, als die Tochter sich in den Prinzen verliebt. Oder in »Hänsel und Gretel«, wenn die Kinder die Hexe im Ofen verbrennen.

Die Transgression steht am Anfang unserer Kultur, als »Sünde« im Paradies. Sie ist Beginn unserer Bewußtwerdung. Ist die Transgression der Preis, den wir bezahlen müssen, um unseren eigenen Weg zu gehen, unser eigenes Selbst zu entfalten? Erleben wir sie als Diebstahl, wie in manchen Märchen die Bewußtmachung von Teilen des Unbewußten beschrieben wurde?

Der beispielhafte griechische Mythos der Transgression ist der von Antigone. Sie opfert ihr Leben, um dem Natur- und Menschengesetz zu gehorchen, und stellt es über das Staatsgesetz ihres Onkels Kreon. Es mutet seltsam an, daß in einer schon patriarchalen Gesellschaft eine Frau gewählt wurde, um die Verkörperung der Authentizität darzustellen. Vielleicht muß sie deshalb mit dem Tod zahlen.

Das Thema der Transgression führt zurück zu dem Ausschluß des Bösen in der christlichen Gottesfigur. Edmund Whitmont schreibt in seinem Buch »The Return of the Goddess« diese Weltanschauung dem Patriarchat zu. Er fordert die Rückkehr der Göttin zusammen mit der Aufnahme des Bösen in die Gottesdarstellung und somit seine Annahme auch in uns selbst. Voraussetzung dafür ist ein starkes Ich (als Ergebnis des Patriarchats), das fähig ist, die Polarität zwischen Gut und Böse und damit die ständige Regeneration zu ertragen. Die Energie muß ja von einem Pol zum anderen fließen, sich erneuern und wiedergeboren werden, damit sie nicht in einem der beiden Extreme stagniert. Dann gibt es immer einen Ausgleich oder ein Gleichgewicht zwischen ihnen.

Dies wäre, um zu den Märchen zurückzukehren, die Erklärung, wieso das Böse zu größerer Entwicklung und Schritt für Schritt zu einer neuen Ganzheit führen kann. Die Märchen sind, wie Jung sagt, Selbstdarstellungen der menschlichen Psyche. Sie sind auch eine Brücke zwischen dem Bewußten und Unbewußten. Hoffentlich verlieren wir aus unserem persönlichen und kollektiven Gedächtnis nicht den Spiegel, den sie uns vorhalten, den Zauber und die Ermutigung, die sie uns bieten.

Anmerkungen

1. Einleitung

1 von Franz (1986), S. 8.
2 Birkhäuser-Oeri (1985), S. 16.
3 ebenda, S. 10.
4 B. Bettelheim (1978), S. 17 (zitiert nach der spanischen Fassung).
5 G. Wasserziehr (1993), »Der Tod des Weiblichen in der griechischen Mythologie«, in ASPARKÍA, n°2, Universität Jaume I, Castellón.
6 In diesem Zusammenhang möchte ich auch auf das Buch von Herreros und Morales (1973) hinweisen, als eines der ersten in spanischer Sprache über das Thema des Weiblichen. Winnicott (1986), S. 84, spricht von der Prädisposition von Männern und Frauen zur Bisexualität.
7 Ausdruck von Erich Neumannn (1974). C. G. Jung verbindet den Archetyp der Mutter mit dem Drachen in »Symbole der Wandlung«, (1988), Bd. 5, und in »Die psychologischen Aspekte des Mutterarchetypus«, in »Die Archetypen und das kollektive Unbewußte« (1986), Bd. 9/I.

2. Der Ausgangspunkt der Märchen

1 Brüder Grimm (1987), S. 486.
2 von Franz (1986), S. 46.
3 Zum Symbolismus der Zahlen drei und vier siehe C. G. Jung, »Versuch einer psychologischen Deutung des Trinitätsdogmas«, 1979, Bd. 11.
4 u. a. von Franz (1980), S. 84.
5 von Franz (1986), S. 42.
6 Brüder Grimm (1987), S. 364.
7 von Franz (1986), S. 65.
8 ebenda, S. 69. Auch die Parzen weben das Schicksal.
9 Brüder Grimm (1987), S. 129.

3. Stufen des Individuationsprozesses

1 Brüder Grimm (1987), S. 321.
2 Vgl. Erich Neumann (1974).

3 Kast (1985b), S. 153.
4 Laiblin (1986), S. 367.
5 Die Blutstropfen werden hier als pars pro toto verwendet.
6 Der »negative« Neid dagegen will zerstören. Man kann zwei Arten von Neid unterscheiden: Die erste ist die destruktive und gehört zur schizoparanoischen Position. Die zweite regt die Aktivität an und gehört zur depressiven, reparatorischen Position (Melanie Klein). Eine mögliche Verteidigung gegen den Neid ist die Idealisierung. Von Franz (1986), S. 118, definiert den Neid als »einen mißverstandenen inneren Zwang, um etwas zu erreichen, das man vernachlässigt hat«.
7 von Franz (1986), S. 106.
8 ebenda, S. 153.
9 »false self« ist ein Ausdruck von D. W. Winnicott und meint eine falsche Identität.
10 Diese Interpretation wird von Ursula Baumgardt in ihrem Buch »König Drosselbart und C. G. Jungs Frauenbild« (1987) kritisiert.
11 Brüder Grimm (1987), S. 443.
12 Brüder Grimm (1987), S. 314.
13 Brüder Grimm (1987), S. 191.
14 Das Buch »Ein Zauberer in Terramar« (1984) von Ursula K. LeGuin beschreibt in Romanform den Vorgang der Schattenbildung sehr eindringlich. Erst wird durch Mißbrauch des Wissens und aus Eitelkeit der Schatten erzeugt. Dann wird der Held von ihm verfolgt, bis er sich ihm schließlich stellt. Als er ihm einen Namen geben muß, sagt er seinen eigenen, woraufhin sich der Schatten auflöst.
In seiner Erzählung »Der Schatten« beschrieb H. C. Andersen schon 1852, wie der negative Teil eines Menschen, sein Schatten, sich verselbständigt und sogar seinen ursprünglichen Herrn umbringt. Etwas früher hatte Adelbert von Chamisso mit der Erzählung »Peter Schlemihl« gezeigt, daß man ohne Schatten nicht leben kann. Die Erzählung von R. L. Stevenson »The Strange Case of Dr. Jekyll and Mr. Hyde« ist das bekannteste literarische Beispiel der Spaltung eines Menschen in gut und böse. Es gibt darüber hinaus auch das Phänomen des kollektiven Schattens, d.h., ein Volk projiziert eigene negative Seiten auf andere Völker.
Ein Beispiel für einen Traum vom Schatten: Ein braunes, widerwärtiges, hundeähnliches Tier stürzte sich auf die Träumerin. Jemand sagt ihr: »Hab keine Angst.« Man legte ihr das Tier in den Arm, und es verwandelte sich in ein weißes Schaf.
15 H. C. Andersen beschrieb schon vor Jung die »Persona« in der Erzählung »Des Kaisers neue Kleider«, S. 81, wenn auch in ironischer Form.
16 Brüder Grimm (1987), S. 437.

17 Dieses Märchen hat viel Ähnlichkeit mit »La Belle et la Bête« und, wenn auch etwas weniger, mit »Amor und Psyche«.

18 Kast (1986), S. 89.

19 ebenda, S. 92.

20 Der Wind rät ihr, die Rute abzuschneiden und mit ihr den Löwen zu schlagen. Die Rute ist ein phallisches Symbol, das der Frau die notwendigen männlichen Eigenschaften vermittelt, um sich mit ihm wieder zu vereinigen.

21 »Prinz« und »Prinzessin« als Helden wollen die Bedeutung dessen, was man zu entwickeln sucht, unterstreichen. Ihr innerer Adel und ihre Würde sollen so hervorgehoben werden.

22 Neumann (1979), S. 135–137.

23 Brüder Grimm (1987), S. 600.

24 Kast (1985b), S. 76 ff.

25 Es ist erstaunlich zu sehen, wie die Märchen die wachsende Tendenz des Weiblichen, sich mit dem Männlichen zu identifizieren und es zu imitieren, vorausgesehen haben. Es ist die aggressive Manager-Frau von heute. Die vom »Animus besessene« Frau, wie es zu Zeiten Jungs hieß. Deshalb muß die Frau in vielen Märchen wieder lernen, weiblich zu sein, um erst danach ihre männlichen Aspekte zu entwickeln. Man kann schon für die Entstehungszeit der Märchen dieses Phänomen als Antwort auf die Unterdrückung des Weiblichen verstehen. Die beste Reaktion darauf scheint mir die eigene Anerkennung des Weiblichen in sich selbst und die Lösung von der kollektiven Meinung zu sein, um so dazu beizutragen, sie zu ändern. (Siehe hierzu auch die Bücher von C. Zweig, Young-Eisendrath, Leonhard und Christoffel.)

26 Brüder Grimm (1987), S. 782.

27 u. a. C. G. Jung (1985), Bd. 9/I, S. 245, und (1985) Bd. 5, S. 552.

28 Siehe auch Anm. 3 in Kapitel 2. und das »Axiom von Maria« in C. G. Jung (1985), »Die Phänomenologie des Geistes im Märchen« Bd. 9/I, S. 253. Wie auch »Versuch einer psychologischen Deutung des Trinitätsdogmas« (1979), Bd. 11.

29 S. Birkhäuser-Oeri (1985), S. 139. Die Autorin interpretiert das Märchen aus der Sicht der »Feuermutter«.

30 C. G. Jung (1985) Bd. 9/I, S. 257.

31 Das Thema der Entwicklung in zwei Stufen wird im 5. Kapitel wieder aufgenommen.

32 Ich möchte hier zwei Träume von zwei verschiedenen Menschen anführen. Der erste zeigt die Schwierigkeit eines Mannes, die Anima zu akzeptieren: Der Träumer saß in einem Zug mit nur einem Waggon. In dem Augenblick, als die Türen verschlossen wurden, kam ein junges Mädchen auf den Bahnsteig und wollte noch in den Zug einsteigen, der

jedoch anfuhr. Beide sahen sich an, aber der Zugfahrer hielt den Zug nicht an, obwohl das möglich gewesen wäre.

Folgender Traum einer Frau symbolisiert eine Änderung ihrem männlichen Teil gegenüber, der bis dahin sehr kritisch zu ihr gewesen war, wie auch die Möglichkeit einer Vereinigung mit ihm: Sie hörte einen Vortrag von einem berühmten und interessanten Mann, der ihr sehr gut gefiel. Am nächsten Tag mußte sie sich um ihn kümmern, ihn zur Bank begleiten etc. Er behandelte sie wie eine Freundin, was ihr angenehm war. Sie wohnten im gleichen Hotel, in nebeneinander liegenden Zimmern. Sie dachte: »Wenn ich ihn nachts besuchen möchte, wird niemand es merken.« Sie sah lange Zeit die Wand in ihrem Zimmer an, die sie trennte, und plötzlich wurde diese durchsichtig.

33 Das Konzept des Selbst gehört immer zur Jungschen Psychologie, während »self« von Winnicott und Kohut in anderer Bedeutung gebraucht wird.

34 Samuels (1986), S. 135: »The self is an archetypal image of man's fullest potential and the unity of the personality as a whole. The self as a unifying principle within the human psyche ...«

35 C. G. Jung (1983), Bd. 9/II, S. 193.

36 Samuels (1986), S. 136: »Symbols of the self often possess a numinosity ... They carry the authority of a Godimage«.

37 ebenda, S. 135 f.

38 C. G. Jung (1983), Bd. 9/II. Ders. (1979), Das Wandlungssymbol in der Messe. Bd.11. Ders. (1976), Man and his Symbols a. a. O. Andere empfehlenswerte Bücher zum Thema des Selbst und des Individuationsprozesses (angegeben in der Bibliographie): Jolande Jacoby (1983), The Way of Individuation. Dies. (1986), Die Psychologie C. G. Jungs. June Singer (1973), Boundaries of the Soul. Edward C. Whitmont (1991), The Symbolic Quest. Aniella Jaffé (1983), Der Mythus vom Sinn im Werk von C. G. Jung.

Judith Christoffel (1989) erinnert daran, daß Michael Fordham schon 1958 über das Selbst des Kleinkindes geforscht hat. Sie hebt auch die Nähe bestimmter Theorien Jungs zur Ich- und Entwicklungspsychologie hervor.

39 C. G. Jung (1983) in Bd. 9/II, »Christus, ein Symbol des Selbst«, S. 47, oder ebenda, »Das Selbst« S. 195 u. a.m. Auch von Franz (1980), S. 84, »the self is like all other archetypes not only a static nucleus of the psyche but also a selfrenewing system.« »The self as it manifests in an individual, you will see that it is in a state of constant change. It sheds certain aspects and perpetually renews itself.«

40 Vgl. Erich Neumann (1983).

41 Vgl. Christopher Lasch (1979).

42 C. G. Jung (1985), »Über Mandalasymbolik« Bd.9/I, S. 373 ff., und ebenda: »Zur Empirie des Individuationsprozesses«. S. 342 f.

43 Brüder Grimm (1987), S. 367.

44 C. G. Jung (1988), »Symbole der Wandlung«, über die Symbolik des Baumes, Bd. 5, S. 298.

45 Wolfram Ellwanger, »Sieben an einer Gans. Zur Situationskomik im Märchen«, in »Witz, Humor und Komik im Volksmärchen« (1993), Hrsg. von Kuhlmann/Röhring, S. 189, deutet das Lachen der Prinzessin dahin, daß es ihre Gefühle löst. Es zeige symbolisch ihre Entfernung von der Kindheit und die Fähigkeit, die Herausforderung des Männlichen annehmen zu können. Mir scheint eher, daß der Anblick des Dummlings, des Animus der Prinzessin, mit der Gans, dem Symbol seines Selbst, sie aus ihrer Traurigkeit und ihrer einseitigen, weiblichen Isolation befreit.
Ein fast entgegengesetztes Märchen ist »Hans im Glück«. Hans erhält als Entlohnung für sieben Jahre Dienst ein Stück Gold. Dies ist ihm zu beschwerlich, und so tauscht er es nach und nach gegen ein Pferd, eine Kuh, ein Schwein, eine Gans und einen Wetzstein, der in einen Brunnen fällt, ein. Er kehrt zu seiner Mutter nach Hause zurück und ist glücklich. Hat er all diese Aspekte in sich integriert und kann er deshalb auf sie verzichten? Ist derjenige am glücklichsten, der auf alles Materielle verzichten kann? Ist der Titel ironisch gemeint? Kehrt Hans zu seiner Mutter mit leeren Händen zurück, weil er das, was er erworben hat, nicht zu schätzen weiß, oder weil er das Selbst in seiner Schwere nicht haben will, also nicht reif dafür ist?

46 C. G. Jung (1983), »Zur Psychologie des Kinderarchetyps«, Bd.9/I, S. 163 ff.
Ein Traum kann zeigen, wie dieses Symbol des Selbst, ein Kind, auch in Gefahr geraten und sich im Unbewußten verlieren kann. Die Träumerin »sah eine längliche, transparente Wasserblase mit einem goldenen Baby darin. Es schwebte in der Blase mit ausgestreckten Armen und Beinen, ein Kind des Lichtes. Die Wasserblase senkte sich langsam nach unten, ganz allmählich, bis sie fast im durchsichtigen Wasser unterging«.

47 Gold wird mit der Sonne und dem männlichen Prinzip in Verbindung gebracht und symbolisiert außerdem die Ewigkeit, die Vollkommenheit, die Purifikation der Seele, vgl. Herder (1988), »Wörterbuch der Symbole«, Freiburg, S. 62.

48 Brüder Grimm (1987), S. 207.

49 Laiblin (1986), S. 371–373.
Der folgende Traum zeigt die Gefahr für die Lebensflamme (ein Symbol des Selbst), die von einer kalten Umgebung ausgeht. Die Träumerin sah mehrere Kinder mit einer Kugel aus Eisschnee spielen. Im Inneren der

Kugel brannte eine kleine Flamme. Die Träumerin spürte große Angst, das Eis könnte die innere, kleine Flamme zum Erlöschen bringen.
Ein Traum, den man mir vor Jahren erzählte, kann zeigen, wie jemand noch nicht bereit ist, sein Selbst, seinen inneren Schatz zu finden und anzunehmen: Die Träumerin befand sich mit einer Gruppe auf einem Ausflug, um das Innere einer Höhle zu erkunden. Sie sonderte sich etwas von den anderen ab und fand unter Blättern auf dem Boden einen Schatz von Juwelen. Sie wurde böse und ließ ihn dort liegen, denn sie suchten nach einer Bombe. Sie verließ die Höhle mit leeren Händen.

50 vgl. Joseph Campbell (1972).

51 Aniella Jaffé (1983), S. 88.
Das nicht zur Grimmschen Sammlung gehörende Märchen »Das Hemd eines glücklichen Menschen« zeigt den Versuch, das Selbst ohne eigene Anstrengung zu erlangen. Ein mächtiger König erkrankte. Seine Ärzte rieten ihm als einzig mögliches Heilmittel, das Hemd eines glücklichen Menschen anzuziehen. Der König schickte Boten in die Welt auf die Suche nach einem glücklichen Menschen. Sie fanden keinen. Endlich kamen sie nach langer Suche zu einem Bauern, der sein Feld bestellte. Er sagte, daß er glücklich sei. Sie baten ihn um sein Hemd, um damit dem König die Heilung zu bringen. Da sahen sie, daß er gar kein Hemd hatte.
Da das Selbst sehr schwer zu verstehen ist und mit ganz verschiedenartigen Symbolen auftreten kann, möchte ich hier einen Traum anschließen, der ein mögliches Zusammentreffen mit einer Taube als Symbol des Selbst suggeriert: Die Träumerin hält sich in einem fensterlosen Zimmer auf, es gibt nur das Gitter der Aircondition. Sie sitzt dort mit einer Taube in ihren Händen. Als sie gefragt wird, was das sei, antwortet sie: »Es ist der Heilige Geist.« Die andern ziehen sich etwas von ihr zurück. Sie gibt der Taube einen Anstoß auf die Decke zu, sie fliegt auf und gelangt nach draußen. Die Träumerin spürt den Anschlag gegen die Wand. Die Taube verschwindet, und es bleibt kein Fleck zurück. Die Träumerin blickt lange auf das Gitter, durch das die Taube flog. Sie wußte, daß sie sie nicht zurückhalten durfte.
Der Traum eines anderen Menschen mit zwei Symbolen des Selbst: Die Träumerin kommt an einen runden Platz mit einem Baum in der Mitte. Sie geht weiter und kommt nun an einen quadratischen Platz mit einem Brunnen in der Mitte.

4. Die Beziehung zu den Eltern

1 Über den Archetyp der Mutter siehe C. G. Jung (1985), »Die psychologischen Aspekte des Mutterarchetyps«, Bd 9/I, S. 89 ff.

2 Vgl. S. Birkhäuser-Oeri (1985), S. 18. Sie verweist auch auf die Ähnlichkeit der Wörter »materia « und »mater«.

3 Vgl. Edmund Whitmont (1982).

4 Vgl. E. Neumann (1964) und M. Odermatt (1991).

5 Diese Aspekte treten heute ähnlich in den Medien auf.

6 unter anderen S. Birkhäuser (1985), S. 43, und die Angabe unter Anm. (1). Ebenso C. G. Jung (1985), »Über Wiedergeburt« in Band 9/I. und »Symbole der Mutter und der Wiedergeburt« in Bd. 5, S. 261 ff.

7 Birkhäuser-Oeri (1985), S. 54. Sie sieht in der dunklen Stiefmutter oft die eigentliche Verursacherin des Individuationsprozesses.

8 von Franz (1980b), S. 149, beschreibt, wie die Tochter sich nicht aus der Beziehung lösen kann, wenn die Mutter ihr Selbst auf sie projiziert hat. Ein Traum kann zeigen, wie die Nicht-Trennung der Träumerin von ihrer Mutter, die eigene Tochter in Gefahr bringt: »Ich fuhr mit meinem Wagen und hatte den Sarg mit meiner verstorbenen Mutter hinter mir. Ich mußte sie beerdigen, fand aber keine Zeit dazu. Ich konnte lediglich den Wagen in den Schatten eines Baumes stellen. Als ich schließlich zum Friedhof kam und den Wagen öffnete, war es meine Tochter, mit gläsernen Augen, weinend, und die Sonne störte sie. Ich legte meine Hände über ihre Augen, um sie vor der Sonne zu schützen, aber konnte mich ihr nicht nähern.«

9 Brüder Grimm (1987), S. 104.

10 S. Birkhäuser-Oeri (1985), S. 165, erklärt den Turm als extremen Ausgleich des Unbewußten, als erhebende Idealisierung. Und in dieser Hinsicht als Symbol der Jungfrau Maria. So fehle Rapunzel der erdhafte Aspekt des Mütterlichen, und die Hexe sei ihr Schatten, der sie aus Neid einschließt.

11 C. G. Jung (1985), Bd. 9/I, S. 245.

12 S. Birkhäuser-Oeri (1985), S. 175.

13 Brüder Grimm (1987), S. 382.

14 u. a. S. Birkhäuser (1985), S. 93.

15 Kast (1985), S. 198.

16 Brüder Grimm (1987), S. 116.

17 Jung spricht von den dunklen Aspekten der Mutter in »Symbole der Wandlung« (1985), Bd. 5, in »Der Kampf um die Befreiung von der Mutter« Bd. 5 und von der Mutterliebe als »der geheimen Wurzel von allem, was wird und aller Veränderung« in »Von den Wurzeln des Bewußtseins«, Bd. 5 und in »Über Wiedergeburt« (1985), Bd 9/I.

18 S. Birkhäuser-Oeri (1985), S. 47, spricht von der »Todesmutter«.

19 Brüder Grimm (1987), S. 371.

20 Kast (1984), S. 26 und 30.

21 Samuels (1986), S. 90.

22 Riedel (1989), S. 67. C. G. Jung (1985), Bd. 9/I, S. 47.

23 Vgl. M. Murdock (1990), S. 159, die über die Heilung des Bruches zwi-

schen Mutter und Tochter schreibt, damit die weiblichen Werte wieder zu Geltung kommen.

24 C. G. Jung (1985), Bd. 9/I, S. 235.

25 zitiert bei Riedel (1989) ed. cit. S. 47.

26 Brüder Grimm (1987), S. 741.

27 Birkhäuser-Oeri (1985), S. 226.

28 Die verschiedenen Entwicklungsstufen des Animus und der Anima in Jung u. a. »Man and his Symbols« (1976), darin der Beitrag von M. L. von Franz. Negative Figuren der Anima wären unter anderem »la femme fatale«, Circe, die Hexe etc. Das klassische Buch zu Animus und Anima ist dasjenige von Emma Jung (1983). Moderne Darstellungen des Animus finden sich u. a. bei Young-Eisendrath und Wiedemann (1987), Mc Neely (1991), Murdock (1990). Die letztgenannte Autorin bietet eine poetische und gleichzeitig überzeugende Verbindung des Weiblichen und Männlichen an: »A woman of wisdom and a man of heart«, S. 161.

29 Einer der seltenen Träume, den mir jemand mit einer ursprünglich negativen Muttererfahrung erzählt hat und der den Archetyp der Sofia symbolisiert, ist der folgende: Die Träumerin befindet sich in einem Fluß, das Wasser ist klar und transparent. Sie taucht manchmal unter und geht dann wieder weiter. Eine ältere Frau sagt ihr, sie dürfe nicht weitergehen. Unter dem Wasser liegt ein unbestelltes Feld, wo von neuem gesät werden muß. Beide gehen zusammen fast bis an den Anfang zurück. Die Frau zeigt ihr, wie sie säen muß. Sie erzählt ihr von vergangenen Zeiten, von Erinnerungen. Sie scheint die Großmutter aller zu sein oder die Stimme der Erfahrung. Die Träumerin hört zu. In dieser Zeit sind Bäume am Fluß entstanden, schlank, sich wiegend, mit kleinen Blüten in den Zweigen. Die Träumerin empfindet kindliche Freude und Glück.

30 C. G. Jung (1985), Bd. 9/I, S. 243, 247ff.

31 ebenda, S. 232 ff. und 238.

32 ebenda, S. 245.

33 ebenda, S. 265.

5. Die Entwicklung in zwei Stufen

1 Brüder Grimm (1987), S. 318.

2 Verena Kast interpretiert das Märchen aus diesem Gesichtspunkt in einem Kapitel des Buches »Märchen als Therapie« (1986b), S. 110.

3 ebenda, S. 125.

4 C. G. Jung (1988), »Die Ehe als psychologische Beziehung«, in »Über die Entwicklung der Persönlichkeit«, Bd. 17, S. 213 ff. Ders. (1985), »Über die Archetypen mit besonderer Berücksichtigung des Animabegriffes«, Band 9/I, 67 ff.

5 Brüder Grimm (1987), S. 199.

6 Dieses Märchen hat einen stark religiösen Charakter (das Erscheinen des Teufels, des Engels, der Sünde und das Beten zu Gott). Da ich das Märchen jedoch von seinem symbolischen Inhalt her betrachte, sollen sowohl das Gute wie das Böse und ihre Repräsentanten als innere, psychische Kräfte des Menschen verstanden werden.

7 von Franz (1980), S. 77.

8 ebenda, S. 79.

9 ebenda, S. 80, und (1980b), S. 84.

10 von Franz, (1980), S. 80.

11 ebenda, S. 84. Vom »Animus besessen«, ein Ausdruck, der besonders in den USA benutzt wird, wo die Frauen mit einer starken männlichen Identifikation oder einem »Vaterkomplex« das Weibliche in sich wiederentdecken und neu wertschätzen lernen müssen. (Siehe auch das Buch von McNeely [1991]). Aber es ist auch wichtig, sehen zu können, daß der Teufel des Märchens erst Teil des Vaters und später unsere innere Stimme sein kann, die uns »verteufelt«.

12 Die Gefahr des Selbstmordes besteht in den verzweifelten Momenten des Prozesses (deshalb ist es ratsam, ihn in Begleitung eines anderen, z. B. eines Therapeuten zu unternehmen). In »Rapunzel« stürzt sich der Prinz vom Turm, als er seine Anima für immer verloren glaubt. In der »Zauberflöte« verzweifelt Pamina angesichts des unerklärlichen Schweigens von Tamino. Selbstmordgefahr besteht vor allem, wenn die Hilfe des Unbewußten noch nicht kommt oder man keine Hoffnung mehr hat. »Der Sinn der Depression ist die Wieder-Vereinigung mit dem Grund der göttlichen Seele.« Marie Louise von Franz (1980b), S. 122.

13 Sie findet sich auch bei Angela Carter (1990). Hier fällt das Kind in einen Brunnen.

14 von Franz (1980), S. 91.

15 Man kann die Hände auch als ihren männlichen, vom Ödipus-Vater kastrierten Teil sehen, den sie wiedergewinnen muß, um leben zu können. Interessant ist auch, daß der König seine Frau erst wiedererkennt, als sie ihre aufbewahrten silbernen Hände zeigt.

16 In »Die Lebenswende« (1982), Bd. 8, behandelt Jung die zweite Lebenshälfte.

Bibliographie

Andersen, H. C. (1988) 81 Märchen. H. Reitzels, Kopenhagen.
Asper, K. (1987) Verlassenheit und Selbstentfremdung. Neue Zugänge zum therapeutischen Verständnis. Walter, Olten.
Baumgardt, M. (1987) König Drosselbart und C. G. Jungs Frauenbild. Kritische Gedanken zu Animus und Anima. Walter, Olten.
Beit, H. v. (1968) Concerning the Problem of Transformation in The Fairy Tale. In: »Yearbook of Comparative Criticism«, Bd. I, hrsg. v. J. Strecka. The Pennsylvania State Univ.
Berry, P. (Hrsg.) (1990) Fathers and Mothers. Spring Public, Dallas.
Bettelheim, B. (1977) Kinder brauchen Märchen. DVA, Stuttgart.
Ders. (1978) Psicoanalisis de los cuentos de hadas. Critica-Grijalbo, Barcelona.
Birkhäuser-Oeri, S. (1985) Die Mutter im Märchen. Bonz, Fellbach.
Bog, R. (1987) Die Hexe. Schön wie der Mond, häßlich wie die Nacht. Kreuz, Zürich.
Campbell, J. (1984) Myths to live by. Bantam, New York.
Ders. (1949) The Hero of the Thousand Faces. Bollingen Foundation, New York
Carter, A. (1990) The Virago Book of Fairy Tales. Anthology by A. C. Virago, London.
Christoffel, J. (1989) Neue Strömungen in der Psychologie von Freud zu Jung. Impulse von Frauen. Walter, Olten.
Franz, M. L. v. (1986) Psychologische Märcheninterpretationen. Eine Einführung. Kösel, München.
Dies. (1977) Individuation in Fairy Tales. Spring Publications, Zürich.
Dies. (1983) Shadow and Evil in Fairy Tales. Spring Publications, Dallas, Texas.
Dies. (1980) The Psychological Meaning of Redemption Motifs in Fairy Tales. Inner City, Toronto.
Dies. (1980b) Das Weibliche im Märchen. Bonz, Stuttgart.
Freud, S. (1913) Märchenstoffe in Träumen. In: Laiblin (1986) a. a. O.
Grimm, Brüder (1987) Kinder- und Hausmärchen. Winkler, München.

Heinrichs / Kammerhofer (Hrsg.) (1991) Tod und Wandel im Märchen. E. Roth, Regensburg.
Henscher, J. E. (1974) A Psychiatric Study of Myths and Fairy Tales. Charles Thomas, Springfield, Illinois.
Herder (1988) Lexikon der Symbole, Freiburg
Herreros / Morales, (1973) Lo Femenino y la vida instintiva. Planeta, Barcelona.
Hillman, J. (1976) Suicide and the Soul. Spring Publications, Dallas, Texas.
Ders. (1986) Anima. An Anatomy of a Personified Notion. Spring Publications, Dallas, Texas.
Jacoby / Kast / Riedel (1983) Das Böse im Märchen. Bonz, Fellbach.
Jacoby, J. (1983) Die Psychologie von C. G. Jung. Fischer, Frankfurt/M.
Jaffé, A. (1983) Der Mythus vom Sinn im Werk von C. G. Jung. Daimon, Zürich.
Jung, C. G. (1988) Symbole der Wandlung. (1952) Band 5, Gesammelte Werke, Walter, Olten.
Ders. (1981) Psychologische Typen (1921) Band 6, G.W.
Ders. (1981) Zwei Schriften über Analytische Psychologie. (1943) (1928) Band 7, G.W.
Ders. (1982) »Die Lebenswende« in »Die Dynamik des Unbewußten« (1931). Band 8, G.W.
Ders. (1985) Die psychologischen Aspekte des Mutterarchetyps (1939). Über den Archetypus mit besonderer Berücksichtigung des Animabegriffes (1936).
Zur Psychologie des Kinderarchetypus (1940).
Zur Phänomenologie des Geistes im Märchen (1946).
Zur Empirie des Individuationsprozesses (1950).
Über Mandalasymbolik (1950).
Alle in Band 9 / I, G.W.
Ders. (1983) Aion. Beiträge zur Symbolik des Selbst. (1951) Band 9 / II, G.W.
Ders. (1974) Zivilisation im Übergang. Das Seelenproblem des modernen Menschen (1928).
Die Frau in Europa (1927).
Das Schattenproblem (1946).
Das Gewissen (1958).
Alle in Band 10 der G.W.
Ders. (1979) Versuch einer psychologischen Deutung des Trinitätsproblems (1942). Band 11, G.W.
Ders. (1988) Über die Entwicklung der Persönlichkeit. Vom Werden der Persönlichkeit (1934).
Die Ehe als Psychologische Beziehung (1925).

Alle in Band 17 der G. W.
Ders. (1981) Das symbolische Leben (1939). In Band 18 der G.W.
Ders. (1982) Erinnerungen Träume Gedanken. Aufgezeichnet und herausgegeben von A. Jaffé, Walter, Olten.
Jung, C. G. u. a. (1976) Man and His Symbols. Dell, New York.
Jung, E. (1983) Animus und Anima. Bonz, Fellbach.
Karlinger, F. (1988) Die Geschichte des Märchens im deutschen Sprachraum. Wissenschaftliche Buchgesellschaft, Darmstadt.
Kast, V. (1985) Wege aus Angst und Symbiose. Walter, Olten.
Dies. (1986) Mann und Frau im Märchen. Walter, Olten.
Dies. (1984) Familienkonflikte im Märchen. Walter, Olten.
Dies. (1985b) Wege zur Autonomie. Walter, Olten.
Dies. (1986) Märchen als Therapie. Walter, Olten.
Klein, M. (1971) Envidia y Gratitud. Paidos, Buenos Aires.
Kuhlmann / Röhring (Hrsg.) (1993) Witz und Komik im Volksmärchen. E. Roth, Regensburg.
Laiblin, W. (Hrsg.) (1986) Märchenforschung und Tiefenpsychologie. Wissenschaftliche Buchgesellschaft, Darmstadt.
Lasch, C. (1979) The Culture of Narcissism. Warner, New York.
Le Guin, U. K. (1984) Un Mago en Terramar. Minotauro, Barcelona.
Lüthi, M. (1962) Märchen. Metzler, Stuttgart.
Maas, H. (1984) Der Seelenwolf. Das Böse wandelt sich in positive Kraft. Walter, Olten.
McNeely, D. A. (1991) Animus Aeternus. Exploring the Inner Masculine. Inner City, Toronto.
Müller, L. (1987) Der Held. Jeder ist dazu geboren. Kreuz, Zürich.
Murdock, M. (1990) The Heroine's Journey. Womens Quest for Wholeness. Shambhala, Boston und London.
Neumann, E. (1974) Ursprungsgeschichte des Bewußtseins. Kindler, München.
Ders. (1964) Tiefenpsychologie und neue Ethik. Kindler, München.
Ders. (1979) Amor und Psyche. Deutung eines Märchens. Ein Beitrag zur seelischen Entwicklung des Weiblichen. Walter, Olten.
Ders. (1983) Zur Psychologie des Weiblichen. Fischer, Frankfurt/M.
Odermatt, M. (1991) Der Fundamentalismus. Ein Gott, eine Wahrheit, eine Moral? Benzinger, Zürich.
Propp, V. (1970) Morphologie du conte. Seuil, Paris.
Qualls Corbett, N. (1988) The Sacred Prostitute. Eternal Aspect of the Feminine. Inner City, Toronto.
Riedel, I. (1985) Tabu im Märchen. Die Rache der eingesperrten Natur. Walter, Olten.
Dies. (1989) Die weise Frau in uralt-neuen Erfahrungen. Walter, Olten.

Samuels / Shorter / Plaut (1986) A Critical Dictionary of Jungian Analysis. Routledge-Kegan Paul, London.
Sanford, J. A. (1987) Evil, the Shadow Side of Reality. Crossroad, New York.
Singer, J. (1973) Boundaries of the Soul. The Practice of Jung's Psychology. Anchor, New York.
Stein / Corbett (Hrsg.) (1991) Psyche's Stories. Modern Jungian Interpretations of Fairy Tales. Chiron, Wilmette, Bd. I und (1992) Bd. II.
Strumpfe, O. (1985) Die Symbolsprache der Märchen. Aschendorf, Münster.
Ulanov, A. und B. (1983) Cinderella and her Sisters. The Envied and the Envying. Westminster Press, Philadelphia.
Whitmont, E. C. (1982) The Return of the Goddess, Arkana, London.
Ders. (1991) The Symbolic Quest. Basic Concepts of Analytical Psychology. Princeton University Press, New Jersey.
Winnicott, D. W. (1986) Playing and Reality. Pelican, Harmondsworth.
Young-Eisendrath / Wiedemann (1987) Female Authority. Empowering Women through Psychotherapy. The Guildford Press, New York und London.
Zweig / Abrams (Hrsg.) (1991) Meeting the Shadow. The Hidden Power Of the Dark Side of Human Nature. Tarcher, Los Angeles.
Zweig, C. (Hrsg.) (1991) To be a Woman. The Birth of the Conscious Feminine. Mandala, London.

Glossar

Anima ist der eher unbewußte weibliche Teil des Mannes. In ihr kommen persönliche wie überpersönliche Einflüsse zusammen. Die Anima ist EROS, der Archetyp der Beziehungsfähigkeit. In Träumen kann sie in Figuren der Prostituierten bis hin zur Verkörperung der Weisheit erscheinen. Die vier bekanntesten Stufen sind Eva, die reine Sexualität, Helena, die ästhetische Schönheit, Maria, die Mütterlichkeit, und Sophia, die Weisheit. Je unbekannter, d.h. je unbewußter die Anima für einen Mann ist, um so stärker wird er sie auf die Frauen in seinem Leben projizieren. Um so mehr Macht werden sie über ihn haben, bis er sich seiner Anima bewußt wird und sie sich in seinem Individuationsprozeß entwickeln kann. Bleibt sie unreif und ihm unbewußt, macht sie ihn leicht sentimental, launisch, unzurechnungsfähig und verunsichert ihn ganz allgemein. Die Anima (Seele) ist der Archetyp des Lebens schlechthin. In den Märchen symbolisieren Prinz und Prinzessin die innerpsychischen Gegenpole, die erobert werden müssen, um zur psychischen Bisexualität zu gelangen.

Animus ist der eher unbewußte männliche Teil der Frau. Er repräsentiert LOGOS, den Verstand und die Vernunft. In den Träumen kann er als Richter, Polizist, als Sadist oder als weiser Ratgeber auftreten. Die vier entsprechenden Entwicklungsstufen des Animus sind Adam, der primitive Mann, der Cowboy oder der Aktivist, der Lehrer bis hin zum Alten Weisen. Er treibt oft die Frau zu Nörgelei, negativer Kritik und Starrsinnigkeit an. Falls sie sich mit ihm identifiziert, kann sie unflexibel, rechthaberisch und kastrierend werden. Er verleitet sie oft zur Aufgabe von Zielen durch seine Entwertung. Positiv entwickelt, ist er ihre innere Stärke, mit der sie immer rechnen kann, er gibt ihr Halt und Rat. Der Animus wird mit dem Sinn des Lebens in Beziehung gebracht.

Archetypen sind psychologische Strukturen in der Nähe der Instinkte. Sie bewegen sich um die Grunderlebnisse des Menschen, wie Geburt, Tod, Mutterschaft, Trennung. Es sind Urbilder im kollektiven Unbewußten des Menschen, nicht direkt repräsentierbar. Sie stellen sich in Mythen, Religionen, Märchen und Legenden dar. Die Götter sind Metaphern archetypischer Verhaltensweisen, und Mythen sind archetypische Darstellungen. Sie brauchen die persönlichen Erfahrungen des Betreffenden, angefangen mit den Eltern, um sich ausdrücken zu können. Sie können teilweise bewußt gemacht werden. Sie sind dynamisch, d.h. beeinflußbar. Um sie bewußt zu machen, kann man mit ihnen Gespräche führen. Bleiben sie unbewußt, werden sie auf lebende Menschen und Situationen projiziert oder beherrschen den betreffenden Menschen, ohne daß er es weiß. Die häufigsten Archetypen sind Animus, Anima, Schatten und Selbst. Es ist die Aufgabe des Ich, die Verbindung zu ihnen herzustellen und sie teilweise zu integrieren. In den Märchen geschieht dies u.a. durch die symbolische Entwicklung von Teilen des anderen in sich selbst.

Delegation ist die Weitergabe eines Problems, einer Einstellung, eines Mangels in der eigenen Lebensentwicklung an die nächste Generation, meistens an eines der Kinder, dessen eigene Entwicklung dadurch gestört wird. Sie geschieht sehr häufig in den Märchen, z.B. in »Das Mädchen ohne Hände«.

Eros ist das Prinzip der Beziehungs- und Liebesfähigkeit. Eros wird eher mit dem Weiblichen in Verbindung gebracht und ist nicht gleichbedeutend mit Sexualität. Bleibt Eros unbewußt, kann dies zu Machtimpulsen führen. Das entgegengesetzte Prinzip ist Logos, jedoch können beide in einem Menschen wirken.

Ich ist der Kern des bewußten Teils des Menschen. Ziel der ersten Lebenshälfte ist der Aufbau eines starken Ich, das sich den Impulsen und Inhalten des Unbewußten entgegenstellen kann, um nicht von ihnen überschwemmt zu werden. Wir brauchen ein starkes Ich, um uns einen Platz in der Wirklichkeit, in der Gesellschaft zu schaffen. Das Ich ist jedoch nicht die ganze Persönlichkeit. Die einseitige Ausbildung der nur bewußten oder rationalen Persönlichkeit kann zu Depression und Krankheit führen, zu einer langsamen Unterhöhlung der Lebenskräfte, wenn kein Kontakt zum Unbewußten besteht. In den Märchen wird dies z. B. durch das Verarmen des Müllers geschildert, dessen Mühlrad nicht mehr vom Wasser gedreht wird.

Individuation bedeutet, ganz, nicht aufteilbar und anders als die anderen, also man selbst zu werden. Das Ziel der Individuation ist, das Selbst von den falschen Hüllen der »persona« wie von der suggestiven (wenn unbewußten) Macht der Urbilder (Archetypen) zu befreien. Der *Individuationsprozeß*, der zur Entwicklung des Selbst führt, wird in diesem Buch anhand der Märchensymbolik in seinen verschiedenen Stufen erklärt. Er ist die Aufgabe des Erwachsenen in der zweiten Lebenshälfte, nachdem er in der ersten sein Ich aufgebaut hat. Das Ziel der Individuation oder des Individuationsprozesses ist die Ganzheit des Selbst, das die Gegensätze überbrückt und die Transzendenz bedeutet.

Inflation ist die Identifizierung mit einem Archetyp oder dem kollektiven Unbewußten. Also eine Überschwemmung durch nicht bewußte Kräfte, die den Verlust der Unterscheidung und der Grenzen mit sich bringt. Ähnlich der griechischen Hybris. Sie gibt ein Gefühl der grenzenlosen Macht (Manie) oder auch der Ohnmacht (Depression), daher ihre Gefährlichkeit.

Logos ist das dem Eros entgegengesetzte Prinzip der Vernunft, dem Männlichen und dem Animus zugeordnet. Unterscheidungsfähigkeit, Verstand und Klarheit zeichnen den Logos aus. Die Einseitigkeit eines nur vom Logos regierten Menschen kann zur Überschwemmung durch seinen unbewußten Eros, also durch seine Anima-Teile führen. Dies ist das Gesetz der *Kompensation* des Bewußtseins durch das Unbewußte (und umgekehrt), eine der Theorien Jungs. Eros und Logos sollten sich ergänzen und gegenseitig bereichern. Dies wird in den Märchen durch die Entwicklung der geschlechtlich entgegengesetzten Aspekte symbolisiert.

Narzißtische Wunde ist die Folge des Geschehens, das unserem Selbstbewußtsein oder unserem Idealbild einen Stoß versetzt. Führt sie zu Demut und Annahme des Geschehenen, kann sie der Anstoß zum Individuationsprozeß werden. Vgl. Schatten.

Persona ist die soziale Maske oder Fassade, die das Ich schützt. Sie entsteht durch den Kontakt mit der Außenwelt und durch Erziehung. Eine Art Rolle, die wir spielen, mit der wir uns aber nicht identifizieren sollten. Wird sie starr, engt sie uns ein und behindert unsere Entwicklung. Ein Mensch, der haupsächlich aus seiner »Persona« besteht, hat keine eigene Identität. Die bekanntesten Beispiele sind die Identifizierungen mit dem Arztkittel, der Robe des Richters, der Uniform der Militärs. Aber auch die aufopfernde Rolle der Mutter, der Krankenschwester oder die Rolle des Klassenclowns sind Beispiele.

Projektion Etwas von uns, das eher unbewußt und nicht annehmbar ist, wird auf einen anderen, außerhalb von uns stehenden Menschen oder eine Situation »geworfen«. Das bringt momentane Erleichterung und ist deshalb ein Verteidigungsmechanismus. Aber er führt zum Prinzip des »Sündenbocks« (der andere hat Schuld) und letztlich zum Stillstand der eigenen Entwicklung. Deshalb steht am Anfang des Individuationsprozesses die Auseinandersetzung mit dem Schatten.

Quaternium ist ein Symbol der Ganzheit. Im Gegensatz zur Zahl Drei oder zur christlichen Trinität schließt es das Vierte, das »Böse« (also den Schatten), mit ein. Nicht Vollkommenheit ist das Ziel des Individuationsprozesses, sondern Ganzheit oder Totalität.

Regression ist der positive Rückzug auf frühere Entwicklungsstufen oder in das eigene Innere, um Kräfte für den nächsten Entwicklungssprung zu sammeln.

Schatten ist der nicht annehmbare, also eher negative Teil der Persönlichkeit, der unbewußt bleibt, da er vom bewußten Ich zurückgewiesen wird. Er verbraucht sehr viel Energie, um unbewußt zu bleiben. Diese Energie wird frei, wenn wir uns unseren negativen Teilen stellen. In Träumen erscheint der Schatten in Figuren des gleichen Geschlechts wie der Träumer. Die Auseinandersetzung mit dem Schatten steht am Anfang des Individuationsprozesses. In den Märchen tritt er besonders deutlich in Form der ersten zwei Brüder oder Schwestern auf, die ohne Anstrengung das Ziel erreichen wollen und später dem dritten das Errungene abzunehmen versuchen. Es gibt einen persönlichen Schatten (all das, was unser Idealbild nicht zuläßt) und einen kollektiven Schatten. Beide werden, solange sie unbewußt bleiben, auf andere projiziert und erschaffen somit das persönliche und das kollektive Feindbild. Da der Schatten ein Archetyp ist, kann er nicht vernichtet oder gänzlich integriert werden. Das Böse wird immer als Gegenpol zum Guten existieren. Letztlich steht der Schatten sogar im Dienste des Selbst, da er den Entwicklungsprozeß anregt.

Selbst ist die größere psychische Ganzheit, die bewußte und unbewußte Teile der Persönlichkeit einschließt. Es ist ein archetypischer Impuls, die Gegensätze zu überbrücken (Gut und Böse; männlich und weiblich, Bewußtsein und Unbewußtsein). Das Selbst ist das Ziel der zweiten Lebenshälfte, nachdem in der ersten das bewußte Ich entwickelt wurde. Es drückt sich in Symbolen wie Kreis, Stern oder Mandala aus, die numinose und transzendente Qualitäten besitzen ähnlich den Darstellungen der Gottheit. Das Selbst ist das Ziel des Individuationsprozesses, wird aber nicht ein für allemal erreicht, sondern besteht in einem ständigen Wechsel von Erneuerung, Trennung und Wiedererlangen.

Symbol ist das intuitiv erfaßte, bestmögliche Bild in einem gegebenen Moment, das noch nicht besser ausgedrückt und nicht rein rational verstanden werden kann. Ein Teil des Symbols bleibt immer unbewußt. Daher rühren seine Anziehungskraft und seine Lebendigkeit. Ein Symbol hat positive und negative Seiten, z. B. Wasser ist unerläßlich zum Leben, kann aber auch dieses Leben zerstören. Wasser ist ein Symbol für das Unbewußte. Religionen, Mythen, Märchen und Träume sprechen in Symbolen. Sie sind eine Brücke zwischen dem Bewußtsein und dem Unbewußten.

Das Unbewußte Jung verstand das Unbewußte nicht nur als Ort des Unterdrückten. Er konzipierte ein *persönliches Unbewußtes* (eher dem Unbewußten Freuds ähnlich) und ein *kollektives Unbewußtes*, das die Archetypen »beherbergt« und dessen Inhalte noch nicht in Kontakt mit dem Bewußtsein gewesen sind. Dieses kollektive Unbewußte ist unerschöpflich. Durch den Kontakt mit ihm wird die Erneuerung des Bewußtseins möglich. Es drückt sich in Bildern, Symbolen und Phantasien aus. Dadurch findet der Mensch Zugang und Ausdruck für seine Kreativität und den Sinn seines Lebens. Das kollektive Unbewußte verbindet den Menschen mit seiner

Kultur und Geschichte und erleichtert die Solidarität mit anderen. Ein entwickeltes, starkes ICH ermöglicht die Erneuerung, indem Teile dieses kollektiven und persönlichen Unbewußten zugänglich gemacht werden. Psychische Entwicklungsprozesse beinhalten immer auch einen »Abstieg« ins Unbewußte, wie er in den Märchen z. B. durch die Feuerprobe dargestellt wird.

Geist und Psyche

Begründet von Nina Kindler 1964

Psychotherapie

Eric Berne
Was sagen Sie, nachdem Sie »Guten Tag« gesagt haben?
Band 42192

Gerhard Danzer/Josef Rattner
Medizinische Anthropologie
Band 13303

Irmgard Hülsemann
Ich will fühlen, daß ich lebe
Band 13152

Sheldon B. Kopp
Das Ende der Unschuld
Ohne Illusionen leben
Band 11375

Marga Kreckel
Macht der Väter – Krankheit der Söhne
Band 13305

Erich Neumann
Zur Psychologie des Weiblichen
Band 42051

Gertrud Orff
Die Orff-Musik-Therapie
Band 42193

Erving und Miriam Polster
Gestalttherapie
Band 42150

Erwin Ringel
Selbstschädigung durch Neurose
Band 13499

Carl R. Rogers
Therapeut und Klient
Band 42250

Walter J. Schraml
Einführung in die Tiefenpsychologie
Für Pädagogen und Sozialpädagogen
Band 10827

Reiner Stach (Hg.)
Zur Psychologie des Laufens
Band 12023

Peter Tyrer/Derek Steinberg
Modelle psychischer Störungen
Theorie- und Praxiskonzepte in der Psychotherapie
Band 13035

Fischer Taschenbuch Verlag

fi 356 / 20

Geist und Psyche

Begründet von Nina Kindler 1964

Kinderpsychologie

Jacques Berna
Liebe zu Kindern
Aus der Praxis eines Analytikers
Band 12670

Bruno Bettelheim
Die Geburt des Selbst
Band 42247

Herausgegeben von Gerd Biermann
Kinderpsychotherapie
Handbuch zu Theorie und Praxis
Band 12039

Martin Dornes
Die frühe Kindheit
Band 13548
Der kompetente Säugling
Band 11263

Anna Freud
Einführung in die Technik der Kinderanalyse
Band 42111
Zur Psychoanalyse der Kindheit
Band 11519

Evelyn Heinemann/ Udo Rauchfleisch/ Tilo Grüttner
Gewalttätige Kinder
Band 10760

Elizabeth Noble
Primäre Bindungen
Über den Einfluß pränataler Erfahrungen
Band 12798

J. Sandler/ H. Kennedy/ R. L. Tyson
Zur Kinderanalyse
Gespräche mit Anna Freud
Band 12501

Elaine V. Siegel/ Sabine Trautmann-Voigt/Bernd Voigt
Tanz- und Bewegungstherapie
Band 12805

Daniel Widlöcher
Was eine Kinderzeichnung verrät
Band 42254

D.W. Winnicott
Familie und individuelle Entwicklung
Band 42261

Fischer Taschenbuch Verlag

fi 347 / 24

Jolande Jacobi

Die Psychologie von C. G. Jung

Eine Einführung in das Gesamtwerk
und mit einem Geleitwort von C. G. Jung

Band 6365

Die vorliegende Arbeit – von C. G. Jung gefördert und kanonisiert durch sein Geleitwort – gehört zu den wichtigsten allgemein verständlichen Darstellungen der Analytischen Psychologie. Das Buch erschien zuerst 1940 und wurde seitdem mehrfach verbessert und erweitert aufgelegt. Jolande Jacobi unternimmt den geglückten Versuch, alle wichtigen Begriffe und Zusammenhänge des komplizierten Denkgebäudes von C. G. Jung klar und überschaubar, straff und doch erschöpfend darzustellen. Sie verschafft damit dem Leser einen sicheren Zugang zu dem außerordentlich umfangreichen und vielschichtigen Werk ihres großen Lehrers.

»Die vorliegende Arbeit kommt wohl einem allgemein gefühlten Bedürfnis entgegen, dem ich selber bis jetzt nicht zu entsprechen vermochte: nämlich dem Wunsche nach einer kurzgefaßten Darstellung der Grundzüge meiner psychologischen Anschauung. Frau Dr. Jacobi hat sich dieser schwierigen Aufgabe mit Erfolg angenommen. Es ist ihr geglückt, eine vom Ballast der Detailerkenntnisse befreite Darstellung zu geben.«

C. G. Jung

Fischer Taschenbuch Verlag

fi 506 / 5

Sigmund Freud
C. G. Jung

Briefwechsel

Herausgegeben von
William McGuire und Wolfgang Sauerländer

Band 6775

Sigmund Freud (*1856-1939*) und *C. G. Jung* (*1875-1961*) begannen im April 1906 miteinander zu korrespondieren. Im folgenden Jahr trafen sie erstmals in Wien persönlich zusammen und unterhielten sich dreizehn Stunden lang ohne Unterbrechung. In den nächsten sieben Jahren schrieben sie sich regelmäßig, zumeist in Abständen von nur wenigen Tagen. Die rund 360 Briefe umfassende Korrespondenz ist 1974 vollständig veröffentlicht worden. Die vorliegende, um die fachlichen Teile gekürzte Ausgabe will den Kern des Briefwechsels – die schicksalhafte Begegnung zweier weltberühmter Männer und den Mut, mit dem sie gemeinsam der bitteren Feindseligkeit der medizinischen Welt ihrer Tage entgegentraten – einem breiten Leserkreis zugänglich machen. In den Niederschriften entrollt sich die Geschichte der Beziehung dieser beiden großen Seelenforscher Schritt für Schritt. Obzwar Keime der späteren Auseinandersetzung sich schon in den allerersten Briefen finden, erwächst aus der gegenseitigen Zuneigung zunächst ein beglükkender Austausch sowohl beruflich-fachlicher Gedanken wie familiärer Neuigkeiten. Wechselseitiges Geben und Nehmen kennzeichnet den Höhepunkt dieser Freundschaft. Allmählich jedoch treten die Differenzen gegenüber den Gemeinsamkeiten immer deutlicher hervor, und der Konflikt spitzt sich zu, bis die Gegensätze schließlich unüberbrückbar werden.

Fischer Taschenbuch Verlag

fi 713 / 7

Märchen der Welt

THEMENMÄRCHEN

Altägyptische Märchen
Herausgegeben von Hans Wuessing
Band 13454

Märchen der Antike
Herausgegeben von Erich Ackermann
Band 2891

Märchen von Brüdern und Schwestern
Herausgegeben von Ulrike Krawczyk
Band 11629

Märchen von der Erde
Herausgegeben von Barbara Stamer
Band 13675

Eskimo-Märchen
Herausgegeben von Gisela Perlet
Band 13159

Märchen vom Essen und Trinken
Herausgegeben von Hans-Jörg Uther
Band 11326

Märchen vom Feuer
Herausgegeben von Barbara Stamer
Band 13183

Europäische Frauenmärchen
Herausgegeben von Sigrid Früh
Band 13369

Märchen vom Glück
Herausgegeben von Hannelore Marzi
Band 12815

Gruselmärchen
Herausgegeben von Erich Ackermann
Band 12751

Märchen von Handwerkern
Herausgegeben von Frieder Stöckle
Band 11379

Märchen von Hexen und weisen Frauen
Herausgegeben von Sigrid Früh
Band 13363

Fischer Taschenbuch Verlag

fi 1524 / 16 a

Märchen der Welt

THEMENMÄRCHEN

Indianermärchen aus Nordamerika
Herausgegeben von
Frederik Hetmann
Band 13365

Indianermärchen aus Südamerika
Herausgegeben von
Frederik Hetmann
und Leonardo Wild
Band 13319

Märchen der Azteken, Maya und Tolteken
Herausgegeben von
Frederik Hetmann
Band 13361

Märchen der Prärieindianer
Herausgegeben von
Frederik Hetmann
Band 13366

Indianermärchen der Pueblo, Hopi und Navajo
Herausgegeben von
Frederik Hetmann
Band 13364

Jüdische Märchen
Herausgegeben von
Israel Zwi Kanner
Band 2898

Keltische Märchen
Herausgegeben von
Frederik Hetmann
Band 2899

Märchen von Katzen
Herausgegeben von
Barbara Stamer
Band 12546

Märchen von Krankheit und Heilung
Herausgegeben von
Stephan Marks
Band 12883

Märchen von Männern
Herausgegeben von
Stephan Marks
Band 11392

Märchen von Mördern und Meisterdieben
Herausgegeben von
Volker Ladenthin
Band 2887

Märchen von Müttern und Töchtern
Herausgegeben von
Ulrike Krawczyk
und Sigrid Früh
Band 13368

Fischer Taschenbuch Verlag

fi 1524 / 14 b

ERSTES KAPITEL

„Robin! Pass auf!“

Der Ruf ertönte direkt hinter seinem Rücken und er ließ sich zu Boden fallen, rollte nach links ab und kam in einer flüssigen Bewegung, bereit für den Angriff, von dem er wusste, dass er bevorstand, wieder hoch.

„Ha. Netter Schachzug!“ Der Mann lachte, aber hinterhältig fuhr seine fleischige Hand herum und zielte auf Robins Nacken.

Er schwankte nach hinten, fühlte, wie die gewaltige Faust des Müllers seine Schulter streifte und, getrieben von dem Adrenalin, das durch seine Adern raste, stürzte er sich mit ausgestreckten Armen nach vorn. Er packte den schwereren, älteren Mann um die Mitte und sein Schwung warf sie beide zu Boden. Robin landete obenauf, sein Unterarm drückte auf die Luftröhre seines Gegners.

„Ergib dich, Müller!“

Der Müller versuchte wieder zu lachen und keuchte, während sein rundes Gesicht purpurrot anlief. „Du hast gewonnen ... runter mit dir, du dämlicher Bastard!“

Robin sprang auf und breitete in seiner liebenswürdigen Art die Arme aus und grinste, als er sich unter den jubelnden Zuschauern umschaute.

„Der Gewinner dieses Kampfes: Robin Hood!“ Der Schiedsrichter hob Robins Arm und die Leute aus dem Dorf riefen und lachten beglückwünschend. Der große Müller, Thomas, lächelte durch zusammengebissene Zähne und schlug seinem jungen Gegner auf den Rücken, viel härter, als nötig gewesen wäre. „Gut gemacht, Bursche. Du hast eine natürliche Begabung zum Kämpfen. Vielleicht stelle ich dich eines Tages wirklich auf die Probe. Pass aber besser auf dein Temperament auf.“ Er ging davon, seinem Gegner eine Grimasse schneidend, als die älteren Männer des Dorfes ihn fröhlich seiner Niederlage wegen neckten.

Robert Hood oder Robin, wie ihn alle kannten, war groß und hatte schon mit siebzehn Jahren dank seines Trainings mit dem Langbogen seit seiner Kindheit eine unglaubliche Kraft im Oberkörper, mit enormen Arm- und Schultermuskeln. Seine ehrlichen braunen Augen und sein fröhliches Lächeln machten ihn in dem kleinen Dorf Wakefield bei allen beliebt.

„Du hast es geschafft!“ Robins Freund Much schlug ihm auf den Rücken, ein breites Lächeln auf seinem offenen Gesicht. „Ich hätte nie gedacht, dass du meinen Pa schlagen kannst, er ist so stark wie ein Ochse!“

Es war ein schöner Frühlingstag, die Bäume zeigten sich gerade in ihrem frischgrünen Laub und die Mai-Spiele waren in vollem Gange. Alle im Dorf tanzten, sangen, nahmen an dem ein oder anderen Wettbewerb teil oder genossen einfach Bier und Fleisch, die der örtliche Lord, Thomas, Earl von Lancaster, zur Verfügung gestellt hatte. Die Geräusche eines Festmahls und Gerüche von Kochfeuern füllten die Luft, und die wenigen dürren Dorfhunde, die während der vergangenen harten Wintermonate nicht gegessen worden waren, lungerten in der Hoffnung, ein paar Abfälle auf dem Boden zu finden, herum.

Robin packte Muchs Arm und lachte, als er seinen Freund anschaute. „Du hast recht; ich hätte selbst nie gedacht, dass ich ihn schlagen würde! Ein guter Schlag und er hätte es geschafft; seine Arme sind wie Baumstämme.“ Er schüttelte verlegen den Kopf. „Ich geriet in Panik, als er mich fast erwischt hätte; deshalb habe ich mich direkt auf ihn geworfen.“

Trotz seiner Bescheidenheit verfügte Robin über Schnelligkeit, Beweglichkeit und einen raschen Verstand, der ihn den meisten Männern in Wakefield überlegen machte.

„Ja, das war ein wilder Trick; mein Pa hatte das nicht erwartet. Niemand, glaube ich. Gehen wir und trinken etwas." Much zog Robin weiter und sie gingen zu den Bierverkäufern. „Schau, die Maikönigin kommt."

Robin schaute gespannt auf; sie beide wussten, wer in diesem Jahr Königin sein würde: Matilda, die Tochter von Henry, dem Pfeilmacher. Robin fand, sie müsste das schönste Mädchen von England sein, und hoffte, dass er sie eines nicht zu fernen Tages zu seiner Frau machen könnte. Sie hatten im letzten Jahr bisweilen beieinander gelegen und sich einander versprochen, aber Robin hatte noch nicht den Mut aufgebracht, um ihre Hand zu bitten. Bei all seiner Großspurigkeit war er immer noch ein eher schüchterner junger Mann, und sich seiner selbst noch nicht ganz sicher.

Matilda erschien und ging langsam und glücklich lächelnd auf den Dorfanger zu. Sie trug ein einfaches, weißes Kleid, das ihre schlanke Figur betonte, einen Kranz aus bunten Frühlingsblumen in ihrem erdbeerblonden Haar, und als ihr Blick für ein oder zwei Sekunden auf Robin fiel, fühlte er, wie ein leichter Schauer ihn durchströmte. Ihr folgte ein großer schwarzer Bulle, geführt von drei „grünen Jacks": Männer aus dem Dorf in dunkelbraunen Umhängen mit verzierten Blattmasken, die ihre Gesichter bedeckten.

Der Schwerttanz begann, als die kleine Prozession den Mittelpunkt des Dorfes erreichte. Schwerter wurden auf dem Boden zu einem sechszackigen Stern zusammengelegt, dann lachten und jauchzten die Dorfleute, auch Matilda, als sie um das stählerne Hexagramm herumtanzten, sich an den Händen hielten und die Partner wechselten.

Der Bulle zögerte, als er nach vorn gebracht wurde, als kennte er sein Schicksal, er schleifte die Hufe durch das feuchte Gras des Frühlings, seine Nüstern blähten sich und die Augen quollen aus dem Kopf. Es war ein alter Stier, nahe dem Ende seines Lebens, aber für die meisten der Feiernden sah er aus wie ein prächtiges Tier.

Als er in der Mitte des Tanzkreises angelangt war, trat einer der grünen Jacks neben ihn, packte den großen Kopf des Tieres und holte ein langes Messer unter seinem Umhang heraus. Die Tanzenden wurden langsamer, hielten an und sahen mit düsterer Faszination zu, als sein Nacken durchtrennt wurde; die jüngeren Dorfleute schnappten mit weit aufgerissenen Augen nach Luft, als das Blut sich auf das Gras unter ihm ergoss.

„Heil Hern!“ Die Dorfbewohner jubelten und klatschten vor Begeisterung, als die Lebenskraft des großen Bullen langsam verebbte und er schwerfällig mit einem leichten Schlag auf den Boden fiel. Etwas von dem Blut durfte in die Erde einsickern, im Sinne des Opfers, aber einer der Männer hielt bald eine große Holzschüssel unter den Schnitt, um das wertvolle karmesinrote Nass aufzufangen.

„Das war ein großer Bulle, was?“ Much schüttelte bewundernd den Kopf. „Meinst du, dass das eine gute Ernte in diesem Jahr bedeutet? Selbst mein Pa hatte im letzten Jahr mit dem harten Winter zu kämpfen. Du weißt, wie es war, das ganze Dorf ist fast verhungert.“

Robin, der die Hoffnungen seines Freundes teilte, nickte. Seiner eigenen Familie hatte es während vielen der vergangenen Winter an Essen gemangelt. Er wollte die Schmerzen eines vor Hunger geschwollenen Bauchs nicht wieder spüren müssen. Der sterbende Bulle war der Appell der Dorfbewohner an Gott - jeden Gott: *Als Dank für diesen mächtigen Bullen, lass dieses Jahr das Wetter günstig für unsere Ernte sein.*

Obwohl die Menschen von Wakefield Christen waren, waren die alten Götter und ihre Sitten noch nicht völlig in Vergessenheit geraten. Zwar gefiel der Kirche dies nicht, aber im Allgemeinen ließ sie die Menschen gewähren, solange sie weiter die Messe besuchten.

Nachdem der schwarze Bulle jetzt tot war, begann die Menge, sich anderen Vergnügungen zuzuwenden. Ein Wettbewerb im Bogenschießen sollte gleich beginnen und mehr Leute tanzten, als ein fahrender Spielmann erschien und die Menge dazu verlockte, in seine rauen Lieder von Liebe und Lust, Kämpfen und Tod einzustimmen.

„Sieh nur, sie schießen. Da gewinnen wir!" Robin wand sich durch die Menge zum Bogenschießwettbewerb, Much folgte in seinem Kielwasser.

Beide jungen Männer, wie die meisten Freisassen in England, hatten mit Pfeil und Bogen geübt, seit sie sieben Jahre alt waren, und obwohl es verboten war, im Wald Hirschwild zu jagen, hatte Robin es während der vergangenen harten Winter für notwendig erachtet, um zu helfen, seine Familie zu ernähren. Ahnungsloses Wild mit einem Langbogen zu erlegen, hatte aus Robin einen Meisterschützen gemacht.

Much hatte gewöhnlich genug zu essen, da er der Sohn des Müllers war, aber Wild war auch in seinem Haus immer eine willkommene Abwechslung von Brot und Eintopf, daher war er mit dem Bogen fast so gut geworden wie Robin.

Sie würden bei dem Wettbewerb gut abschneiden.

„Robin! Möchtest du nicht mit mir tanzen?" Matilda, die Maikönigin, kam von hinten auf Robin zu und ergriff seine Hand. Ihre blauen Augen blitzten in der Sonne, als sie davonwirbelte, irgendwie noch immer seine Hand in ihrer. Sie drehte sich wieder dicht zu ihm und drückte ihr Gesicht wie ihren Körper eng an ihn. „Hmmm? Tanzen?"

Robin spürte, wie sein Gesicht rot anlief, als er das Mädchen lüstern musterte und Much begann zu lachen. „Das würde er gerne, Lady Maikönigin, aber der

Bogenschießwettbewerb beginnt gleich. Er kommt aber in Kürze für diesen Tanz zurück!“

Matilda schmollte deutlich, als Much versuchte, Robin wegzuzerren. „Du spielst lieber mit deinem Langbogen als mit mir zu tanzen? Viele andere Männer wollen mit der Maikönigin tanzen; ich werde nicht ewig auf dich warten.“

Robin grinste verlegen, weil er die in ihren Worten liegende Kritik spürte, drückte er des Mädchens Hand und versprach, dass er gleich wieder bei ihr sein würde.

Die beiden jungen Männer stolzierten davon, wobei Robins Augen Matildas schlanke Gestalt verfolgten, als sie sich wieder zu den Tänzern gesellte. „Jau, sie hat einen hübschen Arsch, aber vergiss sie, bis ich dich beim Schießen geschlagen habe.“ Much grinste und deutete auf die in der Lichtung aufgestellten Holzfiguren, während Robin seinem Freund spielerisch einen Klaps auf den Hinterkopf gab.

Heute, sagte er zu sich. Heute werde ich sie bitten, mich zu heiraten, ich habe schon lange genug gewartet ...

Viele der Männer des Ortes nahmen am Wettschießen teil, da sie im Umgang mit dem Langbogen wohlgeübt waren. Ihr Lord erwartete von allen Gesunden, dass sie mit dieser Waffe übten, für den Fall, dass er in schwierigen Zeiten eine Truppe bewaffneter Männer benötigte, und da es den meisten Dorfbewohnern verboten war, ein Schwert zu tragen, war der Langbogen die übliche Waffe für Freisassen ebenso wie für Leibeigene und Bauern.

Als der Wettbewerb fortschritt, verringerte sich die Zahl der Konkurrenten, bis nur die beiden Freunde und vier weitere Männer übrig waren, aber als Much seinen Bogen zum nächsten Schuss hob, gab es in der Nähe der in der Mitte des Dorfangers Tanzenden eine Störung und die Bogenschützen drehten sich danach um.

Eine laute Stimme war zu hören, die jeden in der Nähe mit Worten geißelte.

„Was geht da vor?“, fragte Much und reckte den Hals, um besser sehen zu können.

Robin, der anders als sein kleinerer Freund über die meisten Menschen in der Menge hinwegsehen konnte, schüttelte finster seinen Kopf. „Sieht aus wie dieser Prior aus dem Süden. Schreit wegen irgendetwas herum. Der Vogt ist auch bei ihm.“

Much warf Robin einen argwöhnischen Blick zu, da er wusste, dass sein Freund große Abneigung gegen Kirchenmänner im Allgemeinen und die reichen darunter im Besonderen hegte. Die meisten Dorfbewohner empfanden gegenüber dem Klerus Groll und Bitterkeit - wenn sie im kalten, langen Winters darum kämpften, Brot zu finden, um die Bäuche ihrer Familie zu füllen, während der Prior im Land herumstolzierte und ein kleines Vermögen in Gold und Silber an sich trug, führte das zu bösem Blut.

Robin hatte zwei jüngere Schwestern gehabt, Rebekka und Marjorie, aber Rebekka war immer die kleinste der jüngeren Geschwister gewesen und zu schwach, um den Hunger in dem strengen Winter 1315, vor etwa sechs Jahren, zu überstehen. Sintflutartiger Regen war in jenem Jahr ständig gefallen und hatte die Ernte zerstört. Der Weizen, der geblieben war, hatte im Ofen getrocknet werden müssen, bevor er verarbeitet werden konnte, und bot selbst dann wenig Nahrhaftes, wenn er zu Brot verbacken wurde. Viele starben vor Hunger und Reisende wurden auf den Wegen über Land von Gesetzlosen, die das von ihnen mitgeführte Essen verzweifelt benötigten, überfallen.

Der Preis des Weizens stieg auf das Achtfache des Normalen, während Gerste, Erbsen, Salz und andere wesentliche Zutaten plötzlich auch zu teuer für die meisten Leute wurden.

Dann kamen die Schotten.

Beflügelt durch den Erfolg in der Schlacht von Bannockburn, machten sie Raubzüge bis tief nach Yorkshire hinein und stahlen das wenige Essen, das den Menschen in Nord-England geblieben war, während König Edward II. nichts tat, um ihnen zu helfen.

Robin war erst elf Jahre alt gewesen. Er hatte die Menschen in seinem Dorf Pferde und Hunde essen sehen - sogar Gerüchte über Kannibalismus gehört - und er konnte sich noch an den winzigen siebenjährigen Körper seiner kleinen Schwester Rebekka erinnern, ausgemergelt, abgemagert. Und obwohl Rebekkas Zwillingsschwester Marjorie überlebt hatte, konnte sie ihre Kräfte nie ganz wiedererlangen - ihre Familie lebte in Furcht davor, dass sie den gleichen Weg gehen könnte wie ihre Schwester, wenn sie eine weitere Hungersnot wie die von 1315 erleiden müssten.

Der Anblick eines fetten, reich gekleideten Kirchenmannes wie dieses Priors brachte Robins Blut zum Kochen.

„Komm, lass uns sehen, was das fette Schwein will."

Die beiden begaben sich zu einem genaueren Blick dort hinüber, das Wettschießen war vergessen.

Der Prior von Lewes, John de Monte Martini, mit seinem Gefolge im Schlepptau, überprüfte die Pfarreien, für die er verantwortlich war, um sicherzustellen, dass sie ordnungsgemäß verwaltet wurden.

Heute war Wakefield an der Reihe.

Die vergnügte Atmosphäre, die noch zehn Minuten zuvor geherrscht hatte, war verschwunden, als unter den frommen Schimpfworten des Kirchenmannes das Lachen erstarb und die Tänzer stehen blieben und seine kleine Truppe Wachen in Rüstung die Dorfbewohner finster anstarrten.

„Heiden! Euer ganzer Haufen!", beschimpfte der Prior die Leute und drängte sich zwischen ihnen durch.

„Tieropfer? Hern, der Jäger? Grüne Männer?“ Der Kirchenmann schnappte die aus Eichenlaub gefertigte Maske von dem Gesicht eines der Männer, die die grünen Jacks gespielt hatten. Der Mann erwiderte mürrisch den Blick, senkte den seinen aber bald auf den Boden. Es war nicht gut, sich die Kirche zum Feind zu machen, und der Mann, Simon, ein armer Arbeiter, verspürte nicht den Wunsch, dem fetten Prior unangenehm aufzufallen, vor allem nicht, wo der Vogt hier war. Obwohl Wakefield Teil des Landbesitzes von Thomas, des Earls von Lancaster, war, kümmerte sich sein Vogt, Henry Boscastle, um den größten Teil der täglichen Geschäfte des Anwesens. Er kannte jeden, der hier lebte.

Eine zornige Stimme rief von hinten aus der Menge:

„Was ist das Problem, Prior?

Wir machen das jedes Jahr; es ist nur ein wenig Spaß.“

Der Kirchenmann drehte sich in die Richtung, aus der die Stimme gekommen war und sein Gesicht lief scharlachrot an, als einige der Dorfbewohner zustimmend murmelten. „Es ist mir gleich, was ihr jedes Jahr tut. Meine Vorgänger mögen nichts gegen diesen heidnischen ... Unfug einzuwenden gehabt haben! Ich schon. Ich erwartete, euch alle heute in der Messe vorzufinden, doch als ich in der Dorfkapelle ankam, fand ich die Türen verschlossen und meine Herde - das seid ihr, Leute - hier draußen, wo ihr euch mit billigem Ale betrinkt und falschen Göttern huldigt.“ Er ließ die Tatsache unerwähnt, dass der Gemeindepfarrer nirgendwo zu finden war. In der Tat hatte Vater Myrc ein paar Glas mit den Dorfleuten genossen und war nach Allerheiligen zurückgerannt, als er hörte, dass der Prior käme.

Der Dorfschulze, Patrick Prudhomme, bahnte sich einen Weg zum vorderen Rand der Menge und versuchte, den erzürnten Prior zu besänftigen.

„Verzeiht uns, Vater. Diese Riten sind bedeutungslos. Hier in Wakefield sind wir alle gute Christen, das wird der Vogt Euch bestätigen. Das hier ist nur ein bisschen Spaß, um das Kommen des Frühlings zu feiern.“

Der Vogt sah aus, als ob er lieber Freibier trinken und etwas von dem großen Bullen, der heimlich zu den Fleischern fortgeschafft wurde, essen würde. Henry Boscastle, der zu seinen besten Zeiten ein mürrischer Mann und nicht abgeneigt war, seine Stellung für Geld und andere Gefälligkeiten zu missbrauchen, war in Wakefield keine beliebte Erscheinung.

Der Prior war für all dies blind und predigte in noch lauterer Stimme weiter, schob sich durch die Masse der Feiernden, immer weiter und weiter von seinen bezahlten Wachen fort, obwohl der Vogt mit ihm Schritt hielt und mit Gewalt Leute zur Seite stieß. „Es ist mir gleich, was das ist. Ich erwarte, dass ihr jetzt alle nach Hause geht und den Rausch ausschlaft, den ihr alle von zu vielem Trinken habt!“

Unter den Dorfbewohnern erhob sich zorniges Stöhnen, aber niemand fühlte sich mutig genug, dem Prior offen zu widersprechen, vor allem nicht, da ein halbes Dutzend Söldner ihn schützte, obwohl sie aussahen, als hätten sie genug von der ganzen Situation. Der Prior zahlte ihnen nicht viel und war ein fürchterlicher Reisegefährte.

Much schüttelte angewidert den Kopf, während Robin die Fäuste ballte und darum rang, sein Temperament unter Kontrolle zu halten.

Der Dorfschulze hob traurig die Hände. „Wie der Prior sagt, Leute, lasst uns all das hier aufräumen und den Weg nach Hause antreten.“

„Ihr dürft alle morgen in der Kirche erscheinen“, rief der Kirchenmann, „und passende Opfergaben zur Buße für eure Verdorbenheit heute mitbringen!“

„Scheiß auf Eure Opfergaben!“, rief jemand wieder aus dem hinteren Teil der Menge, gut in einem Meer von

Gesichtern versteckt. Zustimmendes Gemurmel erhob sich, durch ihre Anonymität ermutigt.

„Jau, schiebt sie ihm in den fetten Arsch!“

Leute lachten, aber die Atmosphäre wurde angespannt, als die zornigen Dorfbewohner, viele von ihnen halb betrunken, sich bedrohlich um den Prior und sein Gefolge scharten, statt sich hinfort zu bewegen, wie ihnen befohlen worden war.

Die Söldner des Priors, obwohl sie nicht über den Mob hinwegsehen konnten, erkannten, dass die Lage gefährlich wurde und versuchten, sich um den Kirchenmann herum zu formieren, aber die Dorfbewohner drängten nach vorn. Die leicht bewaffneten Männer, nicht willens, ihre Waffen in einer so explosiven Situation zu ziehen, fanden sich immer weiter und weiter von ihrem Schützling fortgeschoben.

Das Gesicht des Priors wurde weiß, als der Vogt, der die Feindseligkeit der Menge spürte und rücksichtsloser als die Söldner war, sein Schwert aus der ledernen Scheide zog und damit auf jeden zielte, von dem er dachte, dass er bedrohlich aussähe.

„Zurück, ihr Schufte, oder ich kitzele euch hiermit.“ Henry war ein einschüchternder, befehlsgewohnter Mann und der Anblick seines wütenden Gesichts und der gezogenen Waffe beruhigte den größten Teil der Menge. „Los schon, zurück in eure Häuser. Sofort!“, brüllte er und trat einen zurückweichenden Dorfbewohner in den Rücken, sodass dieser flach auf dem Bauch landete. Der Mann versuchte, wieder auf die Füße zu kommen, fand aber das Gesicht des Vogtes vor seinem und die Schwertklinge in seinen Nacken gedrückt. „Geh nach Hause, bevor ich dir den Hals durchschneide“, knurrte Henry, dessen Nasenflügel bei der Aussicht auf Gewaltanwendung bebten.

Der Mann rutschte rückwärts über den Boden, die weit aufgerissenen Augen fest auf das Schwert des Vogts gerichtet, bevor er taumelnd auf die Beine kam und sich einen Weg durch den Mob bahnte, wobei er alle paar Sekunden über seine Schulter schaute, um sicherzugehen, dass Henry ihm nicht folgte.

„Komm schon“, sagte Much und betrachtete das Ganze von ihrem Standort nahe dem hinteren Rand der Menge. „Lohnt sich nicht, hier herumzuhängen, bei alledem, was hier vor sich geht. Lass uns gehen und im Schankhaus etwas zu trinken holen - wir haben vorhin noch nichts bekommen.“

Robin stand jedoch wie angewurzelt da, starrte über die Köpfe der anderen Dörfler den Kirchenmann an, als Much, völlig blind für die schwarze Stimmung seines Freundes, in die entgegengesetzte Richtung fortging.

Gerade da kam Matilda, die Maikönigin, mit gesenktem Kopf an dem Prior und dem Vogt vorbei. „Du - dämliches Mädchen. Mach den Schmutz da weg!“ Der Prior packte Matilda grob am Arm und riss den Blumenkranz, den sie im Haar trug, herunter, um ihn und versehentlich auch Matilda zu Boden zu schleudern.

Bevor er wusste, was er tat, fand Robin sich von kalter Wut erfüllt auf dem Weg zu dem Prior und dem Mädchen, das er seit Kindertagen liebte.

Während die Wachen des Priors sich von der rasenden Schar eingeschlossen fanden und sich nicht zu ihrem Herrn begeben konnten, schien die Menschenmasse sich für Robin zu teilen, als er auf den spöttisch schauenden Kirchenmann zustürmte.

„Lasst Eure Hände von ihr, Ihr fetter Schuft ...!“

Die noch immer zornigen Dorfbewohner, die den Dorfanger füllten, wurden wie ein Mann still, starrten mit offenen Mündern ungläubig auf den erzürnten jungen Mann, der durch ihre Reihen hindurch auf den Prior zu schritt.

Much, dem endlich klar wurde, dass sein Freund drauf und dran war, etwas Übereiltes zu tun, schob sich wieder in die Menge, um zu versuchen, ihn zurückzuhalten, während Henry, der Vogt, dessen Schwert wieder in der Scheide steckte, den großen Freisassen böse anschaute und sich fragte, ob er sich diesen Ausbruch nur eingebildet hätte.

„Was hast du da gerade zu mir gesagt?“, verlangte der schockierte Prior zu wissen, bevor er, als er seine Fassung wiederzufinden begann, auf Robin zutrat und leise sagte: „Dafür lasse ich dich in Ketten legen und in den Kerker werfen.“

„Robin, lass es, bitte, lass uns einfach tun, was der Prior sagt.“ Matildas Stimme bebte vor Zorn, aber die Furcht in ihren Augen war deutlich, als sie wieder hochkam und Robins Handgelenk ergriff.

„Oh nein, Mädchen. Du gehst auch ins Gefängnis.“ Der Prior näherte sich ihr noch weiter, senkte seine Stimme wieder, sodass nur Robin, Matilda und der Vogt hören konnten, was er als Nächstes sagte. „Vielleicht werden die Männer des Sheriffs dort für dich eine ... Verwendung ... finden. Vielleicht komme ich dich vielleicht selbst besuchen, um dich auf deinen Knien zu sehen ... um den Herrn um Vergebung anzuflehen.“

Robin verstand genau, worauf der Prior anspielte. Er wusste, dass viele der wohlhabenderen Kirchenmänner Bordelle in den großen Städten besaßen, und von Prior John de Monte Martini hieß es, dass er an mehreren beteiligt wäre und ihre Dienste sogar selbst in Anspruch nähme. Der Vogt wirkte erheitert, sagte aber kein Wort, sondern genoss nur die Unterhaltung, während Matilda den Kirchenmann verwirrt betrachtete.

„Ihr Stück Dreck“, fauchte Robin, dessen Nerven seinen ganzen Körper zittern ließen, der aber zu zornig war, um einzulenken. „Fasst sie an und ich werde Euch töten.“

Der Prior schnitt eine Grimasse und fuhr mit einer pummeligen Hand an Matildas Arm entlang und schaute ihr fest in die blauen Augen. „Oh ja, nach ein paar Nächten ohne Essen bin ich sicher, dass du weit ... offener ... für einen bescheidenen Prior wie mich sein wirst. In der Tat, ich bin sicher, ich könnte in einem Haus vor Ort eine Stellung für dich finden, das mir selbst gehört - dem ‚Maiden's Head‘ in Nottingham.“ Er nickte Henry zu. „Nimm sie in Gewahrsam, Vogt. Meine Männer werden dir helfen, wenn sie diesen Mob verscheucht haben.“ Er sah sich finster um und versuchte, seine Wachen zu finden, die noch immer zu weit fort waren, um zu bemerken, was geschah.

Henry nickte mit einem grimmigen Lächeln und wollte sein Schwert wieder ziehen, während er nach Hilfe der Einheimischen um ihn herum rief. Niemand schien große Lust zu haben, ihm zu helfen.

Robin hörte danach nichts mehr; ein brüllendes Geräusch schien seine Ohren zu füllen und die Zeit nur noch im Schneckentempo abzulaufen. Seine rechte Faust schoss vor und krachte in die Nase des Priors, die in einem scharlachroten Nebel zerbarst. Als dcr Kirchenmann nach hinten auf den Boden fiel, zerrte der erschrockene Vogt endlich sein Schwert heraus, aber bevor er es benutzen konnte, trat Robin ihn brutal zwischen die Beine. Vor Schmerz kreischend krümmte Henry sich zusammen und als er, sein Schwert vergessen, auf die Knie fiel, packte Robin den Kopf des Vogts und rammte sein Knie in das Gesicht des Mannes.

Henry brach neben dem Kirchenmann zusammen, blutig und bewusstlos.

„Du verdammter ... Bauer!“ Der Prior schaute auf und schrie durch seine Hände, die die zerstörte Nase bedeckten. „Dafür werde ich dich hängen sehen!“

Robin fühlte sich durch das durch seine Adern rasende Adrenalin völlig unbesiegbar und trat vor, um dem Geistlichen den Rest zu geben, seine Zähne zu einem wilden Grinsen gefletscht, aber der bullige Müller

Thomas, Muchs Vater, schaffte es, ihn zu packen und seine Arme an die Seiten zu pressen. „Hör auf damit, du Narr, beruhige dich! Er meint, was er sagt. Seine Wachen werden dich erwischen, wenn sie merken, was hier los ist - du musst weg!"

„Er hat recht, du musst weglaufen!", flehte Matilda, ihre Augen huschten nervös zwischen Robin und der Menge hin und her, halb erwartete sie jede Sekunde zu sehen, wie ein Soldat ihren Freund durchbohrte. Thomas und Much, der sich endlich einen Weg durch das Gedränge gebahnt hatte, zogen Robin von dem fluchenden Prior und dem reglosen Vogt weg. Sie bewegten sich in die entgegengesetzte Richtung der Wachen, die erst jetzt bemerkten, dass ihrem Herrn etwas zugestoßen war und sich gewaltsam einen Weg zwischen den Dorfbewohnern hindurch freiräumten.

Die Leute teilten sich, um den Müller und die jüngeren Männer durchzulassen - einige jubelten sogar und schlugen Robin auf die Schulter, als er vorbeikam, glücklich, den Prior bluten zu sehen und erfreut, dass nicht sie es waren, die die Strafe dafür würden ertragen müssen.

Die Menge schloss sich schützend hinter ihnen, obwohl nicht alle Dorfbewohner mit Robins Handeln zufrieden waren.

„Du bist ein Idiot, Hood!" Der Dorfschulze erschien neben ihnen, als sie davoneilten. „Macht ihr euch klar, in welche Schwierigkeiten ihr euch gebracht habt? Und das Dorf auch? Dieser Prior ist niemand, der das vergessen würde - er wird uns jetzt alle ins Elend stürzen.

Jesus, du hast vermutlich diesen Vogt auch getötet! Was zum Teufel hast du dir dabei gedacht?" Robin schüttelte den Kopf, seine Wut verebbte, als er die Gefahr erkannte, in der er schwebte.

„Er sagte alles Mögliche zu Matilda, drohte ihr ... da bin ich einfach explodiert, Patrick."

„Ich weiß nicht, was er gesagt hat, aber du musst weg von hier, und zwar schnell. Lauf nach Hause und nimm mit, was du brauchst, die Leute werden die Söldner aufhalten. Verabschiede dich; du wirst eine Weile niemand von hier zu sehen bekommen."

Schließlich traf es Robin wie ein Hammerschlag, was er getan hatte, und er hätte sich beinahe erbrochen. Oder angefangen zu weinen.

„Frieden, Patrick, er ist noch jung - hat noch nicht gelernt sich zu beherrschen. Helfen wir ihm jetzt, hier wegzukommen - er kann sich später über das, was er getan hat, Gedanken machen." Der Müller ergriff mitfühlend Robins Schulter. Er mochte nicht gehört haben, was der Prior gesagt hatte, aber er kannte Robin. Wusste, dass er kein Lügner war.

Der Schulze nickte und schüttelte bedauernd den Kopf. „Such deine Sachen zusammen, Junge. Viel Glück - du wirst es brauchen. Mach dir nicht allzu viel Sorgen um deine Ma oder deinen Pa oder die kleine Marjorie - der Prior mag viel Macht haben, aber die Dörfler werden nicht zulassen, dass er seine Wut an einer unschuldigen Familie auslässt. Er wird ohnehin bald wieder unten in Lewes zurück sein."

Robins Kopf drehte sich. Nichts von alldem war ihm in den Sinn gekommen, als er bei den geflüsterten Drohungen des Priors in Gewalt ausgebrochen war. Könnte er sich in Zaum gehalten haben, wenn ihm die Folgen seines Handelns bewusst gewesen wären? Er konnte es ehrlich nicht sagen.

Es spielte jetzt auch keine Rolle mehr. Er ließ sich von Much rennend zu seinem Haus begleiten, seine Gedanken waren in Aufruhr. John und Martha, Robins Eltern, waren irgendwo draußen, genossen mit Marjorie den Tag, unwissend darüber, was ihr Sohn gerade getan hatte.

Er packte sich schnell seinen Langbogen, einen Laib Brot, ein wenig getrockneten Fisch und seinen Umhang, dann zog er eine Schachtel unter seinem Bett hervor. Darin war ein altes Schwert - nicht der beste Stahl von England, aber es war gut erhalten und hatte eine anständig scharfe Klinge. Dazu gehörte eine abgeschabte Lederscheide, die er umgürtete und dann ein halbes Dutzend Pfeile daneben steckte.

Much, der von der Tür nach etwaigen Anzeichen einer Verfolgung Ausschau hielt, brannten Tränen der Frustration in den Augen, als er daran dachte, welches Leben sein Freund von jetzt an führen würde. Wenn Robin nicht begnadigt würde, was für einen niederen Freisassen ohne Geld unmöglich schien, würde er sein Leben als Geächteter in den Tiefen des Barnsdale-Waldes führen müssen - ein „Wolfskopf", wie diejenigen genannt wurden, die außerhalb des Gesetzes standen. Bar jeden Rechts konnte ein Wolfskopf von jedem Mann getötet werden, der ihn erblickte, als ob er nicht mehr als ein Tier wäre.

In der Tat, weniger als ein Tier. Die Wald-Charta des Königs verbot es dem gemeinen Volk, Hirschwild zu jagen. Aber jeder Mann durfte einen Wolf jagen. Oder einen Wolfskopf.

„Los, weg mit dir. Versteck' dich für ein oder zwei Tage im Wald, bis der Sturm vorbei ist. Ich bringe dir Essen und andere Sachen an die alte Quelle. Du kennst den Ort."

„Na klar!" Robin versuchte zu lächeln, obwohl es mehr zu einer Grimasse wurde.

„Als Kinder haben wir dort Stunden beim Spielen verbracht."

„Jau", stimmte Much traurig zu. „Das haben wir - stundenlang gespielt und uns vorgestellt, Macht zu haben. Sächsische Krieger zu sein, die die verruchten, normannischen Eroberer töteten."

Jetzt würden echte Krieger seinen Freund jagen, mit echtem Stahl. Die Zeit für Spiele war vorbei.

„Scheiße!“, keuchte Much mit weit aufgerissenen Augen. „Die Söldner kommen!“

Robin schob sich an seinem Freund vorbei aus der Tür und sah vier der Männer des Priors auf der Suche nach ihm durch das Dorf laufen.

„Du da!“, brüllte einer von ihnen und deutete mit gezogenem Schwert auf die beiden jungen Freunde. „Stehenbleiben!“

Much drückte sich gegen den Türrahmen und hob seine Hände zum Zeichen, dass er keine Bedrohung wäre, und schrie seinem Freund zu, in den Wald zu flüchten.

Die Soldaten rannten los und schrien hinter ihm her, er sollte stehen bleiben, als Robin in Richtung des Dorfrandes und der Sicherheit der Bäume raste.

Drei der Verfolger, ältere Männer in den Vierzigern, pusteten schon nach einer kurzen Strecke hart, aber als Robin über seine Schulter zurückschaute, konnte er sehen, dass einer der Soldaten mit ihm Schritt hielt, seinen Blick entschlossen auf seine Beute gerichtet. Dieser Mann verschwendete scinen Atem nicht zum Brüllen und Robin begann zu spüren, wie Panik in ihm aufstieg, als er die Möglichkeit in Betracht zog, dass er sich würde verteidigen müssen.

Er hatte nie zuvor mit einem Schwert gekämpft - nicht einmal wirklich mit einem geübt. Der Bogen war seine Waffe, wie die des Rests der jungen Männer im Dorf. Aber der Mann, der ihn jagte, verdiente seinen Lebensunterhalt mit der Klinge in der Hand. Robin wusste, dass er ihn nicht schlagen könnte und die Bäume waren noch immer ein Stück entfernt.

Er versuchte, seinem Körper das Letzte abzuverlangen, und sog die Luft in großen Zügen ein, riskierte dann einen erneuten Blick zurück und fluchte vor Angst, als er erkannte, dass der Soldat ihm näher kam. Er würde es nicht bis zu den Bäumen schaffen, bevor das Schwert des Mannes ihn von hinten erwischte. Mit einem verzweifelten Aufschluchzen wirbelte Robin herum und stellte sich seinem Verfolger. Die Augen des Mannes weiteten sich überrascht, als Robin hastig einen Pfeil aus seinem Gürtel zog, seinen großen Langbogen spannte und einen verzweifelten Schuss tat.

Es war ein schlechter Schuss; Robins ganzer Körper zitterte von der Anstrengung des Laufes und seine Arme fühlten sich bleischwer an, aber der Pfeil traf mit einem widerlichen, nassen Schlag in den Oberschenkel des Soldaten. Der Mann drehte sich halb nach hinten und ging mit einem Schmerzensschrei zu Boden, während seine Beine in der Luft zappelten.

Die verbliebenen Verfolger, etwas weiter zurückliegend, schrien vor Empörung beim Anblick ihres gefallenen Kameraden, als Robin sich wackelig erhob und auf den Wald zu taumelte, wobei er vor Erschöpfung keuchte, während ihm noch die gequälten Schreie des niedergeschossenen Söldners in den Ohren gellten.

ZWEITES KAPITEL

Getreu seinem Wort hatte Much, mit Hilfe von Matilda, Essen und Decken in der Nähe des alten, stillgelegten Brunnens im Wald in der Nähe des Nachbardorfs Bichill hinterlegt.

Obwohl Robin eher nicht an ein Leben im Luxus gewöhnt war, stellte es doch eine neue und erschreckende Härte dar, im Freien, in der dunklen, einsamen Nacht des Waldes schlafen zu müssen. Much wäre an Robins Seite geblieben, zumindest an einigen Abenden, aber er hegte die Befürchtung, dass der Vogt einige der Dorfbewohner dafür bezahlt hatte, seinen Bewegungen nachzuspionieren, in der Hoffnung, seinen geächteten Freund aufzuspüren.

Die Männer des Sheriffs waren am Tag, nachdem Robin den Kirchenmann angegriffen hatte, gekommen, aber sie waren nicht sehr erpicht darauf gewesen, den grünen Wald nach einem gewalttätigen Wolfskopf abzusuchen. Sie kannten den Wald, der viele Quadratmeilen bedeckte und viele Geächtete beherbergte, von denen alle mehr als bereit waren, einem Gesetzeshüter einen Pfeil in den Rücken zu jagen.

Der Prior hatte sich in den Süden, nach Lewes, zurückgezogen, um sich zu erholen - seine nutzlosen Söldner hatte der wütende Geistliche ausbezahlt. Henry, der Vogt, der sich fast erholt hatte, dessen Eier aber noch böse geschwollen waren und der dazu eine ebenso gebrochene Nase hatte wie der Prior, hatte Robins Eltern darüber befragt, wo ihr Sohn Unterschlupf gesucht haben könnte. Auch wenn der Vogt ein leichtes Leben schätzte, hatte Robin Hood ihn vor den Leuten von Wakefield doch zutiefst gedemütigt. Er war eifrig darauf bedacht, den jungen Mann in einem Kerker eingesperrt oder an einem Seil hängen zu sehen. Oder besser noch von der Spitze seines Schwertes durchbohrt.

Die Dorfbewohner, angeführt von ihrem Dorfschulzen Patrick, waren höflich, aber nicht sehr hilfreich bei der Jagd auf Robin gewesen und hielten zusammen, um darauf zu achten, dass niemand übermäßig unter dem Geschehenen zu leiden hatte. Der Vogt war von den Einheimischen zum Gehen veranlasst worden, als deutlich wurde, dass seine Fragen die bereits verzweifelten John und Martha Hood weiter verstörten. Und es hatte weitere Gewalt gedroht, als der Vogt und seine Wildhüter halbherzig versucht hatten, Matilda in Gewahrsam zu nehmen.

Schließlich, als klar war, dass keine Informationen über Robins Aufenthaltsort herausgegeben werden würden, ließ man die Dorfleute ziemlich in Ruhe.

Der Vogt und der Prior mochten wegen dem ihnen Angetanen wütend gewesen sein, aber sie wussten, dass es keinem von ihnen guttun würde, wenn sie die verschworene Gemeinschaft von Wakefield zu weit in die Enge trieben. Der Earl von Lancaster war zwar ein abwesender Grundbesitzer, der die Verwaltung von Wakefield seinem ernannten Verwalter und dem Vogt überließ, jedoch erwartete, dass das Dorf einen Ertrag liefern sollte. Dem Earl - dem zweitmächtigsten Mann in England - würden innere Unruhen nicht gefallen, da sie oft zu einem Rückgang der Pachten führten und der Earl brauchte so viel Geld, wie er bekommen konnte, da er, wie schon seit Jahren, in einen Machtkampf mit seinem Cousin, König Edward II. verwickelt war.

Infolgedessen erlaubte der Vogt den Dorfbewohnern widerstrebend, wie gewöhnlich weiterzuleben. Er wusste, dass er schließlich eine Methode finden würde, um sie alle dafür bezahlen zu lassen.

Robin jedoch war bei den Behörden nicht in Vergessenheit geraten. Es wurde deutlich gemacht, dass er, der öffentlich zum Geächteten erklärt worden war, gefangen gesetzt und wahrscheinlich gehängt würde, sollte er je erwischt werden. Vorausgesetzt, dass nicht einer der Wildhüter eine Gelegenheit bekam, ihn zuerst zu erschießen.

Zum Glück für den Geächteten stand das Frühjahr in voller Blüte, als er sich auf das Schlafen im Wald einrichten musste. Das Wetter war warm, die Tage waren lang und es gab genug Essbares. Da er nichts mehr zu verlieren hatte, jagte Robin, manchmal in Muchs Gesellschaft, die Hirsche des Königs und Kaninchen, ging fischen und sammelte die Beeren, die zu dieser Jahreszeit wuchsen. Die beiden hatten regelmäßig mehr, als Robin allein essen konnte; daher pflegte Much den Überschuss mit zurück nach Wakefield zu nehmen und unter den bedürftigsten Familien zu verteilen.

Aber Robin wusste, dass er nicht auf ewig so würde leben können. Der Sommer würde zum Herbst verblassen und dieser zum Winter. Das Leben auf der Flucht, in einem behelfsmäßigen Unterschlupf im Wald, mit viel karger werdender Nahrung, würde nicht so leicht sein, wie es jetzt war.

„Du wirst die Gegend verlassen und versuchen müssen, dir anderswo ein Leben aufzubauen, fort von dem Prior und dem Gesetz“, sagte Much zu ihm. „Sich vor den Wildhütern zu verstecken, ist einfach genug, wenn die Bäume dicht belaubt sind und du dich darin verstecken kannst, aber im Winter wird es hier keinen Schutz geben.“

Robin starrte in das knisternde Feuer, auf dem die beiden eine braungefleckte Bachforelle garten, und sein Magen knurrte, als der köstliche Geruch die kleine Lichtung erfüllte, in der sie sich verbargen. Zu jeder anderen Zeit wäre dies ein wundervoller

Spätfrühlingstag gewesen - zwei junge Freunde, umgeben von dem üppig grünen Laub der Buchen und Eichen, das Sonnenlicht, das weich zwischen den Blättern herabsickerte, Veilchen und Glockenblumen, die einen großen Teil des Bodens bedeckten, ein kleiner Wasserfall, der leise irgendwo in der Nähe plätscherte und ein paar fette Fische, die sie sich teilten. „Robin?", drängte Much.

„Ich weiß." Robin seufzte schwer. „Bis jetzt war das Leben als Geächteter nicht so schrecklich. Aber ich brauche Hilfe."

„Hilfe? Du musst weg von hier!"

Robin schüttelte den Kopf. „Ich kann nicht einfach weg, Much. Meine Familie ist hier in Wakefield. Du."

„Matilda?"

„Jau, Matilda", stimmte Robin zu, leise, bevor er seine Stimme erhob, die laut und zornig wurde. „Warum sollte ich gezwungen sein, wegen dieses fetten Priesters meine Heimat zu verlassen? Er war im Unrecht - nur, weil er reich ist, glaubt er, er könne tun, was immer ihm beliebt!" Er sprang auf und zog die Forelle vom Spieß, um brutal ein großes Stück herauszubeißen. „Ich wollte sie bitten, mich zu heiraten ...", murmelte er traurig, als er sich niedergeschlagen wieder auf den Boden setzte.

Much blieb stumm und erlaubte es seinem Freund, beim Essen eine Weile seinen Gedanken nachzuhängen.

Das Geräusch von Insekten und munter singenden Vögeln erfüllte den Wald, während die beiden gedankenverloren dort saßen.

Dann knackste irgendwo zu ihrer Rechten ein trockener Zweig, ein Überbleibsel des vergangenen Herbstes.

Robin fuhr hoch, seine Augen suchten nach seinem Bogen, der neben ihm auf dem Boden lag.

Much sah mit weit aufgerissenen Augen seinen Freund an, fragend, erschrocken.

Das Geräusch von Männern, die sich nicht allzu leise durch das Unterholz bewegten, drang zu ihnen herüber und Robin legte sich schweigend den Bogen über die Schulter und packte nach seinem Köcher mit Pfeilen.

„Wartet! Riecht ihr das? Gebratener Fisch!" Eine Stimme, zu nahe, um ruhig zu bleiben, ertönte, als Robin heimlich seine Decken zusammenrollte und auf seinen Rücken band, um dann Much ein Zeichen zu geben, ihm zu folgen, als er sich in die Bäume auf der den Stimmen abgewandten Seite begab.

Plötzlich erschien ein Mann, dessen grün-braune Kleidung ihn als Wildhüter auswies, in dem Laubwerk direkt rechts neben Robin und der junge Mann starrte ihn voll Schrecken an. Das Unterholz, das meiste davon frisch und feucht, hatte den Klang der Schritte des Wildhüters bei seiner Annäherung gedämpft und Robin gab sich innerlich wegen seines Mangels an Vorsicht einen Tritt.

Der Wildhüter brüllte seinen Kameraden in den nahe gelegenen Büschen eine Warnung zu, ließ seine Hand zu seinem Schwertgriff fallen und zog die Waffe aus der Scheide. Robin, erschrocken und verängstigt von den Geräuschen von mindestens vier oder fünf Wildhütern, die auf ihn zu kamen, ließ seinen Langbogen am Arm hinabgleiten, packte ihn mit beiden Händen und schwang ihn, so fest er konnte, in das Gesicht seines Gegners.

Der Mann schrie und fiel auf den Waldboden, krümmte sich vor Schmerzen, und seine Schreie versetzten Robin und Much in noch größere Panik.

„Hier entlang!", keuchte Robin, packte seinen Freund am Arm und zerrte ihn in das dichtere Gebüsch, die Geräusche der Verfolger nahe hinter ihnen.

Die Wildhüter mussten angehalten haben, um sich um ihren verletzten Kameraden zu kümmern, während die beiden jungen Männer lange Zeit, so schnell sie konnten, durch die Bäume rannten, unzählige Male über Wurzeln und niedrige Äste stolperten, bevor sie schließlich völlig außer Atem auf dem harten, braunen Boden unter einer alten Eiche zusammenbrachen.

Sie empfanden kein Hochgefühl über ihre Flucht. Das Adrenalin, das durch ihre Adern rann, verschaffte ihnen keine Freude, als sie sich mit dem Rücken gegen die raue Rinde der Eiche gelehnt aufsetzten, mit noch brennenden Kehlen und Lungen, und in tiefen Zügen die Luft einsogen, die Augen beständig auf Anzeichen der Verfolger herumhuschend.

„Scheiße!“, schluchzte Much und hieb mit seiner Handfläche frustriert gegen den Baum im Wissen, dass ihn nur Sekunden von Tod oder zumindest Gefangennahme getrennt hatten. „Scheiße, Scheiße, Scheiße!“ Sein Kopf sank hinab und er schlang die Arme um die Knie.

„Wie kannst du so leben?“, stöhnte er. „Wenn du weißt, dass diese Bastarde jederzeit auftauchen und dich töten können? Wie kannst du bei Nacht nur schlafen vor Angst, dass einer von ihnen sich anschleichen und dich mit seinem Schwert durchbohren könnte?“ Robin wusste keine Antwort auf die Fragen seines Freundes, daher saß er schweigend da, rang nach Atem, zu erschöpft, um auch nur mit seinen breiten Schultern zucken zu können.

Nach einer Weile hörten ihre Herzen auf zu rasen und das Gefühl unmittelbarer Gefahr verging.

„Weißt du“, grunzte Robin, „als ich letzte Woche meine Familie besuchte, erwähnte meine Mutter eine Gruppe von Geächteten, die im Wald gesehen worden sein sollen.“

„Jau, ich habe von ihnen gehört“, antwortete Much. „Aber ich hörte auch, dass sie ein blutdürstiger Haufen sind. Vergewaltiger und Mörder.“

Robin lachte bitter, breitete die Arme aus und schaute sich zwischen den Bäumen um. „Blutdürstig? Das müssen sie sein - wie sonst zur Hölle würden sie überleben, wenn sie als Geächtete in diesem gottverlassenen Wald leben?"

Much schaute zur Seite, er verstand das, aber die Richtung, in die die Unterhaltung lief, gefiel ihm nicht.

„Alleine kann ich es nicht schaffen", murmelte Robin. „Ich will Yorkshire nicht verlassen. Ich muss Leute finden, die mir helfen."

„Aber Robin, es gibt Geschichten über diese Geächteten. Dass sie Menschen aus Spaß töten - Kinder töten. Kinder essen ...!" Er schüttelte ungläubig den Kopf.

„Sei nicht saudumm!", erwiderte Robin wütend. „Was glaubst du, wer diese Geschichten verbreitet? Die Adligen! Sie wollen nicht, dass die Leute den Geächteten helfen, also verbreiten sie lächerliche Lügen über sie."

Much zuckte die Achseln. „Du magst recht haben, wenigstens teilweise. Aber wo kein Feuer ist, ist auch kein Rauch. Mein Pa sagt, der Anführer dieser Gruppe wäre seit Jahren geächtet und er hätte vielen Leute eine Menge schlimmer Dinge angetan. Adam Bell, so heißt er."

„Ich habe keine Wahl." Robin hörte sich fast flehend an in der Hoffnung, bei seinem ältesten Freund auf etwas Verständnis zu stoßen, etwas darin bestärkt zu werden, dass dies wirklich die einzige Chance war, die sich ihm bot.

„Wie willst du diese Bande finden?"

Robin antwortete sofort, da er in den letzten drei Tagen wiederholt darüber nachgedacht hatte. „Sie müssen jagen, was bedeutet, dass sie Pfeile kaufen müssen, richtig? Matildas Pa ist der Pfeilmacher in unserem Dorf, daher erhalten sie wahrscheinlich von Zeit zu Zeit Vorräte von ihm. Er könnte in der Lage sein, ihnen eine Nachricht zu schicken, dass ich mich ihnen anschließen möchte."

Die beiden Freunde saßen noch eine Weile länger dort und lauschten immer noch ängstlich den Lauten der Wildhüter auf der Verfolgung; keiner von ihnen sprach, während sie sich ausmalten, wie dieser Einfall Robins ausgehen könnte.

Aber er war fest entschlossen. Robin wanderte am nächsten Morgen mit Much zurück nach Wakefield, um zu versuchen, ein Treffen mit der Bande der Geächteten zu vereinbaren.

* * *

„Wir müssen mit dem König abrechnen!“ Thomas, Earl von Lancaster, schlug mit der flachen Hand frustriert auf die harte Steinbank, der Schlag hallte von den Wänden wider, und er schaute finster die anderen Männer im Kapitelsaal an, von denen die meisten bei seiner Ankündigung zustimmend die Köpfe senkten.

Der Earl, ein großer, schlanker Mann mit dünner werdendem grau melierten Haar und tiefen Ringen unter seinen grünen Augen hatte eine Versammlung in der Abtei von Pontefract einberufen und viele der mächtigsten Männer von ganz England dazu eingeladen. Einer nach dem anderen waren sie mit ihren Gefolgsleuten eingetroffen und hatten das imposante Gebäude hastig betreten, da ein schwerer Regenguss ihre feinen Kleider durchnässte und ein mächtiger, böiger Wind durch die alten Steinflure pfiff.

Sie hatten sich im Kapitelsaal versammelt, einem eher gemütlichen Teil des Gebäudes, wo ein gut geschürtes Feuer hell in einer großen Feuerstelle brannte. Steinbänke säumten die kunstvoll behauenen Wände, alle Säulen und Arkaden waren hell gestrichen, sodass der große, achteckige Raum trotz seines hoch gewölbten Daches recht gemütlich wirkte.

Thomas hatte die Mönche gut dafür bezahlt, einen Tisch mit Weinen aus dem Rheinland, der Gascogne und Spanien zu beladen, dazu eine Auswahl feiner Speisen. Der Anblick von teurem Brot, Brathering, Pfau und paniertem Schweinefleisch heiterte die durchnässten Magnaten auf, während sie ihre nassen Überkleider ablegten und versuchten, sich die feuchte Kälte aus den Knochen zu vertreiben. Wind und Regen peitschten gegen die wundervollen Buntglasfenster, die hoch in den Wänden eingelassen waren, als der Earl fortfuhr.

„Unsere Pächter brauchen Hilfe. Es hat keinen Zweck, Steuern oder Korn von ihnen zu verlangen, wenn die Ernte ausgefallen ist und sie kein Brot für sich selbst haben; nichts zu verkaufen, um Geld hereinzubringen; und die ständige Bedrohung der Barbaren von jenseits der Grenze dazukommt!“

„Ganz zu schweigen von diesen verdammten Despensers!“, rief Roger Mortimer, der Baron von Wigmore, zornig. Er und einige andere der Lords der Marken, die Ländereien an der walisischen Grenze besaßen, waren zu dieser Versammlung gereist, nachdem sie einen verheerenden Angriff auf Schlösser, die den Despensers gehörten, die vom König geliebt, aber von den anderen Lords im Land aus gutem Grund verabscheut und gefürchtet wurden, gestartet hatten.

Sir Richard-at-Lee hörte zu, eine Scheibe frisch gebackenen, gebutterten *manchets* in der Hand, während er sich anerkennend in dem prächtigen Gebäude umschaute und mit Interesse einen grotesken und verstörend lebensechten, höhnisch grinsenden Teufelskopf in die Wand über dem Altar gehauen sah.

Sir Richard war der fünfzigjährige Präzeptor oder Befehlshaber eines kleinen Anwesens in Kirklees und war trotz einiger Bedenken zu dieser Versammlung gekommen. Als Ritter des Johanniterordens mit zwei feinen Söhnen ging es ihm unter König Edward II. nicht zu schlecht. Er wusste, dass es sich als selbstmörderischer Schachzug erweisen könnte, sich dem Earl von Lancaster und den Lords der Waliser Marken anzuschließen.

Dennoch, es entsprach der Wahrheit, dass der König mehr hätte tun können, um die Interessen des Nordens zu schützen, anstatt sich von gierigen, egoistischen und unfähigen Ratgebern wie den Despensers beeinflussen zu lassen, was der Grund war, warum der stolze Johanniter die Einladung des Earls angenommen hatte.

„Der König sitzt in London und fordert, dass wir von unseren hungernden, verarmten Pächtern Steuern eintreiben, tut aber nichts, um uns zu helfen, während die Schotten sich schon wieder dazu bereit machen, unser Land zu verwüsten!" Der Earl schaute sich finster unter den Magnaten um. „Um den Bauern Essen zu stehlen, unsere Pächter zu töten - *uns* zu schwächen, Gentlemen, denn was sind wir ohne das Einkommen, das unsere Pächter uns einbringen?" Er lehnte sich zurück und verschränkte die Arme vor der Brust, während er die versammelten Edelleute finster anblickte. „Inzwischen sitzt der König sicher im Süden, während seine gierigen Freunde, die Despensers, ihm Gift ins Ohr träufeln ... das darf nicht so weitergehen!"

Wieder gab es hierzu gemurmelte Zustimmung - die Despensers, die beide Hugh hießen, waren eindeutig ehrgeizig und hatten es, mit Unterstützung des Königs, in den letzten paar Jahren geschafft, eine Menge Macht zu gewinnen. Viele in England und Wales fürchteten die rücksichtslose Gier der Despensers, insbesondere die Lords der Marken, Humphrey de Bohun, der Earl von Hereford und Mortimer, der beschlossen hatte, die Sache in die eigene Hand zu nehmen und sich Schlösser und Ländereien einschließlich Newport, Glamorgan und Caerphilly, die den Despensers gehörten, anzueignen.

Sir Richard bediente sich mit einem weiteren Becher Wein und schaute sich nachdenklich im Kapitelhaus um. Obwohl viele mächtige Männer hier im Raum waren, fragte Richard sich, wie viele von ihnen einen Rückzieher machen würden, wenn der König ihnen drohte. Dennoch,

Edward würde ohne Zweifel von dieser Versammlung erfahren und es hoffentlich als Zeichen dafür auffassen, dass er mehr für Lords im Norden und in den Marken tun müsste, bevor diese Dinge zu weit gingen. „Ihr seht es richtig, Earl Thomas“, knurrte Lord Furnival von Sheffield, der an einem gebackenen Gewürzapfel kaute. „Der König müsste mehr tun, um denen von uns, die an den Grenzen sitzen, zu helfen, so, wie sein edler Vater es tat.“

Ein kleiner, kahler Mann mit makellos gestutztem Schnurrbart, den Sir Richard als Multon von Gilsland erkannte, schrie in zorniger Zustimmung aus dem Hintergrund des Raums und seine Stimme hallte in der Entfernung zurück. „Sein Vater, Gott hab ihn selig, war ein echter Mann - ein wirklicher König. Wenn er noch lebte, hätten wir die Bedrohung durch die Schotten inzwischen ausgelöscht und es würde uns besser gehen! Ich bin in diesen letzten paar Jahren fast ruiniert worden!“

Der Earl von Lancaster behielt seinen strengen Gesichtsausdruck bei, doch Richard erriet durch das Glitzern in seinen Augen, dass er zufrieden war. Jahre der Vernachlässigung durch König Edward II. hatten viele seiner Untertanen gegen ihn aufgebracht. Die versammelten Magnaten wussten, dass die Zeit kommen würde, in der sie gezwungen sein könnten, Schritte zu unternehmen, um den schwachen Herrscher abzusetzen und dem Land wieder zu alter Größe zu verhelfen. Mit Thomas von Lancaster am Steuer, natürlich, dachte Richard - er war schließlich der Cousin des Königs, der reichste Earl im Land und Erbsteward von England, ein Titel, den Edward selbst ihm vor Jahren verliehen hatte. Der große Johanniter hatte kein Problem mit dieser Vorstellung - der Earl schien ein fähiger, wenn auch hochmütiger Mann zu sein, der während all der Jahre wiederholt versucht hatte, seinen Cousin, den König, in

Zaum zu halten. Obwohl Sir Richard Johanniter war - ein Orden, der sich von kleinlicher lokaler Politik fernhielt - war er erst spät im Leben dem Orden beigetreten und, nachdem er ein Erbe für zwei Söhne zu beschaffen hatte, hielt er noch heimlich das Eigentum an Land, das an die Komturei der Johanniter in Kirklees grenzte.

Die Versammlung wurde in ähnlicher Weise noch eine Weile fortgesetzt, während Richard und die anderen Lords sich fröhlich satt aßen und tranken, während sie eine Liste anderer Beschwerden über den König, so wie die schlechte Wahl seiner Ratgeber, seine Liebe zum Wein und seine gerüchteweise bekannten, homosexuellen Beziehungen mit seinem früheren Favoriten Piers Gaveston, der von Lancaster und seinen Mitstreitern vor fast zehn Jahren geköpft worden war, von sich gaben.

Vor allem verlangten jedoch die Lords der Marken, dass etwas gegen die Despensers unternommen werden sollte, obwohl die Lords aus dem Norden mehr daran interessiert waren zu wissen, wie Edward von ihnen erwartete, dass sie gegen die Schotten aushalten sollten, würden diese wieder angreifen.

Die Gier der Despensers und ihr Einfluss auf den König war ein ernster Grund zur Besorgnis unter den Edelleuten in ganz England, aber für die im Norden, wie Sir Richard, war die Bedrohung durch die marodierenden Schotten nur zu real und schien in diesem Stadium dringender.

Schließlich trat ein Mönch mit gesenktem Kopf herein und entzündete schweigend die an den Wänden hängenden Fackeln, wodurch Sir Richard erkannte, dass es bald dunkel werden würde. Er hoffte, dass die Versammlung bald enden würde, da er daran dachte, dass er heute nur mit seinem Sergeanten hergeritten war und die Wälder in dieser Gegend vor Räubern und anderen Geächteten wimmelten. *Verdammte Verschwendung von guten Kämpfern,* dachte er, *jemand könnte aus ihnen eine anständige Privatarmee machen.*

Der Earl von Lancaster musste ebenfalls bemerkt haben, dass es spät wurde, denn er stand mit vor sich gefalteten Händen auf, bis die versammelten Adligen es bemerkten und verstummten. „Ich bin froh zu wissen, dass wir alle derselben Meinung sind“, lächelte er und begegnete den Blicken derer, von denen er wusste, dass sie die meiste Macht und den größten Einfluss hatten. „Fürs Erste jedoch rate ich zur Vorsicht - wir können es uns nicht leisten, leichtsinnig zu handeln, insbesondere nicht, soweit es die Despensers betrifft. Edward ist noch immer unser König und er liebt diese beiden sehr.“ Wieder erhob sich zorniges Murren; Richard war beeindruckt davon, wie gut der Earl mit seinen Zuhörern umzugehen wusste.

„Ich selbst werde mich zur Unterstützung des Barons von Wigmore und den anderen Lords der Marken bei ihrem Streit mit den Despensers verpflichten, aber mir ist klar, dass viele von Euch, die hier versammelt sind, mir in diesem Punkt nicht zustimmen - noch nicht.“ Er schaute sich unter seinem Publikum um, zuckte dann die Schultern, als wäre er von der Weigerung der Magnaten, sich gegen die Favoriten des Königs und damit am Ende auch gegen König Edward selbst zu stellen, betrübt. „Also würde ich einstweilen Euch alle bitten, sich mir anzuschließen und einen Eid zu leisten, dass wir einander darin beistehen, unsere Ländereien gegen die Schotten zu verteidigen. Wenn der König uns nicht helfen will, müssen wir einander Hilfe leisten - wir dürfen nicht zulassen, dass diese Wilden unsere Ländereien erneut verwüsten.“

Lancasters Plan wurde einstimmig angenommen und Sir Richard wusste, dass der Earl einen wichtigen Schritt gemacht hatte. Es würde noch einiges zu tun bleiben, bis er genug Unterstützung gesammelt hätte, um den König zu zwingen, etwas wegen der Despensers zu unternehmen.

„Sehr gut, meine Freunde." Der Earl lächelte jeden an und schaute jedem in die Augen. „Ich danke Euch, dass Ihr gekommen seid. Gemeinsam - vereint! - *werden* wir jeden Überfall von nördlich der Grenze abwehren." Er breitete seine Arme aus und sah sich ernst unter den Männern, die er versammelt hatte, um. „Mit eurem Segen werde ich jetzt dem Bischof von Durham, Bischof de Halton von Carlisle und Erzbischof Melton von York schreiben und um ihren Rat bitten. Wenn sie einverstanden sind, werde ich sie einladen, sich mit uns am 28. Juni, in einem Monat von heute ab, zu treffen. Ich hoffe, Euch alle dann zu sehen. Vielleicht werden wir dann sogar in der Lage sein, etwas wegen der Despensers zu unternehmen."

„Vorausgesetzt, dass die Lords der Marken die Bastarde bis dahin nicht schon umgebracht haben!", rief Multon von Gilsland unter Geschrei und Gejubel, als die Magnaten ihre noch immer feuchten Umhänge umlegten und nacheinander den Raum verließen, trunken von Macht und Ehrgeiz ebenso wie von den teuren, importierten Weinen.

Der Earl von Lancaster hatte sich erfolgreich die Unterstützung einiger der mächtigsten Männer im nördlichen England verschafft, wenn auch nicht von so vielen und so uneingeschränkt, wie er es sich gewünscht hätte. Als Nächstes wollte er sich an die Adligen in den Midlands und im Süden wenden, von denen er annahm, dass sie sich seiner Sache anschließen würden.

Der Earl ergriff Sir Richards Hand, als er den Raum verlassen wollte. Sie waren einander im Laufe der Jahre etliche Male im Vorbeigehen begegnet und respektierten einander. „Ich freue mich, dass Ihr gekommen seid", sagte Thomas. „Wir brauchen Männer wie Euch bei uns - gute, patriotische Männer, die nur das Beste für England wollen.

Wie geht es Euren Söhnen? Edward und Simon, stimmt das?“

Richard war geschmeichelt, dass ein so mächtiger Mann sich an die Namen seiner Söhne erinnerte, und nickte glücklich. „Sie machen sich gut, Mylord, Edward ist mir nachgefolgt und hat sich den Johannitern in Rhodos angeschlossen. Simon, mein Jüngster, ist auf dem Weg zu einem Turnier in Wales - seinem ersten!“

Der Earl lächelte und gab dem großen Ritter einen Schlag auf den Arm. „Ich hoffe, er hat Erfolg. Und ich hoffe, Ihr kommt zu unserem nächsten Treffen in einem Monat. Zu viele Landeigentümer sind in letzter Zeit enteignet worden, Sir Richard, als Folge der Handlungen der Despensers und des Königs. Ihr und Euer Sohn habt ebenso viel zu verlieren wie jeder von uns hier.“

Der Johanniter begegnete dem Blick des Earls und fragte sich, wie der Mann von den Ländereien wissen konnte, die er privat besaß, aber er fand dort nur ehrliche Besorgnis.

Dennoch, in einem Monat konnte viel geschehen und er war sich nicht sicher, ob Thomas und die Lords der Marken in der Lage sein würden, den König auf ihre Seite zu bringen, daher lächelte und nickte er, als der Earl weiterging, um den nächsten abreisenden Magnaten zu verabschieden.

Sir Richard war vom Earl von Lancaster beeindruckt. Er würde über die Idee, im nächsten Monat an der Versammlung in Sherburn-in-Elmet teilzunehmen, ernsthaft nachdenken müssen, wie es seines Wissens auch die anderen Lords aus dem Norden tun würden.

Ohne das Wissen der versammelten Magnaten hatte Thomas, der Earl von Lancaster, Steward von England, einen Boten an einen völlig unvorstellbaren Ort ausgeschickt, um sich um ein Bündnis zu bemühen:

Schottland.

* * *

Sich Adam Bells Bande von Geächteten anzuschließen, erwies sich als einfacher, als Robin gedacht hatte. Wie Much und Robin zu ihrer Überraschung erfuhren, machten viele der Leute aus ihrem Dorf heimlich Geschäfte mit Adam Bell - verkauften ihm und seinen Männern Lebensmittel und Vorräte.

Offensichtlich mussten die Geächteten diese Dinge - Pfeile, Kleidung, Bier, Brot, Seile und so weiter - von irgendwoher bekommen. Robin hatte nur nicht geahnt, dass so viele ihrer Freunde und Nachbarn den Geächteten halfen. Entweder wusste der Vogt nichts davon, oder er drückte ein Auge zu, um sich das Leben leichter zu machen.

Matildas Vater, Henry, flickte die alten Pfeile von Adam Bells Männern und verkaufte ihnen neue, wenn sie sie brauchten.

Henry hatte, ein wenig widerwillig, Adam Bell gebeten, Robin zu helfen. Obwohl der Pfeilmacher es zufrieden war, Geschäfte mit den Geächteten zu machen, hatte doch auch er grausige Geschichten über Bell und seine Bande gehört, und während er auch nicht alles glaubte, was man ihm erzählt hatte, wusste er doch, dass der Anführer der Geächteten ein gewalttätiger und unbeugsamer Mann war. Aber wie Robin akzeptierte Henry die Tatsache, dass der junge Mann Hilfe brauchte und dies die einzig verfügbare Quelle war.

Daher wurde Robin mit Adam Bell bekannt gemacht; einem großgewachsenen, gut gebauten, jedoch seltsam feinen Mann mit schütter werdendem Haar, intelligenten, grünen Augen und einer Hakennase. Der Anführer der Geächteten wurde von zwei bösartig aussehenden Männern begleitet, die trotz ihrer Größe und ihres harten Auftretens Bell gegenüber seltsam ehrerbietig waren.

„Glaub nicht, dass es ein leichtes Leben ist, Junge", knurrte Bell Robin an und reichte Henry, dem Pfeilmacher, einen kleinen Beutel Silber als Gegenleistung für ein Bündel frischer Pfeile. „Du trägst deinen Teil der Last in meiner Bande und du tust, was ich dir sage, verstanden? Ohne Widerrede."

Robin nickte nervös unter Bells strengem Blick, denn er wusste, dass dieser harte, abweisende Mann im Grunde die Macht über Leben und Tod über ihn in der Hand hielt. „Ich bin ein guter Kämpfer und ich schieße gut. Ich werde keine Last für euch sein."

Adams zwei Männer grunzten belustigt darüber, aber Robin beachtete sie nicht, sein Gesicht rötete sich. Sein Temperament hatte ihn bereits genug in Schwierigkeiten gebracht.

Eine Stunde später brachen sie auf, nachdem Bell seine Geschäfte im Dorf beendet und

Robin sich endgültig von seinen Eltern und Much verabschiedet hatte. Matilda hatte sich am Rande des Dorfes mit Robin getroffen, sicher versteckt von dicken Bäumen und Büschen, während Bell und seine beiden Männer ungeduldig warteten.

„Ich weiß nicht, wann ich es schaffen werde, wiederzukommen und dich zu besuchen", sagte Robin und hielt die Hand des jungen Mädchens mit ernstem Gesichtsausdruck fest. „Ich weiß wirklich nicht, wie Adams Bande lebt. Sie wandern viel herum, um dem Gesetz einen Schritt voraus zu sein."

„Warum musste das passieren? Warum konnte dieser Prior uns nicht in Ruhe lassen?"

Matilda wischte sich zornig über die Augen. „Gott verfluche ihn, ich hasse diesen Mann!"

Robin umarmte sie fest. „Ich weiß, ich auch. Aber die Adligen und die Geistlichkeit tun, was sie wollen, es ist niemand da, der sie aufhalten würde. Aber ich komme zurück. Das wird alles vorbeigchen, du wirst schon sehen. Und dann ..."

„Ja, dann ... was?" Matilda schaute Robin eindringlich an.

„Dann werde ich dich natürlich heiraten!"

Matilda lachte leise. „Vielleicht. Ich habe lange genug darauf gewartet, dass du fragst." Sie wurde plötzlich ernst. „Aber ich kann keinen Geächteten heiraten, Robin. Das wäre kein Leben für uns. Wenn - falls - wir heiraten, musst du wieder ein freier Mann sein."

Robin akzeptierte das, da er wusste, dass es die Wahrheit war, ganz gleich wie niederdrückend. Denn trotz all seines Geredes, dass dies „vorbeigehen" würde, wusste er doch, dass dies nie geschehen würde. Geächtete *wurden* in England immer wieder begnadigt, aber es konnte Jahre dauern, wenn es überhaupt dazu käme. Matilda mochte jetzt zufrieden sein zu warten, aber ein Mädchen konnte in einem Dorf wie Wakefield nicht sehr lange unverheiratet bleiben. Das Leben war in diesen Zeiten zu hart - die Sicherheit der Familie war von entscheidender Bedeutung.

„Ich muss gehen", sagte er zu ihr und schaute zu dem in den Wald führenden Pfad um, als Adam Bell ihm zurief, er möge sich beeilen.

Das Paar gab sich noch einen hastigen Kuss; ihre Zungen erforschten den Mund des anderen, bevor Matilda Robin außer Atem fortschob und seiner geschwollenen Männlichkeit durch seine Hosen spielerisch drückte. „Komm zu mir zurück, wenn du kein Geächteter mehr bist", sagte sie zu ihm.

Er schaute sie eine Sekunde lang grinsend an, sein Körper brannte vor Begehren, und dann, mit einem Winken, eilte er zu seinem neuen Herrn.

Ach ja, Robin, du bist der einzige für mich, dachte Matilda traurig, als der junge Mann zwischen den Bäumen fortrannte, und Tränen füllten wieder ihre

Augen. *Aber ich werde nicht für immer auf dich warten können.*

DRITTES KAPITEL

Ein lautes Knacksen ertönte, als der Kampfstock auf Robins Fingerknöchel schlug und er jaulte vor Schmerz auf, wobei er beinahe seinen eigenen Stock fallen ließ. Zu spät hob er ihn wieder, als sein Gegner den Angriff fortführte und die Waffe gegen Robins Schulter stieß, wodurch er seitlich in den flachen Bach fiel.

Die Geächteten jubelten und lachten, als der junge Neuzugang herumplantschte und im Wasser nach Luft schnappte, bevor er es fluchend schaffte, wieder aufs Gras zu klettern. Er funkelte seinen Gegner, einen älteren Mann namens Matt Groves, böse an, während er seine angeschlagene Schulter rieb und auf seine schmerzenden Finger blies.

Das Leben bei Adam Bells Bande war hart. Sie waren sechzehn Mann, Robin nicht eingeschlossen - lauter Geächtete, die nirgendwo hingehen konnten. Die Männer übten fast jeden Tag mit ihren großen Langbögen, aber auch mit anderen Waffen wie Schwertern oder wie heute mit dem Kampfstock.

Es war ein kühler Tag, der Wald war erfüllt vom Klang lauten Vogelgezwitschers und die Frühlingssonne versuchte, durch die flauschigen, weißen Wolken an einem hellblauen Himmel zu dringen, während die Männer unter mit dunkelgrünem, frischen Laub geschmückten Bäumen das Kämpfen übten.

„Du wirst besser, *Junge*“, nickte Matt Groves und sein dünner werdendes blondes Haar, das pfeilglatt war, hüpfte vor seinen kalten Augen, als er den jungen Geächteten musterte. „Aber du kämpfst immer noch wie ein verfluchtes Weib.“

Matt schien ein sadistisches Vergnügen dabei zu empfinden, Robin zu schlagen, vielleicht, um ihn zu brechen, vielleicht auch einfach nur, weil Groves ein widerlicher Bastard war.

Während Robin in seinem Dorf einer der zähesten junger Männer gewesen war, befand er sich jetzt doch unter harten, kampferfahrenen Männern. Er fand sich regelmäßig auf dem Waldboden wieder, von wo aus er mit einem pochenden Schienbein, angeknacksten Rippen oder schmerzenden Nieren zu den Bäumen aufschaute, während der Geächtete, mit dem er zur Übung gekämpft hatte, schadenfroh auf ihn hinabsah.

„Wenn du mit deinem Bad fertig bist, Hood, wie wäre es, wenn du uns etwas zum Frühstück besorgst?“ Adam Bell warf Robin einen Jagdbogen zu, den dieser mit einer Grimasse auffing, als seine schmerzenden Finger sich darum schlossen.

„Und nimm dir nicht so viel Zeit, Junge, ich bin am Verhungern“, griente Matt Groves, der neben den anderen Männern im Gras lag.

Robin schüttelte den Kopf, sein Gesicht war rot vor Verlegenheit - wegen seiner Niederlage und, weil er wie ein Leibeigener behandelt wurde. Aber er hielt den Mund und lenkte seine Schritte aus dem Lager zwischen die dichter stehenden Bäume, während er sich versprach, Matt eines Tages eine gute Abreibung zu verpassen.

In der Bande der Geächteten gab es eine vage Hierarchie - Bell an der Spitze, danach die Männer, denen er am meisten vertraute und jeder andere darunter am Ende. Als Neuling befand sich Robin unter den Niedrigsten von allen.

Aber sein Können mit dem Bogen und der daraus resultierende Erfolg beim Erjagen von Essbarem in den letzten Wochen hatte ihm dazu verholfen, dass die meisten der Männer ihn als wertvollen Neuzugang betrachteten.

Adam Bell nahm selten Notiz von Robin, nickte gelegentlich zum Gruß oder bellte ihm einen Befehl zu, sprach aber nie mehr als ein paar Worte mit ihm. Einige der anderen Geächteten hatten jedoch begonnen, Freundschaft mit Robin zu schließen, was sein neues Leben weniger einsam machte, und so hatte der junge Mann eigentlich begonnen, dieses neue Leben zu akzeptieren.

Plötzlich erspähte er eine Familie grauer Hasen, die sich nahe einem Dornengestrüpp sonnten, er fiel auf ein Knie und legte leise einen Pfeil an den Jagdbogen, einen zweiten steckte er mit der Spitze nach unten in den Boden. Er zielte auf den größten der Gruppe und ließ den Pfeil los. Die anderen Tiere zerstreuten sich instinktiv, als sein Pfeil den Hasen mit einem dumpfen Schlag im Nacken traf, aber Robin zog nahtlos seinen zweiten Pfeil aus der Erde und einen Herzschlag später hatte er einen zweiten geschossen. Zufrieden lächelnd sammelte er die toten Tiere ein und holte sich seine Pfeile zurück, während seine Gedanken wieder zu seinem neuen Leben als Geächtetem zurückkehrten. Eine Handvoll Kaufleute und wohlhabender Adliger waren durch den Wald gekommen, seit Robin sich der Bande angeschlossen hatte und Adam Bell hatte sie um ihre Waren und Geldbörsen erleichtert. Aber Robin hatte an diesen Überfällen nicht teilgenommen. Jedes Mal ging nur eine Handvoll Männer mit und Robin genoss noch nicht genug Vertrauen, um sich anschließen zu dürfen. Was ihm nur recht war - er war es durchaus zufrieden, im Hintergrund zu bleiben und sich von der Gefahr fernzuhalten.

Außerdem stellten viele Reisende Leibwächter an und Robin gefiel die Vorstellung nicht, ein Schwert gegen einen Mann zu benutzen, den er nicht einmal kannte. Obwohl er wusste, dass dieser Tag eher früher als später kommen würde, war er es zufrieden, so lange wie möglich bei den Übungskämpfen zu bleiben.

Manchmal kamen Bell und seine Männer von diesen Raubzügen mit Blut an den Kleidern und eigenen Wunden zurück. Robin sagte sich dann, dass es keinen anderen Ausweg gab - entweder beschaffte die Gruppe sich irgendwoher Geld oder sie würden alle sterben. Man konnte nur bis zu einem bestimmten Grad vom Land leben - seine beiden Hasen würden siebzehn Männer nicht lange satt machen. Es wurde trotzdem Geld gebraucht, um Kleider, Salz, Brot, Pfeile und andere notwendige Dinge in Orten wie Wakefield und den anderen Dörfern in der Nähe von Barnsdale zu kaufen.

Er dehnte seine Jagd noch eine Weile aus, fing ein paar Schwarzdrosseln und eine fette Taube als Beilage zu seinen Hasen. Sie würden helfen, am Abend eine recht leckere Mahlzeit für die Männer zu bereiten.

Er machte sich auf den Weg zurück ins Lager, wo einer der Männer bereits den großen Eisenkessel mit Wasser aus dem Bach und allem Gemüse, das noch herumlag, gefüllt hatte.

Robin nahm sein Messer heraus und bereitete die Tiere, die er erlegt hatte, vor. Häuten, ausnehmen und rupfen waren nicht seine Lieblingsbeschäftigung, aber niemand bot ihm Hilfe an, daher erledigte er das schweigend.

Als er fertig war, fügte er das Fleisch dem Topf hinzu und wusch seine blutigen Hände im Bach. Die anderen Männer tranken am Feuer Bier und erzählten sich Geistergeschichten, daher schloss Robin sich ihnen an, setzte sich aber an den Rand der Gruppe.

Als die Sonne langsam unterging, reichte ihm einer der anderen Geächteten fröhlich einen Becher randvoll mit braunem Ale, den er dankbar annahm, und als der köstliche Geruch der fleischhaltigen Suppe das Lager erfüllte, lächelte Robin befriedigt.

Es war kein ideales Leben, aber es hätte verdammt viel schlechter sein können.

* * *

„Morgen, Hood“, grüßte Bell ihn am nächsten Morgen. Es war ein unfreundlicher, nasser Sommertag und Robin plante, einen schönen großen Baum zu finden, in dessen Schutz er den Tag mit Angeln verbringen könnte. „Wir wollen uns heute über einen reichen Kirchenmann hermachen“, sagte sein Anführer zu ihm. „Hol deine Waffen.“

Robin war überrascht und stellte fest, dass er mehr als nur ein bisschen Angst hatte. „Du möchtest, dass ich mit euch komme, Adam?“

„Richtig, Junge. Dein Geschick mit einer Klinge hat sich erheblich verbessert, seit du zu uns gekommen bist. Es ist an der Zeit, es zu nutzen. Da gibt es einen Mönch, der auf dem Weg zu einem Besuch bei dem Prior von Lewes ist und wir wissen, dass er ein hübsches Sümmchen bei sich haben wird. Ein Freund von uns in Boroughbridge hörte zu, als der Kirchenmann in einem Gasthof davon sprach und gab uns Nachricht davon. Er hat vermutlich ein paar Wachen angeheuert, um ihn durch den Wald zu begleiten, aber das macht nichts. Beweg dich schon, hol deine Sachen.“

Robin beeilte sich zu gehorchen. Wenn es um die militärische Seite des Lebens ging, hatte Adam Bell die unverkennbare Haltung eines Kommandeurs an sich. Es war deutlich erkennbar, dass er nicht sein ganzes Leben lang ein gemeiner Geächteter gewesen war, aber keiner der anderen Männer vertraute Robin bereits so weit, dass er ihm Bells Geschichte erzählt hätte. Vorausgesetzt, dass sie selbst sie kannten.

Er holte seinen Langbogen, zusammen mit dem alten Schwert, das er von zu Hause mitgebracht hatte, dessen Schneide jetzt schön geschärft war, und steckte sich ein Dutzend Pfeile in den Gürtel. Er schnallte sich seine Steppweste um, während er hinter den anderen Männern des Raubtrupps hinterherlief. Dieser Schutz für den Körper aus gestepptem, grünen Stoff war ein Geschenk von Bell und hatte, wie sein Schwert, bereits bessere Tage gesehen, reichte aber bis zu seinen Knien hinab und würde viele Schläge abhalten, außer dem direkten Stoß eines Schwertes. Im Rücken war ein Loch geflickt worden, wo ein Stoß den vorigen Besitzer der Rüstung getötet hatte. Robin versuchte, nicht zu viel daran zu denken, als er sie befestigte.

„Aha, du kommst heute mit uns?“ Einer von Adam Bells engsten Vertrauten, John Little, schlug Robin auf den Rücken und ließ den jungen Mann dabei fast in die Knie gehen. John war ein Hüne von einem Mann, über sechseinhalb Fuß groß, mit der Gestalt eines Ringkämpfers und einem wilden, braunen Bart, der ihn aussehen ließ wie einen großen Bären, obwohl er mit vierundzwanzig nicht viel älter war als Robin. Die Geächteten nannten ihn scherzhaft Little John.

Robin mochte den riesigen Mann sehr, obwohl er in seiner Wut schreckenerregend sein konnte. Robin hatte ihn bei einem Übungskampf mit dem Kampfstock in der vorherigen Woche schmerzhaft auf die Knöchel geschlagen und war lieber zwischen den Bäumen verschwunden, als sich dem tobenden Riesen zu stellen. Die anderen Geächteten hatten das hochkomisch gefunden, wie auch John, nachdem er sich beruhigt hatte und Robin verlegen von seiner Flucht mit einem Kaninchen als Friedensangebot zurückgekommen war, das er für das Abendessen des großen Mannes geschossen hatte.

„Nervös?“, fragte John, als die zehn Mann starke Gruppe aus dem Lager zur Hauptstraße durch den Wald zog, zu einer Stelle, die kaum mehr als eineinhalb Meilen von ihrem Lager entfernt lag.

Robin schluckte und nickte leicht. „Aber das geht schon in Ordnung.“

„Als ich das erste Mal mit Adam zu einem Überfall losgezogen bin, hätte ich mich fast eingekackt“, gab der große Mann zu. „Hatte Angst, wie eine Salzsäule dazustehen, wenn der Kampf losging.“

Robin war aufrichtig überrascht - der Gedanke, dass Little John vor etwas Angst haben könnte, schien unglaublich.

John lachte und las den Ausdruck auf Robins Gesicht richtig. „Hör zu, mein Leben mag für den Sheriff nichts wert sein, mir bedeutet es aber eine Menge! Es spielt keine Rolle, wie groß du bist, wenn ein Pfeil dich im Rücken erwischt oder ein Soldat dich in den Bauch sticht. Es ist keine Schande, Angst zu haben, Junge, solange du nicht zulässt, dass sie dich beherrscht.“

Die Unterhaltung tat Robin gut und beruhigte seine Nerven ein wenig, aber er wusste, dass er immer Angst davor gehabt hatte, wie er in einem echten Kampf auf Leben und Tod reagieren würde, bis zu dem Tag, an dem er sich selbst bewiese, dass er damit umgehen konnte. Er hoffte immer noch, dass nicht heute dieser Tag sein würde - die meisten dieser Raubüberfälle waren einfache, gewaltlose Angelegenheiten. Bells gut bewaffnete, harte Männer drohten ihren ausgesuchten Opfern einfach, und Geld und Waren wurden herausgegeben. Es wäre für einen Händler oder Kirchenmann, die gewöhnlich bestenfalls von einer Handvoll Wachmännern begleitet wurden, selbstmörderisch, sich gegen die wohlgeübten Geächteten zu verteidigen.

Und doch geschah es von Zeit zu Zeit, wenn sie jemanden angriffen, der so aggressiv und stolz wie John oder Bell selbst war. Robin hoffte, dass dieser Mönch, den sie ausrauben wollten, keine Wachmänner wie Little John bei sich haben würde.

Die Gruppe brauchte nicht lange, um die für den Hinterhalt ausgewählte Stelle zu erreichen, und Bell begann, Befehle auszugeben. Robin war wieder überrascht, als ihm klar wurde, dass Adam die Männer sich nicht einfach hinter Bäumen verstecken ließ, bis das Ziel auftauchte, um dann mit den Schwertern herum zu fuchteln und Gold zu fordern. Im Gegenteil, Bell schien diese Gegend des Waldes gut zu kennen und stellte die Männer hinter günstig stehende Bäume und Büsche, um die Umgegend einzukreisen. Die Straße wurde an dieser Stelle schmaler und beide Seiten waren versperrt - auf der einen Seite eine Felswand und ein dichtes Gebüsch auf der anderen. Der einzige Weg aus dieser Falle ging nach vorn oder zurück auf dem Weg, der zu dem Ziel gekommen war, aber die Geächteten legten vor und hinter dem Ort des Hinterhalts Seile aus, bereit, hochgezogen zu werden, um den unglücklichen Mönch und seine Leute wirksam festzusetzen.

Bell hatte Robin, zur Erleichterung des jungen Mannes, mit John losgeschickt. Wenn es auf Gewalt hinauslief, war John der beste Mann, in dessen Nähe man sich aufhalten konnte. Sie ließen sich nieder, um zu warten, und nahmen ihre Stellung in dem dichten Unterholz des Sommers ein, hinter dem Ort des Hinterhalts.

John zog ein Stück Brot aus der Tasche und brach die Hälfte davon für Robin ab. Er begann, friedlich zu kauen, obwohl sein Blick nie die Straße verließ.

„Wie kannst du zu einer solchen Zeit essen?“, fragte Robin sich und schaute sich das Brot an, das er bekommen hatte.

John lachte leise. „Keine Bange. Wir werden früh genug gewarnt, bevor der Mönch kommt. Oder glaubst du, Adam hätte sich nicht die Mühe gemacht, einen Kundschafter loszuschicken?“ Er riss ein weiteres Stück von dem dicken Laib ab und seine Augen glitzerten erheitert. „Will Scaflock ist losgegangen, um zu sehen, wo der Bastard ist.“

Robin grunzte verlegen und versuchte sein Bestes, etwas von dem Brot zu kauen, aber im Moment war sein Appetit verschwunden. Er gab John das Essen zurück und legte einen Pfeil an die Bogensehnen, nur für alle Fälle. John lachte wieder, lauter diesmal, schüttelte seinen Kopf und kaute geräuschvoll.

Robin war erleichtert zu sehen, dass John doch recht gehabt hatte, als kurze Zeit später ein Vogelruf von weiter unten an er Straße ertönte und der große Mann aufstand, wobei er Robin zugrunzte: „Das ist Wills Signal. Sie kommen."

Robin stand auf, froh, als er feststellte, dass er doch nicht so nervös war, wie er befürchtet hatte. Er konzentrierte sich auf die vor ihm liegende Aufgabe, ohne sich zu ängstlich zu fühlen.

Little John zog einen Pfeil aus seinem Gürtel und die beiden Geächteten standen bereit, durch den dicken Baum verdeckt, den sie sich zur Deckung ausgesucht hatten.

Einige Zeit später hörten sie einen Pferdewagen die Straße entlangknarren und Robin spürte, als dieser langsam in Sicht kam, wie sein Herz schneller schlug, da ihm klar wurde, dass dies vielleicht nicht so einfach sein würde, wie er gehofft hatte.

Der Mönch ritt auf einem Pferd. Außer dem lärmenden Karren, der eine grob geschreinerte, aber robuste Holzkiste transportierte, kamen acht hartgesotten aussehende Reiter. Diese Männer trugen zum Schutz alle Rüstungen wie Robins, mit Helmen in scheinbar gutem Zustand und langen Schwertern an ihren Hüften. Jeder einzelne von ihnen sah ebenso gefährlich aus wie die meisten von Adam Bells Männern.

Robin schaute John leicht nervös an. Der bärtige Riese erwiderte den Blick und hob seine massigen Schultern. „Der Mönch muss etwas Feines in seiner Kiste haben, wenn er mit all diesen Wachleuten reist."

Als die Gruppe den Ort des Hinterhalts erreichte, ertönte ein durchdringender Pfiff von Adam Bell, der irgendwo im dichten Laub versteckt war, und die Seile an beiden Seiten der Straße wurden plötzlich gespannt und an die Bäume gebunden, um den Reitern den Weg abzuschneiden. Little John und die anderen Geächteten rasten schnell vor, um die Reisegesellschaft des Mönchs einzukesseln, blieben aber dicht bei den dicken Bäumen, für den Fall, dass sie Deckung bräuchten. Robin folgte, seinen Bogen so fest umklammert haltend, dass er fühlen konnte, wie er sich in seine Hände grub.

Der Mönch setzte sich in seinem Sattel zurück, schien aber über den Hinterhalt nicht sonderlich bestürzt zu sein. Robin war jedoch ein wenig besorgt zu sehen, wie die Wachen zur Verteidigung ruhig und erfahren Stellung rings um den Karren bezogen.

Der junge Geächtete schaute rasch zu Little John, aber der große Mann musterte nur grimmig die Wachleute. Er hatte das alles offensichtlich schon früher gesehen und Robin spürte, wie er selbst sich etwas entspannte. Adam Bell wusste, was er tat. Das musste er wohl, nach all diesen Jahren als Anführer einer räuberischen Bande Geächteter.

In diesem Augenblick kam Bell in Sicht und trat dem Mönch gegenüber. Er schaute die Wachen, die ihm steinernen Gesichts mit ihren Augen folgten, nicht ein einziges Mal an. Einige von ihnen hatten kurze Bögen gespannt und zielten auf Bell.

„Nehmt diese Seile da aus dem Weg. Bevor wir euch niedermachen.“ Die Worte des Mönchs waren kühl, seine Stimme kraftvoll und beherrscht, aber Robin erkannte, dass der Kirchenmann wahrscheinlich wusste, dass es Adam Bell war, der vor ihm stand. Und Bells Ruf war nicht gut, wenn es darum ging, wie er Kirchenleute behandelte, die nicht mitspielten.

Der Geächtete deutete einfach auf den Karren. „Das nehmen wir, Mönch. Diese Männer“ - er deutete auf die acht Söldner - „können ihre Waffen behalten und mit Euch weiterreiten.“ Er stand mit gespreizten Beinen da, legte eine Hand an das Heft seines Schwertes und sah den Mönch fest an.

Der Kirchenmann schüttelte den Kopf. „Wir sind zu neunt. Geht aus dem Weg, dann muss hierüber nichts mehr gesagt werden.“

Adam Bell fuhr fort, den Mönch noch ein paar Sekunden länger ungerührt anzusehen, bevor er seine Hand hob und auf einen der Söldner zeigte. „Will!”

Bell sprang hinter einen Baum, als ein schnappendes Geräusch und dann ein dumpfer Schlag ertönten. Robin war erschrocken, als er sah, wie der Söldner, den Bell bezeichnet hatte, rückwärts von seinem Pferd geworfen wurde, wobei er nach Luft schnappte und wild an dem Pfeil kratzte, der sich in seine Luftröhre gebohrt hatte. Will Scaflock ließ reibungslos seinen Bogen sinken und zog das Schwert aus der Scheide, um sich in Kampfposition zu stellen, ein schreckliches, tierisches Grinsen auf seinem wilden Gesicht.

Für den Bruchteil einer Sekunde rührte sich niemand, bis der Schock verflog und den Wachen klar wurde, was geschehen war.

„Verdammt, Scaflock!“, grunzte John, da er wusste, dass Will den Wachmann leicht mit einem Schuss in Arm oder Schulter außer Gefecht hätte setzen können, statt ihn zu töten.

„Absteigen!“, schrie einer der Söldner, der erkannte, dass sie auf dem Rücken ihrer Pferde keine Chance haben würden, eingekesselt wie sie waren, und der Rest gehorchte ihm.

Adam Bells Stimme ließ sich von hinter einem Baum hören. „Jetzt seid ihr noch zu acht, Mönch!“ Er lachte kalt. „Jetzt befehlt Euren Männern, ihre Waffen fallenzulassen, und wir nehmen nur Euren Karren da mit." Er trat wieder heraus und hatte mit gekonnter Geste ein wunderschön geschmiedetes Schwert gezogen.

Robin hielt den Atem an, da die Zeit stillzustehen schien und der Mönch noch immer Bell schweigend anstarrte.

Das Patt wurde gebrochen, als der Soldat, der zuvor das Absteigen befohlen hatte, beschloss, dass er genug hatte. „Holt euch die Bastarde!"

Die sieben verbliebenen Wachen stürzten sich auf die sie umringenden Geächteten und Robin fand sich Auge in Auge mit einem drahtigen, rothaarigen Mann, der wild brüllte, als er sein Schwert hob, um es auf den Kopf des jungen Geächteten niedersausen zu lassen.

Robin hob sein eigenes Schwert und wehrte den kraftvollen Hieb ab, als Instinkt und Übung eingriffen, dann beugte er sich vor und rammte ein Knie zwischen die Beine des Angreifers. Der Mann fiel stöhnend zu Boden, als Little Johns Kampfstock auf seinem Hinterkopf aufschlug.

Die beiden Geächteten traten über den bewusstlosen Mann hinweg und sahen sich nach anderen Gegnern um, aber überall um sie herum sah es ähnlich aus. Die Wachen des Mönchs, auch wenn sie harte Männer gewesen waren, lagen alle am Boden, verletzt oder tot. Nicht einer der Geächteten schien einen Kratzer abbekommen zu haben. Nur der Mönch stand jetzt noch vor dem Karren.

„Gut, du fettes, geschorenes Arschloch, aus dem Weg mit dir." Adam Bell trat vor, die Geächteten dicht hinter sich, bereit, den Inhalt des Wagens zu untersuchen. „Ich bin kein wirklich religiöser Mensch, aber ich würde lieber ein Mitglied des Klerus nicht allzu gewaltsam behandeln. Ich hätte jedoch kein Problem damit, wenn du mich dazu zwingst."

Der Mönch war ein übergewichtiger Mann in den grauen Gewändern des franziskanischen Ordens, mit einem offenen, ehrlich wirkenden Gesicht. Als Bell sich dem Wagen näherte, zog der Mönch plötzlich aus den Falten seiner Kutte eine kurze Holzkeule heraus, etwa einen Fuß lang, und trieb Bell in blitzartiger Geschwindigkeit durch einen Stoß in den Bauch die Luft aus den Lungen, um ihn dann mit einem heftigen Schlag an die Schläfe zu Boden zu schicken.

Alle erstarrten vor Schreck. Adam Bell lag reglos auf dem Waldboden, als der Mönch kühl in Kampfposition ging und mit einem kleinen Lächeln sagte: „Also gut dann, Jungs. Wer ist der nächste?"

Die bloße Gewalt und Genauigkeit des Angriffs durch den Mönch schien die Geächteten wie angewurzelt stehen zu lassen, als ihnen klar wurde, dass dies kein normaler Kirchenmann war. Robin konnte gerade noch erkennen, dass Adam Bells Brust sich leicht hob und senkte, sodass er, auch wenn er noch am Leben war, sich für eine Weile krank fühlen würde, nachdem er wieder zu Bewusstsein käme. Robin war von dem Mut des Mönchs beeindruckt.

Little John musste den gleichen Respekt für den hartgesottenen Franziskaner empfinden, als er seine kräftige Stimme erhob und den Geächteten befahl, ihre Positionen zu halten. „Das war gut für einen fetten Mönch, aber du weißt, dass du uns nicht alle besiegen kannst."

„Nein?" Der Mönch hob eine Augenbraue. „Möchtest du das selbst herausfinden, mein Kind?" John brach bei dieser Zurschaustellung von Kaltblütigkeit in Gelächter aus. „Ich bin sicher, dass du es versuchen würdest, Bruder, aber ich möchte heute keine Toten mehr. Leg jetzt die Waffe weg und lasst uns das, was wir wollen, mitnehmen. Du selbst kannst deinen Weg fortsetzen."

Will Scaflock schüttelte während dieses Wortwechsels ungeduldig den Kopf. „Komm schon, John, worauf warten wir noch? Ich kann diesen fetten Bastard mit einem Pfeil spicken und wir bedienen uns dann selbst. Wir müssen weiter."

John drehte sich mit vor Ärger hochrotem Gesicht zu Scaflock um. „Halt dein verdammtes Maul, Scarlet! Du bist immer zu schnell dabei, Leute umzubringen. Es war nicht nötig, den Wachmann da in den Hals zu schießen, und es ist nicht nötig, diesen Mönch niederzumachen." Er wandte sich wieder dem Kirchenmann zu. „Also los, du, wir haben nicht den ganzen Tag Zeit und je länger das hier dauert, desto wahrscheinlicher ist es, dass er dich als Zielscheibe zum Üben benutzt." Er nickte angewidert zu Will hinüber. Will Scaflock war offiziell Adam Bells Stellvertreter, aber tatsächlich folgten die Männer Little John, wenn Bell nicht da war. Scaflock war ein verbitterter Mann, der sich seinen Spitznamen „Scarlet" unter den Geächteten als Folge seines blutrünstigen Temperaments und seiner Bereitschaft zur Gewaltanwendung gegen jeden, der ihm in den Weg kam, verdient hatte. John wurde, obwohl er ein harter Mann war, von den Männern gemocht und seine reine physische Präsenz war normalerweise ausreichend, um selbst Will einzuschüchtern.

Der Mönch warf dem grummelnden Scaflock einen kalten Blick zu und nickte resigniert. „Alles klar, Wolfskopf. Du gewinnst. Nimm dir deinen Gewinn."

Robins Spannung lockerte sich ein wenig, als der Kirchenmann seine Keule fallen ließ und ging, um nachzuschauen, wie es seinen Begleitern ging.

Ein paar der Geächteten sammelten die Seile von dem Hinterhalt ein, andere fingen die Pferde der Söldner ein, um sie in den umliegenden Dörfern zu verkaufen, und Will Scaflock kletterte flink auf den Kutschersitz des Wagens. John und Robin hoben Adam Bell, der jetzt leise stöhnte, behutsam hinter Will hinauf und legten ihn so bequem wie möglich neben die große Holzkiste.

Der Überfall hatte länger gedauert, als Robin bemerkt hatte, und obwohl es erst später Nachmittag war, begann das Licht zu verblassen, als schwere, graue Regenwolken die Sonne immer weiter verbargen.

„Es wird zu dunkel sein, um den Karren heute Abend gründlich zu untersuchen“, entschied Little John. „Wir durchsuchen ihn morgen, wenn Adam wieder wach ist.“ Mit einer Handbewegung wies er sie an, mit ihrer Beute ins Lager zurückzufahren, legte aber eine große Hand auf Robins Arm, als die anderen Geächteten sich in Bewegung setzten.

„Warte ein wenig auf mich, Robin“, polterte er. „Ich möchte mit diesem Mönch sprechen.“

Als der Wagen mit seiner neuen Eskorte von Geächteten fortfuhr, gingen John und Robin, die Waffen vorsichtshalber noch immer in den Händen, zu dem Kirchenmann hinüber. „Wie geht es ihnen?“, fragte John.

Der Mönch schüttelte traurig den Kopf. „Acht Männer. Sechs davon tot. Zwei bewusstlos, obwohl sie sich wieder erholen dürften.“ Robin war froh zu sehen, dass der rothaarige Mann, der ihn angegriffen hatte, einer der Glücklichen war, die noch lebten.

Little John schüttelte sein riesiges Haupt. „Es tut mir leid um sie, Mönch, wirklich.“

Der Franziskaner grunzte und schaute finster zu John auf. „Das mag wohl sein, aber ich bin sicher, dass dieser Kummer dich nachts nicht wachhalten wird.“

John antwortete nicht. Der Mönch hatte recht. Er genoss es nicht, Männer sterben zu sehen, aber das Leben eines Geächteten war gewaltsam und gefährlich und John hatte mehr als seinen Teil an Tod gesehen. Er würde heute Nacht gut schlafen, so, wie der Mönch es sagte.

„Na gut, Robin, machen wir uns auf den Weg.“ John wandte sich mit einem grüßenden Nicken von dem Mönch ab und wollte den anderen Geächteten folgen.

„Ich gehe mit euch."

Wieder ließ der Kirchenmann John und Robin abrupt stehen bleiben. „Was meinst du damit?", fragte Robin.

„Ich komme mit euch", wiederholte der Mönch und steckte seine Keule wieder unter die Kutte zurück. „Warum zur Hölle solltest du das tun wollen?", brach es aus John heraus. „Wir sind Geächtete!" Der Mönch ging an den beiden Männern vorbei und folgte dem quietschenden Karren. „Ihr lasst mir keine Wahl. Ich war dabei, diesen Karren zum Prior von Lewes, John de Monte Martini, zu bringen. Der Prior hasst mich. Ich will euch nicht mit Einzelheiten langweilen, aber er würde jeden Vorwand nutzen, um mein Leben elend zu machen. Ich kann nicht hingehen und ihm erzählen, dass ich ausgeraubt wurde und all sein Geld verloren habe. Er würde mir die Schuld geben - mich einsperren lassen, dieser Teufel."

Little John fehlten völlig die Worte. Robin, dem der dicke Kirchenmann wirklich gefiel, grinste. „Kämpfen kann er, John, so viel steht fest. Und ich weiß selbst, was für ein Bastard dieser Prior ist - es ist seine Schuld, dass ich überhaupt hier bin. Welchen Schaden würde es uns bringen, wenn wir den Mönch einstweilen mit uns kommen lassen?"

Der bullige Geächtete schüttelte ungläubig den Kopf, aber gab mit einem Schulterzucken nach. „Na schön, du kannst mit uns kommen. Du hoffst aber besser, dass Gott und alle Engel dir lächeln, wenn Adam aufwacht und sich die Seele aus dem Hals kotzt und dich in unserem Lager sitzen sieht. Wahrscheinlich wird er Scaflock dir die Eier abschneiden lassen."

„Das haben schon bessere Männer als er versucht", lachte der Mönch selbstbewusst und schritt durch das grüne Unterholz.

„Wo hast du kämpfen gelernt?“, fragte Robin, während er dem behäbigen Kirchenmann nacheilte und im Gehen Zweige und Blätter aus dem Weg schob. „Und wie heißt du?“

Die blauen Augen des Mönchs funkelten, als er sich zu dem jungen Geächteten umdrehte. „Ich habe nicht immer eine Kutte getragen, Junge. Und du kannst mich Tuck nennen.“

VIERTES KAPITEL

„Anreiten!“

Bei dem Befehl drückten die berittenen Männer ihre Fersen an und drängten ihre Pferde nach vorn, versuchten, hinter die unter ihre Arme geklemmten, hölzernen Lanzen Schwung zu bringen.

Die Zuschauer - wohlhabende Männer, Frauen und Kinder von Glamorgan - füllten die Bänke einer hölzernen Tribüne, die am Rande des Turnierplatzes stand. Jeder von ihnen, fröhlich jubelnd und in übertriebenen Putz von wundervollen Farben gewandet, hatte seinen eigenen Favoriten, der oft aus keinem besseren Grund als der Farbe des Waffenrocks oder seinem Herkunftsort gewählt wurde.

Die Pferde donnerten das Feld hinab und ließen große, feuchte Grasbüschel fliegen, als sie versuchten, so viel Schwung wie möglich zu bekommen.

Banner und Flaggen jeder Farbe wurden hochgehalten, als das Publikum zur Unterstützung ihrer ausgewählten Kämpfer jubelte und sang.

Die stumpfe Lanze eines Mannes prallte vom Schild seines Herausforderers ab und die Menge bejubelte den Sieg. Die beiden Ritter kamen ohne eine schlimmere Verletzung als die an ihrem Stolz zu ihren Zelten zurück.

Simon, der jüngste Sohn von Sir Richard, dem Johanniter-Kommandanten von Kirklees, nahm am Turnier dieses Tages teil.

Simon war ein großer Mann, gerade erst zwanzig Jahre alt, mit denselben schwarzen Haaren und mandelförmigen Augen, wie sein Vater und sein älterer Bruder Edward sie hatten. Er hatte nie mit Langbogen oder Kampfstock trainiert - als junger Mann unter zwanzig hatte Simon seine Zeit mit Übungen zu Pferd verbracht, in Ketten- oder Plattenrüstung, Schwert und Schild geschwungen.

Oder eine lange Lanze, wie er sie jetzt hielt, als er durch das Visier seines Helms nervös die Schranke entlang zu seinem Gegner, Edmund Wytebelt, dem Sohn des wohlhabenden Charles von Bodmin, spähte.

Die Lanzen hatten Spitzen aus Holzklötzen, um sie weniger tödlich zu machen, aber Simon empfand trotzdem ein Gefühl der Beklommenheit, als der Lärm der erwartungsvollen Menge seine Ohren füllte.

Ein Mann stand in der Mitte des Turnierplatzes und hielt eine gelbe Fahne hoch; als er seinen Arm mit einer kreisenden Bewegung fallen ließ, biss Simon die Zähne zusammen, hob seine Lanze und spornte sein großes, weißes Streitross, Dionysos, mit einem Tritt an.

Seine Augen verengten sich und der Lärm der Menge verblasste, alles, was er unter seinem Helm hören konnte, war sein eigenes Keuchen und das Donnern der Hufe seines Pferdes, als er auf den Gegner zuritt.

Edmund Wytebelt, in einen rot-blau karierten Wappenrock über seiner glänzenden Rüstung gekleidet, den weißen Gürtel, der ihm seinen Namen gab, munter um seine Taille geschlungen, füllte Simons Blickfeld aus und der junge Mann aus dem Norden, in dessen Adern das Adrenalin kreiste, grinste erwartungsvoll, all seine Nervosität und Bedenken kurzzeitig vergessen.

Die Lautstärke des Jubelns und Pfeifens der Zuschauer stieg an und erreichte einen fieberhaften Höhepunkt, als die Ritter sich in gewaltiger Geschwindigkeit einander näherten, die Augen ihrer Pferde quollen hervor, sie fletschten die Zähne und die Beine verschwammen, während die Reiter, in Rüstung und Helm, wie sie waren, seltsam reglos zu sein schienen.

Auf seinem unglaublich machtvollen, wie einem Geschoß dahinschießenden Pferd, hob Simon seine Lanze, fixierte seinen Gegner mit den Augen und zielte mit der schweren, hölzernen Waffe auf die Zielscheibe, die er sich auf Edmund Wytebelts Brust vorstellte.

Es gab einen gewaltigen Knall und das Nächste, was Simon wusste, war, dass er flach auf dem Rücken lag und benommen durch den schmalen Spalt in seinem Visier zu dem wundervoll sonnigen Himmel hinaufstarrte.

Langsam dämmerte ihm, dass er noch am Leben war, obwohl sein Kopf ihn etwas schmerzte. Und er lag auf dem Gras, statt auf seinem Pferd zu sitzen. *Aber wenigstens lebe ich noch*, dachte er, als er sich mit einiger Schwierigkeit auf die Seite rollte, da seine Rüstung enorm schwer war, und versuchte zu sehen, was geschah.

Sein Knappe, Alfred, ein junger Mann von zwölf Jahren aus Kirklees, war schon an seiner Seite, obwohl er nicht bemerkt hatte, dass der Knabe sich ihm näherte.

„Wo ist Edmund?“, fragte Simon und blinzelte immer noch durch sein Visier, wo er das Pferd seines Gegners reiterlos stehen sah, wie es zufrieden das Gras an der Seite des Turnierrings kaute.

Alfred half dem jungen Ritter, den Helm abzunehmen und Simon sah sofort, wo sein Gegner lag.

Edmund war wie er von seinem Reittier auf den harten Boden geschleudert worden. Anders als er hatte Edmund mehr als nur einen leichten Schlag auf den Helm bekommen.

„Geht es ihm gut?“

Alfred half seinem Herrn auf die Beine, sie mussten sich beide dabei anstrengen, den geschwächten und

benommenen jungen Mann in seiner schweren Rüstung vom Boden hochzubekommen.
„Geht es ihm gut?“, wiederholte Simon diesmal lauter und schaute seinen Knappen böse an.

„Nicht wirklich, Mylord.“ Alfred schüttelte den Kopf und schaute sich bestürzt um, als bewaffnete Soldaten auf sie zu kamen. „Er ist tot. Ihr habt ihn getötet.“

* * *

„Steh auf, Junge. Beeil dich!“

Robins Augen klappten auf, als eine grobe Hand ihn wachschüttelte. Er hatte in den Stunden vor Sonnenaufgang Wachdienst gehabt und fühlte sich, als wäre er gerade erst eingeschlafen, er war so müde.

„Hölle und Teufel, was ist los?“

Matt Groves warf ihm einen sauren Blick zu. „Wir verlegen das Lager, pack deine Sachen zusammen, schnell, und hilf uns, unser ganzes Zeug zu transportieren.“

Robin schaute sich um und konnte sehen, wie die anderen Geächteten sich auf den Abmarsch vorbereiteten, daher sprang er in panischer Eile auf und legte hastig seine Waffen an. *Was ist hier los? Haben sie uns entdeckt?*

Matt ging ohne weitere Erklärung fort, aber Little John kam gerade da vorbei mit einer großen Ladung von Ausrüstung auf seinen breiten Rücken gepackt. „John! Warum ziehen wir weiter? Hat man uns entdeckt?“

John klopfte dem jungen Mann mit einem beruhigenden Lächeln auf den Rücken. „Beruhige dich, Mann, was soll die Panik?“

„Matt hat mich gerade aufgeweckt und mir gesagt, dass ich meine Sachen packen soll, aber kein Wort, warum. Ich dachte, etwas Schlimmes wäre passiert.“

„Ach, nun, er macht dir wieder nur den Kopf verrückt, Junge", grunzte der Riese mit einem finsteren Blick in Matts Richtung. „Kein Grund, sich Sorgen zu machen - wir verlegen unser Lager ständig. Das macht es dem Gesetz schwerer, uns zu finden, wenn wir nicht zu lange an einem Ort bleiben."

Robin fuhr fort, seine Sachen in seine Decke zu stopfen und sie zusammenzubinden, bevor er sie sich über die Schulter schlang. „Niemand hat etwas davon gesagt, dass wir aufbrechen würden", grummelte er.

John lachte und führte Robin in die Mitte des Lagers, wo der Rest der Männer sich versammelte. „Im Allgemeinen weiß keiner von uns je, wann wir weiterziehen. Adam entscheidet das, aber er sagt niemandem etwas, bis zu dem Tag, an dem er möchte, dass wir losziehen. Das hält die Männer auf Trab und bedeutet, dass keiner von uns weiß, wo wir von einer Woche zur nächsten sein werden, wenn jemand gefangen genommen würde."

„Adam?" Robin gähnte und wischte sich Sand aus den Augen, er hatte das Gefühl, noch ein paar Stunden Ruhe zu brauchen. „Als ich ihn zuletzt sah, lag er stöhnend und bewusstlos hinten auf dem Karren."

John grinste. Sein breites, haariges Gesicht, das so unglaublich einschüchternd sein konnte, wenn er zornig war, sah fast kindlich aus, als seine braunen Augen Robin gutmütig anfunkelten. „Er ist in der Nacht aufgewacht. Beschloss, wir wären lange genug hiergeblieben. Er erwartet wahrscheinlich, dass in Tucks Kiste eine Menge Geld ist. Wenn ja, werden die Leute danach suchen - sicherer, zu einem neuen Lager zu ziehen."

Und tatsächlich, Bell stand in der Mitte ihres Lagers und kommandierte die Männer herum und sah trotz Tucks Schlag nicht schlechter aus als sonst.

Mit einem letzten Blick in die Runde, um sicherzugehen, dass nichts vergessen worden war, bewegten die Männer sich hinter ihrem Anführer her nach Osten.

* * *

Wie sich herausstellte, war der neue Lagerplatz, den Adam ausgesucht hatte, nicht weit von dem alten entfernt - nur ein und eine halbe Stunde Fußmarsch, wobei der gestohlene Karren die ganze Zeit hinter ihnen her knarrte. Innerhalb noch anderthalb Stunden hatten die Geächteten stabile neue Unterstände errichten, um darunter zu schlafen, und Aussichtspunkte in hohen Bäumen gefunden, um darauf zu achten, dass niemand über sie stolperte.

Will hatte den eisernen Kochrahmen über einer frischen Feuerstelle aufgestellt und ein paar Männer losgeschickt, um Fleisch für den großen Topf zu finden.

Der Karren, den sie von Tuck und seiner Truppe gestohlen hatten, enthielt viele religiöse und historische Schriften, an denen Bells Männer kein Interesse hatten, da die meisten von ihnen nicht lesen konnten, aber auch eine sehr große Summe Geld.

Bruder Tuck, dem Bell anscheinend verziehen hatte, dass er ihn bewusstlos geschlagen hatte, erklärte den Geächteten, dass das Geld ein Geschenk von Erzbischof Melton in York für den Prior, John de Monte Martini, hätte sein sollen, angeblich um zu helfen, die Kirchen vor Ort zu erneuern, aber Tuck schätzte, dass es größtenteils vom Prior für seine eigenen Zwecke verwendet worden wäre.

„Wie für sein Bordell?“ Robin spuckte ins Lagerfeuer, er kochte noch Wochen nach der Drohung gegen Matilda innerlich.

Tuck nickte leicht. „Unter anderem, nehme ich an, japp.“

Matt Groves gab ein rohes Lachen von sich und rieb sich anzüglich im Schritt. „Dieses Bordell, das er da hat, könnte ich ja mal besuchen - käme mir gerade recht. Wenigstens würde er dann etwas von seinem Geld zurückbekommen.“

Die Geächteten stimmten in sein Gelächter ein und machten Scherze, obwohl keiner von ihnen sich aus einem so frivolen Grund in die Stadt wagen würde, vor allem nicht Groves, einer der meistgesuchten Männer aus Bells Gruppe.

Robin freute sich, dass sie dem verhassten Prior eins ausgewischt hatten, aber das Gerede der Männer brachte Erinnerungen an Matilda zurück. Er schlüpfte leise aus dem Lager und verschwand für einige Zeit tief im Wald, um mit seinen Gedanken allein zu sein.

* * *

Matildas Mutter, Mary, knallte den Holzteller auf den Tisch, was das Mädchen zusammenzucken und den Vater gereizt murren ließ.

„Du bist jetzt sechzehn, Mädchen. Höchste Zeit, dass du heiratest. Jedes andere Mädchen deines Alters im Dorf hat einen Mann, außer dieser Clara.“

„Möge Gott Mitleid mit dem Mann haben, der die heiratet“, murmelte Matildas Vater. „Gesicht wie der Arsch einer Kuh.“ Er blinzelte seiner Tochter gutmütig zu, die ein Lachen unterdrückte, als er einen weiteren Löffel Eintopf in seinen Mund schaufelte.

„Halt den Mund, Henry! Ich meine es ernst.“ Mary nahm ihren eigenen Platz am Tisch ein und griff nach einem Stück Brot, während sie ihren Mann böse anschaute.

„Ich will keinen der Dorfjungen heiraten, Ma.“

Durch einen weiteren Mundvoll des Abendessens fragte Henry: „Was ist mit dem Richard-Jungen, den wir heute auf dem Feld arbeiten sahen, mit Armen wie Baumstämmen?“

Matilda schüttelte den Kopf. „Ach, er ist ganz nett, aber ein großer Trottel. Erinnerst du dich, wie er letztes Jahr sein eigenes Haus in Brand steckte, als er betrunken war? Das Feuer brannte noch zwei der Nachbarhäuser nieder, bevor es gelöscht werden konnte. Auf jeden Fall hat er mit der Hälfte der Dorfmädchen schon etwas gehabt.“

„Nun, du solltest deine Ansprüche besser bald senken“, sagte ihre Mutter zu ihr. „Oder es wird kein junger Mann mehr für dich übrig sein. Willst du dein ganzes Leben eine alte Junger bleiben?“

„Nein, Ma! Ich werde heiraten, wenn ich so weit bin!“ Das Mädchen nahm einen Schluck Ale und wischte sich den Mund mit dem Handrücken ab. „Wenn dieser Prior nicht ...“

„Um Himmels willen, Mädchen, du kannst nicht hier herumsitzen in der Hoffnung, dass Robin Hood dich holen kommt! Selbst wenn, er ist ein Geächteter. Wenn du mit ihm wegläufst, bist du auch eine Geächtete. Du weißt, was die Zehentschöffen tun würden, wenn sie dich bei ihm erwischten?“

Matilda wusste nur zu gut, was geschehen würde, wenn man sie zur Geächteten erklärte, sie hatte das tausend Mal in ihren Gedanken gewälzt seit dem Tag, an dem sie Robin zum Abschied geküsst hatte.

„Dich ertränken, das ist, was sie tun würden!“ Mary schluckte den letzten Bissen ihrer Mahlzeit hinunter und schüttelte ihren Kopf über Matilda, aber ihre Stimme wurde sanfter, als sie weitersprach. „Vergiss Robin. Er war ein guter Junge, hätte auch einen guten Ehemann abgegeben. Aber jetzt ist er so gut wie tot. Stimmt's, Henry?“

Der große Pfeilmacher nickte widerstrebend. „Deine Ma hat da verdammt recht, Mädchen."

Matilda senkte ihre Augen auf den Tisch, aber Henry konnte die darin glitzernden Tränen sehen. „Vielleicht wird Robin ja begnadigt", sagte er hoffnungsvoll lächelnd zu seiner geliebten Tochter. „Es geschieht oft genug. Wenn dieser Prior stirbt oder die Pfarrei von einem anderen Geistlichen übernommen wird ... nun, dann könnte Robin vielleicht nach Wakefield zurückkommen."

Matilda sah ihren Vater an und setzte ein strahlendes Lächeln auf, das sein Herz erhellte. Ihre Mutter befahl ihm wieder, den Mund zu halten.

* * *

„Du kommst mit mir, Hood." Einer der älteren Geächteten, ein drahtiger, grauhaariger Mann, der als Halbhand-Harry bekannt war, weil er anstatt der linken Hand einen Haken trug, grunzte Robin grinsend an. „Adam hat gehört, dass eine reiche Dame mit einer großen Eskorte nach Pontefract reist, und der Rest der Jungs zieht dorthin. Ich, du und Arthur hier gehen zur Watling Street, um einen Kaufmann um seine - viel kleinere - Börse zu erleichtern."

Robin, überrascht, streifte hastig sein Lederwams über, während die Hauptgruppe der Geächteten aus dem Lager marschierte und Little John ihnen fröhlich zum Abschied winkte.

„Nur wir drei?"

„Japp", nickte Harry und kratzte sich mit dem stumpfen Teil seines Hakens am Ohr. „Ist eine einfache Sache. Kaufmann mit einem einzigen Wachmann, gegen uns drei."

Arthur lachte, als er herüberkam, um sich ihnen anzuschließen. Er war ein stämmiger Bursche mit fettigen braunen Haaren, dem fast alle Zähne fehlten. Robin mochte ihn sehr - er schien immer ein Lächeln auf seinem schmutzigen Gesicht zu haben. „Japp, das ist mir weit lieber, als dieser Dame nachzustellen. Die Burschen sagen, dass sie ein Dutzend Wachleute bei sich hat! Verdammt noch eins!"

„Verdammt, ja", grinste Harry Halbhand zur Antwort und machte sich in Richtung Watling Street auf, was der Name für die große römische Straße war, die sich von einem Ende Englands bis zum anderen erstreckte.

Das Trio erreichte die Hauptstraße vor dem Mittag. Obwohl die Sonne ihren Zenit noch nicht erreicht hatte, war es ein brennend heißer Junitag und die Geächteten waren froh, ein geschütztes Plätzchen zu finden, um auf ihre Beute zu warten.

Dennoch hatte Arthur nicht viel Geduld und begann nach einer Weile, sich zu beklagen. „Wie lange werden sie denn noch brauchen?", brummte er. „Ich werde hier verdammt gebraten."

„Wie lang ist ein Stück Schnur?", knurrte Harry und erhielt einen leeren Blick von dem zahnlückigen, jungen Geächteten zur Antwort. „Wenn sie bei Morgengrauen ihren Schlafplatz in der Nähe von Ferrybridge verlassen haben, müssten sie jede Minute hier sein. Also halt die Klappe und pass auf die Straße auf."

Als er zu sprechen aufhörte, klangen die Geräusche eines näher kommenden Reiters an ihre Ohren. „Robin, du passt auf den Händler auf. Arthur, du beobachtest den Wachmann auf der anderen Straßenseite. Ich übernehme den anderen Wachmann, gleich bei mir. In Ordnung?" Die beiden jungen Männer nickten und Harry gab Arthur ein Zeichen, dass er sich auf der anderen Straßenseite einen Platz suchen sollte. Robin wurde zehn Schritte weiter geschickt, um sich in einem dichten Ginsterstrauch zu verstecken; die hellgelben Blüten der Pflanze glühten fast im hellen Sonnenschein.

Nicht lange, und ihr Opfer kam in Sicht. Genau, da war ein Reiter, ein kleiner, wieselgesichtiger Mann, schön in bunte Kleider gehüllt und von einem Paar breitschultriger junger Söldner flankiert.

Robin achtete kaum auf den kleinen Kaufmann, trotz Harrys Befehl, befand ihn für unwichtig und konzentrierte sich auf die Wachleute, die bedrohlicher aussahen.

Beide waren groß - fast so groß wie Robin selbst. Sie hatten leichte Rüstungen und Waffen von anständiger Qualität - einer trug ein Schwert, während der andere einen bösartig aussehenden Streitkolben an seiner Seite trug. Der Gedanke, wie eine so brutale Schlagwaffe in Berührung mit seinem Kopf käme, ließ Robin zusammenzucken.

Harry Halbhand wartete, bis die Reisenden ein paar Schritte auf der Straße an ihm vorbeigekommen waren, dann trat er hinter der dicken Eiche hervor, sein Schwert gezogen, und schwenkte drohend seinen Haken, da er wusste, dass der Anblick oft schon Männer nervös machte.

„Stehenbleiben!“, befahl er, als Arthur und Robin mit auf die Gruppe gerichteten Langbögen vor der Reisegruppe des Händlers aus ihren Verstecken heraustraten.

Der Händler sah erschrocken aus beim Anblick der Geächteten, die Söldner nur wütend, dass sie so einfach in einen Hinterhalt geraten waren, als sie sich zu Henry umdrehten. „Ihr zwei - lasst die Waffen fallen“, befahl der Geächtete den Wachmännern. „Machen wir es hübsch einfach. Wenn einer von euch eine falsche Bewegung macht, werden meine Kumpel dort“ - er deutete auf Robin und Arthur, die mit grimmigen Gesichtern dort standen - „einen hübschen, dicken Pfeil in Euern Bauch schießen.“

Der Händler warf Harry einen finsteren Blick zu. „Du willst meine Börse, nehme ich an, Wolfskopf?"

Der Gesetzlose grinste. „Japp, genau das, also wirf sie her und dann könnt ihr eures Weges ziehen und niemand bekommt meinen Haken ins Gesicht. Ihr beide", winkte er den beiden Söldnern zu. „Lasst eure Waffen fallen und macht, dass ihr weiterkommt. Ich verspreche, wir werden euch keinen Schaden zufügen und, seien wir ehrlich, ihr habt nicht so viel andere Möglichkeiten."

Die Wachmänner schauten einander an, dann zuckte der älteste mit den Achseln und ließ seinen Streitkolben mit einem dumpfen Schlag auf den Boden fallen. „Sie hätten uns schon erschießen können, wenn sie uns tot sehen wollten", sagte er zu seinem Begleiter, der zustimmend nickte und seine eigene Waffe fallen ließ.

Als die beiden Männer mürrisch davongingen, nickte Harry zufrieden.

„Jetzt brauchen wir nur noch deine Börse, Händler."

Arthur hielt seinen Bogen auf die Söldner gerichtet, während sie sich weiter den Pfad entlang bewegten. Robin konnte sehen, dass der Händler Tränen in den Augen hatte und tat ihn als Schwächling ab, zielte daher mit seinem Bogen wieder auf die unbewaffneten Wachleute, die inzwischen gut dreißig Schritt fort waren.

„Hier!", Aus dem Augenwinkel sah Robin den Händler in seinen Gürtel nach der Börse greifen und ließ sein Ziel aus den Augen. Dies war noch einfacher gewesen, als er erwartet hatte. Adam würde mit ihnen zufrieden sein ... hoffentlich waren die anderen mit ihrem Raub an der reichen Lady in Pontefract ebenso erfolgreich gewesen.

Abgelenkt sah er, wie Arthur vor Schrecken die Augen aufriss und drehte sich zu Harry Halbhand um.

Der ältere Mann lag im Schmutz des Waldbodens, Blut sprudelte aus seinem Mund, ein kleiner Dolch ragte aus seiner Luftröhre.

Dennoch betrachtete Robin den Händler nicht als Bedrohung, seine Augen suchten die Bäume ab auf der Suche nach der Herkunft des Dolches, bis der Reiter plötzlich sein Pferd in die Seiten trat und die Straße entlang auf die verblüfften Söldner zu galoppierte.

Arthur ließ seinen Pfeil fliegen, der Schaft, so dick wie ein Männerdaumen, knallte in den Rücken des Händlers direkt unter seinem Hals, was den Reiter zu Boden warf. Das Pferd rannte ein paar Sekunden weiter, bis es zum Halten kam und stand mit gebeugtem Kopf da, für den Tod seines Herrn entweder blind oder ohne sich dafür zu interessieren.

„Was zum Teufel?“, schrie Robin, seinen Bogen noch immer auf die verwirrten Söldner gerichtet, die sich weiter auf dem Weg zurückzogen. „Was ist geschehen?“, fragte er und sah Arthur an.

„Du solltest den Händler im Auge behalten!“, gab Arthur zurück. „Harry hat dir das gesagt! Der kleine Bastard hatte einen Wurfdolch im Gürtel! Damit hat er Harry erwischt!“

Die beiden Wachleute, verzweifelt darauf bedacht, nur lebend hier herauszukommen, hatten eine Wegbiegung erreicht und rannten, sehr zu Robins Erleichterung, plötzlich los.

„Oh, Mist!“, keuchte er, als er zu dem gestürzten Geächteten hinübereilte. „Er ist tot!“

„Natürlich ist er tot, verdammt!“, schrie Arthur. „Er hat einen Dolch im Hals - schwer, damit zu atmen. Komm schon.“

Der junge Mann nahm die Waffen von Harrys Leiche und lief dann zu dem Händler hinüber, den er erschossen hatte.

„Schnapp dir das Pferd“, sagte er zu Robin, der sich benommen bewegte, um zu tun, was ihm gesagt wurde, während Arthur seinen Dolch benutzte, um die Börse des

Händlers von dessen Gürtel zu schneiden. „Gut, gehen wir.“ „Was ist mit Harry?“, fragte Robin.

„Wenn du ihn nicht schleppen willst - oder ihm ein Grab graben“- knurrte Arthur - „lass ihn für die Tiere hier liegen. Und nächstes Mal, wenn man dir sagt, dass du auf jemanden achten sollst - dann pass verdammt noch mal auf ihn auf!“

FÜNFTES KAPITEL

„Robert the Bruce? Verpiss dich!“

„Ich sage es euch.“ Bruder Tuck nickte feierlich mit seinem geschorenen Kopf, trotz Will Scarlets ungläubigen Gelächters. „Das sagen die Leute: Der Earl von Lancaster hat sich um ein Bündnis mit den Schotten bemüht.“

Es war eine warme, feuchte Nacht in der zweiten Juniwoche. Der Wald war stockfinster und still auf Meilen ringsum, abgesehen von den Geräuschen der Insekten und lachenden Geächteten.

Harry Halbhands Tod war von allen weitgehend vergessen, außer von Robin selbst. Das Leben eines Geächteten war billig.

Robin wusste, dass der Tod des Mannes seine Schuld war - sein Mangel an Erfahrung hatte ihn sich auf die beiden Söldner konzentrieren lassen, statt *alle* als Bedrohung anzusehen, selbst den anscheinend harmlosen Händler. Er würde denselben Fehler nicht noch einmal begehen.

Das Lagerfeuer loderte fröhlich in der Mitte der kleinen Lichtung, mehr wegen des Lichts als wegen der Hitze, und Adam Bell zuckte mit den Schultern, als er Tuck ernst anschaute.

„Ich könnte es ihm nicht übel nehmen, wenn er mit Bruce redete.“

Scarlet beugte sich auf dem Baumstumpf, auf dem er saß, vor, sein Gelächter wurde von Empörung abgelöst. „Du würdest es ihm nicht übel nehmen? Er soll unsere Leute vor diesen schottischen Bastarden schützen, keine Bündnisse mit ihnen eingehen!“

Robin beobachtete, wie Adam einen Schluck von seinem Ale nahm. Er war überrascht, seinen Anführer Will - einen seiner engsten Vertrauten - mit einem Blick höchster Verachtung anfunkeln zu sehen, aber der Ausdruck blieb nur einen Augenblick auf seinem Gesicht, bevor er durch ein glattes Lächeln ersetzt wurde und niemand sonst schien ihn zu bemerken.

„Vielleicht", grunzte Adam, „fand der Earl von Lancaster, dass es ein annehmbarer Preis wäre, die Schotten zu Hilfe zu rufen, um Englands wertlosen König loszuwerden? Manchmal muss ein Anführer mit Leuten arbeiten, von denen er weiß, dass sie unter ihm stehen."

Robin schaute wieder genau hin, als Bells Blick spöttisch auf Will ruhten, aber Bruder Tucks dröhnende Stimme lenkte aller Augen auf ihn.

„Das klingt wie Prior de Monte Martini, als er mir seinen Karren anvertraute", lachte er. „Der liebe Gott weiß, dass er mich als weit unter ihm stehend betrachtete."

„Er hatte wohl schon recht",
grinste Little John.

Robin und der Rest der anderen lächelten, als Tuck fortfuhr.

„Ich frage mich, was passierte, als diese beiden Wachleute nach Lewes zurückkamen und dem Bastard sagten, dass sein Karren gestohlen worden wäre."

* * *

Nach dem Raubüberfall auf den Geldkarren des Priors beschlossen die beiden überlebenden Wachen, dass es sicherer wäre, dorthin zurückzukehren, wo sie ihre Reise begonnen hatten, nach York, statt mit leeren Händen bei de Monte Martini unten in Lewes mit leeren Händen aufzutauchen. Daher dauerte es einige Zeit, bis die

Nachricht von dem Diebstahl den Prior erreichte. Als er entdeckte, dass es Adam Bell und seine Bande waren, die all sein Geld gestohlen hatten, wurde er noch zorniger.

„Adam Bell! Bell hat mein Geld! „Weißt du, wie viel Geld in diesem Karren war?“, brüllte de Monte Martini seinen Mundschenk an und schleuderte das Schreiben aus York auf seinen Schreibtisch. „Zweihundert Mark! So viel war es!“ Er begann, wild im Raum herumzulaufen, und rang dabei die Hände.

Ralph war über die Zahl erstaunt. Zweihundert Mark war eine beträchtliche Summe Geldes, selbst für die Verhältnisse des Priors. Er nickte nur stumpf, versuchte sein Bestes, den zornigen de Monte Martini nicht zu reizen.

Seit Robin den Prior angegriffen hatte, verspürte dieser ein brennendes, unchristliches Verlangen nach Rache. Es hatte Wochen gedauert, bis seine gebrochene Nase so weit geheilt war, dass er richtig atmen konnte, und selbst jetzt wusste er, dass er diese Entstellung den Rest seines Lebens mit sich herumtragen würde.

„Weißt du, was es schlimmer macht, Ralph? Als dieser Bastard Robin Hood verschwand, besagten die Gerüchte in Wakefield, dass er sich Adam Bells Bande angeschlossen hätte. Also bricht mir dieses kleine Stück Abschaum die Nase, entgeht dem Gesetz und jetzt sitzt er da und genießt mein Geld!“ Der Prior hob einen silbernen Kelch auf, den Ralph gerade mit Wein für ihn gefüllt hatte und schmetterte ihn gegen die Wand. „Bestelle diesen Vogt aus Wakefield hierher! Wenn er sich nicht von allein die Mühe machen will, diese Geächteten einzufangen, sollte ich ihm vielleicht eine Belohnung dafür bieten, dass er es tut!“

Der Mundschenk brauchte keine weitere Überredung, um den Raum fluchtartig zu verlassen.

* * *

Das Wetter wurde noch heißer, als der Sommer vollends in Barnsdale einzog, die Bäume und Büsche waren dick mit Laub und Blüten bewachsen, unter denen man sich verstecken konnte, und mit vielen reifen, saftigen Beeren.

Wie die Flora war auch Robin während seiner Wochen im grünen Wald gewachsen und gereift.

Die Zeit, die er jeden Tag bei Übungskämpfen mit John, Will und den anderen Männern verbrachte oder den großen Langbogen auf Strohziele, die von Bäumen hingen, abschoss, hatte Robin in mehrfacher Weise verändert, die er nicht vorhergesehen hatte. Sein Körper war eine harte Kampfmaschine geworden: Er hatte seit jungen Jahren enorm kräftige Arme und Schultern gehabt, dank seiner Übungen im Bogenschießen, aber jetzt hatte sich der Rest seines Körpers auch mit Muskeln ausgefüllt, doch hatte er Anmut und Schnelligkeit behalten, mit denen er immer gesegnet gewesen war. Er konnte inzwischen bei den Übungen die meisten anderen Geächteten im Kämpfen und Schießen besiegen.

Er hatte auch begonnen, Adam über militärische Taktik auszufragen. Es wurde nie ausdrücklich erwähnt, aber Adam nahm es hin, dass die Geächteten wussten, dass er irgendwann in seiner Vergangenheit Soldat gewesen war, und er war offen dafür, strategische Aspekte mit jedem zu diskutieren, der sich dafür interessierte. Bis Robin sich der Gruppe angeschlossen hatte, zeigte nur Will wirklich den Wunsch oder die Fähigkeit, Kavallerieformationen, Nutzung des Geländes, Belagerungskriegführung oder andere soldatische Themen zu verstehen. Während Will früher Söldner gewesen war, also bereits eine Vorstellung von Dingen hatte, wie, dass man höher gelegenes Gelände nutzen sollte, hatte Robin nie über solche Dinge nachgedacht, bis er Geächteter geworden war.

Eines warmen Nachmittags zog Adam Will Scarlet beiseite, während die Männer am Üben waren. Robin kämpfte gegen Little John, beide Männer benutzten hölzerne Schwerter, und Bell beobachtete sie mit Interesse.

„Was hältst du von unserem neuen Rekruten?"

Will schaute in Robins Richtung, als der junge Mann gerade fachmännisch einen Stoß von John abwehrte und die Abwehr des größeren Mannes mit einem ‚tödlichen' Schlag unterlief. „Er hat eine Menge gelernt, seit er vor ein paar Wochen zu uns kam", sagte Will achselzuckend. „Aber du konntest vom ersten Tag, an dem er auftauchte, sehen, dass er etwas an sich hat, das keiner dieser Burschen besitzt."

Bell nickte zustimmend. „Und doch, findest du es nicht bemerkenswert, wie *sehr* er sich in so kurzer Zeit verbessert hat?"

Die Geräusche von Robins und Johns heftigem Übungskampf, das Grunzen der Anstrengung und das Klicken von Holz auf Holz erfüllten die Luft. Die meisten anderen Geächteten hatten ihre eigenen Übungen eingestellt, um zuzuschauen, wie der Riese und der Neue Schlag um Schlag wechselten, längere Zeit es keiner jedoch schaffte, einen sauberen Stoß zu landen.

„Worauf willst du hinaus?", staunte Will. „Du glaubst nicht, dass er der unschuldige, kleine Dorfjunge ist, der er zu sein behauptet?"

Bell verschränkte die Arme, fasziniert von dem Zweikampf vor ihnen. „Ich weiß nicht", gab er zu. „Seine Geschichte ist wahr, soweit ich es sagen kann. Und dennoch ... gib ihm ein paar Monate, und er wird ein besserer Schwertkämpfer oder Bogenschütze sein als sonst jemand in dieser Gruppe."

Lauter Jubel ertönte, als Little John müde wurde und plötzlich sein Übungsschwert fallen ließ, nach vorn rannte und irre grinsend Robin in eine große Bärenumarmung schloss.

„Ergib dich!“, brüllte der Riese mit atemlosen Gelächter, als das Gesicht seines Gegners tiefrot wurde und er ergeben nach Luft schnappte.

„Geht's dir gut da, Hood?“, gackerte Matt Groves und schaute sich unter den Geächteten um. „Vielleicht sollten wir anfangen, *dich* Scarlet zu nennen statt Will. Dein Gesicht sieht aus, als wollte es gleich platzen!“

Robin brach neben John im Gras zusammen, keuchend wie ein durstiger Hund.

„Verpiss ... dich ... Groves!“

„Japp, verpiss dich, Matt!“, brüllte Little John mit einem feisten Grinsen und schlug Robin entschuldigend auf den Rücken. „Du sauertöpfischer kleiner Wicht.“

Will schaute Adam mit einem kleinen Lächeln an. „Wer weiß? Vielleicht ist er der wiedergeborene König Arthur und hat deshalb solche Anlagen. Ich kann dir jedoch eines sagen: Er wird nicht nur ein guter Kämpfer sein - er wird eines Tages auch ein Anführer sein. Die Männer haben sich alle an ihn gewöhnt wie an einen alten Freund.“

„Alle außer Matt“, grunzte Adam und machte eine Handbewegung in Richtung des mürrischen Groves, als die Männer das Interesse verloren und zu ihren eigenen Übungskämpfen zurückkehrten.

Will nickte zustimmend. „Jau ... aber Matt mag *niemanden*.“

„Zeit, dass ich alle daran erinnere, wer hier das Sagen hat, he?“, grunzte Bell und ging zu Groves hinüber, nahm diesem sein Holzschwert ab und drehte sich zu Robin um, der mit einem Lächeln auf dem Gesicht noch still auf dem Boden lag, um wieder zu Atem zu kommen.

Adam Bell übte nie mit den anderen Männern, sondern allein mit Will oder John. Robin nahm an, dass es dazu diente, dass niemand Adam öffentlich besiegen konnte, was vielleicht seine Autorität untergraben würde.

„Komm, Robin, Zeit, dass ich dich selbst auf die Probe stelle. Nimm deine Waffe, Bursche."

Robin sah überrascht hoch, bevor er auf die Füße kam und sein schweres Übungsschwert aus dem Gras aufhob. Er hatte mit einem Holzschwert zu üben begonnen, das fast das doppelte Gewicht seines Stahlschwertes hatte. Will hatte ihm diesen Trick gezeigt und ihm gesagt, dass die eindringenden römischen Legionäre vor tausend Jahren mit ähnlichen Waffen geübt hätten. Wenn der Körper sich erst bei den Übungen an ein so schweres Schwert gewöhnt hatte, wurde das Kämpfen mit einem leichteren Stahlschwert in der Hitze einer echten Schlacht viel leichter.

Nicht alle Geächteten übten jedoch mit den schweren Holzschwertern - Will und Adam waren die beiden einzigen, die sich noch die Mühe machten. Little John neigte dazu, sich an seinen riesigen Kampfstock zu halten, der junge Gareth hatte nicht die Kraft dazu und Tuck sagte einfach, es wäre zu viel Aufwand, da er ein Mann des Friedens war, der eine Gruppe starker Geächtete um sich herum wusste, die ihn in einem Kampf verteidigen würden.

Robin hatte zuerst erheblich mit der schweren Waffe zu kämpfen gehabt, trotz seiner mit dicken Muskeln bepackten Arme aber Will versicherte ihm, dass es sich auf lange Sicht lohnen würde, daher machte er beharrlich weiter, erlitt eine Niederlage nach der anderen bei seinen Kämpfen gegen die anderen Männer. Schließlich jedoch gewöhnte er sich an das schwere Übungsschwert und schwang es fast so leicht wie eines von normalem Gewicht.

Als ihr Anführer auf den Übungsplatz schritt, seine Schultern rollen ließ und die Arme schwenkte, um die Muskeln aufzuwärmen, schauten die anderen Männer sich überrascht an. Unter allen Leuten, mit denen Adam hätte kämpfen können, hatten sie nicht erwartet, dass er Robin Hood wählen würde - ganz einfach, weil sie dachten, dass Robin gewinnen könnte.

Will zuckte die Schultern, als Little John ihm einen fragenden Blick zuwarf, während Robin, ebenso verblüfft, zur anderen Seite ging, seine Füße in einer Abwehrhaltung positionierte und sich darauf vorbereitete, gegen seinen Hauptmann zu kämpfen.

Der junge Mann wusste, dass Adam anders als er keines der schwereren Übungsschwerter benutzte - da Matt Groves dies nie tat. Robin war auch außer Atem und müde von seinen Anstrengungen der letzten Stunde, während Bell frisch war. Er erkannte, dass Bell beabsichtigte, seinen Männern hier eine Botschaft zu übermitteln. Auf seine Kosten.

Ein leichter Regen begann zu fallen, als die beiden Kämpfer begannen, einander zu umkreisen, Bell machte den ein oder anderen Scheinangriff oder Sprung, um seine Muskeln aufzuwärmen, während Robin sich damit zufriedengab, sich zu bewegen und zuzuschauen, seinen Gegner einzuschätzen, und den kühlen Schauer nach seiner Strapaze des Übungskampfs gegen John zu genießen.

Bell stieß mit seinem Schwert fast unglaublich schnell in Richtung von Robins Mitte, aber ungesehen geschickt parierte Robin den Schlag, drehte seine Waffe um und zielte, blockierte und griff Bells Bauch an, wonach die beiden Männer auseinandergingen, beide ein wenig schwerer atmend.

Obwohl Adam die Fortschritte seines jungen Rekruten beobachtet hatte, fand er es verunsichernd, schließlich gegen Robins erstaunlich rasche Reflexe angehen zu müssen. Er hatte gehofft, sich durch die Verwendung eines leichteren Schwertes einen bedeutenden Vorteil zu verschaffen, aber alles, was das zu bewirken schien, war, den Kampf einigermaßen auszugleichen.

Little John hatte Robin oft von Adams Fähigkeiten als Schwertkämpfer erzählt. Der große Mann hatte in zahllosen Schlachten neben seinem Anführer gestanden und mit eigenen Augen gesehen, wie schnell, wendig, stark und vollkommen skrupellos er war. Robin konnte jedoch die Beklommenheit in Bells Augen sehen - sein erster Angriff war mit Leichtigkeit abgewehrt worden und das hatte den Mann erschüttert.

Sie tänzelten ein paar Minuten länger umeinander herum, der Ärger in Adams Augen wurde stärker, als ihm klar wurde, dass er den jungen Freisassen vielleicht nicht schlagen könnte.

Adrenalin schoss durch Robins Adern, als er Bells Angriffe abwehrte, aber er hielt sich zurück. Er hatte das Gefühl, in eine Kombination von Bewegungen ausbrechen zu können, gegen die sein Rivale keine Verteidigung hätte, aber er wusste, dass es ein großer Fehler gewesen wäre, den Anführer der Geächteten zu schlagen.

Er wollte, dass Adam ihn respektierte, ihn schätzte - und ihn seine Künste lehrte.

Er wollte nicht, dass Adam ihn fürchtete oder das Gefühl bekäme, dass Robins Anwesenheit seine Führung untergrübe.

Seine Augen nahmen einen gejagten, ängstlichen Blick an, als er sich mit dem Ärmel den Regen von der Stirn wischte und dann mit einem Brüllen einen weiten Schlag gegen Bells linke Seite führte, wobei sein rechter Fuß jedoch plötzlich auf dem nassen Gras ausrutschte. Bell wehrte den halbvollendeten Schlag leicht ab und trat vor, um mit seinem Schwert gegen die Rippen seines glücklosen Gegners zu hauen. Robin brach mit einem Schrei auf dem nassen Gras zusammen, seine Hand griff schwach nach seiner verletzten Seite - es fühlte sich an, als hätte Bell ihm ein paar Rippen gebrochen.

Die Geächteten jubelten und Bell lächelte ihnen triumphierend zu. Little John klatschte ihm die Hand auf die Schulter, als er vorbeiging, um sich neben Robin zu knien.

„Bist du in Ordnung, Junge? Das klang schmerzhaft."

„Es *war* schmerzhaft!" Robin zwang sich zum Aufstehen, er hielt sich noch immer die Seite und schaute Bell an. „Du hast mich erwischt, Adam - zu schnell für mich." Er verzog vor Schmerz das Gesicht und verließ den Übungsplatz, wobei er sich einen Krug Bier schnappte, den jemand ihm hinhielt.

Die anderen Männer begannen, aufgeregt über den Kampf zu diskutieren und die besten Szenen wieder zu erzählen, wobei sie alles beschönigten, sodass es sich nach einem weit aufregenderen Wettkampf anhörte, als es tatsächlich gewesen war.

Adam kam herüber und setzte sich neben Robin. Auch ihm hatte jemand einen Krug Bier gereicht. „Das war ein guter Kampf, Junge. Ich dachte fast, dass du für mich zu gut sein würdest."

Robin nahm einen tiefen Zug seines Ales, schüttelte dann mit einer Grimasse wegen des brennenden Schmerzes an seinem Brustkorb den Kopf. „Ich habe geübt und viel aufgeschnappt, seit ich mich deiner Bande angeschlossen habe, aber ich wusste, dass ich dich nicht schlagen könnte - John hat mir gesagt, was für ein zäher Kämpfer du bist." Bell nickte gnädig und trank selbst einen Schluck. „Bei einem Kampf kann alles Mögliche passieren, Robin, das Wichtigste ist, wachsam zu bleiben. Ich wusste, dass du irgendwann einen Fehler machen würdest - ich musste nur das Beste daraus machen, wenn es so weit wäre."

Robin kippte den Rest seines Ales hinunter und war dankbar, als der Rest der Männer die Übungen für den

Tag aufgaben und herüberkamen, um Bell zu seinem Sieg zu gratulieren. Die Atmosphäre war während des Kampfes angespannt gewesen, die Geächteten hatten Schwierigkeiten vorausgeahnt, sollte er nicht richtig ausgehen. Nachdem Adam jetzt gewonnen hatte, war es, als ob die Spannung sich gelockert hätte und die Männer hatten Lust zu feiern, ohne auch nur zu verstehen, warum.

Bell selbst glaubte ehrlich, dass er Robin besiegt hatte, ebenso wie Little John und die anderen Geächteten. Nur Will Scarlet blickte nachdenklich auf Robin, jedoch waren seine grünen Augen so unergründlich wie immer.

SECHSTES KAPITEL

Matilda war im Wald, nicht weit entfernt vom Dorf, wo sie Holz für ihren Vater sammelte, als sie plötzlich spürte, wie Hände sie um die Taille packten. Sie stieß einen leisen Schrei aus und versuchte verzweifelt, ihrem Angreifer die Ellenbogen in die Rippen zu stoßen.

„Au! Ich bin's, Matilda, beruhige dich!"

Die Hände lockerten ihren Griff und Matilda wirbelte nach Luft schnappend herum. „Robin, was zum Teufel machst du?"

Plötzlich schien es ihm kein so lustiger Einfall mehr zu sein, sich an sie heranzuschleichen, und Robin hob entschuldigend die Hände. „Tut mir leid. Ich habe nur Spaß gemacht."

Matildas Augen blitzten wütend und sie stemmte die Hände in die Taille. „Nun, du verdammter Idiot, das war nicht witzig. Jeder im Dorf ist auf der Hut seit dem Maitag, als du den Prior geschlagen hast - der Vogt kommt ständig und schikaniert uns. Ich dachte, du wärest einer seiner Männer."

Robin hatte nicht einmal daran gedacht und er entschuldigte sich erneut, nahm die Hand des Mädchens in seine und zog sie in eine Umarmung.

„Na schön. Aber mach das nie wieder." Um ihren Standpunkt zu unterstreichen, stieß Matilda ihm spielerisch das Knie ins Gemächt, aber lächelte und umarmte ihn fester, als er quietschte. „Wie ist es dir ergangen? Ich habe dich vermisst; es ist Wochen her, seit ich dich gesehen habe."

Sie begannen, Hand in Hand durch den Wald zu gehen und Robin erzählte Matilda von seinem Leben mit Adam Bells Männern und versicherte ihr, dass die Geächteten nicht alle Mörder und Vergewaltiger waren, und versuchte, sie zu überzeugen, dass er viel Spaß hätte.

Nachdem die Geächteten begonnen hatten, ihn zu akzeptieren, erhielt er mehr Verantwortung und Robin hatte schon erlebt, dass er selbst kleine Raubzüge anführen durfte, wenn sie es auf reiche Kaufleute abgesehen hatten, die durch die Wälder von Yorkshire reisten. Bis zur Sommersonnenwende hatten sich die meisten Geächteten daran gewöhnt, Robin hinter Adam Bell und Little John auf dem dritten Rang zu sehen.

Obwohl Will Scarlet große Erfahrung hatte und die Männer ihm vertrauten, mochten die meisten Männern ihn wegen seiner brütenden, dunklen Launen nicht. Robin andererseits war ein angenehmer Kamerad, voller Lachen und Scherzen. Zugegeben, er konnte sich gelegentlich in seine eigene, düstere Welt zurückziehen, aber das ging allen der Geächteten so, wenn sie an ihre Familien, Freunde und das zurückgelassene Leben dachten, oft aufgrund der Ungerechtigkeit eines Lords.

Will schien Robins Aufstieg über seinen eigenen Rang in der Gruppe hinweg friedlich hinzunehmen, aber Adam Bell achtete sorgfältig darauf, die beiden Männer nie zusammen auf einen Raubzug zu schicken.

Bruder Tuck und einige der anderen Männer waren an diesem Tag wegen einiger Vorräte nach Bichill gegangen; es war ein warmer Morgen, die Sonne stand hoch am Himmel und nur ein leichter Wind aus dem Westen hielt die Temperatur davon ab, unerträglich zu werden. Die Bande hatte jedoch reichlich Essen in ihren Vorratskisten und sonst nichts zu tun, daher hatte Adam Robin erlaubt, nach Wakefield zu gehen, um seine Familie und Freunde zu besuchen.

„Ich vermisse dich“, sagte er zu Matilda. „Ich wünschte, ich könnte dich öfter sehen. Aber wenn die Männer des Vogts immer noch herumlungern und mich jagen, bringe ich dich in Gefahr, wenn jemand uns zusammen sieht."

„Ja, ja, das weiß ich", fauchte Matilda und ließ ein ironisches Lächeln aufblitzen. „Meine Mutter wird es nie müde, mir von den Gefahren wegen Robin Hood etwas zu erzählen. Und sie hat recht. Aber es wäre trotzdem schön, dich öfter zu sehen." Ihre Augen funkelten und sie lachte auf. „Was ist aber mit Much? Er schleicht ständig um den Pfeilmacherladen meines Vaters herum und fragt, ob ich dich gesehen habe."

Robin grinste. „Ich werde später nach ihm suchen. Adam sagte, ich könnte heute so viel Zeit hier verbringen, wie ich wollte, wenn ich vorsichtig wäre, daher habe ich meine Ma und meinen Pa und Marjorie besucht und bin dann dich suchen gegangen." Matilda warf ihm einen fragenden Blick zu. „Adam Bell macht sich Sorgen, dass dir etwas zustoßen könnte?"

Robin lachte. „Natürlich. Er würde doch nicht gerne einen seiner tödlichsten Kämpfer verlieren, oder?" Matilda zog die Augenbrauen hoch und er fuhr, zerknirscht lächelnd, fort: „Nicht ganz, er macht sich nur Sorgen, dass ich sie verraten könnte, wenn ich erwischt werde."

Matilda erwiderte süffisant sein Lächeln. „Tödlicher Kämpfer, he? So bescheiden wie eh und je."

Die beiden wanderten weiter und genossen die Gegenwart des anderen, bis ihnen klar wurde, dass sie wieder dicht beim Dorf angekommen waren. Die Mühle kam in Sicht und Robin machte eine Kopfbewegung in ihre Richtung. „Vielleicht können wir Much jetzt erwischen. Ich bleibe hier außer Sichtweite, wenn du ihn bitten könntest, herauszukommen?"

„Oder vielleicht könnten wir eine Weile etwas Interessanteres tun?" Matilda trat mit großen Augen dicht an ihn heran, drückte ihre kleine Brüste gegen ihn und umfasste seine Hoden durch seine Hosen mit der Hand.

Robin fühlte, wie er sofort steif wurde und grinste, bevor er das Mädchen neben sich ins Gras niederzog.

Sie küssten sich leidenschaftlich, ihre Hände entfernten hektisch die Kleider des anderen, bis Matilda sich auf ihn schwang und er keuchte, als er sich tief in sie hineingleiten fühlte.

Matilda bog ihren Rücken mit einem mutwilligen Lächeln durch, als Robin ihre Brüste drückte und fast verzweifelt in sie hineinstieß. Während er wochenlang mit einer Bande hässlicher Männer in einem Wald festsaß, war Robin mehr als nur ein wenig frustriert geworden und jetzt, wo dieses schöne Mädchen sich auf ihm bewegte, konnte er sich nicht lange zurückhalten. Mit einem explosiven Keuchen der Lust ließ er seinen Samen in sie hineinschießen.

Matilda beugte sich hinab und sie küssten sich eine Weile sanft und umarmten sich glücklich. „Hast du es genossen?", fragte das Mädchen schmunzelnd.

„Genossen?" Robin lachte. „Es war unglaublich! Der Vogt hätte genau da auftauchen können und ich hätte nicht aufhören können, weil ich es so sehr genoss."

Matilda lachte, rollte sich auf dem Gras herum, um einen Moment lang zufrieden zu dem wolkenlosen Himmel aufzuschauen. „Sollen wir zur Mühle gehen, um Much zu suchen?"

„Japp", stimmte Robin zu und zog seine Hosen wieder an. „Hoffentlich ist er ..."

Ein grässlicher Schmerzensschrei zerriss die friedliche Nachmittagsluft und die Liebenden schauten einander entsetzt an.

„Das kam von der Mühle!", rief der junge Geächtete aus und schnallte sich hektisch das Schwert um die Taille. „Warte hier!" Er rannte davon, noch halb nackt, auf die Brücke zu, die zu Muchs Heim führte.

* * *

Thomas, der Müller, schrie wieder, als der Vogt den schweren, hölzernen Hammer auf seine Hand knallen ließ. Much wurde von zweien der Männer des Vogts zurückgehalten, als er darum kämpfte, seinem Vater irgendwie zu helfen, der mit Händen und Füßen an einen seiner eigenen Stühle gebunden war.

Henry, der Vogt wandte sich wieder an Much. „Wenn du mir nicht sagst, wo Hood sich versteckt, Junge, wird dein Vater keine Hände mehr haben, um in dieser Mühle arbeiten zu können."

Der Vogt wusste, dass die Frau des Müllers vor zehn Jahren gestorben war, und, da die Mühle abseits des Dorfes stand, niemand die gequälten Schreie hören und nachsehen kommen würde, was hier geschah.

Much hatte Tränen in den Augen, als er sah, wie sein Vater sich in Qualen gegen seine Fesseln aufbäumte und schrie den Vogt an. „Ich weiß nicht, wo Robin ist, ich habe ihn seit Wochen nicht gesehen, seit er sich Adam Bells Bande angeschlossen hat! Ich schwöre es! Lass meinen Vater in Ruhe, bitte, Henry!"

Der Vogt schaute bei Muchs Leugnen finster drein. Nachdem ihm die Nase eingeschlagen worden war, hatte der Prior gefordert, dass Robin Hood zur Rechenschaft gezogen werden müsste und ihm eine hübsche Summe Geldes geboten, und dies hatte wie die ideale Methode ausgesehen, um den jungen Geächteten ausfindig zu machen. Aber dieser Bastard Much war überhaupt keine Hilfe. Er hob den Hammer erneut, aber diesmal schlug er den Müller damit auf die Seite des Gesichts.

„Hör auf!", schrie Much wieder und schlug mit Armen und Beinen um sich im Versuch, zu seinem Vater zu gelangen. „Ich schwöre dir, dass ich nicht weiß, wo Robin ist, du musst nach Adam Bell suchen!" Henry musste akzeptieren, dass Much tatsächlich nichts Hilfreiches wusste. Sonst hätte er Hood mittlerweile verraten. Der Vogt ließ den Hammer auf den Tisch plumpsen und Much schluchzte vor Erleichterung, als sein Vater auf dem Boden lag, blutig und benommen, aber wenigstens lebendig.

„Nun, dann ist keiner von euch von Nutzen für mich, aber ich kann euch nicht herumlaufen und Ärger machen lassen - kann doch nicht dulden, dass die Leute von Wakefield sich über mich beim Earl beschweren, oder? Er hört zu sehr auf die Bauern, dieser Mann. Wir werden es so aussehen lassen, als ob die Geächteten eingedrungen sind und euch beide umgebracht haben ...“

Der Vogt zog den Dolch aus seinem Gürtel und rammte die schmale Klinge in das Herz des stöhnenden Müllers. Er ließ sie dort, drehte sich um, zog langsam sein Schwert aus der feinen Lederscheide und kam mit einem bösartigen Lächeln auf den entsetzten Much zu. „Du bist dran, Junge.“

Die Tür zur Mühle wurde aufgetreten, fast aus den Angeln gerissen, als eine große, dunkle Gestalt in den trübe beleuchteten Raum stürzte. Henry hob instinktiv sein Schwert, aber der Schattenmann kam von unten und stieß sein eigenes Schwert nach oben in die Eingeweide des Vogts, wobei er Muskeln und Fleisch zerriss, als er die Klinge wieder herauszog. Der Vogt griff schwach nach seinem zerrissenen Körper und brach auf dem Boden zusammen, Blut floss aus seinem schlaffen Mund, die Augen starrten hilflos auf seinen Mörder.

Much fiel ebenfalls auf seine Knie, schnappte vor Schreck und Unglauben über das, was in seinem Heim geschah, nach Luft, als seine Bewacher ihn losließen, um ihre eigenen Waffen gegen den unerwarteten Angreifer ziehen zu können. Die beiden Wildhüter traten voneinander weg und nahmen eine Verteidigungshaltung ein, die Schwerter bereit, um dem jungen Mann gegenüberzutreten, der mit gesenktem Kopf dastand, sie bedrohlich anstarrte, während seine muskulöse Brust vor Anstrengung wogte und dickes Blut vom Ende seines Schwertes tropfte.

„Wir sind zu zweit ...“, begann einer der Männer, aber Robin bewegte sich unglaublich schnell, sprang vor und rammte die Schwertspitze unter das Gesicht des Mannes, direkt durch den Kopf bis nach oben.

Als der zweite Wildhüter sich bewegte, um ihn anzugreifen, riss Robin sein Schwert heraus und trat brutal gegen das Schienbein des nächsten Angreifers. Der Schlag ließ den Mann mit dem Gesicht zuerst zu Boden gehen, als sein Knie nachgab, und Robin rammte seine Klinge dem Mann in die Seite. Als der Wildhüter am Boden ankam, boxte ihn der junge Geächtete mit der linken Hand in den Hinterkopf und für eine Sekunde war alles still.

Matilda kam in die Mühle gelaufen und blieb, eine Hand vor den Mund geschlagen, stehen, ihre Augen huschten voller Entsetzen über den Anblick der vier toten Männer im Raum herum.

Much begann zu schluchzen und wiederholte immer wieder den einen Satz: „Maria, Heilige Mutter Gottes“, wobei er manchmal seinen Vater anschaute, in dem noch der Dolch des Vogts steckte, manchmal in entsetztem Unglauben Robin ansah.

„Much.“ Robin, der selbst anfing, vor Schock zu zittern, schüttelte sich, als das Adrenalin aus seinem Körper rann, kniete nieder und legte seinem Freund eine Hand auf die Schulter. „Du musst mit mir kommen. Sie werden wieder nach dir suchen, diesmal mit mehr Männern. Der Prior muss das befohlen haben.“

Much rutschte zu seinem toten Vater und saß dort, unkontrolliert schluchzend, bis Matilda kam und die Arme um ihn legte.

„Robin hat recht“, flüsterte sie mit Tränen des Unglaubens in ihren eigenen Augen. „Du musst weg.

Wenn der Prior den Vogt hierher geschickt hat, wird er so etwas nicht durchgehen lassen. Er wird sicherstellen wollen, dass du nicht redest."

Much saß einen Moment da und hob dann den Kopf, um seinen Kindheitsfreund wütend anzustieren. „Es ist alles deine Schuld, nichts davon wäre passiert, wenn du diesen verfluchten Prior nicht geschlagen hättest!"

Robin hatte keine Antwort auf den anklagenden Blick seines Freundes, daher schwieg er.

„Much, dafür ist jetzt keine Zeit", sagte Matilda sanft zu ihrem Freund. „Vielleicht ist es Robins Schuld, aber noch mehr Männer werden jetzt nach dir suchen - der Vogt ist tot! Du wirst mit Robin gehen müssen, oder sie werden dich wegen Mordes hängen!"

Much nickte fast unmerklich und nach einer Weile kam er langsam auf die Beine, wobei seine Augen nie vom Gesicht seines toten Vaters wichen. „Lasst mich meine Sachen holen, bitte ..."

„Natürlich", antwortete Robin. „Nimm alles, was du tragen kannst. Geld, Waffen, Kleider, Essen. Wir können nie wieder hierher kommen. Aber beeile dich!"

Als Much noch benommen sich daran machte, seine Sachen zusammenzusuchen, stand Matilda vor Robin, Verwirrung und Unglauben deutlich in ihrem schönen Gesicht. „Du hast drei Männer getötet. So etwas habe ich noch nie gesehen."

Robin sank zu Boden, seine Hände zitterten heftig. „Ich weiß. Adams Männer sind gute Lehrer. Ich habe noch nie zuvor jemanden getötet. Ich wollte sie nur davon abhalten, Much umzubringen." Seine Augen füllten sich mit Tränen.

Matilda nahm sanft seine Hand. „Du hast es gut gemacht, Robin, du hast sein Leben gerettet."

„Vielleicht." Er schaute hinüber zu den Leichen der Männer, die er getötet hatte, und verbarg sein Gesicht in den Händen. Ihm war, als müsste er sich erbrechen. „Ich bin bereit.“ Much kam mit trostlosem Gesicht zurück in den Raum und Robin stand, sich die Tränen mit der Hand abwischend, auf.

„In Ordnung. Gehen wir Adam suchen.“

* * *

„Mylords!“ Sir John de Bek, ein dunkelhaariger Mann in fortgeschrittenem Alter, erfüllte den Raum mit seiner gewaltigen Baritonstimme und rief die Versammlung zur Ordnung. Die versammelten Adligen - Barone, Ritter und Bischöfe aus allen Ecken des Landes, verstummten, als aller Augen sich auf de Bek richteten, der fast wie ein Kanzler zu handeln schien, als ob dies eine Art inoffizielles, nördliches Parlament wäre.

„Der Earl von Lancaster“, fuhr Sir John fort und nickte zu dem mit grimmigem Gesicht am Kopfe des riesigen Holztisches sitzenden Earl hinüber, „hat uns hierher gerufen, um eine Reihe von Fragen zu besprechen. Erstens: das Problem mit den Schotten.“

Die Magnaten saßen schweigend da, während der „Kanzler“ des Earls umständlich die Bedrohung durch die Schotten darlegte. „Seit Jahren veranstalten sie Raubzüge bis tief in unsere Ländereien im Norden - wir können nicht erlauben, dass das so weitergeht!“, schwor de Bek leidenschaftlich. „Bei unserem letzten Treffen im Mai unterschrieben einige von uns einen Pakt, in dem wir zustimmten, die Ländereien der jeweils anderen gegen die schottische Bedrohung zu verteidigen. Jetzt bittet der Earl diejenigen unter Euch, die nicht bei dem vorherigen Treffen waren, den gleichen Pakt zu unterschreiben.“

Sir William Deyncourt führte einen Chor von Zustimmung an und es war aus der Stimmung im Raum klar ersichtlich, dass es mit diesem Vorschlag keine Probleme geben würde. Es gab ein paar beunruhigte Blicke zum Earl von Lancaster, da jeder der hier

Versammelten die Gerüchte, er würde mit den Schotten fraternisieren, gehört hatte, aber niemand schnitt das Thema an. Der Earl war derjenige, der ein Bündnis gegen die Schotten vorschlug - warum sollte er sich gleichzeitig um ihre Freundschaft bemühen? Es schien ein lächerlicher Klatsch zu sein, vermutlich von den Royalisten in Umlauf gesetzt, um Thomas' Ruf zu schaden.

De Bek nickte befriedigt vor sich hin. „Da wir alle zufrieden genug damit zu sein scheinen, gehe ich zum nächsten Punkt der Tagesordnung über."

Er blickte auf ein Stück Pergament vor sich und las eine Liste von Beschwerden gegen den König vor, einschließlich rechtswidriger Verbannungen, unkluger Verträge, die er mit ausländischen Nationen abgeschlossen hatte und vor allem wegen des schlechten Charakters von Edwards engsten Ratgebern: den Despensers.

Thomas von Lancaster beobachtete die Reaktionen der versammelten Männer, als de Bek die Probleme darlegte, bemerkte aber mit Bestürzung, dass viele von ihnen - insbesondere Erzbischof Melton von York, der mächtigste der Prälaten bei der Zusammenkunft - bei den Vorwürfen gegen den König Unbehagen zu zeigen schienen.

Er fluchte leise in sich hinein - nicht nur schien er nicht die begeisterte Unterstützung zu erhalten, auf die er gehofft hatte, sondern einige der Lords aus dem Norden waren nicht zu dieser Zusammenkunft erschienen. Sir Richard-at-Lee musste wie der Großprior des Ordens entschieden haben, sich auf die Seite des Königs zu stellen, dachte Lancaster, als er das Fehlen des Johanniters bemerkte. Das war kein schwerer Schlag für die Pläne des Earls: Sir Richard war nur ein kleiner Adliger mit geringen persönlichen Mitteln, es war völlig unwahrscheinlich, dass er den Johanniterorden in

England dazu bewegen könnte, sich gegen Edward zu stellen.

Dennoch, je mehr Unterstützung Thomas gewinnen konnte, desto besser, und der Kreuzritter wäre ein hervorragender Mann auf seiner Seite gewesen, wenn die Kämpfe unausweichlich beginnen würden. Verdammt mochte er sein! Was war mit diesen Leuten los, dass sie sich nicht gegen einen so schwachen und unfähigen König auflehnten?

Als die Magnaten die Idee diskutierten, sich dem König und den Despensers entgegenzustellen, wurde die Tür des Raumes plötzlich aufgerissen und Sir Richard-at-Lee stürmte herein. Der große Ritter war beeindruckend in ein Kettenhemd gekleidet, über dem er den schwarzen Umhang seines Ordens trug, auf dem das achtspitzige weiße Kreuz kühn auf der Brust prangte. Als er seine Stulpenhandschuhe abzog, war sein graubärtiges Gesicht scharlachrot vor Wut.

Rings um den Tisch herum entstand Verwirrung, da die Männer, die den Ritter mit dem harten Gesicht nicht erkannten, in Panik gerieten und sich fragten, ob die Männer des Königs gekommen wären, um ihrem „Parlament des Nordens" ein Ende zu bereiten.

„Mylords!" Sir Richard, der sich der Wirkung, die er auf den Raum hatte, nicht bewusst war, schritt an den Kopf der Tafel, nickte dem Earl von Lancaster zum Gruße zu, der aufstand und sich bemühte, die nervösen Lords zu beruhigen.

Als klar wurde, dass der Johanniter nicht dort war, um sie zu verhaften, wurden die Edelleute still und fragten sich, was vor sich ginge.

„Mylords", begann Sir Richard wieder und schaute sich im Raum um, „einige von Euch kennen mich, andere nicht. Ich bin Sir Richard-at-Lee, Kommandant von Kirklees. Ich habe im Heiligen Land und auf Rhodos als Ritter des Ordens des heiligen Johannes gekämpft - der

Johanniter." Er stand stolz vor ihnen, die Arme weit ausgebreitet, als der Zorn aus seiner Stimme wich, nur, um durch empörten Unglauben ersetzt zu werden. „Obwohl ich zuallererst und in erster Linie Johanniter bin, bin ich doch ein treuer Untertan König Edwards und seines Vaters vor ihm gewesen - in der Tat, nach dem Treffen des Earl von Lancaster vor einem Monat war ich nicht einmal sicher, ob ich hierher zu diesem kommen sollte, aus Angst, dem König zu missfallen."

Es gab leises Murmeln des Verständnisses, da viele der versammelten Lords ähnlich Bedenken gehegt hatten, nur, um doch bei diesem Treffen zu erscheinen, aus Höflichkeit gegenüber dem reichen Earl, der schließlich Steward von England war.

„Jedoch", fuhr Sir Richard fort, „hat unser Monarch es zugelassen, dass sein - derzeitiger - Favorit, Hugh Despenser, meinen jüngsten Sohn in Cardiff unter einer erfundenen Mordanklage inhaftiert hat!"

Lancaster, der eine Gelegenheit spürte, brüllte empört und verlangte, die Tatsachen im Falle des wütenden Johanniters gegen seinen verhassten Feind zu hören.

Wie sich herausstellte, war der Vater des jungen Ritters, den Sir Richards Sohn - unbeabsichtigt - in einem Turnier getötet hatte, ein Familienfreund des jungen Despensers. Richards Sohn, Simon, war verhaftet worden und wurde nun von Männern, die im Namen der Despensers handelten, gefangen gehalten, und Despenser hatte, als er von seinem Freund, Charles von Bodmin gehört hatte, was geschehen war, von Sir Richard eine Kaution von einhundert Pfund gefordert.

„Wie soll ich das bezahlen?", fragte Richard. „Johanniter legen ein Armutsgelübde ab, wenn sie in den Orden eintreten. Ich kann kein solches Lösegeld zahlen! Warum lässt König Edward das zu?"

Trotz des gerechten Zorns des Ritters hatte der König eigentlich nicht direkt etwas mit der Gefangenschaft zu tun - Sir Richard gab ihm nur die Schuld, weil die Despensers in seiner Gunst standen.

„Das ist empörend!“, rief Sir John de Bek entrüstet, während andere, selbst die reichsten, vor Schock über die enorme Lösegeldforderung nach Luft schnappten und der Raum versank wieder in lautem Stimmengewirr.

„Dies ist genau der Grund, warum wir heute hier sind, meine Freunde“, rief der Earl von Lancaster, als sich der Lärm endlich legte. „Sir Richard-at-Lee ist nicht der erste unschuldige Mann, der die unrechte Macht der vom König geduldeten Gier der Despensers zu spüren bekommt und, falls wir nicht aufhören, hier herumzuschwätzen, wird er auch nicht der letzten sein!“ Er ging um den Tisch herum und schaute denen in die Augen, von denen er wusste, dass sie unentschlossen waren, ob sie ihn unterstützen sollten oder nicht. „Wollt Ihr danebenstehen und einem weiteren unwürdigen Favoriten des Königs erlauben, unser Land zu ruinieren? Ich warne Euch jetzt - die Schotten sind nicht die größte Bedrohung, der sich unser Volk gegenüber sieht. Sondern die Despensers!“

Zornige Rufe der Zustimmung ertönten, einige von den Männern, die bei Beginn des Treffens noch unentschlossen gewesen waren, und Thomas marschierte zurück, um sich mit einem wilden Ausdruck in den Augen neben Sir Richard-at-Lee zu stellen. „Ich werde mich an die Seite des Kommandanten von Kirklees stellen im Kampf gegen diese Blutsauger - und Ihr?“

Sir John de Bek rief die Versammlung zur Ordnung und bat die Kirchenmänner, sich in das Haus des Rektors zurückzuziehen, um zu bedenken, was sie tun würden, während die weltlichen Lords an Ort und Stelle beraten würden. Es war ein weiterer ungewöhnlicher Schritt, eine Nachahmung der Verfahrensweise im Parlament, und blieb von den Magnaten nicht unbemerkt, von denen einige beeindruckt, andere eher von dem empört waren, was sie als Lancasters Arroganz betrachteten.

Als die Beratungen beendet waren, sah sich der Earl wieder enttäuscht durch das Zögern der Lords aus dem Norden und dem Westen bei der Zustimmung zu seinen Vorschlägen. Obwohl viele der Männer, die an der Zusammenkunft teilgenommen hatten, sich zur Zerstörung der Despensers verpflichteten, weigerten sich viele andere - von denen einige den Verdacht hegten, dass an den Gerüchten über Thomas' Verhandlungen mit den Schotten etwas Wahres sein könnte - seiner Führung zu folgen.

Die Prälaten, angeführt vom Bischof von York, stimmten zu, Thomas nach bestem Vermögen gegen die schottische Bedrohung beizustehen, beschlossen aber, sich ihr Urteil über John de Beks Anklagen gegen den König bis zur nächsten - offiziellen - Parlamentssitzung vorzubehalten.

Es war kein völliger Misserfolg, überlegte der Earl, als die Versammlung sich auflöste und die Männer sich wieder auf den Heimweg machten. Ja, viele der mächtigsten Lords würden wahrscheinlich nie gegen den König vorgehen, aber heute hatten sich einige neue Freunde gefunden und er wusste, je mehr Unterstützung er sammeln konnte, desto wahrscheinlicher war es, dass der König sie beachten würde.

Sir Richard-at-Lee nickte Thomas zum Abschied zerstreut zu und der Earl zog ihn sanft beiseite.

„Was wollt Ihr wegen Eures Sohnes unternehmen?“, erkundigte er sich und auf seinem Gesicht stand anscheinend aufrichtige Besorgnis.

Sir Richard seufzte, seine Augen wirkten schwer vor innerer Belastung und Erschöpfung. „Der Abt von St. Mary's in York hat mir angeboten, mir das Geld für Simons Kaution zu leihen. Es ist eine enorme Summe, ich fürchte, ich werde niemals in der Lage sein, sie zurückzuzahlen, aber ... ich muss meinen Sohn aus dem Kerker befreien, in der Hoffnung, dass Despenser, wenn alles geklärt ist, gezwungen sein wird, das Geld zurückzugeben. Es ist Erpressung, nichts anderes!“

Die Augen des Earls wurden schmal. Abt Ness von St. Mary's hatte während des Treffens kein Wort gesagt - Thomas wusste, dass der Mann ein überzeugter Royalist war, und der heutige Tag hatte seine Meinung nur bestätigt.

„Ich muss nicht wissen, zu welchen Bedingungen Ihr das Darlehen des Abtes angenommen habt.“ Lancaster schlug dem großen Ritter auf die Schulter. „Ihr solltet jedoch vor ihm auf der Hut sein - ich fürchte, dass ihr einen schlechten Gläubiger durch einen anderen ersetzt.“

Sir Richard zuckte mit den Schultern und rieb sich die Augen. „Was geschehen ist, ist geschehen“, murmelte er. „Ich muss jetzt gehen und meinen Sohn befreien. Ich danke Euch für Eure Worte dort drinnen und Ihr könnte sicher sein, wie wenig es auch wert sein mag - Ihr werdet mein Schwert gegen diese Bastarde von Despensers an Eurer Seite finden!“

SIEBENTES KAPITEL

Die Geächteten nahmen Much gerne in ihrer Gruppe auf. Er schoss gut mit dem Langbogen, kannte den Wald und seine offene Art machte ihn bei den Männern beliebt. Trotz der Gründe, die dazu geführt hatten, dass sein Freund sich der Bande anschloss, war Robin froh, ihn bei sich zu haben. Obwohl es ein paar Tage der Trauer gedauert hatte, vergab Much ihm am Ende die Ermordung seines Vaters - schließlich hatte der Vogt ihn getötet, nicht Robin. Wenn dieser nicht genau zu diesem Zeitpunkt aufgetaucht wäre, wäre auch Much jetzt tot - Robin hatte ihm das Leben gerettet. Zu Robins Erleichterung waren sie daher immer noch Freunde.

„Was ist das für eine Geschichte mit Adam?", fragte Much eines Nachmittags, als sie zum Jagen unterwegs waren.

„Ich bin mir nicht sicher", gab Robin zu. „Jeder hat von ihm gehört - er ist berühmt. Aber an ihm ist mehr, als er je zugibt. Selbst Little John kennt nicht die ganze Geschichte. Aber Adam ist mehr als nur ein Freisasse, der zum Geächteten wurde. Er war irgendwann einmal Soldat."

Much nickte. „Ja, und er hat auch Soldaten befehligt. Das merkt man an seiner Haltung. Alle Geschichten über Adam Bell erzählen, dass er ein gewöhnlicher Geächteter sei, aber er ist ein Adliger, das ist offensichtlich."

Wieder zuckte Robin nur mit den Schultern. Much hatte recht - Adam Bell benahm sich wie ein Adliger, kämpfte wie ein Soldat, und war ein militärischer Stratege. Sie wussten auch, dass die Geschichten über Bell seit langer Zeit, bevor sie auch nur geboren waren, an den Lagerfeuern erzählt worden waren, was hieß, dass der Anführer der Geächteten mindestens jenseits der

Sechzig sein müsste. Doch sah der Mann nicht aus, als hätte er mehr als fünfundvierzig Sommer erlebt.

Die beiden schwiegen eine Weile, während sie sich auf der Suche nach Wild ihren Weg zwischen den Bäumen hindurch suchten.

„Meinst du, dass das ein französischer Akzent ist, den er da hat?“ Much schaute Robert neugierig an. „Er spricht nicht viel, aber wenn er es tut, könnte ich schwören, dass er einen komischen Akzent hat.“

Robin lachte leise, sich immer, wenn auch unbewusst, der Geräusche des Waldes gewahr und darauf bedacht, den natürlichen Rhythmus nicht zu stören. „Du glaubst, Adam Bell, der sächsische Held der Geächteten, ist eigentlich ein französischer Adliger?“ Er hob die Schultern. „Wer weiß? Ich nahm einfach an, dass sein Akzent schottisch oder walisisch wäre.“ Ehrlich gesagt, gab es im ganzen Land so viele unterschiedliche lokale Dialekte, dass die meisten Leuten nicht sagen konnten, woher ein Fremder kam, es sei denn, sie waren selbst weitgereist.

Much antwortete nicht. Die Vermutung, dass Adam adlig war, schien völlig absurd. Doch konnten beide Männer nicht umhin, sich zu fragen, wie Bells Vorgeschichte wirklich aussah.

„Wir können Will danach fragen“, sagte Robin. „Er steht Adam am nächsten. Wenn jemand die Geschichte kennt, dann wird ... Will ...?“

Er warf Much in gespielter Verwirrung einen Blick zu und dann grinsten sie einander an. Gerade da lief ein Kaninchen über ihren Weg und in einer Sekunde hatten beide Männer den Bogen gespannt und ihre Pfeile fliegen lassen.

„Noch einer für den Kochtopf!“ Much pfiff, als beide Pfeile in ihrem Ziel einschlugen.

Als sie ins Lager zurückkehrten, stellten Much und Robin fest, dass die meisten Outlaws bereits gegessen hatten. Sie bereiteten ihre Beute vor und fügten sie dem großen Eintopf über dem Feuer hinzu.

Als sie sich zum Essen hinsetzten, ertönte ein durchdringender Pfiff und für den Bruchteil einer Sekunde erstarrten alle.

„Auf die Beine!“, zischte Will Scaflock den Geächteten zu und hängte seinen Bogen über die Schulter. Der Rest folgte seinem Beispiel. Robin ließ seine Schüssel mit Essen fallen und scheuchte Much auf, der keine Ahnung hatte, was vor sich ging.

„Jemand ist unserem Lager in die Nähe gekommen“, flüsterte Robin seinem Freund zu. „Schnapp dir deinen Bogen, vielleicht brauchst du ihn noch.“ Er trat rasch das Lagerfeuer aus, deckte es ab, um Rauch zu vermeiden, und zurrte sein Lederwams fest.

Will und Little John verteilten die Männer schnell auf Stellungen rings um das Lager herum.

Die Geächteten waren still und gut unter dem dicken Unterholz versteckt, das verblassende Tageslicht half dabei, die kleine Lichtung weniger leicht auffindbar zu machen, obwohl der Geruch von eben noch kochendem Essen jeden Jäger direkt in ihr Lager führen würde.

Langsam drangen die Geräusche von etwa einem Dutzend Männern, die sich heimlich durch den Wald bewegten, zu den versteckten Geächteten. Leise Stimmen konnten im Gespräch miteinander gehört werden und einige der Männer - den Uniformen nach Soldaten der Sheriffs von Nottingham und Yorkshire - traten vorsichtig in die Lichtung, die Schwerter gezogen und die Schilde bereit.

Wieder ertönte erneut ein Pfiff und die Geächteten ließen eine Salve von Pfeilen los. Drei der Soldaten brachen auf dem Waldboden zusammen, während ein vierter aufschrie und an den Schaft fasste, der aus seinem Oberschenkel ragte.

„Angriff!“ Der Klang von Adam Bells Stimme trug in der Abendluft weit und die Geächteten fielen über die verbliebenen Soldaten her.

Much hing verwirrt hinterher, da er noch nicht Teil der gut ausgebildeten Kampftruppe war, aber er schaute in furchtsamer Faszination zu, wie sein Kindheitsfreund Robin mit erstaunlicher Geschwindigkeit und Genauigkeit einen der Männer des Sheriffs besiegte. Muchs Augen huschten über die Schlacht, die die Geächteten leicht gewannen, und blieb auf Adam Bell hängen.

Bell hatte sich den Anführer der Soldaten vorgenommen, einen hochgewachsenen Adligen mit dunklem Haar und einem kleinen, sauber gestutzten Schnurrbart.

Much konnte sehen, wie der Adlige mit den Lippen das Wort „Ihr?“ formte, ein erschrockener Blick erschien auf seinem Gesicht, als Bell ihm das Schwert direkt in die Leistengegend stieß, um einen schnellen Todesstoß bemüht. Der Mann parierte verzweifelt und schrie etwas in einer fremden Sprache; ähnlich der, die von den Adligen gesprochen wurde, die er zu Besuch in Wakefield gesehen hatte - Französisch? Much war nicht überrascht, als Bell etwas zur Antwort grunzte, anscheinend im gleichen Dialekt.

Die Geächteten machten den anderen Soldaten den Garaus und Adam Bell brauchte nicht lange, um in der Verteidigung des Gegners eine offene Stelle zu finden, sein Schwert über die Kehle des Mannes zu ziehen und ihn zu Boden zu schlagen, indem er ihm einen Ellenbogen in die Seite rammte. Der Soldat fauchte dem Anführer der Geächteten einen letzten, trotzigen Satz entgegen und würgte dann mit vor Schmerz hervorquellenden Augen, als Adam Bell ihm das Schwert in die Brust stieß.

Robin und die anderen nahmen bereits den Leichen der Soldaten Waffen und Rüstungen ab, aber Much schaute hinüber und sah, wie Tuck mit einem überraschen Ausdruck auf dem Gesicht Adam Bell beobachtete, den er schnell verbarg, als er Muchs Blick begegnete.

„Gute Arbeit, Jungs!“, schrie Adam Bell und wischte sein Schwert an der Kleidung seines toten Gegners ab, bevor er es wieder in die Scheide rammte. „Nehmt ihnen die Wertsachen ab und schafft sie fort. Much - sieh, ob du etwas Rüstung und eine anständige Waffe für dich bei den Toten finden kannst. Will - du und John kommt mit mir. Wir haben einen Gefangenen. Finden wir heraus, was diese Bastarde in unserem Wald wollten.“

Normalerweise hätten die Geächteten die Leichen der getöteten Männer einfach im Wald liegen lassen, wo die Aasfresser sie finden würden. Aber seit Tuck sich ihrer Gruppe angeschlossen hatte, bestand er darauf, die Toten nach christlichem Brauch zu begraben. Obwohl die Geächteten alle Christen waren, genossen sie es nicht, Löcher für Menschen zu graben, die versucht hatten, sie zu töten, aber Tuck war hartnäckig und seine Persönlichkeit stark genug, dass die Männer sich gezwungen sahen, seinen Wünschen nachzukommen.

Tuck selbst fasste nie einen Spaten an, stand aber daneben und spendete seinen Segen und versprach den fluchenden Totengräbern Lohn für ihre Frömmigkeit im Himmelreich.

Bis die Männer des Sheriffs alle in sehr flachen Gräbern begraben worden waren, war Adam Bell damit fertig, den Gefangenen zu befragen - ein Nachzügler, der von Bell selbst gefangen genommen worden war, als er pissen ging. Adam hatte den Mann nach dem Verhör laufen lassen, um die Nachricht vom Triumph der

Geächteten zurück nach Nottingham zu bringen. Jeder Sieg wie dieser vergrößerte ihre Legende.

„Sie waren hinter dir her, Master Much." Der Anführer der Geächteten nahm einen langen Zug aus seinem Becher, als er sprach, aber sein Blick ruhte auf Robin. „Und deinem großen Kumpel hier. Anscheinend hat der Prior ein paar Männer nach Wakefield geschickt, um dich und deine Familie zu befragen, und keiner von ihnen kam zurück."

Robin nickte. „Das stimmt, das weißt du, Adam, wir haben dir gesagt, was geschehen ist."

Bell grunzte. „Du hast mir erzählt, es hätte einen Kampf gegeben. So, wie der Soldat das erzählte, hast du ganz allein den Vogt und zwei seiner besten Kämpfer zerstückelt. Das Problem ist - du hast nicht alle drei getötet, wie du gedacht hast. Einer von ihnen lebte lange genug, um noch gefunden zu werden und hat eine Beschreibung von dir gegeben." Er grinste und hob seinen Becher. „Ich bezweifele, dass wir das Letzte darüber gehört haben - das waren nicht nur Wildhüter, das waren die Soldaten des Sheriffs selbst. Jetzt hast du den Prior *und* den Sheriff sauer gemacht, Bursche!" Die anderen Männer jubelten und hoben ihre Becher, um Robin zuzutrinken.

Der junge Geächtete lächelte nervös und nahm einen Zug von seinem eigenen Bier, zog aber wenig Befriedigung aus dem scheinbaren Stolz seines Anführers auf ihn. Er hatte an diesem Abend einen weiteren Mann im Kampf getötet, aber es fühlte sich nicht edel oder mächtig an. Was Robin Sorgen machte, war, dass es sich diesmal nicht so schrecklich schlimm angefühlt hatte wie bei den beiden Männern, die Much angegriffen hatten. Obwohl ihm die Gewalt an diesem Abend keine Freude bereitet hatte, war da doch nicht das Gefühl, als müsste er sich erbrechen, wie nach der Rettung seines Freundes.

Das Töten war nur etwas, das getan werden musste. Robin erschrak, als im klar wurde, dass er sich bereits an die Brutalität des Lebensstils der Geächteten gewöhnt hatte. Er schaute Tuck an und war überrascht, den Mönch seinen Blick verständnisvoll erwidern zu sehen.

Die anderen Männer ließen sich nieder, um zu trinken und den Abend zu genießen, im Wissen, dass die Soldaten mindestens in den nächsten ein oder zwei Tagen nicht wiederkommen würden, und bis dahin konnten sie längst in einem anderen Teil des riesigen Waldes von Yorkshire verschwunden sein.

Tuck kam herüber und setzte sich neben Robin, kaute laut, als er einen weiteren Bissen aus der gegrillten Wildkeule biss, die er in der Hand hielt.

„Ich dachte, Mönche führten ein Leben der Enthaltsamkeit, Bruder Tuck.“ Robin ärgerte sich darüber, dass der Mann sich ihm aufdrängte, aber bedauerte seine Worte sofort, da er für den Kirchenmann echte Freundschaft empfand.

Tuck lachte laut und nahm einen langen Zug aus seinem Becher Wein. „Wie du bemerkt haben wirst, Robin, bin ich nicht der orthodoxeste Kirchenmann, der dir je begegnet ist. Und ich bin ein Klosterbruder, kein Mönch.“ Er blinzelte und klopfte sich auf seinen dicken Bauch, während er sich einen weiteren Bissen des Wildfleischs gönnte. „Trotzdem bin ich ein Gottesmann - wenn du das Bedürfnis verspürst, Sünden zu beichten oder auch nur zu reden, bin ich für dich da, mein Sohn.“ Er drückte Robins Handgelenk und die Ehrlichkeit in seinen Augen spendete dem jungen Geächteten ein wenig Trost. Die Männer mochten gezwungen sein, als Diebe und Mörder zu leben, aber sie waren einander durch echte Freundschaft verbunden. „Keine Beichte, Tuck, vielen Dank. Ich tue, was ich muss, um zu überleben, wie wir alle. Ich finde nur einfach kein Vergnügen am Töten.“

Tuck nickte. „Das ist gut. Wenn ein Mann sich an seinen Blutdurst verliert, wird er zu nichts mehr als einem Tier."

Robin schaute zu Will hinüber und Tuck folgte seinem Blick. „Sei mit deinem Urteil über ihn dort nicht zu hastig, Robin. Wer weiß, was er in seinem Leben erlitten hat, um ihn sich so der Gewalt hingeben zu lassen? Ich sehe einen loyalen und tief innerlich guten Mann in Will Scaflock."

Robin war überrascht, den Bruder Will verteidigen zu hören, zuckte aber mit den Schultern. „Vielleicht hast du recht. Er ist jedenfalls ein guter Mann, wenn man ihn auf seiner Seite hat."

Die beiden Männer saßen eine Weile still da, aßen und tranken und genossen die Scherze und Lieder der anderen Geächteten um das Feuer herum. Es war ein kühler, klarer Abend im Wald und Robin spürte, wie die Anspannung der vergangenen Tage sich löste, bis er sich so glücklich fühlte wie je, seit er ein Geächteter geworden war.

Als die Männer ein schmutziges Lied beendet hatten, bekreuzigte Tuck sich in gespieltem Abscheu und Much kam herüber, um sich zu ihnen zu setzen. Er schaute sich um und vergewisserte sich, dass niemand sonst lauschte, und sagte zu Tuck „Also was hat dieser Soldat zu Adam gesagt?"

Zum ersten Mal, seit er sich ihnen angeschlossen hatte, wirkte Tuck unsicher. „Welcher Soldat?"

„Der, den er getötet hat, der Hauptmann der Soldaten des Sheriffs. Er rief Adam in einer merkwürdigen Sprache etwas zu. Französisch vielleicht? Du kannst doch Französisch sprechen, nicht wahr? Ihr Kirchenleute sprecht doch alle möglichen Sprachen. Dieser Soldat machte den Eindruck, als würde er Adam kennen."

Bruder Tuck seufzte schwer und nickte. „Ja, ich spreche Französisch, Much. Und ja, das war die Sprache, die Adam benutzte.“

Robin war jetzt ebenso neugierig wie sein Freund. „Was hat er denn gesagt?“

Tuck versicherte sich, dass Bell außer Hörweite war, und schaute die beiden jüngeren Männer grimmig an. „Der Hauptmann kannte Adam tatsächlich. Aber ich habe keine Ahnung, woher. Bevor er getötet wurde, warf der Adlige unserem Anführer an den Kopf, dass er für seinen Verrat in der Hölle brennen würde. Was immer sie füreinander gewesen sein mögen, wer weiß? Er nannte ihn ‚Gurdon‘. Ich nehme an, dass das sein richtiger Name ist.“

Much sah verwirrt aus, aber Robin nickte. „Das ergibt einen Sinn. Adam Bell müsste älter sein. Er war in all den Geschichten auch nur ein Freisasse, aber dieser Mann, der uns anführt, ist offensichtlich ein ausgebildeter Soldat - ein Ritter. Das erklärt, wie er es schafft, uns alle dazu zu bringen, wie eine Einheit zusammen zu kämpfen: Es ist ihm zur zweiten Natur geworden, Soldaten auszubilden und anzuführen.“

Tuck stimmte zu, aber Much wirkte immer noch durcheinander. „Das mag ja so sein, Robin, aber wenn er wirklich jemand anders ist, warum läuft er dann im Wald herum und erzählt jedem, dass er Adam Bell wäre? Das ergibt doch keinen Sinn.“

Der Rest der Bande der Geächteten begann ein anderes, lautes Lied; Bier und Wein und das Hochgefühl wegen ihres Sieges über die Soldaten an diesem Abend machte sie fröhlich.

Tuck bediente sich an einem weiteren Schluck seines eigenen Weins und betrachtete Much ernst. „Was Adam hier geschafft hat, ist brillant. Denk darüber nach. Wenn ein geächteter Adliger - ein Ritter - in den Dörfern überall in Yorkshire nach Hilfe suchen würde, was glaubst du, was die Leute tun würden? Sie wären sofort beim Sheriff. Bell, oder *Gurdon*, würde ohne die Hilfe der Einheimischen keine Woche überstehen. Aber die Leute von Wakefield wissen, wer Adam Bell ist. Sie alle haben die Geschichten um Lagerfeuer wie dieses herum gehört. Er ist ein Held. Menschen möchten einem Mann wie Adam Bell helfen - es ist eine Ohrfeige für die Adligen."

„Du hast recht." Robin nickte Tuck zu. „Aber, wenn das alles wahr ist, wo ist der echte Adam Bell? Und wie konnte ein Ritter oder was sonst er sein mag, wie er ...", er machte eine Kopfbewegung in Richtung zu Adam, „es schaffen, alle glauben zu machen, dass er wirklich ein Volksheld wäre?"

Tuck hatte über dieselben Fragen nachgedacht, seit er den Soldaten des Sheriffs Gurdons echten Namen hatte rufen hören. „Ich kann euch nicht sagen, wo der echte Adam Bell ist. Nach allem, was ich weiß, hat er nie existiert, außer in den Märchen, die das Volk sich erzählt. Habt ihr Adam Bell je gesehen?" Robin und Much schüttelten die Köpfe.

„Wisst ihr auch nur, wie er angeblich ausgesehen hat? Wie groß er war? Hatte er einen Bart oder war er glattrasiert? Hatte er blaue oder braune Augen?"

Wieder schüttelten Robin und Much ihre Köpfe. Die Geschichten über Adam Bell erstreckten sich nie auf die Details seines Aussehens, sie erzählten nur von seinen erstaunlichen Taten.

„Seht ihr also?" Tuck schlug sich auf den Oberschenkel. „Es ist nicht so schwer, so zu tun, als wäre man jemand anders, wenn niemand weiß, wie der aussieht!" Er lächelte seine beiden Freunde an, nahm ein weiteres Stück Fleisch aus seiner Holzschale und wischte sich das Kinn mit dem Ärmel seiner Kutte ab, als der Saft ihm am Kinn heruntertropfte. „Brillant, es ist wirklich brillant, was er getan hat."

Die drei Männer saßen eine Weile schweigend da und ließen die Geräusche des Festmahls der Geächteten an sich vorbeiziehen, während sie über das nachdachten, was sie erfahren hatten.

„Was bedeutet das für uns?“, fragte Much leise und schaute ins Feuer. „Im Moment ändert das nichts“, sagte Robin. „Wir machen weiter wie zuvor. Wenn Adam tatsächlich einmal ein Ritter war, hat er doch die letzten paar Jahre als Wolfskopf in Barnsdale gelebt. Er weiß viel, was er uns lehren kann - über Kriegsführung und das Überleben als Geächteter. Ich weiß nicht, wie es dir geht, aber ich habe vor, so viel wie möglich von ihm zu lernen.“

ACHTES KAPITEL

Ein paar Wochen vergingen und alles schien für die Geächteten wie gewöhnlich weiterzugehen. Sie waren wieder in ein anderes Lager in einer anderen Gegend des Waldes weitergezogen und alles war ruhig, aber Robin wusste, dass der Friede nicht lange anhalten würde. Prior de Monte Martini schien die Idee, jemanden anzuheuern, um ihn und Adam Bell aufzuspüren, aufgegeben zu haben - die Kosten mussten ihm zu hoch geworden sein - vor allem, wenn der Spürhund versagte, so wie es Henry geschehen war. Jedenfalls hatte es, seit Robin den Vogt getötet hatte, kein Anzeichen dafür gegeben, dass jemand anders nach Barnsdale gekommen war, um nach ihm zu suchen.

Ohne dass die Geächteten jedoch davon erfuhren, hatte der Prior einen Brief an den Sheriff gesandt mit der Forderung, dass dieser den Frieden des Königs aufrecht erhalten und den Wolfskopf der Gerichtsbarkeit zuführen möge. Aus welchem Grund die Soldaten vor zwei Wochen im Wald nach Adams Bande gesucht hatten.

Nun konnte Sir Henry de Faucumberg, der Sheriff von Nottingham und Yorkshire, die Vernichtung seiner Männer nicht ungestraft lassen; das hätte dem Volk von Yorkshire eine falsche Botschaft übermittelt. Er würde erneut versuchen, die Geächteten irgendwie zu fangen oder zu töten. Es war nur eine Frage der Zeit.

Robin flickte gerade ein Loch im Dach des provisorischen Unterschlupfs, den er mit Much teilte, als Little John zu ihm kam.

„Du hast die Neuigkeiten schon gehört?"

Robin legte Holz und Eisennägel beiseite, die er benutzte, und schüttelte den Kopf, ahnte aber dem

lassen. Sein Leben wäre nicht mehr lebenswert, Geld hin, Begnadigung her. Mach dir keine Sorgen - ich werde mit jedem sprechen und sie wissen lassen, dass wir alle Brüder sind. Wir halten zusammen. Du hast dich gegen den Prior gewehrt, ihm die Nase gebrochen - das macht dich in meinen Augen zu einem guten Mann."

Robin war von der Aufrichtigkeit in Wills Blick beeindruckt. Will Scarlet, ein Mann, in dessen Nähe Robin immer vorsichtig war, schwor, sein Leben für ihn aufs Spiel zu setzen.

„Danke. Du weißt nicht, wie viel es mir bedeutet zu wissen, dass ihr Männer für mich einsteht."

Will lächelte grimmig. „Nun, um ehrlich zu sein, fühle ich mich ein bisschen verantwortlich." „Wie das?", fragte Robin überrascht.

„Wenn ich dich in den letzten Monaten nicht gelehrt hätte, ein Schwert so gut zu gebrauchen, wärest du nie fähig gewesen, den Vogt und seine Leute zu töten!"

„Komm mit, ich wollte angeln gehen, du kannst ebenso gut mitkommen, wenn du nichts Besseres zu tun hast."

In all den Monaten, seit Robin bei den Geächteten war, hatte er sich nie wirklich mit

Will Scarlet unterhalten. Vielleicht würde er heute herausfinden, was diesen Mann antrieb.

Als die beiden im Gras saßen und ihre Angeln in den Fluss hängen ließen, teilten sie sich einen großen Schlauch starken Biers. Das Trinken schien Will mehr zu entspannen, als Robin während seiner ganzen Zeit bei der Gruppe erlebt hatte.

„Was ist deine Geschichte, Will?", fragte er. „Es ist deutlich zu sehen, dass du Soldat warst. Es ist noch deutlicher, dass du unsere adligen Herrscher hasst. Wie bist du zum Wolfskopf geworden?"

Eine Minute oder so saß Will schweigend da und starrte aufs Wasser hinaus, das wie Gold glänzte, als die helle Nachmittagssonne von oben herab schien.

Dann begann er, leise zu sprechen.

„Ich war Soldat“, sagte Will. „Ein Söldner. Ich habe in vielen Schlachten gefochten, in vielen verschiedenen Ländern. Frankreich, Deutschland, ich habe sogar neben den Rittern des Johanniterordens im Heiligen Land gefochten. Ich war ein guter Soldat. Ich liebte das Leben, ich liebte die Gefahr. Ich liebte das Kämpfen. Das Töten liebte ich aber nicht, damals nicht. Obwohl ich gut bezahlt wurde zu kämpfen, suchte ich mir meine Kriege aus - ich focht nur für Dinge und Männer, die ich für ehrenvoll hielt.

„Dann, als ich eine Weile zu Hause in Nottingham war, lernte ich ein Mädchen kennen. Ihr Name war Elaine. Ein Mädchen wie sie hatte ich noch nie getroffen. Sie war schön, mit langem, braunen Haar und dunklen Augen, und wir konnte Stunden miteinander verbringen und nur reden. Wir wurden der Gesellschaft des anderen nie müde.“ Er lächelte, als seine Frau ihm vor Augen stand, dann legte sich wieder sein gewöhnlich finsterer Blick über sein Gesicht.

Will konnte den Gedanken, wieder an einem anderen fernen Ort zu kämpfen, weit weg von Elaine, nicht ertragen. Also nahm er eine Stellung als Wildhüter in Sherwood an, um ihr nahe zu sein. Das war nicht so aufregend wie das Soldatendasein, aber Scaflock war glücklich und zum ersten Mal in seinem Leben zufrieden.

„Schließlich heirateten wir“, sagte Will mit einem Grunzen und warf seine Angelschnur wieder in den trägen Fluss. „Wir hatten in Nottingham ein kleines Haus. Dann bekamen wir drei Kinder: zwei Jungen, Matthew und David, und ein kleines Mädchen, Elizabeth. Meine schöne, kleine Beth ...“ Er starrte aufs Wasser hinaus, die

Augen trüb, der Ausdruck auf seinem Gesicht fast kindlich, als er wieder an seine Tochter dachte.

Nach einiger Zeit schien Will aus seiner Träumerei aufzutauchen und fuhr fort. „Aber die Jungen wurden größer und Elaine sagte ständig, dass wie ein größeres Haus bräuchten. Sie hatte recht, aber Wildhüter zu sein brachte nicht genug Geld ein, dass wir anderswo hätten hinziehen können."

Dann hatte Will gehört, dass einer der in Hathersage lebenden Adligen nach Leibwächtern suchte und war zu ihm gegangen. Der Mann kannte ihn - Scaflock hatte ein paar Jahre zuvor unter ihm in Damaskus gekämpft. Er bot Will eine Stellung an, mit weit höherem Lohn als er als Wildhüter bekam, daher ergriff er die Chance.

„Gott, wie sehr ich wünsche, den Mann nie gesehen zu haben!", zischte Will. „Roger de Troyes hieß er. Er wünscht sich vermutlich auch, mich nie gesehen zu haben ..." Ein dunkles Lächeln hob seine Mundwinkel für einen Augenblick, bevor er seine Geschichte fortsetzte.

Für ein paar Monate war alles gut gegangen. Es stellte sich heraus, warum der Adlige einen Leibwächter brauchte: Er betrank sich ständig und behandelte alle Leute wie Dreck. Will musste etliche Male Menschen davon abhalten, ihn umzubringen.

„Er war ein unangenehmer Bastard, wirklich", grummelte Will. „Aber meine Familie und ich zogen in ein größeres Haus in Hathersage, weg von den stinkenden Werkstätten der Gerber und dem Schmutz in Nottingham und ich brauchte das Geld, das er mir zahlte, um die Miete zu bezahlen. Also fand ich mich einfach damit ab. Ich musste.

„Dann, eines Tages, waren de Troyes und ich wieder in Nottingham bei einem Festmahl, das der Sheriff gab. Nein, nicht derselbe, der es jetzt dort ist, dies war ein paar Jahre, bevor de Faucumberg die Stellung bekam. Wie auch immer, de Troyes und einige der anderen Gäste wurden mit jeder Minute betrunkener, während ich in einer Ecke saß und aufpasste, dass niemand versuchte, ihn umzubringen, wenn er allzu widerlich wurde."

Wieder hielt Will inne und ließ die Augenblicke vor seinem inneren Auge ablaufen - die Augenblicke, die sein Leben für immer verändert hatten und Will Scaflock zu Will Scarlet gemacht hatten.

„Ich ging pissen", fuhr er fort, „und als ich zurück in die Halle kam, war er nirgends zu sehen. Ich fand ihn in einem Nebenzimmer mit ein paar anderen, die sich bei diesem jungen Mädchen abwechselten. Aber das Mädchen wollte nicht; es weinte und versuchte, diesen sogenannten Edelmännern zu entkommen.

„Ich zerrte sie von ihr weg - sie waren so betrunken, dass sie nur lachten - und schickte sie zurück in die Halle, wo sie umfallen konnten. Das Mädchen stand unter Schock, aber ich wusste nicht, was ich tun sollte. Ich hatte schon früher gesehen, wie Frauen vergewaltigt wurden, aber das war im Krieg, in der Hitze der Schlacht, nicht so. Sie weinte zum Herzerweichen, daher versuchte ich, sie zu beruhigen, und gab ihr etwas Geld - ich dachte, sie wäre nur ein Dienstmädchen, siehst du - und ging wieder nach draußen, um dafür zu sorgen, dass dieses Stück Dreck, für das ich arbeitete, sich den Rest der Nacht anständig benähme."

Robin war entsetzt, aber er war nicht naiv. Er wusste, dass solche Dinge ständig geschahen, landauf, landab. „Die Adligen können tun, was sie wollen", murmelte er angewidert.

„Genau", knurrte Will zustimmend. „Wenn ein Adliger ein Dienstmädchen bespringen will - tut er es. Wenn jemand versucht, ihn aufzuhalten, wird er getötet oder geächtet oder ... du weißt schon, Robin! Du hast Glück, dass dein Mädchen Matilda nicht von diesem Bastard, dem Prior, in ein Bordell gesteckt wurde, denn das hätte er tun können, weißt du. Er könnte es tun.

„Jedenfalls dachte ich, alles wäre erledigt. Das Leben ging ein paar Wochen weiter wie immer. Dann ..."

Will war nach Nottingham gegangen, um sich einen neuen Dolch zu kaufen. Er war nur ein paar Stunden fort gewesen. Aber als er nach Hathersage zurückgekommen war ...

„Ich fand Elaine", flüsterte Will, sein Kopf hing herab, die Angel in seiner Hand hatte er völlig vergessen. „Sie lag auf dem Boden und hielt meinen kleinen Jungen, Matthew, im Arm. Sie waren beide von zahllosen Stichen getötet worden, dicht an dicht. Mein anderer Sohn, David, hatte nur eine einzige Wunde in seiner Seite, aber sie war tief und lang und sein Blut war überall ... Unsere Diener ... alle, jeder in meinem Haus war abgeschlachtet worden.

Selbst unserem Haushund hatten sie das Rückgrat gebrochen. Meine ganze Familie, ausgelöscht ...

„Ich konnte es nicht völlig begreifen" - er sah Robin mit einem ungläubigen Ausdruck auf seinem wettergegerbten Gesicht an. „Mein Verstand setzte einfach aus. Ich konnte es nicht ertragen, hinzusehen, ich musste weg. Es war, als verließe ich meinen Körper. Ich weiß nicht einmal, wohin ich in den nächsten paar Stunden ging. Ich erinnere mich nur daran, in einer Gasse aufgewacht zu sein, als ein Bettler versuchte, mir meinen schönen, neuen Dolch zu stehlen. Danach hatte ich nichts mehr, wofür ich leben wollte. Man hatte mir mein ganzes Leben gestohlen. Selbst wenn das Gesetz sich dafür interessiert hätte - was es nicht tat - war meine Familie doch fort. Ich hatte nichts. Ich hatte ... *gar nichts* mehr."

Will erfuhr nie, wer seine Familie umgebracht hatte, aber es schien offensichtlich, dass er das eigentliche Ziel gewesen war und die Mörder noch immer hinter ihm her sein würden. Aus diesem Grund schlüpfte er in das Haus seines Dienstherrn, Roger de Troyes, als er endlich wieder zu Sinnen kam, um zu sehen, ob de Troyes - mit seinem Geld oder seinen Beziehungen - helfen konnte herauszufinden, wer das getan hatte.

„Ich hatte seine Reaktion nicht erwartet", knurrte Will. „Er war entsetzt, als er mich sah, offensichtlich dachte er, ich müsste tot sein. Bevor ich irgendetwas sagen konnte, platzte er mit der ganzen Geschichte heraus."

Das Mädchen, das de Troyes und seine Freunde vergewaltigt hatten, war doch kein Dienstmädchen gewesen. Sie war die Tochter eines anderen - sehr mächtigen - Adligen. Als ihr Vater herausfand, dass seine Tochter vergewaltigt worden war, verlangte er von Roger de Troyes, die ganze Geschichte zu erfahren, da er de Troyes nach der Beschreibung erkannt hatte.

„De Troyes behauptete, ich wäre es gewesen!", explodierte Will, sprang auf die Beine und schleuderte die Angelrute ins Gras. Er drehte sich zu Robin um, seine Hände vor Wut zu Fäusten geballt. „Dieses adlige Dreckstück gab mir die Schuld an der Vergewaltigung! Ich hatte die Bastarde davon *abgehalten*, sie noch länger zu misshandeln, ich hatte versucht, sie zu trösten ... aber ihr Vater war in *mein* Haus gekommen und hatte *meine* Familie abgeschlachtet!"

In seiner Wut hatte Scaflock den Dolch gezogen und de Troyes hatte im Angesicht seines sicheren Todes um Vergebung gewinselt. „Er sagte, es täte ihm leid, dass er mich für die Vergewaltigung verantwortlich gemacht hätte, bot mir an, mir ein Vermögen zu zahlen, nur, damit ich gehen sollte, und jammerte herum, dass er doch mein Freund wäre." Will sackte neben Robin im Gras zusammen und hielt sich den Kopf mit den Händen, Tränen strömten über sein Gesicht. „Natürlich habe ich ihn an Ort und Stelle getötet: seine Kehle mit meinem Dolch aufgeschlitzt. Aber ich fühlte mich deshalb nicht viel besser.

„Ich hätte den Mann gesucht, dessen Tochter vergewaltigt worden war - den Mann, der meine Familie getötet hatte. Aber in meiner blinden Wut war ich zu voreilig gewesen: Ich hatte de Troyes getötet, ohne ihn auch nur zu fragen, wer dieser Mann war. Vielleicht war es ihm entfleucht, als er alles gestand, aber ich konnte mich nicht daran erinnern, ob es so war oder nicht. Wenn doch, ist es mir nie wieder eingefallen."

Als er de Troyes Haus verlassen hatte, war Will blutüberströmt, hatte wilde Augen und weinte in sich hinein wie ein waidwundes Tier. Natürlich sahen die Leute ihn und erkannten sein Gesicht - Hathersage war ein kleiner Ort.

Er zog lange Zeit von einem Ort zum anderen, aber die Erinnerung an seine abgeschlachtete Familie ließ ihn nirgendwo Frieden finden. Visionen der blutigen Mordszene weckten ihn des Nachts und verfolgten ihn am Tage.

„Das Einzige, was mich aufrecht hält, ist meine Wut", sagte Will nüchtern. „Mein Hass für den wirklichen Abschaum in unserer Gesellschaft: die Reichen und sogenannten *Edel*leute. Ich würde mir das Leben nehmen und beten, dass ich meine Familie im Himmel wiedersehe, aber ich habe vor, so viele dieser ‚adligen' Parasiten zu töten, wie ich kann, bevor Gott über mich richtet."

Nachdem Will seine Geschichte beendet hatte, saß er lange still da, schaute auf den Fluss hinaus, und die Tränen, die er vergossen hatte, trockneten langsam in der warmen Brise. Robin blieb stumm, er wusste, dass es nichts gab, was er sagen könnte, um seinen grübelnden Begleiter sich weniger leer fühlen zu lassen.

Schließlich griff Will nach dem Bierschlauch und nahm erneut einen langen Zug. Er zwang sich zu einem düsteren Lächeln. „Das ist meine Geschichte. Ich bin vielleicht nicht der geselligste der Geächteten in Adams

Bande, aber du weißt, dass du immer auf mich zählen kannst, wenn ein Adliger es auf deine Haut abgesehen hat."

Robin erwiderte das Lächeln. „Ich hoffe, du wirst etwas Frieden finden, Will."

Scarlet grunzte nur, aber die beiden warfen wieder ihre Angelschnüre aus und ihr Gespräch ging zu banaleren Dingen über - die Güte des Fischs im Fluss und das warme Wetter, das sie in diesem Jahr bisher genossen hatten. Little John schloss sich ihnen schließlich mit einem eigenen Krug Bier an und das enge Band der Kameradschaft, das Robin kurze Zeit mit dem schweigsamen Will verbunden hatte, verschwand - der junge Geächtete fragte sich, ob er je wieder eine so freundschaftliche Verbundenheit mit dem Mann empfinden würde.

Tucks Worte hatten sich als wahr erwiesen, überlegte Robin. Offensichtlich gab es bei Will Scarlet verborgene Tiefen. Seine Wut war verständlich angesichts der Schrecken, die er erlebt hatte, aber würde sein Zorn ihn am Ende verschlingen?

* * *

„Aus dem Weg!", brüllte Sir Richard, gekleidet in seine beeindruckendste Johanniterrüstung, den beiden Wachen zu, die sich angesichts der beiden auf sie zu kommenden Reiter einen nervösen Blick zuwarfen.

Selbst ihre riesigen Pferde trugen Kettenrüstungen, die mit schwarz-weißen Decken bedeckt waren, während die Männer selbst zur Schlacht gerüstet schienen.

„Zur Seite!", rief der Ritter wieder, nahm den Helm ab, um sein graubärtiges Gesicht zu enthüllen. „Mein Name ist Sir Richard-at-Lee. Euer Lord" - sein Mund verzog sich vor Abscheu, als er das Wort ausspuckte - „erwartet mich. Ich bringe die Kaution für meinen Sohn, der hier widerrechtlich festgehalten wird!“

Man hatte den beiden Wachen gesagt, dass jemand kommen könnte, um die Kaution für den jungen Mann aus dem Norden zu zahlen, daher nickten sie den Rittern respektvoll zu und traten beiseite. Sir Richard war ein paar Tage zuvor zur Abtei St. Mary in York gereist, um das Geld abzuholen, das Abt Ness ihm zu leihen versprochen hatte. Von dort war er so schnell wie möglich nach Glamorgan gekommen; jede Minute, die sein Sohn im Kerker verbrachte, fühlte sich für den großen Ritter mit seinem Beschützerinstinkt wie eine Stunde an.

Richard und sein Sergeant - Stephen - zogen ihre Schwerter aus den Scheiden und übergaben sie den Wachen, die sie durch das Torhaus hindurchwinkten.

Der Steward des Schlosses war von ihrem Kommen benachrichtigt worden und er erschien nun, um sie zu begrüßen, während ein paar Stallburschen herbeieilten, um ihre Pferde zu tränken und zu füttern. Die Johanniter hoben schwere Satteltaschen von ihren Reittieren und schauten den Steward, einen hochmütigen, stolz dreinschauenden Mann von ungefähr vierzig Jahren, finster an.

„Ihr müsst der Kommandant von Kirklees sein“, sagte der Mann, dessen deutlicher walisischer Akzent seine Worte schwer verständlich machte, und blinzelte im Sonnenlicht der spätnachmittäglichen Sonne. „Ich heiße Euch willkommen.“

„Lasst den Quatsch“, unterbrach Sir Richard den Mann. „Ich bin hier, um Euren Lord für die Freilassung meines Sohnes zu bezahlen. Wo ist er?“

Der Steward schaute angesichts der Grobheit des Ritters irritiert drein. „Mylord Despenser ist mit dem König fortgeritten. Ich bin hier sein Steward, ich handele in seinem Namen. Was Euren Sohn betrifft, er wurde gut versorgt. Wenn Ihr mir in die große Halle folgen wollt, ich habe Nachricht geschickt, dass er dorthin gebracht werden soll, um sich uns anzuschließen."

Das Schloss, in Form einer Turmhügelburg mit Außenhof auf dem Standort einer alten, römischen Festung errichtet, war im Vergleich zu Sir Richards eigener, recht bescheidener Festung äußerst beeindruckend. Sie war mit einer großen Garnison bemannt: eine Reaktion auf die Probleme mit den Einheimischen, die ihren Lord Despenser nicht mochten, und die Wachen zeigten sehr sichtbare Anwesenheit, als die drei Männer durch die Gänge zur großen Halle marschierten. „Macht Euer Lord sich Erpressung zu seiner Gewohnheit?", wollte der große Ritter wissen.

Der Steward drehte sich im Weitergehen nicht einmal um: „Euer Sohn wurde des Mordes angeklagt, Mylord. Es ist allein Eure Wahl, ob Ihr die Kaution zahlt - Ihr könnt ihn hierlassen, bis ein Richter des königlichen Gerichts ankommt und er ein faires Gerichtsverfahren bekommt, wie das Gesetz es bestimmt."

„Wie lange wird das dauern?"

„Vielleicht ein paar Monate", sagte der Steward achselzuckend und drückte die Tür zur Halle auf, die bis auf fünf mit Piken bewaffnete Wachen leer war. „Vielleicht auch viel länger - wer weiß?" Er drehte sich um und lächelte. „Diese Richter sind sehr beschäftigte Männer."

Sir Richard wollte den eingebildeten Bastard ins Gesicht schlagen, aber er bemerkte seinen Sohn, der mürrisch, aber gesund aussah und an dem langen Tisch in der Mitte des riesigen Raumes stand. „Simon!", rief er, eilte hinüber und erzürnte sich beim Anblick der Fesseln an den Handgelenken seines Sohnes. „Nehmt ihm diese verdammten Dinger ab!"

„Alles zu seiner Zeit, alles zu seiner Zeit." Der Steward saß auf einem Stuhl an der anderen Seite des Tisches und öffnete eine Kladde, fuhr mit einem dünnen Finger eine Spalte hinunter, bis er Simons Namen fand, was einige Zeit dauerte, da der Mann schlechte Augen zu haben schien. Der Steward bot seinen Besuchern keinen Platz an, während Richard seinen Sohn umarmte und sie wartend dort standen und den Mann musterten, während dieser las, was auf dem Pergament geschrieben stand, seine Lippen bewegten sich dabei und er nickte gelegentlich.

„Ich sehe schon, ja", sagte er aufschauend und schielte Simon missbilligend an, der ihn anknurrte. „Eine sehr ernste Angelegenheit, Euer Sohn hat anscheinend eine Lanze benutzt, die nicht abgestumpft war, weshalb sein Gegner ums Leben kam."

„Das ist eine Lüge!", rief Simon und schüttelte heftig den Kopf, als er seinen Vater ansah. „Die Lanze war stumpf, ich erinnere mich genau daran. Es war ein Unfall! Ebenso leicht hätte ich selbst getötet werden können."

Sir Richard klopfte seinem Sohn beruhigend auf den Arm, als der Steward fortfuhr. „Das mag der Fall sein, mein Junge, und es kann sein, dass der Richter Euch zustimmt, aber die Anklage ist so ernst, dass Eure Kaution von Mylord Despenser auf einhundert Pfund festgesetzt worden ist."

Der große Johanniter schnaubte. „Was Ihr meint, Ihr pompöses, kleines Arschloch, ist, dass der Vater des Opfers ein Freund Eures Lords ist. Sie haben untereinander beschlossen, meinen Sohn und mich für das leiden zu lassen, was nichts anderes als ein unglücklicher Zufall war."

Der Steward zuckte mit den Schultern und drückte seine Fingerspitzen auf die trüben Augen. „Ihr habt das Geld?"

Sir Richard nickte seinem Sergeanten zu und sie hoben die Satteltaschen auf den Tisch.

„Alles da, ich habe es selbst gezählt.“

Der Steward lächelte. „Natürlich vertraue ich Euch, einem Ritter Gottes, aber Ihr versteht, dass Mylord erwartet, dass ich sicher gehe. Ihr könnt draußen warten, während ich mich vergewissere, dass der ganze Betrag hier ist.“ Er machte eine Handbewegung zur Tür und befahl einem der Wachmänner, Simon auf dem Weg nach draußen die Fesseln abzunehmen.

Die drei Männer standen in dem düsteren Gang, während das Geld gezählt wurde, Simon zappelte nervös herum bei dem Gedanken, wieder als freier Mann fortzugehen. Wenigstens bis zur Gerichtsverhandlung.

„Wo hast du all das Geld her, Vater?“, fragte er. „Unsere Familie ist nicht reich - du hast alles weggegeben, als du Johanniter wurdest. Ich habe noch nie so viel Silber gesehen.“

„Ich habe es von einem Abt geborgt“, grunzte Sir Richard. „Jesus allen weiß, wie ich es je zurückzahlen soll, aber die Hauptsache ist, dich erst einmal hier heraus zu bekommen. Diese Bastarde hätten dich jahrelang in ihrem Kerker verrotten lassen.“ Er machte eine Pause und musterte seinen Sohn mit einem ruhigen Blick. „Deine Lanze war stumpf, nicht wahr?“

„Aber ja!“, rief Simon, und seine Stimme hallte den langen, steinernen Gang entlang. „Ich schwöre es. Ich habe nichts Falsches getan. Wir trafen aufeinander, ich fand mich im Gras liegend wieder, wie betäubt, dann kam Alfred herbeigerannt und sagte mir, ich hätte Wytebelt getötet. Es geschah alles so schnell, ich glaube, die Lanze muss abgeglitten sein, ihn ins Gesicht getroffen und ihm den Hals gebrochen haben. Das hatte nichts damit zu tun, ob die Lanze stumpf war oder nicht, es war einfach ein Unfall.“

Richard nickte. Er wusste, dass Edmund Wytebelt tatsächlich an einem Genickbruch gestorben war - als der Knappe, Alfred, mit der Nachricht von dem Geschehenen nach Kirklees gekommen war, hatte der Junge gesagt, dass der Kopf des toten Mannes in einem seltsamen Winkel abgestanden hatte.

Hugh Despensers Gier war widerlich - der Johanniter wusste, dass er so gut wie ruiniert war, während Despenser irgendwo lachend mit dem König saß und gegen jedes Recht Reichtümer von anständigen Leuten wie Sir Richard ansammelte.

Kein Wunder, dass der Earl von Lancaster und die Lords der Marken entschlossen waren, etwas gegen die Ungerechtigkeit zu unternehmen, die das Herz des Landes selbst verrotten ließ. Nun, Sir Richard würde dabei in jeder ihm möglichen Weise behilflich sein.

„Einstweilen“, knurrte er und betrachtete seinen Sohn und seinen treuen Sergeanten, „werden wir zusehen, dass wir aus dieser Burg heraus und auf den Weg nach Kirklees kommen. Wenn wir in sicherer Entfernung von hier sind, werden wir sehen, was wir gegen all dies unternehmen können.“

„Ich werde zurückkommen müssen, um mich dem Gericht zu stellen, nicht wahr?“, murmelte Simon ängstlich.

Sein Vater antwortete nicht, aber der Ausdruck auf seinem Gesicht verriet, dass keiner von ihnen je wieder an diesen Ort zurückkehren würde.

Die große Tür öffnete sich wieder und ein Page kam heraus, der Sir Richard ein zusammengerolltes Stück Pergament überreichte: eine Empfangsbestätigung. „Der Steward sagt, es sei alles in Ordnung“, sagte der Junge ihnen mit dünner Stimme. „Ihr seid frei zu gehen. Er sagt, Ihr würdet zu einem anderen Zeitpunkt vorgeladen werden, um vor Gericht zu erscheinen, und müsst dazu zurückkehren.“

Der Page wies ihnen den Weg zurück in den Hof und deutete auf die Ställe. „Ihr mögt Eure Pferde holen und abreisen, Mylords."

Richard grunzte ein Wort des Dankes und führte die beiden anderen in das niedrige Gebäude. Stephen holte tief Luft und lächelte - er liebte Pferde, ihr Geruch brachte ihm die Erinnerung an seine Zeit bei den Johannitern im Heiligen Land zurück, und er war erfreut zu sehen, dass sein Schlachtross gut versorgt worden war.

Der Stallmeister sah sie, kam herüber und deutete auf die beiden großen Streitrösser. „Ich habe meine Jungs sie abreiben und füttern lassen, bevor ich ihnen erlaubte zu gehen und selbst zu essen", sagte er lächelnd. „Wir kümmern uns hier besser um unsere Pferde als um unsere Leute."

„Seid bedankt", nickte Sir Richard und warf dem Stallmeister eine kleine Münze zu.

„Sattelt das Pferd meines Sohnes, bitte, dann machen wir uns auf den Weg."

Der Stallmeister schaute verwirrt drein. „Das Pferd Eures Sohnes?"

„Dionysos", antwortete Simon, als spräche er zu einem Dummkopf. Er sah sein eigenes Reittier in der Box neben dem seines Vaters und trat mit einem Schritt hinüber, um das große Tier zu begrüßen, das ein leises Geräusch, fast wie ein Lachen, von sich gab, als es seinen Herrn entdeckte.

„Niemand hat gesagt, dass Ihr es mitnehmen würdet", sagte der Stallmeister mit einem energischen Kopfschütteln. „Ihr werdet einfach hinter Eurem Pa aufsitzen müssen", sagte er zu Simon. „Euer Pferd gehört jetzt Mylord Despenser."

Simon war sich nicht sicher, was er tun sollte, sein Vater schon. „Stephen", er warf seinem Sergeanten einen Blick zu. „Sattele Dionysos so schnell wie möglich, bitte."

Als der Stallmeister sich anschickte, ihn aufzuhalten, packte Sir Richard den Mann um den Hals und rammte seinen Rücken hart gegen eine der hölzernen Stützen, die das Dach trugen. Das ganze Gebäude bebte bei dem Ruck und der Mann erschlaffte, als der stämmige Ritter ihn erneut gegen den Pfeiler schlug. „Gib mir das!“

Simon grinste und nahm die Steigbügel, auf die sein Vater gezeigt hatte, von dem Haken an der Wand neben ihm. Der Johanniter benutzte sie, um dem Mann die Hände hinter dem Rücken zusammenzubinden, und schlang dann ein anderes Stück Leder um seinen Mund, um ihn am Schreien zu hindern.

„Bringt sie raus“, befahl er seinen beiden Begleitern, die die drei Pferde aus dem Stall und in den Hof führten, wo die untergehende Sonne lange, bedrohliche Schatten von den umstehenden Türmen auf den staubigen Boden warf.

Sir Richard zerrte den halb bewusstlosen Stallmeister in Dionysos' leere Box und warf ihn auf das Heu, dann verschloss er die Tür. „Euer Lord Despenser hat hundert Pfund Silber von mir bekommen, du kleiner Scheißer. Wenn er etwas zum Reiten braucht, kann er auf dir reiten.“ Er schritt nach draußen und sprang in den Sattel. „Abmarsch!“, befahl er, und nachdem sie am Torhaus ihre Waffen abgeholt hatten, ritten die drei Männer so schnell wie möglich aus Wales fort.

NEUNTES KAPITEL

„Wo zum Teufel ist er?“

Die Nacht war weiter fortgeschritten ohne ein Anzeichen der Rückkehr ihres Anführers und Robin wurde zunehmend nervös.

„Hat wohl ein williges junges Ding in einem der Dörfer in der Nähe gefunden“, grinste John. „Mach dir keine Sorgen - wir alle verbringen immer gerne dann und wann eine Nacht weg vom Lager.“

Robin nahm das mit einem Grunzen hin, aber als es am Abend dunkel geworden war und Adam Bell noch immer nicht ins Lager zurückgefunden hatte, fühlte der junge Wolfskopf einen Knoten in seinem Magen, ohne dass er den Grund wirklich hätte in Worte fassen können.

Die Geächteten hatten wie gewöhnlich Wachen ausgestellt und der Rest der Gruppe lagerte gemütlich um das Feuer herum. Es war Mitte August und obwohl das Wetter in diesen Tagen ausgesprochen heiß war, konnte es in wolkenlosen Nächten wie dieser doch kühl werden.

„Was, wenn er gefangen genommen wurde?“, fragte Much. „Er könnte den Sheriff direkt zu uns führen.“ „Ja, Junge, das könnte er. Aber wir haben vier Männer als Ausguck auf Bäumen um den Lagerplatz herum aufgestellt. Du übernimmst doch selbst eine der Wachen später, stimmt's? Wenn ein Haufen schwer bewaffneter Männer versucht, sich in tiefschwarzer Nacht an uns anzuschleichen, durch die Bäume, bin ich sicher, dass eine unserer Wachen es bemerken wird.“ Little John klatschte Much auf den Rücken und grinste gutmütig. „Wie ich sagte - keine Sorge.“

„Macht er das oft? Tagelang verschwinden, ohne jemandem etwas zu sagen, meine ich?“, fragte Robin verwundert.

John lachte über die offensichtliche Besorgnis seines Freundes. „Himmel, wenn er gewusst hätte, dass dir so viel daran liegt, hätte er gleich hierbleiben und seine Decke mit dir teilen können, statt nach einem willigen Mädchen zu suchen!"

Robin wurde rot und John, der den jungen Mann nicht verärgern wollte, wurde ernst.

„Entspann dich. Adam weiß besser auf sich aufzupassen als jeder von uns, es gibt kaum eine Chance, dass er gefangen worden sein könnte."

Der große Mann konnte sehen, dass seine Besänftigung noch nicht wirklich geholfen hatte. „Hör zu, wenn Adam morgen Vormittag noch nicht wieder zurück ist, reden wir noch einmal darüber. Vertrau mir" - er beugte sich ernst vor und verschüttete dabei eine Menge seines Biers auf das Gras - „es gibt nichts, worum man sich Sorgen machen müsste."

Johns Zuversicht nahm der Furcht der beiden jüngeren Männer einiges von ihrer Schärfe und sie begannen, sich zu entspannen und das Bier und die biblischen Geschichten, die Tuck am Feuer erzählte, zu genießen. Adams Abwesenheit schien irgendwie befreiend zu wirken. Robin bemerkte mit einiger Überraschung, dass Männer, die normalerweise ruhig und schüchtern waren, sich an diesem Abend richtig amüsierten, wie Kinder, wenn ihre strengen Eltern das Zimmer verlassen haben. Das helle Kochfeuer warf flackernde Schatten auf die Bäume um das Lager, während die Männer sich mit gebratenem Wildbret und Bier die Bäuche füllten und bis spät in die Nacht sangen und lachten. Much ging, als er an der Reihe war, die Wache zu übernehmen, daher rutschte Robin weiter und kam auf einem Baumstamm neben Will Scarlet zu sitzen, der noch immer in der traurigen Nachdenklichkeit verloren zu sein schien, die seine zuvor erzählte Geschichte ausgelöst hatte.

„Alles in Ordnung?", fragte Robin leise.

Will blickte bei dem plötzlichen Auftauchen des großen jungen Mannes direkt neben ihm überrascht auf. „Himmel, du kannst dich bewegen wie ein Geist! Ich habe dich überhaupt nicht kommen hören."

„Tut mir leid", antwortete Robin verlegen und fühlte sich schuldbewusst, weil er den gequälten Scarlet gestört hatte. „Ich scheine die Fertigkeiten der Waldläufer anzunehmen, die ihr alle mir beibringt."

Will zwang sich ein schräges Lächeln ab und sah dann zur Seite, beobachtete, wie die anderen Männer nicht weit entfernt lachten und sangen. Einer der Männer spielte ein Musikinstrument und die anderen klatschten sich auf die Schenkel und stampften im Rhythmus mit. „Ja, ist schon gut", antwortete Will. „Warum machst du nicht bei den anderen mit?" Robin zuckte mit den Schultern. „Mir ist nicht danach. Um ehrlich zu sein, ich bin Adams wegen ein wenig nervös. Er ist schon eine ganze Weile weg - wo ist er überhaupt?"

Will grunzte. „Keine Ahnung, er hat mir nichts gesagt. Frag besser John."

Robin beugte sich vor, um Will in die Augen zu sehen. „Ist das dein Ernst? Du weißt nicht, wo er ist?"

„Nein", antwortete Scarlet gereizt. „Das habe ich doch gerade gesagt, oder? Was ist schon dabei?" Robin setzte sich auf, seine Hand fuhr reflexartig zu seinem Schwert und er spähte furchtsam zu den dunklen Bäumen, die das Lager der Geächteten umstanden. Sie schienen einen unheimlichen, drohenden Eindruck zu machen, als die Fantasie des jungen Mannes überhandnahm und er zwang sich, ruhig zu bleiben.

„Ich glaube, wir sollten das Lager verlegen, Will. Sofort."

Scarlet stand auf und schaute Robin mit einem verblüfften und leicht zornigen Ausdruck auf seinem Gesicht an. „Worauf zum Teufel willst du hinaus? Das

Lager verlegen? Mitten in der Nacht? Wo die Männer alle halb betrunken sind? Wer hat dich überhaupt zu Adams Vertreter bestimmt?"

„Es geht nicht darum, wer hier das Sagen hat", gab Robin zurück. „Du weißt nicht, wo Adam ist - nun, auch Little John nicht, ich habe ihn vorhin gefragt. Findest du nicht, dass das bedenklich ist? Unser Anführer geht irgendwo hin und sagt weder dir noch John, wohin er geht und wann er zurück sein wird?"

Will hörte zu und stellte fest, dass er dem jüngeren Geächteten zustimmen musste - die Tatsache, dass John keine Ahnung hatte, wo Adam sich aufhielt, war eine Überraschung - aber er war nicht in der Stimmung, Robin alle herumkommandieren zu lassen, als wäre er ihr Anführer.

„Hör zu, Hood", knurrte er, einen Finger drohend auf den anderen Mann gerichtet. „Gibt es ein Problem?" Little John hatte die Diskussion bemerkt und kam vom Lagerfeuer herübergeschlendert, um sich zwischen Will und Robin aufzubauen, bevor die Lage sich noch weiter erhitzen konnte.

„Er weiß auch nicht, wo Adam ist", antwortete Robin und nickte zu Scarlet hinüber. „Ich sage dir, etwas stimmt hier nicht. Wenn wir das Lager nicht verlegen, werden wir es bedauern."

Will schnaubte, aber John sah ihn ernst an. „Warte, der Junge hat vielleicht recht. Sonst sagte Adam immer einem von uns, wohin er geht, wenn er denkt, dass er länger fortbleiben könnte."

„Also was dann?", wollte Scarlet wissen. „Wir packen alle unsere Sachen und rennen in tiefster Finsternis in den Wald davon?"

„Wenn sie Adam gefangen haben", antwortete John, „kann er die Gesetzeshüter direkt zu uns führen. Ja, er kann besser kämpfen als jeder von uns, und er kennt den

Wald wie seine Westentasche, aber jeder kann überrascht werden."

„Adam würde sich nicht gefangen nehmen lassen!", schrie Will. „Du kennst ihn - er würde bis zum Tod kämpfen, bevor er sich fangen lassen würde. Er ist noch verrückter als ich! Ich habe genug von diesem Mist, John - ich gehe schlafen."

Als Scarlet in sich hinein grummelnd davonstürmte, fiel Robin die Unterhaltung ein, die er vor ein paar Tagen mit Much und Tuck gehabt hatte und mit einem Geistesblitz wurde ihm plötzlich alles klar.

„Wir müssen weg, John", sagte er ernst zu dem großen Geächteten. „Adam ist nicht gefangen genommen worden - er will diese Begnadigung. Er wird den Sheriff direkt hierher führen - und uns alle auslöschen lassen."

* * *

Zwei Tage früher hatte Adam Bell, oder Gurdon, das Lager der Geächteten verlassen und sich auf den Weg nach Nottingham gemacht, um einen Handel mit dem Sheriff abzuschließen.

Er hatte sich rasiert und seine besten Kleider angezogen, sobald er außer Sichtweite der Geächteten war, und, als er das Schloss erreichte, hatte er um eine Audienz beim Sheriff angesucht, indem er den Wachen erzählte, dass er den Aufenthaltsort des Mörders Robin Hood wüsste. Die Wachen hatten ihn, nachdem sie ihm seine Waffen abgenommen hatten, zu Sir Henry de Faucumberg hineingeführt, dem Sheriff von Nottingham und Yorkshire.

„So, so! Adam Gurdon - mein früherer Vogt in Stamford!" De Faucumberg riss überrascht die Augen auf, als er seine Besucher erblickte. „Ich hatte seit Jahren nicht das Vergnügen deiner Gesellschaft! Wo hast du dich versteckt? Bei den anderen Wolfsköpfen in meinen Wäldern? Ich meine mich zu erinnern, dass du verschwunden bist, als es sich herumsprach, du wärest ein Tempelritter gewesen.“

Gurdon neigte sein Haupt vor dem Sheriff, den er tatsächlich vor Jahren gekannt hatte, bevor er zum Geächteten erklärt wurde. Er hatte einst de Faucumbergs Leben gerettet, doch trotzdem hatte Adam den Verdacht, dass der Sheriff die Ursache für sein Verderben gewesen war ...

„Die Dinge in Stamford liefen beschissen, nachdem ich fort war und der König das Herrenhaus in zwei Teile spaltete, he?“ De Faucumberg grinste. „Diese beiden Narren, die es nach mir übernahmen, haben alles verdorben. Ich habe gehört, dass sie dich Ehen erzwingen ließen, mit denen die Bräute nicht einverstanden waren, nur, um die Steuer auf die Mitgift erheben zu können!“ Das Gesicht des Sheriffs wurde steinhart. „Du hast Leute unter falschem Vorwand verhaftet, nur um die Kautionsgelder zu erpressen. Du hast sogar Vergewaltiger laufen lassen, wenn sie dir nur genug zahlten ... stimmt's?“

Gurdon schwieg weiter. Die Beschuldigungen des Sheriffs entsprachen der Wahrheit - de Faucumberg war in Stamford ein anständiger Herr gewesen - gerecht und meist ehrlich - aber als er fortgegangen war, hatten die Leute von Stamford ihren korrupten Vogt und die beiden neuen Herren, Gilbert ad Pontem und John Chapman bald satt gehabt. Einige der wohlhabenderen Anwohner richteten eine Petition an den König und, um die beiden Lords zu überführen, sagte Gurdon gegen sie aus, im Gegenzug dafür, dass die Anklagen gegen ihn fallen gelassen wurden.

Chapman und ad Pontem wurden eingesperrt, während Gurdon einfach zu seiner Arbeit als Vogt in Stamford zurückkehrte, unter der Aufsicht eines anderen neuen Lords, Edward Le Rus.

„Also, red' schon, Mann!“, rief der Sheriff. “Hast du mit diesen Geächteten im Wald gelebt oder nicht?“

Gurdon wurde aus seiner Träumerei gerissen und stammelte eine Antwort. „Ihr habt recht, Sir Henry. Irgendwie“, er betonte das Wort und schaute de Faucumberg in die Augen, um nach einer Reaktion zu suchen, aber der Sheriff blieb ungerührt, „fanden die Leute in Stamford heraus, dass ich Templer gewesen war und ich war gezwungen, in die Wälder zu fliehen. Ich musste mich dem Abschaum und Bodensatz der Gesellschaft anschließen: Es war der einzige Weg für mich, um zu überleben. Ich musste wie sie handeln, wie sie sprechen, mich wie sie kleiden - genau wie sie werden. Nach Jahren dieser ... Existenz hörte ich von Eurem Angebot der Begnadigung für jeden, der Robin Hood aus Wakefield ausliefert.“

Viele seiner früheren Brüder von den Tempelrittern waren nach der päpstlichen Bulle von 1307 verhaftet, eingesperrt, gefoltert und sogar getötet worden. Obwohl König Edward II. sich Zeit gelassen hatte, Papst Clements Anweisungen, alle Tempelritter zu verhaften, auszuführen, hatte der Monarch schließlich doch nachgegeben und spät im Jahr 1309 den Orden aufgelöst. Verhaftungen, Anklagen wegen Apostasie, Folter ... Hunderte, vielleicht Tausende von Tempelrittern hatten keine Wahl gehabt, als Geächtete zu werden und Zuflucht in den Wäldern Englands, Schottlands, sogar Irlands zu suchen.

„Du weißt, wo dieser junge Wilde, Robin Hood, sich versteckt?“, fragte de Faucumberg, beugte sich vor und beäugte Gurdon nachdenklich.

„Ja. Mehr noch, im Gegenzug für eine Begnadigung und der Chance, in Eurer Wache zu dienen, führe ich

Euch direkt zu Hood *und* dem Rest der Bande. Siebzehn Geächtete, Mylord, auf einen Schlag.“

Der Sheriff kreuzte seine Beine und strich sich in fast theatralischer Weise über das Kinn, während er über die Folgen von Gurdons Vorschlag nachdachte. Während es in seiner Macht stand, den Geächteten zu begnadigen, kannte er doch die in Ungnade gefallenen Lords von Stamford, Gilbert ad Pontem und John Chapman. Als sie inhaftiert worden waren, hatten sie de Faucumberg eine Nachricht geschickt mit dem Angebot, für jede Information, die er besäße und die Adam Gurdon ins Verderben stürzen könnte, zu bezahlen. Er hatte ihnen gerne verraten, dass Gurdon früher Tempelritter gewesen war. De Faucumberg war vom Verhalten seines früheren Vogts in Stamford angewidert gewesen und es machte ihn wütend, dass er als freier Mann auf den Straßen herumlief, nachdem er das Leben so vieler Menschen ruiniert hatte.

Außerdem hatten ad Pontem und Chapman ihn gut für die Information bezahlt.

Jedoch waren sie inzwischen aus der Haft entlassen worden, wie de Faucumberg wusste, und waren wieder auf relativ mächtige und einflussreiche Stellungen gelangt. Sie würden den Mann, der Adam Gurdon begnadigte, nicht mit einem freundlichen Auge betrachten. Dennoch war es seine Pflicht als Sheriff, das Gesetz des Königs aufrecht zu erhalten, ganz gleich, wer gegen es verstieß.

„Dieser Robin Hood muss zur Rechenschaft gezogen werden“, erklärte de Faucumberg hart. „Er hat einen Vogt getötet, um Himmels willen. Wenn du mir ihn und seine Freunde ausliefern kannst, wird das dem Rest der Geächteten hier in der Gegend eine kräftige Warnung sein. Vielleicht bringt das auch diesen mäkelnden Prior aus Lewes zum Schweigen. Ich habe seine Jammerbriefe satt." Der Sheriff schüttelte angewidert den Kopf. „Du sollst deine Begnadigung haben."

Gurdon lächelte breit und dankte dem Sheriff mit einer Verbeugung. „Ihr sollt es nicht bereuen, Mylord."

De Faucumberg schaute ihn fest an und nickte. „Ich hoffe nicht. Nun, bevor du meine Männer in den Wald führst, musst du die Bekanntschaft von Sir Ranulph de Craon machen. Normalerweise würde ein Mann von deinen besonderen militärischen Fähigkeiten als Hauptmann meiner Wache Verwendung finden. Aber diese Stellung hat bereits Sir Ranulph inne. Du wirst unter ihm dienen."

Ein bärtiger, hochmütig wirkender Bär von einem Mann trat hinter dem Stuhl des Sheriffs hervor und musterte Gurdon, der ein wenig bestürzt war, als ihm klar wurde, dass er keine so mächtige Stellung erhalten würde, wie er erhofft hatte.

„Natürlich, Lord Sheriff. Ich werde in jeder Stellung dienen, die Ihr für angemessen haltet."

„Gut. De Craon wird dich zum Quartiermeister bringen und dich einkleiden lassen, obwohl du erstaunlich gut genährt aussiehst für jemanden, der sich seit Jahren seinen Lebensunterhalt im Walde zusammenkratzt." Der Sheriff starrte Adam wieder direkt an, in seinen Augen stand eine Frage. „Woher *weißt* du überhaupt so viel über diese Geächteten, Gurdon? Während ich glauben kann, dass du mit diesem verbrecherischen Abschaum leben musstest, kann ich *nicht* glauben, dass du einem von ihnen erlaubt hast, dir zu sagen, was du tun sollst. In der Tat ... wenn ich recht darüber nachdenke, wurde dieses besondere Gebiet des Waldes in Yorkshire von einer ausgesprochen gut organisierten Bande von Geächteten geplagt .... seit, nun, seit Jahren. Ungefähr seit so langer Zeit, wie du dort warst, vermutlich."

Gurdon öffnete den Mund, um zu antworten - er hatte derartige Fragen erwartet und hatte sich eine ausführliche

Geschichte vorbereitet, um zu erklären, wie er unter einem früheren Adligen namens Adam Bell gekämpft hatte, aber der Sheriff hob eine Hand.

„Egal. Ich habe alles über diesen Adam Bell gehört, ich nehme an, du hast die Befehle von ihm erhalten.“

Gurdon nickte erleichtert und fühlte, wie die Gefahr vorüberging.

„Du ähnelst der Beschreibung Adam Bells doch sehr. Du trägst sogar auch seinen Vornamen ...“

Sir Ranulph de Craon schaute de Faucumberg fragend an und legte vorsichtig seine Hand auf den Schwertgriff, nicht sicher, wohin dies führen würde, aber der Sheriff gab ein freudloses Lachen von sich. „Ach, nun, diese Geschichte können wir uns für einen anderen Tag aufheben, oder? Sir Ranulph, nehmt unseren neuen Sergeanten mit und sorgt dafür, dass er eingekleidet wird. Dann nehmt dreißig Männer mit in den Wald von Barnsdale und vernichtet Robin Hood und seine Freunde.“

„Mylord.“ De Craon verbeugte sich knapp und bedeutete Gurdon, ihm aus der Halle heraus zu folgen.

„Ich hoffe, du hast einen Plan, wie du dies anfangen willst, Adam“, fragte de Faucumberg, als das Paar aus dem Raum marschieren wollte. „Ich meine, ohne dass meine Männer von diesen verfluchten Langbögen, die die Geächteten so gerne benutzen, ausgelöscht werden?“

Gurdon lächelte grimmig. „Keine Sorge, Sir Henry. Ich weiß, wie die Geächteten leben.

Dreißig Eurer Männer werden mehr als genug sein, um dieses Ungeziefer ein für alle Mal zu vernichten.“

* * *

„Wach auf, Matt! Allan, aufstehen! Wir müssen los - aufstehen, alle!“

Robin bewegte sich schnell durch das Lager der Geächteten, schrie, schüttelte und trat alle, bis sie aufwachten.

Little John hatte endlich, nachdem er mit Bruder Tuck gesprochen und sich angehört hatte, was dieser zu sagen wusste, zugestimmt, die Männer zu einem neuen Lagerplatz zu führen - nur für den Fall, dass Robins Theorie stimmte. John war zu Will gegangen, um es mit ihm zu besprechen, aber Scarlet lag nahe dem Feuer, in seine Decke eingewickelt, starrte ins Nichts und scheuchte den großen Mann einfach mit einem zornigen Knurren fort, als er versuchte, ihn anzusprechen.

John wusste, dass sie während der Nacht sicher waren - nur ein Narr würde bewaffnete Männer im Dunkeln auf die Jagd nach Geächteten in den Wald von Barnsdale führen, und Adam war kein Narr. Daher hatte er beschlossen, die Männer ruhen zu lassen bis zum ersten Morgengrauen, dann sollten sie packen und sich auf den Weg machen.

Die Sonne erschien auch gerade erst am Horizont, daher hatten die Geächteten wenig Licht, um zu sehen, was sie unter dem dichten Laubdach über ihrem Lager taten, und der dicke Morgentau verlieh der Luft eine kühle Atmosphäre.

„Ich verstehe nicht, warum zum Teufel wir es so eilig haben." Matt Groves war in übler Laune und schätzte es nicht, dass man ihm befahl, aufzustehen und sich fertigzumachen, ohne dass jemand ihm erklärte, was vor sich ging. „Hat jemand uns gefunden? Sind die Wildhüter in der Nähe?"

„Wir erklären alles, wenn wir unterwegs sind", antwortete Robin laut genug, dass die anderen Männer es hören konnten, damit er sich nicht ständig wiederholen musste. „Helft uns nur, alle Sachen zum Gehen zusammenzupacken."

„Nur, weil Adam nicht hier ist, heißt das nicht, dass du jetzt der Anführer bist, Hood!"

Groves spuckte aus und bewegte sich auf den jungen Mann zu. „Fang nicht an, mich herumzukommandieren!"

Glücklicherweise kam Little John Robin zu Hilfe, packte Matt mit einem wilden Blick am Arm, der vor weiterem Streit warnte. „Schau, es spielt doch im Moment keine Rolle, warum wir umziehen. Pack nur deine Sachen und beweg dich. Oder bleib hier, wenn du magst, vielleicht ist alles nur Zeitverschwendung und wir führen dich wegen nichts von einem hübschen, bequemen Lagerplatz weg. Deine Wahl, Matt, aber der Rest von uns zieht los."

„Also hast du ihm das abgekauft", sagte Will kopfschüttelnd zu Little John. „Das ist eine Jagd nach einem Phantom."

„Wenn du mich letzte Nacht mit dir hättest reden lassen, statt einen Wutanfall zu bekommen, hättest du gehört, was Robin - und Tuck - zu sagen hatten", erwiderte John wütend. „Wenn es Zeitverschwendung ist, dann ist es eben so. Ich würde eher ein bisschen Zeit mit der Verlegung des Lagers verschwenden, als hier herumzuhängen und das Schwert eines Wildhüters in den Arsch zu bekommen."

Im Fall größter Not konnten die Geächteten das Lager in ein paar Minuten abräumen und zwischen den Bäumen verschwinden, sodass jeder, der auf der Jagd nach ihnen war, kaum eine Chance hatte, sie zu finden. Robin war sicher, dass sie genug Zeit hätten, um alle ihre Habseligkeiten einzusammeln, bevor Gurdon mit den Männern des Sheriffs bei ihnen ankäme, daher wurde trotz ihrer Eile nichts zurückgelassen und sie waren innerhalb einer halben Stunde unterwegs; nur wenige Zeichen deuteten darauf hin, dass sie je hier gewesen waren. Nach einer weiteren halben Stunde hatte sich die Bande der Geächteten eine gute Strecke nach Westen bewegt, entlang der Straße nach Kirklees, in die entgegengesetzte Richtung von Nottingham, wo Robin vermutete, dass Adam Gurdon herkommen würde.

„Alles klar, Hood - jetzt haben wir unser schönes, bequemes Lager hinter uns gelassen." Matt schaute Little John an.

„Wohin gehen wir? Und was ist mit Adam?"

„Adam ist der Grund, aus dem wir das Lager verlassen mussten. Er hat uns verraten." Robin erwartete auf diese Neuigkeit extreme Reaktionen von dem unbeständigen Groves - Zorn, Wut, Drohungen mit Gewalt und Rache vielleicht. Lachen hatte er nicht erwartet.

„Adam hat uns verraten? Wir haben das Lager verlassen, weil du sagst, Adam würde uns verraten? Warum sollte er das tun?"

Matt war stehengeblieben und, als seine erste lachende Ungläubigkeit über Robins Behauptung verflogen war, wurde er wieder ärgerlich. Die anderen Geächteten blieben ebenfalls stehen und aller Augen richteten sich auf Robin, um zu hören, was er über ihren verschwundenen Führer zu sagen hatte.

„Er hat uns an den Sheriff verraten: um begnadigt zu werden. Wo, glaubst du, war er während der letzten Tage?"

„Ich kann nicht glauben, was ich höre. Hörst du diesen Mist, John? Du kennst Adam - er würde uns nie verraten. Und jetzt kommt dieser ... Junge, und erzählt uns, dass Adam uns alle ausliefern würde?" Er schaute wieder zu Robin: „Wenn Adam nicht mehr da ist, brauchen wir einen neuen Anführer, he? Ich nehme an, das wirst dann du? Wenn du glaubst, dass ich von dir Befehle annehme ..."

„Wirst du verdammt noch mal einen Moment still sein?" Little John kam auf Groves zu, sein Gesicht sah aus wie eine Gewitterwolke. „Gib Robin die Chance, etwas zu sagen!"

Bei allem Führerinstinkt, den Robin hatte und nach Matts Beschuldigung, dass er die Herrschaft über die Bande übernehmen wollte, war Robin es doch nicht gewöhnt, alle Geächteten auf einmal anzusprechen. Er spürte, wie seine Wangen heiß wurden, als er sich umdrehte und die Leute ansah, mit denen er die letzten paar Monate gelebt und gekämpft hatte.

„Ich sage euch, es ist die Wahrheit, ich bin mir sicher. Adam Bell war nicht der, der er zu sein behauptete. Er war ein in Ungnade gefallener Ritter oder so etwas, kein Volksheld der Bauern."

Bruder Tuck hob die Hand, als einige Männer darüber zu johlen und zu lachen begannen. „Er hat recht." Seine mächtige Rednerstimme schnitt durch den Lärm wie ein Messer und er erzählte allen, was er gehört hatte, als die Soldaten des Sheriffs mit ihrem normannischen Hauptmann ihr Lager angegriffen hatten.

Will, der Adam Bell von allen Geächteten am nächsten gestanden hatte, konnte oder wollte einfach nicht akzeptieren, was er hörte. „Wenn ihr wusstet, dass Bell in Wirklichkeit irgendein Adliger ist, warum zur Hölle habt ihr das nicht dem Rest von uns erzählt?", rief er.

„Hättest du uns geglaubt?", fragte Tuck sanft.

„Nein!" Will ließ seine Sachen auf den Waldboden fallen und packte Robins Umhang, um ihn gegen einen Baum zu drücken. "Und ich glaube euch auch jetzt nicht! Ich bin seit drei Jahren Teil dieser Bande und Adam hat sich die ganze Zeit gut um uns gekümmert. Ich gebe keinen feuchten Dreck auf das, was ihr über ihn sagt - er würde uns nicht verraten! Wir sind Brüder, wir sorgen füreinander - Adam mehr als jeder andere."

Es stimmte; Adam Bell war ein anständiger Anführer gewesen. Vielleicht nicht direkt ein Freund eines der Geächteten, nicht einmal Wills. Bell hatte immer distanziert gewirkt - allen anderen überlegen. Aber er hatte sie in Sicherheit vor dem Gesetz geführt und ihre

Mägen gefüllt, selbst in den schrecklich harten Wintern der letzten Jahre, in denen so viele Leute überall in Europa gehungert hatten.

Adam mochte bei den Männern der Bande nicht beliebt gewesen sein, aber er wurde sehr respektiert und, was vielleicht noch wichtiger war, die Männer hatten ihm *vertraut*. Viele von ihnen hatten gesehen, wie er bei verschiedenen Gelegenheiten in diesen Jahren reagiert hatte, als frühere Mitglieder versuchten, sie an das Gesetz zu verraten - Adam hatte diese Wendehälse gejagt und ohne Gnade getötet.

Bell schien immer nach einem gewaltsamen Ehrenkodex zu leben, der es so schwer zu glauben machte, dass er sie alle an genau die Leute verraten könnte, vor denen sie sich so lange versteckt hatten.

Robin konnte sehen, dass die Geächteten nie akzeptieren würden, was er ihnen erzählte - in der Tat würde ihr Unglaube bald zu Misstrauen und seine Stellung in der Gruppe unhaltbar werden. Er musste beweisen, dass das, was er sagte, die Wahrheit war.

„Verdammt! Ich wollte, dass wir so weit wie möglich von hier fortgehen, aber wenn ihr darauf besteht, es selbst zu sehen, gut. Schlagen wir hier ein vorläufiges Lager auf, dann können wir gehen und zusehen, wie unser großer Führer seine neuen Freunde mitbringt, um uns abzuschlachten.“

ZEHNTES KAPITEL

Adam Gurdon und Sir Ranulph de Craon hatten mit dreißig Männern Nottingham Castle am Morgen in der Dämmerung verlassen. Alle waren mit Schlachtrössern beritten, wenn auch diese keine Rüstungen trugen, da sie nur für den Transport zum Wald und zurück vorgesehen waren und nicht im Kampf benutzt werden sollten. Die Männer selbst waren alle erfahrene Kämpfer, in Kettenhemden guter Qualität gekleidet, die sie in der Enge des Waldes von Barnsdale einigermaßen beweglich bleiben lassen würden.

In einem direkten Kampf würden knapp zwanzig leichtgerüstete Geächtete wenig Chancen gegen eine solche Truppe haben. Und Gurdon erwartete, dass dies alles andere als ein fairer Kampf sein würde - dies sollte ein Massaker werden. Adam würde sich selbst um die Ausguckposten am Lager der Geächteten kümmern - er wusste ungefähr, wo sie sein würden, da er selbst die ständigen Anweisungen für die Wahl des Standorts solcher Ausguckposten gegeben hatte. Die Wachen im Ausguck würden in der Annäherung von „Adam Bell“ keine Gefahr sehen, was es dem begnadigten Soldaten leicht machen sollte, sie zu erledigen.

Es würde dann für die Männer des Sheriffs einfach werden, in das Lager der ahnungslosen Geächteten zu marschieren und jeden einzelnen von ihnen abzuschlachten, bevor er die Chance hatte, zurückzuschlagen.

Es war ein simpler Plan, aber einer, der unfehlbar schien. Gurdon war überzeugt, dass er funktionieren würde, und de Craon, der zwar nicht übermäßig eifrig war, sich auf den Plan eines möglichen Rivalen einzulassen, war es zufrieden zu sehen, wie die Sache sich entwickeln würde. Selbst, wenn die Geächteten der Falle entkamen, schien es für de Craons Männer wenig Gefahr zu geben. Sie waren einfach zu gut bewaffnet, zu gut ausgebildet und zu kampferprobt. De Craon war auch kein Narr und erkannte, dass die Geächteten durch das Verschwinden von „Adam Bell“ vermutlich führerlos geworden waren.

„Ihr wart Templer, Gurdon?“

Es war noch ziemlich dunkel, die dicken Bäume, die entlang der Straße standen, verdeckten einen Großteil des Lichts der langsam aufgehenden Sonne. Adam, der nach vorn gebeugt auf seinem Pferd saß, den Umhang umgewickelt, um die Kälte abzuhalten, warf seinem neuen Hauptmann einen misstrauischen Blick zu.

“Ja. Ich habe jahrelang die Sarazenen in Armenien und Syrien bekämpft. Ich beschloss, nach Hause zu kommen, als wir Tortosa verloren hatten - mir war klar, dass der Orden am Sterben war.“

De Craon knurrte zornig. „Es war ein feiner Orden - eine Schande, was mit ihnen geschah.“

Adam grunzte zustimmend, hatte aber keine besondere Lust, über etwas zu sprechen, was noch immer zu seiner Verhaftung führen konnte.

„Wie habt Ihr den Sheriff kennengelernt?“

„Ich habe sein Leben gerettet“, antwortete Gurdon. „Ich kam heim nach Stamford und konnte keine anständige Arbeit finden. Ich war im örtlichen Wirtshaus, als ein Kampf ausbrach und ein Mann de Faucumberg mit einem Dolch angriff. Ich habe dem Mann mit einem Stuhl über den Kopf geschlagen. De Faucumberg bot mir eine Stellung als sein Vogt an.“

De Craon ritt in nachdenklichem Schweigen eine Weile weiter, bevor er sich wieder an Gurdon wandte. „Ihr habt jahrelang mit diesen Geflohenen gelebt. Und doch führt Ihr jetzt eine Truppe Männer an, um sie zu vernichten. Habt Ihr keine Freundschaft mit einigen dieser Geächteten geschlossen?“

Gurdon schnaubte. „Freundschaft? Nein. Wie hätte ich je einer Bande einfacher Bauern nahe genug stehen können, dass ich mit ihnen Freundschaft schließen würde? Wir waren einfach zu verschieden, obwohl ich es schaffte, meine Rolle gut genug zu spielen, um ihnen vorzugaukeln, dass ich nur ein anderer Freisasse wäre, der schlechte Zeiten durchmachte.“ Er schaute de Craon offen an. „Ich habe keine Freundschaften geschlossen, weil ich nicht dazu neige. Ich bin zu sehr mit mir selbst beschäftigt, als dass ich mir viele Freunde in meinem Leben gemacht hätte, ganz zu schweigen von diesem Abschaum von Geächteten. Ich muss zugeben, dass ich dennoch für einige von ihnen gegen meinen Willen Respekt und Anerkennung entwickelt habe.“

Die Sonne begann, über den Baumwipfeln hervorzusehen, warf weiche Schatten auf die alte Römerstraße hinter den gepanzerten Reitern und, als Vogelgezwitscher und das fast hypnotische, rhythmische Trommeln der Hufe die kühle Morgenluft erfüllte, schien der Wald ein wunderbar friedlicher Ort zu sein. „Dann sagt mir: Welcher dieser Wolfsköpfe hat Euch beeindruckt?“ De Craon schien aufrichtig an Gurdons Meinung über die Geächteten interessiert zu sein, vielleicht plante er schon weiter, im Falle, dass mit dem Vorhaben des Morgens etwas schiefging.

„Da ist ein Mönch, er ist noch nicht lange bei der Gruppe. Ein dicker, gemütlich aussehender Mann, aber er ist unglaublich stark und kann ein Schwert oder einen Kampfstock fast genauso gut führen wie irgendein Mann, den ich je getroffen habe. Ihr solltet ein paar Eurer Männer sich um ihn kümmern lassen, so schnell wie möglich - er könnte sonst Probleme machen.“ „Weiter“, drängte de Craon ihn.

„Mein ...“ Gurdon warf Sir Ranulph einen raschen Blick zu, ihm wurde klar, dass er mit einem unbedachten Wort seine Rolle als Anführer der Bande verraten hatte. Aber der Schaden war angerichtet und er erkannte, dass de Craon ohnehin alles über seine frühere Rolle als Adam Bell wusste, daher fuhr er fort: „... zweiter Kommandant war William Scaflock, oder Will Scarlet, wie Ihr ihn vermutlich kennt. Obwohl ich ihm näher stand als einem der anderen Geächteten, würde er mir bei lebendigem Leib die Haut abziehen, wenn er erführe, dass ich ihn betrogen habe. Er ist ein guter Kämpfer, normalerweise nichts Besonderes, aber er ist von solcher Wut und solchem Hass erfüllt, dass ich manchmal fürchtete, er würde sich in der Nacht sogar auf uns, seine Kameraden, stürzen. Ich glaube, er hat in gewissem Maße den Verstand verloren - er kann sich gerade noch zusammenreißen. Er scheint nur dafür zu leben, Adlige und jeden Gesetzeshüter, der versucht, ihn aufzuhalten, umzubringen. Von allen Geächteten solltet Ihr ihn als ersten erledigen, bevor er sich im Klaren ist, was geschieht. Mit ihm wird nicht zu reden sein.“

Sir Ranulph de Craon wirkte nachdenklich, als sein Pferd sich seinen Weg um einen umgefallenen Baumstamm herum suchte, schaute sich, ständig wegen möglicher Gefahren auf der Hut, um, die Hand an den Schwertgriff gelegt. „Was ist mit diesem Robin Hood, dem, wegen dem wir hier sind? Was ist an dem so Besonderes?“ Gurdons Pferd folgte vorsichtig dem Weg, den de Craons Pferd genommen hatte, und warf altes, teilweise verrottetes orange-braunes Laub vom letzten Herbst auf. Gurdon spürte, wie es ihm kalt den Rücken hinablief, hätte aber nicht sagen können, warum. Er zuckte mit den Schultern. „Ich bin nicht sicher. Er ist jung und scheint im Umgang mit den anderen Männern arglos zu sein. Allem Anschein nach ist er nur ein weiterer Freisasse mit einem Temperament, das ihn in

Schwierigkeiten gebracht hat. Jedenfalls sieht er sich selbst so. Dennoch ..." Gurdon zuckte mit den Schultern. „An ihm ist mehr, aber ich war nie sicher, was es ist. Er kann weit besser mit einem Schwert umgehen, als auf die Ausbildung zurückzuführen ist, die er bei uns bekommen hat. Er schießt mit unglaublicher Genauigkeit, besser als jeder Mann, den ich je gesehen habe - und ich habe einige Meisterschützen gesehen, glaubt mir. Er hat ein instinktives Wissen über Taktik auf dem Schlachtfeld, ohne selbst zu wissen, wo dieses Verständnis herkommt ... Und er hat einen sechsten Sinn für sich nähernde Gefahr."

Sir Ranulph schaute Gurdon scharf an, der mit den Achseln zuckte. „Er ist kein Wahrsager. Keine Sorge, er wird unsere Annäherung nicht in seiner Kristallkugel sehen, er scheint nur manchmal unheimlich viel schneller zu denken als seine Gegner." Gurdon machte eine Pause und verlor sich ein paar Minuten in seinen Gedanken. „Wenn er ein paar Jahre weitermachen würde, könnte Hood ein Kämpfer von unübertroffenem Geschick werden, und dazu ein ebensolcher Anführer. Vor nicht allzu langer Zeit hat er mich fast besiegt ..."

Gurdons Ruf als Schwertkämpfer war ihm vorausgeeilt und de Craon wusste, dass sein neuer Sergeant absolut tödlich mit einer Klinge war, daher war das Geständnis, dass so ein junger Wolfskopf von einem Freisassen ihn beinahe besiegt hätte, überraschend ehrlich.

„Wisst Ihr ..." Gurdon drehte sich mit einem fast komischen Ausdruck echter Überraschung zu de Craon, „wenn ich an unseren Übungskampf zurückdenke, beginne ich, mich zu fragen, ob der Junge mich gewinnen lassen hat!" Er schüttelte den Kopf und lachte, aber in seinen Augen war die Unsicherheit deutlich zu erkennen.

Sir Ranulph grunzte ungehalten. „Ihr flößt mir kein Vertrauen ein, dass dies ein einfacher Auftrag sein wird! Ein übermenschlicher Klosterbruder, ein Berserker und einer, der sich anhört wie der beste Schwertkämpfer des Landes, der einen sechsten Sinn für herannahende Gefahren hat?“

Gurdon lachte, aber er war äußerst zuversichtlich, dass die Geächteten diesen Angriff nicht erwarten würden. Ihre Vernichtung war eine Formalität und innerlich gab er sich einen Tritt, dass er zu Craon zu offenherzig gesprochen hatte, zu einem Mann, den er in naher Zukunft abzulösen gedachte. Wieder mit einem Adligen zu sprechen nach so vielen Jahren - mit jemand, der im Leben etwa den gleichen Rang einnahm wie er - hatte ihn sich zu sehr entspannen lassen, erkannte er gereizt.

„Nun?“ Sir Ranulph sah ihn mit hochgezogener Augenbraue an.

„Nun, was?“

„Gibt es noch einen in dieser Bande Wolfsköpfe, wovor wir uns hüten sollten?

„Nur einen.“ Gurdon stellte sich in den Steigbügeln auf und hob eine Hand. Die Soldaten hinter ihm wurden langsamer und hielten an, als sie sich dem vor dem Lager der Geächteten liegenden Waldrand näherten. Gurdons Augen huschten über den Wald und suchten nach Anzeichen von Gefahr, dann, als sie nichts bemerkten, rutschte er von seinem Reittier und legte nervös eine Hand auf das Heft seines Schwertes.

„Der Bär, den wir Little John genannt haben.“

* * *

„Au!“, quietschte John, als er auf dem Boden lag und versehentlich seinen großen Ellenbogen auf einen kleinen Stein stützte.

„Lass den verdammten Lärm, du Riesenbaby!“, zischte Scarlet, während sie durch eine dichte Ginsterhecke krochen und ein rotes Eichhörnchen erschreckten, das sich davonschwang, als es den schmerzerfüllten Fluch des Geächteten hörte.

Der Rest der Geächteten war auf ihrem neuen Lagerplatz zurückgeblieben, während Robin mit Will und Little John zurückgeschlichen war, um zu überprüfen, ob seine Behauptung von Adams Verrat wahr wäre. Es würde viel einfacher sein, sich vor Soldaten zu verstecken, wenn nur sie drei gingen - siebzehn Männer würden viel mehr Lärm machen und viel leichter zu sehen sein. Die anderen waren nicht allzu glücklich darüber gewesen, zurückbleiben zu sollen, aber sie wussten, dass es vernünftig war.

Die Sonne war bereits über den Horizont geklettert und die wartenden Geächteten wurden unruhig, als endlich die Geräusche sich nähernder Reiter sie erreichten.

Ihr Versteck in den Büschen war weniger als eine Meile von ihrem jetzt verlassenen Lagerplatz entfernt und, als die Soldaten in ihr Blickfeld kamen, mit Adam Bell an der Spitze, fluchte Will leise und wütend, als er zusah, wie ihr früherer Anführer locker zu Boden sprang.

Seine Stimme trug bis zu den versteckten Geächteten, als er den Männern des Sheriffs befahl, ihre Pferde an die Bäume neben der Straße anzubinden und ihm zu Fuß weiter zu folgen. Zwei Männer erhielten Befehl, zurückzubleiben und die Pferde zu bewachen. Robin konnte deutlich den Schmerz über den Verrat auf Little Johns ehrlichem Gesicht sehen. „Dieser Bastard“, grollte der Riese. „Ich werde ihn töten, verdammt.“ Er begann, einen Pfeil in seinen Bogen zu legen, aber Robin hielt ihn zurück, da er nicht von einem Trupp gut bewaffneter Soldaten gejagt werden wollte, die von einem Mann angeführt wurden, der den Wald zumindest so gut wie jeder von ihnen kannte.

Will starrte wie benommen auf die Männer unter ihnen hinab. „Wie sollen wir wissen, ob er uns verraten hat?

Alles, was ich sehe, ist Adam und ein Trupp Soldaten. Vielleicht ist er ihr Gefangener."

Robin sah Will ungläubig an, während John verärgert sagte: „Ach, komm schon, Will!

Siehst du Ketten an seinen Knöcheln? Er hat sogar sein Schwert bei sich!"

„Wer ist das?", sagte Robert und deutete auf einen Mann.

Sie alle schauten den großen, sehr stark gebauten, aber älteren Mann an, der offensichtlich den Befehl über die Soldaten führte.

„Sir Ranulph de Craon", sagte John. „Ich erinnere mich, ihn mit dem Sheriff gesehen zu haben, als ich in Bichill war. Er hat uns noch nie persönlich gejagt. Er ist die rechte Hand des Sheriffs und kein schlechter Kerl, nach dem, was ich gehört habe. Na ja", grunzte er, „soweit man das von einem Gesetzeshüter sagen kann."

Robin nickte nachdenklich. „Wenigstens hat der Sheriff Adam nicht den Befehl über die Soldaten gegeben. Wenn es einen Mann gibt, von dem wir nicht wollen, dass er die Leitung bei der Jagd auf uns hat, ist es Adam. Ich kann nicht erkennen, dass dieser de Craon es besonders gut findet, dass ein früherer Geächteter ihm sagt, was er tun soll. Hoffentlich finden sie unser verlassenes Lager und Adam blamiert sich. Der Sheriff wird nicht allzu erfreut sein, wenn sie mit leeren Händen heimkommen."

Will begann, sich vorwärts zu bewegen und den hintereinandergehenden Soldaten zu folgen. „Wir verfolgen sie und sehen, was passiert, wenn ihnen klar wird, dass wir nicht dort sind, wo sie uns zu finden erwarten. Ich glaube immer noch nicht, dass Adam uns alle verraten hat, selbst wenn er" - Will deutete zornig mit einem Finger auf Robin - „das sagt.

Robin nickte. „Gut, folgen wir ihnen."

„Na gut, aber dann seid leise“, murmelte Little John, als er lautlos hinter Will herschlich.

„Ich würde mich mit dem Haufen da lieber nicht anlegen.“

* * *

„Gut, Männer, schwärmt aus“, befahl Adam Gurdon. „Ich will zehn von euch links, zehn rechts und die übrigen zehn mit mir und Sir Ranulph hier entlang ...“

„Gurdon!“ De Craons scharfer Ton ließ alle erstarren. „Ich habe hier den Befehl, Gurdon, und ich entscheide, wie wir vorgehen. Ihr seid nur hier, um mir Rat zu geben, vergesst das bitte nicht.“

Adam wurde bei dieser Zurechtweisung rot, da er wusste, dass die Soldaten ihren Wortwechsel erheitert beobachteten.

„Verzeihung, Mylord“, sagte er und verbeugte sich knapp aus Achtung vor dem älteren Mann.

„Ich bin so daran gewöhnt, Männer zu befehligen, dass ich mich vergessen habe.“

„Einen Haufen geächteter Bauern zu kommandieren, he, *Adam Bell*?“, schnaubte de Craon freudlos, was Gurdon wieder rot werden ließ, sein Ärger brannte in den braunen Augen. „Dennoch“, fuhr de Craon fort, blind für den Zorn des Engländers, „scheint Gurdons Plan gut zu sein, daher“ - er deutete mit seinem Schwert die Richtung an - „geht ihr Männer dorthin und ihr Haufen dort entlang. Der Rest kommt mit mir und dem Wolfskopf. Wenn ich ins Horn stoße, gehen wir alle vor und greifen das Lager an. Sie schlafen hoffentlich alle noch und wir werden einen Morgen leichter Arbeit haben.“

Als die Soldaten sich zu ihren neuen Positionen bewegten, murmelte Sir Ranulph Adam zu: „Ich hätte erwartet, Wachen aufgestellt zu sehen, Gurdon. Habt Ihr vor, Euch um sie zu kümmern, bevor sie den ganzen Wald aufwecken?“

Der frühere Anführer der Geächteten wirkte unbehaglich. „Ich habe voraus gekundschaftet, als Eure Männer anhielten, um die Pferde zu tränken. Ich habe nirgendwo Wachen gefunden, wo ich sie erwartet hätte.“

De Craon starrte ihn an. „Was glaubt Ihr, was das zu bedeuten hat?“

Gurdon zuckte mit den Schultern. „Sie müssen ihren Dienst vernachlässigt haben, da ich seit zwei Tagen nicht mehr da bin, um sie einzuteilen.“

„Hoffen wir das, es würde unsere Aufgabe einfacher machen.“ De Craon befahl seinen Männern, sich vorsichtig vorwärts zu bewegen, auf die Stelle zu, von der Gurdon behauptete, dass dort das Lager der Geächteten wäre.“

Als er sicher war, dass die Männer an der rechten und der linken Flanke ihre Stellungen erreicht hatten, war die Sonne gerade erst sichtbar geworden, aber unter dem dichten Laub in diesem Teil des Waldes bedeutete das, dass nur wenig Licht auf ihr Zielgebiet fiel. Niemand war zu sehen, aber die zuckenden Schatten spielten den Augen Streiche.

Der Hauptmann wandte sich an seine Männer. „Es ist alles ruhig dort, sie dürften alle schlafen. Die faulen Bauern haben nicht einmal Wachen aufgestellt, daher ist alles, was wir tun müssen, sie im Schlaf auszuweiden. Bereit?“

Die Soldaten nickten; sie wussten, was sie zu tun hatten. Jeder Unbewaffnete sollte für eine öffentliche Gerichtsverhandlung gefangen genommen werden, während die, die sich der Verhaftung widersetzten, keine Gnade zu erwarten hatten.

Gurdon zog langsam sein Schwert aus der ledernen Scheide, als de Craon sein Jagdhorn an die Lippen hob und einen langen Ton hervorstieß.

Mit Gebrüll stürzten sich die Soldaten auf die Lichtung, die Waffen angriffsbereit vor sich haltend. Die beiden Gruppen an den Flanken griffen zur selben Zeit an, bis alle Männer de Craons dort stehenblieben und sich verwirrt im Dämmerlicht umschauten.

„Hier ist kein Mensch, Gurdon!“, schrie der Hauptmann und ging auf den früheren Anführer der Geächteten los. Adrenalin jagte durch seine Adern und er war kampfbereit. Gurdon schaute sich bestürzt um. „Sie müssen das Lager verlegt haben.“

„Ihr sagtet, sie würden drei Tage an diesem Ort bleiben, Ihr Narr! Dies ist erst der zweite!“, brüllte Sir Ranulph und schüttelte wütend sein Schwert.

Gurdon versenkte seine eigene Waffe in der Scheide und betrachtete verblüfft den Lagerplatz. „Ich habe keine Ahnung, warum sie das Lager verlegt haben. Sie hätten auf meine Rückkehr warten sollen ... ich rate aber, dass wir trotzdem vorsichtig sind ... sie könnten Fallen gestellt haben.“

De Craon wirkte erstaunt. „Fallen? Warum sollten sie das tun? Sie wussten doch gar nicht, dass wir kommen würden, oder? Männer! Kehren wir nach Nottingham zurück, das hier war nur Zeitverschwendung. Wir werden wie Narren aussehen, wenn das herauskommt, und Ihr, Gurdon ...“ Der zornige Soldat bewegte sein Pferd heran und schob sein Gesicht an Adams - „werdet wie der größte Narr von uns allen aussehen. Ich werde dafür sorgen, dass der Sheriff Euch in diese gottverlassenen Wälder zurückschickt, wo Ihr hingehört!“

Gurdons Pläne lösten sich in nichts auf. In seiner Verzweiflung zog er sein Schwert wieder aus der Scheide, als de Craon ihm den Rücken kehrte. Verloren war er ohnehin; es würde keinen Unterschied machen, wenn er diesem arroganten Bastard seine Klinge in den Rücken rammte. Er könnte es sogar schaffen, in den Wald zu entkommen und Will und die anderen Geächteten zu finden.

Während bittere Gedanken durch seinen Kopf rasten, veranlasste etwas Ungewöhnliches, ein Laut vielleicht, eine winzige Bewegung in der Luft, Gurdon dazu, sich zu Boden fallen lassen, als de Craon herumwirbelte und ihn erstaunt anstarrte. Den Bruchteil einer Sekunde später brach ein einziger Pfeil durch das Laub, dort vorbei, wo Gurdon noch eben gestanden hatte, und senkte sich in Sir Ranulph de Craons Kehle. Fast sofort griff die Ausbildung der Soldaten des Sheriffs ein und einer von ihnen brüllte einen Befehl. Die Männer bildeten einen Wald aus Schilden um ihren gefallenen Hauptmann, während Gurdon flach auf dem Waldboden liegen blieb und seine Augen misstrauisch herumschossen.

Jedoch kam kein weiterer Pfeil von den Bäumen und nach ein paar Momenten stand Adam auf. Sein berechnender Verstand jubelte innerlich wegen dieser unerwarteten Wendung der Ereignisse und er wusste, dass seine Lage sich dramatisch verbessert hatte.

„Ihr zwei: hebt Sir Ranulph auf. Ihr anderen: geschlossene Formation um sie. Los, zurück zu den Pferden und nach Nottingham!"

Gurdons Stimme und Verhalten, so natürlich an das Kommandieren gewöhnt, reichte, um jeden Zweifel, den die Soldaten gehabt haben mochten, ob sie seinen Befehlen gehorchen sollten, auszuräumen. Sie waren einfach froh, jemanden bei sich zu haben, der eine Ahnung zu haben schien, was zu tun war.

Die Jagdgesellschaft machte sich müde mit leeren Händen auf den Rückweg nach Nottingham.

* * *

Robin, Little John und Will Scarlett hatten von einem gut versteckten Aussichtspunkt beobachtet, wie die Soldaten ihren früheren Lagerplatz stürmten. John hatte die ganze Szene amüsant gefunden, während Robin besorgter aussah, als ob er sich fragte, was als Nächstes passieren würde.

Will hatte kein Wort gesagt, seit der sogenannte Angriff auf das Lager begonnen hatte. Er starrte nur Adam Gurdon, den Anführer, der sie verraten hatte, an.

Als de Craon wütend auf Gurdon losging, hatten die beiden anderen Geächteten sich angelächelt - dies war das Ende für Adam Gurdon, mit Sicherheit. Ganz gleich, was Adam sagte, der Sheriff würde de Craons Rat annehmen und Gurdon zumindest seiner Wege schicken. Er würde keine weitere Suche mehr für sie anführen, und das Leben der Geächteten könnte wieder normal werden. Sie hatten alle gewusst, dass sie wahrscheinlich nicht lange aushalten könnten, wenn Adam eine gründliche Jagd für den Sheriff auf sie anführen würde. Seine Kenntnis des Waldes und ihrer Methoden, zusammen mit so wohlgeübten Truppen, würden das Leben für Geächtete äußerst schwierig werden lassen.

Jetzt jedoch schien es, als wären sie sicher.

Als Erleichterung ihn überkam, hörte Robin das Schnappen einer Bogensehne und sah entsetzt zu, wie der Pfeil Adam Gurdon verfehlte und sich in den großen Hauptmann bohrte.

„Nein“, keuchte der junge Geächtete entsetzt. „Nein!“

Little John drehte sich zu Will, der damit beschäftigt war, einen weiteren Schaft an seinen Bogen anzulegen. „Genug, Will! Jetzt werden sie hinter uns her sein, wir müssen weg!“ Der große Mann packte Wills Schulter und zog ihn auf die Füße. „Komm schon, Robin, beweg dich!“

Die drei Geächteten rannten wieder in den Wald, John führte sie auf Umwegen zu der Zuflucht ihres neuen

Lagers. Sie bemerkten nicht, dass die Soldaten des Sheriffs, die jetzt von einem zufrieden aussehenden Adam Gurdon geführt wurden, das Interesse an ihnen verloren hatten.

* * *

„Wie überaus glücklich für Euch ...“ Der Sheriff von Nottingham, Sir Henry de Faucumberg, goss sich einen weiteren Becher Wein ein und nahm einen langen Zug, als er den vor Kurzem zurückgekehrten Gurdon wissend anschaute.

„Mylord?“ Adam sah den Sheriff unschuldig an, der es unterlassen hatte, ihm von dem Wein - einem teuren, französischen roten - anzubieten.

„Spielt nicht den Unschuldigen, Mann. Die Soldaten haben mir erzählt, dass de Craon mir empfehlen wollte, Euch mit dem Schwanz zwischen den Beinen von der Burg zu jagen. Anscheinend meinte mein jetzt verstorbener Hauptmann, Ihr wäret ein blinder Narr. Ich schätze, ich wäre seinem Rat gefolgt: Er war ein guter Charakterkenner.“

Der frühere Geächtete hielt den Mund, als der Sheriff weitersprach.

„Er war ein guter Hauptmann, wisst Ihr. Die Männer mochten ihn, vermutlich, weil er dazu neigte, nicht zu hart mit ihnen zu sein. Er kam in die Jahre und hatte nicht mehr die gleiche rücksichtslose Kraft für das Soldatenleben, die er einmal hatte.“

Gurdon, der eine Gelegenheit erblickte, ergriff das Wort. „Das konnte ich sehen, Mylord. Er war übervorsichtig, während wir die Geächteten aufspürten, als ob es ihm egal wäre, ob wir sie fingen oder nicht.“

Der Sheriff nickte und klopfte mit seinem Finger geistesabwesend auf die Seite seines Bechers. „Aber Euch ist das keineswegs egal, he, Adam?“

„Allerdings, Sir Henry. Sie sind Ungeziefer: ehrloser Abschaum. Sie müssen von unserem Land vertilgt werden.“

Der Sheriff lächelte kalt. „Ihr wart vor noch nicht so langer Zeit ihr Anführer, Gurdon - ein Geächteter, genau wie sie. In der Tat habt Ihr uns nicht geholfen, Robin Hood oder den Rest von ihnen zu fangen, wie unsere Vereinbarung lautete, als ich Euch begnadigte.“

Adam sah zur Seite, wohl wissend, dass sein Leben wieder in den Händen des Sheriffs lag.

„Ich verstehe nicht, warum Ihr so viel Bitterkeit gegenüber Euren früheren Kameraden empfindet - vielleicht sind sie eine Erinnerung an Euren früheren Fall in Ungnade. Eine Erinnerung an die Zeit, wo Ihr stehlen musstet, um zu essen - zu überleben. Eine Erinnerung an die Tatsache, dass Ihr ein Nichts wart.“ Der Sheriff beugte sich mit plötzlich harten Augen vor. „Ihr seid noch immer nichts, Gurdon, bis der König - oder ich, als sein Vertreter hierbei - etwas anderes beschließt.“

De Faucumberg schien entschlossen, ihn zu demütigen, sicherzustellen, dass er genau wusste, wer in ihrer Beziehung alle Macht besaß. Dennoch, fiel Gurdon auf, putzte er ihn nicht vor Publikum herunter. Die Soldaten, die mit ihm von dem fehlgeschlagenen Auftrag zurückgekommen waren, hatte er zuvor entlassen. Hoffnung flackerte wieder in ihm auf, als der Sheriff seinen Becher hob und von seinem kunstvoll geschnitzten Sitz aufstand.

„Ihr seid auf Bewährung“, sagte de Faucumberg und rauschte an Gurdon vorbei, als er zu der Tür ging, die aus dieser großen Halle hinausführte. Als er diese erreicht hatte, wandte er sich um und fuhr mit grimmiger Stimme fort: „Der Earl von Lancaster braucht einen Vogt in Wakefield, da Robin Hood den letzten getötet hat. Ich wurde gebeten, einen Ersatz zu finden. Trotz des heutigen Fehlschlags habt Ihr Euch in der Vergangenheit als fähiger Mann erwiesen, daher schicke ich Euch nach Wakefield. Wenn Ihr als Vogt dort gute Arbeit leistet, bis ich einen passenden Ersatz finde, übernehmt Ihr de Craons Stellung als Hauptmann meiner persönlichen Wache. Ich erwarte, dass Ihr ebenso gute Arbeit machen werdet, wie er bis heute. Besser! Aber zuerst - bringt mir Robin Hood und den Rest dieser Geächteten."

Gurdon stieß einen leisen Seufzer der Erleichterung aus und nickte zustimmend. „Mein Wort darauf, Lord Sheriff!"

De Faucumberg hielt an und schaute finster zurück, als er den Raum verließ. „Adam, ich warne Euch: misshandelt die Dorfbewohner in Wakefield nicht. Es hat in den letzten paar Wochen genug Unruhe und Unfug dort gegeben. Ihr behandelt die Leute gerecht, oder Ihr werdet Euch mir gegenüber zu verantworten haben."

ELFTES KAPITEL

Während der nächsten vier Wochen, als der Sommer begann, dem Herbst Platz zu machen und die grünen Blätter sich braun, rot und orange verfärbten, wechselten die Geächteten weit öfter ihren Lagerplatz als zuvor, da Adam Gurdon und seine Wildhüter versuchten, sie aufzuspüren.

Die Geächteten schafften es, ihren Verfolgern immer einen Schritt voraus zu bleiben, aber bei mehr als einer Gelegenheit wurde es knapp. Gurdons Kenntnis des Waldes und der Taktik der Geächteten erlaubte es den Gesetzeshütern, ihrer Ergreifung näher zu kommen denn je zuvor.

Little John hatte inoffiziell die Führung der Gruppe übernommen. Einige unter ihnen empfanden Groll gegen Robin, da sie ihn als die Quelle ihrer gegenwärtigen Schwierigkeiten betrachteten. „Das Leben war nie so hart, bevor er sich uns angeschlossen hat", murmelte Matt Groves eines Abends Little John zu, als die Männer trinkend und Geschichten erzählend um das Lagerfeuer saßen. „Adam hätte uns nie an das Gesetz verraten, wenn es nicht wegen Hood gewesen wäre. Jetzt werden wir wie Hunde von dem Mann gejagt, der vor nur ein paar Wochen noch unser Anführer war!"

John verstand die Furcht und Frustration von Groves und der Handvoll anderer, die ebenso fühlten. Wenn der Winter kam, würde das Essen noch knapper werden. Das dicke Laubwerk, in dem die Gruppe sich verbergen konnte, hatte bereits begonnen, von Bäumen und Sträuchern zu fallen und die warmen, angenehmen Nächte würden bald von hartem, beißenden Schnee, Wind und Eis ersetzt werden.

Wenn Gurdon und der Sheriff beschlossen, ihre Jagd nach den Geächteten in einem harten Winter fortzusetzen, wusste John, dass seine Männer nicht mehr erleben würden, wie die Glockenblumen den nächsten Frühling ankündigten.

Auch Will Scarlett hatte sich seit Adams Verrat verändert. Will, der immer ein harter, launischer Mensch gewesen war, war noch zurückgezogener geworden und die anderen Geächteten hatte begonnen zu befürchten, er könnte jeden Moment explodieren.

Little John sah ihn an einem kühlen Abend im Sonnenuntergang allein am Fluss sitzen, hockte sich neben ihn und fragte ihn mit einem leisen Lächeln, ob es ihm gut ginge.

„Nein, nicht wirklich“, antwortete Scarlett mit einer Grimasse, ohne anscheinend den eisigen Wind, der über das Wasser wehte, zu bemerken. „Adam und ich waren nie das, was man Kumpel nennen würde, aber ich dachte, wir würden einander respektieren. Ich kann nicht glauben, dass er uns verraten hat - mich verraten hat!“ Er hatte das Gefühl gehabt, dass nach der Vernichtung seiner Familie es nicht viel gab, wofür es sich zu leben lohnte, aber er hatte einen Platz weit oben in der Hierarchie der Geächteten gehabt mit einem Anführer, der ihn anscheinend bewunderte, ihm vertraute und ihn respektierte. Das hatte Will jeden Morgen weitermachen lassen, wenn es sich scheinbar nicht lohnte, vom Waldboden aufzustehen.

Jetzt war Gurdon sein Verfolger geworden - hatte sich den verhassten Adligen angeschlossen, die sie wie Tiere jagten! Und wie Matt Groves schien Will zu denken, dass das größtenteils Robins Schuld wäre.

Der junge Geächtete hatte gehofft, mehr ruhige Augenblicke mit Will zu teilen, so wie an jenem sonnigen Tag beim Fischen am Flussufer, aber Will sprach kaum noch ein Wort mit jemandem.

John beschloss, dass er mit Robin reden musste, um zu sehen, ob sie eine Lösung für ihre Probleme finden könnten, also stand er auf, klopfte Will unbeholfen auf die Schulter und machte sich auf die Suche nach dem jungen Mann aus Wakefield.

Er fand ihn bald genug dabei, wo er mit Much daran arbeitete, Tierhäute über ihren kleinen Unterständen anzubringen, um die schlimmsten Herbstwinde abzuhalten.

„Wir können so nicht weitermachen, Robin", murmelte der bärtige Riese ohne Vorrede. „Einige der Männer nehmen es übel, was geschehen ist und dass Will sich benimmt, als wünschte er sich den Tod, macht alle angespannt. Wir müssen etwas unternehmen."

Robin seufzte, zuckte resigniert mit den Schultern und ließ das schmuddelige alte Schaffell fallen, das er in den Händen hielt. „Ich weiß. Es scheint, ich habe euch nichts als Pech gebracht, seit ich mich euch angeschlossen habe. Wenn wir einen Weg fänden, an Will heranzukommen - seine Laune aufhellen, ihm einen Grund zum Leben geben - würden vielleicht alle sich besser fühlen."

John nickte mit seinem dicken Kopf, als Robin sich neben ihm hinsetzte. „Aber was? Will hat alles verloren - seine Frau, seine Kinder und jetzt auch noch seinen Stolz. Er vertraute Adam."

„Wenn wir den Winter überleben wollen, brauchen wir Will, das weißt du." Robin runzelte die Stirn.

„Will hat Fähigkeiten, die keiner von uns anderen hat, nachdem Adam jetzt fort ist. Wir müssen ihm helfen."

„Ich weiß", stimmte der große, bärtige Geächtete zu. „Ich habe mit Leuten geredet, die Will vor Jahren kannten, bevor er Geächteter wurde. Sie alle sagen, er wäre ein glücklicher, freundlicher Kerl gewesen, aber mit einem Hauch von Stahl unter der Oberfläche. Nach allem, was er durchgemacht hat, ist nur noch der Stahl übrig. Alles Menschliche ist aus ihm herausgerissen worden."

Sie saßen eine Weile schweigend da, die trunkene Zecherei der anderen Männer half nicht, ihre Stimmung zu heben, und dann erhob sich Robin. „Ich werde losziehen und versuchen, ihm zu helfen. Ich nehme Allan am Morgen mit; seine Erfahrung dürfte nützlich sein. Wir werden nicht mehr als ein paar Tage fort sein, wie ich hoffe. Vielleicht, wenn ich ihnen ein bisschen aus den Augen gehe, könnten einige der Männer ihre gute Laune wiederfinden!"

Little John lächelte freudlos. „Was hast du vor?"

„Wills Menschlichkeit wiederfinden."

* * *

Robin und Allan-a-Dale, ein breitschultriger, selbstbewusster junger Mann, der Minnesänger gewesen war, bevor er zum Geächteten erklärt wurde, suchten sich etwas zu essen und Geld zusammen und versteckten Waffen an sich, bevor sie aufbrachen.

„Wohin gehen wir, Robin?", fragte Allan zum zehnten Mal, nachdem er keine Antwort von seinem verbissen aussehenden Freund bekommen hatte. -

„Hathersage", kam endlich die Auskunft. „Wir müssen sehen, ob wir etwas finden können, das Will aus dem Fegefeuer holt, in dem er lebt." Allan schnaubte und schüttelte sacht sein drahtiges, braunes Haar. „Fegefeuer? Ist wohl eher eine Hölle."

Die beiden jungen Männer kannten den Weg nach Hathersage gut genug, es lag nur ungefähr fünfzehn Meilen südwestlich von ihrem Lager, und sie machten gute Fortschritte, bevor die Sonne begann, unter den Horizont zu tauchen, und sie beschlossen, für die Nacht ihr Lager aufzuschlagen.

Nach einer kurzen Suche in der Gegend fanden sie einen passenden Ort, gut vom Hauptweg entfernt, und entfachten ein Feuer, um ein wenig Essen zu kochen und die Kälte der Luft zu bekämpfen. Allan übernahm die erste Wache, Robin die zweite. Seit Bells zusätzliche Patrouillen die Geächteten jagten, war es nicht gut, unvorsichtig zu sein, aber die Nacht verging ohne Probleme.

Robins Träume in dieser Nacht waren lebhaft und er schlief unruhig, aber alles, woran er sich beim Aufwachen erinnern konnte, was das Gesicht eines Mädchens, unglücklich und niedergeschlagen.

Sie erreichten Hathersage gleich nach dem Mittag. Keiner von ihnen war je zuvor in dem Dorf gewesen, sie hatten immer am Rande gewartet, wenn die Geächteten hinkamen, um Vorräte zu kaufen oder einzutauschen, daher bestand wenig Gefahr, dass man sie als Wolfsköpfe erkennen würde. Als Fremde würden sie natürlich mit Misstrauen beäugt werden, aber das war zu erwarten.

„Will erzählte mir, er hätte in einem hübschen Haus nahe der Mühle gelebt; wir sollten dort beginnen und sehen, ob jemand Nachrichten darüber hat, was mit seiner Familie geschehen ist."

Allan zuckte die Achseln. „Was glaubst du, was wir hier herausfinden werden? Will hat es dir erzählt: Alle aus seiner Familie wurden getötet. Jeder weiß das."

Robin musterte nachdenklich den Pfad vor ihnen und versuchte, sich selbst diese Frage zu beantworten. Es schien ein unnützes Unterfangen zu sein, aber er hatte doch Hoffnung, dass sich aus seinem Besuch in Hathersage etwas Gutes ergeben könnte.

„Ich weiß ehrlich nicht, was wir hier vorfinden werden, wenn überhaupt", gab er zu. „Es kann jedoch nicht schaden, ein wenig herumzufragen."

Die Mühle war leicht zu finden, indem sie einfach dem Fluss folgten. Die Frau des Müllers war in ihrem Garten und erntete Karotten, die sie dort zog, vermutlich die letzte Ernte der Saison und keine besonders gute, wenn man nach den Flüchen urteilte, die die Frau gelegentlich herausgrunzte. „Gott schenke Euch einen guten Tag, meine Dame“, lächelte Robin offen.

Die Frau des Müllers schaute misstrauisch auf und erwiderte den Gruß, bevor sie zu ihrer Arbeit zurückkehrte.

„Wir suchen nur nach einem alten Freund, der hier in der Gegend lebte. William Scaflock hieß er. Kennt Ihr ihn?“

Die Frau des Müllers schaute wieder hoch mit einem vorsichtigen Ausdruck in den Augen. „Er ist schon ein paar Jahre fort von hier, Jungs. Hat ein paar Adlige verärgert und dafür gelitten.“

Die Geächteten täuschten Überraschung über diese Nachricht vor. „Aber er hatte eine Familie - was geschah mit ihr?“

Die Frau fühlte sich offensichtlich nicht sehr wohl dabei, mit zwei Fremden zu reden, aber ihr natürlicher Hang zum Klatsch gewann die Oberhand. „Die Soldaten haben sie alle getötet. Obwohl, als unsere Männer kamen, um das Durcheinander, das zurückgeblieben war, aufzuräumen, sagten sie, es wären nur fünf Leichen gewesen. Hätten sechs sein müssen, aber das kleine Mädchen fehlte.“

Robins Augen blitzen eifrig auf, aber er versuchte, sich ruhig zu geben. „Was geschah mit ihr?“, fragte er.

Die Frau beugte sich weiter vor und schaute sich um, als ob jemand sich versteckt haben und lauschen könnte, was absurd war, wenn man die offene Umgebung berücksichtigte. „Niemand weiß es genau, aber einige der Dorfleute gehen zum Herrenhaus oben auf dem Hügel, um Handel zu treiben, oder für den Lord zu arbeiten, und einige schwören, dass Scaflocks Tochter dort sei. Küchenmagd soll sie sein. Sagt man ... Ich war dort, um meine Pacht zu zahlen, und für Feste, aber ich habe das Mädel nie selbst gesehen.“

Robin und Allan waren, obwohl die Möglichkeit, dass das kleine Mädchen noch leben könnte, ihnen erheblichen Auftrieb gab, empört.

„Ihr meint, der Lord hier hat ein englisches Mädchen geraubt und sie zur Leibeigenen gemacht?“, fragte Robin.

Die Frau zuckte mit den Schultern. „Wahrscheinlich ist es nur ein Märchen - ein anderes Mädchen, das aussieht wie Scaflocks Tochter. Ich weiß es nicht, aber wenn es wahr ist, haben sie sie wenigstens nicht umgebracht wie den Rest der Familie. Hier, ihr zwei könntet mir als Gegenleistung für all die Nachrichten einen Gefallen tun: Bringt diese zwei Säcke Mehl zum Bäcker im Dorf. Fragt ihn nach dem Mädchen, wenn ihr dort seid - er hat sie gesehen, und er war Scaflocks Freund.“

Die beiden jungen Männer grinsten, als die hilfreiche Frau sie belud, und machten sich mit neuer Energie auf den Weg zum Bäcker.

* * *

Der Bäcker, Wilfred, nahm die Lieferung von Robin und Allan mit einem barschen Wort des Dankes entgegen, lud sie in seinen Laden ein und bot ihnen jedem einen Krug Ale als Gegenleistung für ihre Hilfe an. Er schloss sich ihnen dabei an, sein rosiges Gesicht, die rote Nase und das heruntergekommene Anwesen deuteten darauf hin, dass er oft eine Pause bei seiner Arbeit machte, um ein oder zwei Ale zu trinken.

„Jau, Will war mein Freund“, gab er als Antwort auf Robins Frage zu. „Wir pflegten zusammen zu trinken, wenn er nicht fort war, um gegen die Sarazenen oder sonst wo zu kämpfen.“

Robin beobachtete das Gesicht des Bäckers eingehend, als er ihn nach Wills Tochter und dem, was die Müllersfrau erzählt hatte, befragte.

„Pah, die Frau hat eine zu lose Zunge, sie sollte lernen, den Mund zu halten. So ein Gerede kann Leute in Schwierigkeiten bringen."

Inzwischen hatte das Ale begonnen, die drei Männer aufzuwärmen, und Wilfred starrte nachdenklich ins Leere, bis Robin es wieder versuchte. „Aber ist es wahr? Das Mädchen ist im Herrenhaus? Sie ist Küchenmädchen oder eine Art Dienerin?"

Der Bäcker starrte zuerst Robin, dann Allan an und versuchte zu entscheiden, wie weit er diesen beiden gefährlich aussehenden Männern trauen sollte.

„Ich verspreche dir, Wilfred, wir sind Freunde von Scaflock", sagte Robin freundlich. „Es geht ihm sehr schlecht - nichts liegt ihm mehr am Herzen, nur Rache gegen die reichen Adligen. Wir möchten ihm helfen. Ihm etwas geben, wofür es sich für ihn wieder zu leben lohnt."

Wilfred nahm einen weiteren, langen Zug von seinem Ale und füllte seinen Krug wieder auf, bevor er die beiden Männer mit einem festen Blick fixierte und antwortete: „Er ist jetzt ein Wolfskopf, also nehme ich an, dass ihr beide das auch seid."

Robin und Allan wechselten einen unbehaglichen Blick, sie waren sich der Gefahr wohl bewusst, in die sie sich bringen konnten, wenn sie diesem groben Bäcker vertrauten.

„Ich kannte das Mädchen gut", sagte Wilfred. „Sie war ein lebhaftes, kleines Ding, voller Energie und Unfug. Ich sehe sie jetzt im Herrenhaus und sie ist wie ein Geist. Sie lächelt nie, hält den Kopf immer gesenkt - und was wird mit ihr geschehen, wenn sie älter wird? Wenn es nicht schon geschehen ist?" Ein gequälter Ausdruck huschte über sein Gesicht und er trank erneut, wischte sich zornig über die Augen und dann über den Mund.

Die beiden Geächteten verzogen bei der Andeutung in den Worten des Bäckers das Gesicht, sie wussten, es war nur zu wahr. Wills Tochter hatte kein Leben, auf das sie sich freuen könnte, wenn sie im Hause des Lords bliebe.

„Was ich nicht verstehe ...“, murmelte der Bäcker, „warum ist Will nie wegen des Mädchens zurückgekommen? Ich hätte erwartet, dass er zurückkommen würde, um sich zu rächen, so wie er es mit Roger de Troyes gemacht hat.“

„Er weiß nicht, dass Beth noch lebt“, antwortete Robin. „Er sah den Rest seiner Familie, brutal ermordet, und verlor darüber den Verstand - jeder würde das. Dann ermordete er de Troyes in einem Wutanfall, bevor er herausfand, wer es getan hatte.“

Wilfred schüttelte den Kopf. „Himmel, armer Will. Wenn ihr ihm erzählt, dass es Lord de Bray war, der seine Familie vernichtete und seine Tochter stahl ... Er würde dabei umkommen, wenn er versucht, sich den Weg in das Herrenhaus de Brays freizukämpfen.“

Allan grunzte. „Robin hat eine bessere Idee: Sie wird dir gefallen.“

„Wir brauchen deine Hilfe, Wilfred“, sagte Robin mit einem Nicken und sah dem Bäcker gerade in die Augen, „um in dieses Herrenhaus zu kommen, damit wir das Mädchen mitnehmen können. Damit rettest du zwei Leben - weder Will noch Beth haben eine Zukunft, wenn wir das hier nicht tun.“

Der Bäcker stierte minutenlang in seinen leeren Bierkrug und flüsterte dann: „Ich habe gesehen, was diese Schlächter mit der Familie gemacht haben. Sie haben sie abgeschlachtet. Ich werde es nie, niemals vergessen. Ich weiß nicht, warum sie das Leben der kleinen Beth verschont haben“ - er schaute zu Robin auf, einen entschlossenen Ausdruck auf seinem Gesicht - „aber wenn ich irgendetwas hier für Will besser machen kann, will ich tun, was ich vermag.“

* * *

Matilda hatte bei ihrer Arbeit in der Pfeilmacherei ihres Vaters eine Pause eingelegt. Die Sonne stand hoch am Nachmittagshimmel und es war ungewöhnlich warm für die Jahreszeit an diesem Tag. Sie holte sich einen Becher Wasser vom Brunnen in der Dorfmitte und genoss die Kühle, als sie es in ihren Mund goss.

Gerade da taumelte ein Mann aus der Schänke, dem der Alkohol und die Auswirkungen der Hitze offensichtlich nicht bekommen waren.

Matilda stöhnte innerlich, als der Betrunkene sie erspähte und in Schlangenlinien auf sie zu kam. Simon Woolemonger war ein älterer Mann, fast vierzig Jahre alt, und selbst in nüchternem Zustand ein unangenehmer Kerl. Es ging das Gerücht, dass er Nachbarn ausspähte und ganz allgemein den Dorfbewohnern Probleme verursachte.

„Hallo Matilda", grinste er lüstern und setzte sich unsicher neben sie an den Brunnen; seine Augen wirkten glasig. „Lust auf einen Spaziergang am Flussufer? Um diese Jahreszeit ist es schön dort, wenn die Blätter alle orange sind und so."

Matilda war entsetzt bei dem Gedanken, mit Woolemonger allein zu sein, versuchte aber höflich, ihr Unbehagen zu verbergen. „Nein, vielen Dank, Simon. Das warme Wetter in letzter Zeit hat den Calder träge gemacht. Ich glaube nicht, dass es heute Nachmittag dort schön wäre." Sie stand auf und stellte den Holzbecher wieder neben den Brunnen. „Ich sollte besser zurück zur Arbeit gehen. Gott gebe dir einen guten Tag."

„Willst du keinen Mann, Mädchen? Dieser Narr von Robin wird nicht für dich zurückkommen und bald wirst du für jeden anderen zu alt sein." Simon beugte sich vor und ließ seine Hand an Matildas Schenkel hinaufgleiten und drückte sie gegen ihren Schritt. „Komm mit, Mädchen; gehen wir zum Ufer, wo es schön ruhig ist."

Matilda war so erschrocken, dass sie erstarrte, aber dann nahmen Abscheu und Empörung überhand, sie schlug ihm wütend mit dem Handrücken ins Gesicht. „Fass mich nicht an, du widerlicher alter Narr! Ich würde eher sterben, als deine schmutzigen Hände auf mir zu dulden!"

Eine Handvoll anderer Dorfbewohner waren in der Nähe und sie hielten bei dem, was sie taten, inne, um zu verfolgen, was geschah. Einige schüttelten ihre Köpfe über den taumelnden Woolemonger, während andere lachten und ihm Schimpfworte zuriefen. Der Betrunkene kam stolpernd auf die Beine, das Gesicht vor Verlegenheit und von Matildas Schlag hochrot. Die Demütigung brannte in ihm, aber selbst in seinem betrunkenen Zustand war ihm klar, dass er Matilda nicht in der Öffentlichkeit angreifen durfte - sie war in Wakefield ein beliebtes Mädchen.

„Du glaubst, du bist 'was Besseres als wir, he, du kleine Schlampe?" Seine Augen quollen heraus und er spuckte beim Sprechen. „Na, hierfür bezahlst du mir. Keine Frau schlägt mich, du wirst schon sehen ..." „Du bist schlimmer als dieser neue Prior, Woolemonger, du dreckiger Bastard!", brüllte jemand, während die Menge wieder über den unbeliebten Trunkenbold lachte und sich anstieß, und er stolperte fort, den Zuschauenden Obszönitäten zuschreiend.

Matilda schüttelte angeekelt den Kopf und ging zitternd zum Laden ihres Vaters zurück. Wenn nur Robin hier wäre, dachte sie, dann würden Narren wie Simon Woolemonger es nicht wagen, mich zu belästigen!'

* * *

Wilfred der Bäcker hatte den ständigen Auftrag vom Herrenhaus des Lords de Bray, zwei Mal die Woche Brot und saftige Pasteten zu liefern, daher bereitete er die Lieferung für den nächsten Tag vor und sagte Robin und Allen, sie könnten, verkleidet als wandernde Minnesänger, mit ihm fahren.

Allen, der viele Male aufgetreten war, bevor er in Schwierigkeiten mit dem Gesetz geriet, hatte seine Laute, ein kleines Saiteninstrument, das er überall hin mitnahm, während Robin sich die Zitole des Bäckers mit ihrem wie ein schmales Blatt geformten Körper und dem kurzen Hals lieh. Robin war ein passabler Spieler und er pflegte zusammen mit dem viel geübteren Allan oft die anderen Geächteten im Lager zu unterhalten. Die Bewohner des Herrenhauses des Lords waren sicher an feinere Unterhaltung gewöhnt als ein Paar ungepflegt aussehende junge Männer, die geborgte Instrumente spielten, aber Wilfred versicherte ihnen, dass der Lord sich freuen würde, Musik in seiner Halle zu hören und ihnen dafür eine Mahlzeit und Unterkunft für eine Nacht gewähren würde.

Irgendwie würden sie das Mädchen, Beth, dazu überreden müssen, sich in Wilfreds Karren zu verstecken, bevor sie am nächsten Morgen das Herrenhaus verließen.

Es war ein geradezu absurd schlichter Plan, aber, da der Lord und seine Untergebenen keinen Ärger erwarteten, hofften die Geächteten, dass er gut genug funktionieren würde.

„Was, wenn wir doch entdeckt werden, Wilfred?“, fragte Robin den Bäcker, der mit den Achseln zuckte.

„Ich bin fast fünfzig, ich bin ein alter Mann. Meine Frau starb vor fünfzehn Jahren und wir hatten nie Kinder. Ich verbringe meine Tage damit, Kuchen zu backen und meine Nächte, Ale zu trinken. Wenn es zu einem Kampf kommt, habe ich wenig zu verlieren. Aber ich sage euch ... so lebendig habe ich mich seit Jahren nicht gefühlt!

Eine Gelegenheit, es diesen Bastarden heimzuzahlen und meinem alten Freund zu helfen?“ Sein großes, rotes Gesicht verzog sich zu einem breiten Grinsen. „Kommt, Jungs, lasst uns diese Lieferung erledigen.“

Also fuhren sie los, Wilfreds Karren vollgeladen mit seinen Kisten mit Brot und Pasteten, zusammen mit ein paar Fässern Bier, die er angeboten hatte, für einen der Brauer des Dorfes auszuliefern. Fässer, die groß genug waren, dass eine kleine Person sich darin verstecken konnte ...

Allan und Robin übten auf dem Weg zum Herrenhaus ihren Auftritt und Wilfred erklärte sie für beeindruckend. Vielleicht hätte es ihnen keine Anstellung an König Edwards Hof eingebracht, aber sie waren gut genug, nicht nach dem ersten Lied aus John de Brays Halle hinausgeworfen zu werden.

Es war ein bewölkter Tag, orange Blätter wehten überall von den Bäumen um sie herum, aber die drei Männer waren guter Stimmung, vor allem der alte Bäcker, der die ganze Angelegenheit als edles Abenteuer betrachtete. Er hatte selbst als junger Mann in Schlachten gekämpft, aber hatte gedacht, dass das alles hinter ihm läge. Er hatte, um ehrlich zu sein, gehofft, dass das alles hinter ihm läge, nachdem er die Schrecken des Krieges und dessen schlimme Folgen aus nächster Nähe erlebt hatte. Aber jetzt, wo er mit seinen fröhlichen, zuversichtlichen jungen Gefährten reiste, fühlte Wilfred sich aufgeregter als je in den letzten zwanzig Jahren.

„Ich kann sehen, dass ihr Jungs noch jung genug seid, um zu glauben, dass ihr immun gegen Pfeile seid“ - der Bäcker lächelte - „fast unbesiegbar.“ Sein Gesicht wurde todernst. „Aber das seid ihr nicht - wenn wir erwischt werden, töten sie uns. Nehmt das hier nicht auf die leichte Schulter, vor allem, wenn ihr erst ein paar Ales in der Halle des Lords in euch hineingegossen habt.“

Robin nickte feierlich und flüsterte ein Gebet zur Heiligen Jungfrau Maria, als das Herrenhaus langsam in Sicht kam.

Während es nicht so beeindruckend war wie die meisten anderen Landsitze der Lords in England, war es doch ein imposanter und für Robin und Allan ein beängstigender Anblick. Es wirkte mehr wie eine kleine Burg als wie ein Haus, ungeachtet der Tatsache, dass Lord John de Bray nur ein kleiner Adliger normannischer Abstammung war, dessen Herrenhaus in Hathersage sein einziges war.

Ein dreistöckiges, aus Stein erbautes Gebäude mit schweren Eichentüren und, wie Wilfred ihnen erzählte, einem unterirdischen Gewölbe, wo Essen und Trinken gelagert wurden. Es gab zahlreiche Fenster, alle mit Glas, und sogar eine Zugbrücke, obwohl der Wassergraben leer war. Am Eingang stand ein einziger Wachmann in leichter Rüstung, der den Bäcker von seinen regelmäßigen Besuchen im Hause kannte.

„Morgen, Wilfred!“, rief der Wachmann und grinste breit, als der alte Karren zum Torhaus hinaufgerumpelt kam. „Gibt es auf dem Karren da Kuchen für mich?“

Der Bäcker lächelte und griff in den Karren, um eine große Schweinefleischpastete herauszuholen. „Da, Thomas. Nur für dich.“

Die Augen des Wachmannes leuchteten auf und er nahm einen Bissen von der Pastete, wobei er Allan und Robin einen Blick zuwarf.

„Wer sind diese beiden, Wilfred?“

„Ich habe sie auf der Straße getroffen, Thomas, es sind reisende Spielleute auf dem Weg nach London, wo sie ihr Glück machen wollen.“

Darüber lachte der Wachmann spöttisch.

„Ich habe ihnen gesagt, Tom, dass sie ihre Zeit verschwenden würden, wenn sie in diesen Müllhaufen gingen“, lächelte der Bäcker, „aber ich dachte, Lord de

Bray wäre vielleicht froh über ein Paar Spielleute, um seine Halle an einem trüben Herbstabend zu unterhalten."

Wilfred holte seinen Dolch heraus und reichte ihn dem Wachmann. Robin und Allan taten das Gleiche mit ihren Langbögen und Taschen voll Pfeilen, obwohl sie beide in ihrer Kleidung Klingen verborgen hatten.

Der Wachmann, Thomas, der immer noch Schweinefleischpastete in den Mund stopfte, warf den beiden jungen Männern einen raschen Blick zu und, als er keine weiteren offenen Waffen sah, winkte er den Karren durch und rief noch einen Dank für die Pastete hinterher.

Wilfred winkte fröhlich, als sie in den Hof einfuhren und die beiden Geächteten stießen einen Seufzer der Erleichterung aus. Sie waren drinnen.

Der viereckige Hof war ein großer, geschäftiger Platz, wo livrierte Diener zwischen den weiß getünchten Gebäuden hin und her eilten, Feuerholz, Wasser und Essen trugen. Das Wappen des Lords - ein prachtvoller, gelber Pfau - wurde auf einer roten Fahne dargestellt, die im starken Wind heftig wehte.

Wilfred lenkte den Karren zu der breiten Tür hinüber, die zum Gewölbe und den Speisekammern führte. Die drei Männer kletterten vom Wagen und begannen unter der Anleitung des Bäckers, diesen zu entladen.

Ein Knecht erschien, den die Torwache auf ihre Anwesenheit aufmerksam gemacht hatte.

„Ihr seid Spielleute? Nun, ich hoffe, dass ihr besser seid als die letzte Truppe, die wir hatten, die die Kontrolle über ihren Tanzbären verlor, der die halbe Halle und drei ihre eigenen Darsteller vernichtete, bevor sie die Bestie erledigen konnten."

Allan und Robin tauschten Blicke. „Nun, wir haben keine Bären bei uns, Sir, also sollte, solange Leute unser Spiel nicht so sehr genießen, dass sie verzaubert werden, es keine Probleme geben." Allen zwinkerte dem gelangweilt aussehenden Reitknecht zu.

„Wie auch immer", antwortete der Mann, „ihr müsst nicht den ganzen Tag müßig herumlungern, ihr könnt euch bis zum Abendessen eure Kost verdienen, indem ihr dem Bäcker helft, seinen Wagen zu entladen."

Die beiden jungen Geächteten nickten gehorsam und machten sich daran, Wilfred weiter mit seiner Ladung zu helfen.

Alles lief perfekt.

ZWÖLFTES KAPITEL

Nach Matildas unangenehmem Erlebnis mit Simon Woolemonger war sie erleichtert gewesen, in den nächsten Tagen im Dorf nichts von ihm zu sehen oder zu hören.

Sie hatte den Vorfall in den Hinterkopf verdrängt, in der Hoffnung, dass er wieder nüchtern geworden und vergessen hatte, was geschehen war, oder mit ein wenig Glück selbst zum Calder-Fluss hinunter gegangen und hineingefallen war.

Einige der Dorfbewohner hatten sie eine Weile damit geneckt, aber das Interesse war abgeflaut, nachdem anderer, frischer Klatsch aufgetaucht war.

Matilda und ihre Eltern saßen beim Frühstück gerade vor Sonnenaufgang am Mittwochmorgen, ihre Mutter Mary lachte über eine Geschichte, die sie über einen der einheimischen Jungen gehört hatte, der dabei erwischt worden war, wie er versuchte, eine Rinderkeule beim Metzger zu stehlen, die größer war als er selbst. Matildas Vater schwieg. Er hatte sich aufgeregt, als er von dem hörte, was mit Woolemonger vorgefallen war und hatte die Gelegenheit genutzt, um Matilda wieder einmal zu sagen, dass sie aufhören sollte, auf Robin zu warten und sich einen geeigneten Ehemann suchen sollte.

Mary löffelte Eintopf aus dem dampfenden Kessel über dem Feuer auf ihre Teller und stellte einen Krug schwaches, zu Hause gebrautes Ale an jeden Platz. Sie hatte ihr Mahl draußen gekocht, da es ein kühler, doch schöner, klarer Morgen war und drinnen in einem kleinen Haus, wie dem ihren, das Kochen ein unangenehm rauchiger Vorgang war. Die Familie, wie die meisten Dorfbewohner, aß selten Frühstück, aber der Eintopf stand dicht davor, zu verderben, daher hatte Mary darauf bestanden, dass sie ihn essen sollten, solange das noch ging - Essen war zu wertvoll, um verschwendet zu werden, vor allem, wo der Winter so nahe war.

Als die Familie zu essen begann, erreichte der Lärm einer aufgeregten Menge ihre Ohren und sie drehten sich um, weil sie sehen wollten, was geschah.

„Oh, Jesus!“, murmelte Matildas Vater und erntete einen frommen Tadel von seiner Frau.

Durch eine Schar schläfriger Dorfbewohner kam der neue Vogt, Adam Gurdon, auf einem beeindruckend aussehend aussehenden Pferd auf sie zu. Mehr als zwanzig seiner Männer waren bei ihm, die meisten davon zu Fuß. Alle hatten grimmige Gesichter aufgesetzt, außer Gurdon, der lächelte, als er Matilda erblickte.

„Was will er, Mädel?“, fragte Henry. „Sag es uns jetzt - wenn du etwas angestellt hast, damit wir es in Ordnung bringen können.“

Matilda schüttelte den Kopf. „Ich habe gar nichts getan, Pa. Ich weiß nicht, warum er hier ist.“

Als Gurdon und seine Männer zum Hoftor der Pfeilmacher kamen, erblickte Matilda eine Gestalt in der Nähe der letzten der zeternden Dorfbewohner. Simon Woolemonger. Ihr Herz machte einen Satz und sie fühlte, wie die Kraft aus ihren Beinen schwand, als der Säufer sie boshaft angrinste und ihr zuwinkte.

„Er hat ihnen gesagt, dass ich mit Little John gesprochen habe“, murmelte Matilda durch angespannte Lippen hindurch. „John kam vor ein paar Tagen ins Dorf, um Vorräte zu kaufen. Du warst nicht da, daher habe ich ihm ein paar Pfeile verkauft. Simon muss uns gesehen haben.“

Ihre Mutter stöhnte, aber ihr Vater legte beruhigend die Hand auf ihre Schulter und lächelte. „Viele Leute reden mit John Little und niemand verhaftet sie. Das bringen wir schon in Ordnung, keine Bange.“ Sein Lächeln wurde zu einer Grimasse, als seine Augen auf dem frech grinsenden Woolemonger ruhten. „Und diesem kleinen Bastard wird der Tag noch leidtun, an dem er sich mit meiner Familie angelegt hat. Wenn John sich nicht um ihn kümmert, werde ich das tun!"

Adam stieg gekonnt von seinem Pferd ab, reichte einem seiner Wildhüter die Zügel und ließ sich selbst durch das Tor ein. Seine Männer stellten sich draußen auf der Straße hinter ihrem Befehlshaber auf, der wieder lächelte.

„Ah, das muss Matilda sein: Ich habe so viel von dir gehört. Mein alter Bekannter, dieser berüchtigte Wolfskopf, Robin Hood, erzählte beständig von dir. Du bist noch hübscher, als ich dich mir vorgestellt hatte - kein Wunder, dass der Prior auf dich aufmerksam wurde!"

Der Pfeilmacher trat vor, sodass er vor seiner Tochter zu stehen kam. „Was wollt Ihr um diese Tageszeit, Vogt? Mein Mädchen hat nichts Falsches getan - keiner von uns hat das."

Gurdons Lächeln erlosch und sein Blick wandte sich Matildas Vater zu.

„Hallo, Henry. Machst du noch immer gute Geschäfte, indem du den Geächteten Pfeile verkaufst?"

„Jau, und ich habe Euch mit jeder Menge davon versorgt, als Ihr noch ihr Anführer wart, ‚Bell'!" Adams Gesicht wurde rot vor Wut bei der Unverschämtheit des Pfeilmachers und die Wildhüter näherten sich verteidigungsbereit dem Vogt, ihre Hände drohend auf die kurzen Keulen gelegt, die sie an ihre Gürtel gehängt hatten.

„Egal, Pfeilmacher, ich bin heute nicht wegen dir hier", knurrte Gurdon, der sich sichtlich beherrschen musste. „Vielleicht ein anderes Mal. Einstweilen ..." Er sah Matilda an und hob seine Stimme, damit sie bis zu den zuschauenden Dorfbewohnern tragen sollte. „Ich bin hier, um Matilda Pfeilmacher zu verhaften, weil sie dem

Geächteten, der als Little John bekannt ist, geholfen hat. Wir haben einen Zeugen und du wirst mit mir nach Nottingham kommen, wo du wegen dieser Anklage vor Gericht gestellt wirst."

„Zeugen?", fauchte Matilda. „Ihr meint diesen dreckigen Säufer Simon Woolemonger!"

Gurdon nickte. „Also bist du dir bewusst, wer dich mit dem Geächteten gesehen hat. Das scheint mir ein klares Schuldgeständnis zu sein. Ergreift sie."

Einer der Wildhüter kam heran und fesselte Matildas Hände. Ihr Vater konnte sich nicht mehr zurückhalten und stürzte sich auf den Vogt, der sich blitzschnell bewegte, um den Schlag des Pfeilmachers abzuwehren, und dabei den großen Mann stolpern ließ, während Matilda bestürzt aufschrie. Einer der Wildhüter ließ seine Keule auf Henrys Kopf hinabsausen und der Pfeilmacher lag reglos auf dem Boden, während Matilda unter Tränen versuchte, sich loszureißen.

Die Dorfleute waren empört. Laute Protestschreie waren zu hören, aber Gurdon drohte mit Repressalien, wenn noch jemand seine Hand höbe, um sie aufzuhalten, und die zornigen Schreie wurden zu zornigem Gemurmel.

„Gehen wir", sagte der frühere Geächtete und nickte mit dem Kopf in Richtung der Hauptstraße, wo die aufgehende Sonne lange Schatten auf den Boden warf, und die Männer, die Matilda vor sich her stießen, gingen durch das Tor nach draußen. Halb halfen sie dem Mädchen, halb schubsten sie sie beim Aufsteigen auf das Pferd. Ein stämmiger Wildhüter saß hinter ihr auf und grinste über ihren wütenden Gesichtsausdruck.

Matildas Mutter, Mary, kniete sich neben ihren Mann, der noch atmete, aber völlig bewusstlos war. Sie wiegte liebevoll seinen Kopf, Tränen befleckten ihre Wangen. „Keine Angst, Matilda! Wir werden nicht zulassen, dass sie dir etwas antun!“, rief sie tröstend, aber in ihrem Herzen befürchtete sie das Schlimmste.

Gurdon setzte einen Fuß in den Steigbügel seines Reittiers und sprang geschmeidig auf den Rücken. „Lasst euch sagen“, rief er, „dass Simon Woolemonger Zeuge eines Verbrechens war. Wenn einer von euch Leuten beschließt, ihm Schaden zuzufügen, wird er selbst zum Geächteten erklärt. Und ich werde euch jagen, wie ich Robin Hood und seine Männer jagen werde. Woolemonger steht unter dem Schutz des Königs - und unter meinem!“

Mit diesen Worten zogen die Wildhüter mit ihrer Gefangenen auf die Hauptstraße durch den Wald nach Nottingham.

Simon Woolemonger, zusammen mit zwei seiner Freunde, die im Dorf auch als Faulenzer bekannt waren, stand selbst grinsend herum. Er trug einen feinen, neuen weißen Umhang, der zweifellos von Gurdon für seine Informationen über Matilda bezahlt worden war.

„Gehen wir einen trinken, Jungs“, lachte er. „Ich fühle mich heute flüssig.“

Adam Gurdons Ruf als „Adam Bell“ reichte aus, um alle Dorfbewohner davon abzuhalten, eine Hand gegen Woolemonger zu erheben, aber die Atmosphäre war vergiftet.

Patrick, der Dorfschulze, kam in den Garten, um mit Mary und Henry zu sprechen, der langsam wieder zu sich kam.

„Wir müssen Little John und Robin benachrichtigen, Patrick“, stöhnte der Pfeilmacher.

„Sie sind die Einzigen, die Matilda helfen können.“

Patrick nickte beruhigend. „Ich werde einen der Jungen von hier losschicken, um den Geächteten die Nachricht zu überbringen, Henry. Du kümmere dich erst einmal um dich selbst, und ... wenn all dies vorbei ist, keine Sorge:

Dann werden wir diesen Abschaum Woolemonger aus dem Dorf jagen!“

* * *

„Ich weiß, dass dies nicht ist, was du willst“, sagte Sir Richard-at-Lee zu seinem Sohn. „Aber es gibt keine andere Wahl.“

„Aber Rhodos!“, murmelte Simon. „Das ist so weit fort.“

Richard nickte traurig. „Ich weiß, Sohn. Aber es wird dir gut gehen, dein Bruder wird dafür sorgen, dass du dich gut eingewöhnst und der Lebensstil der Johanniter wird dir gefallen. Das Wetter ist in Zypern auch besser als in England!“ Er lächelte ermutigend, war aber unglücklich, dass er diesen Weg wählen musste, nur, um Despensers „Gerechtigkeit“ zu entgehen. Sie wussten, dass Sir Hugh seine Männer von Schloss Cardiff mit einer Vorladung zum Gericht für Simon schicken würden, und mit diesen Männern würden sie nicht verhandeln können. Richard wusste auch, dass es keine Chance gab, dass sein Sohn des Mordes an diesem Wytebelt für unschuldig erklärt werden könnte - Despenser würde die hundert Pfund Kaution nicht hergeben wollen.

Simon würde hängen, Sir Richard ruiniert sein und für seinen Ältesten, Edward, würde kein Erbe bleiben. Es würde das Ende ihrer Familie bedeuten.

Obwohl er seine beiden Söhne gleichermaßen liebte, hatte Richard doch das Gefühl, Simon mehr beschützen zu müssen. Der ältere Sohn, Edward, war immer zäh gewesen - deutlich schon in jungen Jahren dazu geeignet, Ritter zu werden, immer willens und imstande, für sich selbst zu sorgen.

Simon andererseits war viel weniger kriegerisch gewesen - mehr am Lesen und Reiten seines großen Pferdes Dionysos als am Kämpfen interessiert.

Als Edward ausgezogen war, um sich dem Orden seines Vaters auf Zypern anzuschließen, und Sir Richards Frau nur ein Jahr später starb, hatte Sir Richard seinen geliebten jüngeren Sohn noch mehr beschützen wollen.

Daher hatte der Johanniter schweren Herzens beschlossen, Simon nach Outre-Mer zu schicken, um sich seinem Bruder und den Johannitern auf ihrem Hauptsitz in Rhodos anzuschließen. Wenn sein Sohn erst sicher außer Landes war, weit fort aus der Reichweite von Hugh Despenser, würden Sir Richard und sein Sergeant versuchen, Geld aufzutreiben, um die neuen Schulden bei dem Abt Ness von St. Mary zu zahlen, indem sie Darlehen bei anderen Lords aufnahmen. Und dann würden sie dem Earl von Lancaster in jeder möglichen Weise bei seinem Kampf gegen die Korruption helfen, die das Land an den Rand eines Bürgerkriegs brachte.

Die Dinge schienen darauf hinauszulaufen, da der König vor kurzem zugestimmt hatte, die Despensers ins Exil zu schicken und Begnadigungen für den Earl von Lancaster und Hunderte seiner Anhänger auszustellen. Und dennoch, obwohl sie verbannt werden sollten, übten die Despensers weiter großen Einfluss im Land aus, wie Sir Richard jetzt entdeckte.

Der Johanniter und sein Sohn Simon, begleitet von dem rauen Sergeanten Stephen, waren an diesem Morgen zum Hafen von Hull geritten, ein Ritt von zwei Tagen, damit der junge Mann eine Gelegenheit finden sollte, nach Zypern zu reisen. Das Einführungsschreiben, das sein Vater verfasst hatte und die Gegenwart seines älteren Bruders auf der Insel würden dafür sorgen, dass Simon problemlos als Sergeant bei den Johannitern aufgenommen würde. Es würde an ihm liegen, wie weit er von da an im Orden vorwärtskäme.

Sie trugen keine Umhänge oder andere Kennzeichen irgendeiner Art - die gewöhnlichen, weißen Kreuze mit acht Spitzen auf schwarzem Untergrund wären ein unübersehbarer Anhaltspunkt für jeden Verfolger gewesen.

Stephen war auf der Straße zurückgeblieben, um Vater und Sohn vor dem Abschied Zeit zu zweit zu gönnen, aber der treue Sergeant war auf der Hut wegen jedes Anzeichens einer Verfolgung. Er war erfüllt von Abscheu wegen dem, was seinem Herrn zugestoßen war. Ein Ritter der Johanniter, der vom besten Freund ihres eigenen Königs praktisch ausgeraubt worden war und sich jetzt von seinem Kind trennen musste, dabei noch wie ein gewöhnlicher Bauer, der vom Zehentschöffen wegen des Diebstahls eines Laibes Brot gejagt wird, über die Schulter sehen musste!

Zum Glück war es ein schöner Herbsttag, mit einem leichten Rückenwind, und die Straße war ruhig, mit nur wenigen anderen Reisenden. Die Menschen, denen sie begegneten, traten respektvoll beiseite und senkten ihre Augen beim Anblick der drei berittenen und wohlbewaffneten Männer.

Sie aßen ein kleines Mahl aus Brombeeren, gekochten Eiern und Brot aus ihren Satteltaschen, verzehrten es im Sattel, um zu versuchen, den Hafen so schnell wie möglich zu erreichen.

Sir Richard und Simon lachten über einen Witz, als Stephen sie plötzlich anzischte, sie sollten ruhig sein, und sich im Sattel umdrehte, um die Straße zurückzuschauen.

„Was gibt es?“ Stephen grunzte nur, seine Augen flogen immer noch den Horizont entlang. „Dachte, ich hätte ein Rufen gehört. Vermutlich ist da nichts. Ihre beide machtet so viel verdammten Lärm und lachtet wie die kleinen Mädchen, dass es schwer ist, etwas anderes zu hören."

Simon grinste. „Jesus, Mann, was habt Ihr zum Mittag gegessen? Brombeeren oder Zitronen?"

„Ach, geht doch", knurrte der Sergeant und fuhr dann plötzlich herum, um wieder nach hinten zu schauen und sein Pferd durchzuparieren. Diesmal war es kein Irrtum, da ein halbes Dutzend Männer in Sicht kam, die vom Horizont her auf sie zu galoppierten. „Was glaubt Ihr?", fragte Stephen und warf seinem Herrn einen Blick zu, während seine Hand sich auf die Keule legte, die er für den Fall, dass sie auf schwerbewaffneten Widerstand träfen, mitgenommen hatten. Die zerstörerische Kraft einer Keule war gegen Kettenhemden weit durchschlagender als ein Schwert. Es sah aus, als könnte sie jetzt nützlich werden.

„Ich weiß nicht, sie sind zu weit entfernt", antwortete Sir Richard und schaute seinen Sohn an, falls dessen jüngere Augen Zeichen oder Farben einer Livree erkennen könnten, die die herannahenden Reiter identifizieren würden, aber Simon schüttelte den Kopf.

„Wir sind in der Unterzahl, also ist es vernünftig, nicht herumzustehen und zu warten, ob sie Freund oder Feind sind", entschied der Johanniter. „Reitet!"

Sie spornten ihre Reittiere an und galoppierten davon, wobei sie mit Entsetzen bemerkten, dass die Männer hinter ihnen Schritt hielten. „Mist, sie müssen hinter uns her sein", fluchte Simon.

Sein Vater rief zustimmend: „Wir werden dieses Tempo eine Weile beibehalten - wer auch immer da hinten ist, muss seine Pferde angestrengt haben, um uns einzuholen, da wir einen Vorsprung hatten. Sie werden langsamer werden, bevor wir es tun."

Sie ritten eine Weile weiter in einem Höllentempo und erlaubten dann ihren Pferden, langsamer zu werden. Sir Richards Worte erwiesen sich als richtig, da ihre

Verfolger zurückgefallen waren und es trotz der geraden, flachen Straße, auf der sie sich befanden, kein Zeichen von jemandem in ihrem Rücken gab.

„Wenigstens wissen wir jetzt, dass die Bastarde hinter uns her sind“, murmelte Stephen. „Alles, was wir tun müssen, ist, ihnen vorauszubleiben, bis wir Hull erreichen.“

Sir Richard ritt schweigend und fragte sich, ob sein Sergeant recht hatte und sie einfach weiter so schnell wie möglich zum Hafen reiten sollten, oder eine andere Strategie ausprobieren sollten, um ihren Verfolgern zu entgehen. Einen Hinterhalt legen? Im nächsten Dorf ein paar Einheimische bezahlen, damit sie Despensers Männer von der Spur und in eine andere Richtung ablenkten?

Er verwarf die Ideen - ihre Verfolger mussten von ihrem Plan, Simon auf einem Schiff außer Landes zu schaffen, wissen, sie würden sich nicht leicht ablenken lassen, und die Vorstellung, wie sie zu dritt sechs berittenen Kriegern einen Hinterhalt legten, wirkte nicht sehr einladend.

Stephen hatte recht. Ihre beste Chance bestand darin, Hull vor Despensers Männern zu erreichen.

Mit einem letzten Blick über seine Schulter trieb er sein Pferd wieder an und stieß einen ermutigenden Ruf aus.

„Los, weiter!“

* * *

Am Tag, bevor Matilda verhaftet wurde, aßen Allan-a-Dale und Robin ein (für ihre Verhältnisse) exotisches Mahl in der großen Halle Lord John de Brays.

Sie hatten in gemächlichem Tempo Wilfreds Karren abgeladen; trotz der früheren Ermahnung des Stallmeisters hatten sie einen erholsamen Nachmittag damit verbracht, ihren Auftritt als Spielleute zu üben und heimlich die Bewohner des Hauses beobachtet, wie sie ihren Geschäften nachgingen. Sie hatten das Mädchen, von dem sie beteten, dass es Wills Tochter, Beth, sein möge, nicht gesehen, aber Wilfred hoffte, wenn in der Halle am Abend genug los wäre, dass das Mädchen dann zusammen mit den älteren Dienern servieren müsste.

Also waren Robin und Allan nach einem üppigen Abendessen aus gesalzenem Rindfleisch, Kohl und Brot, das ihnen widerwillig von einem mürrischen Pagen serviert worden war, satt und zufrieden, wenn auch die Nervosität bei dem Gedanken an ihre Arbeit in den nächsten Stunden anstieg.

Sie wussten, sie würden ihre Musik ordentlich vortragen müssen, um zu vermeiden, als Bettler aus dem Herrenhaus hinausgeworfen zu werden, aber das war eher eine geringe Sorge. Nachdem sie jetzt tatsächlich hier waren und ihnen klar wurde, wie viele Hände sich gegen sie erheben würden, wenn ihr Plan, Beth zu entführen, schief ginge, stellte sich ein Gefühl ein, als ob ihr Magen sich verknoten würde.

„Versuche, dich zu entspannen“, sagte Robin zu seinem grimmig dreinblickenden Freund. „Wir werden für diese Leute spielen, die alle zweifellos am Morgen mit einem fürchterlichen Kater erwachen werden. Sie werden nicht in der Stimmung sein, ein Auge auf die Spielleute vom Vorabend zu haben - alles, was wir dann zu tun haben, ist, Beth auf den Karren zu packen und aus dem Tor zu rollen.“

„Die *Wachen* werden nicht alle heute Nacht saufen, Robin. Sie werden morgen früh frisch genug sein und sie sind es, die mir Sorgen machen!“

Robin lachte. „Damit befassen wir uns, wenn es so weit ist. Wenn wir den Karren morgen beladen, werden keine Wachen uns beobachten, und das wird der gefährliche Teil sein.“

Allan nickte, aber seine Knöchel waren weiß, als er auf seiner Laute spielte. Nach ein paar Minuten hörte er auf und sagte leise: „Was, wenn das Mädchen nicht mit uns kommen will?“ Robin seufzte angesichts der ständig schwarzen Laune seines Freundes. „Jetzt sind wir hier; wir müssen das hier durchziehen, klar? Also hör auf, dir deshalb Sorgen zu machen. Wir müssen zuerst mit dem Mädchen reden und dann sehen wir weiter. Jetzt konzentriere dich eine Weile darauf, diese Laute zu spielen, damit wir diesen Leuten etwas bieten können, zu dem sie später tanzen möchten.“

Wilfred hatte den Nachmittag damit verbracht, mit einigen der anderen Händler und Handwerker zu sprechen, die Waren in das Haus des Lords lieferten, aber der dicke Bäcker kam jetzt zu seinen Freunden, den Geächteten, herüber.

„Es wird heute Abend ein feines, lebhaftes Fest sein, Jungs. Sie werden jeden verfügbaren Diener brauchen, um das Essen zu servieren und die Getränke fließen zu lassen. Ihr werdet dann Gelegenheit finden, mit Beth zu sprechen, da bin ich mir sicher. Macht es nur nicht zu offensichtlich, oder man wird Verdacht schöpfen - sie ist ja nur ein kleines Mädchen, denkt daran.“

Schließlich begann die Sonne zu sinken und Pagen huschten herum, um die an den Wänden der Halle angebrachten Fackeln zu entzünden. Der riesige Saal wirkte auf die jungen Geächteten, die noch nie einen so großen Raum gesehen hatten, unglaublich beeindruckend. Auf dem Boden lagen frische Binsen, schöne, teure Gobelins, die heroische Szenen aus Geschichte und Mythologie darstellten, schmückten die Wände, und flackernde, hellrote Flammen der Fackeln warfen lange Schatten über alles. Es war ein schöner Ort für einen Auftritt von Spielleuten.

Die angeseheneren wohlhabenden und adligen Besucher kamen aus ihren Räumen und gesellten sich zu den niederen Anwesenden wie Wilfred und dem Rest, wer auch immer glücklich genug war, an diesem Abend die Gastfreundschaft des Lords zu genießen, ohne sich unter sie zu mischen.

Die Lautstärke wuchs, als Ale und Wein serviert wurden, und schließlich erschien Lord John de Bray selbst, begleitet von seiner Frau. Sie mochte in ihrer Jugend eine echte Schönheit gewesen sein, aber ihre strengen Züge trugen jetzt einen solchen Ausdruck von Langeweile und Verachtung für alles um sie herum, dass sie keinen angenehmen Anblick bot. „Meine Freunde!" Lord de Bray, ein fetter, pausbäckiger Mann, der aussah, als könnte er noch immer gut genug mit einem Schwert umgehen, klatschte in die Hände und alles verstummte. Er lächelte und breitete die Arme aus, um die beiden Tische, an denen die Adligen saßen, zu umfassen. Er ignorierte die Bänke und die kleinen Tische in den Ecken und an den Wänden der großen Halle völlig, wo die Bürger, einschließlich Robin und Allan, saßen. Diese Leute waren für den beleibten Lord sichtlich von keinem Interesse, sie befanden sich nur aus Notwendigkeit und gutem Anstand dort.

„Bitte, genießt das bescheidene Festmahl, das ich Euch habe bereiten lassen", fuhr er fort. „Trinkt von den besten Weinen, die mein Keller zu bieten hat, importiert aus Frankreich und Italien. Und", er lächelte breit, als seine adligen Gäste bei dem Versprechen von Alkohol ihm laut zujubelten, „wir haben das Glück, heute Abend auch Unterhaltung zu bekommen. Einige von Euch werden meinen eigenen Hofnarren kennen, Rahere. An allen Höfen Europas könnte man keinen lustigeren Mann finden!"

Ein alter, aber sich quälend lebhaft gebender Narr stand auf und verbeugte sich übertrieben, wobei er es irgendwie schaffte, im Bücken zu furzen, was ihm von den bereits angetrunkenen Gästen noch mehr Gelächter einbrachte.

„Zufällig sind auch diese beiden herumziehenden Spielleute gekommen“, fuhr de Bray fort, als der Narr sich wieder auf seinen eigenen Stuhl setzte, der dramatisch zusammenbrach.

Der Lord machte eine Handbewegung in den dunklen Teil des Raumes, wo Robin und Allan aufstanden, lächelten und in die Runde winkten.

„Sie haben versprochen, uns zu amüsieren! Und wenn sie das nicht tun, nun ... dann jagen wir einfach die Hunde auf sie, he?“

Daraufhin schlugen die Gäste mit ihren Bechern auf die Tische, brüllten und johlten laut. Lord de Bray lächelte die beiden „Spielleute“ böse an, die sich wegen der Arbeit an diesem Abend zunehmend nervös fühlten. „Auf! Lasst das Fest beginnen, Freunde!“

* * *

Beth Scaflock war erst fünf Jahre alt gewesen, als ihre Familie von den Soldaten Lord de Brays niedergemetzelt worden war. Als der Lord das kleine Mädchen, das vor Angst fast den Verstand verloren hatte, in einem Schrank versteckt fand, hatte er beschlossen, es mit nach Hause zu nehmen, da seine Frau ihm ständig damit in den Ohren lag, mehr Diener für die Küche einzustellen. Beth war in jeder Hinsicht sein Eigentum geworden, denn wer hätte ihn, den Lord von Hathersage, aufhalten können?

Man hatte ihr einen Strohsack in der Küche zugewiesen, auf einem schmalen Bord wie dem, wo sie sich versteckt hatte, während ihre Familie ermordet wurde. Den größten Teil der wenigen Freizeit, die sie hatte, schlief und verbrachte sie in diesem winzigen Raum, wenn sie nicht Arbeiten in der Küche für die

Köchin, eine kalte Frau mittleren Alters namens Joan, verrichtete.

Beth und Joan waren die einzigen weiblichen Wesen, die im Haushalt des Lords lebten, von seiner eigenen Frau abgesehen. Wie in allen anderen Herrenhäusern in England war der größte Teil der Bewohner männlich. Joan hatte Beths Haare kurz geschnitten, wie die der Jungen, sodass den meisten Leuten nicht einmal auffiel, dass sie ein kleines Mädchen war.

Beth wurde zum Glück größtenteils in Ruhe gelassen. Lord Bray hatte sie nie wieder beachtet, und nachdem sie gelernt hatte, ihre Aufgaben in der Küche schnell und gründlich zu erledigen, hatte Joan aufgehört, sie so oft zu schlagen.

Trotzdem war es ein schreckliches Leben für das jetzt acht Jahre alte Kind. Obwohl viele Erinnerungen an ihr früheres Leben zu verblassen begonnen hatten, weinte sie sich immer noch manchmal in den Schlaf, wenn sie daran dachte, wie ihre Mutter sie umarmt hatte, wenn sie gefallen war oder wie sie mit ihrem Bruder und ihrem Haushund, Sam, gespielt hatte. Sie weinte auch, wenn sie an ihren Vater, Will, dachte, der sie so liebte.

Obwohl Beth selbst jetzt noch zu jung war, um zu verstehen, was ein Söldner war, wusste sie, dass ihr Vater ein gewaltsamer, schrecklicher Mann sein konnte. Doch in ihrer Nähe benahm er sich nie so - er hatte sich immer Zeit genommen, mit ihr zu spielen, wenn er daheim war, und ihre Erinnerung an sein lächelndes Gesicht voller Freude, wenn sie zusammen auf Bäume stiegen und durch den kleinen Bach in der Nähe ihres Hauses liefen, wobei er sie auf dem Rücken trug, ließ ihr Herz sich zusammenziehen, bis sie glaubte, es nicht ertragen zu können.

Sie hatte sich lange Zeit gewünscht, dass ihr Vater kommen und sie aus diesem furchtbaren Haus nach Hause holen möge. Aber er kam nie und ihre Tränen waren größtenteils versiegt, als die Hoffnungslosigkeit ihres Lebens langsam ihren Lebensmut zerstörte.

An diesem Abend gab es ein Fest, wie so oft im Herrenhaus. An diesem Abend jedoch bewirtete Lord de Bray mehr Gäste als gewöhnlich, und Joan hatte ihr befohlen, an den Tischen der Bürger Ale zu servieren.

Die Geräusche von lachenden Männern und Frauen drangen durch die Tür zur Küche - ein Geräusch, an dem sie sich nie mehr beteiligte.

Sie schloss sich den servierenden Jungen an, wurde an das Ende der Reihe geschubst, da sie bei Weitem die Kleinste war, und wartete demütig darauf, den Männern in den dunklen Ecken der Halle Getränke zu bringen.

„Du da, komm her!" Ein Tablett, beladen mit Holzbechern voll mit Wasser verdünnten Ales wurde ihr in die Hände gedrückt und Beth nahm es wortlos, drehte sich mit geübter Leichtigkeit um und ging in die große Halle hinaus, wo der Lärm der Feierlichkeiten fast überwältigend war, selbst in diesem frühen Stadium des Festes.

Sie trug ihr Tablett in die entfernteste Ecke des Raums und stellte es auf einen Tisch, da ihre Arme zu klein waren, um es wie die anderen Servierenden zu halten, während sie die Getränke austeilte.

Sie sah zwei junge Männer, die beide Musikinstrumente hielten, sie beim Arbeiten beobachten, also trug sie ihr Tablett zu ihnen, bevor sie begannen, sie anzubrüllen, wie alle es immer taten, wenn sie Durst auf Ale hatten.

„Hallo, Mädel", sagte einer der jungen Männer. „Ich bin Robin. Das ist mein Freund Allan und das hier ist Wilfred, der Bäcker aus Hathersage; du hast ihn wahrscheinlich schon früher gesehen."

Beth senkte ihre Augen; sie wusste, dass sie nicht mit den Leuten reden durfte, die sie bediente, oder Joan würde ihr böse Worte, wenn nicht Schlimmeres, geben, weil sie Zeit verschwendete.

„Bitte sehr, Sirs“, sagte das Mädchen, die Augen noch immer niedergeschlagen, als sie vor jeden von ihnen einen Becher mit Ale stellte.

„Wie ist dein Name, Mädchen? Wir haben dir unsere genannt, es ist nur höflich, uns deinen zu sagen.“ Der große Mann, Robin, lächelte warm, als er seinen Becher hob und einen kleinen Schluck trank. „Elizabeth, Sir. Ich muss jetzt weiter meiner Arbeit nachgehen, oder ich bekomme Schwierigkeiten.“

Die drei Männer wechselten einen Blick und der, der gesprochen hatte, schaute sich misstrauisch um, bevor er zu ihr sagte: „Wir sind Freunde deines Pa, Beth. Mache weiter deine Arbeit wie gewöhnlich, aber sieh zu, dass du uns später wieder bedienst.“ Er blinzelte ihr zu und schaute zu dem Narren, Rahere, hinüber, der zur Belustigung aller am Tisch des Lords lächerliche Faxen machte.

Das Herz des Mädchens setzte für einen Schlag aus und sie fühlte sich einen Moment lang zu schwach, ihr halb volles Tablett hochzuheben, aber sie spürte, dass sie keine Aufmerksamkeit auf sich oder diese beiden Spielleute und ihren Freund, den Bäcker, lenken durfte, daher riss sie sich zusammen, machte einen kleinen Knicks und ging weiter zum nächsten Tisch.

Sie leerte das Tablett, füllte es mit leeren Bechern und trug sie wieder in die Küche, um sie neu füllen zu lassen. Ihre Augen huschten über die drei Männer. Die beiden Spielleute schienen entspannt, übten mit ihren Instrumenten, vermutlich zur Vorbereitung ihres Auftritts bei dem heutigen Fest. Der Bäcker, den sie tatsächlich schon getroffen hatte, wenn er in die Küche lieferte, stopfte sich glücklich den Mund mit Süßigkeiten und Ale voll.

Seine Augen fanden sie und eine Erinnerung stieg in ihr auf, von ihrem Vater, Will, und diesem Bäcker, wie sie im Wirtshaus beieinander gestanden, getrunken und gelacht hatten, während sie selbst fröhlich auf dem Boden spielte.

Ein Kloß versperrte ihre Kehle und sie eilte durch die Tür zur Küche, das Geräusch des Gelächters folgte ihr, da der Narr weiter durch den Raum torkelte.

Seine Späße waren grob, kindisch, schmutzig und frauenfeindlich, aber Raheres Publikum war bei jedem Furz und jeder Pointe aus dem Häuschen. Oft *war* die Pointe ein Furz. Robin nahm es als gutes Zeichen, als er einen Mann sah, noch dazu einen Adligen, der von seinem Stuhl fiel, weil er sich vor Lachen bog.

„Die Menge ist ziemlich betrunken und in guter Stimmung, Allan. Wir müssen nur ein paar Lieder singen, als wären wir wieder bei unseren Kumpels im Lager und alles wird gut gehen."

Allan nickte düster trotz Robins ständigen Grinsens. Allan hatte im Ernst wenig zu befürchten, da er in seiner Vergangenheit viele Male als ordentlicher Minnesänger aufgetreten war. Er hätte das geplante Programm dieses Abends im Schlaf spielen können. Robin, der als Junge viel mehr Zeit damit verbracht hatte, mit dem Bogen oder einem Holzschwert zu üben, hatte mehr Grund, sich über ihre bevorstehende Vorstellung Sorgen zu machen. Aber Robin hatte ein natürliches Auftreten und Charisma, die großartig zu der Rolle eines Spielmanns passten. Allan tröstete sich mit diesem Gedanken und, als er sein Ale ausgetrunken hatte und die Zeit für ihr Spiel näherkam, fühlte er, wie eine ruhige Entschlossenheit über ihn kam. „So ist's besser, Allan!", lachte Robin, als er seinen Freund eine rasche Tonleiter auf den Saiten seines Instruments spielen sah.

Allan lächelte. Jetzt freute er sich eigentlich auf ihren „Auftritt". Er liebte es, vor Publikum zu spielen, und dies würde eine schöne Geschichte werden, die er den anderen Geächteten erzählen könnte, wenn sie wieder im Lager wären.

In diesem Moment verbeugte sich Rahere, dessen Vorstellung vorbei war, zum herzhaften Applaus und Jubel, ging zur Seite, wobei er bei jedem Schritt laut rülpste.

Es gab eine kurze Pause, damit jeder neues Bier oder neuen Wein bekommen und über die witzigsten Stellen von Raheres Auftritt lachen konnte. Der Steward fing Robins Blick auf und gab den beiden Spielleuten das Zeichen, ihre Vorstellung zu beginnen.

„Es geht los, Allan. Ein paar Lieder, noch ein Bier, und morgen mit einer Überraschung zurück zu Will ins Lager."

„Viel Glück, Jungs!", spornte Wilfred sie an, schlürfte ein frisches Bier und lächelte sie verschwommen an.

„Danke, Wilf! Sieh nur zu, dass du morgen imstande bist, diesen Karren zu lenken, he? Mach langsam beim Trinken!" Robin lachte, aber sein Blick war ernst und der Bäcker nickte verlegen und stellte seinen Becher zurück auf den Tisch.

Die beiden Geächteten schritten zuversichtlich zur Mitte des Raumes, nahe zum Tisch des Lords selbst, wo die Fackeln am hellsten brannten, und begannen zu spielen.

DREIZEHNTES KAPITEL

Die anderen Geächteten hatten während der Abwesenheit Robins und Allans ihr Leben wie gewöhnlich weitergeführt, bis ein kleiner Junge aus Wakefield, den Patrick, der Dorfvorsteher, geschickt hatte, sie fand. Oder vielmehr fanden die Geächteten ihn, als er im Wald herumlief und nach Little John rief.

„Was für ein Spiel spielst du hier, Junge? Versuchst du, dich von den Männern des Vogts verhaften zu lassen, weil du dich mit Verbrechern herumtreibst?“

Der Junge erstarrte vor Schreck, als ihm plötzlich klar wurde, dass er von einem halben Dutzend stämmiger Geächteter umringt war. Er hatte nichts von ihnen gehört oder gesehen, bis John ihn plötzlich ansprach, direkt in sein Ohr.

„Ihr müsst helfen“, stammelte er. „Matilda ist verhaftet worden!“

Einige der Geächteten kannten Matilda und mochten sie. Nicht nur, weil sie Robins Mädchen war, sondern sie hatten sie kennengelernt, als sie Pfeile von ihrem Vater Henry kauften, und ihr hübsches Lächeln hatte die meisten Männer für sie eingenommen. Selbst den hartgesottenen Will Scarlet.

„Was schwätzt du da?“, verlangte Will zu wissen. „Verhaftet - von wem? Weshalb?“

„Jau, ich habe sie erst vor ein paar Tagen gesehen, sie hat mir ein paar Pfeile verkauft“, fügte Little John hinzu. „Sie hat nichts davon erwähnt, dass sie in Schwierigkeiten steckte.“

„Das ist das Problem,” sagte der Junge, Andrew. „Du wurdest mit Matilda gesehen, und Simon Woolemonger ist hergegangen und hat das dem neuen Vogt, Adam Gurdon, gesteckt. Er kam und hat sie direkt aus ihrem Haus heraus verhaftet. Den Pfeilmacher zusammengeschlagen und jeden davor gewarnt, Woolemonger dafür büßen zu lassen."

Die Geächteten hatten gehört, dass ihr früherer Anführer zum Vogt von Wakefield ernannt worden war, aber nicht erwartet, dass er so etwas tun würde.

„Wer ist dieser Woolemonger?", fragte der noch immer verwirrt dreinschauende Will. „Was hat er für ein Problem?"

„Er ist einer der Säufer im Dorf", antwortete Much angewidert. „Nimmt nur anderen den Platz weg, jemand hätte ihn schon vor langer Zeit in den Fluss werfen sollen."

Der Junge nickte zustimmend. „Der Vogt muss ihn für die Auskünfte über Matilda bezahlt haben; er läuft im Dorf herum, als wäre er der Lord des Palastes, bezahlt dafür, sich und seine Kumpel bis zur Besinnungslosigkeit zu besaufen."

„Wir müssen etwas dagegen unternehmen, John", sagte Will und die anderen Geächteten stimmten ihm im Chor zu. Selbst Tuck nickte eiskalt mit dem Kopf.

„Er hat recht, John", sagte der stämmige Franziskanerbruder. „Wenn wir uns das gefallen lassen, werden alle denken, dass sie ungestraft die Leute, die uns helfen, anzeigen dürfen. Unsere Vorräte werden zu Ende gehen, niemand wird mehr mit uns handeln wollen, wenn sie sich vor den Wildhütern fürchten müssen, weil jemand wie Simon sie verraten könnte."

John nickte mit seinem dicken Kopf. „Ich weiß, Jungs. In dieser Jahreszeit brauchen wir jede Hilfe, die wir bekommen können." Er sah Andrew an. „Simon Woolemonger muss eine verdammt harte Lektion erteilt werden. Aber wir müssen auch Matilda herausholen, oder dieser Bastard Adam wird sie als Mittel benutzen, um an uns heranzukommen. Weißt du, wohin er sie gebracht hat?“

Andrew nickte. „Er hat allen gesagt, er würde sie nach Nottingham bringen. Vor ein paar Stunden sind sie fortgeritten.“

„Waren sie zu Fuß, Junge?“, fragte Will.

„Einige ja, aber der Vogt und ein paar andere hatten Pferde. Sie haben Matilda zusammen mit einem Wildhüter auf eins gesetzt.“

„Mist!“, zischte Will. „Wie sollen wir sie zu Fuß einholen?“

Ein paar Augenblicke herrschte Stille, als alle über die Lage nachdachten. „Die Furt bei Hampole Dyke?“, fragte Much, fast zu sich selbst sprechend. „Wenn sie zu Pferd sind, werden sie sich an die Hauptstraße halten müssen. Wenn wir quer durch den Wald gehen, sollten wir ihnen den Weg abschneiden können.“

Will grunzte unzufrieden. „Wir werden uns beeilen müssen, wenn wir vor ihnen dort sein wollen, Much.“

Der Sohn des Müllers zuckte mit den Schultern. „Dann sollten wir uns besser auf den Weg machen!“

„Allerdings. Ich nehme die Männer mit und wir holen Matilda von Adam zurück“, sagte Will und holte seine Waffen. „Ich habe mit dem Bastard eine Rechnung zu begleichen, und das ist die Gelegenheit für mich. Du und Much könnt losgehen und diesem Simon einen Besuch abstatten.“

John gefiel es nicht, dem launischen Will Scarlet bei so etwas die Führung zu überlassen, wo Matildas Leben auf dem Spiel stand, aber er wusste, dass es nur zu einem Streit vor den anderen Männern führen würde, wenn er Wills Vorschlag widersprach. Ihm blieb nichts anderes übrig, als zuzustimmen.

„Dann pass auf und sei vorsichtig, Will. Stürz nicht gleich vor und fuchtele wie ein Verrückter mit deinem

Schwert herum. Wir wollen, dass Matilda sicher da herauskommt. Sei so vorsichtig wie möglich."

Will grunzte nur etwas darüber, dass er nicht dumm wäre, und verschwand mit dem Rest der Männer, um im Laufschritt nach Hampole Dyke loszumarschieren.

„Ich werde ein Auge auf ihn haben, John", beruhigte Tuck seinen riesigen Freund, während er eine Handvoll Pfeile hinter den schon angespannten Strick stopfte, den er als Gürtel um seine graue Mönchskutte benutzte. „Ich werde ihn Matilda nicht unnötig in Gefahr bringen lassen."

Little John schlug dem fröhlichen Kirchenmann auf den Arm und dankte ihm. „Kommt hierher zurück, wenn ihr sie habt. Much und ich werden auf alle Fälle bis dahin wieder da sein - diesen Verräter zu bestrafen, wird nicht lange dauern. Hoffentlich sind Robin und Allan bis dahin auch wieder zurück, wo immer sie auch sein mögen."

Er packte seinen riesigen Kampfstock, der einen Fuß länger war als die Stöcke der meisten Männer; schlang seinen ebenso übergroßen Langbogen über eine Schulter und stopfte ein Stück Brot aus seinem Rucksack in den Mund. „Los dann, Andrew, Bursche!", rief er und spuckte dabei Krümel auf den Jungen.

„Nehmen wir uns den Bastard zur Brust!"

* * *

Als Robin und Allan ihren Auftritt begannen, hatten die Zuschauer ihnen wenig Beachtung geschenkt, aber nach ein oder zwei Liedern schauten die meisten Leute zu, mehr als nur ein paar klopften mit den Füßen den Takt und summten die Melodien zu alten Favoriten wie „As I Lay On a Night" und „Man in the Moon" mit.

Die beiden hatte eine Auswahl an lebhaften, fröhlichen Liedern gespielt, hauptsächlich über Mädchen, das Trinken und das Kämpfen, bevor sie langsamer wurden und „Alison“, eine Ballade in einer Molltonart, anstimmten.

Ihre Stimmen klangen harmonisch zusammen, wobei Allan die höhere Stimme übernahm und als der letzte Akkord verklang, brach in der Halle des Lords lauter Applaus aus, wobei mehr als nur ein paar der Frauen, sogar einige der Männer, sich eine Träne aus dem Auge wischten.

Die Geächteten standen und genossen ihren Moment, verneigten sich vor allen und grinsten sich gegenseitig an.

Die Reaktion der Menge war sicherlich mehr dem frei fließenden Alkohol und der allgemein glücklichen Atmosphäre in der Halle in dieser Nacht geschuldet, als dem musikalischen Genie der beiden Musikanten, aber das spielte kaum eine Rolle. Ihre List hatte jedenfalls gewirkt. Sogar Lord de Bray reichte ihnen mit einer großen Geste ein paar Münzen, und, als sie zu ihren Sitzen in der dunklen Ecke des Raums zurückkehrten, schlugen ihnen Gratulanten auf den Rücken und lobten ihre Musik.

Robin lachte und lächelte bei den Komplimenten, während der gewöhnlich zurückhaltende Allan wie auf Wolken zu gehen schien. Ihm schien es, als wäre es eine der besten Vorstellungen seines Lebens gewesen und das Grinsen blieb noch eine halbe Stunde lang auf seinem Gesicht.

Dann erschien die junge Beth an ihrem Tisch mit zwei Ales für sie und die Geächteten erinnerten sich plötzlich an den wahren Zweck ihres Besuches hier.

„Beth“, begann Robin, aber das Mädchen unterbrach ihn mit verzerrtem Gesicht.

„Warum hat mein Pa nicht nach mir gesucht?“

Beide Outlaws sahen verlegen auf den Boden und spürten den offensichtlichen Schmerz des kleinen Mädchens.

„Dein Pa dachte, du wärest mit dem Rest deiner Familie getötet worden, Mädel“, sagte Robin zu ihr und sah sich im Raum um, um sicherzustellen, dass niemand ihre Unterhaltung mit dem fast weinenden Dienstmädchen bemerkt hatte. Niemand schien ihnen Aufmerksamkeit zu widmen.

„Hör mir zu. Du musst dich zusammenreißen. Niemand darf auf uns oder dich aufmerksam werden. Wir werden dich hier herausholen und zu Will zurückbringen.“ Das Mädchen stellte einen Becher vor Allan. „Wie?“

„Am Morgen verstecken wir dich in einem der Fässer des Bäckers, laden ihn auf seinen Karren und fahren dich direkt aus dem Tor hinaus. Wird jemand dich vermissen?“

Beth schüttelte den Kopf, ihr fettiges, braunes Haar fiel um ihr schmutziges Gesicht. „Das Küchenpersonal wird früh auf sein, aber die Haushälterin, Joan, wird noch bis spät trinken und bis zum späten Morgen nicht aus dem Bett kommen. Wenn wir früh verschwinden, werde ich eine ganze Zeit nicht vermisst werden.“

Robin und Allan nickten und Wilf versprach, den Karren nicht lange nach Sonnenaufgang beladen und abfahrtsbereit zu haben.

„Dann mach jetzt weiter wie gewöhnlich, Beth“, sagte Robin. „Aber sei bereit, am Morgen abzuhauen. Wir werden keine Zeit haben, um dich zu suchen, wenn du nicht in der Nähe bist.“

Der Schatten eines Lächelns erschien auf den Lippen des Mädchens und zum ersten Mal seit Monaten glimmte ein Funke der Hoffnung in ihren Augen. „Danke, Ihr Herren!“, flüsterte sie ihnen zu und ging zum nächsten Tisch weiter, um die restlichen Becher auf ihrem Tablett zu servieren. „Ein starkes, kleines Mädel, Robin“, sagte Allan anerkennend.

„Das musste sie sein, um das zu überleben, was sie durchgemacht hat“, antwortete Robin und schüttelte den Kopf bei dem Gedanken an die Hoffnungslosigkeit und Angst, die Beth in den letzten drei Jahren erlitten haben musste.

Wilf legte eine fleischige Hand auf Robins Arm und sah ihm in die Augen. „Morgen werden wir dieses Unglück wieder gut machen.“

* * *

Obwohl das Lager der Geächteten ein gutes Stück von Wakefield entfernt lag, brauchten Little John, Much und der junge Andrew nicht lange, um den Dorfrand zu erreichen.

„Gut, Junge, danke, dass du uns geholt hast. Wir werden uns jetzt um alles kümmern; richte Henry aus, dass alles gut wird.“ Er fuhr dem Jungen mit der Hand durch die Haare und reichte ihm eine kleine Silbermünze, die Andrew grinsend entgegennahm und zum Haus des Pfeilmachers davonrannte.

Much dachte, der beste Ort, um Simon Woolemonger zu finden, dürfte das Wirtshaus des Ortes sein. Es gehörte Alexander Gilbert und war buchstäblich eher ein Haus als ein Gasthof oder eine Herberge.

Die Geächteten gingen hin und spähten durch das Seitenfenster. Wie erwartet befand Woolemonger sich drinnen, einen Becher Bier vor sich und zwei Freunde mit an seinem Tisch. Um diese Zeit waren sie die einzigen Männer, die in der Schänke tranken.

Die drei rissen lautstark Witze, als ob sie keine Sorge auf der Welt hätten, ihr betrunkenes Gelächter drang laut durch die nicht verglasten Fenster, während Gilbert ihnen immer wieder finstere Blicke zuwarf.

Es schien wenig Sinn zu haben, Zeit zu verschwenden. John wollte so bald wie möglich ins Lager zurückkehren, falls Robin und Allan wiederkämen, von wo auch immer sie hingegangen waren und sich fragen würden, wo sie alle sein mochten.

Er drückte die Tür auf und ging zu dem Tisch, an dem Woolemonger saß. Die drei Trinker blickten empört auf.

„Was willst du?", fragte einer, kurz bevor Johns massive Faust auf seine Nase traf und er in einem Schauer roter Blutströpfchen rückwärts von seinem Schemel fiel. Stöhnend lag der Mann auf dem Boden.

Der zweite von Woolemongers Freunden fummelte an seinem Gürtel herum, vermutlich, um nach einer Waffe zu suchen, aber Much bewegte sich schneller und trat ihm fest ins Gesicht. Die Kombination aus viel zu viel Ale und dem Tritt gegen den Kopf war zu viel für den Mann, er sank auf dem Boden zusammen und erbrach sich geräuschvoll. Much gab ihm einen weiteren Tritt und beugte sich vor, um ihm ins Gesicht zu knurren. „Bleib zum Teufel unten, oder wir kommen wieder zu dir zurück." Woolemonger kannte viele Geschichten über Little John, und während seine Freunde instinktiv versucht hatten, sich gegen die Geächteten zu verteidigen, war er schlicht vor Furcht erstarrt, als er den Riesen erkannte.

„Was wollt ihr von mir?", quäkte er mit vor Angst aufgerissenen Augen.

John packte ihn an der Kehle und zerrte ihn aus der Vordertür, wo sich eine Menge versammelte, die auf den Tumult aufmerksam geworden war.

Woolemonger versuchte, sich zu befreien, schlug wild mit den Beinen um sich, aber Little John boxte ihn hart in den Bauch, sodass ihm der Atem fehlte, bevor er ihn auf die Straße schleuderte, wo er dann heulend und nach Luft schnappend liegen blieb.

Von den Dorfbewohnern kamen Jubelrufe, aber John hob die Hände, um sie zum Schweigen zu bringen. „Ihr alle wisst, warum ich hier bin", sagte er laut. „Dieses Stück Scheiße hier hat dem Vogt Geschichten über mich erzählt. Jeder weiß, was wir mit Leuten tun, die uns verraten." Woolemonger stotterte, versuchte zu leugnen, aber John hörte nicht zu. Er sah sich langsam in der Menge um.

„Leute, die mir und meinen Brüdern, den Geächteten, Ärger einhandeln ... werden das bereuen." Damit zog er sein Schwert aus der ledernen Scheide und zielte damit auf den Mann am Boden.

„Warte!", heulte Woolemonger. „Ich kann euch helfen. Der Vogt weiß, dass du und deine Freunde versuchen werdet, das Mädchen zu retten. Er ist dabei, euch eine Falle zu stellen!"

John und Much wechselten einen besorgten Blick, und der große Geächtete senkte das Schwert ein wenig. „Wo?"

„Die Furt bei Hampole Dyke", wimmerte der Verräter und umklammerte vor Schmerzen seinen Bauch. „Adam erwartet dort einen Angriff, weil die Brücke eingestürzt ist und es ein idealer Ort für einen Hinterhalt ist, wenn eure Freunde sich durch die Furt kämpfen. Der Vogt will seine Männer rings um diese Stelle verstecken und eure ganze Bande auslöschen. Er wird nicht einmal dort sein; er will auf der Straße nach Nottingham weiterreiten, wo er das Mädchen einem von Prior de Monte Martinis Männer in seinem Bordell übergeben wird."

„Dem Prior?", fragte John verwirrt. „Was hat der denn damit zu tun? Ich dachte, Adam arbeitete für den Sheriff?"

„Der Sheriff ist nicht an dem Mädchen interessiert; er will nur, dass ihr Geächteten alle getötet oder gefangen genommen werdet, alles andere ist ihm egal. Der Prior hat den Vogt dafür bezahlt, das Mädchen zu verhaften -

sie soll im Bordell des Priors arbeiten. Gurdon erwartet, dabei Geld zu verdienen *und* deine Freunde auszulöschen, wenn sie versuchen, das Mädchen zu retten."

Matildas Vater hatte sich seinen Weg an den vorderen Rand der Menge gebahnt und spuckte Woolemonger jetzt an.

„Das ist alles deine Schuld, du Bastard! Nichts hiervon wäre geschehen, wenn du deine besoffene Nase herausgehalten hättest!"

Much packte Little John am Arm. „Komm zum Ende hier! Wir müssen Will und den Rest warnen, jetzt gleich."

Der große Mann nickte mit einem Ausdruck des Abscheus auf seinem gewöhnlich freundlichen Gesicht. „Der Pfeilmacher hat recht - das ist alles deine Schuld." Er beugte sich vor und rammte dem Säufer seine Klinge ins Herz, sodass dieser auf dem Boden aufgespießt war. Woolemonger wurde vor Schreck steif und starrte zuerst John und dann die Klinge an, die ihn aufspießte.

Einige der Dorfbewohner schnappten vor Schock und Furcht nach Luft, viele von ihnen kannten John als freundlichen Riesen. Dies war eine Seite an ihm, über die sie Geschichten gehört, die sie jedoch noch nie gesehen hatten. Einige der Kinder in der Menge begannen zu weinen und ihre Mütter zogen sie an sich, um sie zu beruhigen.

„Das geschieht mit Leuten, die mich oder meine Leute verraten!", brüllte John, als er sein Schwert herauszog und an Woolemongers feinem, neuen Mantel abwischte.

„Ich danke euch allen, die mit uns handeln und uns Vorräte verkaufen. Wir werden uns immer um die kümmern, die uns helfen - aber nehmt das hier als Beispiel. Wenn jemand uns verrät, *werden* wir ihn verfolgen und töten."

John kniete nieder und benutzte seinen Dolch, um den Geldbeutel von Woolemongers Gürtel abzuschneiden. Er ging zu Patrick, dem Dorfschulzen, hinüber, und übergab ihm das Geld. „Der Idiot hat vielleicht schon die Hälfte von dem Geld, das er vom Vogt erhalten hat, versoffen, aber benutze den Rest davon für alles, was das Dorf brauchen mag."

Patrick dankte John und Much mit einem Nicken, während Henry Pfeilmacher ihm auf den Rücken schlug. „Ihr zwei macht euch besser auf den Weg und warnt eure Kameraden. Ich möchte nicht, dass wegen dieses Abschaums noch mehr gute Männer sterben. Ihr könnt euch ein paar von unseren Pferden borgen - das sind keine Schlachtrösser, aber sie werden euch viel schneller als eure Beine überall hinbringen, wohin ihr gehen müsst."

Much verzog das Gesicht; er war kein guter Reiter, aber es gab keine andere Möglichkeit. „Er hat recht, John, das ist ein guter Vorschlag. Und keine Bange, Henry, wir werden Matilda sicher zurückbringen, das verspreche ich dir."

Patrick rief einem der Dorfbewohner etwas zu und der Mann rannte fort, um ein paar Minuten später mit zwei fertig gesattelten Pferden am Zügel zurückzukommen. „Schlagt sie nicht", warnte der Mann und übergab Much und Little John mit einem bösen Blick die Zügel. „Behandelt sie gut und sie werden euch auch gut behandeln."

Der Pfeilmacher lächelte schwach über die Geächteten, als sie ihre Reittiere misstrauisch beäugten. „Gott mit euch, Jungs. Helft meinem kleinen Mädchen."

Sie kletterten ungeschickt auf die Zelter, und mit einem Nicken zum Abschied traten sie sie in die Seiten, um durch die Menge der Dorfleute zu reiten, von denen viele ihnen ihren Dank zuriefen, weil sie den verhassten Woolemonger erledigt hatten.

Während sie die Pferde zu einem schnellen Ritt durch den Wald antrieben, sagte John zu Much, dass sie zuerst zum Lager zurückkehren sollten, falls Robin und Allan bereits wieder dort eingetroffen wären. „Wir werden jeden Mann brauchen, den wir finden können, wenn Adam am Hampole Dyke einen Hinterhalt gelegt hat.“

Much antwortete nicht, als er furchtsam die Zügel umklammerte und inbrünstig betete, dass sie es schaffen würden, Adam Gurdon zu überlisten.

Hinter ihnen in Wakefield begruben die Dorfbewohner Simon Woolemonger in einem unmarkierten Armengrab.

* * *

Schnell kam der Morgen für Robin und Allan-an-a-Dale. Wilfred der Bäcker hatte trotz seines Versprechens, bei dem Fest wenig zu trinken, einen Kater und war daher nervös und reizbar.

Die beiden Geächteten ärgerten sich über Wilfred, konnten aber nichts tun.

Da sie keine Erfahrung mit dem frühen Morgen im Hause eines Lords hatten, hatten sie gedacht, dass es dort vor Sonnenaufgang ruhig sein würde, aber viele Diener waren früh auf und säuberten leise alles von den Spuren der vergangenen Nacht. Sie traten über schlafende Zecher, manchmal vorsichtig, manchmal nicht so sehr, je nachdem, ob die Zecher während der Trunkenheit des vorherigen Abends nett zu ihnen gewesen waren.

Nicht wenige wurden von einem Diener geweckt, der „aus Versehen“ auf sie trat. Oder sie ins Hinterteil trat, bevor er außer Sichtweite verschwand.

„Das wird nicht so leicht, wie wir gehofft hatten, Robin“, grummelte Allan.

„Keiner dieser Diener wird uns Beachtung schenken. Beruhige dich“, murmelte Robin. „Komm, wir fangen an, Wilfreds Karren zu beladen und schmuggeln Beth an Bord, wenn wir fast fertig sind.“

Wilfred hatte ein paar übrige Alebecher vom Fest gefunden und erklärte, dass er, nachdem er sie heruntergegossen hatte, zu allem bereit wäre. Die beiden jungen Geächteten übergaben sich fast, als sie sahen, wie der alte Bäcker so früh am Tage das schale Ale trank, aber es schien den Mann tatsächlich zu beleben und die drei machten sich auf zur Küche, um den Karren zu beladen.

John de Brays Steward eilte herbei, als er sie näherkommen sah. Der aufreizende kleine Mann schien die Nacht eher in seinem Bett als beim Trinken und Essen verbracht zu haben, da er hellwach schien.

„Ihr zwei. Spielleute!“, rief er. „Ich will den Karren von dem da“ - er zeigte mit dem Finger auf Wilfred - „innerhalb der nächsten Stunde beladen und verschwunden sehen, kapiert?“ Die Geächteten nickten.

„Klar doch, Sir!“, antwortete Robin ehrfürchtig. „Wir danken für die Unterkunft.“ Der Steward grunzte, von Robins untertänigem Verhalten leicht besänftigt.

„Jedenfalls habt ihr letzte Nacht passable Unterhaltung geboten, aber Lord de Bray will das Haus am Vormittag geräumt sehen, also seht zu, dass ihr weiterkommt. Und denkt nicht einmal daran, etwas mitzunehmen, das euch nicht gehört. Wir haben ein halbes Dutzend Wachmänner hier, die sich ganz schnell um euch kümmern würden. Ich kenne eure Sorte und werde euch beobachten wie ein Adler.“ Allan fühlte bei dieser Drohung des Stewards sein Blut wie Eis durch die Adern laufen, aber keiner der Geächteten gab eine Antwort, sie nickten nur und machten sich daran, den Karren zu beladen.

Als sich der Wagen langsam mit den leeren Kisten und Fässern füllte, wurde klar, dass sie Beth niemals an Bord würden schmuggeln können, ohne entdeckt zu werden. Zu viele Leute liefen herum und der Steward war ständig in der Nähe.

„Wie zum Teufel sollen wir das schaffen, Robin? Dieser Bastard von einem Steward sieht uns dauernd auf die Finger, ebenso wie jeder andere alle paar Minuten!“

„Ich weiß, Allan“, zischte Robin. „Wir stecken fest, es sei denn, wir können ihn aus dem Weg schaffen. Wenn du Beth siehst, frag' sie, ob sie für eine Ablenkung sorgen kann. Die Zeit wird knapp.“

Aber Beth tauchte nicht auf. Wilfred hörte, wie zwei der Dienstmägde sich unterhielten, und es schien, als hätte Beth sich an diesem Morgen übergeben und läge schrecklich krank in ihrem Bett.

Die drei Verschwörer gerieten in Panik. Dies war die einzige Chance, um das kleine Mädchen zu retten, und zu ihrem Vater Will zurückzubringen.

„Also, wir müssen den Steward aus dem Weg räumen und Beth, krank oder nicht, in eines dieser Fässer packen. Allan, du gehst das Mädchen suchen. Wilfred, belade weiter den Karren. Ich kümmere mich um den Rest.“

Allan stöhnte, während Wilfred aussah, als wäre ihm mulmig zumute.

„Mach keinen Aufstand, Robin“, sagte der große Bäcker, „oder wir sind erledigt.“

Robin nickte und ließ seine Hand reflexartig auf seine Taille fallen, wo sein Dolch verborgen war. „Los geht's.“

Allan-a-Dale ging weiter in die Küche, suchte nach offenen Türen und versuchte, so unschuldig wie möglich zu wirken. Überall war viel los, jeder hatte seine Arbeit zu erledigen, daher achtete niemand auf ihn.

Robin ging durch die Tür, durch die der Steward eine Minute zuvor verschwunden war. Sie führte in einen leeren Gang, an dem sich an beiden Seiten Lagerräume befanden und am Ende ein Hof.

Der junge Geächtete bewegte sich langsam den Flur entlang und fragte sich, wo der Steward sein mochte, als der Mann plötzlich am anderen Eingang auftauchte.

Robin fragte rasch nach dem Weg zur Latrine.

„Latrine?“, brüllte der Steward. „Wohl kaum hier neben den Lebensmittelvorräten, oder? Du Idiot, geh zurück nach draußen und belade diesen Karren fertig. Du kannst pissen, wenn ihr die Straße nach London erreicht habt!“

Der Steward legte seine Hand auf Robins Arm, um ihn in die Richtung der Küche zu stoßen, aber der junge Geächtete packte das Handgelenk des Mannes und verdrehte es hinter dessen Rücken, während er seine andere Hand vor den Mund des Mannes drückte, um jeden Schrei zu unterdrücken.

„Wehr' dich, und ich brech' dir den verdammten Arm“, flüsterte Robin, während er seinen Gefangenen in eine der unbeleuchteten, stinkenden Lagerkammern führte. Vorsichtig schaute er sich um, ob niemand sie hatte hineingehen sehen, stieß dann den Steward nach vorn und verschloss die Tür hinter ihm. „Wenn du schreist oder zu entkommen suchst, stirbst du.“ Es war in dem kalten Raum fast pechschwarz, aber als Robin sein Messer herauszog, reichte das wenige Sonnenlicht, das unter der Tür hereinsickerte, um die scharfen Umrisse der böse funkelnden Stahlklinge sehen zu lassen. „Glaub mir. Und jetzt, wo schläft das Mädchen, Beth?“

Der Steward sah verwirrt aus, aber seine Augen blitzten zornig auf, als er den Weg zum Schlafplatz des kleinen Mädchens beschrieb.

„Danke“, sagte Robin, aber der wütende Steward, der empört darüber war, von einem einfachen Bauernlümmel so behandelt zu werden, öffnete seinen Mund und brüllte nach Hilfe.

Robin geriet in Panik und rammte die Spitze seines Dolchs dem Steward in den Bauch, mehr als nur einmal. Langsam ließ er den sterbenden Mann zu Boden gleiten.

„Tut mir leid. Wirklich“, flüsterte der Geächtete furchtsam, dankbar für die Dunkelheit, in der er nicht mitansehen musste, wie das Leben aus den Augen seines Opfers wich. „Aber wir müssen fliehen, und ich kann nicht zulassen, dass du Alarm schlägst."

Schnell wischte er seine Klinge mit zitternden Händen ab und stapelte einige Säcke mit Früchten über die Leiche des Stewards, machte sich dann auf den Weg zurück zu Wilfreds Karren, so schnell er konnte, dankbar, dass niemand den Hilfeschrei des Stewards gehört zu haben schien.

Er war erleichtert zu sehen, dass Allan auf ihn wartete, ein kleines Lächeln auf seinem Gesicht, während die Diener geschäftig in der Küche herumhuschten, und die Abwesenheit des Stewards offensichtlich niemandem aufgefallen war.

„Hab sie!", zischte Allan. „Sie gab vor, krank zu sein, und beobachtete uns aus ihrem Lager heraus. Wo ist der Steward?"

Robin schaute seinen Freund unglücklich an, er fühlte sich übel und schuldig, nachdem er den lästigen Aufseher ermordet hatte, obwohl er wusste, dass das die einzige Möglichkeit für sie gewesen war, um zu entkommen. „Tot. Ist das Mädchen an Bord?"

Allan nickte. Sie hatten das Mädchen hinter dem Karren, wo niemand hinsehen konnte, in ein Fass gesteckt und es dann mit dem Rest der leeren Fässer aufgeladen.

„Wir können losfahren", sagte Wilfred; sein rotes Gesicht wirkte ängstlich. „Jetzt müssen wir nur noch an den Wachen vorbeikommen, bevor jemand Alarm schlägt."

Der Bäcker kletterte auf den Fahrersitz und die beiden Geächteten kletterten hinter ihm hinauf. Sie hoben ihre Instrumente vom Deckel einer Kiste auf, in der Allan sie verstaut hatte, und begannen, eine einfache Melodie zu spielen - mehr, um ihre Nervosität zu verdecken, als aus Freude am Spielen.

Wilfred stieß ein heiseres „Ja!“ aus und ließ die Zügel über seine beiden alten Ochsen knallen. Als der Karren mit einem Ruck anfuhr, spürte Robin, wie ihm die Galle in die Kehle stieg und ein kaltes Gefühl wie Nadelstiche prickelte über seine Hände und Arme.

Er legte seine Zitole nieder und betete.

VIERZEHNTES KAPITEL

Hampole Dyke war meilenweit vom Lager der Geächteten entfernt. Will Scarlet kannte den Ort gut genug - sie hatten hier in den letzten zwei Jahren ein paar reiche Kaufleute und Kirchenmänner ausgeraubt. Es war auf Meilen hinaus der einzige Ort, wo man den Fluss überqueren konnte, aber er war auf beiden Seiten von Bäumen umgeben, was jede Menge Deckung bot, um einen Hinterhalt zu legen.

Bis die Outlaws sich der Furt näherten, hatten sie weder Adam Gurdon noch seine Wildhüter gesehen. Will nahm an, dass er und die anderen Geächteten rechtzeitig gekommen waren, und er ließ sich einen Plan einfallen, um Matilda zu retten.

Tuck zog Will sanft beiseite und fragte, ob Adam die Gegend kennen würde.

„Ja", antwortete Scarlet. „Er hat alle Raubüberfälle geplant, die wir hier gemacht haben - ich habe selbst mit ihm die Gegend ausgekundschaftet."

Tuck wirkte besorgt. „Meinst du, er könnte dann erwarten, dass wir ihm genau hier einen Hinterhalt legen, Will?"

Scarlet sah für einen Moment nachdenklich aus, aber seine Rachegier leuchtete aus seinen Augen wie Feuer und er wandte sich von dem dicken Mönch ab.

„Er hat keinen Grund zu erwarten, dass wir hier sind. Warum zum Teufel sollten wir das? Er hat Matilda erst vor Kurzem verhaftet. Warum sollte er denken, dass wir überhaupt davon gehört haben?" Tuck schüttelte bestürzt seinen geschorenen Kopf. „Du unterschätzt Adam, Will. Er ist kein Dummkopf - und das weißt du!"

Scarlet schickte die Männer zu Positionen im umgebenden Laubwerk und schrie Tuck im Weitergehen über seine Schulter an. „Nein, er ist kein Dummkopf - aber er ist ein Verräter, und wir werden uns heute an diesem Bastard rächen. Richtig, Jungs?“

Die Männer, die sich Tucks Bedenken nicht bewusst waren, jubelten, aber als sie sich zu ihren Verstecken in den Bäumen begeben wollten, zuckte ein Pfeil durch das dicke Unterholz und erwischte einen der Geächteten in der Brust, sodass er sich drehend zu Boden ging und schwach den hölzernen Schaft umklammerte, der aus ihm herausragte.

„Hinterhalt!“, rief Tuck und rannte hinter einem umgestürzten Baum in Deckung, während weitere Pfeile mörderisch durch die Luft um sie herum pfiffen. „Sie haben auf uns gewartet!“

* * *

Es schien, als würde der alte Karren des Bäckers ewig brauchen, um das Torhaus zu erreichen, aber dort stand derselbe junge Wachposten, der sie am Vortag eingelassen hatte.

„Wilfred!“, grinste der Wachmann. „Diese Spielleute, die du mitgebracht hast, haben letzte Nacht gut gespielt; ich habe meinen freien Abend ziemlich genossen.“

„Vielen Dank, Sir“, lächelte Allan und Wilfred gab dem Mann heimlich einen Haferkuchen, schaute sich um und zwinkerte verschwörerisch.

„Nicht zu süß oder zu schwer, Thomas, da du zweifellos noch einen Kater hast, genauso wie ich selbst, he?“, lachte der Bäcker schuldbewusst. „Kein Essen auf der Wache, denk daran. Möchte nicht, dass du Probleme mit Lord de Bray bekommst.“

Der Wachmann nahm den Kuchen mit einem zerknirschten Lächeln und winkte sie durchs Tor. „Kater? Und ob ich einen habe, Wilfred; zu viel vom verwässerten Ale seiner Lordschaft!“ Er blinzelte zu

Robin und Allan hinauf. „Wenn Ihr beide wieder in die Gegend kommt, denkt dran, herzukommen und für uns zu spielen, ja? Dieser Tage haben wir zu wenig Abwechslung hier." Er gab ihnen ihre Waffen mit einem freundlichen Nicken zurück.

Der Karren rumpelte langsam über die Brücke nach draußen und die Geächteten winkten Thomas fröhlich zu, während er mehrmals in seinen Haferkuchen biss.

Sie waren draußen.

Jetzt mussten sie nur weit genug von diesem Ort fortkommen, bevor entdeckt wurde, dass das Dienstmädchen fehlte und der Steward tot war.

„Selbst wenn sie ihn finden", murmelte Allan und lehnte sich zurück, als der Karren auf die holprige Straße rumpelte, „haben sie keinen Grund, uns zu verdächtigen. Ebenso mit Beth: Warum sollten sie ihr Verschwinden mit uns in Verbindung bringen?"

„Sie glauben ohnehin, dass wir den Weg nach London einschlagen werden", nickte Robin, „nicht den nach Barnsdale."

Alle drei Männer fühlten sich ein bisschen sicherer, als die Straße sie schließlich dem Wald und jedenfalls das kleine Mädchen, das in einem Fass auf dem Wagen hinter ihnen versteckt war, der Freiheit näher brachte. „Du kannst jetzt rauskommen, Beth", sagte Robin, als der stöhnende Wagen schließlich von den dichten Bäumen verschluckt wurde und er mit seinem Dolch den Deckel vom Fass nahm.

Das kleine Mädchen lächelte ihn schüchtern an, blinzelte im Tageslicht und stand langsam auf, da ihre Beine steif waren, nachdem sie sich an einem so engen Platz versteckt hatte.

„Du bist frei, Mädchen!" Robin hob Beth sanft aus dem Fass und Allan johlte wie ein kleiner Junge, während Wilfred lachte und vor Freude brüllte. „Wir haben es geschafft!"

Ein Grinsen breitete sich auf Beths schmuddeligem, kleinen Gesicht aus und sie sah sich mit großen Augen in der Außenwelt um, die sie so lange nicht gesehen hatte. „Kann ich jetzt meinen Pa sehen?“, fragte sie schließlich - und brach in Tränen aus.

* * *

Little John und Much kehrten so schnell wie möglich zum Lager der Geächteten zurück und hofften verzweifelt, dass Robin und Allan-a-Dale da sein würden, um ihre Freunde aus der Falle von Adam Gurdon zu retten.

Sie waren da.

Nachdem die Straße, die von Lord de Brays Herrenhaus im Wald angelangt war, hatten Robin, Allan und Beth Wilfred gedankt und waren nach Barnsdale weitergegangen, während der Bäcker sich auf den Heimweg nach Hathersage machte.

Das Mädchen hatte Mühe gehabt, mit den kräftigen, robusten jungen Männern Schritt zu halten, daher hatten diese sich damit abgewechselt, sie auf dem Rücken oder den Schultern zu tragen. Sie lachte, als sie Äste zur Seite bog und der fröhliche Ton ließ Robin traurig an seine eigenen kleinen Schwestern denken - an Rebekah, die ungefähr in Beths Alter gestorben war, und Marjorie, zu Hause in Wakefield. Er vermisste sie beide, und sein Herz schmerzte, als er an sie dachte, aber Beths einfache Freude darüber, frei zu sein, war ansteckend und seine Stimmung hob sich bald.

John und Much kehrten ins Lager zurück und stiegen geräuschvoll ab. Sie banden die Pferde an den Zweig einer schlanken jungen Buche, bevor sie auf Robin und Allan zueilten, um mit ihnen zu sprechen.

Robin grinste, als er seine beiden Freunde näherkommen sah, hielt Beth an den Händen und wirbelte das quietschende Kind im Kreis herum.

„Wer ist das?“, fragte John und sah Much an, der verblüfft die Schultern zuckte.

„Dies“, antwortete Robin immer noch lächelnd, „ist Elizabeth. Wills Tochter!“

John sah das strahlende kleine Mädchen mit weit aufgerissenen Augen an und blies verwundert die Wangen auf.

Robin wurde endlich klar, dass etwas nicht stimmte, als sein Blick über das verlassene Lager der Geächteten zu den beiden Zeltern schweifte. „Wo sind denn alle? Was ist passiert?“

„Schlechte Nachrichten“, erklärte Much seinem Jugendfreund. „Adam hat Matilda verhaftet -“ „Was?“, brüllte Robin, was Beth vor Schreck zusammenzucken und mit aufgerissenen Augen neben Allan Schutz suchen ließ, der beruhigend ihren Arm tätschelte. „Warum? Wohin hat er sie gebracht? Ich bringe den Bastard um!“

Little John nickte, er verstand die Empörung seines Freundes. „Er bringt Matilda nach Nottingham, aber wir haben noch ein Problem: Wir wissen, dass seine Männer Will und den anderen Burschen in Hampole Dyke auflauern wollen, während er einen anderen Weg zur Stadt nimmt. Wir müssen sie warnen.“

Robin fluchte. „Ich muss zu Matilda!“

John schüttelte energisch den Kopf. „Das geht nicht, wir müssen den anderen helfen, sonst werden sie abgeschlachtet.“

„Dann geht ihr drei und warnt Will und die anderen ...“, begann Robin, aber John unterbrach ihn gleich wieder mit einem Schütteln seines wilden, braunen Haars.

„Du kannst es nicht allein mit Adam aufnehmen, er hat sicher noch Wildhüter bei sich; es wäre Selbstmord. Du musst mit uns kommen. Wir verhindern den Überfall und dann können wir *alle* hinter Matilda her ziehen.“

Much legte Robin tröstend die Hand auf den Arm. „John hat recht. Adam weiß nicht, dass wir von seinem Plan erfahren haben, also wird er sich nicht sehr beeilen, nach Nottingham zu kommen. Wir können ihn einholen, nachdem wir den anderen geholfen haben.“

Robin fluchte erneut, aber er wusste, dass seine Freunde die Wahrheit sagten. „Na gut“, knurrte er, „aber wir sind heute den ganzen Weg von Hathersage gelaufen. Allan und ich nehmen die Pferde, wenn das in Ordnung ist? Beth kann bei mir aufsteigen - wir können sie nicht allein hier lassen.“

John grinste und rieb sich das Hinterteil, das selbst von dem relativ kurzen Ritt von Wakefield schmerzte. „Jau, schon gut, mein Arsch bringt mich trotzdem um.“

Das Einzige, was zu ihrem Vorteil gereichte, war die Tatsache, dass Adam und seine Männer erwarten würden, *alle* Geächteten in ihre Falle stolpern zu sehen. Wenn Robin und die anderen es nicht rechtzeitig schaffen würden, um den Überfall zu verhindern, könnten sie ihren Freunden wenigstens helfen, sich lebend den Weg heraus zu erkämpfen.

„Wenn wir uns genau vorstellen können, wo sie den Hinterhalt legen wollen, können wir uns den Weg in ihren Rücken suchen und sie einen nach dem anderen erledigen“, schlug Robin vor.

John nickte nachdenklich, während er mit den trabenden Pferden Schritt hielt. „Jau, sie werden keine Ahnung haben, wie viele von uns in ihrem Rücken sind, wenn wir also ein paar von ihnen niedermachen können, gerät der Rest vielleicht in Panik.“

Robin erwartete, dass Adams Männer in den Bäumen auf beiden Seiten von Hampole Dyke in Stellung gehen würden, während die Geächteten das Wasser durchquerten, wo sie im Freien ohne Deckung und ohne

Schutz, in den sie sich zurückziehen könnten, waren, um sie dort mit ihren Langbögen abzuschießen.

„Wir sollten uns besser teilen“, beschloss er, „da wir ja die Pferde haben. Allan und ich können vorreiten und den Fluss weiter oben an einer der anderen Furten überqueren. Wir können uns hinter dem Deich anschleichen und sie von dieser Seite angreifen, während Much und du die auf der anderen Seite übernehmt.“

Es war ein guter Plan und alle waren gerne damit einverstanden, daher half Robin Beth vom Pferd und auf Little Johns Schultern.

„Wie gefällt dir dein neues Reittier?“, lächelte Robin das Mädchen an.

„Riecht schlechter als das Pferd“, sagte Allan mit einer Grimasse. “Und ist haariger.“

„Halt 's Maul, du kleiner Spießer.“ John schlug sich die Hand vor den Mund, als Beth in Gelächter ausbrach. „Verzeih meine Sprache, Mädel“, grinste er verlegen.

„Gut, auf geht's.“ Robin, der ungeduldig darauf wartete, Matilda folgen zu können, sah zu Allan hinüber und sie wandten sich dem Flussufer zu, wo die Pferde schneller vorankommen würden.

„Wir sehen euch später, Jungs!“

Als Much und John sich Hampole Dyke näherten, hob John Beth herab und versteckte sie nahe einer alten Eiche und sagte ihr, sie müsste dort auf ihre Rückkehr warten.

„Was ist, wenn euch etwas passiert?“, fragte das Mädchen und sein Gesicht verzog sich ängstlich, als ob es gleich weinen wollte.

„Guck dir an, wie groß ich bin!“, antwortete John und lächelte beruhigend. „Glaubst du, jemand könnte mir etwas antun?“ Er stand auf, seine riesige Gestalt türmte sich über ihr auf, er zog ein finsteres Gesicht und das Mädchen kicherte. „Wenn bis zur Dunkelheit niemand kommt, um dich zu holen“, lachte er und strich ihr über die Haare, „geh zum Fluss und folge ihm eine halbe

Meile weit. Dort ist eine Hütte. Es ist nicht sehr weit und dort wirst du in Sicherheit sein. Sage ihnen einfach, dass Little John dich schickt."

Beth nickte dem bärtigen Riesen unsicher zu und die beiden Männer brachen zur Furt auf, die nur ein paar Minuten im Laufschritt entfernt war; sie bewegten sich lautlos durch das Unterholz neben dem Pfad.

Als sie sich dem Fluss näherten, erfüllte das Geschrei von Männerstimmen die Luft und Much stöhnte. „Adams Männer müssen die Falle schon zuschnappen lassen haben, wir kommen vielleicht zu spät!"

„Der Lärm wird uns helfen", antwortete John entschlossen. „Wir können uns an die Wildhüter anschleichen, ohne dass sie uns kommen hören. Teilen wir uns auf. Du gehst nach links, ich nach rechts. Keine Gefangenen." Er sah seinem Gefährten in die Augen und packte grimmig seinen Kampfstock fester, als Much nervös sein Schwert zog und sich sicherheitshalber bekreuzigte.

Als sie in ihre jeweilige Richtung verschwanden, hatten Robin und Allan schon den Weg über den Fluss zurückgelegt. Nachdem sie die Pferde sicher angebunden und sich wie John und Much getrennt hatten, krochen sie jetzt durch das Unterholz auf der Suche nach Anzeichen von Gurdons Wildhüter. Die Rufe aus der Schlacht waren seltsam gedämpft und Robin fragte sich, was los war. Waren Will und seine Männer schon tot? Hatte Adam Gurdons Hinterhalt so verheerende Auswirkungen gehabt, dass die Geächteten in so kurzer Zeit vernichtet worden waren?

Er brach weiter zwischen den Bäumen in Richtung Fluss hindurch, sein Herz schlug nervös.

Als er näherkam, erkannte er, dass Gurdons Wildhüter, denen seine gerissene Führung fehlte, zu früh losgeschlagen haben mussten, was es Will, Tuck und dem Rest der Geächteten ermöglicht hatte, hinter der zusammengebrochenen alten Brücke Deckung zu finden. Zu seiner Rechten ertönte das Schnappen eines Langbogens unter einer großen Buche, deren grünes Sommerlaub fast völlig abgefallen war, und er näherte sich vorsichtig der Stelle, von der das Geräusch gekommen war. Ein Wildhüter, ohne sich der auf ihn zukommenden Gefahr bewusst zu sein, legte einen neuen Pfeil an seine Bogensehne. Robin trat rasch hinter ihn und stieß sein Schwert mit ganzer Kraft in den Rücken des Mannes.

Der Wildhüter fiel mit einem ungläubigen Aufschrei zu Boden, aus seinem Mund sprudelte Blut, als Robin seine Klinge herauszog und auf Anzeichen weiterer Wildhüter lauschte. Er bewegte sich weiter, als er hörte, wie ein weiterer Bogen nahe zu seiner Linken abgeschossen wurde.

Diesmal waren es zwei Männer, die nebeneinander standen, und der junge Geächtete wusste, dass er schnell handeln musste.

Er schlug die Vorsicht in den Wind und ging direkt auf das Paar zu, das darauf aus war, Will Scarlet und die Geächteten ohne Möglichkeit zur Flucht in die Enge zu treiben. Robin konnte Will sehen, dessen Gesicht rot vor Wut und Frustration war, wie er Obszönitäten über Adam Gurdon herausbrüllte.

Als Robin hinter den Wildhütern auftauchte, drehte sich einer von ihnen halb zu Robin um, daher machte er einen Satz nach vorn und schwang sein Schwert wild auf den Hals des Mannes, womit er ihm fast den Kopf abschlug.

„Angriff! Wir werden angegriffen!“, schrie der zweite Mann, ließ seinen Bogen fallen und tastete nach seinem Schwert, aber er war zu langsam und Robin viel zu schnell.

Der Geächtete trat ruhig über die Leiche des Mannes, den er gerade getötet hatte, und schlug seine Klinge in den Arm des schreienden Wildhüters.

Der Ruf des Mannes änderte sich von einer Warnung zu einem Schmerzensschrei, bis Robin ihm den Knauf seines Schwerts in den Mund schlug und Zähne und Knochen zerschmetterte. Als der Wildhüter mit entsetztem Blick nach hinten fiel, stieß Robin seine Klinge tief in die Eingeweide des Mannes und verschwand wieder in den Bäumen.

Aus einiger Entfernung ertönte von der rechten Seite ein weiterer Schrei, der rasch verstummte, und wenige Augenblicke später klang ein weiterer Alarmruf unter den Bäumen auf der anderen Seite des Flusses hervor. Dieser dauerte länger, ein Schrei, der von schrecklichem Schmerz und langsamen Tod kündete. John musste jemanden halb am Leben gelassen haben, erkannte Robin, um Furcht unter den Wildhütern zu verbreiten.

Es war eine brutale, aber wirkungsvolle Taktik, denn Gurdons Männer brüllten sich über das Wasser hinweg an und fragten sich, was zur Hölle vor sich ginge und wer sie von den Bäumen aus angriffe.

„Will!“, brüllte Robin in Richtung Furt, als es ein paar Momente der Ruhe gab. „Ich bin's, Robin Hood! Ich habe den Rest der Männer mitgebracht - wir haben die Bastarde umzingelt!

Mach dich bereit, aus der Deckung zu kommen und anzugreifen; wir werden sie zwischen uns zermalmen!“

Inzwischen hatten die Wildhüter in der Nähe begonnen, in Panik zu geraten und sich von beiden Seiten des Flusses zur Lichtung an der Furt zurückzuziehen, sie verließen ihre Verstecke und ihre Deckung unter den Bäumen, um ihren Anführer zu finden, der dort in Stellung gegangen war, um den Hinterhalt zu leiten.

Ein Wildhüter kam in Robins Nähe, daher legte er schnell einen Pfeil an seinen Langbogen und schoss ihn in das Hinterteil des Mannes. Sein Schrei höchsten

Schmerzes, als er auf seine Kameraden zu stolperte, diente nur dazu, den Schrecken unter den Wildhütern noch zu steigern.

Allan-a-Dale kam in Sicht und Robin schlich sich zu ihm.

„Was jetzt?“, fragte Allan. „Sieht aus, als wären nur noch zehn von ihnen übrig, die sich vor Angst in die Hosen machen.“

Robin hatte keine Lust, diese Männer abzuschlachten. Die Wildhüter waren größtenteils keine ausgebildeten Soldaten, sondern nur anständige Männer aus der Gegend, die sich normalerweise nicht auf eine Schlacht mit einem Trupp hartgesottener Geächteter einließen.

„Will!“, rief Robin.

„Jau!“, kam die eifrige Antwort von der anderen Seite des großen umgestürzten Baums.

„Halt aus, einstweilen!“

„Was?“ Scarlet war bereit, die Wut zu entfesseln, die sich in ihm aufgebaut hatte. Er stand auf und ergriff sein Schwert, während Tuck versuchte, ihn festzuhalten.

Little John kam durch die Büsche gelaufen und seine Augen glänzten vor Adrenalin, als er seinen riesigen Bogen hob und ihn auf die verängstigten Wildhüter richtete, die mit verzweifelt vor sich gehaltenen Schwertern an der Furt herumstanden und denen es offensichtlich an eindeutiger Führung mangelte. Much erschien wie ein Geist aus dem Unterholz, zielte mit seinem eigenen Langbogen und ging neben seinem riesigen Freund in Stellung.

„Ihr Männer! Adam Gurdons Wildhüter!“, brüllte Robin. „Entweder mähen wir euch nieder wie den Weizen bei der Ernte, oder ihr werft eure Waffen weg und bleibt am Leben. Ich weiß, dass der Vogt nicht bei euch ist. Wir haben keinen Streit mit euch.“

Die Wildhüter, die wussten, dass sie geschlagen waren, begannen langsam, ihre Schwerter abzulegen, als der eine, der der Anführer zu sein schien, ein übergewichtiger Mann, der langsam kahlköpfig wurde, zur Antwort rief: „Ich heiße Samuel. Wir ergeben uns, Hood. Ich hoffe nur, dass deine Männer so ehrenhaft sind, wie die Dorfleute in der Gegend es glauben.“

Robin nickte dankbar vor sich hin. „Will! Sag den Männern, sie sollen diese Waffen einsammeln und darauf achten, dass die Wildhüter gut bewacht sind. Friedlich! Wir geben euch Deckung, bis ihr fertig seid.“

Little John klopfte Robin auf den Rücken. „Gut gemacht, Junge. Diese Männer stehen jetzt in unserer Schuld. Sieht aus, als wären wir gerade rechtzeitig aufgetaucht.“

Als Bruder Tuck und der Rest der Geächteten zur Furt herauskamen, um die auf dem Boden liegenden Schwerter, Kampfstöcke und Langbögen einzusammeln, schrie Will wütend auf und stürzte sich auf die Wildhüter.

„Wo zum Teufel ist dieser Bastard Gurdon?“

Der muskulöse Wildhüter, Samuel, der Wills Absicht erkannte, nahm rasch sein Schwert wieder vom Boden auf und erhob sich, die Waffe zu seiner Verteidigung bereit.

Die Geächteten sahen entsetzt zu, wie Will, der sich zu schnell bewegte, um innehalten zu können, direkt in Samuels Klinge hineinlief.

„Nein!“ Robin brach aus dem Gebüsch hervor und raste vor, um die anderen Männer zurückzuhalten.

„Es wird nicht mehr getötet!“

Er sah Samuel bedrohlich an und der große Mann zog mit einem ängstlichen Blick das Schwert aus Wills Seite. „Lass es fallen und du und deine Männer könnt verschwinden.“

Der Wildhüter nickte. Er legte das blutige Schwert wieder auf den Boden, neben den niedergestreckten Will

Scarlet, der im eisigen, flachen Wasser lag und dessen Augen starr in den wolkigen Nachmittagshimmel starrten.

„John, Tuck! Holt Will aus dem Wasser! Ihr anderen, sammelt den Rest der Waffen ein. Ihr Wildhüter, setzt euch ans Ufer, macht keine falsche Bewegung und ihr habt mein Wort, dass niemand sonst die Hand gegen euch erheben wird.“ Er schaute sich unter seinen Männern mit blitzenden Augen um, eine Hand am Griff seines eigenen Schwertes.

Die Macht in den Augen des jungen Mannes war unverkennbar und alle setzten sich in Bewegung, um seinen Anweisungen zu folgen.

„Will“, sagte Robin sanft, als Little John und Bruder Tuck ihn auf dem trockenen Ufer ablegten.

„Tut mir leid, Hood. Du wusstest, dass mein Temperament eines Tages mein Tod sein würde. Ich habe in meinem Leben schon so viel verloren ...“ Will erschauerte, verzog vor Schmerz das Gesicht und umklammerte die Wunde in seiner Seite fest, als eine Träne sich unter seinem Augenlid hervorstahl. „Alles, was mir geblieben ist, sind Tod und Rache, und ... ich werde mich nicht einmal an diesen Bastarden rächen können: an Adam und dem Mistkerl, der meine Familie ermordet hat ...“ Seine Augen schlossen sich und er schüttelte schwach den Kopf.

Tuck kniete nieder und untersuchte die Wunde in Wills Seite. „Es ist unmöglich zu sagen, welcher Schaden in ihm angerichtet wurde, aber ...“ Er sah zu Robin auf und zuckte hoffnungslos seine breiten Schultern.

Genau da drang das Geräusch laufender Füße zu ihnen und die kleine Beth brach durch das spärliche Herbstlaub hervor. Sie sah Robin und ein Lächeln breitete sich auf ihrem Gesicht aus, sie kam auf ihn zu, aber dann verzog sich ihr Gesicht voller Trauer, als sie Will sah, mit seiner blutverkrusteten Seite und tödlich blasser Haut. Dann jedoch flatterten seine Lider und er öffnete die Augen, genau, als Beth „Papa!“ schrie.

* * *

Sir Richard-at-Lee und seine Begleiter kamen gut vorwärts, sie drängten ihre Pferde bis an die Grenzen ihrer Kräfte und erreichten Hull spät am Nachmittag des nächsten Tages, nachdem sie Kirklees verlassen hatten.

Sie zahlten dafür, ihre Reittiere in einem Stall nahe dem Wachhaus am Tor versorgen zu lassen und machten sich auf den Weg zum Hafen, der ihnen nach ihrem Ritt über die fast verlassene Straße laut und überfüllt zu sein schien.

Schreiende Seeleute luden Kisten und Fässer auf Schiffe, Fischhändler hackten ihren frischen Fang in stinkenden Verkaufsständen, Blut und Fischinnereien beschmutzten in einigen Bereichen den Boden und gaben Simon das Gefühl, sich übergeben zu müssen, während Prostituierte jeden Alters und jeder Nationalität mit unterschiedlichem Eifer ihre Vorzüge anpriesen.

Sir Richard stellte einige Fragen und schließlich fanden sie ein für Zypern bestimmtes Schiff, die *Maudelyn.* Sie gingen an Bord, trafen den Kapitän an Deck an und buchten eine Überfahrt für Simon. Der Kapitän erklärte ihnen jedoch, dass er noch einen großen Teil seiner Ladung an Bord zu nehmen hätte, sodass sie nicht vor Sonnenaufgang des folgenden Tages würden ablegen können. „Mein Sohn muss heute Abend abreisen“, sagte der große Johanniter dem Kapitän, einem Mann seines Alters, der mit den Schultern zuckte und seine Arme ausbreitete.

„Tut mir leid, Mylord. Ich habe den Männern erlaubt, die Nacht beim Trinken und Huren in der Stadt zu verbringen - es gäbe eine Meuterei, wenn ich ihnen sagte, dass ich meine Meinung geändert hätte, nur, damit irgendein reicher Junge früher abreisen kann."

Sir Richard lachte sarkastisch über die Vorstellung, dass sie reich waren, angesichts der Summe, die er Abbott Ness schuldete, aber er zog einen kleinen Beutel Silber aus seinem Beutel und leerte ihn auf dem Tisch. „Sagt Euren Männern, dass sie in Zypern trinken und ficken können. Ihr legt heute Abend ab."

Der Kapitän besah sich das Geld. In Wahrheit war es nicht so viel - der Johanniter konnte schlicht nicht mehr aufbringen - aber es war doch ein ansehnlicher Betrag und seine Männer hatten sich ohnehin bereits ein paar Tage in der Stadt herumgetrieben und ihre Heuer verschwendet. Außerdem sah dieser große Ritter mit dem dicken Hals und dem buschigen, grauen Bart nicht aus wie ein Mann, mit dem man feilschen sollte.

Er lächelte. „Abgemacht, Mylord. Wir segeln, sobald das Schiff fertig beladen ist. Geht in eines der hiesigen Wirtshäuser - ich kann das *Dog and Duck* empfehlen, nur ein paar Yards in diese Richtung - und kommt in ein paar Stunden zurück. Bis dahin sollten wir klar zum Ablegen sein."

Sir Richard grinste erleichtert und führte seinen Sohn und seinen Sergeanten wieder die Laufplanke hinunter zu der geschäftigen Straße, wo sie das auffällige grüngoldene Schild des *Dog and Duck* im Herbstwind schwingen sehen konnten.

„Kommt", sagte der Johanniter achselzuckend. „Dort sind wir wenigstens außer Sicht."

„Jau." Stephen lächelte, als eine der Prostituierten verführerisch ihre Zunge in seine Richtung wackeln ließ. „Und ich habe mich schon den ganzen Tag nach etwas zu trinken gesehnt!"

Simon grinste den finsteren Sergeanten seines Vaters an, einen Mann, den er fast sein ganzes Leben lang gekannt hatte. „Wer hätte das gedacht? Alles, was es braucht, um ein Lächeln auf Euer Gesicht zu zaubern, ist der Gedanke an ein Bier und ein Paar hängender alter Brüste."

Sir Richard johlte vor Lachen darüber, während Stephen eine Grimasse zog, und sie bahnten sich den Weg durch die gedrängt volle Straße zu dem Wirtshaus.

„Wenn du deinen Bruder siehst", sagte Richard lächelnd zu seinem Sohn, „sage ihm, dass ich ihn vermisse und dass ich stolz auf ihn bin."

Simon nickte und schob sich zwischen den Leuten, die sich am Hafen tummelten, hindurch.

„Ich bin stolz auf euch beide", fuhr Sir Richard fort. „Ihr seid zwei gute Söhne."

Trotz der Stunde - es war beinahe Sonnenuntergang - war die Straße noch voller Menschen und, als sie mit trockenen Kehlen sich der Tür des *Dog and Duck* näherten, stolperte Simon plötzlich und wurde von den Leuten ringsum herumgestoßen, als er nach vorn kippte.

Stephen packte seinen rechten Arm und wollte ihm helfen, aber der junge Mann fühlte sich bleischwer an. Als Sir Richard seinen anderen Arm ergriff, brach Simon mit dem Gesicht voran auf den Boden zusammen.

„Was ist los?", verlangte der Johanniter zu wissen, als er seinen Sohn ansah und die roten Flecken bemerkte, die sich auf seinem Rücken ausbreiteten.

„Stephen!", brüllte er und versuchte, sein Schwert aus der Scheide zu ziehen. „Er ist erstochen worden!"

Die Menge, die sich bisher so dicht an dicht gedrängt hatte, teilte sich plötzlich und ließ die drei Männer in einem eigenen Kreis stehen, als der bullige Ritter seine Klinge zog und sie verteidigungsbereit über seinen gestürzten Sohn hielt. Stephen hatte inzwischen seine eigene Waffe gezogen, und die beiden Männer schauten sich suchend in der Menge nach allem Bedrohlichen um.

Ein Mann bahnte sich mit Gewalt seinen Weg durch die Menge der Leute auf der Straße und als er sich umschaute, stieß Stephen einen Wutschrei aus und rannte ihm nach, das Schwert über dem Kopf schwingend im Versuch, sich den Weg freizumachen.

Sir Richard, der das Schlimmste befürchtete, als sich die kleinen, roten Wunden auf dem Rücken seines Sohnes in einen großen, roten Fleck verwandelten, kniete nieder und packte Simon an der Schulter, um ihn auf den Rücken zu drehen.

Die Augen des jungen Mannes waren glasig
und starrten blicklos nach oben. Leblos.

Despensers Männer hatten es geschafft, sie einzuholen.

Der Kommandant von Kirklees schrie verzweifelt auf.

Sein geliebter Sohn war tot.

FÜNFZEHNTES KAPITEL

Bruder Tuck verband Wills Wunde, aber die Geächteten wussten, dass es hoffnungslos war.

Robin war von einem Gefühl hilfloser Frustration erfüllt. Scarlets Tochter zu retten, nur, damit der hitzköpfige Narr sich in einem Moment des Wahnsinns auf einem Schwert aufspießte, bevor sie wieder zusammenkommen konnten ...

Die kleine Beth war untröstlich und musste von ihrem Vater fortgezerrt werden, während Tuck sich um ihn kümmerte.

„Wir müssen uns beeilen, Robin“, sagte Little John zu seinem jungen Freund. „Wenn wir verhindern sollen, dass Gurdon Matilda in einem Kerker in Nottingham einsperrt, müssen wir ihn einholen.“

„Aber was ist mit Will?“, fragte Allan-an-a-Dale. „Wir können ihn nicht einfach hier zum Sterben liegenlassen.“

Johns Gesicht sah finster aus, als er sich zu Allan umdrehte. „Will kann nur sich selbst die Schuld an dem geben, was geschehen ist. Er hat seinem Temperament nachgegeben und den Preis dafür gezahlt. Wir müssen Matilda helfen, solange noch die Möglichkeit dazu besteht. Wenn Adam sie in die Stadt schafft, ist sie so gut wie tot - wir könnten sie nie dort herausholen. Wenn wir sie jedoch noch rechtzeitig auf der offenen Straße erwischen ...“

Beth hatte inzwischen aufgehört zu weinen und sah Robin aus verlorenen Augen an. „Bitte helft meinem Pa“, schniefte sie. „Ich habe sonst niemanden.“

Robin beugte sich vor und nahm Beths kleine Hand in seine.

„Ich will dich nicht anlügen… dein Pa hat eine schreckliche Verletzung erlitten. Es sieht nicht gut für ihn aus. Aber wir werden ihn nicht hierlassen. Und was auch immer geschieht, Mädchen, du wirst nicht alleine sein. Wir haben Freunde und Familien in den Dörfern überall in Yorkshire. Wir werden ein zu Hause für dich finden, bei guten Leuten."

Er lächelte Beth beruhigend an und sie nickte zur Antwort, aber ihre Augen huschten wieder zu Will hinüber, was erneutes Schluchzen auslöste.

Robin tätschelte unbeholfen ihren Arm und richtete sich auf. „Tuck. Du, Allan und der junge Gareth baut eine Trage und tragt Will zurück in unser Lager. Macht es ihm bequem und ... tu einfach, was du für ihn tun kannst, Tuck."

Der Mönch begegnete Robins Blick und beide Männer wussten, was der junge Anführer meinte - Will würde die letzte Ölung benötigen, noch bevor der Tag zu Ende wäre.

„Komm, Beth, hilf uns, gerade Äste zu finden, um eine Trage für deinen Pa zu machen", sagte Allan und führte das Mädchen in die Bäume. Gareth, ein fünfzehnjähriger Geächteter aus Wrangbrook, folgte ihnen, und ließ seine Augen auf der Suche nach kräftigen Ästen über den Boden schweifen.

Robin wandte sich traurig ab. „Ihr Wildhüter könnt verschwinden, wie ich versprochen habe."

Die Gefangenen standen dankbar auf, die Erleichterung stand ihnen in die Gesichter geschrieben. Die meisten Geächteten in den großen Wäldern Englands wären nicht so gnädig gewesen.

„Denkt einfach an diesen Tag", sagte Robin zu ihnen, „wenn wir uns wieder in einer solchen Lage finden sollten, nur mit umgekehrten Rollen."

Die Wildhüter nickten und zogen dankbar über die Straße nach Nottingham ab. Ihr stämmiger Anführer, Samuel, umfasste Robins Hand mit festem Griff.

„Ich danke dir für unsere Freiheit, Hood. Wenn jemals der Tag kommt, an dem ich dir dafür helfen kann, sollst du wissen, dass ich alles für deine Männer tun werde."

Robin gab ihm einen kräftigen Klaps auf den Arm, obwohl er wusste, dass es unwahrscheinlich war, dass Samuel sich oft wieder als Anführer von Männern wiederfinden würde, nachdem er den Geächteten einmal in die Hände gefallen war. Es war offensichtlich, dass der Wildhüter, der schon mittleren Alters war, keinen begabten Anführer von Männern abgab. Doch er war jetzt auch ein Freund der Geächteten und sie brauchten jeden, den sie bekommen konnten. Robin winkte dem dankbaren Mann nach und prüfte, ob seine Waffen sicher verstaut waren.

„Macht euch bereit zum Abmarsch, Jungs!", brüllte er seinen Männern zu. „Adam muss noch auf der Straße nach Nottingham sein. Vielleicht reicht die Zeit, um ihn einzuholen, wenn wir quer durch den Wald ziehen. Er kann nur ein paar Männer jetzt bei sich haben, wenn wir also schnell genug vorwärtskommen, können wir den Bastard aufhalten und ihn für alles büßen lassen, was er angerichtet hat." „Los geht's!" Little Johns mächtige Stimme ließ die Bäume erbeben und die Geächteten bewegten sich über die geheimen Pfade des Waldes, die sie so gut kannten, die jedoch für einen Außenstehenden unsichtbar gewesen wären.

Bruder Tuck, Allan-a-Dale und Gareth bauten schnell eine rohe, aber robuste Trage zusammen und betteten Will darauf. Dann machten sie sich zusammen mit Beth zu ihrem Lager auf. „Woher wissen wir, dass Gurdon auf der großen Straße nach Norden ist?", wollte Matt Groves wissen, als die Hauptgruppe der Geächteten durch den Wald eilte. Sie hatten die beiden Pferde geholt und mitgebracht, für den Fall, dass Gurdon sie kommen sah und zu fliehen versuchte, aber im Moment ritt niemand auf ihnen. Robin wollte sie so ausgeruht wie möglich haben, wenn sie für eine Verfolgungsjagd gebraucht würden.

„Ich habe seine Pläne von Simon Woolemonger erfahren, bevor ich ihn abgestochen habe“, lautete die Antwort Little Johns für Matt. „Adams Plan war es, uns bei Hampole Dyke zu zerquetschen, während er mit Matilda entkommen wollte, ohne auf Widerstand zu stoßen.“

„Wenn es funktioniert hätte, würde er uns auf einen Schlag alle erledigt haben“, knurrte Arthur, der Junge. „Gut für uns, dass ihr vier gerade da gekommen seid.“

Little John nickte. „Jau. Jetzt haben *wir* die Überraschung auf unserer Seite. Der wetterwendische Bastard glaubt, dass wir alle tot sind. Er wird keine große Eile haben, Matilda dem Prior auszuliefern.“

„Genau das befürchte ich ja ...“, gab Robin zu.

„Was meinst du damit? Wenn sie sich Zeit lassen, wird unsere Chance, sie zu erwischen, doch größer?“ Much schaute den Freund seiner Kindertage überrascht an.

Robin starrte mit entschlossenem Gesicht vor sich hin, beschleunigte seine Schritte und zwang damit die anderen Geächteten, ebenfalls schneller zu werden, um nicht zurückzubleiben.

„Jau, Much, aber Adam und seine Männer ... allein mit Matilda, ohne große Eile zu haben ... sie könnten beschließen, sie zur Hure zu machen, noch bevor der Prior sie in sein Bordell bekommt.“

Adam Gurdon war ein brutaler Mann. Much konnte sich vorstellen, dass er mit Matilda schlafen wollte - ob sie einverstanden war oder nicht. Much kannte das Mädchen ebenso lange wie Robin; sie war in Wakefield auch ihm eine gute Freundin gewesen.

„Los schon, Jungs“, rief er und fiel neben Robin in Schritt. „Zeit, dass der Bastard für seinen Verrat zahlt!“

* * *

„So, Jungs, lasst uns Rast machen und etwas essen.“ Adam Gurdon zügelte sein Pferd und seine beiden Begleiter taten es ihm gerne nach.

Die Sonne des späten Sommers war noch warm und die drei Gesetzeshüter waren durstig, ebenso wie Matilda, die gezwungen gewesen war, einen stetigen Strom dümmlichen und oft schmutzigen Geschwätzes von Gurdon und seinen Männern zu ertragen, während sie auf der ausgetretenen Straße immer weiter ritten. Der Vogt ließ sich zu Boden gleiten und half Matilda unsanft beim Absteigen. „Setz dich.“ Er deutete auf einen großen Stein, auf den sie sich dankbar fallen ließ. Das Mädchen war nicht ans Reiten gewöhnt und selbst nach kurzer Zeit auf dem Pferd fühlte sich ihr ganzer Körper, vor allem ihr Hinterteil, steif und wund an.

Gurdons zwei Wildhüter machten es sich auf einem fauligen alten Baumstamm bequem und stillten ihren Durst aus zwei Schläuchen mit Ale, wobei sie zufrieden murmelten, während sie sich in der warmen Sonne entspannten.

„Ich würde nur zu gerne wissen, wie du es geschafft hast, die Geächteten glauben zu machen, dass du Adam Bell wärest“, fragte einer von ihnen den Vogt plötzlich mit einem verwunderten Kopfschütteln.

Gurdon lachte, zuckte die Achseln und wischte sich Wein von seinen feuchten Lippen.

Fast jedermann in England kannte die Legenden über den Geächteten Adam Bell, einen sächsischen Helden, der aus der Stadt Inglewood stammte. Bell hatte mit seinen Freunden Adam Cloudesley und Clim von Clough große Abenteuer erlebt, den Sheriffs und Lords jeweils der Grafschaft, in der die Legende spielte, immer wieder Schnippchen geschlagen.

„Wie sah Adam Bell denn aus, Junge?“, fragte Gurdon den Wildhüter.

Der Mann zermarterte sich eine Weile den Kopf und sah seinen grauhaarigen Gefährten hilfesuchend an, aber keiner von ihnen konnte die Frage beantworten.

„Genau“, lächelte Gurdon. „Das beschreiben die Geschichten nicht. Alles, was ich tun musste, war, eine kleine Gruppe von Geächteten zu finden, ihnen zu erzählen, dass ich Adam Bell wäre und in kürzester Zeit glauben alle, dass das die Wahrheit wäre.“ Er ließ seinen Schlauch mit Ale sinken und nahm einen Apfel aus seinem Rucksack; seine Augen funkelten belustigt, als er hineinbiss. „Falls er je gelebt hat“, fuhr Gurdon fort und spuckte Fruchtstückchen aus, „müssten Adam Bell und seine Kumpane vor Jahren schon gestorben sein. Wer wollte sagen, dass ich nicht er wäre?“

Die Wildhüter nickten bewundernd angesichts des Einfallsreichtums ihres neuen Vogts. „Hier, Mädchen.“ Gurdon reichte Matilda seinen eigenen Bierschlauch, nachdem er ihn halb geleert hatte.

Sie nahm einen Schluck, stellte aber fest, dass es viel bitterer und stärker schmeckte, als sie es gewöhnt war. „Magst du das?“ Gurdon schaute zu, wie sie trank, seine Blicke wanderten schamlos über ihren Körper.

Matilda wand sich unter seinem Blick und gab ihm trotzig das Ale zurück. „Nein. Es schmeckt wie Pisse.“

Das brachte die drei Männer zum Lachen.

„Ich kann schon sehen, warum der junge Hood dich so mag“, sagte der Vogt zu ihr und wischte sich die dicke Schweißschicht von der Stirn. „Einen hübschen Körper hast du, was, Jungs?“

Die beiden anderen gaben unverschämte Antworten, grinsten wie kleine Jungen, aber ihre Augen zeigten nicht, dass es spaßig gemeint war. Matilda spürte, wie ein kalter Schauer über ihren Rücken lief.

„Hood kannst du vergessen“, fuhr Adam fort und nahm einen weiteren Schluck von seinem Ale. „Der dürfte inzwischen tot sein. Er und der Rest der Idioten, die ich angeführt habe, werden hinter dir hergerannt gekommen sein, direkt in den Hinterhalt, den meine Männer am Hampole Dyke gelegt haben."

Matilda spürte, wie sich ihr Blut in Eis verwandelte, doch der Mann, der sie gefangen genommen hatte, sprach weiter, kam zu ihr herüber, um sich triumphierend vor ihr aufzubauen.

„Diese Narren werden direkt in einen Pfeilhagel hineinlaufen, und wer immer die erste Salve überlebt, wird an Ort und Stelle von meinen Wildhütern niedergemacht werden."

Matilda schwieg weiter, während Gurdon sprach, um dessen Mundwinkel ein selbstzufriedenes Lächeln spielte.

„Es gibt niemanden mehr, der dir helfen kann, Mädchen." Er beugte sich vor, um ihr in die Augen zu sehen, wobei er wild grinste. „Der Prior wird dafür sorgen, dass du vor Gericht gestellt und für schuldig befunden wirst, den Geächteten Hilfe geleistet zu haben. Dann ..."

Seine Hand senkte sich langsam, um sich um Matildas linke Brust zu legen. „Dann wird der Prior diesen schönen Körper zur Arbeit in sein Bordell schicken - ins ‚Maiden's Head'. Das ist ein hübsches Plätzchen; du wirst dort eine Menge Spaß haben."

Die beiden Wildhüter grunzten. „Ich werde dich oft besuchen kommen, Mädchen", versprach einer der beiden und musterte sie bösartig. Matilda spürte, wie Panik in ihr aufstieg. Ihre Augen füllten sich mit Tränen, als Adam ihre Bluse nach unten zog, um ihre Brustwarzen freizulegen, was die Wildhüter dazu brachte, lauter zu grunzen und zu keuchen.

Sie wünschte sich verzweifelt, den Vogt abwehren zu können, aber ihre Arme wollten ihr nicht gehorchen, als sie innerlich schrie und versuchte, nicht wahrzunehmen, was mit ihr geschah.

Gurdon beugte sich weiter herunter und biss sie grob in die Brust, drückte ihre Beine auseinander, und das Mädchen fühlte, wie eine Woge schwarzer Verzweiflung sie überrollte. Sie und Robin würden nie wieder zusammen sein.

Sie dachte an all die guten Dinge in ihrem Leben: ihre liebevollen Eltern und ihre Freunde in Wakefield, ihrem Zuhause. Sie wurde schlaff vor Kummer, als sie an Robin dachte, wie er von den Pfeilen von Adam Gurdons Männern durchbohrt und getötet wurde. „Da, Jungs, sie beginnt, sich zu entspannen. Sie ist ein Naturtalent!“, lachte der Vogt und stand auf, öffnete seine Hosen, während Matilda wie betäubt zuschaute. „Na denn, Mädchen. Mach deinen hübschen Mund auf …“

* * *

Niemand hatte Zeit zu planen oder sich vorzubereiten. Robin hatte die Führung übernommen, und seine Männer hatten Mühe, mit ihm Schritt zu halten, während er weiterdrängte, gequält von der Vorstellung, wie Adam Matilda missbrauchte.

Sie waren wieder am Fluss, dem die Straße an dieser Stelle folgte, und das Wasser rauschte laut über einen kleinen Wasserfall hinab, sodass keiner die anderen hörte, bis Robin eine kleine Anhöhe hinauflief und fast in Gurdon hineinrannte, dessen Hosen ihm um die Knöchel hingen und vor dem Matilda saß, während seine beiden Gefolgsleute vergnügt lachten. Ihre Gesichter wurden lang, als sie den Geächteten nur zwei Yards entfernt erblickten, aber der Vogt stand mit dem Rücken zu ihm und keiner der Wildhüter hatte Robin je zuvor gesehen, daher zogen sie ihre Waffen nur langsam.

Der junge Geächtete blieb abrupt stehen und erstarrte, wo er stand, als Matilda sich wand und weinend versuchte, Gurdons Schwanz von ihrem Mund fernzuhalten.

Dann sah sie Robin wie einen Racheengel auftauchen und verspürte eine Woge der Erleichterung.

Er war nicht tot! Als die Hand ihres Liebsten sich zum Griff seines Schwertes bewegte, schaute Matilda mit einem Blick voll wilder Genugtuung auf und öffnete ihren Mund.

Mit einer fließenden Bewegung zog Robin seine Klinge und rammte sie dem zunächst sitzenden Wildhüter in den Bauch, bevor der Mann gewahr wurde, wie ihm geschah. Er brach in die Knie wie ein Stein und Robin riss heftig die Klinge heraus, wobei er die Gedärme des Mannes auf dem Gras verstreute.

Schneller, als das Auge folgen konnte, wirbelte der Geächtete ganz herum und schnitt in die Seite des Schwertarms des zweiten Mannes. Der Wildhüter brach zusammen, brüllte los und umklammerte den fast abgetrennten Arm.

Als sie Robin angreifen sah, hatte Matilda Adams Glied in den Mund genommen ... und biss so fest zu, wie sie konnte.

Der Vogt schrie vor Schmerz, als die Hälfte seines Schwanzes völlig abgetrennt wurde und das Blut dick aus der grauenvollen Wunde troff. Matilda spuckte das Fleischstück vor seinen ungläubigen Augen ins Gras.

„Du verdammte Schlampe!“, kreischte er entsetzt und legte schwächlich die Hände über seinen blutenden Schwanz; der Schock über seine Verstümmelung ließ ihn das Schicksal seiner beiden Begleiter völlig vergessen. „Ich werde dich umbringen, ich werde dich verdammt noch mal umbringen!“

Seine Schreie verstummten plötzlich, als eine Schwertspitze aus seiner Brust ragte.

Robin beugte sich von hinten über seinen früheren Mentor und flüsterte ihm ins Ohr. „Du wirst niemanden umbringen. Ich werde deinen Kadaver nach Nottingham bringen und dort liegen lassen, damit jeder ihn sehen kann."

Mit einem nassen, saugenden Geräusch zog er sein Schwert heraus und trat den zusammensackenden Gurdon seitwärts in Gras, wo er unter jämmerlichem Gewimmer seine schrecklichen Wunden umklammerte.

Matilda, durch deren Adern noch das Adrenalin raste, hob Gurdons abgetrennten Penis auf und rammte ihn wütend in seinen schwach protestierenden Mund.

„Da, jetzt kannst du ihn selbst lutschen, du widerlicher Bastard!", rief sie hysterisch und zwang ihn, daran zu würgen.

Der zweite Wildhüter, dessen Schwertarm Robin beinahe abgehackt hatte, versuchte wegzulaufen, aber Little John und der Rest der Geächteten holten ihn ein. Sie stießen ihn zurück in die Lichtung, wo er heulte wie ein Kind und voller Schrecken seinen Arm umklammerte. John musterte das Gemetzel vor sich mit vor Unglauben weit aufgerissenen Augen. „Was machen wir mit dem hier, Robin?"

Hood drehte sich um, sein Gesicht war zu einer Maske der Wut erstarrt und versenkte ruhig sein Schwert im Bauch des Mannes.

„Lass diese beiden Bestien hier", sagte er und deutete mit seinem Schwert auf die beiden Wildhüter. „Gurdon nehmen wir mit."

Niemand widersprach, als Robin Matilda hochzog und sie in seine Arme nahm. Sie zitterte jetzt unkontrolliert, als das Adrenalin verflog und stattdessen der Schock sie einholte.

„Er sagte, ihr wäret alle tot", schluchzte sie.

Robin hielt sie fest umklammert, seine eigenen Hände begannen zu zittern, als er ihr erdbeerblondes Haar streichelte. „Ja, das war sein Plan, aber wir haben ihn geschlagen, Matilda. Es geht uns gut. Und du bist jetzt in Sicherheit."

Sie standen eine Weile dort, alle waren stumm angesichts der schrecklichen Gewalt, deren Zeugen sie gerade geworden waren, bis Little John zwei der Geächteten ansprach.

„Hebt Adam auf. Wir sollten uns auf den Weg machen."

Robin nickte. „Much und ich werden seinen Körper nach Nottingham schaffen und dafür sorgen, dass Prior de Monte Martini und jeder andere in der Stadt erfährt, was mit ihm passiert ist. Das wird jedem, der beschließen könnte, Jagd auf uns zu machen, eine Botschaft senden."

Little John schien dies eine extreme Geste zu sein, aber gerade jetzt und in dieser Stimmung hatte Robin das Sagen, daher nickte der Riese nur und versprach, Matilda und den Rest der Männer sicher ins Lager zurückzubringen.

„Wir treffen uns dort, wenn wir fertig sind", sagte Robin mit noch immer leerem Blick; er hielt sein Schwert noch gezogen, von dem Blut auf das hellgrüne Gras tropfte.

„Gut, Jungs, wir sind hier fertig. Endlich. Machen wir uns auf, zurück ins Lager, und feiern!" John lächelte halbherzig, einige der Männer jubelten, als sie sich auf den Heimweg machten.

Obwohl sie Adam geschlagen und sich an ihm wegen seines Verrats gerächt hatten, empfanden die meisten der Geächteten es als einen hohlen Sieg. Sie wussten, dass sie am nächsten Tag, wenn sie aufwachten, und am Tage danach noch immer Wolfsköpfe, Gesetzlose sein würden. Ganz gleich, wie viele ihrer Verfolger sie töteten, sie würden nie imstande sein, zu ihren Familien und einem normalen Leben zurückzukehren.

Adam Gurdons Leichnam wurde auf sein Pferd geladen, während Robin und Much ungeschickt auf die beiden Pferde, die die Wildhüter geritten hatten, stiegen. „Sei vorsichtig, Robin", sagte Matilda leise.

Er nickte. „Wir werden nicht lange fortbleiben. Morgen dann bringen wir dich nach Hause zu deiner Ma und deinem Pa."

Die Augen des Mädchens füllten sich wieder mit Tränen und sie zwang sich zu einem Lächeln, als Robin und Much in Richtung Nottingham ritten. Der verstümmelte Körper des Vogts war fest auf das Pferd gebunden, auf dem er früher an diesem Tag so stolz in Wakefield eingeritten war.

* * *

Obwohl Robin Tuck angewiesen hatte, Will zurück ins Lager der Geächteten zu bringen, wusste der Mönch, dass das das Todesurteil für den verwundeten Scarlet wäre. Sie hatten im Lager nur die notwendigsten Arzneien vorrätig, und obwohl Tuck sich ziemlich sicher war, dass Will nicht überleben würde, ganz gleich, welche Hilfe er erhielte, empfand er es doch als seine Pflicht - Beth gegenüber, wenn nicht aus anderen Gründen - die bestmögliche Hilfe zu suchen.

Allen-a-Dale und der junge Gareth, der zum Geächteten geworden war, weil er Essen aus einer Kapelle für seine kranke Mutter gestohlen hatte, trugen Wills Trage durch den Wald, wobei sie abwechselnd von Tuck abgelöst wurden.

„Offensichtlich führt dieser Weg nicht zu unserem Lager, Tuck", bemerkte Allan nach ein paar Meilen. „Wohin gehen wir?"

„Kirklees Priory", antwortete Tuck und wischte sich mit dem Ärmel seiner grauen Kutte den Schweiß von seinem geschorenen Kopf. „Die Nonnen könnten eher eine Chance haben, Will zu retten, als wir. Das Kloster verfügt über geschickte Chirurgen und Medikamente, die ihm helfen werden."

Der Mönch fühlte sich schuldig, als Beth ihn ansah, ihr Gesicht voller Hoffnung. Er hatte über die Jahre zu viele Schwertwunden gesehen und nie erlebt, dass ein Mann eine so schwere wie die, die Will erlitten hatte, überlebte.

Er sprach lautlos ein Gebet zum Heiligen Franziskus und drückte die Schulter des kleinen Mädchens beruhigend.

„Wie weit noch?", fragte Beth ihn.

„Wir werden gleich nach Sonnenuntergang dort ankommen, Mädel", antwortete Tuck. „Brauchst du eine Pause?"

Ihr kleines Gesicht wurde entschlossen und sie straffte ihre Schultern. „Nein. Lass uns so schnell wie möglich dort ankommen."

Tuck nickte und lächelte sie aufmunternd an. Es war offensichtlich, dass Wills Tochter Probleme hatte - sie hatte die letzten drei Jahre in einem Haus eingesperrt verbracht. Sie hatte zwar jeden Tag hart gearbeitet, aber lange Wege, in der Tat *kein* Weg, außer zwischen den Zimmern des Herrenhauses, hatten nicht zu ihren Gewohnheiten gehört. Tuck war froh, dass sie noch klein war - er wusste, dass sie sie bald würden tragen müssen.

Der Weg nach Kirklees Priory würde für sie alle lang und hart werden.

* * *

Kurze Zeit, nachdem die Sonne untergegangen war und das Sternbild des Drachen auf die kleine Gruppe herabsah, erreichten sie endlich Kirklees. Tuck hatte Beth während der letzten Meile durch den Wald getragen, ihre kurzen Beine und ihr unterernährter Körper hatten am Ende aufgegeben. Sie war in seinen Armen eingeschlafen. Der Mönch, obwohl er ein behäbiger Mann war, der zu viel aß und trank, war kräftig wie ein Ochse. Dennoch schmerzten seine Arme schrecklich, als sie an das Tor des Klosters pochten.

Allan-a-Dale und Gareth waren genauso erschöpft wie Tuck. Sie waren harte, gesunde Kerle, die an körperliche Anstrengung und Gewaltmärsche gewöhnt waren, aber das schnelle Tempo und die Last, die sie trugen, hatten ihnen schmerzende Rücken, Arme und Beine eingebracht. Sie waren froh, als eine junge Nonne das große, hölzerne Tor öffnete und sie hineinbat, nachdem Tuck - gewissermaßen - ihre Notlage geschildert hatte.

Sie hatte sich Will angesehen, der blass auf der Trage lag, dann Beth, die erschöpft in den Armen des großen Mönchs hing, und sie hinein gewunken mit dem Versprechen, die Äbtissin zu holen.

Als die Äbtissin kam, führte sie sie zu einem kleinen Zimmer und wies sie an, Will dort auf das Bett zu legen. Beth bestand schläfrig darauf, bei ihrem Vater zu bleiben, daher brachten die Nonnen ihr eine Decke und das kleine Mädchen schlief auf einem Stuhl neben Wills Bett wieder ein.

Die Männer wurden in ein kärglich möbliertes Zimmer geführt, in dessen grauen Steinwänden nur vier Betten standen. Es war kühl und für Männer, die es gewöhnt waren, auf dem Waldboden zu schlafen, sehr bequem. Man brachte für jeden von ihnen ein wenig Brot und Käse, dazu kühles Wasser, um das Essen hinunterzuspülen.

Allan und Gareth, die die Trage den größten Teil des Weges geschleppt hatten, verzehrten dankbar ihr kleines Mahl und schliefen, völlig erschöpft, rasch ein.

Tuck saß eine Weile in der kleinen Kapelle und sprach ein weiteres Gebet für Wills Genesung. Die Äbtissin kam und fragte ihn nach Will und wie er so schrecklich verwundet worden wäre, aber sie schien sich nicht sehr für die Antworten oder deren Wahrheit zu interessieren. Sie wusste sehr wohl, dass sie wahrscheinlich nicht ganz stimmten.

Tuck behauptete einfach, Banditen hätten Will und seine Tochter im Wald angegriffen, und er und seine beiden Freunde hätten sie gefunden, als sie die Straße nach Nottingham entlanggingen. „Du erwartest nicht, dass er überlebt, oder?“, fragte sie.

Tuck schüttelte traurig den Kopf. „Ich bin überrascht, dass er nicht schon tot ist, um ehrlich zu sein.“ Die Äbtissin stimmte zu. „Wir haben die Wunde gereinigt, aber ich habe keinen Zweifel, dass er innere Verletzungen hat, die wir nicht behandeln können. Was wird aus dem Mädchen, wenn er stirbt? Wo ist ihre Mutter?“

„Sie hat uns erzählt, dass ihre Mutter tot ist, aber sie hat einen Onkel in Wakefield. Wir werden sie dorthin mitnehmen, wenn… wenn… ihr Vater stirbt.“

Die Nonne nickte. „Ich werde dich nicht länger aufhalten, du solltest dich etwas ausruhen - du musst erschöpft sein. Es war sehr nett von dir und deinen Freunden, sie den ganzen Weg zu tragen …“ Sie warf ihm einen berechnenden Blick zu, und er lachte auf.

„Ich erwarte eine Belohnung!“, sagte er lächelnd. „Im *Himmel* ... Obwohl, wenn Ihr etwas übrigen Kommunionswein hättet, wäre das in der Tat angenehm.“

„Du versuchst dein Glück, Bruder, du solltest nicht einmal hier drinnen sein“, schnaubte die Nonne und überraschte ihn mit ihrem Wissen. „Es widerspricht der Regel deines eigenen Franziskanerordens: ‚Brüder sollten Nonnenklöster nicht betreten.‘“

Sie ging hinaus, streng ihren Kopf schüttelnd, aber als Tuck in das Zimmer zurückkam, in dem Allan und Gareth schliefen, fand er einen Krug mit Wein mäßiger Qualität, der jedoch stark genug war, neben seinem Bett.

Als er fühlte, wie der bittere Trunk ihn zu entspannen begann, murmelte er ein weiteres Gebet: Heilige Maria

Mutter Gottes, hilf Will und der kleinen Beth, was auch immer in dieser Nacht geschehen mag ... Dann endlich fiel er in den Schlaf.

* * *

Will Scaflock lag im Sterben. Eigentlich hätte er schon tot sein müssen - wäre tot *gewesen*, wenn da nicht Eines gewesen wäre.

In einer dunklen, versteckten Ecke seines Unterbewusstseins wusste Will, dass er die Stimme seiner Tochter gehört hatte, bevor er bei Hampole Dyke das Bewusstsein verlor.

Bis heute hätte er den Tod als Erlösung von seinem qualvollen Leben begrüßt, aber jetzt erfüllte das Gesicht seines kleinen Mädchens seine Seele. Sein Körper wollte sich dem Tod nicht so schnell ergeben..

Die Nonnen hatten an dem üblen Geruch, der von seiner Wunde aufstieg, erkannt, dass Will im Sterben lag.

Sie hatten sie, so gut sie es vermochten, gereinigt und mit einem heilenden Breiumschlag verschlossen, aber sie kannten diesen Geruch. Sie wussten, dass das kleine Mädchen, das die Hand des Mannes umklammerte, in wenigen Stunden, vielleicht schon früher, trotz aller Gebete vaterlos zurückbleiben würde.

Beth ahnte nichts von allem. Ihr Pa sah recht friedlich aus, wie er da auf dem Bett lag. Sie war sicher, dass er sich erholen würde; er war stark, ein wilder Kriegsmann; nichts konnte ihren Pa je verletzen!

Dann wurde er langsam bläulich, seine Hand begann, sich kalt und klamm anzufühlen, und Beth begann zu jammern, frische Tränen strömten aus ihren glänzenden, blauen Augen.

Will war sich nichts von alledem bewusst. Jedoch, als sein zerstörter Körper zwischen den dicken Steinmauern des Klosters im Koma lag, träumte er - einen lebhafteren Traum denn je zuvor.

Seine Frau, Elaine, kam zu ihm. Sie sah aus, wie sie im Leben ausgesehen hatte, aber sie trug eine Laterne, die sie nur schwach beleuchtete. Überall um sie herum herrschte Dunkelheit.

„Du bist ein Narr, Will Scaflock!“, schalt sie ihn mit einem Lächeln. Er hatte nicht die Kraft zu streiten, und er wusste, dass sie ohnehin recht hatte. „Aber du hast noch eine Aufgabe zu erfüllen. Du darfst dich noch nicht dem Tod ergeben. Kämpfe gegen ihn, Will, kämpfe, für Beth!“

Seine Frau schien ihm näher zu kommen und legte ihre Hand auf seine Seite.

Ohne nach unten zu schauen, wusste Will, dass er ein schreckliches, klaffendes Loch dort hatte, doch als Elaine seine Wunde berührte, spürte er etwas ... Stärke, eine Kraft, die ihn durchströmte.

Er lächelte, als diese Kraft seine Seele erfüllte und er hob seine Augen, um die Frau anzusehen, die er seit dem Tag, an dem er ihr zuerst begegnet war, geliebt hatte.

Doch es war nicht Elaine, die seinen Blick erwiderte. Als er hinschaute, schien ihr Gesicht sich zu verwandeln in der Dunkelheit, bis ein anderes Gesicht, das Will kannte, ihn anstarrte: Robin Hood, dessen Gesicht zu eiserner Entschlossenheit verzogen war, schaute ihm in die Augen. Doch es war nicht ganz der Robin, den er kannte: Sein Gesicht wirkte irgendwie älter, irgendwie anders, irgendwie ... herrischer, dachte Will.

Neben seinem Bett standen zwei Nonnen, die gekommen waren, als Beth verzweifelt zu schreien begonnen hatte, und beobachteten voller Staunen, wie Wills Lippen wieder rot wurden und seine graue Haut sich zu einem gesunden Rosa wandelte.

In seinem Fiebertraum starrte Scaflock ‚Robin‘ an. „Lass mich in Ruhe, Hood. Ich habe nichts, wofür es sich zu leben lohnt. Ich kann gehen und bei meiner Familie sein, bei Elaine. Ich möchte sterben!“ Seine Haut wurde langsam wieder bläulich.

Beth hatte die Veränderung nicht bemerkt und weinte die ganze Zeit mit gebrochenem Herzen. Als sie ihren Kopf neben Wills Gesicht legte, rollten ihre Tränen über seine bleichen Wangen. „Papa!“, rief sie. „Bitte, verlass mich nicht wieder!“

Wills Körper zuckte krampfhaft und er rang nach Luft, seine Augen öffneten sich ruckartig vor Schrecken und zum ersten Mal seit drei Jahren sah er das kleine Gesicht seiner Tochter.

„Beth ...!“, hauchte er. Dann schlossen seine Augen sich wieder und sein Körper erschlaffte. Aber diesmal lag ein Lächeln auf seinen Lippen und er schlief nur. Seine Tochter *lebte*! Und das würde er jetzt auch.

SECHZEHNTES KAPITEL

„Bastard!“ Sir Richard-at-Lee brüllte vor Wut, trat gegen seinen Stuhl und ließ ihn trotz seines Gewichts durch die Luft fliegen.

Stephen verzog das Gesicht, blieb aber stumm, als sein Lord seiner wütenden Empörung Luft machte.

„Dies alles, weil ‚Sir‘ Hugh Despenser in seiner Gier von einem anständigen Mann Geld erpressen wollte!“, schrie der Johanniter, und der Schmerz, den er fühlte, war deutlich aus seiner Stimme zu hören. „Der Bastard sollte im Exil sein, doch übt er weiterhin seinen teuflischen Einfluss über uns aus!“

Nachdem sein Sohn ermordet worden war, hatte Sir Richard seinen Leichnam nach Kirklees zurückgebracht und ihn in der Priorei begraben, wobei sein Herz vor Wut und Verzweiflung beinahe brach. Stephen war nicht in der Lage gewesen, den Mörder in Hull zu stellen, sodass sie sich nicht ans Gesetz wenden konnten - nicht, dass das viel zu bedeuten gehabt hätte. Die Despensers schienen über dem Gesetz zu stehen, selbst noch im Exil.

Sir Richard in seinem Kummer hatte nach Cardiff reiten und das Schloss mit seiner eigenen, kleinen Garnison angreifen wollen, aber Stephen hatte ihn davon abgehalten. Die Lords der Marken würden sich mit Despenser befassen - tatsächlich brauten sich für den König und die Despensers ernste Schwierigkeiten zusammen, da das Schloss von Leeds von Edward während der letzten Tage belagert worden war, während die Lords der Marken, Mortimer und Hereford, herbeiritten, um ihrem Verbündeten, Lord Badlesmere, gegen die Truppen des Königs beizustehen. Das Land stand tatsächlich am Rand eines Bürgerkriegs, als Ergebnis des üblen Einflusses der Despensers auf den König.

Eine halbe Stunde zuvor hatte Sir Richard das Personal in seinem Schloss in Kirklees zusammengerufen und ihm die schlechten Nachrichten überbracht.

„Ich weiß, der Winter kommt ... der schlechteste Zeitpunkt, Euch dies anzutun“, sagte er traurig zu ihnen. „Aber ich habe kein Geld übrig, um Eure Dienste zu bezahlen - mein eigenes Einkommen wird zur Tilgung meiner Schulden bei Abt Ness verwendet werden, bis ich andere Darlehen erhalten kann, um diesen Kredit zu tilgen.“

Seine Leute schrien erschreckt auf - wie sollten sie ohne Arbeit ihre Familien versorgen? Das Essen war schon so zu teuer, selbst wenn man regelmäßig Lohn erhielt, aber was sollten sie jetzt tun?

Der Johanniter konnte nur seine Arme ausbreiten und sie um Verständnis bitten. So viele Leben zu ruinieren, nachdem sein eigener Sohn ermordet worden war ... das war zu viel.

* * *

Robin erwachte keuchend, in Schweiß gebadet, sein Schädel dröhnte.

„Was ist los?“, fragte Matilda und setzte sich neben ihm unter ihrer gemeinsamen Decke auf. Robin und Much hatten Nottingham am Nachmittag erreicht. Sie hatten dafür gesorgt, dass Adam Gurdons Schwanz fest in seinen Mund gestopft war und ihn dort mit einem Stück zerrissenem Leinen festgebunden, damit er nicht hinausfallen konnte, dann seinem Pferd einen Schlag auf den Hintern gegeben. Es war davongerannt, durch die Stadttore hindurch, von den überraschten Wachen verfolgt.

Robin wusste, dass jeder in Nottingham hören würde, wie der Vogt auf sein Pferd gebunden zurückgekommen war, verstümmelt und in seinem Tod erniedrigt. Die Nachricht, die Bruder Tuck geschrieben hatte, bevor sie sich trennten, hatten sie an Adams Körper befestigt. Sie sollte jedem als Warnung dienen, der in Zukunft daran denken könnte, sie zu jagen.

Dies ist Adam Gurdon, Vogt von Wakefield, früher bekannt als Adam Bell - ein Verräter!, stand darauf. *Dies ist, was mit Gesetzeshütern in Barnsdale geschieht. Der Wald gehört uns!*

Obwohl nur eine kleine Handvoll von Leuten diese Nachricht sehen würden, würde sie doch die Zungen in Bewegung setzen, und in einer großen Stadt wie Nottingham würde in ein paar Tagen jeder dort wissen, was darauf gestanden hatte.

Robin und Much hatten sich auf den Weg zurück ins Lager im Wald von Yorkshire gemacht, wo John, Matilda und der Rest der Bande warteten.

Tucks Trüppchen war natürlich nirgends zu sehen, aber einer der Männer, Arthur, der Neunzehnjährige aus Bichill, hatte bemerkt, dass die Spur der Bahrenträger auf dem Pfad zum Lager die Richtung geändert hatte und man nahm an, dass der gewitzte Mönch beschlossen hatte, im Kloster von Kirklees um Hilfe zu bitten.

Obwohl sie Matilda gerettet und ihren verabscheuten früheren Anführer getötet hatten, war die Stimmung im Lager eher düster, da niemand wusste, ob Will Scarlet überleben würde oder nicht. Er mochte nicht der angenehmste Kamerad gewesen sein, aber er war einer von ihnen und hatte vielen von ihnen früher oder später das Leben gerettet.

Sie hatten Ale getrunken, ein oder zwei Lieder gesungen, aber niemand hatte wirklich Lust gehabt, sich zu amüsieren. Robin hatte Matilda, als die Nacht kam, zu seinem Strohsack geführt, das Lagerfeuer war herabgebrannt und die Geächteten, nachdem sie Wachen ausgestellt hatten, zogen sich zurück.

Matilda vergoss Tränen der Erleichterung, als sie Robin in der Dunkelheit liebte. Will mochte tödlich verwundet worden sein, aber Matilda war ihm nie begegnet. Robin jedoch, *ihr Robin*, war hier und in ihren Armen. Aus diesem Grund weinte sie und sprach im Stillen Dankgebete.

Kurze Zeit später war sie überrascht, als sie neben sich Schluchzen hörte. Es war eine mondlose Nacht und das Lagerfeuer war heruntergebrannt, sodass sie Robins Gesicht im Schatten kaum erkennen konnte, als er sich umdrehte und sein Gesicht an ihrer Schulter barg. „Was ist los?“, flüsterte Matilda, schockiert und ein wenig erschrocken über Robins unerwarteten Gefühlsausbruch.

Er antwortete eine Weile nicht, hielt sie nur fester. „Es ist alles zu viel“, weinte er. „Ich bin erst siebzehn und führe praktisch eine Bande von Geächteten an. Ich habe Männer getötet; mein Kamerad Will stirbt, nachdem man ihn vor den Augen seines kleinen Mädchens durchbohrt hat; es ist meine Schuld, dass Harry Halbhand tot ist ... und immer noch wird das Gesetz morgen hinter uns her sein. Und das wird es immer sein.“

Seine Stimme brach und er vergrub sein Gesicht tiefer in Matildas Schulter, während sie ihm tröstend übers Haar strich. „Es fühlt sich an, als trüge ich das Gewicht der ganzen Welt auf meinen Schultern!“

Sie hielten sich in der Dunkelheit aneinander fest. Matilda fehlten die Worte, daher murmelte sie beruhigende Töne, als ob sie ein verängstigtes Kind beruhigen wollte, und schließlich schliefen sie wieder ein.

Bis Robin wieder aufschreckte, nicht lange vor Tagesanbruch.

„Es ist Will“, keuchte er und setzte sich mit weit aufgerissenen Augen auf. „Etwas stimmt nicht. Ganz und gar nicht.“

Matilda legte ihm die Hand auf die Schulter, von seinem Tonfall erschreckt.

Robin schüttelte den Kopf. Er hatte von Will geträumt, er hatte ihm helfen wollen, gesund zu werden, aber ... Will hatte nicht gesund werden *wollen* und da war Robin aufgewacht, verzweifelt im Gedanken an seinen Freund. Er sah Matilda in der Dunkelheit an, ihr Gesicht sah im schwachen orangefarbenen Schein der Glut des Lagerfeuers wunderschön aus, und er zwang sich zu einem Lächeln.

„Was geschehen soll, wird geschehen. Schlafen wir weiter."

Als die Morgensonne aufging, nahm Robin Little John mit und machte sich auf den Weg zum Kloster von Kirklees.

„Die Männer werden über Wills Zustand grübeln", hatte Robin zu Matilda gesagt, als sie sich zum Abmarsch bereitmachten. „Also haben wir ihnen gesagt, sie sollten den Tag mit Kampftraining verbringen, um sich abzulenken. Du kannst dich mit Much zusammentun - wenn du eine Weile hier bei uns bleibst, wirst du lernen müssen, dich zu verteidigen."

Matilda nickte. Sie hatte sich nie an einem echten, körperlichen Kampf beteiligt, nicht einmal als Kind, aber da die Wildhüter sie jetzt jagen würden, musste sie lernen, wie man als Geächtete überlebte. Und das bedeutete zu kämpfen.

„Keine Sorge." Robin ergriff ihre Hand und sah sie an, das Selbstmitleid der vergangenen Nacht war fort, nur wilde Entschlossenheit erfüllte seine Augen. „Irgendwie werde ich eine Begnadigung für uns erwirken. Für uns alle. Adam hatte es geschafft, das können wir auch! Ich werde nicht den Rest meines Lebens wie ein gejagtes Tier verbringen, das schwöre ich!"

Sie zwang sich zu einem Lächeln und Much reichte ihr mit einem ermutigenden Grinsen eines der leichteren, hölzernen Übungsschwerter. Robin gab ihr zum Abschied einen letzten, langen Kuss, bevor er und John in Richtung Kloster gingen.

Nach etwa einer Stunde trafen sie auf Allan-an-a-Dale und Gareth, die Tuck zum Lager zurückgeschickt hatte, um dem Rest der Geächteten die Nachricht von Wills Überleben zu überbringen.

„Er lebt, Robin!“, rief Allan und ein Grinsen erhellte sein hübsches Gesicht.

„Ein wahres Wunder!“, warf der junge Gareth ein.

Robin und John schauten einander ungläubig an.

„Wie kann das sein?“, fragte John. „Die Wunde, die er erhalten hatte, war tödlich, das konnten wir alle sehen!“ Allan zuckte lachend die Schultern. „Ich sagte es euch: ein Wunder. In einer Minute war er tot und die kleine Beth weinte sich die Augen aus, in der nächsten öffnete er seine und sprach mit ihr. Jedoch nur für einen Moment. Seitdem schläft er, aber die Nonnen sagen, dass seine Wunde sauber ist und der Geruch fort.“

John schüttelte verwundert seinen großen Kopf. „Jau, wirklich ein richtiges Wunder. Gelobt sei Gott!“

Robin lächelte, hatte aber das Gefühl, dass es Beth gewesen war, die Will von den Toten zurückgeholt hatte, nicht die Gebete der Nonnen.

„In Ordnung, ihr beide lauft weiter in Richtung Lager und erzählt es den anderen. John und ich werden gehen und nachsehen, wie es ihm geht und was Tuck möchte, das wir als Nächstes tun.“

Allan und Gareth nickten und jubelten, als John ihnen allen ein richtiges Fest für diesen Abend versprach.

* * *

Die dicken Steinmauern schienen Robin einzusperren, während eine hübsche, junge Nonne ihn und John zu Wills Krankenzimmer im Kloster führte.

Die Geächteten waren an den freien Himmel und das Laubdach des grünen Waldes gewöhnt, gelegentlich vielleicht das niedrige Strohdach eines Dorfwirtshauses. Diese hohen Decken, gefliesten Böden und kalten, grauen Steinmauern machten beide Männer nervös, aber die Nonne hatte sie fröhlich angelächelt, als sie an das Tor geklopft und nach Will gefragt hatten.

„Euer Freund hat sich auf wundersame Weise erholt", hatte das Mädchen gesagt. „Mit Sicherheit hat Gott in der letzten Nacht in unserem Kloster gewirkt!"

John erwiderte das Lächeln und bewunderte die sanften Rundungen des Körpers der jungen Frau, die das dunkle Gewand nicht verbergen konnte. Robin nickte geistesabwesend, als der große Mann ihm einen Schubs gab und hinter dem Rücken der Nonne lüstern grinste.

Trotz der Begeisterung des Mädchens waren Robin und John verblüfft, Will im Bett sitzen und eine große Schüssel Apfelkompott herunterschlingen zu sehen. Er lächelte sie verlegen an und Beth sprang von ihrem Stuhl auf, um herüber zu rennen und ihre Arme um Robins Beine zu schlingen.

„Es geht ihm gut! Ich wusste, dass es ihm gut gehen würde!", lachte sie glücklich.

„Das sehe ich, Mädel", antwortete Robin und fuhr ihr durchs Haar, während er auf Will hinabschaute, der seine Mahlzeit beendet hatte und die Augen schloss, wobei er leicht sein Gesicht verzog, als ein Schmerz ihm durch die Seite zuckte.

„Ich lebe, aber es tut noch verdammt weh", knurrte er.

„Wie geht es der Wunde?", fragte Little John. „Allan sagte, sie hätte sich geschlossen - sicher kann das nicht stimmen?"

„Die Nonnen haben sie genäht, sie sagen, sie sei sauber und würde bald gut verheilen.

Nun, was das Geheiltsein angeht, Allan ist ein verdammter Spielmann, nicht wahr? Er übertreibt gerne.

Trotzdem ... wir alle wissen, dass ich gestern hätte sterben müssen, also kann ich mich nicht beschweren." Er lächelte schwach.

„Du kannst nicht lange hierbleiben", erklärte Robin ihm. „Jemand wird sicher herausfinden, wer du bist, und dann werden die Männer des Sheriffs dich holen kommen. Wir müssen dich in den Wald zurückbringen, sobald du den Weg überstehen kannst."

Will nickte. „Was wird aus Beth? Der Wald ist kein Ort für ein Kind."

„Ich habe wegen Beth mit Matilda gesprochen", antwortete Robin. „Sie sagt, ihre Ma und ihr Pa würden sich nur zu gerne um sie kümmern. Sie haben jetzt Platz, da Matilda für einige Zeit bei uns bleiben wird ..."

Will grinste erleichtert. „Das hört sich gut an, mein Freund. Und…" Er senkte die Augen, da sie sich mit Tränen füllten. „Ich weiß nicht, wie ich dir und Allan dafür danken soll, dass ihr mein kleines Mädchen für mich zurückgeholt habt." Er zog Beth an sich und umarmte sie fest. „Ich hätte nie geglaubt, dass sie noch lebt. Jetzt fühle ich mich schuldig, dass ich sie selbst nie gesucht habe. Ich dachte, die Soldaten hätten sie alle getötet." Sein Körper zuckte, als er leise schluchzte, während er die langen, braunen Haare seiner Tochter streichelte. „Es tut mir so leid, Beth."

„Nun, jetzt ist sie in Sicherheit", antwortete Robin unbeholfen. „Ihr beide könnt von vorn beginnen."

„Jau." John lachte dröhnend. „Und vielleicht, wo du jetzt etwas hast, wofür es sich zu leben lohnt, wirst du nicht mehr ständig so verdammt unglücklich sein?" Alle lächelten darüber.

„Jau, du hast recht. Ich weiß, es war schwierig, mit mir auszukommen. Aber jetzt, nun, wie du sagst, habe ich etwas - jemanden - für den es sich zu leben lohnt. Dank dir, Robin."

Bruder Tuck kam, ein Stück schwarzes Brot kauend, ins Zimmer gewandert. Seine Augen leuchteten auf, als er seine Freunde sah. „Ein echtes Wunder, Jungs“, rief er und spuckte dabei Krümel aus dem Mund. „Die Jungfrau Maria hat unseren Bruder Will zurückgegeben - sie muss noch Verwendung für ihn hier haben.“

„Oh, ich habe jetzt einen Lebenszweck, Tuck.“ Wills Lächeln verwandelte sich in einen stählernen Blick. „Ich will sobald wie möglich wieder auf die Beine kommen. Denn sobald es mir wieder gut geht, werde ich hinter dem Bastard her sein, der mir Beth weggenommen hat!“

* * *

„Es muss etwas wegen des Königs unternommen werden!“

Die Magnaten, die sich bei Thomas, Earl von Lancaster, zu einem weiteren seiner „Parlamente“ versammelt hatten, grollten zu dieser Absichtserklärung zustimmend, obwohl einige von ihnen bei einer so verräterischen Aussage wirkten, als fühlten sie sich unbehaglich.

„Der jüngere Despenser hat - mit Edwards Einverständnis - sich auf die Piraterie verlegt!“ Lancaster, das Gesicht vor Zorn gerötet, schlug mit einer Faust auf den langen Tisch vor sich. „Die Despensers wurden verbannt, aber dennoch macht der jüngere von ihnen weiterhin, was ihm gefällt, während der König nichts unternimmt. Tatsächlich *hilft* der König Despenser bei seinen verbrecherischen Taten!“

„Wenigstens hat sein Vater sein Schicksal akzeptiert und ist ins Ausland gegangen“, knurrte Sir John de Bek.

„Viele von uns“, brüllte Lancaster, „haben sich bei unserer letzten Zusammenkunft in Juni die Vernichtung der Despensers aufs Schild geschrieben. Beider. Doch darf der jüngere noch immer ein Leben als mörderischer

Pirat führen, vielen englischen Handelsschiffen im Kanal auflauern, während ich glaubwürdige Gerüchte höre, dass der König mit ihm in Kontakt steht und beabsichtigt, Vater und Sohn beide vor Ende des Jahres zurückzurufen.“ Daraufhin ertönten Rufe der Empörung.

„Mit Sicherheit kann doch Edward nicht derart töricht sein?“, wollte Sir Richard-at-Lee voller Unglauben wissen. „Er kennt die Tiefe des Hasses gegen die Despensers. Wenn dieses Stück mörderischen Drecks je wieder einen Fuß in dieses Land setzt, werde ich ihn persönlich zur Strecke bringen!“

„Dem König sind unsere Gefühle gleichgültig!“, fauchte Lord Mowbray. „Vergesst Ihr Lords die anderen ... *Favoriten* ..., die der König jahrelang behielt? Die Despensers haben ihn seit Jahren manipuliert - und werden das weiterhin tun - so, wie Piers Gaveston es tat.“ Der Earl von Lancaster nickte zustimmend. „Mein Cousin ist zum Herrschen nicht fähig, Gentlemen. Als ich zum Steward von England ernannt wurde, war ich so naiv zu glauben, ich könnte ihn beeinflussen. Ich hoffte, den Einfluss von Männern wie Gaveston und den Despensers einzudämmen, aber Edward ist für die Fehler dieser ... Freunde ... blind.“

Lord Clifford schüttelte verzweifelt den Kopf. „Es schmerzt mich sehr, dies zu sagen, Mylords, aber ich fürchte, dass die Zeit gekommen ist, wo wir die Dinge selbst in die Hand nehmen müssen, bevor der König uns alle ruiniert, so, wie er kürzlich Lord Badlesmere vernichtet hat.“

Bei diesen Worten legte sich Schweigen über den Raum, als jeder der versammelten Magnaten an das schreckliche Schicksal Badlesmeres dachte, der sich auf die Seite der Lords der Marken gegen den König gestellt hatte.

Edwards Frau, Königin Isabella, hatte in Leeds Castle übernachten wollen, wo Badlesmere Constable war.

Obwohl er zu diesem Zeitpunkt nicht zu Hause war, hatte seine Frau, Margaret, der königlichen Reisegruppe den Zutritt verweigert und war so weit gegangen, ihre Bogenschützen ein halbes Dutzend Männer aus dem Gefolge der Königin erschießen zu lassen. Der König war verständlicherweise darüber äußerst erzürnt gewesen und hatte das Schloss von Leeds belagert.

Einige der Lords der Marken, einschließlich Mortimer und Hereford, waren Lady Badlesmere zu Hilfe geeilt, trafen jedoch zu spät ein, sodass das Schloss dem König in die Hände fiel.

Obwohl Lord Badlesmere nicht gefangen genommen worden war, hatte man doch seine Frau, seine Kinder und andere direkte Familienangehörige im Schloss von Dover festgesetzt, während viele seiner Unterstützer gehängt worden waren.

Der König hatte eine neue Seite seines Charakters gezeigt: entschlossen, rücksichtslos und gnadenlos. Sein Handeln hatte Sir Richard-at-Lee und die meisten anderen der hier in Pontefract versammelten Lords schockiert, die daran gewöhnt waren, einen unentschlossenen, schwachen und unfähigen Edward zu sehen.

Die Lords der Marken und der Earl von Lancaster waren besonders besorgt. Wenn sie nicht bald handelten, würde die neue Entschlossenheit des Königs ihr Ende bedeuten.

Die Zeit war nicht auf ihrer Seite.

„Der König hat durch sein rechtswidriges Verhalten gegenüber Lord Badlesmere, der ohne rechtmäßiges Verfahren für schuldig befunden wurde, gezeigt, dass er selbst seinen ergebensten Untertanen gegenüber tun wird, was ihm beliebt. Er ist vor Macht verrückt geworden - er hat sich zum Tyrannen entwickelt!“

Sir Richard bemerkte ein paar gerunzelte Stirnen um sich herum, aber das laute Rufen empörter Zustimmung der Lords der Marken und ihrer Freunde erfüllte den Raum.

„Die Zeit zum Handeln ist für uns fast schon gekommen, Gentlemen“, stellte Thomas fest. „Oder einer von uns wird das nächste Opfer des Königs werden. Wollt Ihr herumsitzen und Däumchen drehen, während Edward Euch Eurer Ländereien beraubt?“ Er funkelte die vor ihm sitzenden Männer böse an. „Wollt Ihr warten wie die Lämmer vor dem Schlachten, in der Hoffnung, dass unser geliebter Herrscher und seine Freunde *Eure* Kinder nicht einsperren oder sogar ermorden, wie es der König mit Badlesmeres getan hat und Despenser mit Sir Richard-at-Lees?“ Wieder riefen die Lords der Marken zornig zum Handeln auf und Sir Richard konnte spüren, dass Lancasters Rede die gewünschte Wirkung erzielte, da viele der Lords, die zu Beginn des Treffens unentschlossen geschienen hatten, sich jetzt den Empörungsschreien anschlossen.

Der Kommandant von Kirklees grinste finster. Er hatte das Lösegeld an den jüngeren Despenser gezahlt und seinen Sohn befreit, aber trotzdem war sein Sohn tot und Sir Richard war so gut wie ruiniert. Sein Privatvermögen war gering; es verschaffte ihm nicht die Art von Einkommen, das er benötigte, um seine Schulden bei Abt Ness zu begleichen. Die Situation machte ihn wütend und er hatte geschworen, dem Earl von Lancaster gegen die Despensers und damit auch gegen den König beizustehen.

Er hatte sowieso fast alles verloren.

Jetzt wollte er nur noch Rache.

Das Treffen endete damit, dass die meisten Magnaten eine Petition unterschrieben, in der sie den König warnten, dass sie sich mit Waffengewalt verteidigen würden, falls er seine Haltung nicht ändern sollte.

Dies war aller Grund, dessen König Edward bedurfte, um zu handeln und seine rebellischen Lords ein für alle Mal zu erledigen.

Dies bedeutete Krieg.

SIEBZEHNTES KAPITEL

Ob es nun göttliche Hilfe gewesen war oder nicht, innerhalb einer Woche ging es Will gut genug, um zu wandern, und er schloss sich Robin und den anderen Geächteten unter breitem Grinsen aller wieder an.

Die Nonnen des Klosters hatten Erzbischof Melton in York von ihrem wundersam geheilten Patienten berichtet und er war nach Kirklees gereist, um ihn sich selbst anzusehen. Will und Beth hatten sich am Abend, bevor er ankommen sollte, davongeschlichen. Will war nicht undankbar für ihre Hilfe, aber er wusste, je mehr Menschen ihn sähen und je mehr Aufhebens um ihn gemacht würde, desto wahrscheinlicher wäre es, dass jemand ihn als den Geächteten, der er ja war, erkennen würde.

Little John hatte ihm gesagt, er wäre ein Narr, dass er wieder ins Lager zurückgekommen wäre.

„Wovon zum Teufel sprichst du, du großer Dummkopf?“, knurrte Will. „Wohin sonst hätte ich denn gehen sollen?

„Du bist ein wanderndes Wunder!“, sagte John grinsend und schlug ihm auf die Schulter. „Die Priester hätten den König dazu überredet, dich zu begnadigen. Du hättest wie ein Lord leben können.“

Will lachte. „Bis das nächste Wunder daherkäme und sie das Interesse an mir verlieren würden. Dann wäre der Sheriff aufgetaucht und hätte mich als Geächteten gehängt.“

Trotz der Tatsache, dass er imstande gewesen war, bis hierher zu laufen, waren Wills Wunden noch nicht völlig verheilt, und daher wurde, als der Sommer langsam vom Herbst abgelöst wurde und die Blätter, die sie so gut verbargen, von den Bäumen zu fallen begannen, nichts mehr davon erwähnt, Lord John de Bray zu jagen, weil er Beth wie eine Sklavin behandelt hatte. Robin war froh darüber. Er hatte gehofft, dass die Rückkehr seiner Tochter Wills Ansichten über das Leben besänftigten und sein nie endendes Verlangen, mächtige Adlige zu töten, verringern würde.

Obwohl er den Wunsch verstand, sich für Beths lange, grausame Gefangenschaft zu rächen, wünschte Robin doch immer noch, Scarlet würde es einfach vergessen.

Das kleine Mädchen hatte sich bei Matildas Eltern, Henry und Mary, gut eingelebt. Sie waren unglücklich darüber, dass ihre Tochter sich den Geächteten im grünen Wald angeschlossen hatte, aber sich um Beth zu kümmern, linderte ihren Kummer. Henry fand, dass das Mädchen ein heller Kopf wäre, in Anbetracht dessen, was es in seinem kurzen Leben durchgemacht hatte, und Mary freute sich, im Haus eine willige Helferin zu haben.

Seit sie Adam Gurdon und seine Wildhüter vernichtend geschlagen hatten, hatte niemand mehr einen Versuch gemacht, sie zu verfolgen. Es hätte eine glückliche Zeit für die Geächteten sein können, wenn das Essen nicht so knapp gewesen wäre. Sie schafften es gerade so, genug Wild, Kaninchen, Vögel und Fische zu erjagen, um zu überleben, und kauften Milch, Eier, Salz, Brot und andere Nahrungsmittel, wenn sie in den Dörfern von Yorkshire in der Umgebung zu finden waren, zu hohen Preisen. Aber wie Robins Familie in Wakefield fanden die Menschen überall im Land kaum genug Nahrung, um zu überleben. Es war eine Quelle der Besorgnis für viele der Geächteten, die Familie und Freunde in den Dörfern rund um den Wald von Barnsdale hatten.

Robin war inzwischen trotz seiner Jugend - er war im Oktober erst achtzehn geworden - und trotz seines Mangels an Erfahrung von allen Männern als Anführer akzeptiert worden, wenn auch von Matt Groves nur widerwillig, Little John, Bruder Tuck und Will Scarlet standen ihm immer mit Rat zur Seite, wenn er ihn brauchte.

„Du weißt, dass alles noch härter werden wird, als es jetzt ist?“, sagte John an einem frostkalten Morgen, während sie ein paar kleine Kaninchen häuteten, die sie gefangen hatten.

„Noch härter?“ Robin sah seinen großen Kumpan ungläubig an. „Machst du Witze?“

„Du bist im Frühling zu uns gestoßen“, antwortete John und zog einem der kleinen Tiere das Fell über die Ohren. „Du warst nur während des guten Wetters ein Geächteter, wenn es genug Wild und Früchte zum Essen gibt, viele reiche Reisende, die man ausrauben kann und jede Menge Blätter an den Bäumen, hinter denen wir uns verstecken können. Aber jetzt gehen wir auf November zu - es wird Winter. Und es war ein Scheißjahr für die Ernten, wie du selbst weißt.“

Robin seufzte frustriert. „Ich weiß. Meine kleine Schwester Marjorie wird vermutlich darunter zu leiden haben. Ich habe mein Bestes versucht, um meiner Familie mit Essen und Geld auszuhelfen, aber ...“ Seine Stimme verstummte und er starrte trostlos auf die Bäume. „Was können wir tun?“

Little John beendete das Häuten des Kaninchens, bevor er sich die Hände und das Messer in dem schnell fließenden Bach neben ihnen abspülte, dann stand er auf und sah mit einem schlauen Lächeln auf seinen jungen Anführer hinab. „Ich wüsste einen bestimmten Ort, den wir ausrauben könnten - und Will würde das auch gefallen.“

Robin saß einen Moment da und fragte sich, was John wohl meinte - dann wurde es ihm klar. „Das soll ein Witz sein, ja? Willst du im Ernst sagen, dass wir John de Brays Herrenhaus angreifen sollen?“

John nickte energisch und ging hinüber, um sich vor Robin hinzusetzen; seine haselnussbraunen Augen glänzten ernst. „Die Leute in Hathersage sagen, de Bray hätte eine Menge Essen in diesem unterirdischen Gewölbe dort gelagert.“

„Was?“, wollte Robin mit vor Wut verzerrtem Gesicht wissen. „Er hortet Essen, während Menschen wie meine Schwester Marjorie vor Hunger sterben, verdammt?“

„So heißt es“, antwortete John achselzuckend. „Geräuchertes oder gesalzenes Fleisch und Fisch, eingelegtes Gemüse, Trockenfrüchte. Es wäre perfekt. Scarlet will sich an dem Bastard rächen - und wir kennen dank dir und Allan den Grundriss des Gebäudes. Beth könnte uns vermutlich auch bei der Planung helfen. Sie muss Küche und Gewölbe gut kennen. Denk darüber nach! Wie viel Geld und Essen hat dieser kleine Widerling in seinem schicken Herrenhaus herumliegen? Winterkleidung? Waffen? Rüstungen? Wenn wir ungefähr Mitte des Winters hingehen, können wir mit genug Essen und Geld herauskommen, um ganz Yorkshire bis zum nächsten Frühling durchzufüttern und zu kleiden!“

Von allen Herrenhäusern in der Umgebung war John de Brays in Hathersage eines der kleinsten. Einige englische Adlige, wie Thomas von Lancaster oder der Earl von Warenne zählten Dutzende von Dörfern zu ihren Ländereien, aber John de Bray war nur Lord über Hathersage. Dennoch war de Bray ein wohlhabender Mann und, wie Robin aus persönlicher Erfahrung wusste, war seine Burg nicht allzu gut verteidigt.

Es war ein ideales Ziel für eine kleine Bande Geächteter, vor allem, wenn der verfluchte Bastard Essen gehortet hatte, um fett zu bleiben, während die Dorfbewohner im Winter hungerten.

Robin war in Gedanken versunken und überlegte, ob Johns Plan durchführbar wäre, als vom nahen Lager ein Schrei ertönte.

„Robin! John!“ Much erschien zwischen den Bäumen und suchte mit seinen Augen den Wald ab.

„Was ist los, Much?“ Robin sprang auf und zog John mit sich hoch. Der Sohn des Müllers kam aufgeregt zu ihnen gerannt.

„Männer - sie kommen in diese Richtung. Gareth hat sie entdeckt. Der Beschreibung nach halten Tuck und Will sie für Johanniter.“

Robin und John wechselten einen unbehaglichen Blick, während sie alle zum Lager zurückliefen. Der Orden der Ritter des Heiligen Johannes - die Johanniter - waren eine ungemein mächtiger und reicher Orden von Kriegermönchen, der durch die Auflösung der Tempelritter noch stärker geworden war. Eine feindliche Truppe von Johannitern würde für die Geächteten eine große Bedrohung darstellen. „Wie viele sind es?“, verlangte Robin zu wissen.

„Nur zwei“, antwortete Much. „Jedoch wohlbewaffnet und gerüstet und auch auf großen Schlachtrössern reitend.“

„Dann sind sie nicht auf der Jagd nach uns.“ Little John stieß einen tiefen Seufzer der Erleichterung aus. „Sie müssen einfach Reisende sein, die hier durchkommen.“

Robin nickte und zwinkerte seinem riesigen Freund zu. „*Reiche* Reisende ...“

Sie erreichten das Lager und fanden die anderen Geächteten schon auf sie warten, bereits bewaffnet und bereit zum Abmarsch.

Während John und Robin ihre eigenen, leichten Rüstungen anschnallten, besprachen sie mit Will und Tuck, was zu tun wäre.

„Das ist kein Paar weicher, fetter Priester“, warnte Will. „Nichts für ungut, Tuck.“ „Das verstehe ich schon richtig“, lachte der Mönch.

„Es scheint ein Ritter der Johanniter mit seinem Sergeanten zu sein“, fuhr Will fort. „Sie werden gefährlich sein und könnten sich als ziemlich schwer zu überwältigen erweisen, wenn sie sich zu kämpfen entschließen.“

Die Geächteten machten sich auf den Weg zur großen Straße, wo sie einen Hinterhalt für die Johanniter vorbereiten wollten. Sie hatten ein dicht bewaldetes Gebiet ausgewählt, das die berittenen Männer stark behindern würde, wenn es zu einem Kampf kommen sollte.

„Wir schicken ein paar Männer gut sichtbar hoch in die Bäume, mit schussbereiten Bögen, die auf diese Kreuzritter zielen“, sagte Robin. „Ihr anderen geht nahe bei mir am Rande der Straße in Stellung. Ich werde mit ihnen sprechen und sehen, ob wir ein Blutvergießen vermeiden können.“ Er wies Matilda an, mit Much hinter ihnen zu bleiben.

Sie erreichten die Straße gegen Mittag und konnten den fernen Klang einer Kirchenglocke in einem der Dörfer trauervoll läuten hören.

Will und Little John schickten die Geächteten an ihre Plätze und ließen sich nieder, um auf den Ritter und seinen Waffenknecht zu warten.

Nach kurzer Zeit konnten sie an den Geräuschen hören, dass schwere Pferde durch die Bäume auf sie zu kamen. Zaumzeug klirrte, die Tiere schnaubten leise und ihre großen Hufe schlugen hörbar auf den harten Boden.

Die Reiter schwiegen, und als sie in Sichtweite kamen, wirkten beide Männer düster und niedergeschlagen. Sie waren tatsächlich schwer gepanzert, trugen schwarze Tuniken und schwarze Schilde mit darauf gemalten weißen Kreuzen. Es waren in der Tat Johanniter.

Robin ließ sie näher herankommen und dann, als sie noch etwa zwanzig Yards entfernt waren, trat er hinter der Eiche, wo er sich versteckt hatte, heraus.

„Guten Tag, meine Herren Ritter!“, sagte er lächelnd und verschränkte die Arme vor der Brust, lehnte sich gegen den Baum, während seine braunen Augen fröhlich glänzten.

Die Männer zügelten ihre Pferde und beide ließen ihre Hände instinktiv zu ihren Schwertgriffen gleiten, während ihre Augen den Wald um sie herum absuchten.

Jetzt, als die Geächteten sie deutlich sehen konnten, wurde klar, dass diese beiden Soldaten harte Zeiten hinter sich hatten. Ihre Rüstungen und Kleidung waren schäbig und ihre Pferde sahen schlecht genährt aus.

„Was willst du?“, sagte der größere und etwas besser gekleidete der beiden Ritter, ein stiernackiger, graubärtiger, befehlsgewohnt aussehender Mann.

„Euch zum Abendessen einladen“, antwortete Robin.

Die Männer schauten einander verwirrt an, zogen aber beide ihre Schwerter, da sie die Gefahr spürten, in der sie schwebten.

Robin machte eine Handbewegung zu den hohen Rändern auf beiden Seiten der Straße. Die Ritter folgten mit ihren Blicken und sahen ein Dutzend Männer, die mit ihren Langbögen direkt auf sie zielten.

Will Scarlet, Pater Tuck und die große Gestalt Little Johns tauchten zwischen den Bäumen vor und hinter den beiden Reitern auf.

„Ich frage noch einmal: Was wollt ihr?“, sagte der große Johanniter. „Ich vermute, ihr wollt uns ausrauben. Ich kann euch versichern, dass wir kein Geld haben, das ist der Grund, warum wir überhaupt diese verdammte Straße entlangreiten. Also verschwendet ihr eure Zeit.“ Trotz der überwältigenden Anzahl, die gegen ihn und seinen Sergeanten stand, schien er eher genervt als verängstigt.

Robin lächelte. „Ihr haltet uns für gewöhnliche Geächtete, Sir Richard. Wir haben hier im Wald wenig Besucher und wollten nur, dass Ihr das Abendessen mit uns teilt. Ihr könnt uns dann die Geschichte erzählen, warum Ihr in diesem verdammten Wald seid.“

Der zweite Johanniter knurrte. „Das sind doch nur Bauern, Mylord. Töten wir sie einfach und setzen unseren Weg fort. Seht.“ Er deutete zu den Bäumen auf Matilda. „Sie haben sogar Frauen dabei, die mit ihnen kämpfen!“

Sir Richard-at-Lee musterte wieder die Bogenschützen um ihn herum und die anderen bewaffneten Männer auf der Straße. Er hatte schon früher mit Straßenräubern zu tun gehabt. Im Allgemeinen hatten solche Männer wenig Disziplin, waren schlecht ausgebildet und mäßig bewaffnet. Normalerweise schrien sie herum und beleidigten ihre Opfer, wobei ihre Angeberei oft nur ihre eigene Angst bemäntelte.

Diese Männer waren nicht so. Sie betrachteten die Johanniter in selbstbewusstem und beunruhigendem Schweigen. Sie wirkten wie gut ausgebildete Soldaten. Sir Richard war sich sicher, dass jeder Bogenschütze einen Pfeil sogar durch die dicke Panzerung der Johanniterrüstungen schießen könnte. Wenn er den Rat seines Sergeanten annehmen und diese Wolfsköpfe angreifen würde, war er nicht überzeugt, dass er auch nur einen von ihnen würde töten können, bevor sie selbst niedergemacht würden.

„Steck dein Schwert weg, Stephen“, sagte der graubärtige Ritter seufzend und ließ sein eigenes in die Scheide gleiten. „Sieht so aus, als sollten wir mit diesen Männern essen. Ohnehin käme uns eine anständige Mahlzeit gerade recht.“

* * *

Zurück im Lager nahmen die Geächteten den Johannitern die Waffen ab. Der Sergeant hatte protestiert, aber Robin sagte mit einem Zwinkern: „Ihr würdet doch Eure Waffen ablegen, wenn Ihr in das Herrenhaus eines

Lords eintretet, nicht wahr? Nun, dies" - und er breitete seine Arme aus, um den ganzen grünen Wald mit einzubeziehen - „ist *unser* Haus." Der Sergeant kochte innerlich wegen Robins Arroganz, während die Geächteten lachten und selbst Sir Richard ein wenig lächeln musste. Ihm gefiel dieser übermütige junge Mann mit dem hübschen Mädchen neben ihm. Er erinnerte ihn an seinen ermordeten Sohn.

Er hoffte nur, dass die Wolfsköpfe ihnen erlauben würden, ihr Lager lebend zu verlassen.

Über dem Lagerfeuer brodelte ein großer Kessel mit Eintopf. Was immer den Geächteten an diesem Tag zur Verfügung stand, war in den Topf geworfen worden. Die Kaninchen, die Robin und John gefangen hatten, ein paar alte Kohlköpfe, die schon schwarz wurden und fast verdorben waren, ein wenig Lauch, etwas modriges Brot und sogar ein paar alte Äpfel.

Es war einfache Kost, aber besser, als viele Menschen es zu dieser Jahreszeit genossen und Bruder Tuck wusste, wie man einen Hauch Salz, Petersilie oder Knoblauch hinzufügen musste, um es viel besser schmecken zu lassen, als zu erwarten gewesen wäre.

Robin füllte selbst ein paar Schalen und reichte sie Sir Richard und seinem das Gesicht verziehenden Sergeanten, Stephen, mit etwas dunklem Brot aus Gerste und Roggen. Er gab ihnen auch Ale und nahm Richards Dank grinsend entgegen, bevor er sich setzte und mit seinem eigenen Essen beschäftigte.

„Also", begann Robin und steckte ein Fleischstück in den Mund, „Ihr seht aus, als hättet Ihr harte Zeiten durchlebt." Er kaute, während er den großen Johanniter betrachtete. „Was ist passiert?"

Richards Sergeant stellte wütend seine Schüssel hin. „Sir Richards Geschäfte gehen dich verdammt noch mal nichts an, Wolfskopf."

Die Geächteten ignorierten den Mann und Robin fuhr mit dem Essen fort, musterte aber währenddessen Sir Richard neugierig unter hochgezogen Augenbrauen.

„Sei friedlich, Stephen. Iss deinen Eintopf auf", sagte der Ritter. Sein Untergebener fluchte, nahm aber seine Schale zur Hand und begann wieder zu essen, obwohl ihm der Zorn noch deutlich im Gesicht stand.

„Es ist kein Geheimnis", fuhr Richard-at-Lee fort und lächelte traurig, als er etwas Ale schluckte. Sein Gesicht wurde jedoch wieder ernst, als er weitersprach. „Mein Sohn, möge Gott ihm ewige Ruhe geben, hatte Schwierigkeiten und infolgedessen schulde ich dem Abt von St. Mary's in York eine große Summe Geld. Ich habe gerade Lord John de Bray in Hathersage einen Besuch abgestattet, um ihn um ein Darlehen zu bitten, damit ich den Abt auszahlen kann, aber de Bray hat mir ins Gesicht gelacht. Der Bastard will vom Abt einige meiner Ländereien kaufen, um sein eigenes Anwesen zu vergrößern. Ich hätte wissen sollen, dass er mir nicht helfen würde. Mein Verlust wird sein Gewinn sein."

Bruder Tuck lachte freudlos. „Wenn Ihr Abt Ness Geld schuldet, solltest Ihr besser zu unserem Herrn um Hilfe beten. Der Kerl dort wird Euch aussaugen."

Sir Richard nickte dem Mönch grimmig zu. „Das hast du richtig erfasst, Mönch. Ich habe Ness meine Ländereien verpfändet, damit ich meinen Sohn auslösen konnte, der - versehentlich - in einem Turnier einen Mann getötet hatte. Er wurde nur verhaftet, um Geld von mir zu erpressen. Der Abt fordert jetzt, dass ich das Geld zurückzahle, oder er würde mein Land beschlagnahmen und ich würde alles verlieren. Natürlich hat die Kirche strenge Gesetze gegen Wucher, aber das scheint niemanden zu interessieren. Wie auch immer ... aus diesem Grund ritt ich durch ‚euren' Wald."

Er lächelte Robin traurig an. „Ich bin bei jedem Lord im Umkreis von hundert Meilen gewesen und habe versucht, mir Geld zu borgen, um meine Schulden zurückzuzahlen. Der Bastard von Abt - oder der König - muss sie alle gewarnt haben, mir nicht zu helfen. Ich habe es nicht geschafft, mir auch nur einen Schilling zu borgen.“ Seine Stimme verstummte und er starrte traurig ins Feuer. „Hugh Despenser hat meinen Sohn ermorden lassen. Ich zahle eine Schuld ohne jeden Grund.“

„Ihr müsst doch adlige Freunde haben, die Euch helfen könnten“, sagte Little John, aber der Ritter schüttelte den Kopf.

„Der Einzige, der mir hätte helfen können, eine so hohe Schuld zurückzuzahlen, ist der Earl von Lancaster, aber er hat gerade jetzt eigene Probleme - ich hatte nicht die Stirn, ihn um Geld zu bitten.“

Die Geächteten hatten alle von dem Earl gehört - einem edlen Lord, der sich tatsächlich um die ärmsten Menschen auf seinen Ländereien kümmerte. Er hatte König Edward II. für seine Pächter, deren Ernten in den letzten paar Jahren ausgeblieben waren, um Hilfe ersucht. Soweit dies bei Lords möglich war, galt der Earl von Lancaster bei den unteren Klassen als beliebt, einschließlich bei den Leuten von Wakefield. Robin hatte, während er aufwuchs, seine Mutter und seinen Vater viele Male gut über den Earl sprechen hören, ebenso wie Much und Matilda.

Jedoch war es in den Dörfern um Barnsdale allgemein bekannt, dass der König die Bitte des Earls ignoriert hatte und die Beziehungen zwischen den beiden mächtigen Männern gespannt waren. Sir Richard wusste auch, dass Lancaster all sein Geld brauchen würde, um die Armee zu bezahlen, die er brauchen würde, um dem König entgegenzutreten.

„Was ist mir Eurem Orden?“, fragte Tuck „Die Johanniter haben mehr Geld, als sie brauchen können, vor allem in diesen Tagen, nachdem die Tempelritter aufgelöst wurden und Ihr viel von ihrem Vermögen erhalten habt."

Sir Richard schüttelte erneut entrüstet den Kopf. „Ihr habt euch nicht über die Angelegenheiten in der Welt auf dem Laufenden gehalten, nicht wahr, Mönch? Der englische Prior der Johanniter - Thomas L'Archer - ist ein seniler, alter Narr. Er hat uns in diesem Land finanziell ruiniert. Ich wäre besser beraten, einen Pakt mit dem Teufel zu schließen!"

Die Männer saßen einen Moment schweigend da, aßen und tranken, bis Matilda fragte:

„Wie viel schuldet Ihr diesem Abt von St. Marys?"

„Einhundert Pfund", antwortete Sir Richard unter Pfiffen und Keuchen der Geächteten.

„Das ist eine Menge Geld", knurrte Will mitfühlend.

„Da sagst du nur das Offensichtliche", murmelte Stephen sarkastisch.

„Ach, sei ruhig", sagte Sir Richard zu seinem Sergeanten. „Diese Männer haben uns gefüttert und sich als gute Gastgeber erwiesen. Sei ein bisschen höflich."

„Gute Gastgeber?", antwortete Stephen. „Sie werden uns ausrauben, sobald wir mit dem Essen fertig sind."

Robin sah den Mann an und nickte dann Much und dem jungen Gareth zu.

„Durchsucht ihre Satteltaschen."

„Seht Ihr!"

Sir Richard lachte. „Stephen, was sollen sie von uns stehlen? Wir haben nichts!"

Much und Gareth durchsuchten die Satteltaschen der Johanniter, brachten aber nur ein paar kleine Silbermünzen zum Vorschein.

„Sie sagen die Wahrheit, Robin", sagte Much, nachdem er alles gezählt hatte. „Hier sind nur ein paar Münzen."

Der junge Anführer der Geächteten trank den letzten Schluck seines Ales und lächelte den Johanniter an.

„Ich denke, wir könnten einander behilflich sein, Sir Richard-at-Lee.“

Der Ritter hob seine Augen zum Himmel und bekreuzigte sich mit einem hoffnungsvollen Lächeln.

* * *

Nach Besprechungen mit Richard und seinem Sergeanten wurden Pläne geschmiedet und Vorbereitungen getroffen, um Lord de Brays Herrenhaus auszurauben.

Sir Richard und Stephen hatten den Geächteten geholfen, einen umfassenderen Grundriss des Gebäudes zu erstellen, da sie sich in den für edle Gäste reservierten Bereichen aufgehalten hatten. Zusammen mit dem, woran sich Robin und Allan aus ihrer kurzen Zeit dort erinnern konnten, hatten sie einen ziemlich detaillierten Plan von de Brays Haus, mit dem sie arbeiten konnten.

Sir Richard würde das Herrenhaus noch einmal besuchen, angeblich, um sich erneut um ein Darlehen von de Bray zu bemühen. Er und Stephen würden bis tief in die Nacht warten und dann die Tore öffnen, damit die Geächteten hereinkommen und das Anwesen plündern könnten.

Will Scarlet wollte unbedingt mitgehen.

„Ich werde diesen Bastard de Bray bei lebendigem Leib die Haut abziehen, wegen dem, was er mir und meiner Familie angetan hat“, sagte er zu Robin, nachdem die anderen Geächteten und Sir Richard eingeschlafen waren.

Robin schüttelte den Kopf.

„Nein, das wirst du nicht - noch nicht. Wenn wir ihn töten, werden der König und alle Lords in England hinter uns her sein. Wir könnten nie den Winter überleben, wenn so viele Leute auf uns Jagd machen. Wir werden einfach sein Geld und so viele Vorräte, wie wir tragen könnten, stehlen."

Will schaute seinen jungen Anführer böse an, aber es war ein Zeichen seines neu entstandenen Respekts für Robin, dass er keinen hitzigen Streit begann.

„Du scheinst zu wissen, was du tust." Scarlet seufzte. „Wie du Beth gerettet und uns vor Adam geschützt hast, hat das bewiesen. Also werde ich einstweilen akzeptieren, was du sagst. Aber ich will mich an diesem Dreckskerl rächen. Unbedingt."

Robin legte eine Hand auf den Arm seines Freundes. „Das sollst du auch. Aber wir können ihn nicht einfach umbringen. Das ist offensichtlich. Einen Lord zu ermorden würde den König auf uns aufmerksam machen. Wenn wir glauben, dass wir es jetzt schwer haben, würde es noch zehnmal schlimmer werden, wenn wir einfach hergingen und de Bray töteten."

Scarlet zuckte die Achseln, sah aber geschlagen aus - Robin hatte recht, sie mussten an das größere Ganze denken. „Ich schätze, du hast recht."

„Es ist fast schon Weihnachten", sagte Robin mit einem listigen Lächeln.

„Ja, und?"

„Lord de Bray verlässt sich auf den guten Willen und die harte Arbeit seiner Pächter, um so reich zu bleiben, wie er ist. Eines der Dinge, die er tut, um sich die Loyalität dieser Pächter zu erhalten, ist das Weihnachtsfestessen, das er für sie ausrichtet."

Scarlet nickte, sah aber immer noch verwirrt aus. „Jau, ich weiß, ich erinnere mich daran, wie ich mit meiner Familie an dem Festessen zu Weihnachten teilgenommen habe. Bevor er sie umgebracht hat ..."

„Wie werden die Leute von Hathersage reagieren, wenn sie hören, dass ihr Lord an diesem Weihnachten ihnen kein Festmahl ausrichten wird? Die meisten von ihnen hungern ohnehin schon - das Festessen bei ihrem

Lord zu Weihnachten könnte ihre einzige Gelegenheit sein, um sich den Bauch zu füllen, die sie den ganzen Winter über haben werden."

Will dachte darüber nach und lächelte. „Sie werden sauer sein. Das wird de Bray nicht beliebt machen. Nicht, dass er das wäre - jeder im Dorf weiß, dass er ein übler Bastard ist."

Robin nickte mit einem schlauen Lächeln. „Wir werden all seine Nahrungsvorräte mitnehmen, damit er kein Festessen veranstalten kann, und all sein Geld, damit er seine Wachen nicht bezahlen kann. Dann werden wir im Dorf Unfrieden stiften und die Leute werden sich gegen ihn wenden. John de Bray wird ruiniert sein."

„Er wird sein Land verlieren!" Will lachte boshaft. „Er wird sich in einer schlimmeren Lage wiederfinden als der, in der Sir Richard sich befindet, aber ohne uns Geächtete, um ihm zu helfen."

Robin grinste Scarlet an. „Und *dann*, wenn er kein Land und keinen Penny mehr hat und ein Niemand ist ..."

Wills Gesicht wurde wieder hart. „Dann kann ich ihn töten."

„Ja, und danach geben wir den Dorfbewohnern etwas von dem Essen, das wir stehlen, damit sie uns als Helden betrachten", lächelte Robin.

Will sah seinen jungen Gefährten nachdenklich an. Es wäre ihm nie in den Sinn gekommen, die Situation zu nutzen, um die Menschen in Hathersage zu beeindrucken. Offensichtlich hatte der junge Mann aus Wakefield die Fähigkeit zur Selbstdarstellung von Adam Gurdon erworben, zusammen mit so viel seiner militärischen Kenntnisse.

„Ich bin froh, dass du auf meiner Seite stehst, Hood", lachte er. „Du bist ein hinterlistiger Bastard."

ACHTZEHNTES KAPITEL

Zwei Tage später, Mitte November, sammelten die Geächteten ihre Waffen, zogen alle Rüstungen an, die sie hatten zusammensuchen können, und machten sich auf den Weg nach Hathersage. Robin nahm Will Scaflock, Little John, Matt Groves, Allan-a-Dale, Much und vier andere Männer mit, von denen er den Eindruck hatte, sie wären vertrauenswürdig - und fähig - genug, um solch einen gefährlichen Überfall durchzuführen.

Matilda blieb mit den übrigen Männern im Lager.

Der Ritter der Johanniter, Sir Richard, und sein Sergeant Stephen waren vorausgeritten und hatten sich Einlass in Lord de Brays Herrenhaus verschafft unter dem Vorwand, den Lord noch einmal um Hilfe zu bitten.

Robin war mit Will Scarlet in das Dorf Hathersage gegangen, um mit Wilfred, dem Bäcker, zu sprechen, der überglücklich war, seinen alten Freund wiederzusehen. Die Geächteten brauchten einen Karren, um de Brays Wertsachen und Lebensmittel fortzuschaffen und Wilfs war so gut wie jeder andere, vorausgesetzt, sie würden ihn dazu bringen können, ihrem Plan zuzustimmen. Robin sah kein Problem darin, und in der Tat war Wilf mehr als glücklich, ihnen helfen zu können.

Little John und der Rest der Geächteten hatten einen Platz in der Nähe von de Brays Haus gefunden, gut versteckt zwischen den Bäumen und weit genug von der Straße entfernt, dass kein unachtsamer Reisender über sie stolpern würde.

Dort warteten sie auf den Einbruch der Nacht. Einige der Männer spielten Würfel, andere tranken Ale, um ihre Nerven zu stärken, wobei Little John dafür sorgte, dass niemand zu viel trank und immer noch bei klarem

Verstand blieb. Dieser Abend erforderte Mut und Tapferkeit, nicht betrunkene Selbstüberschätzung.

„Gut, Männer“, sagte Robin leise, als er mit Will von der dunklen Straße nach

Hathersage auftauchte. „Kommt her.“

Er zog ein zusammengerolltes Stück Pergament aus seinem Rucksack und breitete es auf einem alten Baumstumpf aus.

„Wilfred der Bäcker hat zugestimmt, seinen Wagen mitzubringen, damit wir ihn mit de Brays Sachen beladen können. Und Sir Richard und Stephen haben uns dabei geholfen, einen Plan des Herrenhauses zu zeichnen. Sie sind in den Gästezimmern gewesen. Allan und ich waren auch schon hier, in den Bereichen für die Dienerschaft. Also haben wir mit unserem gemeinsamen Wissen einen ziemlich umfassenden Plan von dem Anwesen erstellt. Natürlich ist er nicht vollständig. Es gibt Teile des Herrenhauses, die keiner von uns je gesehen hat - zum Beispiel das Obergeschoss, wo Lord de Brays Schlafkammer ist. Aber wir wissen ungefähr, wie groß das Haus ist, und wir wissen ungefähr, wie viele Wachen zu dieser Jahreszeit an diesem Ort sein werden.“ „Wie viele?“, fragte Matt Groves.

„Wir bezweifeln, dass es mehr als fünf bewaffnete Wachen geben wird“, antwortete Robin. „Wir erwarten nicht, dass sie in der Mehrheit hartgesottene Soldaten sein werden. Wenn sie je Soldaten waren, sind sie vermutlich alte Männer, die ihre besten Zeiten hinter sich haben.“ Die Geächteten nickten.

„Glaubt aber nicht, dass das ein Spaziergang am Calder wird, Jungs“, warnte Will. „Wir haben keine Ahnung, wo die Wachen aufgestellt sein könnten, wenn wir hineinkommen, und ein alter Soldat kann so gefährlich sein wie ein junger, wenn er mit seinen Waffen umzugehen weiß. John de Bray ist auch Soldat gewesen, also kann er sich wehren. Denkt auch daran, dass wir nicht im Freien kämpfen werden: Wir werden schon drinnen sein. Bereitet euch darauf vor, eure Dolche zu benutzen, wenn nicht genug Platz ist, um ein Schwert zu schwingen."

„Es gibt auch noch mehr Leute da drin als nur die Wachen", fuhr Robin fort.

„Der Koch, die Pferdeknechte und die Diener im Allgemeinen mögen nicht freundlich darauf reagieren, wenn eine Bande dreckiger Geächteter Chaos im Heim ihres Lords anrichten. Wir müssen *alle* außer Gefecht setzen, Frauen und Kinder eingeschlossen."

„Das bedeutet nicht, sie zu töten!", knurrte Little John. „Wir erledigen zuerst die bewaffneten Männer, aber jeder, der sich nicht wehrt, wird in einem der Lagerräume eingesperrt. Wenn ihr auf den Plan schaut, seht ihr, wo sie sind."

„Die Diener werden kaum große Liebe zu Lord de Bray empfinden", sagte Robin.

„Einige von ihnen könnten sich uns sogar beim Plündern des Hauses anschließen wollen. Erlaubt ihnen das nicht. Wir können keine unbekannten Leute drinnen herumlaufen lassen, bevor wir nicht fertig sind. Wie John sagte, sperrt sie alle ein. Sie können sich später befreien." „Was, wenn sie kämpfen?", fragte Groves nachdenklich.

„Tu, was du tun musst, Matt", sagte Robin. „Denk nur daran, dass diese Leute nicht unsere Feinde sind. Wenn sie Widerstand leisten, dann wahrscheinlich, weil sie glauben, du wärest gekommen, um ihnen den Hals durchzuschneiden oder sie zu vergewaltigen."

Robin wusste, dass die Männer, die er ausgesucht hatte, die Bediensteten nicht aus reinem Blutdurst abschlachten würden. Das war einer der Gründe, warum er gerade diese Männer ausgewählt hatte. Es war eine Sache weniger, um die er sich Sorgen zu machen haben würde - wenn sie herumliefen und ihre eigenen Leute töteten, würden sich die Menschen in Yorkshire bald gegen sie wenden. „So weit, so gut“, knurrte der junge Anführer. „Jeder schaut sich diesen Plan gut an. Lernt ihn so gut wie möglich auswendig. Wenn es irgendwelche Fragen dazu gibt, stellt sie, *bevor* wir hineingehen. Dann, wenn nötig, schlaft noch ein wenig.

„Sir Richard wird, wenn alles gut geht, irgendwann nach Mitternacht die Wache im Torhaus ausschalten und die Tore für uns öffnen.“

Will lächelte böse. „Dann müssen wir nur noch den Platz einnehmen. Und dieser Bastard de Bray gehört mir.“

* * *

„Gut geschlafen?“

Der stämmige, rothaarige Wachmann Gilbert schüttelte den Kopf. „Nein, es ist zu verdammt kalt, um zu schlafen, selbst während des Tages, da der verdammte Lord das Feuer nicht brennen lässt. Geiziger Mistkerl.“

Thomas grunzte zustimmend und schlug ihm zur Ablösung mitfühlend auf den Rücken.

„Alles ruhig hier draußen?“, fragte der rothaarige Wachmann.

Thomas nickte. „Jau, alles bestens. Dieser Johanniter, Sir Richard-at-Lee, ist wieder aufgetaucht, zusammen mit seinem Sergeanten mit dem zerschnittenen Gesicht. Er musst verteufelt verzweifelt sein, dass er wieder herkommt und noch einmal versucht, Hilfe von de Bray zu erhalten. Der edle Lord wird ihn lachend aus der Tür schleichen sehen, nachdem er ihn sich eine Weile hat winden lassen. Es tut mir leid für ihn - er scheint ein anständiger Kerl zu sein, und sein Sohn ist vor nicht langer Zeit ermordet worden.“

Gilbert stampfte mit den Füßen auf und pustete mit gelangweiltem Gesichtsausdruck auf seine Hände.

„Drinnen ist auch alles ruhig; alle scheinen in ihren Betten zu liegen."

Thomas knurrte. „Jau, ich denke, ich werde mich auch ins Bett begeben, nachdem ich mir ein bisschen Brot und Käse besorgt habe. Ich bin am Verhungern."

Mit diesen Worten marschierte er nach drinnen, um Wärme und Abendessen zu suchen, während Gilbert gähnte und seine Hände über dem kleinen Kohlebecken im Torhaus rieb.

Es war Mitternacht.

Eine Stunde später schlief Gilbert, der Wachmann, auf seinem Posten.

* * *

„Bereit?" Sir Richard-at-Lee erhob sich von seinem Bett und klopfte auf seine Rippen, wo er seinen Dolch versteckt hatte.

Stephen grunzte zustimmend und stand zusammen mit seinem Begleiter auf.

Sie würden sich schnell und leise durch das Haus bewegen müssen, daher verzichteten beide Männer auf ihre Kettenhemden und trugen zum Schutz nur ihre Gambesons. Sie hatten, wie es üblich war, ihre Schwerter am Torhaus abgegeben, aber Stephen hatte ebenso wie sein Lord den Dolch in seiner Kleidung versteckt. Außerdem waren sie keine gewöhnlichen Soldaten: Richard und sein Sergeant hatten während der Kreuzzüge neben der Elite der Johanniter und der Tempelritter gekämpft. Diese beiden Männer waren gut ausgebildete Mörder.

Robin und seine Geächteten hätten über keine besseren Verbündeten stolpern können.

„Gehen wir." Sir Richard zog leise die Tür seines Schlafzimmers auf und glitt in den schwach beleuchteten Gang hinaus, schweigend gefolgt von seinem grimmigen

Sergeanten. Als sie früher am Abend bei de Bray angekommen waren, hatte der dicke Lord sich nicht gefreut, sie zu sehen, obwohl er so höflich gewesen war, ihnen zu erlauben, am Abendessen teilzunehmen - einer dünnen, fettigen Rinderbrühe.

„Ihr schon wieder, Johanniter?" Der Lord verzog sein Gesicht und verschüttete Suppe über sein Kinn. „Was wollt ihr dieses Mal? Ihr werdet darauf rechnen, dass ich Euch für die Nacht unterbringe, he, und euch auch noch füttere."

Richard-at-Lee kannte seine Rolle jedoch gut und bat de Bray erneut um einen Kredit, um seine Schulden abzuzahlen. „Ich bin ruiniert, John", versuchte er, ihn zu überreden. „Bitte, um der Liebe Gottes willen, ich bitte nur um fünfzig Pfund. Ich zahle es Euch mit Zinsen zurück."

John de Bray schnaubte verächtlich. „Hört, Ihr werdet niemals das Geld auftreiben können, das Ihr dem Abt schuldet, also könnt Ihr genauso gut jetzt aufgeben. Man hat mir auch einiges von Euren Ländereien zu sehr guten Preisen angeboten", grinste er bösartig, als der große Johanniter in stummer Wut die Fäuste ballte. „Der Abt hat versprochen, sobald er rechtmäßiger Besitzer Eures Anwesens wird, mir einiges davon zu überlassen - das, was an mein Land grenzt, in Kirklees. Ich werde jedoch einen Vogt brauchen, der sich darum kümmert. Vielleicht möchtet Ihr Euch um diese Stellung bewerben? Schließlich kennt Ihr die Gegend ja." Dabei brach de Bray in Gelächter aus.

„Ihr seid ein dreckiges Stück Hundescheiße", knurrte Sir Richard. „Ich sollte ..."

„Genug davon!", brüllte de Bray. „Bedroht mich nicht in meinem eigenen Hause, Johanniter. Vor allem, wenn Ihr hier auch noch ein Bett für die Nacht erwartet. Euer Orden verlangt, dass Ihr alles Eigentum aufgebt, wenn Ihr ihm beitretet - doch Ihr habt entgegen dieser Regel Eure alten Ländereien behalten. Ihr habt Glück, dass ich nicht eine Botschaft an Euren Großprior schicke und ihm von Eurer Verderbtheit berichte." Er machte eine abwehrende Handbewegung.

„Raus mit Euch. Ihr könnt Eure Suppe mitnehmen. Mein Steward wird Euch Eure Betten zeigen. Seid dankbar, dass ich Euch nicht in die Nacht hinauswerfe."

Sir Richard und Stephen waren zornig mit ihren Schalen lauwarmer Brühe aus dem Raum stolziert.

Jetzt, tief in der Nacht, würden der Johanniter und sein Gefährte Lord de Bray eine Lektion in Demut erteilen.

Stimmen kamen aus der großen Halle. Es klang, als spielten ein paar Männer noch spät Würfel. Stephen und Sir Richard, der vorsichtig seine Schale mit kalter Suppe trug, hielten sich sorgfältig im Schatten, während sie schweigend den Gang entlang schlichen. Die Spieler bemerkten ihr Vorbeigehen nicht.

„Sollten wir uns nicht jetzt gleich um sie kümmern?", flüsterte Stephen.

Sir Richard schüttelte den Kopf. „Am wichtigsten ist es jetzt für uns, den Geächteten das Tor zu öffnen. Wir dürfen uns nicht ablenken lassen."

Sie glitten den Flur entlang, bewegten sich leise zwischen den Schatten, die von den wenigen, trüben Fackeln geworfen wurden, die de Bray nachts zu entzünden erlaubte.

Sir Richard hob eine Hand, als sie die Vordertür erreichten. „Diese Tür knarrt ein wenig beim Öffnen, wie ich beim Hereinkommen bemerkt habe." Er goss seine Schale fettiger Suppe über die Scharniere. „Mach dich bereit, dich schnell zu bewegen. Wenn der Wachmann aufmerksam ist, kann er das ganze Haus wecken, bevor wir ihn zum Schweigen bringen können."

Stephen nickte und zog seinen Dolch aus der in seinem dicken Socken verborgenen Scheide. Richard zog seine eigene Waffe und schob so sacht, wie er konnte, den hölzernen Balken, der die Türen verschlossen hielt, nach oben.

Er schob sie ein klein wenig auf und die beiden Männer zuckten zusammen, da sie halb erwarteten, dass ein knarrendes Geräusch sie verraten könnte, trotz der Brühe, mit der sie die Scharniere geschmiert hatten, aber die Tür machte kein Geräusch und aus dem Torhaus kam kein Alarmruf.

Sir Richard schlüpfte geduckt hinaus und näherte sich dem Haupttor und dem sanft glühenden Licht des Kohlebeckens der Wache.

Stephen blieb an der Innentür, um zu verhindern, dass jemand sie ausschloss und den gesamten Plan zunichte machte..

Als der große Johanniter auf Torhaus zukroch, erreichte ihn das Geräusch leisen Schnarchens und er schüttelte den Kopf. Im Dienst einzuschlafen war ein schweres Verbrechen - eines, das zum Tode all derer, die man eigentlich schützen helfen sollte, führen konnte. Richard lächelte grimmig über sein Glück, als er ins Torhaus spähte und sah, wie der rothaarige Wachmann an der Wand zusammengesunken war, völlig entspannt und ohne die geringste Ahnung von dem Unheil, das auf ihn zukam.

Sir Richard hatte nicht erwartet, dass der Mann schlafen würde, und als er auf die schnarchende Gestalt zu glitt, fragte er sich, ob er ihn einfach fesseln könnte, anstatt ihn zu töten. Da jedoch musste der Johanniter ein Geräusch verursacht haben, oder vielleicht hatte Gilbert, der Wachmann, endlich bemerkt, dass etwas nicht in Ordnung war, da seine Augen sich öffneten und wild herumblickten, wo er vor Entsetzen beim Anblick des bewaffneten Mannes vor ihm aufkeuchte.

Sir Richards Dolch rammte sich direkt in den dünnen, weißen Hals des jungen Wachmanns, rotes Blut sprühte heraus und ein leiser, gequält gurgelnder Ton erfüllte das kleine Torhaus.

Richard ließ den Körper auf den Boden fallen und wischte seinen Dolch an Gilberts Ärmel ab. „Gott verzeih mir", murmelte er traurig und dachte an seinen eigenen, ermordeten Sohn, dann hob er rasch den Balken über den Flügeln des Haupttores und schwang sie weit auf.

Einen Moment später erschienen die Geächteten, alle zehn, wie Gespenster aus dem Dunkel der Nacht.

„Gute Arbeit!" Little John, der in der Dunkelheit noch gewaltiger und furchterregender aussah, gab Sir Richard einen Schlag auf den Arm.

„Ärger?", erkundigte sich Robin, als der Trupp nach innen ging. Sie zogen die Torflügel hinter sich zu, obwohl sie den Balken nicht wieder vorlegten für den Fall, dass sie würden schnell fliehen müssen.

Sir Richard schüttelte den Kopf. „Eine Wache. Der dumme Bastard war eingeschlafen. Ich hätte ihn verschont, aber er wachte auf und ließ mir keine Wahl. Stephen ist drinnen und wartet auf uns." Er ging wieder ins Torhaus zurück, als sie dort vorbeikamen, und kam einen Moment später mit den Schwertern zurück, die er und Stephen dort abgegeben hatten.

„Suchen wir nach de Bray", knurrte er.

Will packte ihn am Arm. „Lass ihn am Leben, Johanniter!", warnte er.

„Was auch immer der Bastard dir angetan hat, ist nichts - *nichts* - im Vergleich zu der Rechnung, die ich mit ihm zu begleichen habe. Wir lassen ihn am Leben - seine Zeit wird bald genug kommen."

Richard, in dem noch immer die Scham über sein Zusammentreffen mit Bray am Abend zuvor brannte, öffnete seinen Mund, um zu widersprechen, aber die Wut in Will Scarlets grünen Augen ließ ihn innehalten. „Schon gut", sagte er schließlich schulterzuckend, bevor sein breites Gesicht sich zu einem bösen Grinsen verzog. „Gehen wir und plündern den Mistkerl aus!“

Zwei der Geächteten blieben am Torhaus, um zu verhindern, dass jemand ins Dorf entkäme und dort Alarm schlagen könnte. Der Rest der Männer teilte sich in drei kleine Gruppen - eine Gruppe für jedes Stockwerk im Haus.

Sir Richard und Stephen banden Leinenstreifen um den unteren Teil ihrer Gesichter, damit niemand sie erkennen würde, und gingen mit Robin und Little John ins oberste Stockwerk, wo die Gemächer des Lords und seine Familie waren.

Will Scarlet nahm Matt Groves und den muskulösen jungen Burschen aus Bichill, Arthur, ins mittlere Stockwerk mit, während Bruder Tuck, Much und Allan-a-Dale in Richtung Untergeschoss und Dienerbereich gingen.

„Denkt dran“, warnte Robin leise. „Die Wachen sind wahrscheinlich geschickt genug und werden vernünftig gerüstet sein, also seid vorsichtig.“

„Jau“, nickte Little John. „Und versucht, keinen der Diener zu töten!“

Das Haus schien still zu sein und wurde nur schwach von der ein oder anderen flackernden Fackel an den grauen Steinwänden beleuchtet. Den Geächteten, die nicht daran gewöhnt waren, sich innerhalb von Mauern aufzuhalten, gab das ein unheimliches Gefühl und erhöhte den Eindruck von lauernder Gefahr, während sie sich mit gezogenen Waffen und auf jede mögliche Bedrohung achtend weiter hineinschlichen.

„Von jetzt an kein Wort mehr“, sagte Sir Richard, der automatisch das Kommando über seine kleine Gruppe übernommen hatte, zu John und Robin. Die beiden Geächteten überließen ihm gerne die Führung - er wusste schließlich viel über Herrenhäuser und vor allem auch über das Befehlen von Soldaten. Sie nickten zustimmend und die beiden Johanniter gingen schweigend voran die Treppen hinauf.

Als sie auf dem oberen Treppenabsatz ankamen, legte Robin, der leichtfüßigste der vier, eine Hand auf Sir Richards Arm und glitt an ihm vorbei in den langen Gang, an dem die Schlafzimmer sich befanden. Die drei anderen warteten, während der junge Geächtete den Weg auskundschaftete und auf jeden Lichtschein der gelegentlich flackernden Fackeln achtete, um sicherzustellen, dass er in den Schatten verborgen blieb.

„Hä?", grunzte eine tiefe Stimme und das Geräusch eines aufstehenden Mannes erreichte Robin, als er an einer schwach beleuchteten Nische vorbeikam. Der Geächtete wirbelte nach rechts zurück und rammte dem Wachmann den Knauf seines Dolchs ins Gesicht. Das Geräusch brechender Knochen schien ohrenbetäubend laut zu sein und der Mann gab ein Quietschen von sich, als Robin auf ihn zu trat und die Waffe an seine Schläfe hieb, um ihn damit zu Boden zu schlagen, und Blut begann, seine gebrochene Nase und das Gesicht zu überströmen. Robin bückte sich, zog einen Strick heraus und band dem bewusstlosen Wachmann eilig Hände und Füße zusammen.

Er wartete atemlos, halb erwartend, dass jemand Alarm schlagen würde, aber der Flur blieb still.

Robin bewegte sich rasch zu seinen wartenden Gefährten zurück und winkte sie vorwärts. „Dieser Wachmann wird uns nicht stören. Welches Zimmer ist de Brays?"

Sir Richard trat vor und winkte den anderen, ihm zu folgen, als er auf eine Tür auf halbem Weg durch den Flur zuging. „Ihr beide", flüsterte der Ritter, „kümmert euch um de Bray und seine Frau. Stephen und ich werden jeden erledigen, der aus einem dieser Räume kommt. Da wir den Bastard am Leben lassen wollen, wird es das Beste sein, wenn er mich nicht sieht, stimmt's?"

Robin und John nickten, als Richard alle Fackeln bis auf eine löschte, was den Gang noch unheimlicher machte, es aber auch jedem erschwerte zu erkennen, was vor sich ging, sollte jemand aufgeschreckt aus seinem Zimmer getaumelt kommen. Robin übergab Little John die letzte Fackel und begab sich zum Ende des Flurs, während sein Sergeant Position am anderen Ende des Flurs bezog.

John legte seine Hand an die Tür von de Brays Schlafzimmer und hob langsam den eisernen Riegel, dann drückte er die Tür auf. Ein schreckliches Quietschen erfüllte den Flur und Robin eilte in das Schlafzimmer, das von Johns Fackel bereits mit einem höllischen, orangen Schein erleuchtet wurde. Lord de Bray hatte einen leichten Schlaf und war schon halb aus seinem luxuriösen Bett aufgestanden, als Robins Faust in sein Gesicht krachte. Er brüllte überrascht auf, aber der junge Geächtete setzte seinen Angriff fort und benutzte Ellenbogen und Knie, um de Bray, der nur noch wimmerte, auf den Boden zu befördern.

Little John war hinter seinem Freund in das Zimmer getreten und, als de Brays sauertöpfige Frau ihren Mund zu einem Schrei öffnete, legte John eine riesige Hand um ihren Hals und drückte sanft zu, um jedes Geräusch zu ersticken. Er schüttelte warnend den Kopf und sie sank in ihr Kissen zurück; ihre Augen quollen vor Entsetzen angesichts des gewaltigen, bärtigen Mannes, der eine flammende Fackel in ihr Schlafzimmer gebracht hatte, aus dem Kopf.

Robin bewegte sich schnell und benutzte die Stricke in seinem Rucksack, um den Lord und seine Frau zu binden und zu knebeln. Er und Little John spähten in den Gang hinaus, um sicherzugehen, dass Sir Richard und sein Sergeant mit allen anderen Angreifern fertig geworden waren. Alles war in Ordnung. Die Johanniter hatten leise ein paar Gäste ausgeschaltet, die aus ihren Türen geschaut hatten, um zu sehen, was vor sich ging.

Jetzt hatten sie begonnen, jeden Raum zu durchsuchen, um alle zu fesseln, die sie fanden.

„Hilf ihnen", knurrte Robin Little John zu, bevor er zur Treppe ging und sich auf den Weg zum mittleren Stockwerk machte.

Arthur stand nervös da und befingerte seinen Dolch, aber seine Augen leuchteten auf, als er Robin sah. Der verpatzte Raubüberfall mit Harry Half-Hand schien bereits ein halbes Leben her zu sein - Robin hatte seitdem offensichtlich eine Menge gelernt. „Alles in Ordnung?", fragte Hood.

Arthur nickte. „Jau, alles bestens. Es gab eine Wache, aber Will hat sich darum gekümmert. Sie säubern jetzt die anderen Räume."

Robin lächelte den jungen Mann ermutigend an und drückte seine Schulter. „Gute Arbeit! Halte hier Wache, bis Will und Matt fertig sind. De Bray ist im oberen Stockwerk angebunden. Ich gehe und sehe nach dem Untergeschoss." Er grinste ihn kurz an und ging dann rasch wieder zur Treppe.

Als er ins Untergeschoss kam, war Robin bestürzt, dass er Schreie und Waffengeklirr hörte. Sie hatten erwartet, dass die unteren Räume der Teil sein würde, der am leichtesten einzunehmen wäre, da er von Dienern bevölkert war. Was zum Teufel war schief gelaufen?

Er stürmte durch die Tür ins Untergeschoss und traf auf den Anblick seiner Männer, die versuchten, den Angriff einer Gruppe von Bediensteten, die Küchenutensilien schwenkten, aufzuhalten. Much und Allan-a-Dale, die von einem schwitzenden Bruder Tuck angeführt wurden, kämpften verzweifelt mit ihren Kampfstöcken, Rücken an der Wand, offensichtlich bemüht, niemanden zu verletzen. Robin schüttelte den Kopf und zog sein Schwert.

„Genug!“, brüllte er und trat in den Raum.

Die Diener hielten bei ihrem Kampf misstrauisch inne, wachsam bewegten sich ihre Blicke zu dieser neuen Bedrohung, während die drei Geächteten ihre Stöcke abwehrbereit erhoben hielten.

„Euer Lord liegt gefesselt mit seiner Frau in ihrem Schlafgemach“, rief Robin und funkelte die Diener böse an. „Ich bin Robin Hood. Meine Männer haben das Haus eingenommen; die oberen Etagen sind besetzt. Der einzige Grund dafür, dass ihr Leute noch immer am Leben seid, ist, dass ihr Bauern und Freisassen wie wir seid und wir töten unseresgleichen nicht.“ Der Führer der Geächteten deutete mit seinem Schwert auf den größten der Dienstboten, einen Mann, der fast so groß war wie Little John, wenn auch nicht annährend ähnlich muskulös. „Jetzt lasst die verdammten Waffen fallen und geht in den Lagerraum dort. Ihr alle!“

Die Diener schauten alle zu dem großen Mann, der sie anführte, unsicher, was sie tun sollten. Sie hatten alle von Robin Hood gehört. Er war ein Mörder. Die Geschichten, die erzählt wurden, nannten ihn erbarmungslos, er hätte den Vogt von Wakefield und ein halbes Dutzend seiner Männer getötet, ohne mit der Wimper zu zucken. Doch hier zeigte er sich gnädig. War das eine List? Der junge Mann schien es ernst genug zu meinen. „Was sollen wir machen, Harold?“, fragte einer der Bediensteten den großen Mann, den Robin angesprochen hatte.

Harold, durch dessen Adern das Adrenalin strömte, sah den Ruhm winken. Wenn er diese Räuber aufhalten könnte, würde Lord de Bray ihn sicherlich belohnen. Vielleicht ihn zum Steward befördern. Er hob den dicken, hölzernen Besenstiel, den er trug und stürzte sich mit einem verrückten Grinsen auf dem Gesicht auf Robin. „Tötet sie!“, schrie er und schwang die Stange mit furchtbarer Kraft auf den Geächteten.

Robin ging in die Knie und rollte nach links ab, als der schlaksige Diener an ihm vorbeiflog und der Besenstiel auf den Boden krachte und in der Mitte durchbrach.

Die anderen Bediensteten blieben unentschlossen, während sie den Zusammenstoß beobachteten. Robin wusste, dass er dem schnell ein Ende bereiten musste, bevor der Rest seinen Mut wiederfände, oder es würde hier unten ein Blutbad geben.

Er kam, sein Schwert schwingend, wieder auf die Beine und spürte, wie es in die Seite von Harolds Knie stach. Ein schrecklicher Schrei erfüllte den kalten, schwach beleuchteten Raum und die Diener zuckten entsetzt zurück. Robin trat vor, bereit, den Griff seines Schwertes gegen die Schläfe des Dieners zu schlagen, aber der große Mann auf dem Boden war verzweifelt, und sein zerbrochener Holzstab stach vor und bohrte sich tief in Robins Schenkel.

Der junge Geächtete stieß einen Wutschrei aus und ließ instinktiv sein Schwert auf den Schädel des großen Dieners hinabstoßen und ihn damit weit öffnen. Blut und Gehirnmasse ergossen sich über den Boden, die zuschauenden Dienstboten schrien auf und Robin fiel auf ein Knie, als sein verletztes Bein unter ihm nachgab.

„Macht sie fertig, zum Teufel, Tuck!“, brüllte er und umklammerte die Wunde in seinem Bein.

Der große Mönch, mit Much und Allan an seiner Seite, bewegte sich bedrohlich vorwärts und scheuchte die Diener auf einen der Lagerräume zu. Die Diener hatten jetzt wirklich große Angst - keiner von ihnen hatte je zuvor gesehen, wie ein Mann getötet wurde, nicht so gewaltsam jedenfalls, und sie bewegten sich willig genug weiter, die meisten weinten oder würgten beim Anblick ihres niedergeschlagenen Kollegen.

Tuck knallte die Tür zu, ließ den schweren Riegel herabfallen, sobald alle Gefangenen sicher drinnen waren, und eilte zu Robin. Much und Allan stapelten einige schwere Säcke mit Lebensmitteln vor der Tür auf, um für eine Weile zu verhindern, dass irgendjemand flüchtete. „Geht es dir gut?“, fragte Tuck und überprüfte die böse Wunde am Bein seines Anführers. Robin grunzte. „Jau, es ist nicht so tief, aber es tut höllisch weh. Hilf mir hoch.“ Much und Allan packten jeder einen seiner Arme und zogen Robin auf die Füße.

Tuck fand ein Stück Leinen, das zum Säubern von Geschirr benutzt wurde und band es fest um Robins Oberschenkel. Der Mönch hatte auch ein paar Weinschläuche gefunden und reichte jetzt einen seinem jungen Freund.

„Gut, durchsucht die Lagerräume nach allem Wertvollen“, befahl Robin und nahm einen langen Zug von dem starken Wein. „Und öffnet die Tore, damit Wilfred seinen Karren hereinbringen kann.“ Dabei verzog er das Gesicht, als der saure Geschmack seine Kehle hinablief. „Es sieht aus, als hätten wir heute Nacht Erfolg bei der Arbeit, Jungs!“

Eine gedämpfte Stimme kam aus dem verschlossenen Lagerraum, in dem die Diener eingesperrt waren. „Du haust besser von hier ab, Hood! Einer unserer Männer ist weggerannt, als wir euch kommen sahen - er wird bald in Hathersage sein und die Zehntvögte mitbringen!“

Robin fluchte herzhaft. Er hatte zwei Männer vor den Toren stationiert, um zu verhindern, dass irgendjemand flüchtete, also wusste er, dass keine Ausreißer durchkommen würden, um Alarm zu schlagen, aber er hoffte, dass seine Männer es geschafft hatten, den Diener zu fassen, ohne ihn zu töten. „Verdammt noch mal“, grunzte er, als er zurück ins Treppenhaus ging. „Machen wir schnell, Jungs, bevor noch jemand versucht, den Helden zu spielen.“

Er kletterte langsam die Stufen zum ersten Stock hinauf, wo Arthur Will Scarlet und Matt Groves half, alles Wertvolle in der Halle aufzustapeln, bereit, nach unten in Wilfreds wartenden Karren gebracht zu werden.

Robin nickte zufrieden und ging zurück in die oberste Etage. Der Schmerz in seinem verwundeten Bein hatte sich dank des engen Verbandes, den Tuck angelegt hatte, und des starken Weins etwas verringert.

Als er in Richtung Lord de Brays Schlafzimmer zurückhumpelte, hörte er Little Johns laute Baritonstimme sich drohend erheben. Sir Richard-at-Lee und sein Sergeant Stephen waren, wie Will und Matt ein Stockwerk darunter, damit beschäftigt, alle Wertsachen, die sie in den Zimmern finden konnten, einzusammeln.

Robin humpelte in de Brays Zimmer. Die Frau des Lords lag an Händen und Füßen gefesselt auf dem Bett. Die Angst war aus ihren Augen verschwunden und sie sah Robin verächtlich an, als er durch die Tür kam.

John hatte die fetten Hände des Mannes an die Armlehnen eines Stuhls gebunden und befragte ihn zornig nach dem Ort, wo er sein Geld aufbewahrte. Blutergüsse begannen, sich auf seinem Gesicht zu zeigen, wo John mit Gewalt versucht hatte, Informationen aus ihm herauszubekommen.

„Was gibt es?“, fragte Robin ruhig in die Stille zwischen zwei von Johns gebrüllten Fragen hinein.

Der riesige Geächtete schaute seinen jungen Freund verärgert an. „Der Bastard will mir nicht sagen, wo sein Geld versteckt ist.“

Als er das selbstzufriedene Gesicht des Adligen betrachtete, erfüllte das Wissen um das, was dieser Mann Beth und ihrer Familie angetan hatte, Robins Gedanken. In kalter Wut zog er seinen Dolch und trat vor de Bray, der düster lächelte. „Ihr werdet mir keinen Schaden zufügen, ich habe ...“ Robin legte seine Klinge auf de Brays rechten kleinen Finger und drückte fest nach unten. Blut spritzte nass heraus und es gab einen fast unhörbaren, kleinen Plumps, als das abgeschnittene Fingerglied auf dem mit dicken Teppichen belegten Boden landete. De Bray schrie wie ein Tier und schlug gegen den Stuhl.

Little John sah Robin überrascht an, zuckte dann mit den Schultern und boxte de Bray wieder in den Magen, was das Brüllen des Mannes verstummen ließ.

„Spielt nicht mit mir!“, schrie Robin und schob sein Gesicht dicht vor das des wimmernden Adligen. „Das ist nichts im Vergleich zu dem, was passieren würde, wenn ich Will Scaflock hier reinließe! Also - wo ist das Geld?“

De Bray kämpfte gegen seine Fesseln, aber seine Füße waren auch an den Stuhl gefesselt und er verschwendete mit seinen Bemühungen nur Kraft. Seine Augen quollen bei dem lange vergessenen Namen Scaflock heraus, aber er spuckte Robin einen Mund voll Blut entgegen und murmelte einen französischen Fluch. Robin sah in den Gang hinaus und nickte befriedigt, als er sah, dass Sir Richard und sein Sergeant alles Wertvolle ins Untergeschoss geschafft hatten. Sie waren bereit zum Gehen - alles, was sie noch brauchten, war das Geld des Lords.

„Letzte Chance“, sagte Robin zu de Bray, als er über dem verletzten und gefesselten Lord of Hathersage stand. „Ich habe nicht die ganze Nacht Zeit und Ihr werdet keine Finger, Zehen oder einen Schwanz oder eine Zunge mehr haben, wenn Ihr uns nicht sagt, wo das Geld ist.“ Der junge Geächtete legte seinen Dolch über die drei verbleibenden Finger von de Brays rechter Hand und drückte leicht darauf, was noch mehr Blut aus den fetten Gliedern sickern ließ.

„Es ist da drüben versteckt!“, schrie de Bray, und sein Mund schäumte vor Angst. „Hinter dem Kleiderschrank ist eine verborgene Tür, das Geld ist alles dort drinnen!“

Seine Frau murmelte und versuchte, durch ihren Knebel zu schreien, aber es war ihr Ehemann, gegen den sie wütete, zornig, weil er den Geächteten ihr Vermögen auslieferte.

„Oh, halt das Maul, du alte Schlampe!“, schrie de Bray zu ihr zurück, was sie nur noch wilder in den Knebel hinein grunzen ließ.

Der kleine John lachte Robin belustigt an. „Junge Liebe, wie?“

Er schob den schweren, eichenen Kleiderschrank mühelos beiseite. In dem trüben Licht gab es kein Anzeichen einer offensichtlich verborgenen Tür, daher klopften Robin und er systematisch die Wand ab und suchten nach Hohlräumen. Es dauerte nicht lange, um den Wandschrank zu finden, und Robin öffnete ihn mit seinem Dolch. Drinnen war ein großer Haufen Silbermünzen in allen Größen.

Little John knurrte befriedigt, wie ein großer Mastiff, dem man die Ohren reibt. „Was glaubst du, wie viel hier drin ist, Robin?“

Der Anführer der Geächteten zuckte mit den Schultern und begann, das Geld in einen Sack zu füllen. „Das werden wir im Wald herausfinden, wenn wir es zählen.“

De Bray und seine Frau hatten ihr einseitiges Gespräch aufgegeben und starrten die beiden Geächteten wütend an.

„Sie sehen nicht wütend genug aus“, sagte Robin nachdenklich und rieb sich das verletzte Bein. „Durchsucht das Zimmer nach mehr Geheimfächern.“ Er beobachtete den Adligen genau und wurde mit einem Blick der Verzweiflung belohnt, als John begann, die anderen Wände des Zimmers abzuklopfen.

Es gab hier noch mehr zu finden.

Bevor die Nacht vorbei war, würden sie diesen Mann vollends ruinieren. Robin würde dafür sorgen, bevor sie sich auf den Rückweg nach dem Wald von Barnsdale machten.

NEUNZEHNTES KAPITEL

„Sie stirbt!“

John Hood schüttelte entnervt den Kopf und winkte seiner Frau mit einer Hand, um sie zum Schweigen zu bringen.

„Nein, Weib!“ Er streichelte die blasse Stirn seiner Tochter sanft, während Tränen seine Sicht verschwimmen ließen. „Sie wird schon wieder“, murmelte er.

Sie saßen in ihrem kleinen Haus in Wakefield, das von dem Feuer, das sie hoch geschürt hatten im Versuch, die winterliche Kälte vom Körper ihrer kränklichen Tochter Marjorie fernzuhalten, mit Rauch erfüllt wurde.

Ein Kessel mit Suppe kochte auf der Feuerstelle, aber es war ein dünnes Gebräu - fast nur Wasser und Haferflocken, ohne Gemüse und wenig nahrhaft. John und Martha hielten ihre Kraft aufrecht, indem sie viel Brot aßen, aber Marjorie war es in letzter Zeit schwergefallen, die feste Nahrung zu verdauen, also hatte sie wenig gegessen außer der wässrigen Brühe, die ihre Mutter kochte.

Martha schluchzte beim Anblick ihres kleinen Mädchens - zu den besten Zeiten war sie schon dünn, aber jetzt schwach und bettlägerig, seit der Winter hereingebrochen war und gutes, nahrhaftes Essen immer knapper wurde.

„Sie ist krank, John. Wir haben sie nicht gut genug gefüttert.“

John nickte trostlos. „Gott weiß, wie Robin so groß und stark geworden ist“, murmelte er, „während Rebekah und Marjorie immer so schwach waren.“

„Robin!“, hauchte Martha und starrte ihren Mann an.

„Was ist mit ihm?“

„Er kann helfen! Vielleicht kann er irgendwo etwas zu essen finden - es in einem der anderen Dörfer kaufen! Es von jemandem stehlen!“

„Allmächtiger Christus, Weib“, knurrte John. „Jetzt willst du schon, dass dein Sohn Essen von hungernden Menschen stiehlt?“

„Ich habe nie gesagt, von hungernden Menschen“, gab seine Frau zurück. „Manche Leute müssen mehr haben, als sie brauchen. Vielleicht kann Robin Obst und Gemüse von ihnen bekommen.“

Sie saßen schweigend da und sahen in Gedanken versunken zu, wie ihre Tochter flach atmete und fragten sich, ob ihr geächteter Sohn helfen könnte, das Leben seiner kleinen Schwester zu retten.

* * *

Die Geächteten hatten den Wagen Wilfreds, des Bäckers, mit allem Geld und Nahrungsmitteln hoch beladen, die sie in Lord de Brays Haus gefunden hatten. John hatte zwei weitere Geheimfächer im Schlafzimmer des Adligen entdeckt, und Robin war sich ziemlich sicher, dass sie alles gefunden hatten, was zu finden war. Die wütende, dann flehende Reaktion des Lords und seiner Lady versicherte Robin des vollständigen Erfolgs ihrer Bemühungen in dieser Nacht.

Robin und seine Männer hatten das Herrenhaus allem, was Wert hatte, beraubt. Wenn sie das alles in Sir Richards Burg in Kirklees bringen könnten, wäre de Bray ruiniert und der Johanniter würde dem gierigen Abt von St. Mary's seine Schulden zurückzahlen können.

Es war eine gute Nacht gewesen.

„In Ordnung, Will?“ Robin grinste und schlug Scarlet zufrieden auf den Rücken.

Will nickte, erwiderte aber Robins Lächeln nicht. „Das ist alles gut und schön, Robin, das haben wir gut gemacht hier. Aber ich werde nicht glücklich sein, bis dieser Bastard nicht aus seinem Haus vertrieben und ruiniert ist. Dann werde ich ihn jagen und ihn wirklich für das zahlen lassen, was er Beth und dem Rest meiner Familie angetan hat."

Robin versprach, dass sie sich bald an de Bray rächen würden, und stieß einen Ruf aus zum Zeichen, dass der Wagen sich in Bewegung setzen sollte. Die Bewohner des Hauses waren alle in Lagerräumen oder Schränken eingeschlossen - die Geächteten waren nur gezwungen gewesen, zwei der Wachen zu töten. Der Rest, einschließlich Thomas, wie Robin erfreut sah, hatten ihre Waffen niedergelegt und zugelassen, dass sie eingesperrt wurden.

Den Gefangenen wurde genug Essen und Wasser gelassen, dass sie es ein paar Tage würden aushalten können, bis jemand sie entdeckte oder sie es schafften, die Türen aufzubrechen. Bis dahin würden die Geächteten sicher mit ihrer Beute entkommen sein.

De Bray und seine Frau waren in ihrem eigenen Schlafzimmer eingesperrt, wo sie einander anschrien, was zumindest Will ein kleines, grimmiges Lächeln entlockte.

Als der Karren schwerfällig durch das Torhaus auf die Straße nach Kirklees rumpelte, schickte Robin Matt und Allan-a-Dale aus, um die Straße vor ihnen auszukundschaften, nur für den Fall, dass jemand versuchen könnte, sie aufzuhalten. Es war jedoch mitten in der Nacht und es sollte um diese Zeit kein Reisender unterwegs sein.

Und so trafen sie auch niemanden während ihrer nächtlichen Fahrt und kamen vor Tagesanbruch sicher in Sir Richards Burg in Kirklees an.

Der Johanniter freute sich auf eine gute Nachtruhe, bevor er seine Schulden beim Abt bezahlen würde ...

* * *

Abt Ness, der in der Miserikordie der Abtei von St. Mary saß, trank einen Schluck Wein, einen sehr guten, aus der Gascogne importierten, und nahm einen weiteren Bissen von seinem Essen zu sich. Die Mehrzahl der Mönche aß Fisch im Refektorium, wo es nicht erlaubt war, Fleisch zu essen, aber der Abt stopfte sich jeden Tag außer Mittwoch, Freitag und Samstag mit Rindfleisch, Schweinefleisch und Schinken voll, wenn nicht gerade Fastenzeit oder Advent war. An diesem Tag, einem Dienstag, fraß er sich mit einem seiner Lieblingsgerichte voll: Schafsinnereien, gekocht in dunklem Bier, mit Brotkrumen und importierten Gewürzen.

Draußen überzog Frost die Buntglasfenster und dicker Schnee bedeckte viele Teile des Landes, aber in der Miserikordie von St. Mary erfüllte ein loderndes Feuer den Raum mit Wärme und Licht und Abt Ness lehnte sich, zufrieden grinsend, in seinem Stuhl zurück.

Er bewirtete einen Gast und war sehr guter Laune. Heute endete die Frist, bis zu der Sir Richard-at-Lee dem Abt seine Schulden zurückzahlen konnte. Wenn der Johanniter nicht mit einhundert Pfund Silber auftauchte, würde der Abt der Eigentümer eines Großteils der an Kirklees angrenzenden Ländereien werden. Er hatte bereits zugestimmt, den größten Teil davon an Lord de Bray, einen Nachbarn von Richard-at-Lee, zu verkaufen.

Sein Gast war Sir Henry de Faucumberg, Highsheriff von Nottingham und Yorkshire. Der Abt brauchte einen Vertreter des Gesetzes von König Edward, um die Übernahme von Sir Richards Land legal zu machen. Abt Ness hatte den ganzen Tag mit dem Sheriff gegessen und getrunken, um seine Gunst zu erlangen, und ihn mit der beträchtlichen Summe von zwanzig Pfund bestochen, um sicherzugehen, dass er auf seiner Seite stünde.

„Genießt Ihr den Wein, Henry?“, fragte Abt Ness und schlürfte selbst einen Schluck, während seine Augen bereits rot und trübe von zu viel des Getränks waren.

„Sehr, mein Abt“, lächelte de Faucumberg und hob seinen silbernen Pokal in Anerkennung der Qualität des gascognischen Weins. „Ich habe Eure Gastfreundschaft heute genossen.“ Er stellte den Becher wieder auf den Tisch und schaute den Kirchenmann ernst an. „Versteht mich aber nicht falsch. Ich habe Euer Bestechungsgeld vielleicht angenommen ...“

„Das war lediglich ein Beitrag der Kirche zur Verwaltung der Güter des Königs“, antwortete Abt Ness eilig und versuchte, schockiert zu wirken.

„Wie ich sagte“, fuhr der Sheriff fort, als hätte er den Abt nicht gehört, „ich habe Eure Bestechung angenommen. Wir sind Männer von Welt, Ihr und ich. Wir verstehen, wie Dinge geregelt werden. Wenn wir uns gegenseitig helfen können, während wir selbst davon profitieren, dient das alles einem guten Zweck. Seid Euch aber dennoch im Klaren, dass ich Euch nur so lange helfen werde, wie das, was Ihr tut, vollständig legal ist.“

Ness nickte nachdrücklich. „Legal. Natürlich - Ihr könnt Euch dessen sicher sein! Ich hoffe, dass dies der erste von vielen solchen Besuchen sein wird, Sheriff. Ich bin ein sehr ehrgeiziger Mann und es ist immer gut, jemanden wie Euch an der Seite zu haben.“

De Faucumberg lächelte und schob einen Löffel voll seines Mahles mit einem zustimmenden Grunzen in seinen Mund, als ein frostiger Winterwind vor den Fenstern heulte, wobei aus verschiedenen Ecken des Raums pfeifende Geräusche zu hören waren, da der Luftzug sich einen Weg nach drinnen erzwang. „Es wird gemunkelt, dass dieser Sir Richard-at-Lee sich mit dem Earl of Lancaster verschworen hat, um gegen den König zu arbeiten“, fuhr der Sheriff fort und zog die Schultern wegen die Kälte hoch. „Wie Ihr wisst, bin ich ein Mann des Königs, wenn Ihr also den Johanniter auf legalem Wege stürzen könnt, werdet Ihr mich in Zukunft hilfreich finden."

„Abt." Ein junger Mönch kam leise zu dem kleinen, runden Tisch herüber, wo der Abt und sein Gast saßen. „Der Johanniter ist hier und möchte Euch sprechen."

Ness grinste. „Also taucht er schließlich doch auf. Das wird lustig."

Der Sheriff schluckte den Rest seines Essens hinunter und schob den Teller zur Seite. „Ihr seid sicher, dass er Euer Geld nicht dabeihat?"

Der Abt lachte bösartig. „Keine Chance. Er ist überall im Norden Englands gewesen, um zu versuchen, sich Geld zu borgen, aber niemand wollte ihm helfen. Ich habe verbreitet, dass die Kirche auf niemanden freundlich schauen würde, der dem Vater eines Mörders Geld leiht."

De Faucumberg lächelte und pflückte eine Traube aus einer Schale. Ihm gefiel es, wie der Abt dachte, obwohl er jetzt wusste, dass er in Zukunft vorsichtig mit ihm würde sein müssen.

„Dann führe ihn herein, Junge", rief Ness dem jungen Mönch zu, der davoneilte, um ein paar Sekunden später mit Sir Richard-at-Lee im Schlepptau zurückzukehren. Stephen, seinem Sergeant, war befohlen worden, draußen zu warten.

Der große Johanniter war, wie erwartet, schlecht gekleidet, stellte Abt Ness mit einem Grinsen fest und musterte den Mann von oben bis unten. Seine Rüstung war verbeult, seine Kleidung war zerrissen und mehrfach repariert, und er sah sogar schmutzig aus. Fast so, als würde er versuchen, mitleiderregend auszusehen, in der Hoffnung, bei dem Abt ein Gefühl christlicher Nächstenliebe zu wecken. Ness brach bei dem Gedanken fast in Gelächter aus, beherrschte sich jedoch und lächelte nur fröhlich.

Sir Richard ging zu dem kleinen Tisch und kniete sich demütig vor den beiden Adligen nieder. Seine ausgefranste Lederscheide geriet unter seine Beine und brachte ihn fast zu Fall.

„Sir Richard“, sagte der Abt und betont den Titel sarkastisch. „Ihr seid gekommen wie vereinbart. Heute läuft die Frist ab, um Eure Schulden bei mir zu begleichen.“

„Mylord Abt.“ Richard beugte zustimmend den Kopf.

„Nun? Habt Ihr mein Geld?“ Ness beugte sich in seinem Stuhl vor und drehte dabei seinen extravaganten Weinkelch in den Händen, wobei die ungeheuer teure Flüssigkeit in fast obszöner Weise auf den Tisch spritzte.

Sir Richard verlagerte sein Gewicht in eine etwas bequemere Position. Der Abt ließ ihn wie einen gewöhnlichen Diener auf dem Boden knien, was gegen jede Etikette verstieß und dazu dienen sollte, ihn zu demütigen. „Mylord“, begann Sir Richard und wandte sich an die beiden Adligen vor ihm.

„Jetzt kommt es: er wird betteln“, flüsterte Ness theatralisch dem Sheriff zu, der voll Abscheu nickte. Der Anblick des einst stolzen Kriegermönchs, der sich beugte und auf und dem kalten Steinboden kniete, verstörte de Faucumberg, obwohl er das Verderben eines möglichen Rebellen wünschte.

Der Johanniterritter hielt seine Augen auf den Boden gerichtet und ignorierte die beleidigende Behandlung, während er fortfuhr. „Einhundert Pfund ist eine riesige Menge Silber. Euch ist bewusst, dass mein Sohn diesen Mann nicht absichtlich tötete; er wurde zu Unrecht beschuldigt. Es war ein Unfall.“

„Das ist nicht meine Sorge“, fauchte der Abt. „Das Gesetz hat die Kaution Eures Sohnes in dieser Höhe festgesetzt und ich lieh es Euch in gutem Glauben. Ihr zahlt es mir heute zurück, oder ich kann rechtens“- er warf dem Sheriff einen Blick zu - „Eure Ländereien und

Euer Eigentum einziehen. Uns ist bewusst, dass Ihr ein Mann seid, der in Armut lebt. Ihr seid gekleidet wie ein Bauer - trotz der einst schönen Johanniterrüstung, die ihr unbedingt weiter tragen wollt."

Sir Richards Ohren wurden rot, aber er hielt sein Gesicht so lange gesenkt, bis der Kirchenmann seine Tirade beendet hatte. „Abt Ness, Ihr wisst, dass ich im Heiligen Land tapfer gekämpft habe, im Dienst unseres Herrn. Könnte ich nicht einen Teil meiner Schulden in Eurem Dienst durch Arbeit zurückzahlen, vielleicht als Vogt oder als Steward?"

„Der Mann ist verzweifelt", knurrte Sir Henry und fühlte sich wirklich bei dem Anblick unwohl.

Der Abt brüllte vor Lachen, Wein und Krümel spritzen unappetitlich aus seinem Mund und der Sheriff fühlte sich fast versucht, angewidert das Zimmer zu verlassen.

Abt Ness wischte sich die Spucke von den Lippen und nach einiger Zeit wurde sein Gesichtsausdruck wieder hart.

„Genug von diesem Unsinn, Johanniter. Entehrt Euren Ritterorden - oder Euch selbst - nicht noch mehr. Da Ihr ja kaum einen roten Heller auf Euren Namen besitzt, rufe ich hiermit meinen Kollegen, den Sheriff von Nottingham und Yorkshire, Sir Henry de Faucumberg, auf ..." „Henry von der Hölle", rief Richard zornig, womit er auf den nicht ganz gerechten Spitznamen verwies, den seine angebliche Behandlung von Gefangenen in seinen Kerkern dem Sheriff eingebracht hatte. Der Ritter hob endlich den Blick, um seine beiden Peiniger böse anzufunkeln.

„Ich werde Sir Henry - von der Hölle, wie Ihr sagt", und der Abt lachte laut dabei, während de Faucumberg ihm einen kalten Blick zuwarf - „aufrufen, Zeuge bei meiner Einziehung Eurer Ländereien und Eures Vermögens zu sein." „Gut", knurrte der Sheriff, „bringen wir das hinter uns." Er trank seinen Wein aus und füllte seinen Kelch wieder, in der Hoffnung, der Alkohol würde diese ganze Angelegenheit erträglicher machen. Abt Ness zog eine kleine Reihe juristischer Dokumente aus einer Ledertasche neben seinem Stuhl hervor.

Sir Richard-at-Lee starrte den vor ihm sitzenden, stockbetrunkenen Abt verächtlich an. „Ihr habt mich wie einen Bauern auf Eurem Steinboden knien lassen …"

„Ihr *seid* jetzt ein Bauer!", kicherte der Abt bösartig und verschluckte sich über seinem Witz fast an einem weiteren Schluck Wein.

Sir Richard erhob sich.

Trotz seiner schäbigen Rüstung und Kleidung war er ein stark gebauter Mann mit der unverkennbaren Haltung eines Ritters. Er kam herübergeschritten und stand drohend vor dem stabilen Holztisch, an dem Abt Ness und der Sheriff saßen, und blitzte zornig auf sie hinab, wobei seine dunklen Augen seltsam triumphierend leuchteten.

Die beiden sitzenden Männer wichen zurück, als Sir Richard tief Luft holte und brüllte, als stünde er irgendwo im Heiligen Land in einer wogenden Schlacht: „Stephen! Bring mir die Tasche!"

Aufs Stichwort erschien sein Sergeant, der einen offensichtliche schweren Sack trug, den er seinem Herrn überreichte, mit einem bösen Blick auf Abt Ness, der mit dem Ausdruck völliger Verblüffung aus seinem geröteten, runden Gesicht dort saß.

Sir Richard nahm die Tasche und beugte sich vor, um sein Gesicht direkt vor das des Abtes zu schieben. „Hier, Ihr verdammter Blutsauger. Euer Geld!", und leerte den großen Sack auf den Tisch. „Der Rest ist draußen in einer verschlossenen Truhe. Eure Lakaien zählen ihn gerade."

Der Abt und der Sheriff starrten mit offenem Mund, als ein großer Haufen Silbermünzen aller Größen auf den

Tisch regneten und auf den Boden und in ihren Schoß fielen, nach denen sie instinktiv griffen.

Insgesamt hatten die Geächteten es vermocht, 160 Pfund in bar aus Lord John de Brays Herrenhaus zu stehlen, dazu noch ein Viertel dieses Wertes in Juwelen, Waffen, Schmuckstücken und anderen Wertgegenständen. Es war ihnen auch gelungen, eine beträchtliche Menge an Nahrungsmitteln mitzunehmen, die sie in den Dörfern um Barnsdale eintauschten oder einfach verschenkten.

Der Johanniter und sein Sergeant erhielten die großzügige Summe von 30 Pfund für ihre Hilfe bei dem Raubzug, während Robin Hood zugestimmt hatte, Sir Richard die 100 Pfund, die er benötigte, um seine Schulden bei Abt Ness zurückzuzahlen, zu leihen, die der Ritter Robin zurückzahlen sollte, wann immer er dazu in der Lage wäre. Die Outlaws behielten den Rest der Beute - immer noch eine beträchtliche Summe - in ihrem Gemeinschaftsfonds, um sich durch den Winter zu bringen. Sir Richard stand in der Schuld der Geächteten, aber er würde nicht länger in der Schuld des Abtes stehen.

„Einhundert Pfund!“, knurrte der große Johanniter. „Genau das, was ich Euch schulde. Wäret Ihr höflich gewesen und hättet mich mit dem Respekt behandelt, der einem Ritter der Johanniter zusteht, hättet Ihr mit mehr belohnt werden können.“

Der Abt schaute Sir Henry de Faucumberg hilfesuchend an, aber der Sheriff von Nottingham hatte ruhig seinen Stuhl von Ness fortgerückt und saß abseits, als ob nichts hiervon ihn etwas anginge, und ein kleines Lächeln der Anerkennung umspielte seine Lippen. Der Abt öffnete den Mund, um etwas zu sagen, aber Sir Richard schlug mit einem dumpfen Aufprall seine Hand auf den Tisch und schnitt ihm das Wort ab.

„Halt den Mund, Pfaffe!“

Er streckte seine Hand aus und hob die Schriftrollen auf, die Ness auf den Tisch vor sich gelegt hatte: die Dokumente, die zur legalen Übertragung des Besitzes des Johanniters erforderlich waren.

„Meine Ländereien“ - Richard riss die Dokumente mitten durch - „bleiben“ - er riss noch einmal - „mein! Euer Sheriff von Yorkshire und Nottingham kann *das* bezeugen!“

Sir Richard beugte sich plötzlich vor, packte die Kutte des Abts und zog ihn halb über den Tisch, sodass sich ihre Gesichter fast berührten. Der große Ritter nahm die zerrissenen Papiere und drückte sie dem Geistlichen mit einem zufriedenen Grinsen ins Gesicht.

„Und diese Pergamente - die könnt Ihr Euch in den Arsch stecken!“

Er schubste den Abt zurück auf seinen Stuhl, aber der Wein hatte seinen Tribut gefordert und der Kirchenmann verlor sein Gleichgewicht, Stuhl und zerrissene Dokumente flogen in alle Richtungen, während er mit vor Schreck blassem Gesicht flach auf den Boden fiel.

Sir Henry de Faucumberg saß dabei und genoss die Vorstellung. Er hob eine Augenbraue und schenkte Sir Richard zum Abschied ein ironisches Lächeln, als der Johanniter und sein Sergeant mit geballten Fäusten aus dem Raum stürmten.

Einen Moment lag Abt Ness nur auf dem Boden: gedemütigt, verängstigt und in Verlegenheit gebracht. Dann begann er, sich zu wundern.

„Woher?“, fragte er, fast an sich selbst gerichtet, als er die Armlehne seines Stuhls packte und sich in ihn hochzog. „Woher hat er das Geld bekommen?“

Der Sheriff füllte seinen Weinbecher auf und winkte abwehrend mit der Hand. „Was hat das noch zu sagen? Wenigstens habt Ihr Euer Geld zurück.“

ZWANZIGSTES KAPITEL

Eine Zeit lang wurde es im grünen Wald wieder ruhig, da das Wetter schlechter wurde und der Dezember mit dicken, schweren Schneefällen begann, was alle außer die entschlossensten Reisenden davon abhielt, durch das Gebiet der Geächteten zu ziehen.

Bei so schlechtem Wetter bestand kaum eine Chance, dass das Gesetz Jagd auf sie machen oder zufällig über ihr Lager stolpern würde. Die Vögte und Waldhüter in den nächstgelegenen Städten und Dörfern hatten Wichtigeres zu tun, als sich auf eine aussichtslose Jagd in einem eisigen, von gefährlichen Wolfsköpfen bevölkerten Wald zu begeben.

Daher führte Will Scarlet sie durch den gefrorenen Wald zu einem neuen Lagerplatz, der früher einmal von dem jetzt toten Adam Gurdon ausgesucht worden war. Hier gab es eine Reihe recht großer Höhlen, um ihre geringen Vorräte an Essen und Trinken zu lagern oder eine Weile darin Schutz zu suchen, wenn das Wetter wirklich schlecht wurde, und ringsum dicke Bäume, an deren Stämmen sie robuste Unterstände bauten und mit von Händlern gestohlenen Häuten bedeckten. Die Bäume hier in der Gegend waren meist Eiben, dazu Wacholder- und Stechpalmenbüsche in dicken Sträuchern. Daher behielten sie, anders als die meisten den Geächteten bekannten Bäume wie Eiche, Buche, Haselnuss oder Esche, den größten Teil ihres Laubs und boten im Winter ausgezeichneten Schutz, lenkten dabei den verräterischen Rauch der Lagerfeuer ab und bildeten ein dickes Laubdach gegen Schnee, Wind und eisigen Dezemberregen.

Robin fragte sich, ob die immergrünen Bäume und Sträucher in diesem Teil des Waldes von einem früheren Sheriff gepflanzt worden sein mochten, um den Tieren, die der König gerne jagte, im Winter Schutz zu bieten.

Die Geächteten hatten genug Essen und Ale, um zu überleben, dazu viel Geld, um mehr zu kaufen, wenn sie in den umliegenden Dörfern etwas fanden. Von dem Geld, das von ihrem Überfall auf John de Brays Herrenhaus übrig geblieben war, behielt Robin das meiste davon in der gemeinsamen Kasse und teilte zehn Pfund gerecht zwischen den Männern auf, die einiges davon verwendeten, um anständige Winterkleidung und Decken zu kaufen.

Trotz der Kälte machte die kleine Bande von Geächteten es sich bequem. Sie verbrachten die Tage mit Übungen und damit, das magere Wild zu jagen, das sie finden konnten. Ihre Nächte waren davon erfüllt, rund um warme Feuer Ale zu trinken und Geschichten zu erzählen, zu singen und zu würfeln. In manchen Nächten gingen kleine Gruppen in eine der größeren Städte, um die Gasthäuser und Bordelle zu besuchen.

Robin war froh darüber, da sonst die Atmosphäre im Lager angespannt hätte werden können, nachdem Matilda zu ihnen gestoßen war und jede Nacht sein Bett zu teilen begonnen hatte. Trotzdem wusste er, dass einige der Männer untereinander murrten und sich fragten, warum Robin seine Frau im Lager behalten dürfte, wenn keiner von ihnen einen solchen Luxus hätte.

Infolgedessen sorgte Robin dafür, dass Matilda während des Kampftrainings hart herangenommen wurde. Er musste den Männern zeigen, dass sie ein nützliches Mitglied ihrer Gruppe war, kein Gast.

Zum Glück lernte das Mädchen schnell und machten ihren Mangel an Kraft durch Schnelligkeit und Begeisterung wett. Sie konnte die großen Langbögen, die die Männer benutzten, nicht spannen – man brauchte buchstäblich jahrelange Übung, um die dafür erforderliche Kraft aufzubauen -, aber ihre Genauigkeit mit einem kleineren Jagdbogen war so, dass die anderen Geächteten ihr Können schätzten. Sie lernte auch gut genug, wie man einen kleineren Kampfstock benutzt, und das Kurzschwert, das Robin ihr gab.

Matilda war keine Tötungsmaschine, wie Will oder Little John oder Robin selbst, und sie hatte keine Kampferfahrung, aber sie bemühte sich sehr, um allen zu zeigen, dass sie kein kicherndes kleines Mädchen war, das nur da war, um mit ihrem jungen Anführer ein Bett zu teilen.

„Au! Im Namen Christi, Mädel!“, schrie Will, als ihr Kampfstock kräftig seinen abwehrte, bevor sie ihn hochhob und gegen sein Kinn schlug. „Das war ein Treffer!“

Die Männer brüllten vor Lachen, als Matilda Scarlet die Spitze ihres Stabes bedrohlich vors Gesicht hielt.

„Das hast du davon, wenn du mich unterschätzt“, lächelte sie.

Der raue Geächtete beugte sich nach unten, um seinen fallengelassenen Kampfstock aufzuheben, während seine Augen misstrauisch auf Matildas Waffe ruhten. „Jau, das werde ich nicht wieder tun“, murmelte er gereizt, aber seine Augen funkelten gut gelaunt.

Little John schubste Robin, als sie dem Übungskampf zuschauten. „Dein Mädel hat sich recht gut eingelebt. Ich hatte befürchtet, sie würde nicht sehr nützlich sein - es hätte nicht viel gebraucht, um Matt Groves dazu zu bringen, herumzumaulen und die Männer gegen sie aufzubringen.“

Robin nickte liebevoll. „Jau. Ihr Kanincheneintopf schmeckt auch besser als der von Tuck, was geholfen hat, um selbst Matt einigermaßen zufriedenzustellen.“

In dieser Zeit war Robin wirklich glücklich. Wie alle Geächteten hegte er einen tiefen Groll gegen das

System, das ihn zu einem Außenseiter seiner Gesellschaft gemacht hatte, zu einem Wolfskopf. Aber die Kameradschaft seiner kleinen Bande und die Anwesenheit des Mädchens, das er liebte, seit er ein Junge war, ließen den herannahenden Winter angenehmer erscheinen, als er erwartet hätte. Eine Person betrachtete jedoch Robins Beziehung zu Matilda mit besonderem Stirnrunzeln.

„Wirst du das Mädchen heiraten oder nicht?“, verlangte Bruder Tuck eines Morgens zu wissen, als die beiden bei einem kleinen Frühstück aus Brot und Käse saßen, das mit Ale hinuntergespült wurde.

Robin war überrascht. In seinen Augen *waren* er und Matilda verheiratet. Sie hatten ein Bett geteilt. Sie hatten eines Nachts allein in der Dunkelheit einander selbst Gelübde abgelegt. Was sonst brauchte es noch? „Wir sind verheiratet, Tuck“, antwortete er und biss in das Ende seines kleinen, dunklen Brotlaibs.

„Nicht in den Augen der Kirche“, erklärte Tuck ihm missbilligend. „Heimliche Ehen werden von Unserem Herrn nicht anerkannt.“

Robin zuckte mit den Schultern. Kaum jemand machte sich die Mühe einer kirchlichen Zeremonie, wenn sie heirateten, warum sollte er, ein Geächteter, das tun? Für ihn war Matilda seine Frau.

Der Mönch wusste, dass Robin das junge Mädchen liebte. Mehr, mit Sicherheit, als die meisten Männer ihre Partnerinnen liebten. Dennoch, er war ein religiöser Mann und wollte, dass Robin und Matilda ihre Verbindung ordnungsgemäß segnen ließen.

Robin kümmerte das nicht wirklich, aber er konnte sehen, dass es seinem Freund wichtig war, also lächelte er den Mönch an und stimmte einer feierlichen Zeremonie zu.

Tuck grinste, seine Augen glänzten fröhlich, und die beiden Männer fuhren eine Weile fort, ihre Mahlzeit in freundschaftlichem Schweigen zu verzehren. „Weißt du, Tuck ..." Robin verstummte und wusste nicht, wie er das Gespräch fortsetzen sollte. Obwohl er Bruder Tuck für einen guten Freund hielt, hatte er nie etwas über den großen Geistlichen erfahren. Nicht einmal seinen richtiger Name.

„Spuck es aus, Junge!", forderte Tuck ihn mit einem Grinsen auf, da er wusste, worauf das hinauslief. Der Mönch hatte diese Unterhaltung erwartet, seit er sich den Geächteten angeschlossen hatte, und war nur überrascht, dass es so lange gedauert hatte, bis einer von ihnen ihn nach seiner Vergangenheit fragte. Es zeigte, dass sie alle Freunde waren, die ihr Leben füreinander aufs Spiel setzen, aber auch jedem seine Geheimnisse lassen würden.

„Ich verstehe nicht, warum du dich uns angeschlossen hast", sagte Robin und drehte sich um, wo er den geschorenen Mönch fragend anschaute. „Es bestand für dich keine Notwendigkeit, soweit ich das sehen kann. Gut, wir haben dir und deinen Freunden eine Menge Geld gestohlen, aber ... warum solltest du dich uns anschließen wollen? Wir haben die meisten Wachleute getötet, ich bezweifle, dass der Abt erwartet hätte, dass du uns alle hättest abwehren und ihm sein Geld zurückbringen können, also ...?" Robin schüttelte, die Augen noch immer auf Tuck gerichtet, den Kopf und hoffte auf eine Antwort, ohne direkt danach fragen zu müssen.

Robin wollte die Gründe dafür, dass Tuck sich ihnen angeschlossen hatte, herausfinden, weil er wie alle anderen Geächteten neugierig war. Aber Robin war jetzt auch der Anführer, und Tucks Bereitschaft, sich ihnen anzuschließen, erschien ihm seltsam. Er musste es aufklären, wenigstens für sich selbst.

Warum sollte ein einigermaßen gut gestellter Mönch sich einer Bande von Geächteten anschließen?

„Ich war nicht immer Mönch“, erzählte ihm der fröhliche Franziskaner. Er war auch nicht immer Tuck gerufen worden, was nur ein Spitzname war wegen der Art, wie er seine graue Kutte trug.

„Mein richtiger Name ist - war - Robert Stafford - und als junger Mann gehörte ich zu einer Truppe reisender Spielleute. Zu der Truppe gehörte eine Reihe Schausteller und Spielleute. Wir hatten alles: Minnesänger und Narren, Akrobaten, Bärenkämpfe, Hahnenkämpfe und mein eigenes, besonderes Talent: das Ringen.“

Es pflegte einen großen Preis zu geben, abhängig von der Zahl der Kämpfer, aber in der Regel rund zwanzig Shilling - für die meisten Leute mehr als zwei Wochenlöhne - der dem Gewinner des Ringkampfwettbewerbs zufiel. Die Männer vor Ort zahlten einen Beitrag, um mitmachen zu dürfen, und der Sieger des letzten Kampfes ging mit dem gesamten Geld vom Platz.

„Ich pflegte mich den ganzen Tag unter die Einheimischen zu mischen“ - Tuck legte sein Brot hin und bewegte seinen großen, pummeligen Finger in einer gehenden Bewegung hin und her - „und mich wie einer von ihnen zu benehmen, und dann meldete ich mich zur Teilnahme an dem Ringkampf an.“

Er war nicht unüblich groß, ein wenig unter sechs Fuß, oder bemerkenswert muskulös, sondern eher stämmig, auch damals schon. Damals wie heute war er ein eher unscheinbarer Mensch. Er besaß kein großes Charisma, das die Aufmerksamkeit der Leute auf ihn gelenkt hätte. Daher schreckte sein Auftauchen nie jemanden davon ab, an dem Wettkampf teilzunehmen.

„Was die Einheimischen nie merkten, war, dass ich viel stärker bin, als ich aussehe und dass ich lange und hart als Ringer trainiert habe“, fuhr der Mönch fort, biss ein Stück von seinem Käse ab und schlürfte lautstark von seinem Ale. „Ich weiß, wie man sein Körpergewicht einsetzen muss, wie man einen Mann herumwirft und wie man ihn genug verletzt, um ihn am weiterkämpfen zu hindern, ohne ihm wirklich Schaden zuzufügen. Ich war im Allgemeinen unschlagbar, selbst bei Gegnern, die viel größer waren als ich selbst."

In neun von zehn Städten gewann Stafford das Ringen, seine Truppe von Spielleuten machte einen fetten Gewinn, da sie den Preis nie an den Gewinner auszahlen mussten und keiner merkte etwas.

„Ich genoss das Leben." Tuck lächelte abwesend. „Es war einfach genug - wenn nicht eine Stadt einen Riesenkerl hatte, der es schaffte, mich zu schlagen - und ich wurde gut bezahlt. Ich konnte mich sattessen und -trinken, nachdem ich auf dem jeweiligen Markt meine Arbeit erledigt hatte und ich habe mich nie als Betrüger gefühlt. Schließlich konnte jeder, wenn er mich besiegte, diese zwanzig Schillinge gewinnen. Sie wurden bei den wenigen Gelegenheiten, wo das geschah, immer ausgezahlt."

Es war, dachte er, ein fairer Kampf, Mann gegen Mann, ob die Teilnehmer wussten, dass er ein Ringer war oder nicht. Das war ihm wichtig, denn eigentlich war er ein guter Mann mit strengen, moralischen Grundsätzen. Ihm gefiel die Vorstellung nicht, Leute zu betrügen, daher runzelte er über einige andere Mitglieder ihrer Truppe die Stirn, die manipulierte Würfel, Kartentricks und andere unfaire Methoden benutzten, um Leuten das Geld abzunehmen.

Drei Jahre genoss Robert Stafford das Leben beim Umherziehen mit seiner Truppe von Spielleuten, bis er an einem Nachmittag im Dorf Elton, am Ufer des Flusses Nene, entlarvt wurde.

„Es war wohl unvermeidlich, schätze ich", seufzte Tuck und seine breiten Schultern sackten hinab. „Es wundert mich eher, dass ich es so lange vermeiden konnte, entdeckt zu werden. In Elton jedoch wurde ich von einem Mann bemerkt, den ich ein paar Wochen zuvor in King's Ripton besiegt hatte. Dem Mann wurde klar, was vor sich ging und sammelte ein paar der Dorfleute, als mein Ringkampf begann."

Nach einer Weile, als Robert wie gewöhnlich gewonnen hatte - wobei er in der letzten Runde einen riesigen, rotgesichtigen Glatzkopf überwältigt hatte - begab er sich in das örtliche Wirtshaus. Angeblich hatte die Wirtin gerade ein Fass gebraut, aber Stafford konnte aus der großzügigen Beigabe von Kräutern und Honig erkennen, dass dies nichts frisch Gebrautes war.

„Nicht, dass es mich sehr gestört hätte", grinste er verlegen. „Nach ein paar Humpen davon, billig, nur ein Schilling pro Gallone, hätte man mir einen Krug Pisse reichen können und ich hätte ihn gerne geleert."

Robin lachte, als der Franziskaner einen langen Zug seines Ales nahm und zufrieden rülpste.

„Ich wusste, dass ich genug gehabt hatte, daher stolperte ich aus der Tür und machte mich auf den Weg zu unserem Lager. Ich erinnere mich, wie ich mich durch einen wirklich dunklen Teil des Dorfes bewegte, nahe dem Rand, glaube ich ... aber ich habe nie erfahren, was mich getroffen hat." Er zuckte zusammen und schüttelte den Kopf. „Ich war zu betrunken. Mir wurde nur plötzlich klar, dass ich flach auf dem Gesicht auf der Straße lag und von allen Seiten Schläge auf mich herabregneten."

Instinktiv hatte er sich zu einem Ball zusammengerollt, um seinen Kopf und auch den Bauch zu schützen. Zu betrunken und verwirrt, um auch nur ans Zurückschlagen zu denken.

„Das ging eine lange Zeit so weiter", erzählte er, wieder zusammenzuckend, und vergaß sein Frühstück über der Erinnerung an die Schmerzen und die Furcht in jener Nacht. „Oder zumindest schien es mir so; vielleicht waren es nur ein paar Sekunden, ich weiß es nicht. Ich war mir vage bewusst, dass Stimmen jemanden anschrien, dass er aufhören sollte. Sie schrien den Mann aus King's Ripton an. Er heulte förmlich vor Wut, als er mich halb totprügelte.“

Schließlich zerrten die Einheimischen ihn weg, bevor man sie alle wegen Mordes verklagen würde, und der Mann, dessen Wut fast verraucht war, schüttelte die Männer ab, die ihn zurückzuhalten versuchten.

„Ich war inzwischen so weit zu Bewusstsein gekommen, dass ich zu ihm aufschauen konnte, gerade, als er mir ins Gesicht spuckte. Er schrie mich an und wollte wissen, ob ich mich an ihn erinnerte.“ Der Mönch betrachtete Robin mit einem traurigen Lächeln. „Ich wusste nicht einmal, welcher Tag der Woche es war, geschweige denn, dass ich mich an ein Gesicht unter den hunderten erinnern konnte, die ich in der Woche gesehen hatte. Ich konnte nicht antworten, konnte nicht einmal meinen Kopf schütteln, daher starrte ich ihn nur an, während er mir ins Gesicht schrie, wie ich ihm mit meinem manipulierten Kampf sein Geld gestohlen hätte. Anscheinend hatte er seinem Lord Geld geschuldet und war - zusammen mit seiner Familie - aus dem Haus geworfen worden, weil ich ihn darum betrogen hatte ... Er war ungefähr ebenso sauer wie ich“, seufzte Tuck. Selbst in seinem berauschten und völlig zerschlagenen Zustand hatte Tuck erfasst, dass die Logik seines Angreifers entscheidende Fehler aufwies, aber er konnte nichts sagen, um die Vorwürfe des Mannes zu widerlegen. Also schloss er einfach seine Augen und wünschte, seine sich schnell dunkel färbenden Glieder und sein Leib würden nicht anfangen, so fürchterlich wehzutun.

Die Angreifer verschwanden in der Nacht und zerrten glücklicherweise den Mann aus King's Ripton mit sich, um ihn daran zu hindern, den am Boden liegenden Ringer zu töten, und Stafford fiel in Ohnmacht. Einige der Minnesänger, die nach ein paar Ales ins Lager zurückkehrten, fanden ihren fröhlichen Ringer bewusstlos auf der Straße liegen und trugen ihn zu seinem Strohsack zurück.

„Als ich am Morgen aufwachte, schmerzte mein ganzer Körper schrecklich, aber ich hatte Glück“, lächelte der Mönch und schüttelte seinen geschorenen Kopf, hob seinen Laib wieder auf und nahm einen Bissen. „Meine Knochen waren nicht gebrochen und mein dicker Schädel war noch ganz, obwohl ich sicher bin, dass ein paar meiner Rippen angeknackst waren. Einer der Minnesänger brachte mir etwas von dem einheimischen Ale mit Hanf darin, was die Schmerzen etwas linderte.“

Die Truppe der Spielleute zog am nächsten Tag weiter nach Peterborough. Stafford trat nie wieder für sie zum Ringen an. Ein paar Tage später verließ er sie, als seine Prellungen einigermaßen verblasst waren und er wieder imstande, allein zu reisen.

Was der Mann aus King's Ripton zu ihm gesagt hatte, hatte Stafford tiefer verletzt als jeder Schlag, den er in jener Nacht erhalten hatte.

„Ich weiß, dass der Vorwurf, den er mir machte, dumm war“, knurrte der Mönch. „Der Mann hatte offensichtlich all sein Geld beim Spielen, Trinken und wer weiß wobei noch verloren. Ich hatte ihn nicht gezwungen, sich mit dem letzten Rest seines Lohns an dem Ringwettkampf zu beteiligen, das hatte er sich selbst ausgesucht. Ich war für ihn nur ein passender Sündenbock wegen seiner elenden Schwächen.“

Robert Stafford wusste all das. Er war kein Narr.

„Dennoch ... in dem, was der Mann sagte, lag ein Körnchen Wahrheit“, gab der Kirchenmann unglücklich zu. „Männer beteiligten sich aus Spaß an dem Ringkampf, in der Erwartung, gegen andere, untrainierte, normale Männer wie sie selbst anzutreten. Sie hatten das Gefühl, eine faire Chance zu haben, den Preis zu gewinnen. Hätten sie sich je an dem Wettkampf beteiligt, wenn sie gewusst hätten, wie geschickt ich war? Nein, die meisten von ihnen würden es wahrscheinlich nicht getan haben."

Stafford hatte es nie von dieser Seite betrachtet und ihm wurde nun klar, dass er tatsächlich all diese Männer um ihr sehr hart verdientes Geld *betrogen* hatte. „Es war *kein* fairer Kampf", murmelte er, „als ich all diese zahllosen Bauern, Arbeiter, Landleute und Freisassen in den Städten und Dörfern besiegte. Nicht wirklich."

Nein, niemand hatte die Männer gezwungen, sich an dem Wettkampf zu beteiligen, aber sie hatten es getan, im Glauben auf eine faire Chance zu gewinnen, und das war nie der Fall gewesen. Wie viele hatten ihre Familien an einem solchen Abend ohne Essen gelassen, oder in Verzug mit der Miete, weil Stafford sie um ihren Tageslohn gebracht hatte?

„Diese Gedanken quälten mich", gestand er seinem jungen Anführer. „Ja, ich habe das Kämpfen und das Gewinnen genossen, aber ich konnte den Gedanken nicht ertragen, dass ich ehrliche Männer betrogen hatte."

Also packte er seine Sachen zusammen und das Geld, das er in den drei Jahren zuvor gespart hatte, und verließ die Truppe.

Er hatte recht gute Ersparnisse gehabt und lebte eine Weile recht angenehm. Aber seine Versuche, eine geeignete Anstellung zu finden, scheiterten alle - er war zu sehr an ein einfaches Leben gewöhnt und konnte sich nicht dazu durchringen, den ganzen Tag harte Arbeit auf dem Feld zu leisten, um nur einen Shilling und eine Mahlzeit zu verdienen. Ohne andere Fähigkeiten als das Kämpfen waren seine Möglichkeiten, Arbeit zu finden, begrenzt.

So beschloss er ohne große Begeisterung, Söldner zu werden. Seine Kampfkunst beschränkte sich nicht auf das Ringen: Er war auch dazu ausgebildet worden, einen Kampfstock und ein Schwert zu benutzen und es schien die einzige Art für ihn zu sein, seinen Lebensunterhalt zu verdienen, indem er die begrenzten Fähigkeiten nutzte, die er besaß.

„Das war nicht wirklich das, was ich wollte“, sagte Tuck. „Aber ich dachte, ich könnte vielleicht angeheuert werden, um eine niedliche Adlige auf ihren Reisen zu beschützen oder so etwas. Du verstehst schon“ - er schaute Robin zwinkernd an - „eine schöne Jungfrau vor blutrünstigen Geächteten wie eurem Haufen zu beschützen. Das war ohnehin meine Hoffnung - ich hatte zu der Zeit noch kein Keuschheitsgelübde abgelegt.“

„Schmutziger alter Bastard“, murmelte Robin zur Antwort und schüttelte grinsend den Kopf, während Tuck seine Geschichte fortsetzte.

„Ich sprach mit einem Mann im *Stag's Head*, einer heruntergekommenen Taverne in Cambridge, und meine Anstellung wurde arrangiert. Ich sollte als Teil einer kleinen persönlichen Miliz arbeiten, die Thomas Clerk, einen lokalen Händler, beschützte.

„Ich fühlte mich schmutzig, diese Arbeit anzunehmen, aber die Bezahlung war gut. Es schien mir damals, dass Geld das wichtigste war, was ich zum Überleben brauchte“, sagte er und schüttelte voll Unglauben den Kopf. „Meine Ersparnisse waren fast verbraucht und der Lohn, der mir angeboten wurde, war weit höher als alles, was ich als einfacher Arbeiter hätte verdienen können.“

Nachdem die Bedingungen für die Anstellung ausgehandelt waren, verließ er den Gasthof und ging eine stinkende Straße - im Ort aus offensichtlichen Gründen als „Shitbrook Street“ bekannt - zu seiner Unterkunft zurück. Der frühere Ringer fragte sich verzweifelt, wo in der Welt er enden würde. Würde er es je schaffen, seinem Leben einen Sinn zu geben? Oder war er dazu bestimmt, von einer niederen, deprimierenden, schlecht bezahlten Arbeit zur nächsten zu wandern, bis er starb, zu alt oder zu betrunken, um sich zu bewegen, und als Haufen menschlichen Abfalls an einem Ort wie der Shitbrook Street liegen zu bleiben?

„Dann hörte ich jemanden schreien“, sagte Tuck. „Es war ein Mann, wie ich herausfand, aber er hörte sich an wie eine verängstigte Frau.“ Er lächelte bei der Erinnerung und sein Gesicht wurde hart. „Seit ich in Elton zusammengeschlagen worden war, hatte ich mir angewöhnt, eine Keule bei mir zu tragen, und als ich wieder diesen Schrei hörte, wusste ich, dass ich etwas tun musste. Ich konnte ihn nicht ignorieren, so wie alle anderen es zu tun schienen.“

Zwei schmutzig aussehende Räuber hatten einen gut gekleideten Mönch oder Priester - Stafford kannte den Unterschied damals nicht, er wusste nur, dass es sich um irgendeinen Kirchenmann handelte - an der Ecke der Gasse gegen eine Hauswand gedrückt. Einer der Männer hatte eine Hand am Hals des Priesters und drückte fest genug, um weitere Hilferufe zu unterdrücken, während er mit seiner anderen Hand mit einem rostigen alten Dolch vor dem Gesicht des Geistlichen herumwedelte.

Als der andere Dieb den Priester sicher festgehalten sah, kniete er sich nieder und begann, den Rucksack eines anderen, in graue Gewänder gekleideten Geistlichen zu durchsuchen, der auf dem Boden lag und dem Blut aus einer entsetzlichen und sicherlich tödlichen Wunde an der Stirn sickerte. „Ich schaute ein paar Augenblicke zu. Ich wusste nicht, was ich tun sollte“, sagte Tuck achselzuckend zu Robin. „Ich hatte nichts für Religion oder die Kirche übrig, ich empfand daher keine fromme Verpflichtung, dem Priester zu helfen. Er bedeutete mir nicht mehr als jeder andere Mensch ... Aber ich hatte auch für Räuber nichts übrig. Was ich in dieser schmutzigen Gasse sah, widerte mich an.“

So leise er konnte, glitt er in die Gasse, zog seine Keule heraus und schlich sich an den Räuber, der auf dem Boden kniete, an.

Der Dieb bemerkte seine Annäherung nicht, so vertieft war er in die Durchsuchung der Sachen des niedergeschlagenen Priesters.

Mit einem lauten Schlag ließ Stafford seine Waffe auf den Hinterkopf des Mannes herunterfallen.

Der Dieb brach auf dem Boden zusammen, aber das Geräusch des Schlags hatte seinen Komplizen alarmiert, der den erstickenden, blaugesichtigen Priester losließ und mit abwehrbereit vor sich gehaltenem Dolch herumfuhr, um sich Stafford entgegenzustellen. Der Räuber schaute nach unten zu seinem gefällten Komplizen und warf sich voll Panik auf Stafford, wild mit seinem Dolch herumfuchtelnd, während der Priester auf allen vieren in den menschlichen Abfällen der Straße kniete, hustete und keuchte, als er versuchte, Luft durch seine zerquetschte Kehle zu bekommen.

Roberts Training half ihm, als er flink nach links auswich, mit der rechten Hand das Handgelenk seines Gegners packte und hart zudrückte.

„Ich erinnere mich daran, als wäre es erst letzte Woche geschehen", sagte der Mönch. „Trotz all meine Ringkämpfe war dies der erste echte Kampf auf Leben und Tod, den ich je ausgetragen habe, ich werden ihn nie vergessen."

Der schmutzige Dolch fiel mit einem metallischen Klirren auf den Boden, als Stafford den Arm des Räubers verdrehte, bis er hinter seinem Rücken war; dann rammte der große Ringer das Gesicht des schreienden Mannes hart gegen die Hauswand.

Ein-, zwei-, dreimal schlug er den Möchtegern-Dieb gegen das harte Holz, dann ließ er den bewusstlosen Mann zu Boden fallen, dessen Gesicht zertrümmert und blutig war, während sein Arm in einem übel aussehenden Winkel unter ihn gebogen lag. „Ich ging hinüber, um nach dem Priester zu sehen, der sich noch immer auf dem Boden die Seele aus dem Leib hustete. Als er wieder zu

Atem kam, schaute er mich an, als wäre ich Christus selbst", der Franziskaner bekreuzigte sich schnell und sprach weiter. „Seine Augen hoben sich zum Himmel und er sagte zu mir: ‚Der Herr hat dich zu meiner Rettung geschickt, mein Sohn!'"

„Ich zuckte nur mit den Schultern und steckte meine Keule wieder in meinen Gürtel. Ich machte mir mehr Sorgen darum, dass Freunde der Räuber auftauchen könnten, als darüber zu diskutieren, ob ich ein vom Himmel gesandter Engel wäre, daher hob ich den Priester auf und brachte ihn zu meiner eigenen Unterkunft in der Shitbrook Street."

Wie sich herausstellte, war der „Priester", den Stafford gerettet hatte, tatsächlich John Salmon, der Bischof von Norwich. Er und sein ermordeter Gefährte, ein Franziskanermönch, hatten sich auf dem Weg zu einem Treffen mit anderen Geistlichen verlaufen und waren von den Räubern überfallen worden.

Der Bischof schien wirklich zu glauben, Stafford wäre von Gott geschickt worden, um ihn zu retten, und seine Begeisterung für diese Vorstellung war ansteckend.

Nach kurzer Zeit begann Stafford zu glauben, dass der Mann vielleicht recht haben könnte. Schließlich hätte es nichts geholfen, wenn irgendwelche anderen Männer vorbeigekommen wären, als der Raub begangen wurde, denn die meisten anderen Männer wären einfach verjagt oder von den Räubern getötet worden, nicht wahr?

„‚Es war sicherlich kein Zufall, dass ein Mann wie Ihr - der wie Ihr kämpfen kann - genau zur richtigen Zeit erschien', sagte der Bischof zu mir, und schließlich wurde mir klar, dass er recht hatte. Gott hatte mich zu einem bestimmten Zweck geschickt. Seit Monaten hatte ich versucht, meinen Weg zu finden, und jetzt schien es, als ob er mir ins Gesicht starrte."

Er lächelte sanft und nickte in frommer Zufriedenheit. „Ich habe den Vertrag, als Söldner den reichen Händler

Thomas Clerk zu schützen, nie eingehalten. Bischof Salmon half mir, und ich wurde ein Franziskanermönch: legte die graue Kutte an, schor meinen Oberkopf und widmete Gott den Rest meines Lebens. Ich hatte endlich meine wahre Berufung gefunden."

Zum ersten, vielleicht dem einzigen Mal in seinem Leben war er glücklich und voller Hoffnung für die Zukunft gewesen.

„Natürlich blieb das nicht so", seufzte Tuck, „was der Grund ist, warum ich jetzt hier bin. Aber das ist eine andere Geschichte."

* * *

Sir Richard-at-Lee lächelte. Nach den qualvollen Wochen, die dem Mord an seinem Sohn gefolgt waren, fühlte er wieder ein klein wenig Frieden.

Dank seines kurzen Bündnisses mit Robin Hood und den anderen Wolfsköpfen in Barnsdale war er vor dem finanziellen Ruin gerettet.

Es war Anfang Dezember und seine Burg fühlte sich kalt und einsam an, seit er sich vor ein paar Wochen gezwungen gesehen hatte, sein Personal zu entlassen.

Die Tür zur großen Halle öffnete sich, als er Holzscheite auf das Feuer stapelte, und er warf einen Blick über die Schulter. Er lächelte, als er sah, wie die Leute hereinkamen. Das Feuer begann sich im Kamin zu entwickeln, wärmte den Raum und warf einen fröhlichen Schein in das Zimmer.

„Meine Freunde", lächelte er, stand auf und rieb sich die kalten Hände, als er zu den Neuankömmlingen trat. „Willkommen zurück!"

Seine ehemaligen Diener lächelten unsicher zurück und fragten sich, warum man sie wieder in die Burg ihres Herrn gerufen hatte.

„Freut euch“, sagte Sir Richard zu ihnen, stemmte die Hände in die Hüften und schaute sie an. „Ihr könnt Robin Hood und seinen Freunden dafür danken - ich weiß, dass ich ihnen von heute an in jeder möglichen Weise helfen werde. Ich stelle jeden von euch wieder ein.“

Als die Männer und Frauen bemerkten, dass ihr Herr es ernst meinte, jubelten sie Sir Richard und Robin Hood dankbar zu.

Vielleicht würde der Winter doch nicht so verzweifelt werden.

EINUNDZWANZIGSTES KAPITEL

In der ersten Dezemberwoche veranstaltete Bruder Tuck eine kleine Hochzeitszeremonie für Robin und Matilda unter einer der riesigen Eichen im Wald nicht weit von ihrem Lager. Die Geächteten feierten mit Bechern warmen Ales, sangen und tanzten bis lange in die kalte Winternacht hinein, während ein großes Feuer fröhlich brannte und den Feiernden Licht und Wärme spendete.

Robin war froh, dass Tuck ihn zu der Zeremonie überredet hatte. Sie bedeutete ihm nicht viel, obwohl er sich für einen anständigen Christenmenschen hielt, aber er konnte sehen, dass Matilda glücklich war, in den Augen der Kirche ordentlich verheiratet zu sein.

Robin war kein Narr. Er wusste, dass dies kein Leben für ein junges Paar war. Matilda war bereits über das Alter hinaus, in dem die meisten jungen Frauen begannen, Kinder zu bekommen.

So, wie die Dinge derzeit lagen, wusste jeder der Geächteten, dass sie kein normales Leben würden führen können. Robin war nur froh, Matilda alles an Glück zu geben, was er konnte, und der glückliche Ausdruck auf ihrem Gesicht, als er ihr eine offizielle Hochzeitszeremonie vorgeschlagen hatte, verschaffte ihm etwas Trost.

Ihr gemeinsames Leben war nicht perfekt, aber wenigstens waren sie zusammen.

So ging das Leben im eisigen Wald von Barnsdale weiter. Die Geächteten, die durch ihren Überfall auf Sir John de Bray wohlhabend geworden waren, hatten es nicht nötig, viele unvorsichtige Reisende auszurauben und Robin hielt das für eine gute Sache. Es erlaubte ihnen, unauffällig zu bleiben und den Wildhütern keinen Anlass zu geben, sich bei der Jagd nach ihnen übermäßig anzustrengen.

Trotz der ruhigen Zeit stellten die Geächteten jedoch ständig weiter Wachen um das Lager herum auf. Den ganzen Tag wechselten die Männer - und Matilda - sich ab, hoch in den Zweigen eines der immergrünen Bäume versteckt, die dicht an den Waldwegen wuchsen, um darauf zu achten, dass niemand sich an sie heranschlich. Es bestand keine Notwendigkeit, nachts Wachen aufzustellen - kein Angreifer würde so dumm sein, mitten im Winter blindlings durch den nachtschwarzen Wald zu stolpern. Trotzdem bestand Robin darauf - Vorsicht ist besser als Nachsicht, dachte er.

Die Wachen hatten sich als weise Vorsorge erwiesen. Mehrere Male wären Wildhüter fast über das Lager der Geächteten gestolpert, wurden jedoch von den Wachen gesichtet und mit Rufen und anderem Lärm in die entgegengesetzte Richtung geleitet.

Zwei Wochen vor Weihnachten saß Will Scarlet gemütlich in die Zweige einer (in Barnsdale seltenen) schottischen Kiefer gebettet, eine dicke Decke um sich gewickelt. Die Geächteten hatten genug Äste entfernt, um eine Öffnung zu schaffen, durch die ein Mann hindurch passte und ein paar Holzbretter hineingenagelt, um eine kleine Plattform zu bilden, auf der man sitzen konnte. Nicht ganz bequem oder groß genug, um darauf einzuschlafen, aber ausreichend, um jeweils ein paar Stunden dort zu verbringen.

Wie immer hörte er die Leute sich nähern, lange bevor er sie sah. Die Geräusche von herabgefallenen, getrockneten Zweigen, die brachen, als unerfahrene oder einfach unaufmerksame Reisende über sie schritten, verrieten im Allgemeinen ihre Anwesenheit und gaben den Wachen genug Zeit, um sich auf ihre Ankunft vorzubereiten.

Will grinste, als die laute Gruppe der Wanderer in Sicht kam auf der Watling Street, der Hauptstraße, die von einem Ende des Landes zum anderen führte.

Kirchenmänner. Zwei Stück. Wills Lächeln wurde nachdenklich, als er die Anzahl bewaffneter Wachen bemerkte, die die beiden Priester begleiteten. Zwölf Söldner, grimmig und wohlgeübt aussehend, jeder einzelne von ihnen.

Zwölf. Das war gut. Niemand würde eine so große Söldnertruppe anwerben, um sich zu schützen, wenn er nicht etwas Wertvolles bei sich hatte.

Die Priester hatten also etwas Stehlenswertes dabei, und der langsam fahrende, von Pferden gezogene Karren, den Scarlet in ihrer Mitte sehen konnte, transportierte es zweifellos.

Will gab den Reisenden Zeit, um vorbeizukommen, dann schwang er sich leise vom Baum herunter. Er war sich nicht sicher, wer den größten Schrecken bekam, als er mit einem leisen Plumps auf dem Waldboden ankam: er selbst oder der dunkel gekleidete Söldner, vor dessen Nase er landete.

Instinktiv griff Will zuerst nach seinem Dolch. Er konnte diesen schneller ziehen als sein Schwert und auf diese kurze Entfernung wäre er nützlicher, vor allem, wenn sein überraschter Gegner so reagierte, wie er es erwartete, und versuchte, das unhandliche Langschwert an seiner Seite zu ziehen. Der Söldner versuchte jedoch nicht, sein Schwert zu ziehen. Der Hauptmann der Söldner war offensichtlich schlau genug, um sich darüber im Klaren zu sein, dass ihre beste Chance, einen Hinterhalt zu überleben, darin bestand, so früh wie möglich gewarnt zu werden, und musste seinen Männern Anweisung gegeben haben, im Falle eines Angriffs vor allem Alarm zu schlagen. Daher machte der

Kundschafter, über den Will buchstäblich gestolpert war, vor dem untersetzten Geächteten auf dem Absatz kehrt und rannte zu seinen Gefährten zurück, während er seine Lungen mit Luft füllte, um einen Warnruf zu brüllen.

Der Söldner erhielt nie die Gelegenheit, seine Kameraden zu warnen. Da er nicht daran gewöhnt war, in den tiefen Wäldern des nördlichen Englands herumzulaufen, bemerkte er die dünne, aber zähe Baumwurzel nicht, die ihn flach auf sein Gesicht fallen ließ, und statt eines Warnrufs entrang sich ihm stattdessen ein schmerzliches, leises Grunzen.

Scarlet warf sich sofort über ihn, beide Knie auf dem Rücken des Mannes, und stieß seinen Dolch in die Seite des Halses des gestürzten Söldners, was diesen augenblicklich tötete.

Der Geächtete erhob sich rasch und schaute sich misstrauisch nach weiteren Söldnern um, aber die Bäume um ihn herum waren still.

Er kniete nieder und rieb seinen Dolche an dem Gambeson des toten Söldners ab, durchsuchte die Leiche dabei nach Wertvollem, und eilte dann hastig, aber leise, zurück ins Lager, in der Hoffnung, dass keine der anderen Wachen von weiteren herumschweifenden Kundschaftern der Söldnertruppe überrascht würden.

Eine Reihe von Geächteten waren fort, um Essen und andere Vorräte aus dem Dorf Wooley zu holen, aber zum Glück war der Rest der Männer nahe dem Lager und sie alle sammelten sich um das kleine Feuer, als sie hörten, dass Scarlet gekommen war und den Vogelruf ausgestoßen hatte, von dem alle wussten, dass er Gefahr bedeutete.

„Was ist los, Will?“, wollte Robin wissen, der das aufgeregte Grinsen auf dem Gesicht des Wachhabenden bemerkte.

„Wildhüter?", fragte Matilda und ihre Hände fassten den Kampfstock fester, den sie benutzt hatte, um einen Übungskampf gegen Much auszutragen.

Will schüttelte den Kopf. „Besser! Zwei Priester mit einem Pferdekarren, und bei ihnen ein Dutzend Männer als Begleitschutz durch den Wald."

Bruder Tuck grunzte. „Das sind eine Menge Männer."

Matt Groves lächelte nachdenklich und sagte, was alle dachten: „Viele Wachen bedeuten viel Geld ..."

Die anderen Wachen kamen eilig zum Lager, während die Geächteten noch diskutierten, was sie machen sollten. Sie berichteten auch von zwölf Söldnern, obwohl keiner von ihnen herumschweifende Kundschafter bemerkt hatte. Will erwähnte den einen, auf den er gestoßen war, da er befürchtete, es könnte noch mehr geben.

„Wartet", warnte Robin. „Zwölf Männer mindestens, möglicherweise mehr, wahrscheinlich gut bewaffnet und gut ausgebildet. So viele Wachen könnten dazu führen, dass einige von uns getötet werden. Wofür? Wir brauchen das Geld nicht. Warum lassen wir sie nicht einfach laufen?"

Will schnaubte verächtlich, seine Augen funkelten. „Du wirst weich, Robin, seit du hier den ganzen Tag sitzt, Ale trinkst, Wildbret isst und deiner Frau Gedichte ins Ohr flüsterst."

Daraufhin ertönten Juchzer und Schnauben der Zustimmung, und Robin zuckte gutmütig mit den Schultern. Die Männer mussten offensichtlich nach ein paar Wochen relativer Faulheit ihre Muskeln strecken.

„Na gut, rauben wir diese Priester aus, wenn es sein muss. Ich sehe halt keinen guten Grund dafür, unsere Leben aufs Spiel zu setzen, wenn wir es nicht nötig haben."

Bruder Tuck legte eine feste Hand auf den Arm des jungen Anführers. „Ein guter General wirft nie unnötig das Leben seiner Männer weg, Robin, ich glaube, du hast recht."

„Ja, er *hat* recht", stimmte Little John zu. „Aber ich langweile mich. Treten wir diese Söldner in den Arsch und stehlen das ganze Geld der Priester."

Robin lachte mit den anderen Männern und schüttelte den Kopf, aber es war entschieden.

In Wahrheit war der junge Geächtete recht zufrieden damit, die Priester auszurauben, aber er fand nicht, dass er seine Männer in eine solch gefährliche Situation bringen sollte, wo sie schon so viel Geld für den Winter beiseite gelegt hatten. Warum das Risiko eingehen?

Bei all seinem Charisma und seinem Geschick mit Schwert und Bogen war Robin als Kommandant noch sehr unerfahren. Er lernte erst, dass Männer, vor allem Soldaten - was seine Geächteten im Grunde waren - sich schnell langweilen, wenn sie nichts zu tun haben. Und ein Lager voll gelangweilter, testosterongefüllter Soldaten konnte rasch ein gefährlicher Ort werden, wenn es für ihre Aggressionen keinen Ausgleich gab.

„Na gut, jeder schnappt sich seine Waffen und die beste Rüstung. Du auch, Matilda, sehen wir, ob du auf ein richtiges Ziel genauso gut schießen kannst, wie auf einen Getreidesack, der von einem Ast hängt."

Seine junge Frau schlug Robin mit ihrem Stock spielerisch auf den Rücken und huschte dann zu ihrem Unterschlupf, um ihr Schwert und ihren Bogen zu holen, steckte eine Handvoll Pfeile in ihren Gürtel, als sie sich den Geächteten anschloss, die schon losmarschierten.

„Wir stellen sie an dem Kamm neben dem Paar alter Eichen, ja?", schlug Little John vor.

Robin dachte einen Moment nach, schüttelte dann aber den Kopf. „Dort gibt es nicht genug Deckung - die Bäume haben alle ihr Laub verloren und es gibt kaum einen grünen Busch, hinter dem man sich verstecken kann.“ John stellte sich den vorgeschlagenen Hinterhalt innerlich vor und erkannte, dass Robin recht hatte.

„Was ist mit den verwachsenen Buchen, eine Viertelmeile hinter dem Eichenpaar?“, polterte Will Scarlet, der sich den beiden Männern an der Spitze der Schlange angeschlossen hatte.

Es entstand eine kurze Pause, während John und Robin sich die Stelle vor Augen führten, die Will vorschlug, dann nickten beide zustimmend.

„Dort gibt es ein paar Wacholderbüsche im Westen *und* Osten“, stimmte Robin zu. „Und ein paar verstreute Stechpalmbüsche, hinter denen wir auch Männer verstecken können.“

„Ja, und es ist noch ein bisschen weiter weg als die beiden Eichen, sodass wir mehr Zeit haben, um uns vorzubereiten“, sagte Will.

Robin schlug seinen beiden Leutnants mit einem zuversichtlichen Grinsen auf die Schultern und steigerte das Tempo, da er so viel Zeit wie möglich gewinnen wollte, um ihren Hinterhalt aufzubauen. Der Ort, den Will gewählt hatte, erwies sich als ideal. Ein Drittel der Männer, angeführt von Scarlet, konnte sich im Unterholz östlich der Straße verstecken, während sich ein anderes Drittel mit Tuck an der Spitze hinter ein großes Wacholderstück auf der anderen Seite des Weges, nur ein wenig weiter, kauerte. Der Rest der Männer, einschließlich Robin und Little John, verbargen sich hinter einem dicken Stechpalmengestrüpp, dessen roten Beeren vor dem Frost und Schnee, die den Rest des Waldes bedeckten, wie Blut wirkten.

Robin hatte sich angewöhnt, Little John in seiner Nähe zu behalten, wann immer sie Leute auf der Straße ausraubten. Wenn Robin den Opfern entgegentrat und ihre Wertsachen herausverlangte, wusste er, dass die Leute weniger wahrscheinlich versuchen würden, sich ihren Weg freizukämpfen, wenn sie den fast sieben Fuß großen, bärtigen Riesen bedrohlich hinter seinem Rücken aufragen sahen.

Und diesmal hatte er auch Matilda in seiner Gruppe, nur, um sie beschützen zu können, sollte etwas schiefgehen. Sie musste sich erst noch im Kampf bewähren und Robin machte sich Sorgen, dass sie das nicht schaffen könnte. Gegen einen Mann zu kämpfen, der verzweifelt versuchte, einen zu töten, war etwas anderes als die Übungskämpfe mit den Geächteten, an die Matilda gewöhnt war.

Als alle Männer an ihren Plätzen waren, warteten sie.

Nach einer halben Stunde kam die Gruppe der Priester die Straße entlang und Robin, seinen riesigen Freund hinter sich, brüllte, dass sie anhalten sollten.

Die offensichtlich geübten Söldner mit ihren harten Gesichtern hatten schnell einen Kreis gebildet, hielten kleine Schilde vor sich und standen als beeindruckende Barriere um die beiden Geistlichen und ihren Karren herum.

„Kommt schon“, sagte Robin. „Es gibt keinen Grund, um Blut zu vergießen. Ihr Männer wisst, dass wir alle Eure Wertsachen nehmen *werden*, ob Ihr versucht, uns daran zu hindern oder nicht.“

„Sie sind doch nur eine Handvoll!“, schrie einer der Priester seine Wachen an. „Und eines ist nur eine Frau! Tötet sie einfach und lasst uns weiterfahren, bevor noch mehr von dem Gesindel auftaucht.“

Die Wachen zögerten, während ihre Augen das umliegende Unterholz musterten. Robin schaute zu, wie der Hauptmann der Söldner die Wacholder- und Stechpalmenbüsche bemerkte, hinter denen die anderen Geächteten versteckt waren.

„Ja, wir haben Euch umzingelt“, nickte Robin. „Der Kirchenmann mag denken, dass wir ein Haufen Dorftrottel wären, aber Ihr wisst, dass das nicht der Fall ist. Wenn Ihr kämpft, wird jeder Einzelne von Euch sterben. Alles, was wir wollen, ist Geld, Schmuck, solche Sachen, von den beiden Priestern. Ihr Männer könnt behalten, was Ihr habt und weiterziehen."

„Tötet ihn!", kreischte der Priester wieder, dem nicht gefiel, wie die Situation sich entwickelte. „Ihr werdet gut bezahlt, um uns zu beschützen, also verdient Euch Euren Lohn, Ihr Dummköpfe!"

„Will! Tuck!", rief Robin gelassen und wandte den Söldnern den Rücken zu, um in vorgetäuschter Langeweile auf den Boden zu sehen. Der Rest der Geächteten kam heraus, die Pfeile bereits an die Bogensehnen gelegt. Die beiden Priester begannen zu beten.

„Wie wollt Ihr es denn halten, Jungs?", fragte Robin die Söldner, noch immer in die entgegengesetzte Richtung schauend. „Ihr seid in der Unterzahl. Wir belästigen Euch nicht weiter, wenn Ihr jetzt geht. Ihr habt die Wahl."

Wie immer blieb der Rest der Geächteten enervierend ruhig und starrte reglos ihre ins Auge gefassten Ziele an.

Der Hauptmann hob seinen Schild etwas höher vor sich und schrie seinen Männern zu:

„Benutzt Eure Schilde, um ihre Pfeile abzufangen, dann greift nach Belieben an. Vorwärts!"

Robin war überrascht, dass die Söldner zu kämpfen beschlossen, aber er wirbelte mit einem geschrienen Befehl herum: „Wählt Euer Ziel sorgfältig aus, dann schießt!" und zog sein Schwert. Er sah Little John an seiner Seite, wie er seinen großen Kampfstock verteidigungsbereit vor sich hielt.

Matilda ließ ihren Pfeil fliegen, aber er versank harmlos im Schild eines der Wachen, daher zog sie flüssig ein weiteres Geschoss aus ihrem Gürtel und zielte mit überraschend ruhigen Händen auf denselben Mann.

Die Mehrheit der anderen Geächteten sah ihre Pfeile auf Schilde treffen oder nutzlos abprallen und auf den

Boden fallen. Nur drei fanden ihr Ziel: Einer fand seinen Weg direkt durch den Abwehrkreis und traf eine Wache in den Rücken; einer prallte am Helm eines der Söldner ab und durchbohrte den Hals des Mannes zu seiner Linken; der dritte erwischte einen unvorsichtigen Mann direkt im Gesicht, als dieser seinen Schild senkte, um zu sehen, wohin er lief.

Einige der Geächteten machten es wie Matilda und legten rasch einen neuen Pfeil an ihren Langbogen, während ihre Gefährten sich mit gezogenen Schwertern verteidigungsbereit nach vorn bewegten. Die zweite Salve der Geächteten, eilig, wie sie abgefeuert wurde, schaffte es doch, drei weitere Söldner auszuschalten, da die Wachen unter Beschuss in Panik gerieten und ihren Angriff leichtsinnig nach vorn trieben.

Die verbliebenen sechs Wachen erreichten nun die wartenden Geächteten und der Nahkampf begann.

Matilda war von dem, was sie sah, überwältigt. Die Söldner, grimmig und hart aussehende Männer, griffen an, aber die Geächteten waren in der Überzahl und arbeiteten wie eine brutale Tötungsmaschine zusammen, ihre endlosen Tage unerbittlicher Übungen machte sie völlig unaufhaltsam.

Little John nahm sich den Hauptmann vor, während Robin an dem Mann vorbeischlüpfte und ihn in die Seite stach. Als der Söldner aufschrie und sich vor Schmerz zur Seite drehte, schwang John seinen gewaltigen Kampfstock von unten auf sein Kinn zu und hob den Mann unter hässlichen Knacken mit gebrochenem Genick vom Boden.

Die anderen Geächteten arbeiteten ähnlich, ein Mann übernahm die Verteidigung, während ein anderer aus einer anderen Richtung angriff.

Nach wenigen Sekunden waren die Söldner alle tot. Kein einziger Geächteter hatte auch nur einen Kratzer abbekommen.

Matilda starrte das Gemetzel vor sich an und fiel dann schluchzend auf die Knie. Robin versuchte, sie zu trösten, aber sie stieß ihn grob von sich, stand langsam auf und ging zu einem Stein hinüber, auf dem sie saß, während ihr die Tränen das blasse Gesicht hinabliefen und sie blicklos in die Ferne starrte.

„Durchsucht die Leichen nach Wertsachen", befahl Robin Matt Groves und Much, die sich gründlich an die Arbeit machten.

„Sind noch mehr Wachen bei Euch?", brüllte Will und richtete sein immer noch blutiges Schwert auf die beiden Priester, die voller Schrecken neben ihrem Wagen kauerten. Die Kirchenmänner sahen ihn ausdruckslos an, antworteten aber nicht.

„Antwortet mir!", schrie Will, dessen Gesicht so rot war wie sein Spitzname besagte. Die Priester schüttelten die Köpfe.

„Es wäre verdammt gut, wenn es die Wahrheit wäre", knurrte Scarlet. Er drehte sich um und murmelte Allan-a-Dale neben sich zu: „Eine Handvoll umherschweifender Kundschafter wie der, über den ich gestolpert bin, hätte uns wirklich Ärger machen können."

Allan nickte zustimmend und musterte den Wald vorsichtig, nur für den Fall, dass die beiden Priester logen.

„Wohin wolltet Ihr?", verlangte Robin zu wissen, als die Geächteten sich um ihre Beute sammelten. „Jeder weiß, dass dieser Wald uns gehört. Warum musstet Ihr mitten im Winter hier durch kommen? Was ist so wichtig?"

Der ältere Priester, der, der seine Wachen gedrängt hatte, die Geächteten anzugreifen, saß jetzt schweigend mit grauem, schlaffen Gesicht dort.

Der jüngere Priester antwortete, seine Stimme zitterte vor Nervosität. „Wir sind auf dem Weg nach Hathersage. Um Lord John de Bray aufzusuchen."

„Diesen Bastard?“, knurrte Will. „Weshalb fahrt Ihr zu ihm?“

„Wir sind aus der Abtei St. Mary's. Der Abt hat zugestimmt, Lord de Bray etwas Geld zu leihen, nachdem er in seinem eigenen Haus von einer Bande ruchloser Geächteter ausgeraubt wurde.“

„Hey! Passt auf, wen Ihr hier ‚ruchlos‘ nennt!“, schrie Little John in gespielter Empörung und die anderen Geächteten brüllten vor Lachen.

„Nun gut. Das *ist* ein glücklicher Zufall“, sagte Robin nachdenklich lächelnd. „Ich vermute, das Geld, das Euer Abt de Bray schickt, ist in dieser Kiste hier?“ Er stieß die große Holzkiste auf dem Karren mit der Spitze seines Schwerts an.

Der junge Priester sah mürrisch weg, ohne zu antworten.

„Natürlich ist es das“, grunzte Little John, zog sich auf den Karren hoch und schlug mit einem Stein, den Allan-a-Dale ihm vom Wegrand reichte, das Schloss ab.

„Wie viel ist hier drin?“, fragte Will die Priester.

Keiner der Männer antwortete, und Little John hob den Deckel der schweren Kiste und johlte vor Freude.

Die Geächteten drängten sich vor, um die große Summe in Silber zu sehen, die sich in der Truhe befand.

„Wie viel?“, fragte Will wieder und packte den älteren Priester am Hals, um ihn auf die Füße zu ziehen.

„Zweihundert Pfund!“, rief der Geistliche ängstlich. „Der Abt schickt

Lord de Bray zweihundert Pfund in Silber!“

„Verflucht, wir dachten, wir wären schon reich“, keuchte der junge Gareth von Wrangbrook mit vor Schock weit aufgerissenen Augen. „Was sollen wir mit dem ganzen Geld machen?“

„Einstweilen bringen wir es in unser Lager“, antwortete Robin entschlossen, steckte sein Schwert in die Scheide und bedeutete Little John, die Truhe wieder zu schließen. „Auf. Allan, du kannst fahren."

Er schaute die Priester an. „Ihr beide könnt gehen", sagte er zu ihnen.

„Gehen?", erwiderte der Ältere. „Was meint Ihr mit ‚gehen'? Wir haben dank Euch keinen Begleitschutz mehr und die Straße wimmelt nur von Wolfsköpfen!"

„Nicht mein Problem", antwortete Robin, kümmerte sich nicht mehr um die beiden und ging, um nach Matilda zu sehen.

„Ihr!", rief der Priester Tuck zu, als dieser vorbeiging und mit Gareth scherzte. „Ihr seid Franziskaner! Wie könnt Ihr Euch mit diesen Räubern verbünden? Wer seid Ihr? Ich werde dafür sorgen, dass ihr wegen all dem hier exkommuniziert werdet!"

Tuck schüttelte mitleidig den Kopf über den Priester. „Vater, ich habe meine eigenen Gründe dafür, Mitglied dieser Bande von Geächteten zu sein, urteilt nicht vorschnell. Jedenfalls, wenn Ihr wieder in der Abtei St. Mary's seid und Euer Abt Euch dafür züchtigt, dass Ihr seine zweihundert Pfund verloren habt, nun ... dann würdet vielleicht auch *Ihr* Euch wünschen, Euch noch immer in diesem Wald zu verstecken."

Die beiden Priester, ohnehin schon blass und schwach, sahen betroffen aus, als sie erkannten, dass Tuck recht hatte. Der Abt würde bei ihrer Rückkehr vor Wut kochen. Sie starrten einander mit vor Angst weit aufgerissen Augen an.

Tuck zuckte mit den Schultern, erklärte ihnen, wie sie sich in die Sicherheit des nächsten Dorfes begeben könnten, und ging davon.

Der Karren erwachte knarrend zum Leben, als Allan-a-Dale mit den Zügeln der beiden Wagenpferde schnalzte und die ganze Gruppe zu ihrem Lager aufbrach.

Matilda deren erster Schock und Abscheu wegen des Todes und der Gewalt, die sie gesehen hatte, verblasste, erlaubte Robin, ihr einen Arm, um die Taille zu legen, und das Paar folgte schweigend dem quietschenden Wagen über die versteckten Pfade des Waldes von Barnsdale.

ZWEIUNDZWANZIGSTES KAPITEL

„Die Bastarde haben jahrelang getötet, vergewaltigt, unsere Leute ausgeplündert - und Ihr wollt, dass wir mit ihnen reden?“ Sir Richard-at-Lee starrte den Earl of Lancaster ungläubig an und wischte sich den Wein mit seinem Ärmel aus seinem dicken, grauen Bart. „Seid Ihr verrückt?“

Der Earl hob eine Hand, um den stämmigen Johanniter zu besänftigen, und schüttelte betroffen den Kopf. „Denkt darüber nach, Sir Richard! Wir werden von zwei Seiten von Feinden bedroht - den Schotten aus dem Norden und den Despensers aus dem Süden. Welche Bedrohung ist die unmittelbarste?“

Anders als bei den letzten Zusammenkünften, wenn Sir Richard den mächtigen Earl von Lancaster getroffen hatte, war an diesem Tag niemand zugegen außer ihnen beiden. Der Earl war unerwartet vor einer Stunde in der kleinen Burg Sir Richards eingetroffen. Richard hatte seinem Steward befohlen, den Earl und seine kleine Truppe aus den beißenden Dezemberwinden hereinzubringen, bevor er Thomas in seine Halle einlud, wo ein großes Feuer knisternd brannte und der Tisch mit Glühwein und Konfekt gedeckt war.

Der Kommandant von Kirklees öffnete seinen Mund, um zu antworten, aber Lancaster unterbrach ihn, bevor er etwas sagen konnte. „Ja, ich weiß, was die Schotten getan haben, sie haben auch meine Ländereien überfallen, vergesst das nicht. Aber der König zieht jetzt gegen uns - wollt Ihr dabeistehen und zuschauen, wie er mich zerdrückt, so wie er und seine Speichellecker gegen Mortimer, Hereford und den Rest der märkischen Lords ziehen?"

Sir Richard zuckte unbehaglich die Schultern. Die Schotten! Wie könnten sie sich mit dem verhassten alten Feind verbünden?

„Euch ist klar", fuhr Thomas fort, „dass die Verbannung der Despensers durch Erzbischof Reynolds und die anderen Kumpane des Königs aufgehoben wurde? Die Bastarde werden innerhalb einer Woche wieder in England sein!"

„Was?" Diese Neuigkeit hatte Richard noch nicht gehört. „Seid Ihr sicher?"

„Ja, ich bin sicher. Der König ist bereit, sie aufzufordern, unter seinem persönlichen Schutz nach Hause zurückzukommen. Sie lachen uns ins Gesicht! Und Ihr hofftet, der König würde Euch das Lösegeld zurückgeben, das sie von Euch erpresst haben?" Der Earl lachte angewidert und Sir Richard spürte, wie sein Gesicht vor Wut rot wurde.

„Verdammt sollen sie sein! Wenn das wahr ist, Mylord, bin ich Euer Mann", brüllte der Johanniter, bevor er sich bekreuzigte und fluchte. „Ich würde mich mit dem Teufel selbst verbünden, wenn das das Verderben dieses Bastards Despenser bedeutete."

„Es ist wahr, Sir Richard, glaubt mir. Und wenn der König erst die Lords der Marken vernichtet hat, wird er hinter dem Rest von uns her sein, die sich ihm entgegengestellt haben. Ich habe Kopien der Petition, die wir alle in Doncaster unterschrieben haben, nach London geschickt, um in London in Umlauf gebracht zu werden, damit das Volk selbst sehen kann, was der König auf dem Gewissen hat. Ich habe auch einen Boten nach Norden geschickt, um mit Bruce und dem Schwarzen Douglas zu verhandeln."

„Robert the Bruce, wie?“ Sir Richard grunzte mit einem angespannten Lächeln. „Nun, wenn jemand Edward hasst, ist es Bruce.“

„Also seid Ihr auf meiner Seite?“

Der Johanniter nickte. „Ja, ich stehe zu Euch.“

„Gut.“ Lancaster lächelte erleichtert. Er hatte gehofft, eine Armee zu sammeln, die groß genug sein würde, um die des Königs zu vernichten, aber bisher waren seine Versuche weniger erfolgreich gewesen, als er erwartet hatte. „Ruft Eure Männer zusammen. Wir müssen bereit sein, wenn sie kommen.“

„Das werde ich tun“, antwortete Sir Richard nachdenklich. „Und ... vielleicht könnte ich sogar die Hilfe ein paar zusätzlicher Langbogenschützen bekommen ...“

* * *

Sir Henry de Faucumberg, Sheriff von Nottingham und Yorkshire, genoss die frische Morgenluft. Es war fast schon Weihnachten und der Schnee lag dick auf den Feldern rund um Nottingham, wobei der Raureif auf den winterlichen Bäumen einen hübschen Ersatz für Blätter darstellte. Er jagte mit seinem bevorzugten Wanderfalken, obwohl nicht viel Beute zu finden war. Dennoch, seine Diener hatten Wein und Süßigkeiten für ihn dabei, um sie draußen zu verzehren, und es war ein so schöner Tag, dass er nicht anders konnte, als ihn zu genießen.

„Mylord ...“, murmelte einer seiner Gefolgsleute und warf einen Blick über seine Schulter zur Stadt.

„Was ist los, Mann?“, erwiderte der Sheriff gereizt und schaute in die angedeutete Richtung.

„Wer zum Teufel ist das?“

Durch den Schnee kam eine kleine Gruppe Geistlicher auf ihn zu gestolpert. Schließlich erkannte de Faucumberg den Mann, der sie anführte.

„Der Abt von St. Mary's. Was hat ihn aus seiner warmen Abtei herausgetrieben, dass er herkommt, um mich aufzusuchen?", staunte er.

Er rief seinen Falken zurück und befestigte die Haube über seinem Kopf, gerade als der Abt, mit rotem Gesicht und nach Luft ringend, ihn endlich erreichte. „Sheriff!", keuchte der Kirchenmann.

„Abt Ness!", antwortete de Faucumberg mit einem bösen Grinsen und genoss die Atemlosigkeit des schnaufenden Abtes. „Kommt zu Atem, Mann, kommt zu Atem. Was bringt Euch den ganzen Weg zu mir?"

„Dieser Bastard Robin Hood, er bringt mich hierher!", grunzte der Abt atemlos. „Warum unternehmt Ihr nichts gegen ihn? Er hat bereits einen Edelmann ruiniert und mich hat er auch fast, während Ihr Eure Zeit hier auf der Jagd verbringt, statt diesen Wolfskopf und seine Männer zur Rechenschaft zu ziehen!"

„Beruhigt Euch, Abt", antwortete der Sheriff, noch immer grinsend. „Kommt, dies ist nicht der Ort, um über Geschäfte zu reden, lasst uns zum Schloss zurückgehen, wo es hübsch warm ist."

Ness nickte gereizt, sein Gesicht wurde noch länger, als er sich umdrehte und ihm klar wurde, dass er den langen Weg würde zurücklaufen müssen, den er gerade gekommen war. De Faucumberg konnte die Gedanken des Abtes lesen, war aber klug genug, nicht laut herauszulachen, als er zu seiner Festung in Nottingham zurückritt, während der Geistliche hinter ihm her schnaufte, das Gesicht scharlachrot vor dem Weiß des Winterschnees.

Auf ihrem Weg zurück zur Burg versuchte der Abt, den Sheriff in ein Gespräch zu verwickeln, aber de Faucumberg brachte ihn mit erhobener Hand zum

Schweigen. „Nicht hier draußen, wo meine Diener um uns herum sind, Herr Abt“, warnte er. „Robin Hood und seine Männer sind in diesen Tagen die Volkshelden in Nottingham. Ich möchte nicht, dass das, was wir sagen, ihm hinterbracht wird, so unwahrscheinlich das auch sein mag. Wir reden unter vier Augen weiter.“

Eine halbe Stunde später saßen die beiden in bequemen Stühlen in einem kleinen Raum der Burg, ein Kaminfeuer brannte fröhlich im Kamin und sie hielten Becher mit leicht erwärmtem Rotwein in den tauben Fingern. Die Diener waren fortgeschickt worden und eine dicke Eichentür, zusammen mit vertrauenswürdigen Wachen davor, würde jeden abschrecken, der dumm genug wäre, einen Versuch zum Lauschen zu unternehmen. „Wirklich, Sir Henry“, schalt der Abt. „Meint Ihr nicht, Ihr übertreibt ein wenig? Ich meine, selbst wenn Hood für die niederen Stände in der Stadt so etwas wie ein Held geworden ist, kann ich kaum glauben, dass Eure eigenen Diener so dumm sein würden, ihm Klatsch zuzutragen.“

Der Sheriff nickte, nahm einen kleinen Schluck von seinem Wein und seufzte zufrieden, als dieser rasch seinen ganzen Körper wärmte. „Ihr habt höchstwahrscheinlich recht, Abt, aber ich wollte nicht, dass etwas, was von unserer Unterhaltung belauscht wird, seinen Weg in eines der Wirtshäuser der Stadt findet, Beine bekommt und seinen Weg zu den Wolfsköpfen findet. Was immer wir beschließen, gegen ihn zu unternehmen, wird größere Aussicht auf Erfolg haben, wenn er nicht durch unsere Diskussionen vorgewarnt wurde.“

Ness zuckte gereizt mit den Schultern, bevor er seinen Becher austrank und sich mit einem zufriedenen Seufzer in seinem Stuhl entspannte. „Was meint Ihr damit, dass diese Flüchtigen ohnehin zu Volkshelden geworden wären? Der Anführer ist nur ein arroganter Junge.“

„Ihr wisst doch, wie es bei den Bauern ist“, grunzte de Faucumberg. „Wenn ein Niemand aus den Dörfern aufsteigt und uns, den verhassten Unterdrückern aus den oberen Ständen, einen Schlag zufügt, jubeln die Bauern. Das Problem ist - dieser *Junge* hat eine der bestausgebildeten Banden von Geächteten in England übernommen. Adam Gurdon war ein Tempelritter, bevor er geächtet wurde: Ein natürlicher Führer von Männern und bestens bewandert in allen Kriegskünsten. Er hat seine abgerissene Bande von verbrecherischem Abschaum zu einer tödlichen Kampftruppe zusammengeschmiedet, die anscheinend fähig ist, sich in den Wäldern Yorkshires ungesehen zu bewegen und zu handeln. Robin Hood hat den Befehl über Gurdons Bande übernommen."

„Wo ist denn dieser Gurdon?", fragte der Abt. „Lasst ihn diese Leute zur Strecke bringen."

„Gute Idee, Abt!", antwortete de Faucumberg sarkastisch. „Das habe ich schon versucht. Gurdon wurde von Hood getötet und mit seinem eigenen Schwanz im Mund nach Nottingham zurückgeschickt, während die Waldhüter, die ich ihm mitgegeben hatte, vernichtet wurden."

Ness schauderte und schüttelte ungläubig den Kopf. „Nun, irgendetwas *muss* geschehen. Er hat mich viel Geld gekostet - und Land auch, wenn die Gerüchte stimmen."

„Welche Gerüchte?"

„Das Geld, das Sir Richard-at-Lee mir schuldete, erinnert Ihr Euch? Der Mann hat es irgendwie geschafft, es aufzutreiben, was mich daran hinderte, das Eigentum des Landes dieses Mannes zu übernehmen? Ihr wart dort, als er den Kredit zurückgezahlt hat! Nun, anscheinend wurde es ihm von Robin Hood geliehen, der es dem aus dem eigenen Haus des Lords von Hathersage gestohlen hatte. Sir Richard soll darin verwickelt gewesen sein, aber man kann ihm nichts nachweisen."

„Ach ja, ich habe davon gehört." Der Sheriff nickte nachdenklich. „Eine Bande von Geächteten, anscheinend mit einiger Kenntnis des Gebäudes, war imstande dazu, alles Wertvolle im Haus zu rauben. Ich muss sagen, wenn der Lord von Hathersage" - er hob eine Braue in Richtung des Abtes, der zur Antwort murmelte: „John de Bray" - „ja, John de Bray, sein Haus nicht gegen eine Bande Geächteter verteidigen kann, verdient er den Ruin."

„Das mag sein", fauchte der Abt. „Es ist kaum meine Schuld, wenn der Mann Robin Hood all sein Geld stehlen lässt, oder? Aber ich habe ein sehr hübsches Anwesen verloren, als Richard-at-Lee imstande war, mir das Geld zurückzuzahlen, das ich ihm geliehen hatte."

Der Sheriff zuckte die Achseln. „Ich verstehe immer noch nicht, warum Ihr so aufgebracht seid. Was ist geschehen, seit ich Euch zuletzt sah?"

Abt Ness füllte seinen Becher aus dem großen Weinkrug auf dem Tisch, bevor er fortfuhr. Der Sheriff bemerkte, dass die Hände des Mannes vor Zorn bebten, als er die teure Flüssigkeit in seinen Becher goss.

„Lord de Bray, wie zuvor Richard-at-Lee, bat mich um ein Darlehen, da die Geächteten ihn ruiniert hatten. Der Mann hatte kein Geld, um für den Unterhalt seines Hauses zu zahlen, und nachdem es schon fast Weihnachten war, wusste er, dass er auch noch ein Festmahl für die Leute seines Dorfs ausrichten müsste. Ich habe mich freundlicherweise bereit erklärt, ihm das Geld zu leihen ..."

De Faucumberg spuckte einen Mundvoll Wein durch den Raum. „Oh, wie edel von Euch, Abt!", brüllte er fröhlich. „Zinsfrei, nicht wahr, dieses Darlehen, so wie das, das Ihr Sir Richard-at-Lee gewährt hattet? Ich dachte, so etwas verstieße gegen die Gesetze der Kirche, doch es ist das zweite Mal, dass Ihr mir davon erzählt, dass ihr Leuten Geld leiht!"

„Kümmert Euch nicht um die Einzelheiten unserer Vereinbarung“, gab Ness empört zurück. „Tatsache ist, dass ich zugestimmt hatte, dem Mann das Geld zu geben. Ich habe ihm einen Gefallen getan, ganz einfach.“

„Lasst mich raten“, grinste der Sheriff und sah dem Abt in die Augen. „Ihr habt zugestimmt, dem Mann Geld zu leihen, zu einem exorbitanten Zinssatz, und wenn er es nicht schaffen sollte, Euch die Summe innerhalb von ... sagen wir ... drei Jahren zurückzuzahlen, würde er seinen Besitz an Euch verlieren. Bin ich nahe dran?“

„Ihr könnt Euch über mich lustig machen, de Faucumberg“, antwortete der Abt geduldig. „Aber die Kirche ist nicht aus Geld gemacht. Ich habe Lord de Bray ein Darlehen gegeben - wenn er sich dazu bereit erklärte, ein wenig mehr als Spende an die Kirche zu zahlen, wäre das absolut legal, wie Ihr wohl wisst.“

„Hebt Euch Eure Predigt für die Kanzel auf, Abt“, grinste der Sheriff, dem beim Trinken Wein aus den Mundwinkeln rann, da der Alkohol begann, Wirkung zu zeigen. „Ihr wolltet Eure eigenen Taschen füllen - ich bin sicher, dass Ihr nicht vorhattet, etwas von dieser ‚Spende‘ an den Papst zu schicken. Kommt auf den Punkt, Mann. Ihr stimmtet zu, diesem Narren Geld zu leihen, ja? Wo liegt also das Problem?“

„Das Problem, *Sheriff*“, fauchte der Abt das Wort mit ebenso viel Ironie aus, wie in Faucumbergs Worten gelegen hatte, „ist, dass Robin Hood und seine Bande von Wolfsköpfen den Männern, die ich mit dem Geld nach Hathersage geschickt hatte, auflauerten. Während ihr mit Euren Falken spielt oder mit dem Finger im Arsch in Eurer Burg hier sitzt, ist Robin Hood dabei, meine zweihundert Pfund auszugeben!“

De Faucumberg hatte sich zornig in seinem Stuhl vorgebeugt, während der Abt seine Tirade von sich gab, aber jetzt fiel er mit offenem Mund zurück, als er die

Summe Geldes hörte, die Hood und seine Männer erbeutet hatten.

Es blieb einige Zeit still, während die beiden Männer über ihrem teuren Wein brüteten.

„Kein Wunder, dass dieser Junge zu einem Volkshelden geworden ist“, grunzte der Sheriff schließlich. „Er ist der König der Geächteten. Der Mann ist reich!“

„Genau!“, brüllte Ness. „Und es ist alles mein Geld!“

Der Sheriff machte sich nicht einmal die Mühe, etwas darauf zu erwidern. Er war zu entsetzt über das, was er hörte. Je mehr er darüber nachdachte, desto mehr wurde ihm bewusst, dass etwas unternommen werden musste, ob es mitten im Winter war oder nicht. König Edward würde irgendwann davon hören.

Abt Ness hatte wahrscheinlich bereits einen Boten mit seinen Beschwerden nach London geschickt. Der König würde erwarten, dass sein Diener, Sir Henry de Faucumberg, Sheriff von Nottingham und Yorkshire, etwas dagegen unternahm. Oder seine Majestät würde einen Ersatz für den Sheriff finden, so wie einige Jahre zuvor, als Faucumberg wegen Erpressung angeklagt worden war ...

„Was genau wollt Ihr, Abt?“, fragte de Faucumberg, dem das Lachen gründlich vergangen war. „Ich habe gerade erst meine Stellung zurückbekommen und würde sie dieses Mal gerne behalten.“

„Ich möchte, dass dieser Bastard Hood gejagt wird wie das Tier, das er ist - und seine Männer ebenso!“, tobte der Abt. „Und ich will mein Geld wiederhaben!“

Der Sheriff saß eine Weile in seine Gedanken vertieft da, während der Abt in glühendem Zorn mehr Wein in sich hineingoss.

„Es ist fast Zeit fürs Abendessen, Mylord Abt“, sagte de Faucumberg schließlich zu seinem Gast. „Lasst mich eine Weile über all das nachdenken. Mir wird schon etwas einfallen."

In Wahrheit konnte der Sheriff sich keinen Weg vorstellen, im tiefsten, dunkelsten Winter eine so gut ausgebildete Bande von Geächteten in einem Wald, den sie besser kannte als irgendjemand sonst, aufzuspüren. Es war einfach unmöglich.

Es gab nur eine Methode, die sich Sir Henry de Faucumberg vorstellen konnte, wie das Problem zu lösen wäre.

* * *

Die Sonne versuchte, die dicke Decke aus Nebel und Schnee zu durchdringen, die Wakefield verhüllte, als die Geächteten - Robin, Will, John, Matilda und Much, sich ihren Weg durch die ungewöhnlich stillen Gassen bahnten. Der Frost lag dick auf den Fenstersimsen und der Geruch von Holzrauch erfüllte die Luft, da die Dorfbewohner versuchten, ihre Häuser mit lodernden Feuern zu wärmen.

Der Nebel dämpfte die Geräusche der arbeitenden Menschen - selbst die metallischen Klänge von der Schmiede wirkten seltsam unterdrückt, als der Mann sie sah und ihnen zur Begrüßung ein leichtes Lächeln schenkte, der einzige Mensch im Dorf, der an einem so kalten Tag schwitzte, da sein Schmiedeofen weiter Hufeisen und Pfeilspitzen ausspuckte.

„Jesus, die Leute sehen grimmig aus", murmelte Little John und winkte dem Schmied zu.

„Die Leute hungern", antwortete Will leise. Er nickte zu dem Schmied hinüber, der sich wieder seinem Amboss zugewandt hatte und dessen mit dicken Muskeln bepackte Arme ein Hufeisen in Form hämmerten. „Die Kinder des großen Mannes sitzen vermutlich zu Hause und weinen, weil ihre Mägen leer sind. Ihr würdet da auch nicht lachen.“

„Nun, heute sollen ihre Mägen voll werden“, knurrte Robin, bestürzt zu sehen, dass die Leute, unter denen er aufgewachsen war, ohnmächtig leiden mussten, weil die Auswirkungen einer weiteren schlechten Ernte und der in die Höhe schießenden Preise für Nahrungsmittel von allen außer den wohlhabenderen Menschen in England ihren Zoll forderten.

Sie stapften durch den dicken Schnee, ihre Füße machten trockene, knirschende Geräusche, und hin und wieder rutschte einer von ihnen aus, wenn die durchnässten Sohlen ihrer Schuhe den Halt auf der festgetretenen Oberfläche verloren. John führte ein paar gutmütige Pferde an, deren Geschirr leise klirrte, aber abgesehen von gelegentlichem Schnauben waren sie fast stumm, während der voll beladene Karren, den sie zogen, langsam durch den Schnee rollte und tiefe Spuren hinterließ, die ihren Weg markierten.

Eine kleine Menschenmenge begann, sich hinter ihnen zu sammeln, Dorfbewohner, die ihre dicksten Umhänge übergeworfen hatten, um der Kälte zu trotzen und zu sehen, was vor sich ging.

Sie erreichten den Dorfanger und hielten an, John hielt den Pferden alte Äpfel zum Fressen hin, grinste in sich hinein und streichelte ihre Mähnen und murmelte ihnen leise etwas zu. Robin konnte beim Anblick seines riesigen Freundes - der so furchterregend war, wenn der Zorn in ihm aufstieg oder es in den Kampf ging, sonst jedoch so ruhig und sanft - ein Lächeln nicht unterdrücken.

Der junge Wolfskopf pustete auf seine Hände und kletterte behände auf den Wagen, vorsichtig, um nicht den Halt auf dem Eis und der leichten Schneeschicht zu verlieren, die ihn bedeckte.

Er wartete, bis noch mehr Dorfbewohner sich der schwätzenden Menge angeschlossen hatten, lächelte und winkte, als er seinen Vater, John, sich einen Weg durch die Dorfleute nach vorn bahnen sah, die ihm respektvoll Platz machten, als sie ihn erkannten. Dann hob Robin seine durch das Bogenschießen mit gewaltigen Muskeln bepackten Arme.

„Freunde!", brüllte er und schaute mit einem Lächeln über die Leute. „Wie geht es euch?"

„Verdammt hungrig!", rief jemand zur Antwort, was Lächeln und grimmiges Lachen zur Folge hatte.

Robin nickte, als die Menge wieder still wurde und sich fragte, was er wohl sagen würde. „Ich weiß, dass eure Mägen leer sind, während einige derer, die sich für etwas Besseres halten, Essen horten!" Daraufhin ertönte ein Chor wütender Schreie.

„Ich werde keine Zeit mit einer Rede vergeuden", rief Robin kopfschüttelnd. „Wir haben euch ein Geschenk gebracht, mit freundlichen Grüßen von Lord John de Bray von Hathersage." Er beugte sich nach unten und zog die Decke fort, die den Wagen bedeckte, darauf bedacht, fest zu zerren, weil der Frost sie hatte hart werden lassen. Der Karren war mit Fässern und Kisten beladen. „Geräucherter und gesalzener Fisch und Fleisch. Früchte, getrocknet oder in Honig konserviert. Gemüse in Salzlake. Käse!" Robin hob seine Stimme und grinste, als die versammelten Leute begannen, aufgeregt zu schwätzen, als ihnen das Wasser im Munde zusammenlief, während er auf die Behältnisse auf dem Karren zeigte.

„Patrick!", rief er dem Dorfschulzen zu, dem man es auch erlaubt hatte, sich in die vordere Reihe der Versammlung zu drängen. „Das ist nicht genug, um alle mit einem fetten Bauch wie ein Priester durch den Winter zu bringen." Er machte eine Pause, um die grinsenden

Leute über seine Witze jubeln zu lassen. „Aber wenn ihr es gut einteilt, wird es das Leben für alle sehr viel leichter machen - und schmackhafter!“ Er hielt wieder die Hände in die Luft gereckt, als alle jubelten, dann schrie er mit einem Lachen: „Genießt es!“ und sprang in den Schnee neben die anderen Geächteten.

Die Leute stürmten vorwärts, als ob sie den Wagen plündern wollten, aber John, Much und Will Scarlet zogen drohend ihre Schwerter und brüllten sie an, dass sie zurückbleiben und sich gedulden sollten.

Patrick stellte ein paar Wachen von den Dorfleuten auf, die auf den Karren aufpassen sollten, bis der Inhalt sortiert und ausgeteilt oder gelagert werden konnte, und die Dorfbewohner begannen wieder zu jubeln. „Hood! Hood! Hood!“

Die Geächteten lächelten glücklich, zufrieden mit der Arbeit dieses Tages, und Robin spürte einen Kloß im Hals, als die Leute, mit denen er aufgewachsen war, seinen Namen voll dankbarer Anerkennung riefen. Seine Augen quollen über bei dem Gedanken, dass diese guten Leute so hungrig waren, dass ein mit Essen beladener Wagen ihnen solche Freude bereitete und er zog rasch seinen stolz lächelnden Vater beiseite.

„Komm mit“, rief er über den Lärm der Menge hinweg. „Gehen wir nach Hause. Ich habe ein paar besondere Dinge hier.“ Er zog einen Sack vom Karren und warf ihn sich über die Schulter, nickte den anderen Geächteten zu, die winkten oder lächelten und weiter die Dinge erledigten, die sie geplant hatten. Matilda, Will und Much hoben eigene Säcke für Freunde und Familie herunter, während John Pfeile, Brot, Gewürze und andere Vorräte aufzufüllen hatte.

„Wie geht es Marjorie?“, fragte Robin seinen Vater, als sie die glückliche Menge hinter sich ließen und zu ihrem eigenen bescheidenen Haus ein Stück weiter gingen.

John schüttelte traurig den Kopf. „Sie ist schwach“, gab er zu. „Das war sie immer, seit ...“ Seine Stimme versagte. Selbst nach all diesen Jahren schmerzte der Verlust seiner anderen Tochter noch furchtbar - er dachte jeden einzelnen Tag an Rebekah, fragte sich, wie sie jetzt aussehen würde, hasste sich manchmal dafür, dass er nicht imstande gewesen war, Essen für seine Familie zu beschaffen, obwohl er wusste, dass es nicht seine Schuld gewesen war - niemand hatte damals Essen gehabt, es war viel schlimmer gewesen als jetzt. Aber der Gedanke, Marjorie auf die gleiche Weise zu verlieren - durch Verhungern - zerstörte ihn.

Robin klopfte ihm beruhigend auf den Rücken. „Sie kommt schon in Ordnung. Ich habe gutes Essen für sie mitgebracht - Essen, das gut genug wäre für den Lord von Hathersage!“

Sie lächelten und bahnten sich den Weg durch den Schnee, bis sie das Haus der Familie betraten, dankbar, drinnen ihre der Kälte ausgesetzten Gesichter und Hände an dem gemütlichen Feuer wärmen zu können.

Robins Mutter lächelte überrascht beim Anblick ihres geliebten Sohns und umarmte ihn fest, während John ihr von der Rede auf dem Wagen zu erzählen begann.

Marjorie lag auf einem Bett, das dicht am Feuer aufgeschlagen worden war. Robin war über den Anblick seiner kleinen Schwester schockiert - sie war immer dünn gewesen, aber jetzt hatte sie kein Fleisch mehr auf den Knochen, die Haut spannte sich straff über ihrer kleinen Gestalt. Er hatte jedoch durch seine Zeit bei den Geächteten gelernt, sich hart zu stellen - seine Gefühle zu verbergen und abgebrühter zu wirken, als er wirklich war - und lächelte das Mädchen an, als wäre alles in Ordnung.

„Sieh mal, was ich für dich habe!“, grinste er, ließ den schweren Sack auf den Boden fallen und zog ein Glas mit in Honig eingelegten Äpfeln heraus. „Und das ist noch nicht alles!“ Er kippte das Essen auf den Boden unter

Lachen und Luftschnappen seiner Familie. „Hier." Robin reichte seiner Schwester ein Stück Käse und ihre Augen leuchteten auf, als sie hineinbiss.

„Das ist wunderbar!", keuchte sie und ihre hohlen Wangen verzogen sich ein wenig bei dem bitteren, aber köstlichen Geschmack.

Robin legte kleine Stücke von Essen auf Marjories Bett, bis seine Mutter ihn zurückhielt. „Das reicht für jetzt!", schimpfte sie. „Zu viel davon und ihr wird übel oder es läuft einfach durch sie hindurch - das würde ihr nichts helfen!"

Marjorie lächelte über die Besorgnis ihrer Mutter, wusste aber, dass sie recht hatte, daher wurde das meiste Essen im dunkelsten, kältesten Teil des Hauses verstaut, in einem Loch am Boden. Normalerweise hätte man es draußen gelagert, wo es noch kälter war und das Essen sich länger halten würde, aber in diesen harten Zeiten könnten selbst die besten Nachbarn die Vorräte anderer stehlen, um für die eigene Familie zu sorgen.

„Setz dich ans Feuer zu deiner Schwester und deinem Pa", befahl Martha gebieterisch.

Obwohl Robin inzwischen gewöhnt war, Männern zu sagen, was sie tun sollten, folgte er automatisch dem harten Blick und dem befehlenden Ton seiner Mutter und ließ sich mit einem Lächeln auf einen alten Stuhl fallen, als sein Vater ihm einen Becher warmes Ale aus einem Krug neben dem Feuer eingoss. „Jetzt mache ich uns mit etwas von diesem gesalzenen Schweinefleisch ein gutes Essen." Martha nickte anerkennend und griff nach etwas Fleisch zusammen mit einem Apfel und ein paar Gewürzen.

„Und du kannst uns erzählen, wie ihr es geschafft habt, all diese Sachen zu finden."

Robin nahm einen tiefen Zug von seinem Ale, und während das warme Getränk seinen Bauch wärmte, grinste er seine Schwester zufrieden an und begann, die

Geschichte von dem Überfall auf Lord John de Brays Landhaus zu erzählen.

Es war gut, zu Hause bei seiner Familie zu sein, auch wenn es nur für kurze Zeit war.

DREIUNDZWANZIGSTES KAPITEL

Es war dunkel im Wald. Eine bewölkte Nacht, daher waren die Temperaturen nicht zu niedrig. Der junge Anführer der Geächteten und seine Frau lagen in ihrem provisorischen Bett in der großen Höhle, die die Bande während der kältesten Winternächte zum Schlafen benutzte. Außerhalb der Höhle saßen die anderen Geächteten rund um das große Lagerfeuer und genossen ein abendliches Mahl mit Wildbret, das sie an diesem Tag erlegt hatten. Sie brieten Fleischstücke, die an Pfeilen steckten und mit der Hand über das Feuer gehalten wurden, tranken Ale und erzählten Geistergeschichten. Matilda war früh zu Bett gegangen und Robin, der ihre trübe Stimmung gespürt hatte, war ihr in die schwach beleuchtete Höhle gefolgt.

Er legte sich neben sie auf den Strohsack und zog ihre dicken, kuscheligen Decken über sie beide, nahm sie fest in den Arm und teilte die Wärme seines Körpers mit ihr in der bitterkalten Nacht.

„Ich kann so nicht leben, Robin.“

Der junge Geächtete hob sich auf einen Ellenbogen und schüttelte den Kopf über seine Frau, warf einen Arm verzweifelt in die Luft, der große, verzerrte Schatten auf die Wände warf im trüben Licht der Kohlebecken, die sie benutzten, um die Höhle davor zu bewahren, in den Nächten eisig zu werden.

„Was sollen wir tun, Matilda? Wir sind beide Geächtete. Wir haben Glück ...“

„Glück?“, weinte das Mädchen. „Glück nennst du das? Gejagt wie Tiere, bis das Wetter so kalt ist, dass selbst die Wildhüter nicht mehr herauskommen? Die Drohung mit

Gefangennahme, Gefängnis, Tod, die jeden Tag, an dem wir erwachen, über uns hängt? Das nennst du Glück?" Ihre Stimme, die hoch und laut geworden war, verblasste zu einem erstickten Flüstern, Tränen rannen über ihre Wangen.

Robin zog sie an sich und sie hielten einander eine Weile fest.

„Ich vermisse meine Ma und meinen Pa", schluchzte Matilda.

„Ich weiß", antwortete Robin. „Ich vermisse meine Eltern auch. Und Will vermisst die kleine Beth. Aber wenigstens haben wir diese Leute noch und können sie sehen, wenn wir Wakefield besuchen. Much wird seinen Pa nie wiedersehen, nachdem der Vogt ihn getötet hat ..."

Matilda antwortete nicht, daher sprach er weiter. „Wir *haben* Glück. Die meisten Geächteten haben keine Chance - entweder das Gesetz erwischt sie oder das Wetter und der Hunger erledigen sie. Wir haben eine Gruppe von Freunden, die sich um uns kümmern, viel Essen, Geld, warme Unterstände und Höhlen, in denen man schlafen kann… Es könnte viel schlimmer sein." Er lehnte sich zurück, sein ernstes Gesicht wurde durch das Licht der Kohlebecken in den Schatten und oranges Licht getaucht, und er nahm ihre Hände in seine. „Ich weiß, dass das nicht das ist, wovon du geträumt hast, wenn du an Hochzeit dachtest, aber eines Tages wird es uns besser gehen, ich schwöre es." Seine junge Frau wischte sich das Gesicht ab und lächelte liebevoll. „Wenigstens haben wir uns", sagte sie und drückte seine Hände.

„Genau!" Robin lachte und gab ihr einen schnellen Kuss, aber sein Gesicht wurde lang, als er sah, wie ihr Gesichtsausdruck sich wieder verdunkelte.

„Ich glaube nur nicht, dass ich noch viel länger so leben kann", sagte sie zu ihm. „Ich dachte, ich wäre zäh. Ich habe meinen Teil an Gewalt und Grausamkeit gesehen - Jesus, haben wir das nicht alle? Aber der Tag, an dem wir die Priester ausgeraubt haben ... Und ich habe noch nie jemanden getötet! Wir werde ich mich fühlen, wenn ich das doch tue?“

Robin schwieg. Er war jedoch von Matildas Verzweiflung überrascht. Er kannte sie sein ganzes Leben lang. Sie hatte in Wakefield viel Tod und Not erlebt, als sie dort aufwuchs. Er wusste, dass sie eine starke junge Frau war, und hatte erwartet, dass sie mit dem Leben im Wald etwas besser zurechtkommen würde.

Er schaute sie genau an und sah, dass ihr immer noch die Tränen aus den Augen liefen. „Was ist denn wirklich los, Matilda?“, fragte er sanft.

Das Gesicht des Mädchens verzog sich, als sie ihn ansah. „Ich habe solche Angst, Robin, ich kann nicht für immer in diesem Wald leben ... ich bin schwanger.“

Robin lag in verblüfftem Schweigen eine Weile dort, ihm fehlten völlig die Worte. Er wusste genug, um einzusehen, dass Matilda eine Reaktion von ihm erwartete, daher grinste er sie an und umarmte sie fest, bevor sie sein Schweigen missverstehen konnte.

Sie lächelte unter Tränen und löste sich sanft aus seiner Umarmung. „Du freust dich also?“

„Aber natürlich!“ Er lächelte, aber bald wurde sein Gesicht ernst und er nickte seiner Frau zu. „Jetzt verstehe ich, warum du dir solche Sorgen machst. Der Wald ist kein Ort, um ein Kind zur Welt zu bringen. Bist du dir denn sicher? Wie kannst du das wissen, du siehst nicht dicker aus ...“

„Ich weiß es, Robin. Auch wenn du es noch nicht sehen kannst, Frauen haben ihre Methoden, um es zu wissen. Hier.“ Sie ergriff seine Hand und drückte sie auf ihre rechte Brust. „Fühlst du das?“

Er drückte sie leicht und nickte, bevor er es bei der anderen versuchte. „Sie fühlen sich schwerer an“, sagte er und drückte seinen Körper gegen den seiner Frau, ohne auch nur nachzudenken.

„Robin!", lachte sie in gespielter Entrüstung, schob sich von ihm und der sich langsam verhärtenden Wölbung zwischen seinen Beinen fort. „Nicht jetzt!"

Matilda war erheblich fröhlicher geworden, nachdem sie ihr Geheimnis geteilt hatte, packte aber ängstlich nach der Hand ihres Mannes und fragte, was sie denn machen sollten.

„Ich weiß es nicht", gab Robin zu. „Aber es wird uns schon etwas einfallen.

Sie lächelten sich an und legten sich hin, schwiegen eine Weile, während in ihren Köpfen die Gedanken darum kreisten, wie es sein würde, Eltern zu werden.

Schließlich brannte das Lagerfeuer herunter, Schwein und Äpfel, Ale und Geistergeschichten waren zu Ende und der Rest der Geächteten ging zu Bett. Nur die Posten der ersten Wache - und ein nachdenklicher Robin - blieben im eiskalten Dezemberwald wach.

* * *

„Seid Ihr endlich aufgestanden!"

Henry de Faucumberg schnitt eine Grimasse, als die laute Stimme des Abts durch die Halle dröhnte. Er machte eine abwehrende Handbewegung zu dem lächelnden Geistlichen, dem der Weingenuss am Tage zuvor nichts auszumachen schien.

„Ihr seid guter Laune, Ness", grunzte der Sheriff, als er sich gegenüber seinem Gast zum Frühstück niederließ. „Kein Kater?" Er griff nach einem Stück Brot und zwang sich, einen Bissen davon zu essen, während er den Abt anfunkelte.

„Kater?" Der Geistliche lachte. „Ich bin ein frommer Christ - alles in Maßen. Ihr solltet Euch an mir ein Beispiel nehmen. Gier ist eine Sünde, vor allem, wenn es um Wein geht."

De Faucumberg beugte sich vor und schnappte sich den Becher aus der Hand des Abts. Er nahm einen Schluck und grinste den wütenden Abt an. „Das hier ist Wein, Ihr frommer Trottel. Kein Wunder, dass es Euch so großartig geht.“

Ness riss seinen Becher zurück und nahm einen Schluck. „Habt Ihr beschlossen, was mit Robin Hood und seiner Bande von Geächteten geschehen soll?“, verlangte er zu wissen, knallte seinen Becher auf den Tisch und riss sich ein großes Stück Brot ab.

„Ja.“ Der Sheriff füllte sich selbst einen Becher mit gewässertem Wein ab, zwang einen langen Zug hinunter und stopfte mehr Brot in seinen feuchten Mund. „Ich sehe keine Möglichkeit, die Geächteten mitten im Winter zu jagen.“ Er hielt eine Hand hoch, um den Abt, der schon protestieren wollte, zum Schweigen zu bringen. „Es ist unmöglich, Ness, nicht mit den Männern, die mir zur Verfügung stehen. Ich würde eine Armee brauchen, um diese Geächteten zu finden und zu töten, und angesichts dessen, was in letzter Zeit mit dem Earl von Lancaster und seinen Freunden los ist, nun - der König wird mir keine Verstärkung schicken, um sie darauf zu verschwenden, eine Handvoll Verbrecher zu jagen, nicht wahr?“

„Wollt Ihr dann einfach hier sitzen und Euch vollstopfen?“, wollte der Abt wissen und spuckte dabei vor Empörung Krümel vor sich auf den Tisch.

„Ja, Mylord Abt“, erwiderte Faucumberg, „jedenfalls für die nächste halbe Stunde, während ich mein Frühstück verzehre. Obwohl Ihr an diesem Morgen bereits die Hälfte von allem, was in meiner Küche war, vertilgt zu haben scheint.“

„Kommt auf den Punkt, Sherrif! Was habt Ihr vor, gegen die Geächteten in Yorkshire zu unternehmen?“

Der dünne Wein, den de Faucumberg seine Kehle hinabgezwungen hatte, begann Wirkung zu entfalten, das warme Glühen stieg durch seinen Körper in sein Gehirn auf. Das ließ seinen Plan ein klein wenig schmackhafter erscheinen.

„Da wir sie nicht einmal finden, geschweige denn töten können, lautet mein Vorschlag wie folgt: ...“

* * *

„Matilda! Robin!”

Gareth von Wrangbrook saß als Wache in einer dicken, alten Eibe, als er den Mann rufen hörte. Der junge Mann lehnte sich hinaus, um eine bessere Sicht zu haben, und erkannte den Pfeilmacher aus Wakefield: Henry.

Matildas Vater.

Gareth wusste es besser, als sich bemerkbar zu machen - es könnte am Ende eine Falle sein. Daher rutschte der Junge leise den Baum hinab und rannte zum Lager zurück, um den Rest der Männer zu alarmieren. „Bist du sicher, dass es Henry ist?“, fragte Robin, als er den Bericht beendet hatte.

„Jau, ich habe ihn schon zuvor gesehen, wenn ich in Wakefield war, um Vorräte zu holen. Ich bin sicher, dass er es ist.“

Robin rieb sich nachdenklich das Kinn.

„Ach, komm schon, Robin“, lachte Will Scarlet. „Henry würde uns doch kaum in eine Falle locken, oder? Nicht, wo seine eigene Tochter hier ist. Hör auf, so vorsichtig zu sein.“

„Will hat schon recht“, stimmte Little John zu. „Gehen wir nachsehen, was der Mann will.“

Robin lächelte seine Freunde mit fröhlich funkelnden Augen an. „Na gut. Aber ich möchte, dass Arthur, Allan und Matt an unserer Flanke gehen und außer Sicht bleiben. Nur für alle Fälle. Ich gehe mit Will und John voran. Gareth, du gehst besser zu deinem Ausguck zurück.“

Matilda packte Robin am Arm. „Ich gehe mit euch. Er ist mein Pa!"

„Er ist jetzt auch meiner", antwortete Robin mit einem Grinsen, und seine Frau schlug ihn fest auf die Schulter.

„Um Himmels willen, kriegt ihr beide davon im Bett nicht genug?" Scarlet grinste und erzeugte damit noch mehr Gelächter bei den Geächteten sowie ein empörtes Erröten bei Matilda. „Sehr gut, Will. Dann komm mit", lachte Robin, zog seine Frau an seine Seite und ging auf dem Weg in die Richtung voran, wo sie Henry jetzt rufen hören konnten.

Als sie sich dem Pfeilmacher näherten, wurde Robin wieder ernst und gab den Geächteten ein Zeichen anzuhalten. Die Männer begaben sich ohne weitere Anweisungen in Verteidigungsstellung, versteckten sich hinter Bäumen und was sonst an Laubwerk im kahlen Winterwald zu finden war.

„Robin! Matilda! Ich bin es, Henry!"

Der Pfeilmacher trat erschrocken zurück, als Robin plötzlich ohne Vorwarnung vor ihm auftauchte. „Hallo, Henry", lächelte der Anführer der Geächteten, und seine Augen musterten den Wald hinter ihrem Besucher.

„Verdammt noch mal, Junge, das hätte mir fast einen Herzinfarkt eingebracht!"

„Das tut mir leid, Henry", antwortete Robin, die Hand auf dem Schwertgriff, während er weiter zwischen die Bäume und das Unterholz um sie herum schaute, um nach Anzeichen eines Hinterhalts zu suchen. „Bist du allein?" „Natürlich ...", begann der Pfeilmacher, und sein Gesicht verzog sich zu einem breiten Grinsen, als Matilda, flankiert von Little John und Will Scarlet, hinter einem dicken Baumstamm herausrannte und zu ihrem Vater rannte, um ihm in die Arme zu fallen.

„Pa!", schrie sie mit Tränen in den Augen. „Ach Pa, ich habe dich so vermisst!"

Henry vergaß die Geächteten, die zusahen, als er seine Tochter heftig an sich drückte, auch seine Augen waren feucht. „Jetzt bin ich ja hier", sagte er zu ihr und seine tiefe Stimme war brüchig vor innerem Aufruhr. „Und jetzt wird alles wieder gut, wie es früher war!"

Robin wollte den Pfeilmacher mehr fragen, aber Little John griff ein. „Nicht hier, Robin. Selbst wenn der Pfeilmacher allein gekommen ist, heißt das nicht, dass er nicht verfolgt worden sein könnte. Wir sollten ins Lager zurückkehren."

Der junge Anführer nickte seinem riesigen Freund zustimmen zu und John machte allen Zeichen, dass sie sich zum Lager zurückziehen sollten, während der Pfeilmacher ihnen mit seiner Tochter folgte.

In Sicherheit abseits der ausgetretenen Pfade durch den Barnsdale-Wald ließen sich die Geächteten, nachdem die Wachen wieder auf ihre Posten gegangen waren, nieder, um zu hören, warum Henry sie aufgesucht hatte.

„Der Sheriff möchte sich mit dir treffen, Robin", sagte der Pfeilmacher zu seinem neuen Schwiegersohn. „Es heißt, der Abt von St. Mary's hätte ihm einen Besuch abgestattet und sich beklagt, weil du ihm eine Menge Geld gestohlen hättest."

„Warum will er sich dann mit uns treffen?", fragte Will. „Erwartet er, dass wir ihm das Geld zurückgeben? Ziemlich unwahrscheinlich."

„Jau, Will, er will das Geld zurückhaben." Henry hob eine Hand, um das Gelächter der Geächteten zum Verstummen zu bringen. „Der Sheriff hat Begnadigungen für einige von euch als Gegenleistung für das Geld des Abts versprochen."

Das brachte die Band zum Schweigen, die einander hoffnungsvoll anschauten.

„Für *einige* von uns, Henry?", fragte Little John. „Für wen?"

Der Pfeilmacher wirkte etwas verstört, als er antwortete: „Nun, eigentlich nur für Matilda ...“ Seine Stimme verklang verlegen, aber er legte beschützend einen Arm um Matilda und sah John trotzig in die Augen.

„Du musst verrückt sein, Pfeilmacher!“, wütete Matt Groves. „Das Geld gehört jetzt uns. Auf keinen Fall geben wir es her, nur damit deine Tochter wieder zu ihrem hübschen Leben zurückkehren kann, während der Rest von uns hier im Wald ums Überleben kämpfen muss! Du hast vielleicht Nerven, Mann!“

Einige der Geächteten grunzten zustimmend zu Groves Feststellung; andere waren sich nicht sicher, was sie denken sollten.

Als der Lärm sich gelegt hatte, schauten alle auf Robin.

„Nun, Robin?“, verlangte Groves zu wissen. „Du bist unser Anführer. Sag dem Pfeilmacher, dass er nach Wakefield zurückgehen und den Sheriff wissen lassen soll, dass er sich seine Begnadigung in den Arsch stecken kann.“

„Moment mal, Matt.“ Robin sah überrascht auf, als Will vortrat, um zu sprechen.

„Henry will nur für seine Tochter sorgen; dafür kannst du ihn nicht tadeln. Und jeder von uns würde an seiner Stelle dasselbe tun.“ Der Pfeilmacher nickte anerkennend, während Scarlet weitersprach. „Wir haben bereits jede Menge Geld, um uns durch den Winter zu bringen, das aus *Lord* John de Brays Haus. Es ist nicht so, dass wir den Rest davon wirklich brauchen. Was können wir im Wald überhaupt damit anfangen? In feiner Seide auf den Bäumen herumklettern? In der Höhle liegen und Lerchenzungen naschen?“

„Also willst du sagen, dass wir das Geld des Abts einfach zurückgeben?“, fragte Groves ungläubig.

„Jau, das ist genau das, was ich sage“, erklärte Will dem anderen Mann. „Teil dieser Bande zu sein heißt nicht nur, am Leben zu bleiben und Leute zu bestehlen. Es geht um Freundschaft und darum, für einander zu sorgen. Nun, jetzt haben wir eine Gelegenheit, für Matilda zu sorgen. Eines Tages wird vielleicht jemand das Gleiche für dich tun."

Matt schüttelte wütend den Kopf, offensichtlich nicht von Wills Logik überzeugt, und stürmte zwischen den Bäumen fort.

„Robin?" Der Pfeilmacher sah wieder zu seinem Schwiegersohn. „Was meinst du?"

Robins Herz hatte einen Satz gemacht, als Henry eine Begnadigung für Matilda erwähnte - das war die Antwort auf ihre Gebete!

„Was ich mehr als alles andere möchte", antwortete er und sah sich ernst unter den Männern um, „ist, dass wir alle begnadigt werden - wieder frei sind. Ich denke, dies ist ein Anfang. Eine Begnadigung ist besser als keine und, wie Will sagt, wir brauchen das Geld nicht, wo wir hier im Wald feststecken. Lasst Matilda nach Hause gehen, sage ich."

Matilda löste sich sanft aus der Umarmung ihres Vaters und kam herüber, um Robins Hände zu nehmen. „Aber wir sind doch jetzt verheiratet", flüsterte sie mit Tränen in den Augen. „Wir sollten zusammen sein."

Robin lächelte. „Das werden wir auch, eines Tages, ich schwöre es. Ich weiß nicht wie, aber eines Tages werden wir alle wieder freie Männer sein. Dann können wir wie ein ordentliches Ehepaar zusammen leben."

Little John lachte auf. „Alles, was wir tun müssen, ist, Geld von reichen Äbten zu stehlen und der Sheriff wird schließlich alle von uns begnadigen müssen!"

Daraufhin jubelten die Geächteten, und der Pfeilmacher begann, sich zu entspannen, da er spürte, dass die Freiheit seiner Tochter greifbar nahe rückte.

„Andererseits", erhob Robin erneut seine Stimme, „haben wir zwar jede Menge Silber, aber das Geld gehört nicht mir, dass ich damit tun könnte, was immer mir gefällt. Jeder von uns hat das Recht, etwas dazu zu sagen. Wie Will sagte: Wir sind nicht nur eine Bande, wir sind auch Freunde. Die Kiste des Abts enthielt zweihundert Pfund. Wir sind siebzehn. Das heißt, jedem von uns steht ein Anteil zu in Höhe von ..." Er schaute zu Bruder Tuck hinüber, der sein rundes Gesicht verzog und ein paar Augenblicke nachdachte.

„Ungefähr elf Pfund!"

„... elf Pfund zu", nickte Robin. „Matilda ist meine Frau, daher macht es mir nichts aus, dieses Geld herzugeben, damit sie frei sein kann, aber ich kann nicht jedem sagen, dass er das auch tun soll. Es liegt bei euch." Auf Bruder Tucks Vorschlag hin kamen sie überein, durch Handzeichen abzustimmen. Das Ergebnis war einstimmig, auch wenn ein paar der Männer zunächst zögerten. Robin sagte zu ihnen, er würde ihren Anteil persönlich zurückzahlen, auch wenn er dafür ewig brauchen mochte, aber schließlich stimmten die Männer zu, ihren eigenen Anteil am Geld des Abtes im Gegenzug für Matildas Begnadigung zurückzugeben.

Alle, außer Matt Groves, der einige Zeit nach der Ankunft des Pfeilmachers verschwunden zu sein schien.

„Ich weiß nicht, was ich sagen soll", sagte Matilda zu den Geächteten, gerührt von dem Opfer, das sie für sie bringen wollten.

„Na, dann sag halt gar nichts, Mädel", grinste Little John. „Du gehst mit deinem Pa nach Hause nach Wakefield und machst das Beste aus deiner Freiheit."

„Pass auf meine Beth auf, ja, bis ich genug Geld stehlen kann, um meine eigene Begnadigung zu bezahlen?", bat Will sie grinsend.

„Natürlich", lächelte Matilda. „Ich werde sie wie meine eigene kleine Schwester behandeln."

Alle Geächteten verabschiedeten sich von Matilda. Sie alle hatten sich an das Mädchen gewöhnt und mochten es und es tat ihnen leid, sie gehen zu sehen.

Am meisten natürlich Robin. Er hatte das Gefühl, als hätte er einen Schlag in den Magen erhalten, als ihm langsam aufging, dass er von jetzt an getrennt von seiner jungen Frau leben würde.

„Was jetzt, Henry?“, fragte Little John den Pfeilmacher. „Wie geht es weiter?“ Matildas Vater sagte ihnen, der Sheriff würde zwei Tage später zu Mittag an der alten Steinbrücke, eine Meile außerhalb von Wooley, sein. Dort sollte er Robin - oder wen sonst die Geächteten zu schicken wählen würden - das Begnadigungsschreiben für Matilda überreichen, im Austausch gegen das Silber des Abtes.

Die Geächteten waren recht zufrieden damit: Wooley war nicht weit von ihrem Lager entfernt, nur ein paar Stunden Fußmarsch, und die Kiste mit dem Geld stand unberührt im hinteren Teil ihrer großen Höhle. Sie hatten noch immer den kleinen Karren und die beiden alten Pferde, um ihn zu ziehen, daher sollte das alles einfach sein.

„Gut, dann ist das entschieden“, nickte Robin. „Du wirst aber nicht vor Morgen nach Wakefield zurückgehen, nicht wahr, Henry?“

Der Pfeilmacher schaute zur Sonne auf, schätzte die Uhrzeit und schüttelte den Kopf. „Nein. Um ehrlich zu sein, ich hatte gehofft, ihr Jungs würdet mich die Nacht hier verbringen lassen. Es wird nicht mehr lange hell sein und ich möchte nicht hier draußen irgendwo von der Dunkelheit überrascht werden, wenn es kalt wird.“

Robin nickte: „Natürlich kannst du die Nacht bei uns verbringen. Wir werden ein Fest feiern, um Matildas Begnadigung zu feiern, wenn wir genug Essen auf Vorrat haben. Ich bin sicher, dass auch noch Ale da ist.“

Nachdem Matildas Schicksal nun beschlossene Sache war, fühlten sich alle glücklich, selbst die Männer, die ursprünglich unsicher dabei gewesen waren, einen so großen Geldbetrag aufzugeben, um sie zu retten. Sie mochten Matilda wirklich gern und freuten sich, dass sie wieder frei sein würde. Ihr Zögern war, wie Robin dachte, völlig verständlich. Elf Pfund! Das war eine riesige Summe Geld - mehr als die meisten Arbeiter in England in ihrem Leben verdienen würden.

Aber, wie Will gesagt hatte, was hatte man davon, reich zu sein, wenn man es nicht genießen konnte? Außerdem waren sie alle noch recht wohlhabend durch das Geld und die Wertsachen, die sie aus Lord John de Brays Haus mitgenommen hatten.

Sie mochten Geächtete sein, dachte Robin stolz, aber sie waren gute Männer.

Er schob das Problem mit Matt Groves in seinen Gedanken beiseite und schloss sich seinen Freunden an, um das Fest vorzubereiten. Wenn dies die vorletzte Nacht war, die er mit Matilda zusammen verbringen würde, wollte er sie verdammt noch mal genießen.

Das Bier wurde herumgereicht, gesalzenes Fleisch wurde gebraten, und die Outlaws feierten zusammen mit Henry ein Fest. Während im Wald von Barnsdale der Schnee fiel, feierten sie um ein loderndes Lagerfeuer herum das Leben - ihr Leben zusammen als Freunde, die füreinander da waren, das Leben, das Matilda zurückgegeben werden würde und, für Robin und Matilda, das Leben, das in Matilda wuchs.

Sie mochten Geächtete sein, aber in dieser Nacht waren sie glücklich und frei zusammen.

Matt Groves erschien ein wenig später, schlurfte mürrisch wie immer in das schwache Licht, aber Robin nahm ihn zur Seite und sagte ihm, er könnte seine elf Pfund Silber behalten. Daraufhin wurde Matt beträchtlich fröhlicher und das Fest dauerte bis spät in die Winternacht.

Robin und Matilda liebten sich in dieser Nacht nicht. Matilda schlug seine gierigen Hände weg, als sie ins Bett gingen. „Nicht, solange mein Pa hier ist!“, fauchte sie. „Er könnte uns sehen!“ Die Höhle war so dunkel, trotz der glühendem Kohlebecken, dass Robin fand, es wäre kaum wahrscheinlich, dass der Pfeilmacher viel von dem hätte sehen können, was sie taten, aber er widersprach nicht. Nach einem Kuss schliefen sie aneinander gekuschelt ein und hielten sich fest.

* * *

In der Nacht weckten ihn gedämpfte Stimmen; der ängstliche Tonfall drang in sein Unterbewusstsein, bis er die Augen öffnete und sich fragte, wer zu dieser Nachtzeit noch wach sein mochte.

Vorsichtig, um Matilda nicht zu wecken, stand er von ihrem Strohsack auf, legte sich ein schweres Schafsfell um die Schultern, um die Kälte etwas abzuhalten. Nachdem er die Tierfelle, die den Eingang zur Höhle bedeckten, beiseite geschoben hatte, ging er leise zu dem kleinen, aber fröhlich brennenden Lagerfeuer, wo Little John und Will Scarlet miteinander ins Gespräch vertieft saßen.

Zitternd blieb Robin sich in die Hände und ließ sich auf einem Baumstamm neben seinen Kameraden nieder. „Was tut ihr beide hier draußen? Es ist verdammt eiskalt, selbst so dicht am Feuer.“

„Wir wollten nicht alle aufwecken“, antwortete John.

„Wir machen uns Sorgen wegen dieser Abmachung mit dem Sheriff“, fügte Will hinzu, dessen Gesicht im flackernden Schein der orangen Flammen besorgt wirkte. „Du weißt, dass er uns nicht einfach Matildas Begnadigung übergeben und uns alle abziehen lässt?“

John nickte. „Ich habe gehört, dass de Faucumberg ein ehrenwerter Mann ist, für einen Adligen, aber wir sind Wolfsköpfe - es gibt nichts, das ihn davon abhalten könnte, uns alle zu töten und sich das Silber zu nehmen.“

Die drei Männer starrten düster ins Lagerfeuer, fasziniert vom hypnotischen Flackern der Flammen und von ihrem Problem. „Was können wir tun?“ Robin riss schließlich seinen Blick los und sah seine Freunde an. „Versuchen, die Männer in den Bäumen zu verstecken, schussbereit, falls der Sheriff uns hintergeht?“

Will schüttelte den Kopf. „De Faucumberg wird so etwas erwarten - er wird mehr Männer mitbringen, als wir und sie die Gegend durchsuchen lassen, bevor er auch nur eintrifft. Wir werden uns etwas Besseres einfallen lassen müssen.“

„Darüber haben wir während der letzten Stunde nachgedacht“, stimmte John zu. „Die Männer des Sheriffs sind uns mehr als einmal in letzter Zeit auf den Leim gegangen - sie werden gut auf alle Tricks vorbereitet sein.“

Wieder herrschte Stille im Lager, die nur durch das sanfte Knistern des Feuers unterbrochen wurde, bis sich ein Lächeln langsam auf Robins Gesicht ausbreitete und er leise in die Hände klatschte.

„Wir werden Folgendes tun ...“

VIERUNDZWANZIGSTES KAPITEL

„Ihr wollt wirklich einen dieser Geächteten begnadigen?“ Abt Ness kochte vor Zorn bei dieser Vorstellung. „Es wäre besser, sie alle zur Strecke zu bringen. Ihr habt genug Soldaten.“

Jetzt geht das wieder los, dachte Henry de Faucumberg. „Ich habe es Euch bereits erklärt, es würde keinen Unterschied machen, selbst wenn ich tausend Soldaten hätte. Eine Handvoll Männer in einem Gebiet aufzuspüren, das so groß ist wie der Barnsdale-Wald, ist, als wollte man eine Nadel im Heuhaufen suchen.“

„Aber da gibt es doch nichts, wo sie sich verstecken könnten!“, rief der Abt empört. „Seht doch!“ Er deutete auf die Bäume, als sie vorbeiritten. „Alle Blätter sind fort. Wo können sie sich im Winter verstecken?“

„Es gibt noch genug grüne Bäume, auch im Winter“, erklärte der Sheriff. „Und außerdem machen Schnee und Eis ein Vorwärtskommen im Wald fast unmöglich.“

„Die Geächteten scheinen es zu schaffen ...“ murrte der Abt.

„Oh, haltet den Mund, Mann!“, fauchte de Faucumberg. „Ihr bekommt Eure zweihundert Pfund zurück, nicht wahr? Außerdem, glaubt Ihr wirklich, dass ich die Geächteten einfach abziehen lassen werde?“

Der Abt richtete sich auf seinem Pferd auf und schaute den Sheriff verschwörerisch an. „Was meint Ihr damit?“

„Ich habe nicht vierzig Soldaten dabei, nur um Frieden zu halten. Die Geächteten haben siebzehn Männer, sagte man mir. Nun, sechzehn, wenn man das Mädchen abrechnet. Wir sind ihnen mehr als zwei zu eins überlegen. Und ich habe einen Treffpunkt gewählt, der außerhalb des Waldes liegt, sodass die Bastarde nicht, wie sie es gewöhnlich tun, wie Affen auf die Bäume flüchten können."

Abt Ness lächelte böse, dann wurde sein Gesicht aber lang. „Ihr bringt mit diesem Plan mein Leben in Gefahr, de Faucumberg."

Der Sheriff grinste. „Hmm? Ja, ich schätze schon. Kein Problem, ich bin sicher, Gott wird Euch schützen."

Sie erreichten Wooley eine Stunde vor dem Mittag, daher befahl der Sheriff seinen Männern, zu essen, aber wachsam zu bleiben.

Es war ein nebliger Morgen, eine weiße Schneedecke bedeckte den Boden und die Sonne war nur ein trüber, kaum sichtbarer Kreis am wolkigen grauen Himmel. De Faucumberg saß auf einem großen Stein und aß ein Stück Brot mit Butter. Ein Rotkehlchen landete neben ihm und er beobachtete es zufrieden, bis ein weiteres erschien und sie einander fortjagten.

„Sie kommen, Mylord", rief einer seiner Soldaten, als das schwache Quietschen eines von Pferden gezogenen Karrens durch den feuchten Nebel zu ihnen drang. „Aufsteigen!", brüllte der Sheriff, dem der Atem wie eine Wolke vor dem Gesicht stand. „Seid wachsam!" „Was ist mit mir?", fragte Abt Ness klagend.

„Steigt auf Euer Pferd, Mann. Wartete einfach neben mir." Der Sheriff schüttelte angewidert den Kopf.

Endlich erschienen aus dem Nebel zwei Pferde, die einen kleinen Karren mit einer großen Holzkiste darauf zogen. Als er näher kam, wurden auch drei schwer bewaffnete Gestalten neben dem Karren sichtbar. Mehr als ein halbes Dutzend schattenhafter Gestalten kamen ein wenig weiter dahinter, halb im Nebel verborgen.

„Robin Hood, Will Scaflock und John Little, nehme ich an?“, schrie der Sheriff in die kühle, feuchte Luft, seine Stimme war kaum zu hören.

„Jau!“, antwortete der Mittlere mit einem selbstbewussten Grinsen. „Wer zum Teufel seid Ihr?“

Die drei Männer lachten.

„Sehr lustig, Hood“, rief der Sheriff zur Antwort. „Wo ist der Rest deiner Männer?“

„Dabei, deine Mutter zu ficken!“, schrie Little John und seine gewaltige Stimme schien den allgegenwärtigen Nebel zu durchdringen. Selbst die eigenen Männer des Sheriffs lachten darüber, versuchten jedoch, es zu verbergen, als de Faucumberg sie böse anfunkelte.

„Wo ist mein Geld?“, fragte Abt Ness, dem der Gedanke an seine zweihundert Pfund Mut verlieh.

„Hier“, antwortete Robin und klopfte gegen die auf dem Karren stehende Kiste. „Alles für Euch. Sobald wir die Begnadigung für Matilda Pfeilmacher aus Wakefield haben.“ Eigentlich war sie jetzt Matilda Hood, aber Robin sah keinen Grund, warum er das seinen Feinden gegenüber erwähnen sollte.

„Überprüft die Kiste!“, befahl de Faucumberg einigen der Mönche, die mit dem Abt angereist waren. „Stellt sicher, dass zweihundert Pfund darin sind.“

„Sind es nicht. Darin befinden sich einhundertneunundachtzig Pfund. Darauf gebe ich Euch mein Wort“, sagte Robin zum Sheriff.

„Unsere Vereinbarung lautete auf zweihundert Pfund, Hood.“

„Ja, zweihundert, Wolfskopf!“, brüllte Abt Ness, von dessen Lippen vor Wut der Speichel troff.

Robin zuckte mit den Schultern. „Nehmt es oder lasst es. Einer meiner Männer lehnte das Abkommen ab, daher mussten wir seinen Anteil aus Eurer Kiste herausnehmen. Unser Freund - ein Mönch - sagt, zweihundert Pfund weniger elf ist einhundertneunundachtzig, also ... das ist, was in Eurer Kiste ist, Abt.“

„So war das nicht vereinbart!“, wütete Ness, aber der Sheriff machte ihm mit der Hand ein Zeichen.

„Es sind nur elf Pfund, um Himmels willen, Mann. Ist alles da?“

Einer der Männer, denen er befohlen hatte, die Kiste zu kontrollieren, nickte vom Wagen herab, während seine Hände noch immer durch die riesige Menge Silbermünzen fuhren, deren Gesamtsumme seine Gefährten zu zählen versuchten.

„Es sieht so aus, Mylord Sheriff!“

„Wo ist das Begnadigungsschreiben für das Mädchen?“, knurrte Will.

„Begnadigungsschreiben?”, gab Henry de Faucumberg in vorgetäuschter Verwirrung zurück und zog eine Augenbraue hoch. Er gab seinen Leuten einen Wink mit der Hand. „Umzingelt sie!“, brüllte er.

Little John und Will Scarlet zogen ihre Schwerter, beide sahen Robin wütend an. „Dann kommt her, ihr Bastarde“, schrie Scarlet, hob sein Schwert und hielt es trotzig vor sich.

Little John hielt seinen großen Kampfstock zuversichtlich vor sich, aber er sah Robin fragend an. Die vierzig Männer des Sheriffs waren ihnen fast zwei zu eins überlegen. „Wenn dein Plan funktionieren soll, müsste bald etwas geschehen“, grollte er und musterte misstrauisch die Soldaten des Sheriffs.

„Ihr Männer seid Geächtete.“ Der Sheriff deutete mit dem Kopf in ihre Richtung. „Was hat euch glauben lassen, dass ich einen ehrbaren Handel mit Männern wie euch abschließen würde, wo ihr außerhalb des Gesetzes steht? Tut mir leid, das tun zu müssen - denn für Geächtete scheint ihr recht ehrenhafte Männer zu sein, aber ich muss dafür sorgen, dass der Gerechtigkeit genüge getan wird.“ Er schüttelte den Kopf, als würde er es tatsächlich bedauern, hob aber seine Stimme und rief seinen Männern zu: „Vorwärts! Tötet sie alle.“

De Faucumbergs Männer begannen, den Kreis um die Geächteten enger zu ziehen, die trotz der eisigen Luft heftig schwitzten.

„Wir kommen hier nicht raus“, grunzte John bitter. „Aber ich werde mein Bestes geben, um es diesem Bastard von Sheriff zu zeigen, bevor ich untergehe.“

Robin, der über den Fehlschlag seiner Pläne entsetzt war, murmelte zustimmend. „Auf mein Wort, dann ...“

„Stehenbleiben!“

Trotz des gefrierenden Nebels erreichte die mächtige, kraftvolle Stimme jeden in der Lichtung. Keiner bewegte sich, aller Augen suchten angestrengt nach dem, der diesen Befehl gerufen hatte.

„Zieht Eure Männer zurück, de Faucumberg!“

Robin stieß einen tiefen Seufzer der Erleichterung aus und warf seinen angespannten Freunden ein wissendes Lächeln zu, als Sir Richard-at-Lee und sein Sergeant, Stephen, aus dem Dunst hervortraten; ihre schwarzen Umhänge mit den schneeweißen Kreuzen wirkten im kalten Licht fast ätherisch.

Ein weiterer Edelmann in Rüstung ritt neben Sir Richard und, dem hinter ihnen folgenden Lärm nach zu urteilen, hatten sie eine kleine Armee mitgebracht.

Das Gesicht des Sheriffs wurde lang, als er zusah, wie die Neuankömmlinge sich näherten. Er wusste, wer Sir Richard und sein edler Begleiter waren, ebenso wie Abt Ness, der vor Überraschung über den Anblick des Mannes, den er vor noch nicht so langer Zeit um seine Ländereien zu bringen versucht hatte, fluchte.

„Holt Eure Männer von der Straße zurück, de Faucumberg, sofort!“, befahl Sir Richard.

Die drei Geächteten stießen Seufzer der Erleichterung aus, als der Sheriff widerwillig seinen

Männern bedeutete, wieder hinter ihn zu treten. „Sir Richard ist doch gekommen“, lächelte Will zerknirscht.

„Jau, und verdammt gerade noch rechtzeitig“, lachte John und begann sich zu entspannen, als die Gefahr unmittelbar bevorstehender Vernichtung vorbeizog.

„Ihr habt ein Dokument, glaube ich?“, forderte Sir Richard vom Sheriff, der weiter schwieg. „Ein Begnadigungsschreiben für das Mädchen, Matilda von Wakefield?“

Der Sheriff sagte noch immer nichts, ignorierte sogar das verwirrte und besorgte Flüstern von Abt Ness.

„Dann gebt es her, de Faucumberg!“, brüllte Sir Richard. Die Soldaten hinter ihm waren jetzt deutlich zu sehen, selbst durch den dicken Nebel. Er hatte mindestens fünfzig Männer bei sich, alle in Kettenhemden oder voller Rüstung, einschließlich eines Dutzends oder mehr Berittener. Im Gegensatz dazu waren die vierzig Männer des Sheriffs leicht gepanzert und zu Fuß gekommen, um sich im Wald besser bewegen zu können, da sie einen möglichen Kampf mit siebzehn besonders flinken Geächteten zwischen den Bäumen erwartet hatten.

Eine Schlacht auf der Lichtung, auf der sie sich jetzt befanden, würde ein Schlachtfest werden, und der Sheriff wusste das. Seine prekäre Lage wurde nur noch offensichtlicher, als der Rest der Geächteten, angeführt von Bruder Tuck, näher an die Lichtung herankam und der sich teilende Nebel auf de Faucumbergs Männer - und auch auf ihn - gerichtete Langbögen enthüllte.

Er griff in seine Satteltasche und zog eine Schriftrolle heraus.

„Hier“, grunzte er, trieb sein Pferd nach vorn und dann, als er dicht genug war, warf er sie Robin vor die Füße mit vor Wut und Demütigung hoch gerötetem Gesicht.

„Schauen wir uns das an, Robin“, sagte Sir Richard und winkte den Geächteten, zu ihm zu kommen.

Little John und Will hatten ihre Waffen noch immer bereit und folgten ihrem jungen Anführer, als er sich zu den auf ihren Pferden sitzenden Johannitern begab.

Richard entrollte die Schriftrolle und warf einen Blick darauf. „Gut, das stimmt so“, sagte er, gab Robin das Dokument zurück, wobei er ihn ermahnte, es gut aufzubewahren.

„Jetzt dürft Ihr gehen, de Faucumberg.“ Der große Ritter entließ den wütenden Sheriff mit einer Handbewegung.

Abt Ness fand schließlich seine Stimme wieder, als er erkannte, dass der Sheriff sich zurückziehen würde. „Was ist mit meinem Silber? Der Karren und sein Inhalt gehören der Abtei von St. Mary's!“, schrie er und zeigte verzweifelt auf sein Geld. „Dieser Wolfskopf hat es gestohlen!“

„Verschwindet jetzt von hier, de Faucumberg, solange Ihr das noch könnt“, riet Sir Richard dem Sheriff. „Und nehmt diesen geldgierigen Abt mit, bevor ich den Bastard einen Kopf kürzer mache - Gottesmann oder nicht.“

Ness versuchte zu protestieren, aber der Sheriff wusste, dass er geschlagen war, und brüllte den Abt an, es zu vergessen und ihm zu folgen, als er sich wieder nach Nottingham wandte.

„Der König wird davon hören, Johanniter!“, brüllte de Faucumberg wütend über seine Schulter zurück.

Zum ersten Mal sprach der edle Begleiter Sir Richards und lachte dem abziehenden Rücken des Sheriffs kalt hinterher. „König Edward wird bald mehr haben, worum er sich Sorgen machen muss, als Euer Gejammer, de Faucumberg. Wenn wir uns das nächste Mal treffen, werde ich Euch nicht mit dem Schwanz zwischen den Beinen davonlaufen lassen. England hat genug von Edward und seinen Lakaien, wie Ihr einer seid!“ Die drei

Geächteten schauten Sir Richard-at-Lee überrascht an und erwarteten eine Reaktion von ihm angesichts des Hochverrats seines Begleiters. Der Ritter jedoch saß mit versteinertem Gesicht auf seinem Schlachtross, schaute zu, wie der Sheriff und seine Männer im Nebel verschwanden.

„Also bis du Robin Hood." Sir Richards edler Begleiter wandte mit einem Lächeln seinen Kopf und musterte den jungen Anführer der Geächteten mit einem befehlsgewohnten Blick. „Ich habe viel über dich gehört, Junge."

Sir Richard lachte über den verständnislosen Ausdruck auf Robins Gesicht. „Dies ist der Earl von Lancaster", sagte der Ritter zu den Geächteten. „Wir haben von ihm gesprochen, als ich euch zuerst begegnete."

Robin, Will und John hatten keine Ahnung, wie sie sich in Gegenwart eines Earls verhalten sollten, also taten sie, was richtig schien, und sanken mit gesenktem Kopf auf ein Knie.

Sir Richard lachte wieder, aber in seinen Worten schwang Empörung mit. „Steht auf, ihr Dummköpfe! Als wir uns trafen, seid ihr nicht niedergekniet. Ganz im Gegenteil!"

Die drei Geächteten genossen das überhaupt nicht. Sie hatten keine Ahnung, warum der Earl von Lancaster geholfen hatte, sie vor dem Sheriff zu retten.

Richard fand es erheiternd, die drei harten Männer sich nervös im Nacken kratzen und herumzappeln zu sehen wie unartige Kinder. „Ruhig, Jungs, ihr seid jetzt in der Gesellschaft von Freunden", sagte er mit beruhigendem Lächeln.

Robin erhob sich misstrauisch, John und Will taten es ihm nach und schauten den Earl, noch immer etwas von Ehrfurcht überwältig, an. „Ihr wolltet uns kennenlernen, Mylord?"

Thomas, Earl of Lancaster, sprang von seinem Pferd herunter und stellte sich vor die Geächteten. „Ja, Robin“, bestätigte er und streckte eine Hand aus, die Robin schüttelte. Der Griff des Mannes war fest, aber sein Gesicht war offen und seine Augen lächelten. „Ich habe viel über dich gehört, von Sir Richard hier, aber auch von meinen Pächtern. Du hast meinen Vogt in Wakefield getötet - Henry.“

Robin legte eine Hand auf seinen Schwertgriff, aber der Earl lächelte beruhigend. „Keine Sorge, Junge, du hast mir einen Gefallen getan. Mir war nie klar, wie sehr die Dorfbewohner ihn hassten - seit ich ihn ersetzt habe, sind die Leute viel produktiver, was alles ist, was ein Lord sich von einem seiner Anwesen wünscht.“

Richard-at-Lee war inzwischen ebenfalls abgestiegen und schlug die drei Geächteten freundschaftlich auf den Rücken, während er die ganze Zeit lächelte.

„Der Earl hat einen Vorschlag für euch, Jungs“, sagte der Johanniter zu ihnen. „Warum gehen wir nicht in eines der Dörfer in der Nähe, wo wir ihn besprechen können?“

Robin schob Matildas Begnadigungsschreiben sicher in seine Weste und zuckte mit den Schultern. „Gehen wir“, antwortete er. „Wooley ist nicht weit weg und ich könnte heute Nachmittag das ein oder andere Ale vertragen.“

„Was ist mit dem Geld?“, erkundigte sich Little John.

Robin war kein Narr. Er wusste, dass Sir Richard ein Freund war, und der Earl von Lancaster - der Robin von seinem Pferd herab aufmerksam beobachtete - gekommen war, um ihnen zu helfen, aber dafür einen Grund haben musste. Doch fast zweihundert Pfund war eine Menge Silber. Genug, jede scheinbare Freundschaft zu belasten.

„Nachdem der Earl und Sir Richard uns die Haut gerettet haben, warum geben wir ihm dann nicht die Hälfte des Geldes?“, beschloss Robin mit einem Lächeln zu den beiden Reitern.

„Ich schulde euch Männern immer noch 100 Pfund für das Darlehen, das ihr mir gegeben habt, um Abt Ness zu bezahlen“, bemerkte Sir Richard und hob eine Augenbraue angesichts Robins Großzügigkeit.

„Vergessen wir das“, sagte der junge Geächtete schulterzuckend und legte besänftigend eine Hand auf Wills Arm, da der vor Zorn kochende Geächtete widersprechen wollte. „Wir haben Euch geholfen, Ihr habt uns geholfen, und wir alle“, sagte er und funkelte Scarlet an, „gehen hier weit, weit reicher wieder fort.“

Die Edelleute begannen, breit zu grinsen. Robin wusste - der Art nach, wie der Earl ihn gemustert hatte - dass der Earl am Ende das ganze Geld verlangt haben würde. Er hatte schließlich mehr als genug Männer, um einer solchen Forderung Nachdruck zu verleihen.

Aber Robins Angebot reichte aus, um den Lord zu beschwichtigen, und auch alle anderen, selbst Will, als ihm klar wurde, was gerade geschehen war, zeigte sich mit dem Einfall zufrieden.

Sir Richard und der Earl füllten die Satteltaschen ihrer Männer mit Silber, bis sich noch grob geschätzt die Hälfte der ursprünglich einhundertneunundachtzig Pfund in der Kiste befand.

„Ich bringe den Karren mit dem Rest der Jungs zurück“, bot Little John an. „Scarlet hat mehr Erfahrung im Umgang mit Edelleuten als ich - ich bin nur ein einfacher Dorfschmied!“

Robin nickte seinem riesigen Freund dankbar zu und übergab ihm das Begnadigungsschreiben für Matilda. „Wenn es hart auf hart geht, vergiss das Geld, John. Sieh nur zu, dass dieses Schreiben sicher bei Matilda ankommt.“

Der große, bärtige Geächtete nickte feierlich und stopfte das Schreiben in seinen Bärenfellumhang.

„Fertig, Jungs?“, fragte Sir Richard, kam herüber und legte einen stämmigen Arm um Wills und Robins Schultern.

„Jau“, lachte Robin. „Sehen wir zu, dass wir etwas zu trinken bekommen.

Der junge Geächtete war in guter Stimmung. Seine Männer hatten noch immer fast hundert Pfund Silber, das sie nach diesem Tag nicht mehr zu besitzen erwartet hatten, sie lebten noch und seine schwangere Frau war wieder ein freier Mensch. Der Tag war großartig gelaufen. Das einzige, was ihn hätte glücklicher machen können, dachte er mit einem ironischen Lächeln, wäre eine Begnadigung für ihn und den Rest seiner Männer gewesen.

FÜNFUNDZWANZIGSTES KAPITEL

„Begnadigung? Für uns alle?“ Robin schnappte ungläubig nach Luft.

Der Earl von Lancaster nickte begeistert. „Ja, Robin. Für dich und jeden deiner Männer.“

Robin sah Will an, der mit den Achseln zuckte und einen Schluck von seinem Ale trank.

Kurz zuvor waren sie in der kleinen Ortschaft Wooley angekommen und hatten an einem Tisch in einem der Wirtshäuser Platz gefunden, einer sauberen Schenke mit zwei Kaminen im Gastraum. Der Earl hatte die meisten seiner Männer nach Hause geschickt und nur eine Handvoll bei sich behalten, im Falle es Probleme gäbe. Diese Männer warteten diskret an der Eingangstür. Nun, so diskret, wie es für ein halbes Dutzend Männer in Rüstung in einem Wirtshaus einer kleinen Stadt mit nur ein paar Tischen darin möglich war.

Robin, Will, Sir Richard und der Earl hatten einen Tisch für sich und, da es erst mitten am Nachmittag war, war das Wirtshaus ruhig, sodass sie ziemlich unter sich waren.

Kleine Feuer brannten in den Feuerstellen, als sie von den eisigen, winterlichen Straßen hereinkamen, aber ein Ruf von Sir Richard hatte den Wirt ein paar Holzscheite nachlegen lassen. Bald genug wurde der Raum von einem gemütlichen orangefarbenen Schein von beiden Seiten erhellt und die vier Männer saßen zufrieden mit ihren Alebechern da, fühlten die Wärme in ihre Knochen sickern und den eisigen Nebel des Waldes von Barnsdale trocknen.

„Was müssten wir für diese Begnadigung tun?“, fragte Robin schließlich, als die Kälte aus seinen Knochen geschwunden war und das Ale seinen Verstand genug erwärmt hatte, um klar denken zu können.

Der Earl von Lancaster leerte seinen eigenen Becher und rief nach einer weiteren Runde, während er Robin mit einem harten Blick durchbohrte.

„Euch der Rebellion anschließen“, sagte er ruhig.

Wieder sahen sich Robin und Will an, aber keiner der beiden sagte etwas.

„Wisst ihr, dass ich den König nach ein paar harten Jahren gebeten habe, meinen Pächtern zu helfen?“, fragte Thomas. „Nun, er hat Hilfe versprochen, ist aber seinem Versprechen nie nachgekommen. Meine Pächter kämpfen ums Überleben - das bedeutet, Leute wie deine Familie in Wakefield, Robin. Der König erwartet von mir, dass ich dieselben Abgaben zahle, wie ich zu zahlen habe, wenn die Ernten gut sind, was bedeutet, mehr Geld aus meinen Pächtern herauszupressen. Geld, das sie einfach nicht haben. Wenn ich mehr Pacht von ihnen verlange, werden sie sterben oder auch Geächtete werden müssen ... das soll keine Beleidigung sein, Jungs“, lächelte er und goss sein Ale hinunter, „aber wir haben bereits genug Geächtete in Barnsdale.“

Robin hatte keine Ahnung, wie er sich in dieser Situation verhalten sollte. Obwohl er der Anführer der Geächteten war, war er doch erst achtzehn. Er schaute den welterfahreneren Will hoffnungsvoll an.

Scarlet zuckte mit seinen breiten Schultern. „Ich würde sagen, es ist ein gutes Angebot“, sagte er zu seinem jungen Freund. „Welche andere Wahl haben wir? Der König ist ein Bastard, genau wie sein Vater. Er wird die Leute auspressen, bis sie nichts mehr übrig haben, um seine Kriege gegen die Schotten und die Waliser und wen sonst noch zu bezahlen.“

„Du meinst, der Earl ist eine bessere Wahl als der König?“, fragte Robin, ohne sich darum zu kümmern, dass der Earl am Tisch bei ihnen saß. Er wusste, dass Will offen sein würde, egal wer bei ihnen saß.

„Jau, so ist es“, antwortete Scarlet. „Ich bin sicher, dass er erwartet, durch die Rebellion eine Menge Geld zu verdienen und Land zu bekommen. Vielleicht sogar den Thron für sich selbst.“ Er warf dem Earl einen Blick zu, aber der Mann starrte nur zurück, ohne etwas preiszugeben. „Nach allem, was die Leute jedoch sagen und nachdem Sir Richard ihn unterstützt ... nun, ich denke, er ist wahrscheinlich ein ziemlich anständiger Mann, der wirklich den Leuten helfen will.“

„Kann diese Rebellion Erfolg haben?“

Will zuckte die Achseln. „Ich habe mit euch im Wald festgesessen, ich weiß nicht, wie die Kräfteverhältnisse jetzt aussehen. Ich sehe aber nicht, warum das eine Rolle spielen sollte.“ Robin sah seinen Freund verwirrt an.

„Du suchst dir doch nicht deine Seite danach aus, wer wahrscheinlich gewinnen wird, oder?“, knurrte Will. „Du wählst sie danach, dass sie dieselben Ziele und Ideale hat wie du selbst.“

Robin war überfordert. Er leerte sein Ale und nahm dankbar ein anderes vom Wirt entgegen, der herumstand und jeden Becher der Männer wieder füllte, kaum dass er geleert war.

„Ich kenne Euch nicht“, sagte der junge Geächtete schließlich nach weiteren Worten, „aber ich vertraue Richard und ich glaube, Will weiß, in welche Richtung der Wind weht, also werde ich mich Eurem Aufstand anschließen, im Gegenzug für eine Begnadigung, wenn wir gewinnen.“

Richard-at-Lee hatte bisher nicht viel gesagt, aber er streckte die Hand aus und packte Robins Unterarm. „Du bist ein starker Mann“, sagte der Ritter ernst. „Genau die Art von Mann, die wir brauchen, um England wieder groß zu machen.“

Robin fühlte, wie sein Gesicht vor Verlegenheit rot wurde. Er war jedoch kein Narr. „Wir schließen uns Eurem Aufstand an, vorausgesetzt, dass jeder von uns begnadigt wird, aber was ist mit unserem Lohn? Und wer befehligt uns?“

„Wenn ihr euch der Armee anschließt, erhaltet ihr Befehle wie alle anderen auch“, erwiderte der Earl.

„Das geht in Ordnung“, antwortete Will, der verstand, worauf Robin mit seiner Frage hinauswollte. „Aber es wäre sinnvoll, uns - alle sechzehn - als eine Kompanie zusammenzulassen. Es ist unsinnig, einer Gruppe von Soldaten, die schon als Einheit kämpfen, einen neuen Hauptmann zu geben.“

Thomas sah nachdenklich aus, aber Sir Richard nickte und stimmte Will zu. Robin grinste Scarlet an. „Er hat recht, Sir Thomas, wir kämpfen am besten mit unserer eigenen Befehlskette. Wenn wir uns Eurem Aufstand anschließen, solltet Ihr uns so kämpfen lassen, wie wir es können. Das wäre nur zu Eurem Vorteil.“

Wenn er ehrlich war, kümmerte es den Earl von Lancaster nicht allzu sehr, ob die Geächteten sich ihm anschlossen oder nicht. Er versuchte, die größte Armee zu sammeln, die er bekommen konnte, und Sir Richard-at-Lee hatte ihm gesagt, dass Hoods Männer eine gute Ergänzung seiner Streitmacht sein würden. Aber es waren nur sechzehn Männer. So gut sie auch waren, würden sie für seine Pläne nicht entscheidend sein. Er leerte sein Ale und schlug mit einem Lachen eine Faust auf den Tisch. „Na schön! Wie auch immer, Robin! Du kannst deine eigenen Leute unter der Johanniterfahne Sir Richards führen. Und wenn wir gewinnen: Begnadigung für alle von euch!“

Robin grinste und sah Will um Rat bittend an.

„Gerechter kann es nicht sein“, sagte Scarlet lächelnd und leerte seinen eigenen Becher. „Nur noch eines, aber ... der Lord von Hathersage, John de Bray?“

„Was ist mit ihm?“, fragte der Earl erstaunt, von Wills Frage verwirrt.

„Von diesem Mistkerl nehme ich keine Befehle entgegen. Nimmt er an Eurem Aufstand teil?“

Sir Richard schüttelte den Kopf mit einem wölfischen Grinsen. „Er war nie einer von uns, das weißt du - er ist ein Mann des Königs. Außerdem ist der Bastard ruiniert, Will. Er hat kein Geld mehr, seine Pächter haben sich gegen ihn gewandt, und während wir sprechen, sendet der König einen Mann, der ihn als Lord in Hathersage ablösen soll. Er ist ein Nichts.“

Robin schlug seinem Freund auf den Rücken. „Ich sagte dir doch, dass wir ihn dafür zahlen lassen würden, Will.“

Will trank sein Ale aus und knallte seinen Becher grimmig auf den Tisch.

„Dann, wenn wir hier fertig sind, habe ich in Hathersage noch etwas zu erledigen.“ Der Earl hatte keine Ahnung, was Will meinte, aber es interessierte ihn auch nicht. Er musste weiterziehen, um zu versuchen, seiner wachsenden Armee noch mehr Männer hinzuzufügen.

Er stand auf, Sir Richard tat es ihm nach, stürzte dabei hastig den Rest seines Ales hinunter. „Dann kümmert euch um eure Angelegenheiten, Jungs.“ Thomas nickte den Geächteten zu. „Bringt alles in Ordnung, was ihr zu regeln habt und genießt euer Weihnachtsfest. Dann macht euch bereit, eure Männer zu Sir Richards Burg in Kirklees zu bringen, wenn wir euch in den nächsten Wochen rufen.“

„Danach“, lächelte Richard kühn, „ist alles, was wir tun müssen, den König zu vernichten ...“

SECHSUNDZWANZIGSTES KAPITEL

„Also - wer hat Lust, König Edward in seinen nutzlosen Arsch zu treten?“, wollte Robin wissen.

Die Outlaws jubelten und hoben fröhlich ihre Bierkrüge in den Nachthimmel, ihr vergnügter Lärm erfüllte den Wald. Der junge Wolfskopf hatte die Männer noch nie so aufgeregt erlebt.

„Ich kann es nicht glauben.“ Der junge Gareth packte voller Freude die Schultern seines Anführers. „Ich habe nie geglaubt, je wieder ein freier Mann sein zu dürfen.“

„Mal langsam“, lachte Robin und goss einen Schluck Ale hinunter. „Wir müssen immer noch zuerst die Armee des Königs besiegen!“

Gareth zuckte mit den Achseln, als wäre das eine Kleinigkeit, grinste breit und ging zu den anderen Männern, die am großen Lagerfeuer tanzten und sangen, das hoch loderte, um die bittere Winterkälte abzuwenden.

„Man möchte meinen, dass wir jeden Tag einen König töten“, sagte Robin mit einem zerknirschten Kopfschütteln, da er die Reaktion der Geächteten auf den Vorschlag des Earls zwar genoss, aber befürchtete, dass die laute Festlichkeit verfrüht wäre.

„Lass uns unseren Spaß“, riet Bruder Tuck. „Nein, es wird nicht einfach sein, die Soldaten des Königs zu schlagen. Es ist gut möglich, dass jeder von uns in der Schlacht sterben wird, selbst, wenn der Earl schließlich gewinnt.“ Er hob die Schultern. „Aber wir haben endlich ein Ziel - eine Aussicht. Etwas, wonach man streben kann, statt nur von einem Tag zum anderen hier im Wald ums Überleben zu kämpfen und zu hoffen, dass das Gesetz und nicht findet.“

Robin erkannte, dass der Mönch recht hatte. Kein Wunder, dass die Männer so aufgeregt waren. „Also gut, Tuck, worauf wartest du also? Lass uns sehen, wie du tanzt!“ Mit einem Jubelruf warf er seine leere Tasse auf den Boden, packte den stämmigen Kirchenmann an den Handgelenken und zog ihn in die Runde eines verrückten Tanzes.

Am Weihnachtstag besuchten die Geächteten, die Familie oder Freunde in den umliegenden Dörfern hatten, ihre Leute. Es hatte in den letzten Tagen vereinzelt geschneit und die Straßen waren für unachtsame Reisende gefährlich. Das Gesetz würde bei solch rauem Wetter nicht auf der Jagd nach Wolfsköpfen sein, daher nutzten die Männer das nach Möglichkeit aus.

Little John ging lächelnd und pfeifend nach Holderness, um seine Frau und seinen Sohn zu sehen. Gareth besuchte seine kränkliche Mutter in Wrangbrook, und Arthur besuchte seine Eltern in Bichill. Einige der Geächteten, wie Bruder Tuck und Allan-a-Dale, blieben gerne im Lager, um zu schlemmen, zu singen und zusammen betrunkene Spiele zu spielen, wie blinder Mann. Sie hatten sogar etwas Efeu und Stechpalmenzweige gesammelt, mit vielen roten Beeren daran, und die Höhle damit geschmückt.

Matilda hatte ihr Begnadigungsschreiben erhalten und war in Begleitung von Robin und Will als freie Frau nach Wakefield, nach Hause gegangen.

Robin hatte Much gebeten, mit ihnen ins Dorf zu kommen, aber da sein Vater ermordet war und ein neuer Müller in der Mühle, in der er aufgewachsen war, wohnte, hatte Much beschlossen, einfach mit Tuck und den anderen im Lager zu bleiben.

In Wakefield wurde Matilda von ihren Eltern freudig begrüßt und die kleine Beth klammerte sich mit Rufen des Entzückens an Wills Beine.

Das Haus des Pfeilmachers, ebenso wie das Lager der Geächteten und alle anderen Häuser des Dorfes, waren mit immergrünem Laub geschmückt, das sich fröhlich von Eis und Schnee abhob, und viele Dorfbewohner sangen Weihnachtslieder.

Robin machte sich auf, um den Tag mit seinen Eltern zu verbringen, und Scarlet, der sein eigenes Bettzeug mitgebracht hatte, blieb beim Pfeilmacher, der ihn gerne für den Abend aufnahm.

Bevor sie gingen, um dem festlichen Schauspiel auf dem Dorfplatz zuzusehen, nahm Will Beth zu einem Spaziergang unten am Fluss mit, wobei er die ganze Zeit breit grinste. Er würde nie vergessen, was Robin für ihn getan hatte, indem er seine Tochter rettete und wieder Glück in sein Leben brachte. Sie war ein wundervolles kleines Mädchen, trotz der drei harten Jahre in de Brays Haus, und Will wusste, dass seine Frau Elaine eine gute Mutter gewesen war. Er wünschte, sie könnte Beth jetzt sehen, verdrängte aber die düsteren Gedanken aus seinem Kopf und konzentrierte sich nur darauf, den Tag mit seiner Tochter zu genießen.

Da es Weihnachten war, hatte er ihr ein Geschenk mitgebracht - einen kleinen, geschnitzten Hund auf Rädern, und sie lachten und rannten zusammen durch den Schnee, während sie ihn ruckelnd hinter sich her zogen. Wills Herz war leicht und er sandte ein stummes Gebet zu Gott hinauf zum Dank für sein Glück.

Robin besuchte seine Familie und brachte ihnen eine fertig gekochte Gans und etwas eingelegtes Gemüse für ihr Weihnachtsessen mit. Er gab seinem Vater auch einen Beutel Silber, um dafür zu sorgen, dass sie das Fest genießen konnten, ohne sich um Geld zu sorgen.

Martha füllte die Teller für alle und zum ersten Mal, seit Robin vor sieben Monaten geächtet worden war, genossen sie ihre Mahlzeit als Familie. Nach dem Hauptgericht wurde eine große Hackfleischpastete serviert, und Marjorie, die viel besser aussah, seit Robin sie zuletzt gesehen hatte, durfte den ersten Bissen nehmen und sollte den traditionellen Wunsch aussprechen. Das Herz des großen Geächteten schwoll an, als er sah, wie seine kleine Schwester strahlend in die saftige Fleischpastete biss und er wünschte sich schweigend, dass Marjorie noch viele fröhliche, gesunde Weihnachten erleben möge.

Obwohl sie kräftiger war, ging es seiner Schwester noch immer nicht gut genug, um in den eisigen Nachmittag hinauszugehen und zusammen mit Will, Beth und dem Pfeilmacher und seiner Frau die Schauspieler zu sehen, daher blieben die Hoods zu Hause, glücklich in ihrer eigenen Gesellschaft, während die Geräusche des Fests draußen das Dorf erfüllten.

Als das Licht draußen schwand und den bereits dämmrigen, verräucherten Raum noch dunkler erscheinen ließ, saßen sie um das Feuer, tranken warmes Ale und Robin erzählte ihnen von seiner Absicht, sich dem geplanten Aufstand des Earls anzuschließen. Sie wussten, dass König Edward die Männer des Dorfes dazu aufrufen würde, für ihn gegen den Earl von Lancaster zu kämpfen. Robin wollte sich nicht auf dem Schlachtfeld seinem Vater gegenüber sehen.

„Keine Sorge deshalb, Sohn“, sagte John zu ihm. „Wenn es so weit kommt, schließe ich mir derselben Seite an wie du. Der Earl hat versucht, ein anständiger Herr für Wakefield zu sein, während der König ständig Männer wie dich verfolgt. Auf keinen Fall werde ich für einen König kämpfen, dessen ungerechte Gesetze meinen Sohn dazu zwingen, wie ein Tier im Wald zu leben!“

Robin war von der Unterstützung seines Vaters erfreut und das Gespräch wandte sich bald schöneren Themen zu, wie seiner Hochzeit mit Matilda, worüber seine Eltern mehr als glücklich waren. Sie redeten lange, bis in die Nacht hinein, und ein gut geschürtes Holzfeuer vertrieb die schlimmste Winterkälte aus der Luft und goss einen gemütlichen orangefarbenen Schein über den Raum.

John und Martha gingen schließlich nach oben in die kleine Dachkammer zum Schlafen, küssten ihren Sohn und ihre Tochter zur guten Nacht, als sie sich auf ihren eigenen Strohsäcken neben dem Feuer ausstreckten, das Robin jetzt mit der steinernen Abdeckung verschloss.

„Er ist ein guter Junge“, flüsterte Martha stolz ihrem Mann zu, als sie ins Bett kletterten und dicke Decken über sich zogen. „Ein guter Mann.“

„Jau, das ist er“, stimmte John zu. „Und vielleicht, wenn der Earl von Lancaster diesen wertlosen Bastard Edward besiegt ...“ „Kann unser Junge wieder nach Hause kommen.“

Sie umarmten sich und hielten sich fest und schliefen dann in dieser Nacht besser, als sie es seit Monaten vermocht hatten.

Am Morgen nahmen Will und Robin Abschied von ihren Familien, in der Hoffnung sie bald, als freie Männer, wiederzusehen. Dennoch hatte sogar Will Tränen in den Augen, als er seiner kleinen Tochter Lebewohl sagte, sie fest an sich drückte und ihr sagte, wie sehr er sie liebte.

Robin hatte seine Eltern und Marjorie umarmt, versprochen, öfter zu Besuch zu kommen, und war dann zum Haus des Pfeilmachers gegangen, um sich von Matilda zu verabschieden.

Die beiden gingen gemeinsam, mit dicken Umhängen über ihren Schultern, da ein leichter, doch eiskalter Wind über die Bäume und den Dorfrand peitschte.

„Hast du deiner Ma und deinem Pa erzählt, dass ...?“, fragte Robin und legte zärtliche eine Hand auf den Leib seiner Frau.

Matilda schüttelte den Kopf. „Nein, noch nicht. Ich werde noch ein paar Wochen warten, bis mehr zu sehen ist, dann sage ich es ihnen. Ich weiß nicht, wie sie es aufnehmen werden - sie denken an mich immer noch an ihr kleines Mädchen. Und solange du noch geächtet bist ..." Sie wanderten eine Weile weiter, erfüllt von der Trauer über ihre Trennung.

Robin war überglücklich, dass Matilda begnadigt worden war und wieder mit ihren Eltern in Wakefield leben konnte, wo sie ihr Kind in einer normalen Umgebung aufziehen konnte.

Er war traurig, dass er es vielleicht nicht würde genießen können, ein normaler Vater für das Kind zu sein. Er hatte bis jetzt nie daran gedacht, ein Kind zu haben, aber er wollte alles richtig machen.

„Ich verspreche dir, Matilda", sagte er zu ihr, ergriff ihre Hände und sah ernst in ihre Augen. „Ich werde für dich und unser Baby hier sein. Ich werde für den Earl kämpfen und meine Begnadigung verdienen. Dann können wir als richtige Familie zusammen sein!"

Sie hielten sich fest und wollten nicht loslassen, aber schließlich machten sie sich auf den Weg zurück zu Matildas Heim, wo Robin und Will sich von allen ein letztes Mal verabschiedeten, und dann in den Wald gingen, um in ihr Lager zurückzukehren.

Am Tag zuvor hatte Robin den Dorfschulzen von Wakefield, Patrick, besucht und ihm einen Beutel Silber als Weihnachtsgeschenk für das Dorf gegeben. Patrick war über den Betrag erschrocken, hatte aber versprochen, ihn während des schlechten Wetters gut und gerecht zu nutzen. Er sagte Robin auch, dass er sicherstellen würde, dass die Dorfbewohner genau wüssten, wer ihnen das Geld gegeben hatte.

Die Leute von Wakefield würden sich gut um Matilda, Marjorie und Beth kümmern.

Die beiden Geächteten erreichten das Lager am späten Nachmittag, trotz des dicken Schnees, der ihre Schritte verlangsamte und ihre Beine ermüdete.

„Scarlet!“, rief Allan-a-Dale, als er seine Freunde näherkommen sah. „Gute Nachrichten!“

„Was ist los, Allan?“, staunte Will.

Der Minnesänger eilte herbei, eifrig darauf bedacht, die Neuigkeiten zu verbreiten.

„Wilfred, der Bäcker, hat eine Nachricht von Hathersage geschickt! Der neue Lord erschien gestern mit einem Dutzend Soldaten. John de Bray musste seine Sachen packen. Er und seine Frau wurden auf der Straße nach Süden gesehen, wo sie sich abmühten, ihren Wagen und das Pferd durch den Schnee zu bewegen. Vermutlich auf dem Weg nach London.“

„Nur die beiden?“, wunderte sich Robin.

„Jau“, nickte John. „Er hat kein Geld, um Wachen anzustellen, oder?“

Will nickte grimmig. „Ich werde ihn verfolgen. Endlich ... endlich werde ich meine Rache bekommen ...“

Robin packte ihn an der Schulter. „Tu, was du tun musst. Nimm eines der Pferde.“

Sie hatten immer noch die beiden Pferde, die Abt Ness' Wagen mit dem Silber gezogen hatten, sodass Will viel schneller vorankommen würde, wenn er eines von ihnen nahm, um seine Beute zu jagen. „Willst du, dass ich mitkomme?“, fragte Robin seinen grimmigen Freund. „Oder einer der anderen? Es wäre sicherer, wenn du nicht allen wärest, es gibt hier in der Gegend mehr Geächtete als nur uns.“

Scarlet dachte einen Moment nach; dann schüttelte er den Kopf. „Nein, ich muss das allein erledigen.“ In Wahrheit hätte er sich darüber gefreut, wenn einer der anderen Männer ihn begleitet hätte, aber er wusste nicht, wie er reagieren würde, wenn er endlich dem Mann gegenüberstünde, der seine Familie ermordet und aus seiner kleinen Tochter eine Sklavin gemacht hatte.

Er glaubte, er könnte John de Bray abschlachten und möglicherweise auch seine Frau, wenn sie ihm in die Quere käme, und er wollte nicht, dass einer seiner Freunde dabei wäre, um es zu sehen.

Er sattelte das jüngere der beiden Pferde und machte sich ohne ein Wort zu dem Rest der Männer auf den Weg nach Süden.

Als er am späten Abend ins Lager zurückkehrte, fragte ihn niemand, was passiert war, sie hießen ihn einfach herzlich willkommen.

Er nahm einen Becher Ale von Robin entgegen und nickte seinem Freund melancholisch dankend zu.

Es war vorbei. Will Scaflock konnte endlich sein Leben fortsetzen - die Dunkelheit in seiner Seele war endlich vertrieben.

Robin fand nie heraus, ob sein Freund de Bray und seine Frau getötet hatte oder sie gehen ließ. Der Schmerz in Wills grünen Augen - die Qual, die Robin seit dem Tag, an dem er ihn getroffen hatte, dort gesehen hatte - war endlich verschwunden.

Bruder Tuck glaubte, dass Will, der ein anderer Mann geworden war, seit er seine kleine Tochter wiedergefunden hatte, sich christlich verhalten und de Bray hatte gehen lassen, während Matt Groves leise murmelnd den anderen Geächteten erzählte, wie er sich vorstellte, dass Will sowohl de Bray als auch dessen Frau abgeschlachtet hatte. Es spielte keine Rolle. Will Scarlet war endlich wieder Will Scaflock. Vorläufig.

* * *

„Verdammte Bastarde!“

Die Diener kauerten sich zusammen, als de Faucumberg in seiner großen Halle in der Burg von Nottingham tobte, rechts, links und in der Mitte alles zertrümmerte. Diese Ausbrüche ereigneten sich in letzter Zeit oft, seit der Sheriff von seinem demütigenden Zusammentreffen mit Robin und dem Earl von Lancaster zurückgekehrt war.

„Bastarde, alle!“, schrie er und sein Gesicht war fast lila vor Wut. „Mich wie einen verdammten Bauern behandeln?“ Er trat einen Nachttopf um und die Pisse ergoss sich über den gesamten Boden. Obwohl er die Schweinerei selbst verursacht hatte, machte sie ihn nur noch wütender und er schrie seine Diener an, alles zu säubern.

„Mylord ...?“ Der Steward kroch vorsichtig in die Halle und versuchte, so unbemerkt wir möglich zu bleiben, während der Sheriff durch den Raum stürmte. „Ihr habt einen Besucher.“

„Wenn es nicht Richard-at-Lee oder der Earl von Lancaster ist, auf den Knien kriechend und um meine Hilfe flehend, könnt Ihr ihn mit einem Tritt hinaus befördern. Ich bin nicht in der Stimmung für Besucher!“, brüllte de Faucumberg, bevor er sich schließlich beruhigte und mit einem mürrischen Grunzen auf den hochlehnigen Stuhl am Ende des Raumes fallen ließ.

„Nun?“, brüllte der Sherif den zusammenzuckenden Steward an. „Bring ihn schon herein!“

Ein großer Ritter in schwarzer Rüstung schritt selbstbewusst in die große Halle, als die Tür geöffnet wurde. Er hatte dunkle Augen und ging einher, als gehörte ihm die Burg.

Er missfiel dem Sheriff auf Anhieb.

„Wer seid Ihr und was zum Teufel wollt Ihr?“, verlangte de Faucumberg zu wissen, als der Mann selbstbewusst vor ihm stand, die starken Arme hinter dem Rücken verschränkt.

„Ich bin hier, um Eure Geächteten zu jagen, Sheriff“, antwortete der Mann mit ausdruckslosem Gesicht, als er seinen Helm abnahm und dabei Haare enthüllte, die so schwarz waren wie seine Rüstung.

De Faucumberg schnaubte. „Oh, tatsächlich? Nun, ich habe diese Männer seit Monaten gejagt - einige seit Jahren - und hatte kein Glück. Ich hoffe, Ihr habt mehr Erfolg dabei als ich. Wer hat Euch geschickt?“

Der Fremde stand stocksteif, aber seine Augen bewegten sich, um den Sheriff mit seinem Blick zu durchbohren.

„Jeder im Norden Englands hat von diesen Geächteten gehört, und von Eurem Versagen dabei, sie der Gerechtigkeit zuzuführen.“

De Faucumbergs Gesicht wurde nur noch wütender, als er den Fremden anstierte, der in seine eigene Burg marschiert kam und ihn vor seinen eigenen Leuten beleidigte.

„Ihr könnt den Mund halten, Sir!“, fauchte der Sheriff. „Wenn Ihr mich kritisieren wollt, tut es unter vier Augen, nicht vor meinen eigenen Leuten.“

Der große Fremde blieb stumm, seine Augen waren fest auf einen Punkt an der Wand vor ihm gerichtet.

„Wer seid Ihr überhaupt, und wer hat Euch geschickt, um uns vor dem mächtigen Robin Hood und seinen Männern zu retten?“, verlangte der Sheriff zu wissen; Speichel benässte seine Lippen.

Der Ritter trat vor, elegant, trotz seiner Größe, seine linke Hand ruhte leicht auf dem Heft seines Schwertes. Er stand vor de Faucumberg und sah dem Sheriff kühn in die Augen.

„König Edward selbst hat mich geschickt, um diese Geächteten zu vernichten, die unter Euch zu einer Landplage geworden sind. Und ich werde sie zerstören, darauf könnt Ihr Euch verlassen.“

Er beugte sich vor und legte seine Hände fest auf den Tisch, als er de Faucumberg anschaute.
„Vielleicht habt Ihr von mir gehört, Mylord Sheriff. Mein Name ist Sir Guy von Gisbourne.“

FORTSETZUNG FOLGT

Historische Anmerkung

Wenn man historische Romane schreibt, ergeben sich interessante Herausforderungen und es ist nicht immer einfach, sich für einen Weg zu entscheiden, um ihnen zu begegnen.

Während der Epoche, in der diese Reihe spielt, gab es im Norden Englands mehr als einen Sheriff. Einige Leser hätten sich vielleicht gewünscht, dass ich diesen Roman mit hundertprozentiger historischer Genauigkeit schreibe und die richtigen Namen in jedem der Jahre benutze. Jedoch habe ich mich dafür entschieden, einen Mann für die Rolle des Sheriffs auszusuchen, den die Leser kennenlernen und sich für die ganze Reihe an ihn gewöhnen können, statt in jedem Buch einen anderen Charakter auftreten zu lassen, der in die Geschichte hereinkommt und sie wieder verlässt, bevor die Leser wirklich mit ihm vertraut werden können.

Sir Henry de Faucumberg war von 1318-1319 und erneut von 1323-1325 Sheriff von Nottingham und Yorkshire - in der Zeit, in der ich *Wolfskopf* und die weiteren Bände der Reihe angesiedelt habe. Wenn Robin Hood in der Zeit der Rebellion Lancasters gelebt hätte, wäre de Faucumberg, wie ich es für wahrscheinlich halte, ihm ein Großteil seines Lebens ein großer Dorn im Auge gewesen. De Faucumberg ist auch eine interessante Persönlichkeit für sich, da er dreimal zwischen 1313 und 1315 wegen Diebstahls und Missachtung des Gerichts angeklagt wurde, bevor er sich irgendwie dagegen verteidigen konnte und kurz darauf 1318 erneut zum Sheriff ernannt wurde.

Er machte Jagd auf die Lancaster-Rebellen, war Sheriff, als der König die Gegend 1323 besuchte und lebte, bevor er zum Sheriff ernannt wurde, in Wakefield, wie Robin. Er hatte auch ein Anwesen in Holderness, von wo Little John stammte.

Sir Henry de Faucumberg, der all diese (zufälligen?) Verbindungen zu unseren anderen Charakteren und Orten in *Wolfskopf* hat, war der ideale Kandidat für unseren Sheriff, ich hoffe, Sie sehen das auch so, oder können zumindest den Grund verstehen, warum ich ihn für diese Rolle ausgewählt habe.

Im nächsten Buch der Reihe werden Robin, Will Scarlet, Little John und die anderen mit den Nachwirkungen der Rebellion von Thomas, dem Earl von Lancaster, zu kämpfen haben. Sir Guy von Gisbourne stellt auch für Robin und seine Freunde eine neue Bedrohung dar - ein Jäger, der tödlicher ist als Adam Bell/Gurdon es jemals war?

Ich hoffe, Sie werden mir folgen, um es herauszufinden!

Steven A. McKay,
Glasgow,
26. Dezember 2012

Wenn Ihnen *Wolfskopf* gefallen hat, hinterlassen Sie bitte eine Bewertung auf der Website des Verkäufers, bei dem Sie das Buch gekauft haben. Gute Kritiken sind das Lebenselixier selbstveröffentlichender Autoren. Nehmen Sie sich bitte einige Zeit, um andere wissen zu lassen, was Sie von dem Buch halten.

Vielen Dank!

Wenn Sie eine kostenlose Kurzgeschichte haben möchten, nehmen Sie sich einen Moment Zeit, um sich auf der Mailingliste einzutragen. VIP-Abonnenten erhalten exklusiven Zugang zu Werbegeschenken, Gewinnspielen, Informationen zu neuen Veröffentlichungen und anderen kostenlosen Angeboten. Klicken Sie auf den Link unten, um sich jetzt anzumelden. Als Dankeschön können Sie dann gleich meine brandneue Kurzgeschichte „The Rescue" herunterladen.

https://stevenamckay.com/free-forest-lord-story/

Oder, um herauszufinden, was mit dem Autor und den weiteren Büchern der *Wolfskopf-Reihe* geschieht, rufen Sie diesen link auf:

https://www.facebook.com/StevenAMcKay/

https://twitter.com/SA_McKay

Der Ausspruch „Ein Mord für einen Schüttelreim“ will natürlich nicht wörtlich verstanden sein, aber ein Rufmord, wenn auch im folgenden Fall durchaus ohne ernstgemeinte Folgen für Mörder und Gemordete, darf's allemal sein.

Wer der Erfinder war, ist mir unbekannt, aber hier wurde ein anderer, beliebter Sänger verschüttelt; in diesem Fall zwar ungerecht, aber genial um der Pointe willen:

„Von der Bühne entfernt nur fünf Meter bin ich
und hör' keinen Ton mehr von Peter Minnich.“

In der Abteilung „Verschüttelte Prominente“ gibt's noch mehr von dieser Sorte. Meine liebsten Schüttler sind daher nicht die sogenannten Vier- und Mehrfachen, die gemeinhin als Krone der Schüttelschöpfung gelten, oder die geschüttelte Ilias oder der Hamletmonolog. Es sind vielmehr zum einen die, welche erst ihre volle Leuchtkraft entfalten, wenn sie im Idiom des jüdischen Witzes gesprochen werden und damit eine Welt auferstehen lassen, die, wenn überhaupt, nur mehr in Wien verstanden wird. Zum zweiten sind es jene, in denen um der Schütteltechnik willen eine Wortschöpfung vorkommt, die aber so eindeutig verständlich ist, daß gerade das die Pointe ausmacht oder gar verstärkt.

Der Friedrich Torberg zugeschriebene Schüttler „Seh' ich ihrer Augen volles Leuchten, tut sich mir der Lolles feuchten“ ist für mich ein funkelndes Meisterstück seiner Art.

Auch ist es erst das unangestrengte und perfekte Beherrschen der Hochsprache, welches sprachliche Mängel oder ein Abgleiten ins Idiom eines Dialekts nicht als Notkonstruktion, sondern als spielerisch eingesetztes Stilmittel erscheinen läßt und oft gerade erst dadurch den Charme einer Pointe ermöglicht.

Ich selbst erinnere mich mit Vergnügen an einen Salzburger Festspielsommer, in dem ich mit Heinz Marecek im „Weiten Land“ von Arthur Schnitzler spielte. War es die hohe Gage, die uns übermütig gemacht hatte, oder Regisseur Maximilian Schell, dieser liebenswerte und geschätzte Kollege, der nur seine offensichtliche Ehrenmitgliedschaft bei der internationalen Liga der Humorlosigkeit nie zu verbergen vermochte, wir wurden jedenfalls alsbald von den heftigsten Schüttelanfällen gebeutelt, welche die irrwitzigsten Blüten trieben. Wir schüttelten alles und jeden, ja sogar während der Proben auf offener Bühne wüteten wir hemmungslos weiter.

Oft geschah es, daß ich hinter der Szene lauerte, während Marecek auf der Bühne probte, um ihm im geeigneten Moment eine Neuschöpfung zuzuflüstern, oder er sich im Spiel den Seitenkulissen näherte, um wiederum mir seinen „neuesten" zu präsentieren, der ihm während des Spielens (!) eingefallen war. Natürlich bemerkten Kollegen und Regisseur diese nie vereinbarten Stellungswechsel, und unsere rollenbezogenen Ausreden, warum man gerade an dieser Stelle des Stückes diesen Gang und jene Körperhaltung „probieren" wolle, waren haarsträubend. Wir hatten uns zusätzlich ausgemacht, über jeden Kollegen, der mitspielte, einen Schüttler zu verfassen, und oft saßen wir einander bei einem schwer zu schüttelnden Namen stundenlang schweigend gegenüber, nur hie und da aufglucksend über eine etwaige Möglichkeit, bis endlich die befreiende Erlösung kam!

Der Schauspieler und Drehbuchautor Kurt Nachmann fällte einmal mir gegenüber ein vernichtendes Urteil über schüttelnde Zeitgenossen. Sie seien allesamt Maniker einer völlig vertrottelten und sinnlosen Unkunst, und man solle ihnen besser aus dem Wege gehen, da der blöde, fiebrige, auf Schüttelbarkeit alles Gehörten und Gesagten lauernde Gesichtsausdruck, gepaart mit ununterbrochenem, sozusagen ins Unreine gesprochenem Gemurmel, jedes normale Gespräch mit ihnen unmöglich mache.

Und in der Tat, wenn ich von einem oft wochenlang anhaltenden Schüttelanfall heimgesucht werde, bin ich haltlos.

Von der Todesnachricht bis zum Ehestreit, von wichtigen Vertragsverhandlungen bis zu Rollentexten – ich spalte mich in zwei

Ichs. Das eine ist erschüttert, streitet, verhandelt und spielt die Rollen, das andere schüttelt gleichzeitig all das.

Oft ist es zum Verzweifeln (Zwereifeln – nein, das ist keiner!), es ist ja meistens keiner, aber öfters doch, und manchmal, ja manchmal kommt es zum Höhepunkt. Und wie der Mensch nun mal ist, giert er süchtig immer von neuem nach *dem* Höhepunkt, kaum daß die wohligen Nachwehen des letzten nachgelassen haben.

Der geneigte Leser möge sich bei der Lektüre des Buches ruhig anstecken lassen (lecken stassen – nein, schon wieder nicht!) und vielleicht selbst zum Schüttelsüchtigen werden. Zumindest ist es eine äußerst preiswerte Sucht.

Das wäre es also, das Vorwort des Autors und Herausgebers – damit es mir nicht so ergeht wie dem kleinen Reporter, den der Chefredakteur anbrüllt:

„Ich wollte von Ihnen a Titelgeschichte,
was liefern Sie mir: blöde Schüttelgedichte!!"

Vorwort des Herausgebers oder: Betr.: Schüttelmanus vom …

Für diesen geschüttelten Dreck
gibt's nur ein' gedrittelten Scheck.

Beziehungen

Unter der Haube

Am Standesamt

Beim Heiraten ist eine Rahmenbedingung
vor allem die Herren- und Damenberingung.*)

Nebich emanzipiert

Das Haus werd' ich erst kehren, wann
ich gar nicht mehr mich wehren kann.

Auf halbem Wege

Es macht noch nicht den ganzen Mann,
daß er's nicht mit Emanzen kann.
Bobby Hyrohs

Gewalt in der Ehe

Während ich noch schnöde blute,
zieht sie schon eine blöde Schnute.

Pantoffelheld

Ich darf nicht durch die Wiese latschen,
sonst krieg' ich von der Liese Watschen.
Auch kann ich mich der Liese wegen
nicht einfach in die Wiese legen.
Stephan Paryla

*) Alle nicht namentlich gekennzeichneten Schüttelreime stammen von Miguel Herz-Kestranek.

Schlecht versorgt

Zum Essen nichts als an schimmlichen Zeisig –
das halt', mit Verlaub, für an ziemlichen Scheiß ich!

Ehekrach nach Oswald Kolle

Ich kriegte eine geile Wut,
da war'n wir eine Weile gut.

Peinliche Frage

Ist das normal, daß seit der Ehe
ich überall nur Eiter sehe?
Bobby Hyrohs

Altes Ehepaar hat Hochzeitstag

Laß uns den Sekt, den gekühlten, fassen
und freuen uns an den gefüllten Kassen,
und laß mich deine Falten küssen,
das hilft vielleicht bei kalten Füßen.
Otto H. Arnold

Liebhabereien und Mitmenschliches

Auto-Erotik

He couldn't find a parking space,
and this reduced his sparking pace.
Harry Zohn

Die Kur

Des Nachts an ihrem Haar geweilt,
es wurde Tag: Ich war geheilt.

An den Angler
Treib mit keiner Nixe Scherz!
Bald verlangt die Schiksse Nerz.
Georg Kreisler

Fensterln
An zu kurzen Schiebeleitern
wird doch nicht unsre Liebe scheitern.
Otto H. Arnold

Abfuhr
Du hast so dünne Waden, Bill,
daß ich nicht mit dir baden will.

Die Prinzessin
Sie hat zwar viele Anrainer,
doch wer kommt letztlich ran? Einer!
Georg Kreisler

Schade
Die Dame gab sich leer verschwätzt,
das hat mich schließlich schwer verletzt.

Zu Gast beim Scheich
Du kannst sie eine Nacht besitzen,
doch bitte tu sie sacht benützen!
Otto H. Arnold

Herzlos
Er sagte mir am Morgen sacht,
was ihm am meisten Sorgen macht.

Was kümmern seine Sorgen mich?
Erschießen soll er morgen sich!

Der Masochist

Eunuch, geh schnell den Saudi holen,
um ihn zu bitten: Hau die Sohlen!
Otto H. Arnold

Das Versprechen

Sagst du statt „Nein“ mir eher „Ja“,
schreist später du viel jäher: „Ah!“

Selbsterkenntnis

Wenn man einer Frau etwas Duftiges schenkt,
heißt das meist, daß man was Schuftiges denkt.
Otto H. Arnold

Playboy hot-line

By day a honest funny bone,
by night the star of bunny-phone.

Das verwundete Mädchen

Wenn er sie nicht beim Schmusen bisse,
dann hätt' sie nicht am Busen Schmisse.
Georg Kreisler

Chef sucht Sekretärin

Er prüfte sie auf Herz und Nier'n,
sie prüfte ihn auf Nerz und Hirn.
Otto H. Arnold

Liebeskummer

Bei einem Gläschen Dürnsteiner
denk' ich mit krauser Stirn deiner.
Doch nachher ward' mir schwummerlich,
bis daß der Schwips dem Schlummer wich.
Otto F. Beer

Der Leihopa

Im Park im Wagerl schob er Enkel
und brach sich beide Oberschenkel.
Otto H. Arnold

Familientragödie

Zuerst hat sich der Sohn verlaufen,
dann ging der Mann den Lohn versaufen.
Otto H. Arnold

Winterfreuden

Wenn ihn erfreut ein milder Winter,
der Knabe umso wilder minnt er.
Otto F. Beer

Musikalische Schränkerin

Sie spielte mit der Feile Geige
und war auch sonst 'ne geile Feige.
Max Posch

Umgezogen

Ich wohn' ab jetzt am Schreiberweg,
weil ich dort so gern Weiber schreck'.

Essen und Trinken

Wiener Charme

Der Ober, der hatte heut Launen und brachte
statt Bier mir nur ein' kleinen Braunen und lachte.

Nouvelle cuisine

Aufs Gulasch schütt ein Achtel Weiß,
servier's mit Rahm und Wachteleis.

Eltern gibt's

Vier Cola, Papa, bat er, vier –
und kriegt von seinem Vater Bier!

Ohne Speisekarte

Servieren Sie bitte die Hausplatte,
die immer soviel Applaus hatte.
Otto H. Arnold

Ghandis Hauselefant

Tu deinen Scheißrüssel
aus meiner Reisschüssel!

Der Kater-Gourmet

Kriegt er nicht alle Tage Niere,
dann frißt er eben Nagetiere.
Otto H. Arnold

Tischmanieren

Oh Gast, nach guter Sitte balz,
statt „schlecht gewürzt“ sag: „Bitte, Salz!“

ZWECKENTFREMDET

Fast täglich speist die Maly Ente
mit Sekt – um meine Alimente.
Otto H. Arnold

DIE PROFI-TROPENREISENDEN

Sie aßen Reis mit Curryhenne
und pfiffen auf die Hurrikane.
Otto H. Arnold

IM WALD AUSGESETZT

Er hatte einen leeren Bauch,
so aß er Huhn mit Bärenlauch.
Otto H. Arnold

NACHTGEBET

Lieber Gott, wenn ich fromm bitt',
bring mir Ketchup und Pommfritt.
Ivana Posch

A B'SOFFENE G'SCHICHT

LAUTER ZECHER

Mich führt der 60er nach Mauer-Hietzing,
wo ich mein' Wein trink' und beim Hauer mitsing'.
Otto F. Beer

EIN BAYER IM PUB

Sowas gibt's net im Shakespearedrama –
ihr kennt's eich fir des Drecksbier schama!

Freundlich

Wenn du mir bringst ein dunkles Bier,
dann wünsch' ich gute Bunkles Dir.
Bobby Hyrohs

Sturm und Drang

Im Suff und voll im Mainachtswahn
glaubt er noch an den Weihnachtsmann.
Otto H. Arnold

Heurigenwirt zur Gattin

Sie kotzen schon, geh, stell a Küberl
hinunter in das Kellerstüberl.
Otto H. Arnold

Verkatert

„Leer trank ich diese bottle trist!"
(„Wenn du auch so ein Trottel bist!")

Gewohnheit

Man muß mich, wenn ich mich besäusel, stützen,
drum bleib' ich immer im Stehbeisel sitzen.

Nach dem Weinskandal

Der neue Wein ist sortenrein,
er kann nicht aus Retorten sein.
Otto H. Arnold

Aus Geschichte und Politik

Politik heute

Gesprochene Verbrechen,
gebrochene Versprechen!

Palermo

Fast jeder von den Potentaten
beruft sich auf an toten Paten.

Ruf von der Oppositionsbank

Nicht sich gerieren –
lieber regieren!

Veranlagt

Ziemlich teuer stopf'
ich derzeit den Steuertopf.
Stephan Paryla

Schwarzschlachten

Die heute Nacht die Säu erstachen,
verstanden was von Steuersachen.
Otto H. Arnold

Die durchgeschüttelte Regierung

Was der Regierung wieder mal am meisten lag:
verhehl'n, daß sie nichts leisten mag.
Statt zu sanieren wird debakelt,
der Bürger zahlt's und wird betakelt,
gebannt macht er sich Sonntag morgen
über den Skandal von Montag Sorgen.
Ideen, die vor der Wahl man zur Senkung der
Steuer hat,

die finden jeweils nachher „nicht mehr heuer“ statt.
Den resignierten Wählern, die nur warten still,
verspricht man täglich, daß man starten will.
Doch sind Versprechen meistens leer:
Starten S’ nicht, sondern leisten S’ mehr!

VERKEHRSLÖSUNG

Für Raser muß ein Limit her!
(Die Autobahn ist hiemit leer.)

ABGESCHAFFT?

Selbst heut haben noch manche vom Adel den Wahn,
man erkenne schon an ihrem Wadel den Ahn.

NEBICH UNABHÄNGIG

Oft nur das Staatsint’resse prägt
das Antlitz, das die Presse trägt.

SPÖ

Subventionierte Stahlwerke
sind oft die einzige Wahlstärke.

AUSVERKAUF

Planlos hat er verscheppert den Teich
samt allen Karpfen dem tepperten Scheich.
Otto H. Arnold

Fundamentalismus

Ich pfeife auf den Haufen Suren,
ich möchte lieber saufen, huren.
Otto H. Arnold

Österreichischer Politiker auf Staatsbesuch in Moskau

„Wos tanzt's eh's nach da Perestroika?"
„Auf jeden Fall Konträres!" – „Poika?"

Österreichische Sesselklebereien

Das Credo in der Politik:
Hauptsache ist, wie toll i pick'.

Staatskünstler

Kohl über Mock

Er hat so über mein Pfälzergesäusel gelacht,
da hab' isch gleisch DU ihm und LOISL gesacht.

Neuartiges Wahlplakat

Von vorn ein Konterfei, das hinten
die Wahrheit zeigt von Haiders Finten.

Ministerwechsel

Minister wurde Scholtens Sohn.
„Soll ich mich freu'n?" – „Doch, sollten S' schon."

Krawattenzwang im Parlament

Ein Mascherl nur? – Dem Schüssel reicht's,
die Fliegen ihm vom Rüssel scheucht's.

Aktuelles

Volkesstimme nach der EU-Wahl

Er versprach uns das goldene Zeitalter –
für diesen gebrochenen Eid zahlt er!

EU

Ein teures Gemisch hat der Schüssel gebraut,
mir scheint, er hat zu sehr nach Brüssel geschaut.

Lauschangriff

Man fragt sich, was der Einem kann,
so mies fing's noch bei keinem an,
im Dunklen weiter tappen wir,
Federn verliert das Wappentier;
gut abzuhören die *Polizei,*
scheint mir der Rat, *dem* zoll i bei!

Terrorbekämpfung – made in Austria

Schief hängt dem Einem der Kopf, er
hilft damit keinem der Opfer.

Wiener Polizei

Was hilft's, wann mir um d' Geisel bangen,
mir sand derweil in's Beisel g'angen.

Wiener Kripobeamter

Er bricht erst auf zu später Tour
und verwischt so der Täter Spur.
Otto H. Arnold

Neues Mietengesetz

Hausherren mit sonst matten Sinnen,
die mit nimmersatten Mienen,
jetzt auf neue Mieten sannen,
muß man zu guten Sitten mahnen.
Otto H. Arnold

Wahl '98

Gewonnen hat um Längen Haider,
die andern blieben hängen, leider.

Aus Chronik und Weltgeschichte

Österreich

So vieles
Fossiles.
Andreas Okopenko

Die Wahrheit über den Sisimord

Den Diener schickte sie, den mit dem Tellerkragen,
er solle Bier und Wein rasch aus dem Keller tragen,
die Zofen schickte sie ins Gasthaus Seerose
um Nudeln, Reis und drüber Rehsauce,
den Adjutanten, daß um Senf er geh' –
und so geschah der Mord am Genfersee.

Neues vom Schüttelkohn

Kohn berichtet aus Hollywood

Im Hoden hat der Curtis Steine –
die Dame, die das stört, is' keine.

Kohn will von „Nette Leit" zu „Wetten dass"

Ich tät' so gern, empfohlen als Phettbergs Wurzen,
im Innern eines Wettbergs furzen.

Kohn gibt a bissl an

Gut is' es gegangen mir nur in La Paz,
da hab' ich gewohnt in an Riesenpalace!

Kohn statiert bei „Schindler's List"

„And you?", fragt Spielbergs Sohn cool.
„Ich spiel' den deutschen Konsul!"

Kohn spielt im englischen Film

Ich spiel' nur den Randlover
am Hintersitz vom Landrover.

Kohn in der Emigrantenbar

Was ich gehabt in Wien an Gobelin,
sitz' jetzt ich in New York und lobe Gin.

Kohn flüchtet vor dem Regen ins Museum

Draußen hat's noch und noch gegossen,
doch drin hab' ich van Gogh genossen.

Kohn im Puff

Erst nach einer Schüssel Bohnen
werd' ich Sie a bissel schonen.

Auf der Alm, da …
Bleib mit uns zweien heier drob'n,
dann wer' ma viele Dreier hab'n.

Kohn ist physisch neidig
Wie ich den blonden Jochen kenne,
wird er heut abend kochen jene.

Kohn hat's (g)eilig
Ich fleh' dich an, mach weiter, Schiksse,
bevor ich hier noch Scheiter wixe!

Kohn als Macho
Spiel hier nicht die Scheinbare,
sondern mach die Beinschare.

Kohn träumt
Klein-Kohn träumt, er sei ein wallender Prinzling –
wacht auf und was is' er: ein prallender Winzling.

Kohn verspricht eine Mezzie
Ich geb' Ihnen zu dieser brünstigen Geiß
noch a ledernes Halsband zu an günstigen Preis.

Kohn zieht um
Um mich sind so viele Gewitterzonen,
da tu' ich nur mehr mit Gezitter wohnen.

Kohn überwindet sich
Der Kohn hat einen Riesenmut,
der schlaft heut mit der miesen Ruth!

Kohn blättert im Traumbuch
Heut nacht hat's so im Traum geschäumt –
wieso hab' ich von Schaum geträumt?

Kohn sieht Ufos
Ganz plötzlich waren da so helle Gestalten –
no, hab' ich gleich auf der Stelle gehalten.

Kohn als Seidenfabrikant
Jahraus, jahrein nur leise weben –
wie soll ich auf die Weise leben?

Kohn als Beamter
Seit vierzig Jahren immerzu
sitz' nebich ich im Zimmer U.

Kohn vor der Gerichtsverhandlung
Glauben Sie, daß mir ein Saal nützt,
wo drin a Tribunal sitzt?

Kohn auf Sommerfrische
Müßt' ich im Streit mit an Hiesigen raufen,
machert vor Angst ich an riesigen Haufen.

Kohn findet Trost beim Guru
Der Rothschild kann nie, was a Armer kann –
es kommt halt immer auf das Karma an.

Kohn als Hüttenwirt
Kan Speer vom Indianer kauf i –
es kommt zu mir doch kaner auffi.

Kohn erklärt seinem Sohn die Welt

Was ißt ma an der Rhone? A Baguette.
Und was tragt dort der Kohn? A Barett.

Der Kain, der erschlug den kindischen Abel,
wie man heute erst weiß, mit an indischen Kabel.

Zwar hat so mancher keinen Sohn,
doch jeder Nazi seinen Kohn.

Warum tut ein Hund graben?
Er wird schon einen Grund haben.

Ist der Bauer mähwütig,
werden die Kühe wehmütig.

Willst du, daß ein Igel spei',
füttre ihn mit Spiegelei.

Schau dir den Marabu an,
der fahrt ganz einfach U-Bahn.

Wenn ihr eine Woge seht,
war es der Wind, der so geweht.

Fisch einmal aus der Eisenbahn –
du wirst es seh'n, sie beißen an.

Wenn dir die Hose schasend reißt,
kann's sein, daß du dann rasend scheißt.

Kohn in der Dombuchhandlung
Ich hab' gekauft drei Bibeln zwar,
doch zahl'n tu' ich mit Zwiebeln – bar!

Kohn ist wehleidig
Mich hat ein Hund da reingebissen,
da ist mir was am Bein gerissen.

Kohn um 3 Uhr früh
Ich werd' die Dame nimmer zähmen,
drum wer' ma uns a Zimmer nehmen.

Kohn erzählt vom Tod des Grossvaters
Sogar der Kaiser ist im Thron gekauert
und hat sich heiser um den Kohn getrauert.

Kohn zeigt Reue
Ich sitz' jetzt wegen des Drecks und sag's:
Ich scheiße heut auf Sex und Drugs!

Kohn in Lourdes
Geh'n S', halten S' mir den Hund a Weile,
auf daß mich rasch a Wunder heile.

Kohns Beschwerden
Nach zuviel Aalschmaus
seh' ich oft schmal aus.

Kohns Tischmaleur
Ich leerte mir die Hummersauce
mitten auf die Summerhos'.

Kohn bäckt Mazzess

Was ich mit diesen Fladen mach'?
Ich hau' im Fleisch die Maden flach.

Klein-Kohn zur Nurse

Ich muß es Ihnen trocken sagen:
Heut will ich keine Socken tragen!

Kohn als Arbeitsinspektor

„Ihr kriegt's, wie Ihr da näht's, ja Gicht!"
„Ach bitte, darum geht's ja nicht."

Kohn als Politologe

Im Fluß angeblich a Ministerleiche?
Vom Haider, nebich, ist's a List, a neuche!

Kohn auf Kreuzfahrt

Trotz Seegang tut sich's Null beugen,
man sieht das aus den Bulläugen.

Kohn ist allein

Joj, tu' ich mich nach Damen sehnen,
ich gäb' so gerne Samen denen!

Kohn war im Zirkus

Sogar der Gastelefant
war fast elegant!

Kohn kauft einen Hund

„Sagen Sie ehrlich: Beißt er, Miss?"
„Und ob, der hat an Meisterbiß!"

Kohn verliert beim Marathon
Schon bald taten sich auflösen
an beiden Schuhen die Lauftösen.

Kohn als Boxer
Krieg' ich einen Kinnhaken,
muß ich sofort hinkacken.

Kohn war in Indien
Was ich seitdem von Chakren waaß,
halt' ich für einen wack'ren Schas.

Kohn als Heller-Fan
Das Seidenhemd vom Heller kost'
mehr Geld, als du im Keller hast.

Wer von uns beiden schneller horcht,
ob der Franzi Heller schnarcht?

Tu' ich in den Teller hupfen,
kriegt der Franzi Heller Tupfen.

Kohn geht fremd
Was bildest du dir ein, Funzen –
an Ring aus sieben Feinunzen?

Kohn wird verlassen
Das, bitte, heißt sich nebich Tam,
daß sie mir auch den Teppich nahm.

Kohn erzählt ein Märchen

Zum Küchenzwerg sagte Schneewittchen:
„Ich ess' aber nur treve Schnittchen!"

Kohn betrügt seine Frau

Sie nennt's a Debakel,
wenn ich sie betakel.

Kohn und der Transvestit

Komm bitte nicht mit Damenschuh,
weil ich mich sonst so schamen tu'.

Kohn als Schadchen

Nur für einen Sahnekuchen
werd' ich Ihnen kane suchen.

Kohn über seine Ehe

Wie meine Frau am Morgen ist,
empfind' ich oft als argen Mist.

Kohn durchschaut's

Die Schiksse glaubt, durch tolles Blinzeln
kann sie mir den Blolles tinzeln.

Kohn hat Vorahnungen

Zum Hitler jubelt Österreich?
Paßt's lieber auf, sonst röst' er euch!

Kohn als Arzt

Gegen Ihren Schluckverdruß
öffnen Sie den Druckverschluß.

Gegen Ihre Rockerlungen
machen S' a paar Lockerungen.

Auf Tournee –
nur Tee!

Bevor ich Ihre Wunde ritze,
erzähl' ich noch a Runde Witze.

Es hat das Fräulein Flarm Dora
a ziemlich miese Darmflora.

Kohn kriegt eine Diagnose
„Ihr Leiden nennt man Friesenräude."
„Danke, das ist a Riesenfreude."

Kohn auf der Schubertiade
Die Lieder, die der Christ gemacht,
hab'n wie der letzte Mist gekracht.

Kohns Kulturvergleich Europa-USA
Während sie hier zur Tosca eilen,
tun s' drüben schon den Oscar teilen.

Kohns Filmkritik
Wegen jedem Schas der Motte
macht er lange mastershote!

Kohn auf der Buchmesse
Tu zu das Buch vom Heine klappen,
es gibt jetzt Drinks und kleine Happen.

Kohn lernt malen

Hab' ich gemalt den Akt – nein!
Die blöde Kuh schlief nackt ein.

Kohns Doppelleben in Afrika

Nachts macht am Schwulenstrich im Tschad der
Moische Kassa –
für seine schwarzen Talmudschüler ist er tags der
keusche Massa.

Kohn als Drogenberater

„Was kehrt der Abeles Kamine?"
„Er tut's für 15 Mescaline."

Frau Kohn beim gemütlichen Friseur

Zwar krieg' ich von ihm a behäbige Schur,
doch schau' ich dann aus wie a schäbige Hur.

Kohns neues Haustier

Ich werd' mir eine Dohle kaufen
und, weil sie schwarz ist, „Kohle" taufen.

Kohn beim Opernball

Schau, unser toller Kanzelach
macht mit der Koller Tanzelach.

Kohn als Babysitter in Persien

Ins Maul sich nebich heut das Kind vom Mullah
schnitt,
drum nehm' ich besser morgen doch an Schnuller
mit.

KOHN ALS UNTERSUCHUNGSRICHTER

Sie wollten, ich muß fast vor Staunen erbrechen,
den Ober für ein' kleinen Braunen erstechen?

Kollegen und Zeitgenossen

Runder Tisch: Schimanko – Peymann

„I hätt' für di' an Tip, Striese:
Scheiß auf die Kunst, mach striptease!"
„Betreiben tun die Chose lang' Se,
mein' Se, ich hätt' ne lose Changse?"

Peymann im Biergarten

Was nützt hier der Charme Bochums dir,
in Wirklichkeit geht's doch ums Bier.

Aufwärmen

Ich sag' zur Eva Deissen: „He,
geh mit mir auf an heißen Tee."
Max Posch

Kirchenstreit

Ein' Wirbel hat der Krenn gemacht,
's hat wie beim Superman gekracht.

Attentat

Geboxt hab' ich den Haider Alf
und ausgerufen: Ei, der half!

Stenmark

Weil die Journaille über jede schwätzt,
versteckt die Freundinnen der Schwede jetzt.

Fangemeinde

Wenn die Leut' die Krahl seh'n,
tut der ganze Saal kräh'n.

Reyer übernahm (rettend) eine Rolle

Wie täten wir uns heuer retten,
wenn wir nicht den Reyer hätten.

Im *Weiten Land*

Gott, wern die Leute heier rehrn,
wenn sie den Walther Reyer hörn,
doch auch bei anderen Leuten waant
man heuer in dem *Weiten Land.*

Giese

Sogar wenn sie in München auf die Wiese gehen,
spüren sie mitunter noch den Hauch der Giese
wehen.

Heribert Sasse ist verstopft

Ich führ' ihn in die Sackgasse
und bitt' ihn höflich: Gack, Sasse!
(Wenn ihr dann in die Gasse seht,
wißt ihr, wie es dem Sasse geht.)

Fans in Übersee

Selbst in L.A. die Liza King
verehrt den Arnold Kayserling.

Wiener Muse

Ich find' so sehr den Nitsch klaß,
da werd' ich immer klitschnaß.

Michaela Rosen

Immer nach Mimosen riech' i,
komm' ich von der Rosen Michi.

Es wird schon bald die Rosen grollen,
sie spielt hier nie in großen Rollen.
Michaela Rosen

Im ORF spiel' ich die Mona Lisa –
was ist der Dank: a Lohn, a mieser!
Michaela Rosen

Sascha Hehn

Wer ihn je geseh'n hat,
hat den Sascha Hehn satt.

Nach dem GP

Keinen Punkt kriegt auch der Berger,
zwickt ihn auch im Bauch der Ärger.

Elvis

Auch als er nur mehr schwer gesungen,
hat es noch immer sehr geschwungen.

Die Dietrich

Gar viele zahlten blanke Scheine,
zu seh'n Marlenes schlanke Beine.

Aus dem Landesstudio

Des Nachts macht es beim Ziesel: Bäng!
Mir scheint, da war was bissl z'eng.

Marecek

Hat manchmal auch der Heinz Kater,
nicht das Talent vom Kainz hat er.

Maxi Böhm über H. Marecek

Im Wahne scheint der Heinz zu schweben,
den Bildungsstand des Schweins zu heben.
Maxi Böhm

Herz-Kestranek

Es kann der Kestranek nie pieseln,
weil das nennt der Pekny: Nieseln.

Alexander Wächter als Otto im *Weiten Land*

Wenn der seinen Fähnrich haucht,
klingt das, wie wenn ein Hähnrich faucht.

Ausflug in Reichenau

Man brachte einst zu Farkas' Tisch
vom Schwarzen Meer, aus Tarkas, Fisch.
Farkas, der Kenner, roch nur leis',
aß nicht vom Fisch das Loch, nur Reis.
„Wie dieser Fisch stinkt nicht mein Arsch,
packen S' sofort den Fisch ein, marsch!
Hier helfen keine Charmegedichte,
hier krieg' ich eine Darmgeschichte!"

Dem Musikkritiker Franz Endler

Konzerte bleiben stets nur Schall,
gibt es kein Echo im Journal.
Man ist an manches dort gewöhnt
und „liest" Musik, durch Wort getönt.
Drum sei – nebst Mozart, Danzi, Franck –
auch dem Herrn Endler Franzi Dank!
Heinz Medjimorec

Mir scheint, ich bin beim Löbl

Ich kaufe, sagt Karl Löbl, meiner
Frau alles nur beim Möbel Leiner.

Heimliche Liebe

Ob ich es meiner Mutter sag',
daß ich die Sonja Sutter mag?

Nach einem Leseabend

Du stehst ganz schön im Regen, Wilke,
so wie du liest – nicht wegen Rilke!

Kritikerscheu

Ich werd' den O. F. Beer hauen,
der will sein Haus da herbauen.

Prominentenmatch

Was sagt als Tormann mir der Portisch,
wenn statt zu schießen ich ihm ins Tor pisch'?

Galeriegespräch
„I kaufert gern an Brandauer."
„Der malt nicht!" – „Macht nix, dann Brauer."

Krista Stadler
Ich werd' im Zoo den Adler stessen,
er soll die Krista Stadler essen.

Unverträglich
Sie speit gleich, trinkt die Koller Most.
Was glaubst', was dann der Maler kost'?

Auf einen allbekannten Sänger
Er opferte die Sängerlaufbahn
zugunsten einer Längersaufbahn.
Stephan Paryla

Abendbummel
Ich sah einmal die keusche Matz
mit ein' gewissen Moische Katz.
Georg Kreisler

Des Sängers Fluch
Was macht Walther Berrys Haar
im Suppentopf der Harry's Bar?
Georg Markus

Kreisky in Lech 1979
Der Skiort müßte Kreisky liegen,
da kann man billig Leihski kriegen.
Otto H. Arnold

Entzauberung auf Wienerisch

Läßt von Travolta man das „John Tra“ weg,
bleibt über nur a Wondratschek.
Eva Deissen

Geheime Verabredung

Wenn ich mit dem Mehlhut tanz’, Gerer,
bring die Torte für den Helmut Gansterer.
Max Posch

Onassis als Tennissponsor

Eindringlich warnten Aris Popen,
zu investieren in Paris open.

Der Filmproduzent

Wenn ich der Nadja Tiller zahl’,
dann filmt sie auch im Zillertal.
Heinrich Schnitzler

Kulturelle Belange

Der ORF-GI im Proporznetz
Wenn ich mich alter Warzen schäme,
bekomm' ich von den Schwarzen Häme,
wenn ich nur um die Quoten rehr',
legen sich die Roten quer,
wenn etwas ohne Haider laß ich,
ernt' von den Blauen leider Haß ich,
geb' Sendezeit ich Liberalen,
tun Grüne nur darüber lallen,
verspreche denen, statt in Dur in Moll ich Sachen,
sind auch sie bös! Was, bitte, soll ich machen?

ORF
Beim ORF das neue Schema:
Ka Schiache und ka Scheue nehm' ma.

Rundfunkmisere
Andere Länder, andere Sitten –
andere Sender, andere litten.
Otto F. Beer

Der Zuspätkommende
San' s' scho'
beim Chanson?

Mord im ORF
Die Sprecherin hat sehr gequagelt,
drum haben wir sie quergesagelt.

Outing am Geburtstag

Es sprach der Scheich zum Sohn: „Ben Zicha,
was schenkst du mir denn da zehn Bücher?
Schenk lieber mir einen Zinnbecher,
du weißt doch lang schon: Ich bin Zecher!"
Otto H. Arnold

Der Cineast

Schon bei geringsten Zoten flennt er
beim Filmbesuch im Flotten-Center.
Otto H. Arnold

Opernball

In einer schönen Frackwäsch'
ist ein jedes Wrack fesch.
Hans Petermandl

Tempora mutantur

Einst vergnügte uns der Barde Tom, der Reimer.
Heut interessiert uns mehr am CD-ROM der Timer.
Harry Zohn

Der alte Germanist

Im Sommer im Gasthof „Zum kalten Senner"
war er ein Felix Salten Kenner,
auch über die alten Kelten sann er,
doch leider nur noch selten kann er.
Otto H. Arnold

LebensArt

Musikalität

Der Tor singt jede Liederweise
einmal ganz laut, dann wieder leise,
dagegen gibt der Weise Lieder,
die er nicht kennt, nur leise wieder.

Der Modeschöpfer

Er zog noch an den Restfäden,
da gab es schon die Festreden.

Höfliche Regieanweisung

Ich wünsche mir, man gebe drin
das Zeichen für den Drehbeginn.

Selbsterkenntnis

Ich red' so g'scheit am Töllefon –
man glaubt, es is' ein Feuilleton.
Georg Markus

Lieblingsspaziergang

An der Donau, dem lauten Bach,
ich über die neuen Bauten lach'.
Gustav Peichl

Lob dem Willendorfer

Die Venus, nur aus Sandstein –
das muß man schon imstand sein!
Andreas Okopenko

Sängerkrieg auf der Wartburg

Hans Sachs, als er beim Streiten sang,
verletzte sich den Seitenstrang.

Indisponierte Plattenaufnahme

Als er die erste Seite bezwungen,
hat er mit Mühe die zweite besungen.

In der Galerie

„Sagen Sie, ist dieser Runge echt?"
„Ich find' die Frage ungerecht!"

Lohengrin als Ikarus

Er schien im Rausch des Wahns zu schweben,
sich mittels eines Schwans zu heben.

Aus Berlin

Ein Reicher hat gerne zehn Mille gezahlt,
um die Armut zu sehen, die Zille gemalt.
Georg Kreisler

Die Loos in Sievering

Die alten Sieveringer Wienerlieder
sang gern die schöne Lina wieder.
Harry Zohn

Dramatis personae

Glücklicher Schauspieler

Ich lebe seit dem Rollentausch
wie in einem tollen Rausch.

Frage des Jungschauspielers

„Sagen Sie, ernähren je
alle die Karrieren?“ – „Nee!“

Kulissenzauber

Wenn der Mime nach staubigen Lampen riecht,
stand wahrscheinlich zu lang er im Rampenlicht.
Otto H. Arnold

Gagenverhandlung

Also die Ausgangslage:
Ich brauch' a Auslangsgage!

Die Diva beim Direktor

Eh' ich mich aus dem Raum trolle,
besteh' ich auf der Traumrolle.

Lumpazivagabundus

Beim Nestroy sagt da rosane Zwirn:
„I brauch' kane Frau'n – z'was ane rühr'n!“

Die Regisseure

Da reden sie immer von innerer Spannung,
dabei hat keiner von die Spinner a Ahnung.
Stephan Paryla

Vermischtes

Bridge

Du hast schon wieder an Faller, Kathi,
du spielst ja wie der Kalafati.
Otto H. Arnold

Bubenferien

Tu' ich übers Land streichen,
kann ich so manchen Streich landen
am Teich, mit kleinen Strandleichen
von Fröschen, die im Laich stranden.

Le Plaisir

Wohin die Deppen kacken?
No, in die Deckenkappen.
Wohin die Kecken tappen?
No, in die Deckenkappen.
Andreas Okopenko

Vergleichende Physik

Gleich ist der Druck in Isobaren,
verschieden in den Pissoiren.
Otto H. Arnold

Der Tochter ins Ferienlager

Sei bitte
bei Sitte!

Streit beim Autokauf

Wart nur, ich hau' die Porschemappen
dir gleich in deine morsche Pappen!
Otto H. Arnold

Weihnachtsfrieden

Die meisten Leut' am Heiligabend
rennen herum, es eilig habend.

Ozonstufe 3

Bei zuviel Ozon wimmern
die Kinder in den Wohnzimmern.
Otto H. Arnold

100. Geburtstag

„Warum sollt' auf den Tod i wart'n?"
„Wo sind die Kerzen, wo die Tort'n!"

Hamburg

Immer nur dasselbe Ich
spiegelt in der Elbe sich.
Georg Kreisler

Transzendenz

Wer steht schon auf das schwere Leben?
Ich möchte in der Leere schweben.
Bobby Hyrohs

„In der Kürze liegt die Würze"

In Kürze gewitzelt,
mit Würze gekitzelt!
Harry Zohn

Seestück

Er war die typische Landratte,
drum nannt' er die Reling die Randlatte.
Andreas Okopenko

Schriftliche Einladung

Bald scheint ihm Handschrift, bald
wieder Druck netter,
er entschließt halt so schwer sich bei
Niederdruckwetter.
Otto H. Arnold

Tarot

Wähl zwischen seriösen und kindischen Arten,
das meiste erfährst du aus indischen Karten.

Die Wundergläubigen

Erst als sie den Erweckten sah'n,
verfielen sie in Sektenwahn.

In Amt und Würden

Der fündige Strassenkehrer

Weil so gern der Jaques kehrte,
sich um jeden Kack scherte,
dann auch wieder keck scharrte,
fand er eine Scheckkarte.
Otto H. Arnold

Der rüde Hausmeister

Schmeißen S' den Mist, Se Hammel Se, bellt er,
gefälligst ab heut in die Sammelbehälter.

Joint venture

„Wir schicken euch nach Mekka Teer."
„Geh, schickt's uns ein paar Deka mehr."

Trutz ohne Schutz

Kämpft, Rauchfangkehrer, gegen Ruß,
sogar in einem Regenguß!
Harry Zohn

Der „leider nein" Millionär

Daß er so schöne Brillen machte,
bis heut' ihm keine Millen brachte.
Robert La Roche

Nach 22 Uhr

Der DJ Stein und Bein schwört,
daß dieser Lärm kein Schwein stört.

Zur neuen Bedienerin

Hab'n Sie jetzt endlich durchgelüftet,
es hat schon so nach Lurch gedüftet!
Otto H. Arnold

Grenzschutz

Auf Posten steht die sündige Wache,
mir scheint das is' a windige Sache.
Fritz Muliar

Bei Gericht

Der Angeklagten Reihen lichten
sich bei Gericht, wenn Laien richten.
Otto F. Beer

Ministerium

Beamte, die nur hohl verwalten,
zeigen oft bestes Wohlverhalten.

Erotisches und Pornographisches

Beherzt und zielbewusst (?)

Der brünstige Lateinprofessor

Es sagt der Geile: facio
bonissimum fellatio!

Der Sture

I bin a ganz a sturer Hund,
i bleib bei jeder Hur a Stund.
Stephan Paryla

Kurz und bündig in Berlin

Keene Ausrede,
tu ihn raus, Ede!

Humaner Strafvollzug

Die haben jetzt eine Hex in Stein,
die sagt zu jedem: Steck's hinein!

Nekrolog

Er war ein alter Hurenbeutel,
drum aß er gern ein Burenhäutel.
Max Posch

Doktorspiele

Machst du bei deiner keine Mucken,
dann laß ich dich in meine gucken.

Wallküre
Es wallt ihm das Ekstasenblut,
weil sie ihn so gut blasen tut.
Robert La Roche

Macho
Du wirst vor meinem straffen Wecken
auch noch deine Waffen strecken.

Baywatch
Instead of being dead by wave
she wanted to get wet by Dave.
Bobby Hyrohs

Schneewittchen
Sie flehte: „Komm und nag es, Wicht!“
Der Zwerg: „Oh nein, ich wag' es nicht!“

Der G'schamige
Wenn ich ihm den Wicht leck',
dreht er immer 's Licht weg.

Alles Einteilung
Sie ließ sich von einem Bauern schlecken
und nachher von einem Schlauern pecken.

Abgewartet
Erst als er wie 'ne Harke stand,
nahm sie ihn in die starke Hand.

Aufklärungsbuch, I. Kapitel

Ursache und Wirkung

Engeres Lechzen –
längeres Ächzen!

Lebensweisheit

Schmier'n sie ein mit Samen dich,
freu'n die meisten Damen sich.

Volksglaube

Der Kaviar wird in Stören reif,
danach macht er die Röhren steif.
Max Posch

Sommelier

Fein steht er
nach einem Achtel Steinfeder.
Max Posch

Aus dem Sexatlas

Der Masochist am meisten lacht,
wenn man ihm auf die Leisten macht.

Verhütung

Oft nicht an den Samen denkt,
wer sorglos ihn in Damen senkt.

Beim Männerstrip

Die Dame mit der makellosen Haut
bezahlte jedem Lackel Hosenmaut.

Der Bisexuelle

Er verwechselt sehr häufig den Penis mit Scheiden
und denkt sich im stillen: Scheen is' mit beiden.
Georg Kreisler

Teenager

Wenn ich nicht bald Liebe krieg',
werde ich noch kribbelig.
Stephan Paryla

Besuch im Stift

Schaudernd die kessen Miezen weist er
von sich, der Novizenmeister.

Hochklerikale Beichte

Ich bekenne voll Reu': Bin ein wundiger Ketzer!
(Was er nicht sagt: Er war auch ein kundiger
Wetzer.)

Autsch!

Zwick mich nicht am Gurtenteil,
weil sonst werd' ich durten geil.

Hing'schaut

Der Teenie mit dem Rotzglöckerl
trug keck ein kurzes Glotzröckerl.

Insider-Rat

Weißt du, was sie warm schätzt?
Wenn man sie mit Charme wetzt.

Im Strandbad

Den Voyeur mit den spitzen Zehen,
sieht man immer nach Zitzen spähen.
Otto H. Arnold

Poesie und höhere Liebeskunst

Ehealltag

Laß mich doch erst zu Ende lesen
und dann an deiner Lende äsen.

Fin de siècle

Sie wollte still mit ihm im Garten schweben,
er wollt' es ihr mit seiner Schwarten geben.

Splendider Liebhaber

Ich liebte so den Duft von ihrer zarten Falte,
daß ich ihr die Nachhausefahrten zahlte.

Dem Jungautor

Daß er nach ihrem Kitzler schnappt,
das hab'n wir schon beim Schnitzler g'habt.
Frank Hoffmann

War nicht übel

War nicht übel. Sinngemäß
hat sie nun ein Minngesäß.
Andreas Okopenko

Eroto-musikalisches Problem

Schwer ist es, mit dem Schwanz zu geigen,
vom Dirigieren ganz zu schweigen.

Akrobatisch

Beim Hutschen einen Schwanz schön gierig
zu lutschen, das ist ganz schön schwierig.

Puffdialog im Ländle

„Wann bist du denn gebor'n, Dirn?"
„Am ersten Mai in Dornbirn."

Peter Altenberg-Dialog

„Von Ihna hab' i Gonorrhoe,
was sag'n S' jetzt, Herr Baron?" – „No geh . . .!"

Italy in two days

Die smarte US-Lady sagte: „Ciao Nino!"
Und als der weg war zufrieden: „Now Gino!"

Tatsachen, unverhüllt und etwas ernüchternd

Erkenntnis

Als sie mich um den Simmel bat,
wußt' ich: Sie hat mein' Bimmel satt.

Bittere Erkenntnis

Liebe? – Das ist doch gelacht,
er hat nur an mein Loch gedacht.

Vorspiel

Statt daß wir nur um deine Eichel, Hein, streiten,
gib du mir erst lieber mehr Streicheleinheiten.

Im Prater

„Woll'n Sie's „ohne" tun, der Herr?
Des kostert noch an Hunderter!"

Heimlicher Bordellbesuch

Zahl mir zehn blanke Scheine, Udo,
doch bitte laß nicht deine Schuh' do.

Im Puff

Billig kannst du die Tini mieten,
doch hat sie leider Minititten.
Otto H. Arnold

Konrad, sprach die Frau Mama . . .

Daß du mir, wenn du Zeitung liest,
dir keinen von der Leitung ziehst.

Fromm

Ich lebe wie eine Nonne,
ich habe nie eine Wonne.
Stephan Paryla

Schaler Trost

Meine Frau ist eine Wandernixe,
weshalb ich umeinanderwixe.
Stephan Paryla

In der Gerichtsmedizin

Feststeht, daß sein Eichelspieß
von ob'n bis unt' voll Speichel is'!!

Verhinderter Sexstrolch

Ein' Hintern hab' ich, sagt der Päderast,
der leider nicht auf Kinderräder paßt.

Die Ausrede I

„Dein Schwanz, wenn man ihn nimmt, sticht!"
„Geh, hör doch auf, das stimmt nicht!"

Ausrede II

Beim Auszieh'n meint die Liesel bang:
„Dein Schwanz scheint mir a bissel lang!"

Casanovas Rückblick

Ich will es auf sämtliche Scheiden geloben:
Ich hab' alle Nummern aus Leiden geschoben.

Die Schadenfrohe

Weil ich ihr keine Lust gebracht,
hat sie aus voller Brust gelacht.

Après I

Würd' ich jetzt nicht ein Stamperl trinken,
so würde ich nach Tramperl stinken.
Andreas Okopenko

Après II

Wund – i?
Und wie!

Aphrodisiakum

Als ich noch ein Stück Strudel nahm,
wurd' plötzlich mir die Nudel stramm.

Nostalgisch

Wie schön, als meine Hängelatte
noch ihre volle Länge hatte.

Mangelnde Hygiene

Wieso bemerkt der Rudel nicht,
wie grausam seine Nudel riecht?

Wer nie sein Brot im Bette ass …

Ess' ich beim Vögeln Kuttelfleck,
ich immer ihr aufs Futel kleck.

Neues vom Gutshof

In Einmachgläsern hortet Bauer Lammel
Scheidensaft –
das, bitte, nenn' ich wahre Sammelleidenschaft.

Alter Kavalier

Er wollt' sie verführ'n mittels hinkender Stößchen,
doch sie lehnte ab wegen stinkender Höschen.
Otto H. Arnold

STÖRFALL

Was mich in meinem Drang störte,
war, daß mir mein Strang dörrte.

SORGE

Wenn ich mich jetzt niederwix,
ist dann später wieder nix.
Stephan Paryla

BESONDERES MERKMAL

Das Mädchen hatte Knickfalten,
die bei jedem Fick knallten.

TRENNUNGSGRUND

Sowie ich auf die Trudel steig',
hängt er mir wie ein Strudelteig.

DIE HUMORLOSE

Hör auf mit diesem Witzgeschleck,
du tust mir weh im Schlitz, geh weg!

DER HUMORLOSE

Geh, laß doch keinen Schas, Spatzl,
das Vögeln ist kein Spaß, Schatzl!

STADTFLUCHT

Ich habe so viele schändliche Leiden,
drum steck' ich ihn nur mehr in ländliche Scheiden.

SONDERSTELLUNG

Wenn ich an den Hut fahr'
find' ich dort oft ein Futhaar.

Eindeutige Wortschöpfungen

Komm, geh mit mir ins Gartenhäusl,
ich zeig' dir meinen harten Gäusl.

Sie wollte in der Luxuskutschen
immer meinen Kuxus lutschen.

Sie knetete den Zannes mir,
da blühte meine Manneszier.

Wenn ich ihr in die Stapfen greif',
wird sofort mein Krapfen steif.

Ich hatte erst gestern meinen Schlarm in der Inge
und trage schon heut meinen Arm in der Schlinge.

Mit dem neuen Schötusphon
hört man jetzt den Fötus schon.

Man glaubt nicht, wie die Dolli lachte,
wenn sie an meinen Lolli dachte.

Zuerst hab' ich harmlos Kontakte geknüpft,
erst später sie, so daß es knackte, getüpft.

HOSI-ANNA

Des Bischofs Wahlspruch: Biber lubis!
(Doch hat er noch viel lieber Bubis.)

Naturerlebnisse

Blumenpflücker

Wenn die so über die Wiesen rasen,
dann brauchen sie nachher Riesenvasen.
Heinz Medjimorec

Tapfer

Die Maus, die frech im Falz saß,
erschlug ich mit dem Salzfaß.

Betriebsratsversammlung

Es beschloß die Kuhzunft,
daß ab jetzt in Zukunft
ihre Niederkunft zu
melden hat die Zunftkuh.

Naturerlebnis

Du brauchst nur das Fenster leise aufmachen,
dann hörst du im Baum die Meise auflachen.
Otto H. Arnold

Ein widerhaariges Tier

Sehr seltsam ist der Hund vom Bademeister:
Riecht er an einem Kopf Pomade, beißt er.
Harry Zohn

Warnung des Gesundheitsministers

Wenn Bäckerinnen ohne Zicken wären,
könnt' man sie in die Wicken zerren,
doch würden dann die Wecken zieren
statt Kümmel nur noch Zeckenviren.
Otto H. Arnold

Lärmempfindlicher Hundebesitzer

Daß nicht so laut er nach der Schnitte bell',
gib sie ihm, aber bitte schnell!

Treibjagd

Das Wildschwein mit dem Schweineverstand
bei der Treibjagd hinter dem Steine verschwand.
Otto H. Arnold

Kapriziös

Aus Wasserscheu führe den wonnigen Setter
immer nur aus ich im sonnigen Wetter.

Blöde Frage

„Gibt es an der Elbe Geier?"
„Ja – die legen gelbe Eier."
Bobby Hyrohs

Noah zu Flüchtlingskuh

Fährst du mit dem Nansenpaß,
wird vielleicht dein Pansen naß.
Andreas Okopenko

Seltsam

Der Fischreiher
legt nur Frischeier.
Andreas Okopenko

Notturno

Manchmal hört man eines Katers grellen
Laut aus dem Geröll des Kraters gellen.
Andreas Okopenko

Mordlust

Schau, dem Kater auf dem Lattengerüst
in den Augen funkelt Rattengelüst.
Otto H. Arnold

Die Bergtanne

Jahrzehntelang sie keinem Sturm wich.
Was hat sie nun davon? Den Wurmstich.
Heinrich Schnitzler

Die Jahreszeiten (nach Vivaldi)

Im Winter kann man Schifahren,
im Sommer sieht man Viehscharen.
Heinrich Schnitzler

Körperliches

Nibelungensage

Aus Möhren trank der Hagen Saft,
drum wuchs er auch so sagenhaft.

Der geblähte Bariton

Meistens, sagt man, singt er verstehentlich,
manchmal aber stinkt er versehentlich.
Otto H. Arnold

Dialog: Nichtraucher – Raucher

„Ich kotz' mir gleich aufs Bein vom Rauch!" –
„Die Übelkeit kommt rein vom Bauch!"

Geburtenkongress

Die Frage an die Frau vom Ayatollah:
„Hab'n Sie Verhütungsschemata?" – „Ja, Olla!"

Simulant bei der Musterung

Steh'n S' grad und zieh'n S' den Bauch herein,
sie hab'n ja gar kein Raucherbein!
Otto H. Arnold

Haarpflege beim Militär

Wer föhnt,
ist verwöhnt!

Karriere

Einst tanzte sie im Wintergarten,
doch jetzt tut sie ein Kind erwarten.
Otto F. Beer

Ich sitze in der Hitze und schwitze

Im Beisl darf kein Zecher fehlen.
Wenn's heiß ist, kann man Fächer zählen.
Denn wer sich tüchtig fächelt, läßt
Kühlung hinein und lächelt fest.
Harry Zohn

Schlechtes Biowetter

Im Schädel wird's dem Vetter wühlig,
bei Föhn ist er so wetterfühlig.
Otto H. Arnold

Audienz

Zu blöd! Mit meiner Heiserkeit
trau' ich mich nicht zum Kaiser heut.
Otto H. Arnold

Haariges Problem

Zöpfe tragen?
Tröpfe zagen!
Harry Zohn

Im Dianabad

Man hört im Wasser keinen furzen,
nur hie und da die feinen, kurzen ...
Georg Kreisler

Schwur

Nie mehr wieder Lungenzüge!
– Das ist eine Zungenlüge.
Andreas Okopenko

Heiss

Ein Mensch muß knapp am Krater husten.
Sekunden später hat er Krusten.
Andreas Okopenko

Späte Lust

Auf, laßt uns in die Sauna geh'n
und dort die alten Gauner seh'n.
Otto F. Beer

Beim Gastroenterologen

Was die durch enge Krägen mampfen –
kein Wunder, wenn die Mägen krampfen.
Otto H. Arnold

Höchstes Lob

Der Zahnarzt Doktor Zilbersajn –
oj, macht der scheene Silberzajn!
Harry Zohn

Gonorrhoe

Sie haben leider Gono, Mam.
Ihr Gatte ist nicht monogam.
Otto H. Arnold

Chirurgenbilanz

Mir ist in diesem Jahr schon dies und das
verstorben,
das hat mir ziemlich meinen Spaß verdorben.

Der Diktator
Als Patient beim Pappenschlosser
spielt nur mehr den schlappen Boss er.
Otto H. Arnold

Volksmedizin
Wenn dir deine Hoden bocken,
hilft oft, sich am Boden hocken.

Geistheiler
Läßt man massieren sich vom Geistheiler,
wird man davon, wie's heißt, geiler.
Otto H. Arnold

Der Genetiker
Was? Jede vierte Maus gerändelt?
Mir scheint, da hat was rausgemendelt.
Otto H. Arnold

Medikamentenmissbrauch
Sie hat schon wieder Soor, die Cohn,
das kommt vom vielen Cortison.
Otto H. Arnold

Unser Sportkommentator berichtet

Beim Fränzel
Im Tanzkurs ist das Steppen teuer,
man nennt das auch die Teppensteuer.

Guter Rat

Paß beim Birnstand
auf aufs Stirnband!

Heimvorteil

Was war zum Schluß der Lohn der Fighter?
Man kürt den Dicken von der Leitha.

Gelände-Rally

Erst wollt' er sich an mein Heck drängen,
doch dann blieb er im Dreck hängen.
Otto H. Arnold

Rocky XXV

Wenn ich zu nah beim Hirne bin,
wird von dem Schlag die Birne hin.

Florettkampf

Der Stich, der dem der Mücke glich,
verletzte nicht zum Glücke mich.

Unsportlich

Ich haß nichts mehr als in der Fruah de Tanz,
drum fahr' ich auch nicht bei der Tour de France.
Bobby Hyrohs

Fitmarsch

Es schnitt von der Narbe den Wundrand er weg,
die er sich zuzog am Rundwanderweg.
Max Posch

Kleines Alpinum

Kitzbüheler Skiregel

Manderleit, die kanen ham,
lass' ma nit am Hahnenkamm.

Ruf des Skilehrers

Mach nit soviele Spitzkehren,
sonst müaß ma di für Kitz sperren!

Beim Lift

Ich nehm' mir besser eine Stundenkarte,
damit ich vor den anderen Kunden starte.

Zeigt mir ein Mädchen zarte Weiten,
verkürzt mir das die Wartezeiten.
Otto H. Arnold

Pistenskiregel

Wenn Sie müssen misten, bitte
geh'n Sie aus der Pistenmitte.
Otto H. Arnold

Vor dem Rennen

Als man suchte Pistentreter,
rief man auch den tristen Peter.
Das kam dem Gestreßten bitter,
doch man sagt, am besten tritt er.
Otto H. Arnold

PISTENPOLIZEI

Bevor er einen beißt, den mißt er,
doch auf die allermeisten pißt er,
nur wenn ihn einer mißt, den beißt er,
das ist: Der Wolfshund Pistenmeister.
Otto H. Arnold

Unterwegs

Bonanza

Hoss Carthwright lud auf Capri Pa
ein zu gefüllten Paprika.
Max Posch

Geheimnisvolles Ländle

So manche Episoden be-
gaben sich am Bodensee.

Die Lateinerfamilie

Wir sind bald in Perg, o mater,
wie ich g'rade merk, o pater,
borg mir eine Mark, o Peter,
ich brauch's für den Parkometer.
Otto H. Arnold

Stress

Muß ich noch lang an Parkplatz suchen,
kann ich mir gleich an Sargplatz buchen.
Otto H. Arnold

Annonce

Auf der Reise Kittsee-Mattsee
verlor'n wir unsere Mietzekatze.
Otto H. Arnold

Im Reiseprospekt für Moskau

Täglich frischen Semmelkren!
Durchs Fenster kann man 'n Kreml seh'n.
Otto H. Arnold

Instruktion bei Neckermann

Wer den Weg nicht finden kann, der warte
auf den Mann mit der Wanderkarte.
Otto H. Arnold

Patriot in New England

Was Massachusetts war und Boston ist,
verstehst du nur, wenn du vom Osten bist.
Harry Zohn

Der Vielflieger

Fliegt jemand mit der Swiss Air,
glaubt jeder gleich, er is' wer.
Doch reist du mit der French Line,
darfst du dich auf den Lunch freu'n.
Otto F. Beer

Landausflug auf Wienerisch

Zwar fährt hier keine Bim her,
doch gibt's a Menge Himbeer.
Max Posch

Checkpoint Charly

Die Hand zur Faust der VOPO ballte –
ich zeigt' ihm meine Popofalte.

Anstatt eines Nachworts

An den Herausgeber

Da steht Miguel Herz-Kestranek
am offenen Fenestra keck,
blickt stolz hinaus ins Schüttelreich
und fühlt sich wie ein Rüttel-Scheich.
Heinz Medjimorec

Die Autoren

Otto H. ARNOLD, geb. 1917 in Wien. Studium der Medizin, Univ.-Prof. und Facharzt für Psychiatrie und Neurologie an der Psychiatrischen Universitätsklinik, Wien. 1974 Gründungsmitglied der „World Federation of Societies of Biological Psychiatry", Tokio, Mitglied zahlreicher internationaler Psychiatrischer Gesellschaften. Lebt in Wien.

Otto F. BEER, geb. 1910 in Wien, Studium der Musikwissenschaften. Tätig als Kritiker und Kulturberichterstatter für deutsche Zeitungen (u.a. „Süddeutsche Zeitung") sowie Schriftsteller (Autor des Romans „Ich – Rudolfo – Magier" und der Komödie „Man ist nur zweimal jung"). Lebt in Wien.

Maximilian BÖHM, 1916–1982. Geb. in Wien, Schauspieler und Humorist. Rollen am Schauspielhaus Bremen, im Wiener Kabarett „Simpl" (zusammen mit Karl Farkas), am Theater in der Josefstadt und zahlreichen anderen österreichischen Bühen sowie für den ORF tätig.

Eva DEISSEN, geb. 1947 in Wien. Journalistin, derzeit Kolumnistin bei „Täglich Alles" (früher Kolumnen für die „Neue Kronen Zeitung"). Lebt in Wien.

Frank HOFFMANN, geb. 1938 in Radebeul bei Dresden. Schauspielausbildung an der Otto-Falckenberg-Schule in München. Engagements in Graz, Basel, Dortmund und Köln. Seit 1967 Mitglied des Wiener Burgtheaters, Gastspiele im In- und Ausland. Außerdem Film- und Fernsehschauspieler und lange für den ORF tätig (Filmsendung „Trailer"). Lebt inWien.

Robert HYROHS, geb. 1933 in Wien, studierte Jus, arbeitet als Rechtsanwalt in Wien.

Georg KREISLER, geb. 1922 in Wien. Studierte Musik am Konservatorium in Wien. 1938–1955 in den USA als Autor und Komponist tätig. Seit 1955 durch musikalische Stücke und Kabarett (u.a. gemeinsam mit G. Bronner und H. Qualtinger) im gesamten deutschsprachigen Raum bekannt. Zahlreiche Schallplatten und Bücher (u.a. „Worte ohne Lieder. Satiren") veröffentlicht. Lebt in Basel.

Robert LA ROCHE, geb. 1938 in Wien. Diplomkaufmann, seit 1973 eigenes Unternehmen „Lunettes Robert La Roche", Design und Vertrieb von Sonnenbrillen und Brillenfassungen in Zusammenarbeit mit bekannten internationalen Unternehmen. Lebt in Wien.

Georg MARKUS, geb. 1951 in Wien, Journalist (Kolumnist der „Neuen Kronen Zeitung") und Autor („Sigmund Freud und das Geheimnis der Seele", Biographie; „Tausend Jahre Kaiserschmarrn – Eine satirische Geschichte Österreichs"). Lebt in Wien.

Heinz MEDJIMOREC, geb. 1940 in Wien, Klavierstudium an der Musikhochschule in Wien, wo er seit 1974 eine Klasse „Künstlerische Ausbildung Klavier" leitet. Pianist des „Haydn Trio Wien". Lebt in Wien.

Fritz MULIAR, geb. 1919 in Wien. Kammerschauspieler, tätig am Volkstheater, Theater in der Josefstadt, Burgtheater (Ehrenmitglied) in Wien und an anderen österreichischen Bühnen, sowie Autor („War's wirklich so schlimm? Erinnerungen von Fritz Muliar"). Seit 1993 pensioniert, jedoch Gast am Theater in der Josefstadt. Lebt in Groß-Enzersdorf.

Andreas OKOPENKO, geb. 1930 in Košice, Slowakei. Seit 1968 freischaffender Schriftsteller. 1977 Österreichischer Würdigungspreis für Literatur. Zahlreiche Veröffentlichungen (zuletzt u.a. „Lockergedichte", „Immer wenn ich heftig regne", „Schwänzellieder"). Lebt seit 1939 in Wien.

Stephan PARYLA-RAKY, geb. 1948 in Wien. Schauspieler im Kabarett „Simpl", am Volkstheater, Theater in der Josefstadt in Wien sowie Engagements bei den „Wiener Festwochen" und „Salzburger Festspielen" und anderen Theaterfestivals. Zahlreiche Soloabende und Rollen in ORF-Serien. Lebt in Wien.

Gustav PEICHL, geb. 1928 in Wien. Architekt und Architekturpublizist, Professor an der Akademie der bildenden Künste in Wien. Seit 1955 politischer Karikaturist („Die Presse", Wien; „Süddeutsche Zeitung", Zürich u.a.). Zahlreiche Preise (u.a. Großer Österreichischer Staatspreis, US-Reynolds Memorial Award) und internationale Ausstellungen. Lebt in Wien.

Hans PETERMANDL, geb. 1933 in Linz. Klavierstudium an der Musikhochschule in Wien. Pianist und Professor an der Hochschule für Musik und darstellende Kunst in Wien. Lebt in Dornbach bei Wien.

Max POSCH, geb. 1957 in Wien, studierte Musik und Medizin. Seit 1983 Komponist und „SounD-Designer" für Werbung, Träger zahlreicher Preise (Österreichischer Staatspreis, Goldener Clio San Francisco u.a.). 1992 Geburt seiner Tochter Ivana. Lebt in Wien.

Michaela ROSEN, geb. 1956. Schauspielausbildung am Mozarteum in Salzburg. Freiberufliche Schauspielerin, u.a. am Theater in der Josefstadt und am Volkstheater in Wien. Lebt in Wien.

HEINRICH SCHNITZLER, 1902–1982. Geb. in Wien, Theaterregisseur, Theaterwissenschaftler und Schauspieler. Während seiner Emigration Professor an der Universität von Kalifornien. Ab 1957 Vizedirektor des Theaters in der Josefstadt in Wien sowie Gastregisseur u.a. in London, Berlin und Zürich. In seinen letzten Lebensjahren betreute er vor allem den Nachlaß seines Vaters Arthur Schnitzler.

Harry ZOHN, geb. 1923 in Wien. Professor für Germanistik an der Brandeis University in Boston. Zahlreiche wissenschaftliche Veröffentlichungen (u.a. über Karl Kraus, Kurt Tucholsky) und Übersetzungen (u.a. die Tagebücher von Theodor Herzl). Lebt in Boston.

Die Deutsche Bibliothek – CIP-Einheitsaufnahme Gereimte Sammelschüttler : mit Wortspenden prominenter Schüttel-(Zeit)genossen / Miguel Herz-Kestranek – Wien : Brandstätter, 1995 ISBN 3-85447-606-X NE: Herz-Kestranek, Miguel [Hrsg.]

3. Auflage

Der Entwurf des Schutzumschlags – die Abbildung zeigt einen anonymen Holzschnitt mit einer „Mohrengruppe auf dem Drahtseil" (Wien, um 1830) – stammt von Christian Brandstätter. Die Vignetten sind mnemotechnischen Alphabeten von Thrithemius (Paris, 1623; S. 4 u. 6) und von Cosmas Rossellius (Venedig, 1579) entnommen. Das Lektorat besorgten Gabriela Hamböck und Bettina Schiefer, die technische Herstellung Franz Hanns. Druck und Bindung erfolgten beim Wiener Verlag, Himberg bei Wien.

ISBN 3-85447-606-X

Christian Brandstätter Verlagsgesellschaft m.b.H.
A-1080 Wien, Wickenburggasse 26, Telephon (++43-1) 408 38 14-15

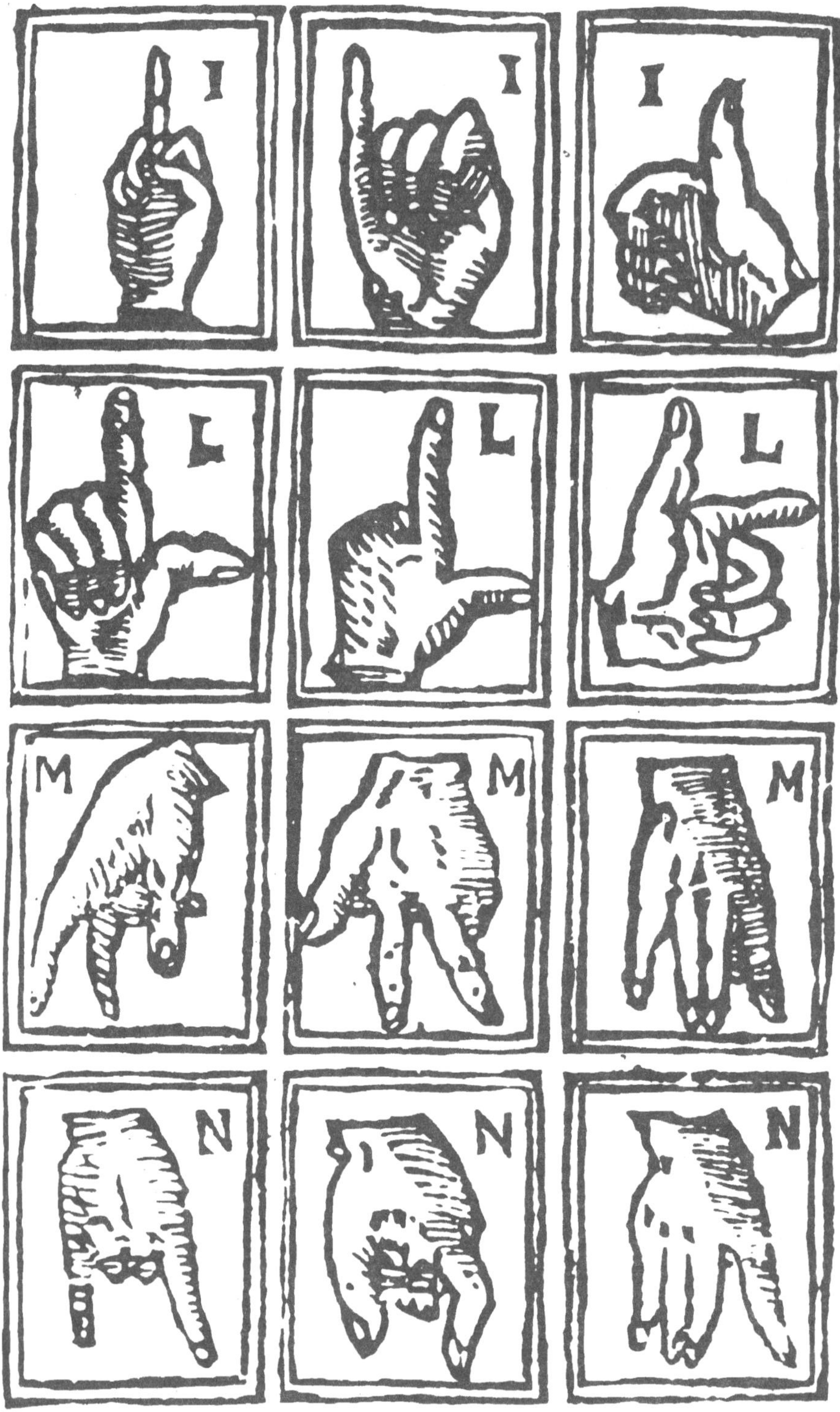
I
I
I
L
L
L
M
M
M
N
N
N